FLAVIO KOUTZII

Biografia de um militante revolucionário

DE 1943 A 1984

FOTO DA CAPA

Flavio Koutzii na Casa do Brasil (Cidade Universitária, Paris, 1979) (Sueli Tomazini Barros Cassal/APFK).

IMAGEM DA CONTRACAPA

Desenho de Vasco Prado para a campanha de Flavio Koutzii a deputado estadual pelo Partido dos Trabalhadores em 1990 (APFK).

Benito Bisso Schmidt

FLAVIO KOUTZII

Biografia de um militante revolucionário

DE 1943 A 1984

SÉRIE UNIVERSIDADE

Porto Alegre, 2017

© Benito Bisso Schmidt, 2017

Grafia atualizada segundo o Acordo Ortográfico da Língua Portuguesa de 1990,
que entrou em vigor no Brasil em 2009.

Conselho Editorial   Alexandre Avelar
                      (Universidade Federal de Uberlândia – UFU)

                      Fernando Coutinho Cotanda
                      (Universidade Federal do Rio Grande do Sul – UFRGS)

                      Flávio Aguiar
                      (Universidade de São Paulo – USP)

                      Francisco Martinho
                      (Universidade de São Paulo – SP)

                      Jorge Ferreira
                      (Universidade Federal Fluminense – UFF)

                      Temístocles Cezar
                      (Universidade Federal do Rio Grande do Sul – UFRGS)

Capa   Flavio Koutzii, Benito B. Schmidt e Clô Barcellos

Edição   Rafael Guimaraens

Projeto Gráfico
e Editoração   Clô Barcellos

Pesquisa Iconográfica   Benito Bisso Schmidt

Fotos e Reproduções   Marco Nedeff

Revisão   Célio Klein

Flavio Koutzii, 2017

Marco Nedeff

Dados Internacionais de Catalogação na Publicação:
Bibliotecária Daiane Schramm – CRB-10/1881

S349f   Schmidt, Benito Bisso
         Flavio Koutzii: Biografia de um militante
    revolucionário – De 1943 a 1984. / Benito Bisso Schmidt.
    – Porto Alegre: Libretos, 2017.
      544p.; 15,5 x 23cm. (Série Libretos Universidade)

      ISBN 978-85-5549-027-9

      1. História. 2. Biografia. 3. Ditadura. 4. Militância
   revolucionária. 5. I. Título. II. Série.

                CDD 869

Todos os direitos desta edição reservados à
Editora Libretos
Rua Peri Machado, 222 /B – 707
CEP 90130-130
Bairro Menino Deus
Porto Alegre/RS – Brasil
www.libretos.com.br
libretos@libretos.com.br

Para Clara, por Flavio.

*Para aqueles e aquelas que, como Flavio e
a presidenta Dilma Rousseff, lutaram e lutam
por uma sociedade menos desigual.*

Para Elvis, por tornar tudo melhor.

AGRADECIMENTOS

Agradeço ao Flavio por sua aposta neste trabalho. Sei bem o quanto foi difícil para ti! Espero que o resultado final esteja à altura da tua luta.

Aos entrevistados e entrevistadas, especialmente a Norma Espíndola e Maria Regina Pilla, por sua confiança e disponibilidade. Foi maravilhoso conhecê-los(as) e aprender com vocês.

Aos bolsistas e às bolsistas de iniciação científica que atuaram no "projeto do Flavio": Amanda Rocha, Carolina Jobb, Diego Scherer da Silva, Gabriel Fleck de Abreu, Juliano Antoniolli, Mariana Bastos, Maurício Reali Santos e Tiago Medeiros. Sem vocês este livro não teria sido escrito.

A todos e todas que contribuíram de diferentes maneiras para esta pesquisa. Destaco aqui as dicas de bibliografia e de documentação, empréstimos de materiais e comentários críticos de Alessandra Gasparotto, Alexandre Fortes, Artur Duarte Peixoto, Durval Muniz de Albuquerque Júnior, Enrique Padrós, Guilherme Barboza de Fraga, Horácio Tarcus, Jaime Valim Mansan, Mara Rodrigues, Maria Luiza Martini, Marisângela Martins, Pablo Pozzi, Paulo Knauss, Haike Kleber da Silva, Célia Cardoso, Regina Weber, Rodrigo Patto Sá Motta e Vanderlei Machado.

Aos meus amigos e às minhas amigas da "Confraria do Ratão": Alessander Kerber, Arthur Ávila, Carla Brandalise, Caroline Bauer, Claudia Wasserman, Fernando Nicolazzi, Igor Teixeira, Luiz Alberto Grijó, Mara Rodrigues, Natália Mendéz e Temístocles Cezar. O que seria da vida acadêmica sem vocês?

Aos meus alunos e às minhas alunas, que tanto ouviram falar do Flavio e desta pesquisa, ajudando-me com seus comentários a burilar as reflexões aqui presentes. "Eu acredito é na rapaziada", já cantava Gonzaguinha.

Aos meus sobrinhos-netos e às minhas sobrinhas-netas Bibiana, Giselle, Guilherme, Hannah, Heitor, Maria, Miguel e Rosa, e ao meu afilhado Andrés. Espero que a gente consiga deixar um mundo melhor pra vocês.

Ao CNPq, pela bolsa de produtividade em pesquisa, e ao CNPq, FAPERGS e PROPESQ/ UFRGS pelas bolsas de iniciação científica. Com a esperança de que a pesquisa científica seja uma prioridade em nosso país.

> [...] *mesmo no tempo mais sombrio temos o direito de esperar alguma iluminação, e que tal iluminação pode bem provir, menos de teorias e conceitos, e mais da luz incerta, bruxuleante e frequentemente fraca que alguns homens e mulheres, nas suas vidas e obras, farão brilhar em quase todas as circunstâncias e irradiarão pelo tempo que lhes foi dado na Terra [...].*
>
> (Arendt, 2003, p. 9)

SUMÁRIO

13	Introdução
29	**CAPÍTULO 1**
	"Meu DNA político e ideológico"
30	Começando pelo (Bom) Fim
65	Nos tempos do Aplicação
99	**CAPÍTULO 2**
	A potência dos anos 60
101	"Não éramos jovens louquinhos"
110	Algo "meio fulminante"
121	"E aí veio o golpe"
166	"Depois engrossou"
193	**CAPÍTULO 3**
	O "capítulo argentino"
194	Um passaporte com muitos carimbos
225	Entre o acolhimento e o estranhamento
239	"[...] nós tentamos fugir do nosso destino e o nosso destino nos encontrou em Buenos Aires"
261	Os *rojos*

311	**CAPÍTULO 4**
	No "coração das trevas"
313	A queda da "guerrilha apátrida"
337	Um "arco-íris desmontável" em uma cela limpa e ordenada
390	Em busca de "solidariedade ativa"
433	**CAPÍTULO 5**
	"Para mim Paris não foi uma festa"
434	"O exílio vem depois do medo e do início da culpa"
458	"Um processo analítico e o processo de elaboração do livro, tudo se fecha, entende?"
485	"Eu ainda era meio parecido com o que eu era antigamente"
507	***Algumas palavras finais***
513	***Pedaços de esperança no coração***
	GUILHERME CASSEL
523	POSFÁCIO
	"Sou um deles e todos eles sou eu"
	FLAVIO KOUTZII
529	Fontes documentais e locais de pesquisa
536	Bibliografia

PROJETOS QUE SE ENCONTRARAM

"Eu, Benito, querendo fazer uma pesquisa acadêmica sobre um personagem cujos percursos muito podem nos contar a respeito da história latino-americana recente; Flavio buscando garantir a inscrição de sua vida e dos valores nos quais acredita em uma narrativa capaz de fazer jus, sem concessões heroicizantes, à densidade e complexidade de sua história e da sua geração."

Marco Nedeff

SOBRE BENITO BISSO SCHMIDT

Professor do Departamento de História e do Programa de Pós-Graduação em História da UFRGS. Docente do Mestrado Profissional em Ensino de História (PROF-História). Pesquisador do CNPq.

INTRODUÇÃO

> Buenos Aires, 11/09/2012, meia-noite e trinta.
>
> *Estou cansado, angustiado e emocionado. Escrevo no ônibus, voltando para o hotel. Acabei de ouvir, por quase cinco horas ininterruptas, a narrativa de Carlos Alvarez, o Charly, companheiro de militância e de prisão de Flavio. Entre cafés e medialunas, com a imagem de Allende numa TV ao fundo (hoje é aniversário do golpe de Pinochet), ele ensinou-me sobre a grande história política da Argentina, mas também sobre pequenos gestos que fizeram toda a diferença na vida daqueles que, ao mesmo tempo, a protagonizaram e a sofreram. Ao longo desta escuta, tive muitos momentos de iluminação, de verdadeira epifania.*
>
> *Suas histórias, ora engraçadas, ora trágicas, sempre significativas, mobilizaram o meu intelecto e o meu corpo, tocaram-me no mais pleno sentido do termo. Conseguirei eu transformar tudo isso em palavras? Comunicar essas experiências (para lembrar o narrador de Benjamin)? Terei capacidade para tocar os meus leitores como Charly me tocou?*
>
> (Do meu diário de campo).

> *[...] a mim incomoda esta minha reiterada narrativa, que eu acho interessante, mas acho ela pobre em relação à totalidade do que aconteceu, dos seus cenários e seus contextos.*
>
> Flavio Koutzii, em entrevista concedida para esta pesquisa.

ESTE LIVRO é uma biografia política do militante Flavio Koutzii, nascido em Porto Alegre no ano de 1943, que teve participação destacada na formulação e implementação dos projetos de alguns setores da esquerda latino-americana entre os anos 60 do século XX e as primeiras duas décadas do século XXI. Acompanhei os percursos do personagem até a sua volta ao Brasil, em 1984, após muitos anos de ausência, ao longo dos quais militou em grupos revolucionários na França, no Chile e, especialmente, na Argentina, onde também esteve preso entre 1975 e 1979, sofrendo toda a sorte de violências físicas e psicológicas. Depois de ser posto em liberdade, partiu para um autoexílio na França, onde buscou reconstruir-se subjetiva e politicamente. A partir de seu retorno ao país natal, reintegrou-se à vida política institucional, construindo uma carreira vitoriosa no Partido dos Trabalhadores (PT), pelo qual ocupou os cargos de vereador de Porto Alegre, deputado estadual e secretário do governo do Rio Grande do Sul. Em 2006, resolveu não mais se candidatar a cargos eletivos, desgostoso com os rumos tomados pela política nacional e por seu partido. Hoje intervém esporadicamente nos debates públicos por meio de entrevistas e participações em seminários, nos quais clama por uma reorganização da esquerda brasileira e denuncia o golpe perpetrado contra a presidenta eleita Dilma Rousseff e a onda conservadora que toma conta do país, ameaçando direitos conquistados com muita luta pelos setores excluídos da sociedade.

Foi com muita dor que, por razões de tempo e espaço, precisei deixar de lado na pesquisa as décadas mais recentes da vida de Flavio. Trata-se de um período riquíssimo que, em termos amplos, envolve a construção e a afirmação do PT como força política, a resistência à torrente neoliberal que assolou o país na década de 1990, a conquista do poder em âmbito nacional pelo partido, os avanços e contradições advindos desta nova condição de estar no governo e, mais recentemente, o ataque cerrado ao PT e ao legado das esquerdas brasileiras, do qual Flavio é um representante destacado, ataque esse que culminou no golpe de Estado desferido no ano em que encerro a escrita do livro. Contudo, acredito que o período abordado nas páginas que seguem tem unidade suficiente para ser tratado em separado. Ele abrange os anos de formação de Flavio, seu ingresso na esquerda e, sobretudo, sua atuação no Brasil e na Argentina em prol da implementação do socialismo em um contexto marcado pela emergência no subcontinente de violentas ditaduras de segurança nacional, seguida pela prisão e pelo exílio. Acompanhando seus caminhos, podemos, acredito, compreender melhor os percursos de uma geração (pensada não em termos de faixas etárias rígidas, mas em segmentos da sociedade que, pelo fato de terem nascido em momentos aproximados, vivenciaram em conjunto acontecimentos "fortes", os quais influenciaram decisivamente os seus destinos). Flavio foi um ícone da "geração 68" em Porto Alegre e, como muito de seus contemporâneos, vivenciou a efervescência política e cultural a ela associada, bem como sofreu com intensidade a repressão que se abateu sobre os homens e mulheres que a constituíram. Meu objetivo não é idealizar de modo saudosista esses "jovens de ontem", embora reconheça a importância do seu legado ético, nem unificá-los em um todo homogêneo e coerente. Busco, ao contrário, acompanhando os caminhos e encruzilhadas do biografado, entender este indivíduo na sua historicidade, no seu campo de (im)possibilidades, nas suas contradições e tensões.

Quando decidi empreender a pesquisa que resultou neste livro, eu já havia escrito biografias de outros personagens, alguns mais distantes no tempo, como socialistas que atuaram no Rio Grande do Sul entre os anos finais do século XIX e as primeiras décadas do XX, e uma jornalista que viveu entre 1906 e 1984[1]. Mas esta era a primeira vez que biografava uma pessoa viva. Ao iniciar a investigação, jamais imaginei que a empreitada seria tão difícil e, algumas vezes, pensei que nunca fosse finalizá-la. Flavio sempre se mostrou solícito e disponível para atender-me, nunca censurou o conteúdo do que escrevi e colaborou em todas as situações nas quais me deparei com dificuldades, emprestando-me documentos e livros e mediando contatos, por exemplo. Mas aqui se tratava de uma autêntica relação humana, "olho no olho", na qual os gestos e atitudes de um lado influenciavam o outro e vice-versa. Nada comparável com aquela sensação que nós historiadores por vezes sentimos de ficarmos íntimos de nossos personagens "de papel", presentes nos documentos de arquivo ou mediados pelas falas de terceiros. Tal relação tão direta, é claro, teve implicações concretas para a biografia aqui apresentada.

NÃO LEMBRO de quando ouvi falar de Flavio pela primeira vez. Tenho quase certeza que votei nele em mais de uma eleição. A memória, sempre enganadora, me diz que eu admirava seu jeito de falar, diferente dos demais políticos: menos estridente, com mais profundidade e sem clichês. O certo é que o conheci pessoalmente em 2003, quando coordenava um projeto sobre a história do PT no Rio Grande do Sul. Tratava-se de uma entrevista bastante geral, focada na organização e nas primeiras campanhas do partido no Estado. Na ocasião pudemos falar também rapidamente de sua história pregressa, de sua família, de sua militância revolucionária. Ali, creio, ficou a vontade de conhecer um pouco mais daquele homem que, com fina ironia, tratava de questões dramáticas, como a prisão e a tortura, sem cair em simplificações e em autoglorificações. Em 2008, resolvi construir sua biografia. Não tenho completa clareza das motivações que me levaram a este projeto, recordo apenas da minha vontade de continuar exercitando a escrita biográfica e de abordar o universo das ditaduras de segurança nacional na América Latina, pois, naquele momento, estava muito interessado no tema das memórias em geral e das memórias traumáticas em particular, certamente influenciado pelas discussões mais amplas então travadas no Brasil sobre o legado da ditadura iniciada em 1964.

Com esse objetivo, visitei Flavio pela primeira vez em seu apartamento na Rua João Telles, bairro Bom Fim de Porto Alegre, espaço tradicionalmente associado à comunidade judaica da cidade, onde a sua família morou desde que ele era criança. Fui acompanhado do meu irmão Carlos (mais conhecido como "Schmitão"), militante da esquerda porto-alegrense, que já conhecia Flavio há muitos anos. Empolgado com o projeto, ele se propôs a avalizar minha respeitabilidade como pessoa e como historiador. Ainda visando a conquistar o meu futuro biografado, entreguei a ele alguns trabalhos de minha autoria, de modo a atestar a minha competência profissional. Nas lembranças que guardo daquela ocasião, Flavio não pareceu muito empolgado com a ideia e mais ouviu do que falou. Recordo que ele não ficou satisfeito com a proposta de interromper a narrativa biográfica em 1984. Disse-me que havia participado de vários processos importantes depois de seu retorno ao Brasil, especialmente como deputado e secretário de Estado, e que gostaria que esse período fosse levado em conta. Além disso, afirmou que o período anterior já estava mais consolidado para ele, especialmente após a escrita de seu livro *Pedaços de Morte no Coração*, publicado justamente em 1984, no qual narra os horrores vividos pelos prisioneiros políticos na Argentina sob a última ditadura. Argumentei que me interessava, sobretudo, por sua militância revolucionária e pelas memórias a respeito daquele período, falei das minhas leituras a respeito do tema, mas acho que não o convenci totalmente, pois ele voltou a manifestar seu descontentamento quanto aos marcos temporais que escolhi em outras ocasiões. Depois entendi melhor que o meu recorte cronológico, plenamente justificável em termos acadêmicos, implicava segmentar sua vida em blocos apartados, os quais, não obstante suas diferenças, foram vividos por ele como continuidade, como uma única existência. Além disso, ficou claro para mim que Flavio queria registrar o importante legado da participação do PT no parlamento e no governo do RS, de modo a transmiti-lo às gerações futuras como uma experiência a ser avaliada e, quem sabe, resgatada em outros momentos. Depois de muitas conversas, creio que ele se convenceu (talvez um pouquinho a contragosto...) do acerto da delimitação. Hoje tenho claro que, se eu não tivesse feito esse recorte, a pesquisa não acabaria.

Aproximadamente dez dias após esse primeiro contato, Flavio me ligou, marcamos um novo encontro e ele me autorizou a construir a sua biografia. Firmamos uma espécie de contrato escrito, no qual ele concordava que eu investigasse e narrasse a sua vida, mas sem se responsabilizar pelo resultado final. Trata-se, portanto, de uma biografia autorizada em sua realização, mas não em sua concretização. Quem decidiu sobre os caminhos trilhados, a perspectiva de análise empregada, o tom narrativo assumido, as pessoas entrevistadas, os acervos pesquisados, as inclusões e exclusões feitas no texto final fui eu, embora, como disse, sempre contando com as sugestões (importantíssimas) de Flavio, as quais na maior parte das vezes eu segui, mas em outras, por razões que iam desde a falta de tempo até avaliações de ordem metodológica, não. Por isso, assumo total responsabilidade pelo que vai escrito nas próximas páginas.

Seguiram-se então quase dez anos de pesquisa e de um relacionamento muito estreito com o "meu" personagem. Em alguns períodos ficávamos mais próximos, em outros mais distantes. No início, as entrevistas se davam de modo mais burocrático e a pesquisa transcorria em moldes mais usuais, no padrão acadêmico. Gravávamos, meus bolsistas e eu, seus depoimentos em vídeo. Em geral sentia (e ele também, como vim a saber depois) que suas narrativas não avançavam muito, em termos de temáticas, interpretações e periodizações, em relação ao que eu já conhecia de sua vida, por meio de entrevistas concedidas a diversos veículos e textos escritos de caráter memorialístico. Simultaneamente, entrevistávamos seus amigos e companheiros de militância, que nos contavam a respeito de outras facetas de Flavio e, sobretudo, destacavam a importância dele em suas vidas e na história da esquerda. Ainda levantávamos documentos em hemerotecas e arquivos públicos e privados a respeito do personagem. Notícias de jornal, prontuários policiais, registros escolares, cartas, fotografias e outros vestígios eram perscrutados em busca dos itinerários de Flavio, ora complementando, ora tensionando, ora ainda motivando os depoimentos orais. Momento importante nesses passos iniciais da pesquisa foi quando Flavio nos passou uma caixa com documentos reunidos por sua por sua mãe, Clara, e por sua amiga e ex-companheira, Norma Espíndola, a respeito da campanha por elas promovida em favor de sua libertação dos cárceres argentinos (da qual trataremos com vagar no capítulo 4). Correspondências, abaixo-assinados, relatórios, recortes de jornais sugeriram novas possibilidades de compreensão do drama sofrido pelo biografado no país vizinho e dos sentimentos e estratégias dessas duas mulheres e de muitas outras pessoas e organizações que se dedicaram a interceder em prol de sua soltura.

Um dia, passados cerca de três anos após o início da investigação, Flavio telefonou-me pedindo-me para, na próxima entrevista, ir sozinho e sem câmera de vídeo, apenas com um gravador. Justificou sua solicitação alegando que iria contar-me coisas muito íntimas e pesadas, e que não tinha certeza de que meus jovens auxiliares de pesquisa teriam maturidade para entender o que ele pretendia dizer. Atendi, obviamente, o seu pedido e, no dia marcado, conversamos muito sobre os bastidores da pesquisa; sobre o medo que ele tinha que eu fizesse uma narrativa "chapada" de sua vida, pois, acreditava, era assim que ele muitas vezes contava sua história; e também sobre o fato de que naquele momento ele confiava suficientemente em mim para juntos adentrarmos no "coração das trevas", metáfora que utilizou para se referir à tortura e à prisão. Disse-me então: "Eu precisava confiar em ti para [...] lidar com um assunto que me pertence enquanto indivíduo e já não me pertence enquanto biografado" (retornarei a esse tema e a essas palavras no capítulo 4). Este foi um dos *turning points* da pesquisa, que assinalaram novos rumos de trabalho, apontaram para novas responsabilidades e acrescentaram novos ingredientes à nossa relação. Outro foi uma viagem que fiz à Argentina em 2012, onde pude pesquisar em diferentes arquivos e conversar com ex-companheiros de militância de Flavio. Lá foi possível compreender um pouco melhor (mas ainda muito pouco, devo reconhecer) a intensidade da luta e da violência que marcou a história daquele país nos anos de 1970. A partir de então, e creio que Flavio também sentiu isso, a pesquisa tomou outra dimensão para mim.

Mas, como em qualquer relação humana, também tivemos nossos momentos de tensão e estranhamento. Esses foram motivados, ao mesmo tempo, por questões individuais e sociais (e não é o vínculo entre o individual e o social uma das questões-chave da escrita biográfica?). Ao começar a pesquisa, Flavio ocupava lugar de destaque em um partido que contava então com imenso apoio popular e despontava como um dos grandes modelos da esquerda internacional. Encerro a escrita do livro em uma conjuntura de avanço da direita, em que o legado dos governos petistas se encontra sob forte ataque da mídia e das forças políticas conservadoras e com pouco apoio (espero que momentaneamente) junto a vastos setores da população. Inserido nesse movimento mais amplo, nosso personagem, aos poucos, por razões pessoais e políticas, foi optando por um afastamento da cena pública, por um fechamento progressivo sobre si e sua história. Contribuíram para essa atitude, entre vários outros fatores, decepções com os rumos tomados pela vida política nacional (inclusive pelo PT) e internacional, problemas de saúde graves e também, como descobri aos poucos, o impacto da biografia que eu realizava.

Em mais de um encontro, Flavio me falou sobre como a memória retrospectiva estava monopolizando seu "espaço emocional", a torrente de lembranças "quase insuportável" que passou a inundar sua vida, os balanços incontroláveis que realizava em suas noites de insônia. Disse-me ele em uma dessas ocasiões:

> *Eu acho que os sentidos da vida começam e também se extinguem com as vidas que se acabam, mas que há coisas que terão valido à pena e há coisas que terão sido desastrosas. Senão, praticamente se chega à ideia de que tudo era uma ilusão, de que tudo é descartável: a dor, o sofrimento, a escolha, a tenacidade, etc. Isso é um pensamento muito forte em mim há muito tempo[2].*

Confesso que nem sempre tive condições de acolher e dar conta das implicações emocionais e éticas da minha pesquisa. Afinal, estavam em jogo os sentidos da finitude para uma pessoa que, na velhice, revisita o passado (doloroso), perscruta suas culpas e derrotas (ainda mais em um presente também marcado por uma profunda derrota do projeto político que mobilizou grande parte de sua existência) e busca configurar uma "herança imaterial"[3] para o futuro. Minha pesquisa se tornou parte nevrálgica desse processo. Meu livro passou a ocupar um lugar fundamental em tal intuito de perpetuação.

É nesse contexto que nossos projetos se encontraram e, por vezes, se digladiaram: eu querendo fazer uma pesquisa acadêmica sobre um personagem cujos percursos muito podem nos contar a respeito da história latino-americana recente; ele buscando garantir a inscrição de sua vida e dos valores nos quais acredita em uma narrativa capaz de fazer jus, sem concessões heroicizantes, à densidade e complexidade de sua história e da sua geração. Uma frase sua é exemplar de seu olhar a respeito do tema: "Tu tá fazendo uma biografia, mas eu também não posso abrir mão de certos compromissos que pra mim são um valor".

No meu tempo acadêmico, eu tinha prazos definidos pela universidade onde trabalho e pelas agências governamentais que financiaram a pesquisa. No tempo vital de Flavio, a urgência era dada pelas ameaças da morte, concretizadas em problemas de saúde, pela possibilidade do fim. Da minha perspectiva como pesquisador, as entrevistas tinham que ser transcritas segundo os protocolos definidos no âmbito das discussões sobre história oral que buscam, em alguma medida, preservar a oralidade no texto escrito. Da perspectiva de Flavio, político respeitável e conhecido por sua habilidade com as palavras, era necessário respeitar a correção e certa formalidade do que era dito. Desde o meu lugar de historiador, interessava-me dialogar com os meus pares e com problemáticas atuais do debate historiográfico. Desde o seu lugar de testemunha de acontecimentos cruciais da história, Flavio queria avaliar a sua atuação e as suas responsabilidades. Tempos, perspectivas e lugares igualmente respeitáveis, porém nem sempre coincidentes, mas que se aproximaram na vontade de contar uma história capaz de, como diz Hannah Arendt na epígrafe que escolhi para este livro, oferecer luzes capazes de iluminar, ainda que de forma bruxuleante, os tempos sombrios que vivemos.

As linhas que seguem resultam do encontro destes dois homens – biógrafo e biografado – de idades diferentes, que viveram vidas muito diferenciadas, que se encontraram, a partir de motivações (ao menos parcialmente) distintas em "um instante de perigo" (Benjamin, 1985. p. 222-232). O texto foi moldado a partir das negociações realizadas entre nós, processo que remete, em certa medida, à noção de "autoridade compartilhada" cunhada por Michael Frisch (1990) para se referir à história oral, atitude facilitada pela nossa identificação como homens brancos de classe média intelectualizada com posicionamento político à esquerda. Além disso, cabe enfatizar, Flavio tem formação em Sociologia e realizou um trabalho acadêmico sobre as prisões políticas na Argentina. Por isso, entendeu perfeitamente os meandros da minha investigação, as referências teóricas e metodológicas que utilizei e a forma da narrativa construída. Essa relativa similaridade no que tange aos nossos posicionamentos sociais e culturais proporcionou, acredito eu, certo equilíbrio nas "relações de poder interpretativo e narrativo" (McClintock, 2010, p. 442) que estão na base do presente livro. Isso não modifica o fato, insisto, de que, ao fim e ao cabo, sou eu que detenho o "poder da interpretação" (McClintock, 2010, p. 442) e, portanto, a mim cabe a responsabilidade pela forma assumida pelo trabalho. Cabe, porém, deixar claro, a bem da honestidade intelectual, minha profunda admiração por Flavio e pelos projetos políticos por ele defendidos (com todas as críticas que possamos fazer a eles *a posteriori*). O livro não foi feito para glorificá-lo, procurou articular sua trajetória com condicionamentos mais amplos, buscou identificar e compreender suas hesitações e contradições, mas espero que seja também uma homenagem às suas lutas.

REALIZEI BOA parte das considerações teóricas e metodológicas necessárias à compreensão das análises que teci dos percursos de Flavio ao longo dos capítulos. Nesta introdução quero apenas oferecer alguns esclarecimentos iniciais a respeito do meu entendimento sobre biografias históricas (aqui compreendidas como aquelas realizadas por historiadores profissionais), memória e história oral.

Depois de um longo período de ostracismo, quando foi associado à história tradicional, centrada no culto aos "grandes homens", o gênero biográfico voltou a ocupar lugar de destaque na historiografia acadêmica, sobretudo a partir do final da década de 1980. Tal "retorno"[4] ocorreu no âmbito mais amplo do que ficou conhecido como "crise dos grandes paradigmas explicativos", a qual motivou um repensar da problemática relação entre liberdade e necessidade, e a valorização da ação dos sujeitos individuais e coletivos (normalmente os excluídos e subalternos) e de suas possibilidades de invenção e intervenção em processos históricos mais amplos[5]. Tal discussão levou à revisão de categorias centrais do pensamento histórico moderno, como sujeito, contexto e tempo.

Ao contrário da noção de sujeito construída pela modernidade ocidental, referida aos homens brancos, heterossexuais e burgueses[6] – "[...] baseada numa concepção da pessoa humana como um indivíduo totalmente centrado, unificado, dotado das capacidades de razão, de consciência e de ação, cujo 'centro' consistia num núcleo interior, que emergia pela primeira vez quando o sujeito nascia e com ele se desenvolvia, ainda que permanecendo essencialmente o mesmo – contínuo ou 'idêntico' a ele – ao longo da existência do indivíduo" (Hall, 2006, p. 10-11) –, passou-se a pensar o sujeito como algo em constante devir, constituído e modificado por múltiplas práticas discursivas e não discursivas (articuladas em função de variadas relações de poder), possuidor de uma racionalidade, sem dúvida, mas de uma racionalidade limitada, configurada historicamente e sujeita a múltiplas injunções "externas" (resultantes de determinações sociais variadas) e "internas" (derivadas das pulsões do irracional e do inconsciente)[7]. Nesse caminho, Pierre Bourdieu questionou o que chamou de "ilusão biográfica", ou seja, o pressuposto "de que a vida constitui um todo, um conjunto coerente e orientado, que pode e deve ser apreendido como expressão unitária de uma 'intenção' subjetiva e objetiva, de um projeto", ideia que se expressaria no uso de expressões como "já", "desde então", "desde pequeno", "sempre", comuns nas biografias e histórias de vida (Bourdieu, 1996, p. 184).

No caso estudado neste livro, porém, é preciso levar em conta que tentei compreender os percursos de um indivíduo moderno, para quem a constância e o sentimento de unidade são valores importantes, diria mesmo fundamentais, à constituição de sua identidade. Mais do que isso, trata-se de uma pessoa que, como ficará claro nos capítulos que seguem, posicionou a militância política como eixo fundamental de sua vida, transitando em meios nos quais a coerência é uma qualidade considerada essencial. Não é um acaso que muitos de seus aliados e opositores no campo político, ao elogiarem Flavio, destacaram justamente a coerência de sua trajetória[8]. Assim, mesmo que, como historiador, eu não assuma a coerência, a constância e a unidade como características naturais da vida do personagem, não posso deixar de levá-las em conta como elementos estruturantes de sua construção de si e da maneira pela qual os outros o percebem e com ele se relacionam, e também como características balizadoras de sua atuação e visão de mundo. Enfim, dizer que o indivíduo não é em si essencialmente coerente e unitário não implica afirmar que ele, no caso do mundo moderno ocidental, não busque avidamente coerência e unidade, que não canalize potentes e contínuas energias para apresentar-se, a si mesmo e aos demais, como um ser uno, estruturado, que se mantém idêntico, apesar de todas as transformações vivenciadas. É com essa perspectiva que a maioria das pessoas (especialmente se forem brancas, heterossexuais e ligadas aos grupos sociais mais privilegiados), nas sociedades complexas individualistas, constroem, implementam e modificam seus projetos. Nesse sentido, a narrativa aqui apresentada não é um reflexo ou uma confirmação da identidade que Flavio advogou para si em vários momentos de sua vida, inclusive no presente. Busco, ao contrário, problematizá-la e historicizá-la. Mas não deixo de levá-la em conta como elemento fundamental à compreensão de seus projetos, ou seja, da maneira como ele organizou suas condutas para atingir determinados fins (Velho, 1999, p. 40).

Essa noção de projeto é fundamental à elaboração de toda a narrativa que segue, pois ajuda a pensar a forma como os indivíduos buscam, a partir das experiências por eles vivenciadas e reelaboradas pela memória, a qual permite a construção de uma visão retrospectiva relativamente organizada (Velho, 1999, p. 101), estruturar e conduzir suas ações no mundo. Porém, ela só ganha potência analítica quando articulada com a ideia de "campo de possibilidades", que designa o espaço para formulação e implementação de projetos individuais e coletivos. Como ressalta o antropólogo Gilberto Velho (1999, p. 46):

> *Os projetos individuais sempre interagem com outros dentro de um campo de possibilidades. Não operam num vácuo, mas sim a partir de premissas e paradigmas culturais compartilhados por universos específicos. Por isso mesmo são complexos e os indivíduos, em princípio, podem ser portadores de projetos diferentes, até contraditórios. Suas pertinência e relevância serão definidas contextualmente.*

É desde essa perspectiva que, no decorrer do livro, serão pensadas as relações entre indivíduo e sociedade, entre Flavio e os grupos mais amplos dos quais ele participou, no sentido de dar conta dos condicionamentos sociais que conformaram suas ações – ações que, é importante ressaltar, também atuaram sobre os condicionamentos – e de suas singularidades e idiossincrasias pessoais. Não se trata, pois, de colocar em relação dois planos independentes entre si, o individual e o social, tomados como entidades prontas e acabadas, mas de perceber suas tensões, interações e ajustes mútuos. Afinal, os indivíduos só se constituem como tais a partir de múltiplas mediações sociais e, da mesma forma, a sociedade resulta de variadas e contraditórias relações entre indivíduos; mediações e relações essas sempre em transformação e que pressupõem um relativo grau de indeterminação.

Pensado como "campo de possibilidades", o contexto ganha outra significação: ele deixa de ser um "cenário", um "palco" ou um "pano de fundo", metáforas muito empregadas em obras biográficas e que sugerem uma relação de exterioridade entre os atores e os espaços onde eles atuam, e passa a ser considerado como uma "rede humana móvel", estruturada a partir de uma desigual distribuição do poder, onde uma "margem de decisão", nunca ilimitada, é possível aos grupos e indivíduos. "De nenhum tipo de sociedade essa margem estará completamente ausente", mas sua natureza e extensão dependem da sua "estrutura e da constelação histórica" (Elias, 1994, p.

48-49). Veremos nas páginas que seguem que Flavio e seus companheiros e companheiras de militância, mesmo em momentos de extrema restrição das liberdades individuais, especialmente daqueles e daquelas que se opunham aos regimes ditatoriais impostos no Cone Sul nas décadas de 1960 e 1970, puderam fazer escolhas, ainda que seguidamente bastante restritas, as quais tiveram impacto decisivo sobre suas vidas e sobre os rumos dos movimentos políticos que protagonizavam.

Tal concepção de biografia permite questionar a inevitabilidade histórica, ou seja, a "noção de que todo acontecimento da vida humana é um elemento num padrão necessário", na qual "[...] o tempo histórico aparece como um fundo de cena fixo, sem impressões digitais", e aponta para a importância de se restituir um "tempo complexo, jamais linear"[9]. Perscrutar a temporalidade a partir de uma existência individual possibilita, creio eu, configurar tempos menos determinados e mais contingentes, menos lineares e mais multidirecionais, menos previstos de antemão e mais sujeitos a escolhas e acasos.

Norbert Elias, ao tratar das relações entre indivíduo e sociedade, fala metaforicamente das visões aérea e do nadador: a primeira, ao examinar do alto longos trechos da história, enfatiza "como é pequeno o poder individual das pessoas sobre a linha mestra do movimento e da mudança históricos"; já a segunda, da "pessoa que atua dentro do fluxo da história", "talvez tenha uma oportunidade melhor de ver quantas coisas podem depender de pessoas particulares em situações particulares, apesar da fixidez da direção geral". O autor considera que ambas tratam do problema "com certa simplificação" (Elias, 1994, p. 46-47). O desafio deste livro foi, então, o de alternar e articular as visões "de cima" e "de dentro", pulando, sem perder o equilíbrio, do avião ao rio e vice-versa. Cabe ao leitor avaliar se a acrobacia foi bem-sucedida.

Portanto, o problema mais geral que orienta este trabalho diz respeito à contribuição que uma biografia histórica pode oferecer ao entendimento do fenômeno da militância revolucionária na América Latina nas décadas de 1960 e 1970. Obviamente, o caso de Flavio é único e singular, mas tendo a apostar que a investigação de seus caminhos e encruzilhadas ajuda a compreender relações, processos e acontecimentos pouco ou nada visíveis nas perspectivas macroanalíticas, os quais me parecem cruciais para entender melhor por que tantos homens e mulheres se engajaram em projetos que buscavam, pela força das armas, derrubar as ditaduras vigentes e implantar o socialismo, e também como lidaram com a terrível repressão que se abateu sobre eles e elas.

Este trabalho se ancora firmemente em depoimentos orais, não obstante os diversos outros documentos pesquisados e utilizados. Por isso, permito-me tecer algumas breves considerações sobre esse procedimento que podem ajudar a compreender melhor as operações analíticas realizadas ao longo do livro.

Aqueles que trabalham com história oral sabem muito bem que essa não se limita a localizar testemunhas confiáveis, gravar suas entrevistas, transcrevê-las e utilizá-las como fontes de informações sobre o passado. Precisamos estar cientes de algumas características específicas dessas narrativas a fim de que possamos empregá-las de modo mais profícuo em nossas interpretações a respeito dos processos históricos. A primeira é que se tratam de visões retrospectivas, condicionadas pela posição ocupada pelo entrevistado no presente. Nesse sentido, faço minhas as palavras de Michael Pollak (1989, p. 13) quando esse diz:

> *Por definição reconstrução a posteriori, a história de vida ordena acontecimentos que balizaram uma existência. Além disso, ao contarmos nossa vida, em geral tentamos estabelecer uma certa coerência por meio de laços lógicos entre acontecimentos-chaves (que aparecem então de uma forma cada vez mais solidificada e estereotipada), e de uma continuidade, resultante da ordenação cronológica. Através desse trabalho de reconstrução de si mesmo o indivíduo tende a definir seu lugar social e suas relações com os outros.*

Como já sabemos ao menos desde a obra seminal de Maurice Halbwachs (1990), é justamente o presente o tempo primordial da memória, que condiciona as lembranças e esquecimentos, que seleciona o que é retido e o que é descartado. Importante ressaltar também que esse presente não é fixo, pois logo se torna passado, e suas transformações, mais ou menos radicais, influenciam diretamente a memória daqueles que as experimentam. No caso específico deste trabalho, Flavio, ao longo da pesquisa, viveu, como dissemos antes, muitos e diferentes presentes – com mais ou menos saúde, mais ou menos presença no espaço público, mais ou menos apoio ao projeto petista, mais ou menos confiança em mim –, que emprestaram sentidos diferentes ao que ele recordava e alteraram as relações sempre tensas e dinâmicas entre suas memórias, seus esquecimentos e seus silêncios. Como ressalta Henry Rousso, os sujeitos da história do tempo presente são um "ainda-aí", que não se conformam com o "tendo-sido", pois vivem em um tempo que é o seu, "em um contexto em que o passado não está nem acabado nem encerrado" (Rousso, 2016, p. 18). Algum passado estaria?, pergunto eu.

Por vezes, questões da atualidade, como o golpe perpetrado contra a presidenta Dilma, invadiam, de forma dilaceradora, nossas conversas e significavam sua trajetória como uma "sucessão de derrotas", confirmada por "mais essa derrota" vivida no presente. Em outras, em função da relação de confiança que fomos estabelecendo, temas por ele considerados "já apaziguados", como a tortura, irromperam com força dramática e presentificaram culpas aparentemente já "deixadas lá atrás". Procurei, sempre que possível, situar as falas de Flavio e dos demais entrevistados em seus contextos de enunciação. Com ele pude realizar muitas entrevistas, o que me permitiu aquilatar melhor o peso dessas mudanças do presente na reconfiguração do seu passado; com os demais, salvo poucas exceções, tive apenas um encontro, o que reduziu enormemente essa possibilidade. De qualquer modo, chamo a atenção que as narrativas orais neste trabalho não se encaixam com os demais documentos compondo um "quebra-cabeças". Elas oferecem visões retrospectivas, as quais permitem analisar, sobretudo, a maneira como o passado é elaborado no presente em função de determinados projetos de futuro. Não nego que as entrevistas possam oferecer informações factuais muitas vezes inacessíveis em outros materiais "de época", mas sua principal qualidade, creio eu, é possibilitar uma melhor compreensão do tempo e da subjetividade na história. Por isso, concordo com Anne McClintock (2010, p. 450) quando essa afirma:

> A história oral envolve a reprodução tecnológica das memórias das pessoas; a vida instável do inconsciente; as deformações, evasões e repressões da memória, do desejo, da projeção, trauma, inveja, raiva, prazer. Essas obscuras lógicas não podem ser descartadas por um mero ato de vontade como aborrecidas impurezas da história oral, mas devem ser integradas na história oral como parte central do processo.

Além disso, a memória, também nos ensinou Halbwachs, ancora-se em quadros sociais, em grupos que suportam, deslegitimam ou fazer esquecer determinadas vivências: a família, os amigos, os companheiros de geração, a organização política, a nação. Cada vez mais fomos aprendendo que tais grupos não são estáveis, homogêneos e dados de antemão, mas sim eivados de disputas que os constituem e estabelecem, a cada momento, os limites do "lembrável" e do "dizível". Durante o processo de pesquisa, Flavio esteve mais ou menos vinculado a certos grupos, o que certamente condicionou suas recordações. Em uma ocasião, por exemplo, ele participou das comemorações alusivas aos 40 anos da formatura de sua turma do Colégio de Aplicação da UFRGS, onde estudou. Reencontrou, então, amigos daquele passado, com os quais tem em geral pouca convivência, os quais ativaram nele várias lembranças. No dia seguinte ele me telefonou: "Tu tens que entrevistar o João Carlos, ele lembra de muitas coisas que eu não lembrava mais" (conheceremos melhor João Carlos no primeiro capítulo do livro).

Tenho certeza que, ao longo da pesquisa, tornei-me agente da reconfiguração de alguns desses quadros. Religuei Flavio a pessoas que ele não via há muito tempo, e também algumas dessas entre si. Fui mediador para a troca de lembranças, mensagens de afeto ("diga para o Flavio que gosto muito dele") e até alguns recados do tipo: "Faz tempo que ele não me telefona". Enfim, para usar categorias de análise de Pollak, participei do enquadramento das lembranças dessas pessoas e, ao mesmo tempo, pude ouvir algumas de suas memórias subterrâneas (Pollak, 1989, p. 9). O resultado deste trabalho de gestão do passado perpassa as páginas que seguem. Espero que essa polifonia de vozes que li e ouvi não seja "afogada pela autoridade executiva e coreográfica do 'historiador'" que sou (McClintock, 2010, p. 450). Sem negar a minha autoria/autoridade, quis trazer para o texto histórias diversas, assimétricas e, por vezes, contraditórias. Por isso, em alguns momentos, optei por transcrever longos trechos das entrevistas (obviamente adaptados por mim à linguagem escrita) que considerei especialmente "citáveis", pois neles, por sua força estética, "os acontecimentos no tempo se imobilizaram em imagens", capazes de nos ensinar sobre os fenômenos que narram, e, portanto, de ampliar nosso conhecimento a respeito da história (Alberti, 2004, p. 89). Não se trata de escapar da interpretação, mas de reconhecer a capacidade interpretativa daqueles e daquelas que nos contam histórias.

O LIVRO foi dividido em cinco capítulos, que seguem uma ordem aproximadamente cronológica, embora, como o leitor perceberá, com idas e vindas entre eles, possibilitadas pelo próprio movimento da memória.

No **primeiro**, valho-me de uma metáfora utilizada por Flavio, a do "DNA", não para confirmar seu potencial de naturalizar o passado, mas para compreender, embora esse movimento possa parecer contraditório, a historicidade dos genes que constituíram nosso personagem. Mais precisamente, não me interessa reificar uma "origem que explica" o biografado, mas reconstituir alguns elementos do campo de possibilidades que configuraram sua imagem de si e seus projetos. Para tanto levo em conta, entre outros fatores, as suas vivências familiares, especialmente a trajetória política e intelectual de seu pai, Jacob; certas experiências relacionadas à comunidade judaica de Porto Alegre e o ambiente com o qual Flavio dialogou no Colégio de Aplicação. Mais uma vez, insisto, não se trata de nos "iludirmos" com a ideia de linearidade e coerência por vezes associada à biografia. O Flavio que aderiu à militância revolucionária, por exemplo, não estava contido "em germe" no menino que brincava no Bom Fim. Mas certamente algumas das vivências desse momento inicial ajudaram a compor o homem que veio depois.

No **segundo capítulo**, reflito, inicialmente, sobre a maneira como Flavio narra o seu passado, constantemente subsumindo a sua individualidade à experiência de sua geração. Tento entender as razões sociais e emocionais desse estilo narrativo, bem como suas consequências para a pesquisa. Nas partes seguintes, acompanho a rápida ascensão de Flavio no movimento estudantil porto-alegrense, sua adesão ao PCB, as consequências para a sua trajetória do golpe de 64, sua expulsão do "Partidão", a participação na formação de grupos como a Dissidência Leninista do RS e o POC, e sua progressiva imersão na clandestinidade. Faço isso articulando seus projetos pessoais a outros projetos individuais e coletivos, levando em conta o contexto onde esses foram configurados. Dou atenção especial também às experiências de tempo vivenciadas por ele e seus companheiros, buscando integrá-las à análise de sua militância política.

No **capítulo seguinte**, abordo os caminhos e encruzilhadas de Flavio após a sua saída do Brasil, motivada tanto pela repressão policial quanto pela atração oferecida pela perspectiva internacionalista da Quarta Internacional. Acompanho seus percursos após sair do país, sua passagem pelo Chile e pela França e, por fim, o desenvolvimento de sua militância na Argentina. Mostro como ele e seus companheiros e companheiras ingressaram no PRT-ERP, a mais importante organização revolucionária marxista do país vizinho, suas ações no seio desse partido, incluindo suas disputas com a direção, e o papel de nosso personagem na formação de uma dissidência, a Fracción Roja, que desenvolveu diversas ações no período entre as duas ditaduras (a de 1966 e a de 1976) que marcaram a história argentina contemporânea. Esses movimentos individuais e coletivos são acompanhados, mais uma vez, levando-se em conta as ações e relações dos sujeitos, sem desconsiderar, é claro, as possibilidades e impossibilidades do contexto em que eles agiam.

O **capítulo 4** é o mais dramático do livro. Nele acompanho a queda de Flavio e seus companheiros mais próximos em 1975, as violências por eles sofridas, sua passagem por diversas prisões argentinas e a campanha encabeçada por Norma e Clara em prol de sua libertação. No que tange aos primeiros aspectos, foi necessário realizar uma difícil discussão sobre a (in)capacidade de representar o horror, sobretudo no sentido de reconhecer os limites da narrativa histórica para figurar situações-limite como as vividas pelos personagens aqui estudados. De qualquer modo, pareceu-me adequado, a partir da biografia construída, mostrar que as violências contra os "subversivos" já eram uma prática oficial e sistemática antes do golpe de 1976, embora tenha ganhado dimensões exponenciais após a sua deflagração. Além disso, procurei examinar as formas diferenciadas como Flavio e seus companheiros falam, desde o presente, das violências por eles experimentadas. Em relação à campanha, procurei mostrá-la no seu desenrolar, e não a partir de seu resultado final, articulando as ações dos sujeitos nela envolvidos com processos mais amplos, como a expansão de redes transnacionais de direitos humanos e o desenvolvimento do movimento pela anistia no Brasil.

Por fim, no **capítulo 5**, trato do exílio de Flavio na França, de sua tentativa de reconstruir-se pessoal e politicamente, principalmente por meio da escrita de uma pesquisa acadêmica sobre o sistema prisional argentino e de um processo psicanalítico, movimentos que se desenrolaram de modo bastante integrado. Aponto, ainda, para determinados aspectos de sua vida cotidiana em Paris e examino sua integração no projeto, em curso no Brasil, de construção de um partido dos trabalhadores. Encerro com a volta de Flavio ao seu país natal e seu trabalho para estabelecer novos projetos pessoais e políticos no campo de possibilidades aberto com o fim da ditadura.

A vida de Flavio, felizmente, vai muito além deste limite cronológico e certamente é um ótimo tema para novas pesquisas.

VOLTO ÀS epígrafes que abrem esta introdução. Elas falam da dificuldade e, no limite, da impossibilidade da narrativa de dar conta da complexidade da realidade e, no meu caso específico, da pobreza da biografia em relação à densidade da vida que se pretende capturar. Esse é um problema epistemológico e ético de primeira grandeza, levantado por, entre inúmeros outros, Walter Benjamin (1985), ao falar da mudez do soldado que voltava das trincheiras da Primeira Guerra Mundial por, literalmente, não ter palavras para expressar os horrores vividos, e, no que tange ao gênero biográfico, Virginia Woolf (2003), que zombava dos biógrafos que pretendiam "explicar seis ou sete 'eus', quando a pessoa pode possuir milhares deles". Flavio e eu nos preocupamos muito com isso em inúmeros momentos desse longo processo de pesquisa e procuramos alternativas para ao menos amenizar o problema. Se tivemos algum sucesso, saberemos agora.

NOTAS Introdução

1. Refiro-me a Antônio Guedes Coutinho, Francisco Xavier da Costa, Carlos Cavaco e Gilda Marinho. Remeto aos seguintes trabalhos de minha autoria: Schmidt, 2000, 2004, 2006 e 2009.

2. Nas transcrições das entrevistas reproduzidas neste livro foram realizadas supressões, correções gramaticais e ortográficas com a finalidade de facilitar a compreensão dos leitores, procurando-se, porém, manter o tom oral da narrativa. Obviamente, tal "tradução" do oral para o escrito, objeto de inúmeras discussões no campo da história oral, não é inocente, sobretudo porque as alterações feitas pelo "transcritor" revelam uma leitura própria da fala do entrevistado, balizada por seus problemas de pesquisa e por uma série de outras condicionantes objetivas e subjetivas. De qualquer maneira, parece-me, isso não invalida o caráter expressivo e documental desses textos, desde que não se altere os sentidos básicos daquilo que o entrevistado procurou comunicar. Ao longo da narrativa, apresentarei vários trechos, por vezes longos, de entrevistas com Koutzii e outros personagens ligados a sua trajetória.

3. Parodiando Levi, 2000.

4. Coloco a palavra retorno entre aspas para evidenciar que não se trata da mesma biografia heroica e apologética elaborada no âmbito da chamada história tradicional. De qualquer forma, não se pode desconsiderar que em outros períodos, como no século XIX e nas primeiras décadas do século XX, houve uma densa e complexa discussão sobre o papel do indivíduo na história, e, em consequência, sobre as possibilidades e limites do gênero biográfico. Portanto, nem toda a biografia produzida em períodos mais recuados é "tradicional", no sentido pejorativo. Aliás, muitas das "novas" discussões a respeito do gênero biográfico têm um longo percurso no pensamento ocidental, seguidamente desconhecido dos historiadores. Ver: Loriga, 2011 e Gonçalves, 2009.

5. Diversos textos foram produzidos sobre esse tema. Destaco as contribuições de Levi, 1996; Loriga, 1998 e Dosse, 2009. Procurei sintetizar minhas reflexões a respeito do assunto em Schmidt, 2011.

6. Anne McClintock (2010) apresenta outras possibilidades de subjetivação e de afirmação autobiográfica de homens negros e mulheres brancas e negras.

7. Sobre o tema da racionalidade limitada, ver Levi, 2000, p. 180-181.

8. No Grande Expediente da Assembleia Legislativa do RS, realizado em 12 de dezembro de 2006, que marcou a despedida de Flavio do parlamento gaúcho, após quatro mandatos sucessivos, dois deputados, ligados a partidos políticos naquele momento posicionados em lugares bem distintos do espectro político, elogiaram-no por sua coerência. Berfran Rosado, em nome da bancada do PPS, disse na ocasião: "Tenho certeza de que, onde V. Ex.ª estiver, desempenhará suas funções e atividades políticas com a mesma bravura, coerência, persistência, dedicação e dignidade com que as tem realizado até aqui". Já Heitor Schuch, pela bancada do PSB, afirmou: "Parabéns pela sua coerência e simplicidade, pela valorização das pequenas coisas, pela sabedoria e pelos critérios que V. Ex.ª trouxe a esta Casa e que aqui ficaram registrados". Ver: http://www.flaviokoutzii.com.br/artigos/2006-12-15_hoje_o_texto_e_mais_longo.htm. Acesso em 18/09/2012.

9. A primeira citação é de Berlin, 2002, p. 168; e as duas últimas de Loriga, 1998, p. 248.

CAPÍTULO 1
"MEU DNA POLÍTICO E IDEOLÓGICO"

DEMARCAR O início de uma narrativa, seja ela histórica ou literária, é sempre um ato arbitrário e nada inocente. Afinal, a escolha de um começo para a trama expressa, inexoravelmente, a lógica que a ela se quer imprimir. O princípio parece conter a essência que depois será desenvolvida, revelada, negada, reencontrada; o estado puro que explica o porvir. No caso das narrativas biográficas, a força desse corte inaugural é ainda maior. A princípio, talvez pareça fácil estabelecê-lo, pois se trata, na aparência, de um acontecimento meramente biológico, natural: a história começa com o nascimento do protagonista do enredo, tem hora, dia, mês e ano certos para iniciar. Mas nunca é assim. O recém-nascido nunca vem ao mundo "zerado"; ele sempre aparece como herdeiro: de um contexto, de um processo, de uma posição social, de uma linhagem prestigiada ou degenerada. Não é à toa que muitas biografias começam com a história dos pais, por vezes dos avós, quem sabe até de um ancestral mais remoto, nobre, nos quais se inscreve a origem, a identidade transmitida pelo sangue, pela tradição, pelo exemplo (Foucault, 1986, p. 15-367). Como salienta Sergio Vilas Boas (2002, p. 167):

> *Convencional essa ideia de invocar a descendência quando não se sabe o que escrever.* [...]
>
> *Biógrafos adoram recorrer a pais, avós e bisavós – há quem busque informações sobre os tataravós também – para tentar explicar traços de temperamento, atitudes destrutivas, decisões arriscadas, fracassos, repetições, compulsões, conquistas, etc.*

Mas, se queremos fugir desse modelo tradicional da "origem que explica", como preencher a primeira linha? De que maneira iniciar a biografia de Flavio Koutzii? Malandramente, valendo-me da minha autoridade de autor, vou deixar que ele "se comece", que dê o pontapé inicial de sua vida.

COMEÇANDO PELO (BOM) FIM

Meu pai era comunista. Eu sou judeu, ateu, mas a tradição judaica assim, no seu sentido cultural, foi uma coisa que [...] me impregnou muito a juventude, a adolescência [...]. Porque meu pai passava muito isso, uma espécie de romantismo revolucionário [...]. O pai tinha sido o primeiro crítico de cinema de Porto Alegre [...]. Ele começou a fazer crônica de cinema em 39, era um autodidata, trabalhava no comércio [...]. E, bom, ele era ligado ao Partido [Comunista], a família dele, com meus avós paternos, haviam imigrado pra cá por volta de 1910, como judeus russos que saíam das perseguições dos guetos de lá. Eles vieram de uma região da Rússia branca, da Rússia europeia, um pouco antes de chegar à fronteira asiática. E os pais da minha mãe, meu avô paterno, também era russo, judeu russo, e a minha vó era inglesa, também de origem judaica. A mãe já nasceu aqui, e o pai, com dois anos foi trazido pra cá, e, bom, os dois se envolveram...

E era muito característico de alguns setores da imigração europeia de então uma forte impregnação que a Europa Central tinha das ideias progressistas, do tema mesmo da perseguição, que é um tema [...] que constrói a consciência dos mais inquietos, dos oprimidos. Então isso era muito forte. Quer dizer, o meu DNA político e ideológico já assim, sei lá, com oito anos, nove anos, coisas engraçadas... O pai e a mãe reuniam os amigos da comunidade judaica progressista e o pai dizia: "Diz aí: viva Luís Carlos Prestes!". E eu ia lá e [dizia]: "Viva Luís Carlos!". Mas era uma mistura, isso do autodidatismo, quer dizer, muito livro, muita música, muito acima da média de uma família de classe média baixa, o tema da política e o tema da condição judaica, não o tema da religiosidade, que ninguém era religioso na minha casa. Então, de certa maneira, pra resumir, [...] comecei muito atrás, mas senão não dá pra entender de onde saiu isso [...]. Quer dizer, eu sou um cara que cresci ouvindo duas histórias: uma do gueto de Varsóvia, aquela resistência final, quando, pela primeira vez, judeus dizem basta de morrer passivamente, que o pai narrava, e o pai era um bom narrador, então devo ter ouvido cem vezes essa história; e a outra história era a da batalha de Stalingrado, quando a ofensiva alemã vai até a porta de Stalingrado, e essa é a grande batalha onde eles param, não conseguem [...]. Eu não precisava ter lido o Michael [Löwy][1] pra entender essa matriz meio romântica e meio épica [...] de uma motivação pra me [...] identificar, digamos assim, com a causa dos oprimidos. Então essa é a minha matriz [...], mas eu quero dizer: a noção da diferença, que é um tema claro para um negro, para um judeu, para um comunista, naquela época eu já tinha em duplo título. Eu já era um menino que me via como judeu e comunista. O

> *comunismo não tinha muitas consequências, mas [ser] judeu tinha, porque [...] quando eu ia pro colégio, [...] então tinha que passar na frente do [colégio] Rosário, que era mais ou menos cruzar uma linha de batalha, né? Porque, em certo momento, eles percebem que eu era um menino judeu e era terrível. Eu tô falando de 8 ou 9 anos de idade. Daí, duas ou três vezes eu não pude evitar quando eu passava naquela Praça Conceição [...], vinha uma patota de dez e me batiam. Então, essa noção, ela não tem nada de intelectual ou de intelectualizada, ela foi vivida muito assim* (entrevista 1).

Essa longa narrativa, que principia uma entrevista concedida por Flavio em fevereiro de 2003 à equipe do projeto "História e memórias do PT gaúcho (1978-1988)", por mim coordenado, parece-me uma boa porta de entrada para pensar a maneira como ele configura a sua origem, o seu "DNA político e ideológico", a sua "matriz". A proposta, naquele momento, era ouvi-lo sobre sua militância no Partido dos Trabalhadores, mas Flavio sentiu necessidade de começar "muito atrás", "senão não dá pra entender de onde saiu isso", ou seja, ele mesmo. Tal recuo nos oferece a oportunidade de puxar muitos fios de sentido, os quais, aliás, se repetem em várias outras entrevistas e depoimentos de Flavio, a fim de que, progressivamente, uma trama mais nítida seja tecida. Com isso, não se quer revelar a "essência", nem referendar a "ilusão biográfica" do personagem, o qual, como ocorre quase sempre em narrativas autorreferenciais, busca construir sua existência de forma linear e coerente (Bourdieu, 1996), mas sim compreender as diversas camadas de memória, vividas pessoalmente ou "por tabela" (Pollak, 1992, p. 201)[2], sedimentadas neste "depoimento-monumento"[3]. Certamente, em seu conjunto, elas contribuíram e contribuem para moldar a identidade de Flavio[4], influenciaram e influenciam na escolha dos caminhos por ele percorridos e na elaboração de seus projetos individuais e coletivos. Portanto, merecem ser examinadas com atenção. É a esse exame que me voltarei a partir de agora.

Valendo-me de metáforas trazidas do campo da genética, próximas das que Flavio utiliza para expressar o "começo que explica" a sua existência, parece que dois "genes" constituem o DNA político e ideológico do personagem, atuando como sequências capazes de definir suas características fundamentais: a condição de judeu e a de comunista. Em sua fala, ambas aparecem como herdadas sobretudo do pai, embora com algumas interferências maternas. É a essa linhagem masculina que Flavio dedica boa parte de sua narrativa das origens.

Porém, metáforas como essas são perigosas. Genes e DNA remetem ao campo da natureza, da biologia, do inato, do herdado na própria concepção. Já a história lida com a cultura, com o movimento, com o imprevisível, com o contingente, com heranças questionadas e disputadas, com formas que só adquirem alguma solidez pela ação tenaz dos seres humanos. Vamos, então, a partir das próprias palavras de Flavio, fazer o que parece contraditório: historicizar tais "genes", situar temporalmente as espirais de seu DNA.

Comecemos por Jacob, o elo físico e simbólico que transmite a herança de uma difusa tradição progressista fervilhante na Europa Central no século XIX ao seu descendente varão em Porto Alegre. Ele nasceu na Rússia em 26 de julho de 1908, emigrando ainda criança para o Brasil, onde se estabeleceu em Porto Alegre. Parece que muito jovem iniciou sua militância comunista, pois em 1927 já participava do grupo dirigente do PCB no RS. Esteve presente nas comemorações da Revolução Russa no dia 7 de novembro de 1929, representando a Federação dos Esportes Proletários (Peixoto, 2006). Segundo o jornalista, historiador diletante e militante João Batista Marçal, ele foi um dos fundadores do Bloco Operário e Camponês (BOC), frente eleitoral ligada ao PCB constituída no final da década de 1920. Atuava como dirigente da Juventude Comunista (JC) com o codinome "Isac" (ou "Isaac", ou ainda "Issac", dependendo da fonte consultada). Utilizava também o pseudônimo Plínio Moraes (ou Morais, como consta em alguns documentos) nos textos que escrevia para o jornal partidário *A Classe Operária*, para os periódicos culturais do PCB gaúcho, *Rumo* e *Horizonte*, e para a grande imprensa do Estado.

Interessante atentar para a questão dos pseudônimos: "Isaac" e suas variações, assim como seu nome verdadeiro, são marcadamente "étnicos", ou seja, remetem a uma origem bastante conhecida. Portanto, mesmo utilizando-se de um pseudônimo na militância comunista, chama a atenção que tal "disfarce" não ocultava sua condição judaica, ao contrário, evidenciava-a. Isso talvez revele um "orgulho étnico" (mesmo que irônico) por parte de Jacob, ou, em sentido contrário, uma dificuldade de se livrar de tal "marca de nascença" diante de seus companheiros, pois não sabemos se Isaac foi uma designação autoatribuída ou escolhida por outros[5]. A segunda hipótese é reforçada pelo fato de que seu pseudônimo mais usual, e assumido publicamente, tenha sido Plínio Moraes, de certa forma "neutro" etnicamente. Aliás, é com esse nome que, como veremos mais adiante, ele foi identificado na imprensa e nos documentos policiais. De qualquer maneira, tais oscilações revelam que, no caso de Jacob, como no de muitos outros militantes políticos que tiveram atuação clandestina (como o próprio Flavio), o nome próprio não pode ser considerado um "designador rígido", imposição arbitrária de uma identidade que oculta as mudanças de um indivíduo ao longo do tempo. Aqui, como em outras situações, os nomes variam e acabam expressando as próprias transformações pessoais e sociais de quem os adota[6].

A atuação de Jacob-Isaac-Plínio no PCB no final da década de 1920 parece ter se dado, sobretudo, em uma das frentes de massa do partido, que buscava, através do esporte, conquistar jovens proletários para a causa comunista. Uma das histórias mais famosas envolvendo a militância política do personagem nesse período diz respeito à "conversão" de um operário que, nos anos seguintes, seria um destacado dirigente do Partido, o metalúrgico Eloy Martins.

Em 1928, fazia três anos que Eloy havia chegado a Porto Alegre, estando empregado no estaleiro Alcaraz & Cia. como ajudante de caldeireiro. Participava, junto com o irmão, Moaré Martins, do Grupo de Operários Apolíticos. Vejamos como ele narra, no livro de memórias que publicou em 1989, seu encontro com o jovem militante Jacob:

> Era ainda ajudante quando entrei em contato político com o caldeireiro Ramão, membro do Partido Comunista do Brasil. Ele começou a me tirar da cabeça algumas ideias anarquistas, como o apoliticismo. Eu fazia parte do time de futebol da firma. Num domingo quando participávamos de um torneio de equipes operárias de várias empresas, num dos intervalos dos jogos, em companhia de outros jovens, tomei parte de uma conversa com um moço, que depois de uma explanação política, gentilmente nos ofereceu exemplares de Classe Operária, jornal do PCB. Na segunda-feira, Ramão, depois do almoço, manteve um diálogo comigo. Na próxima semana ingressei no Bloco Operário e Camponês. Na época o novo militante só ingressava nas fileiras partidárias após certo tempo de comprovação de fidelidade à causa, particularmente os jovens.
>
> O moço com quem conversamos chamava-se Jacob Koutzii, tinha naquela ocasião 20 anos, era responsável no partido pela organização da Juventude Comunista e seu trabalho se concentrava entre os jovens operários. O Issac, como o conhecíamos, nome de guerra, dificilmente passava um domingo sem ir aos jogos de futebol de times de operários de empresas industriais. Issac, como ativo colaborador da Classe Operária, usava o pseudônimo de Plínio Moraes. [...] Além dos encontros que mantive com Issac nos campos de futebol, realizei contatos com ele numa casa de comércio de calçados, situada na rua Voluntários da Pátria. O camarada Issac, assim como outros estrangeiros comunistas, ressentiram-se bastante com o partido, que tomou posição antiproletária, ao aceitar e aplicar as condições impostas pela Lei que proibiu a filiação de estrangeiros aos partidos políticos. Vários camaradas foram afastados da organização, porém, grande número deles continuou ajudando o partido, como foi o caso de Jacob que não aceitou o afastamento (Martins, 1989, p. 27-28).

Muitos anos depois da ocorrência dos fatos relatados, Eloy ressalta no trecho citado a importância de duas pessoas para o seu ingresso na militância comunista: o colega Ramão, que já atuava no PCB em 1927 ao lado de Jacob, e deste último, então um moço conhecido pelo pseudônimo "Issac", que, nos intervalos dos jogos entre equipes ligadas a empresas e, por vezes, na loja de calçados onde trabalhava, conversava com os também jovens operários, aproveitando-se, talvez, da identificação geracional, na tentativa de convencê-los a ingressarem no Partido. Além disso, distribuía o jornal *A Classe Operária* com o objetivo de aprofundar os argumentos de convencimento para além da conversa pontual e, quem sabe, ampliar a propaganda entre outros potenciais novos militantes. Sabe-se que, nesse período, o futebol era um terreno disputado pelo patronato (como forma de reforçar os laços dos empregados com os estabelecimentos onde trabalhavam) e por sindicalistas e correntes de esquerda (que buscavam seduzir os operários para as causas que professavam). O PCB, particularmente, através de suas "frentes de massa", procurava articular lazer e mobilização política como forma de se aproximar da juventude e de outros setores sociais (intelectuais e mulheres, por exemplo), sendo o futebol uma dessas vias de atração (Fortes, 2004, p. 281)[7]. Como dirigente da Federação de Esportes Proletários, Jacob participava dessa disputa, procurando convencer, entre um drible e outro, os operários que o comunismo era o caminho da emancipação humana. Nesse sentido, o mesmo Eloy Martins menciona que "havia um grande movimento de futebol de empresa e ele (Jacob) era meio técnico"[8].

No início de 1930, uma onda repressiva se abateu sobre os comunistas gaúchos, tento como pretexto uma suposta tentativa de infiltração desses junto a soldados e sargentos da Brigada Militar. De acordo com depoimento prestado posteriormente à polícia por Luiz Brandão Birnfield, que se declarou simpatizante do PCB, havia adeptos do comunismo tanto no Exército quanto na Brigada. Segundo ele, Jacob Koutzii, representante da Federação de Esportes Proletários, teria ficado encarregado das reuniões com esses militares quando elas deixaram de ser feitas na sede da Confederação Regional do Trabalho (CRT) do Rio Grande do Sul, criada em Porto Alegre entre março e abril de 1929 com a finalidade de implementar um novo modelo de organização sindical nos moldes pretendidos pelos comunistas (Fortes, 2004, p. 296). Jacob acabou preso com outros companheiros em 1º de maio daquele ano.

Diante da repressão estatal, a mobilização dos comunistas sofreu um recuo e a atuação do BOC e de outras associações conduzidas pelo PCB praticamente desapareceu da imprensa (Peixoto, 2006, p. 195). Jacob, particularmente, a partir de então, parece ter se dedicado especialmente a uma militância de caráter cultural, sobretudo através de periódicos. Tanto que, em 19 de dezembro de 1935, Jacob Koutzii (ou "Jacob Kutz") aparece como sócio-fundador da Associação Riograndense de Imprensa (ARI) (Rossi, 1981, p. 78). Data deste período também o forte de sua produção como crítico de cinema, atividade da qual foi um dos pioneiros no Rio Grande do Sul, ao lado de P. F. Gastal. Ele assinava suas críticas com o pseudônimo Plínio Moraes, pelo qual era conhecido entre os cinéfilos da cidade (Lunardelli, 2000, p. 30). Aliás, como mencionado anteriormente, era assim que tanto o meio cultural porto-alegrense quanto a polícia política que vigiava suas atividades o identificavam. Essa *persona* acabou assumida de forma tão contundente por Jacob que foi como Plínio Moraes que ele assinou, já em 13 de abril de 1948, a "Lista de pessoas presentes à reunião preparatória de formação do Clube de Cinema de Porto Alegre"[9]. Ou seja, se, nas sociedades ocidentais modernas, a assinatura é um dos índices mais fortes para atestar a constância nominal de um indivíduo, e, por consequência, sua unidade e coerência ao longo do tempo, ao assinar como Plínio, Jacob ou brincava com essa demanda identitária ou efetivamente dividia-se em dois para dar conta dos diferentes papéis por ele assumidos, ou ainda ambas as coisas ao mesmo tempo. Nesse caso, o pseudônimo não parecia significar um esconderijo para fugir das perseguições políticas, pois, ao que tudo indica, quase todo mundo sabia que Plínio era Jacob ou, ao menos, que ambos habitavam o mesmo corpo físico.

Plínio publicou suas críticas em jornais da chamada "grande imprensa", primeiro no *Diário de Notícias* e logo também na *Folha da Tarde*, no *Correio do Povo* e no *Jornal da Noite* (Chaves, 1997, p. 9 e Marçal; Martins, 2008), e colaborou igualmente com periódicos ligados à intelectualidade comunista do Estado, como as revistas *Rumo* (1936) e *Horizonte* (1949-1956). Nos primeiros, em especial[10], se percebe o ecletismo do gosto do crítico. Seus textos versam sobre filmes tão diferentes como os brasileiros *Favela dos Meus Amores*, de Humberto Mauro (1935) – "É um grito de brasilidade e uma revelação surpreendente da já vitoriosa cinematografia nacional" (*Diário de Notícias*, 25/04/1936 – p.18) –, e *Bonequinha de Seda*, de Oduvaldo Vianna (1936) – "[...] um espetáculo. Um grande espetáculo" (*Folha da Tarde*, 08/12/1936 – p. 65) –; o francês *Véspera de Combate*, de Marcel l'Herbier (1935) – "[...] um espetáculo grato. Satisfaz a expectativa, principalmente daqueles que acompanham o desenvolvimento da cinematografia europeia. O cinema francês começa a viver dignamente" (*Folha da Tarde*, 09/12/1936 – p. 65-66) –; o inglês *Pigmalião*, de Anthony Asquith e Leslie Howard (1938) – "[...] um espetáculo de fino sentido intelectual, em que se destaca com maior relevo o espírito do autor" (*Diário de Notícias*, 23/06/1940 – p. 120); passando por películas norte-americanas bastante variadas que vão da comédia romântica *Prelúdio Nupcial*, de Gregory La Cava (1935) – "É interessante e divertido" (*Diário de Notícias*, 19/07/1936 – p. 31) –, ao posteriormente tornado *cult*, mas no qual Moraes já reconhecia qualidades excepcionais, *Cidadão Kane* (1941) – "Um filme-marco. Um ponto de partida para uma nova fase na cinematografia" (*Diário de Notícias*, 08/08/1941 – p. 138) –, sem falar no delicado artigo dedicado à animação *Branca de Neve e os Sete Anões* (1937) – "[...] maravilha criada por Walt Disney" –, onde descreve a "personalidade" de cada um dos pequenos amigos da heroína (*Diário de Notícias*, 30/10/1938 – p. 101-102).

Em geral, suas críticas são positivas, sempre procurando valorizar os pontos fortes das películas: a mensagem transmitida, a diversão proporcionada, a interpretação adequada dos atores, a direção, as qualidades técnicas, a música, entre outros aspectos. Isso talvez se deva ao desejo de Plínio de contribuir para a formação de um público de cinema em Porto Alegre. Apesar disso, contudo, em certos momentos, ele não deixou de apontar problemas nos filmes assistidos, em especial no que se refere à performance dos intérpretes, como nos casos de *Guerreiros da África*, de Louis Gasnier e Charles Barton (1935) – "*Guerreiros da África* não dá uma possibilidade a Claude Rains para exibir suas excelentes qualidades de intérprete [...]" (*Diário de Notícias*, 11/08/1936 – p. 37) –, e, com um tom mais sutil, de *Condenados ao Inferno*, de William Wellman (1936) – "Donald Woods está muito bem no seu papel. Os demais contribuem dentro de suas possibilidades" (*Folha da Tarde*, 04/01/1937 – p. 73).

Em seus textos, Plínio transmite, acima de tudo, o grande prazer que o cinema lhe proporcionava: "Escrever sobre cinema é o que há de bom", registrou ele em sua contribuição à *Folha da Tarde* de 24 de setembro de 1936 (p. 51). O ato de assistir às películas despertava no crítico um deleite todo especial, possibilitado não só pelos filmes em si, mas também pelo trânsito assíduo nas "salas de espetáculo da 'cinelândia' porto-alegrense", onde podia, por exemplo, ouvir os "comentários curiosos de certa categoria de *habitués*", como dona Zizinha, que "[...] está sempre no mesmo cinema que nós estamos. Não perde estreia. É aparecer cartaz novo e lá está a dita-cuja" (*Folha da Tarde*, 30/01/1937 – p. 77). Contudo, para além da diversão, ou talvez ligada indissociavelmente a ela, o cinema dava a Plínio a possibilidade de pensar a sociedade e discutir sobre ela, pois tal linguagem ofereceria "um mundo novo de sugestões, facilitando o debate dos temas mais variados. Todos os assuntos, mesmo os mais transcendentes, cabem na discussão cinematográfica". Para o crítico, os benefícios oferecidos pela sétima arte só tendiam a aumentar, ideia essa ligada a sua visão progressista do tempo, característica da forma de encarar o mundo dos militantes comunistas: "Confiemos no eterno movimento de renovação, na certeza de que o mundo marcha pelas rotas evolutivas que marcam o progresso humano. E então, sim, o cinema será essa maravilha que todos nós admiramos com a mais exaltada das emoções", conclamou ele (*Folha da Tarde*, 24/09/1936 – p. 51-52).

Por meio da crítica cinematográfica, e não obstante seu gosto eclético, Plínio Moraes continuou a militar em prol das causas nas quais acreditava e que mobilizavam os comunistas, como a defesa da paz. Assim, ao comentar o filme *Daqui a Cem Anos*, de William Cameron Mezies (1936), ele escreveu, possivelmente impactado pelas notícias da corrida armamentista implementada pelos países europeus:

> *Guerra! Soa o grito angustioso dos peitos humanos. Para que a guerra? Por que a guerra? Por que devem os homens buscar a morte? Que mal fizeram para serem estraçalhados pelos explosivos e terem os pulmões rebentados pelo gás? Já não basta o exemplo da carnificina de 1914? Que querem mais? Milhões de homens fecundaram com seu sangue generoso os campos de batalha, lançando a semente da paz. Desta paz que irmanaria todos os povos num desejo comum de fraternidade e amor* (*Folha da Tarde*, 02/10/1936 – p. 52).

Posteriormente, em pleno decorrer da Segunda Guerra, um outro crítico, referido apenas como "Adil", escreveu sobre "a pouca aceitação que vem recebendo por parte da plateia porto-alegrense os filmes antinazistas", atribuindo tal fato ao cansaço do público com a "onda interminável de películas deste gênero". Plínio reagiu a tal interpretação e enviou uma carta ao "confrade", que foi publicada na *Folha da Tarde* em 29 de novembro de 1943. Nela, afirmou ter entendido que o suposto desinteresse do público por aquele gênero se devia à falta de "requisitos artísticos" em muitos dos filmes com essa temática e não a uma "atitude política de nossa plateia". Afinal, ponderava, "[...] o nosso público, como o de todos os países livres, é democrático e como tal lhe agrada aplaudir e exaltar os espetáculos que enaltecem a democracia". Mas também atribuía esse desinteresse, de modo contundente, à ação do "quinta-colunismo", ou seja, dos apoiadores do Eixo no Brasil:

> Ainda não foram presos todos os nazistas do país, e os integralistas andam soltos pelos cafés e pelos jornais fazendo campanha de desmoralização e derrotismo. Isso explica em parte a indiferença do público em face de tudo que signifique luta contra o fascismo. A quinta-coluna age em todos os setores da vida nacional: no campo da espionagem militar, na intriga política, na criação de inimigos imaginários, na discussão de problemas inexistentes, no desvirtuamento do entusiasmo militar, na cátedra, nas bolsas de comércio, na literatura e no cinema. Estás percebendo aonde eu quero chegar? Pois é isso mesmo. A quinta-coluna, além de forte, é bem disciplinada. O que, na tua boa fé de cronista cinematográfico julgavas ser a causa do desinteresse público, não é mais nem menos do que o bem organizado trabalho do quinta-colunismo.

Plínio/Jacob talvez se referisse à presença de apoiadores do nazifascismo na própria cidade onde morava. Quem sabe até sentia as intimidações dos integralistas no seu cotidiano. Tais experiências, aliadas a sua perspectiva política – já que nessa época, em todo o mundo, os comunistas estavam empenhados na luta contra o Eixo –, devem ter contribuído para que ele se posicionasse publicamente em favor da luta "contra a quinta-coluna nas salas de cinema": "Vamos organizar o aplauso contra o silêncio dos sabotadores nazistas, aplauso que será vibrante e viril, que suba ao teto, que se estenda à rua, que por sua força e energia desperte os indecisos e indiferentes, e que por sua potência e fragor destrua o inimigo, paralisando e aniquilando suas atividades desagregadoras". Enfim, naquela conjuntura tão complicada, que Plínio acompanhava com atenção através da imprensa[11], ele pretendia transformar o cinema em uma "frente de combate", e o crítico em um soldado igual aos "que lutam às portas de Roma, nas ilhas do Pacífico e nas fronteiras da Polônia" (*Folha da Tarde*, 29/11/1943 – p. 82-83).

Além do antimilitarismo e do ataque ao nazifascismo, Plínio também pontuava seus textos com pinceladas de crítica social desde uma perspectiva comunista, como nas críticas aos filmes *Tempos Modernos*, de Charles Chaplin (1936) – "Na cena inicial, Carlitos lança o seu primeiro grito de protesto contra as tristes condições em que vivem os trabalhadores, comparando-os com um bando de ovelhas. Frisa nesse quadro a passividade das massas operárias em face da exploração que sofrem. Sugere um ato de rebeldia" (*Diário de Notícias*, 11/06/1936 – p. 22-23) –, e *As Aparências Enganam*, de John G. Blystone (1935) – que "[...] relata o drama cotidiano da classe média americana. O choque inevitável entre a crescente proletarização do pequeno burguês e a exigência preconceitual das necessidades sociais" (*Folha da Tarde*, 16/12/1936 – p. 68-69). Para ele, muito além da diversão, o mais importante era que o cinema – e a arte de maneira geral – transmitisse uma mensagem de cunho social:

> Seja na literatura como na cinematografia, não se justifica a apresentação da obra quando não transmite uma mensagem, uma ideia, uma tese, um conteúdo enfim, que se proponha estabelecer discussão sobre um problema ou um programa de ação social. Fazer arte com propósitos puramente subjetivos, de alcance medíocre nos domínios da criação estética, tem o mesmo sentido que o papel crepom: enfeita e brilha, mas por pouco tempo. Os temas objetivos têm outra finalidade. Estes ficam. Ficam e são lembrados sempre, porque é por meio deles que se fundamentam todas as realizações no campo da sociologia, ramo cultural que compreende o conjunto de uma infinidade de problemas de interesse geral (*Diário de Notícias*, p. 04/08/1940 – p. 123-124).

Essa apreensão de Plínio com a "mensagem" e com os "temas objetivos" fica ainda mais patente nos textos que escreveu para os periódicos ligados aos comunistas, provavelmente porque nesses havia uma maior preocupação com a adequação à linha de pensamento do Partido, mesmo que a organização estivesse na clandestinidade, e ainda em função de uma maior afinidade ideológica do autor com seus leitores. Na revista mensal *Rumo*, ele escreveu, em 1936, sobre a importância de se levar a cultura às massas:

> Sim, o povo quer literatura, poesia, música, pintura, bailado, canto e teatro. E quando o povo quer, deve-se dar [...]. É ele que constrói o mundo [...]. E para se oferecer tudo isso a ele é necessário ir ao encontro das suas possibilidades. E elas são limitadas, pois o povo é pobre, muito pobre [...]. Que se editem as obras-primas da literatura por preços popularíssimos. Que cobrem preços popularíssimos nos espetáculos teatrais. Que sejam franqueadas as galerias de pintura. Que o governo subvencione concertos públicos dos grandes intérpretes da música, do canto e de bailado, e ver-se-á como o povo também sente, também se emociona e também se sensibiliza com as superiores manifestações da arte e da cultura (*Rumo: revista mensal*. Porto Alegre, junho de 1936, ano I, n° 4, p. 7).

Mais de dez anos depois, no número 1 da revista *Horizonte*, que congregava a fina flor da intelectualidade comunista local, ele escreveu o artigo *Cinema – Arte de Nosso Tempo*, onde, por um lado, defendeu tal veículo, afirmando ser ele "[...] o instrumento mais adequado, principalmente como expressão artística, a servir à época dinâmica e progressista que estamos vivendo", pois, acreditava, "nenhuma outra arte, em tempo algum, teve essa possibilidade de expansão"; mas, por outro lado, criticava Hollywood por ser "[...] em verdade uma gigantesca fábrica de produção dirigida, censurada e mutilada, sem a mínima chance de apresentar em seus pseudodocumentários a face real da realidade americana", capaz de conseguir uma "coisa extraordinária": "[...] sepultaram no esquecimento a lição tremenda dos horrores da guerra, anularam a vigilância em torno do inimigo fascista, destruíram a fé dos homens num futuro de paz para o mundo, não utilizaram o drama inominável dos campos de concentração" (*Horizonte*. Porto Alegre, março de 1949, ano I, nº 1, p. 31-32). Mais uma vez percebe-se o quanto a Segunda Guerra foi um acontecimento marcante para Plínio/Jacob, o que posteriormente se expressará no repertório de narrativas que ele procurou, ao que tudo indica com sucesso, transmitir a seu filho.

No número seguinte, as posições estéticas de Plínio ficaram ainda mais claras. Em sua coluna "Cinema", ele comenta sobre o desenvolvimento da arte cinematográfica no México, tendo por base o filme *Enamorada*, de Emílio Fernandez e Gabriel Figueirôa, a que havia assistido em sessão especial do Clube de Cinema. No texto, o crítico posiciona-se claramente no debate entre realismo e abstracionismo que então vicejava não apenas no Brasil, mas em boa parte do mundo. Vale a pena citar um trecho longo dessa crônica, pelo que expressa da visão de mundo do personagem:

> *Os muralistas mexicanos, Siqueiros, Rivera e Orozco, artistas que perpetuaram sua arte nos edifícios públicos e nos locais de fácil acesso para o povo, representam os pioneiros da arte a serviço das massas, continuada por Figueirôa no cinema. Assim como os pintores fixaram nos murais a história heroica e dramática de sua pátria, assim Fernandez reproduz na tela a saga mexicana, com o mesmo espírito de combatividade ideológica.*
>
> *A arte só atinge seu objetivo quando se inspira na verdade. O abstracionismo revela apenas a incapacidade do intelectual em enfrentar o quotidiano, a realidade social, fonte realmente inspiradora das mais belas obras do espírito humano. Cada filme mexicano, excluídas as exceções, que no México também existem abstracionistas ou diversionistas se assim quiserem, é um documento humano, onde se aliam à sensibilidade artística mais refinada, o grito vibrante de uma nobre mensagem de justiça. Enamorada é um documentário, porque interpreta uma realidade. E essa realidade é a história de um povo em conflito com o meio ambiente. É a luta pela conquista da terra, contra a opressão da lei a serviço dos latifundiários, contra a guerra que divide o povo, contra a miséria. Mostra o filme com desassombro a verdade nua e crua, narrando os fatos e expondo não apenas o conflito e as*

suas causas, como o seu efeito sobre as criaturas humanas. E isso nos ajuda a compreender o povo em todas as suas facetas, virtudes e debilidades, estabelecendo uma identidade comum entre povos de diferentes nações, numa base fraternal por todos desejada (Horizonte. Porto Alegre, abril de 1949, ano I, nº 2, p. 41-42).[12]

Com todo seu amor pelo cinema, não é à toa que ele tenha sido um dos fundadores do Clube de Cinema de Porto Alegre em 1948, sobre o qual escreveu:

Visamos criar, como afirmou nosso presidente P. F. Gastal, uma consciência cinematográfica no seio das grandes audiências. Pretendemos, modéstia à parte, guiar o público pelo bom caminho do cinema-arte e deste modo, criar condições favoráveis para pressionar de forma mais direta sobre os responsáveis pelas realizações cinematográficas, obrigando-os assim a pensar duas vezes antes de ser iniciada a filmagem. Temos o propósito de proceder a uma séria revisão de valores da cinematografia, denunciando as mediocridades, desmascarando os cartazes prefabricados, ao mesmo tempo que elogiaremos e indicaremos, segundo nossa opinião, as verdadeiras obras-primas, utilizando para isso todas as colunas disponíveis dos jornais e todas as trombetas existentes. Não cogitamos de fazer um trabalho de cúpula, coisa assim entre família, de âmbito restrito, de acesso unicamente aos iniciados e intelectuais (Correio do Povo, 25/04/1949 – p. 145-146).

Portanto, Jacob/Plínio via-se como membro de um grupo cuja missão era guiar o público diante da oferta de filmes disponíveis, orientando seu gosto e demarcando claramente o cinema-arte, as "verdadeiras obras-primas", das "mediocridades", para, assim, pautar, se possível, a própria realização cinematográfica. Esta visão de certa forma elitista e autoritária, apesar da ressalva de que o Clube não pretendia fazer um trabalho de cúpula, certamente não era estranha aos membros do PCB naquela conjuntura, os quais seguidamente se percebiam na condição de uma vanguarda esclarecida, responsável por iluminar e dirigir a massa que se encontrava alienada – econômica, social e culturalmente – em função da opressão capitalista (*Correio do Povo*, 25/04/1948).

Enfim, para o pai de nosso protagonista, o cinema era fonte de imenso prazer, mas também instrumento de militância política. Essa paixão pela sétima arte parece ter impregnado a infância de Flavio, como veremos a seguir.

Profissionalmente, Jacob trabalhou como empregado em uma loja de calçados, a Casa Princesa, de propriedade de Marcos Lerrer, localizada na Rua Voluntários da Pátria, no centro de Porto Alegre, onde também realizava seu trabalho de proselitismo político, como recordou Eloy Martins. Posteriormente, tornou-se gerente do estabelecimento. Já Clara, ao ser perguntada se havia sido sempre dona de casa, afirmou:

Eu fui dona de casa, trabalhei durante nove, dez anos, tinha uma lojinha aí na [avenida] Oswaldo Aranha [principal via do Bairro Bom

Fim]. [...] *e nós fizemos, uma amiga que eu tinha, que já faleceu também, ela... nós fizemos uma loja de presentes, que foi, digamos, uma pioneira aqui, quase que por acaso. E foi muito bom, foi uma coisa muito interessante, eu trabalhava muito, gostava muito. Mas depois também [...] meu marido adoeceu e problemas com... o Flavio, que sempre preocupavam.*

FLAVIO NASCEU em 1943, em plena ditadura do Estado Novo, portanto, quando uma dura repressão se abateu sobre o PCB, sendo seus militantes mortos, presos, exilados, forçados a atuar na mais completa clandestinidade ou, simplesmente, impelidos ao silêncio sobre suas preferências políticas. Quando lhe perguntei, várias décadas depois, a respeito da militância de seu pai nesse período, ele respondeu: "[...] militando no sentido mais clássico eu não cheguei a ver. [...] ele sempre foi [...] um ativista progressista". Ainda de acordo com nosso personagem, o que teria gerado esse afastamento, situação também evocada por Eloy Martins, foi o fato de Jacob ainda não ter nacionalidade brasileira na época, levando o Partido, em função da legislação daquele momento, a desligá-lo, caso contrário, seria imediatamente expulso do país: "Então é a partir dali que ele, eu não sei te dizer [em] que ano [e como] isso aconteceu, a militância mais formal dele diminuiu" (entrevista 2).

O fim da ditadura varguista reacendeu as esperanças dos militantes comunistas, que passaram a investir cada vez mais nas frentes de massa. Nessa época, o PCB atraiu a simpatia de muitos intelectuais e artistas, os quais, seguidamente demonstrando grande admiração pela União Soviética, que havia, em sua visão, vencido os nazistas, devotaram palavras e imagens às causas da paz e da emancipação do jugo capitalista. Foi nessa conjuntura que judeus progressistas de Porto Alegre, Jacob entre eles, fundaram o Clube de Cultura, caracterizado por Moacyr Scliar como o "reduto do judaísmo vermelho da cidade" (Scliar, 1997, p. 3).

Em 30 de maio de 1950, na casa de Mauricio Kotlhar, médico do Sindicato dos Alfaiates e, como Moacyr, sobrinho de Henrique Scliar, o grande propulsor da iniciativa, criou-se uma entidade cujo objetivo era o "desenvolvimento das letras e artes, já criando grupos teatrais, já consagrando elementos esparsos de amadores de diferentes artes, como música, dança, pintura, etc., proporcionando um clima adequado à emulação e estímulo para o aproveitamento máximo destes valores e favorecer seu aprimoramento"[13].

No ano seguinte, Jacob participou da organização do 4º Congresso Brasileiro de Escritores, realizado no dia 25 de setembro de 1951, em Porto Alegre, integrando a Comissão de Propaganda. Segundo a documentação do Departamento de Ordem Política e Social (DOPS), criado em 1924 e potencializado durante o Estado Novo, que, entre outras atividades, vigiava as atividades consideradas subversivas pelo governo, a primeira notícia sobre a realização do encontro foi dada pelo vespertino porto-alegrense *Folha da Tarde*, em 4 de julho, que apresentou a lista de adesões já firmadas. Nesta constava a nata da intelectualidade de esquerda local. Chama a atenção o fato de que, ao reproduzir a lista, o relatório da Polícia Política não tenha assinalado, ao lado do pseudônimo de Jacob, Plínio Morais, a designação "comunista", o que foi feito no caso de outros participantes:

> REINALDO MOURA, PAULO GOUVEA, CIRO MARTINS – comunista, JOSUÉ GUIMARÃES, DIONÉLIO MACHADO – comunista, MANOEL BRAGA GASTAL, LILA RIPOLL GUEDES – comunista, ORLANDO LOUREIRO, TASSO VIEIRA DE FARIA, MARCOS IOLOVITCH – comunista, ANTÔNIO DEL ARROYO – comunista, CLÁUDIO MÉRCIO – idem, HEITOR SALDANHA – idem, NELSON DE ASSIS, **PLÍNIO MORAIS**, RUBENS VIDAL – comunista, TEREZA DE ALMEIDA, VICENTE MOLITERNO, JUVENAL JACINTO – comunista, PLÍNIO CABRAL – idem, MANOEL LUIZ COSTA, LACY OSÓRIO – comunista, BEATRIZ BANDEIRA RYFF – idem, FLAMARION SILVA, EDITH HERVÊ – comunista, FERNANDO GUEDES – idem, PÉRCIO PINTO E JOÃO BERGMAN.

Ainda segundo o documento, no dia 20 do mesmo mês, *A Tribuna*, jornal comunista editado na capital gaúcha, divulgou os nomes dos integrantes da Comissão Estadual de Organização do referido congresso, bem como os de participantes de outras comissões. Plínio Morais constava na já mencionada Comissão de Propaganda, ao lado de J. Moura Vale, Flamarion Silva, Paulo Gouvea, Orlando Loureiro, Beatriz Bandeira Ryff, João Bergmann, Carlos Scliar, Nelson de Assis, Pércio Pinto, Plínio Cabral e Manoel Luiz Costa. Dessa vez, apenas ao lado do nome do pintor Carlos Scliar, filho de Henrique e primo de Moacyr, consta a designação "comunista" entre parênteses, o que pode indicar que, ao menos aos olhos da polícia política, Jacob não integrava mais o "núcleo duro" da militância do PCB, embora se mantivesse muito próximo da rede de sociabilidade por ela constituída[14].

Nessa época, a imagem de Luís Carlos Prestes gozava de grande popularidade não só junto aos militantes e simpatizantes do PCB, mas também em diversos setores da sociedade brasileira. Segundo Jorge Ferreira, "os feitos de Prestes na coluna e na insurreição de 1935, delineando a imagem do herói, e os anos que passou nos cárceres do Estado Novo longe da mulher e da filha, transformando o herói em mártir, permitiram que, após 1945, sua imagem exercesse um grande carisma popular" (Ferreira, 2002, p. 252). Foi nesse ambiente que talvez Jacob tenha pedido para o filho dizer com orgulho: "Viva Luís Carlos Prestes!", diante de seus amigos da comunidade judaica progressista, provavelmente frequentadores do Clube de Cultura.

Em 23 de junho de 1955, a documentação da entidade indica a realização, pela primeira vez em Porto Alegre, de uma comemoração alusiva ao levante do Gueto de Varsóvia, ou seja, à revolta promovida pelos judeus daquela cidade contra a ocupação nazista em 1943. Na memória judaica, tal movimento, apesar de derrotado, tem grande importância simbólica, pois evoca a resistência ativa dessa etnia a seus algozes. Em ata da diretoria consta um relato da celebração realizada pelo Clube por meio de um programa radiofônico na Rádio Itaí, com boa repercussão entre os sócios e no seio da coletividade judaica local. Conforme depoimento de Hans Baumann, imigrante judeu alemão e, na época da entrevista, responsável e principal "guardião da memória" da associação:

> [...] no início quando eu estava no Clube em [19]54, 55, então se fazia um programa radiofônico sobre o Gueto de Varsóvia, nós comemorávamos pela data greco-romana, 19 de abril, os outros pelo calendário judaico. Me lembro até que quem preparava era o pai do Flavio Koutzii, Jacob Koutzii, e um dia nós estávamos numa reunião aqui ó [aponta para a antiga sala de reuniões da diretoria], e aí o pessoal começou: "Pô, mas vem cá, amanhã tem o programa, tu já tem alguma coisa feita, elaborada?". Aí ele disse assim: "Não, eu não preciso disso, sai na urina", e fez o troço. Eu escutei o programa no dia 19, foi dia 18 que nós nos reunimos.

Acervo Clube de Cultura de Porto Alegre.

Na ata da diretoria de 25 de abril de 1957 registrou-se, inclusive, um voto de louvor aos diretores Srs. Elias Niremberg, Naftal Rotemberg e Jacob Koutzii pelo trabalho brilhantemente realizado por ocasião da organização e apresentação do programa de 19 de abril, o qual, segundo o documento, mereceu, de diversos elementos da colônia israelita, os melhores elogios.

O programa, realizado em conjunto pelo Clube de Cultura e pelo Centro Cultural Israelita I. L. Peretz, tinha como intuito levar

> aos céus do Rio Grande e do Brasil, as expressões de nossa solidariedade e nosso respeito, de nossa admiração e de nosso carinho aos quarenta e cinco mil heróis, homens, mulheres e crianças, que na fortaleza do Gueto de Varsóvia, no reduto da liberdade, na trincheira antifascista, com coragem inaudita, resistiram ao agressor e arrasaram o mito da impunidade e do crime, fazendo com que os carrascos nazistas pagassem o preço de sua covardia inominável e de seus atos cruéis e selvagens.[15]

A epopeia do Gueto era uma das histórias – "meio românticas e meio épicas" – que Flavio ouvia repetidamente de seu pai ("cem vezes", afirma hoje, hiperbolicamente) quando criança. A outra diz respeito à Batalha de Stalingrado. Ambas tratam da resistência ao nazismo: uma por parte de judeus, outra por parte de comunistas, não por acaso os dois "genes" que constituíram o "DNA político" de nosso personagem. Genes que, ao invés de nascerem com ele, foram progressivamente delineados na sua subjetividade pela fala envolvente de Jacob, um ótimo orador, segundo o próprio Flavio, e como deixam entrever certos registros sobre sua performance na Rádio Itaí em 1955. É por meio dessas histórias que uma certa tradição cultural judaica e comunista chegava ao menino Flavio, o que não quer dizer que ela tenha predeterminado a sua trajetória futura. Afinal, outros meninos e meninas ouviram histórias semelhantes e nem por isso se tornaram militantes de esquerda. Mas hoje Flavio sente necessidade de evocá-las para explicar-se a si e aos outros, o que indica que elas são fundamentais na constituição de sua identidade pessoal e política.

Até aqui falamos mais do "gene comunista" de Flavio. Tratemos agora, com mais vagar, do outro elemento constitutivo de seu "DNA": a condição judaica. Ele descende, tanto pelo lado paterno quanto pelo materno, de famílias de imigrantes judeus. Seu pai veio ao mundo na Rússia europeia, emigrando muito cedo para o Brasil, e sua mãe já nasceu por aqui, no dia 9 de abril de 1922, filha de pai russo e mãe inglesa, os quais se conheceram em Porto Alegre. Entramos então, novamente, no terreno das genealogias, termo etimologicamente muito próximo à genética; afinal, ambos remetem a origens e ancestralidades, as quais, cruzando tempos e ultrapassando uma série de desaparecimentos biológicos, permitem que determinadas características cheguem, por obra da natureza, ao presente e continuem a circular no sangue dos descendentes. Na maneira como Flavio concebe tal herança, ela adquire várias características significativas: é também política, já que seus ascendentes vieram de regiões com forte impregnação de ideias progressistas; não passa pela religião, "que ninguém era religioso na minha casa"; permite o acesso a uma cultura rica e diversificada; e, finalmente, é determinante da sua compreensão da diferença, pois "o comunismo não tinha muitas consequências, mas [ser] judeu tinha".

Já vimos como Flavio traça o caminho percorrido pelas ideias progressistas da Europa Central até a sua casa. Sobre a questão da religião, não temos muitas informações a respeito da família de Jacob, mas sabemos que desde cedo ele já militava no PCB[16]. Já Clara, ao ser questionada sobre se seus pais eram pessoas religiosas, respondeu taxativamente: "Não, nada religiosos. Meu pai ia na sinagoga [...], onde todos os judeus vão obrigatoriamente, mas só. E a minha mãe algumas vezes acompanhava". Perguntei a outros parentes de Flavio, de diferentes ramos e gerações, sobre a importância da religião judaica em sua família. Sua prima pelo lado materno Miriam Abramovay, cinco anos mais nova que ele, respondeu-me: "Nenhuma, nenhuma, absolutamente nenhuma. E eu acho que o Flavio também não, e eu acho que a tia Clara também não. [...] e eu tenho impressão que o Flavio não tinha nenhum tipo de prática, nem a Marília. Eu acho que ninguém tinha práticas assim". Com Lea Cutz[17], prima do personagem pelo lado paterno, estabeleci o seguinte diálogo:

Benito – *Vivência religiosa na família de vocês?*

Lea – *Zero.*

Benito – *Nem da parte da dona Clara também?*

Lea – *Muito menos. Lá a convicção era absoluta. Ateísmo absoluto. Convicção direta, com zero.*

Da mesma forma, Flavio reafirmou a quase inexistência de sentimentos e práticas religiosas em seu ambiente familiar:

Benito – *[...] vocês não tinham nenhuma vivência religiosa?*

Flavio Koutzii – *Nada... até hoje.*

Benito – *Nem da parte da tua mãe?*

Flavio Koutzii – *É uma família justa, mas não era temente a Deus. E nunca fazia retórica com isso, não era nenhuma militante, isso era uma definição íntima de cada um. O pai, no fim da vida, eu não sei bem como, eu tava na Argentina, não sei... Ele teve no final um pouco de sensibilidade maior, não sei se era por Israel ou se era religioso também, isso eu não sei..., mas acho difícil...*

[...]

Benito – *Então vocês nunca frequentaram sinagogas...*

Flavio Koutzii – *Não, eu fiz o Bar Mitzvah certo, mas isso... eu ia ali na [sinagoga], tudo é aqui perto. Aqui na [Rua] Felipe Camarão [no bairro Bom Fim] tinha um rabino que ensinava as orações específicas dos treze anos, e era uma cena de filme de Woddy Allen, escrachado assim. Era no apartamento dele, [...] e ficava ali com o Talmude, e [risos] tava sempre comendo um saguzinho e alguma coisa, era um troço espiritual, mas era assim, porque era na cozinha, era um apartamento pequeno [...]. [...] e eu me lembro que a motivação é que eu fizesse o Bar Mitzvah muito pelo lado da tradição, sobretudo para que o vô pudesse ter ainda... O vô já tava bem doente, o vô morreu quando eu tinha quinze anos, então aos treze... E bom, enfim, assim muito aos trancos e barrancos, mas não por nenhuma má vontade. [...] eu tenho até uma lembrança carinhosa disso assim, eu lembro de detalhes, mas porque era num âmbito afetivo, legal. Porque eu acho que isso até hoje é algo que tem uma certa autonomia. Não posso teorizar porque eu não vivo muito dentro da comunidade, mas eu acho que fazer o Bar Mitzvah não é uma afirmação da tua fé necessariamente, mas pode ser uma afirmação da tua identidade judaica, isso é a minha leitura. Não* *sei como é que são os pais agora, e com que motivação os meninos de agora fazem* [a cerimônia], *mas foi na Barros Cassal* [outra rua do Bom Fim], *que eu me lembro dessa* [ocasião], *mas foi uma coisa assim meio rápida e, fora isso, nada.*

De fato, ao que tudo indica, a religião judaica teve um papel reduzidíssimo junto à família Koutzii, embora, como vimos e ainda veremos neste livro, a identidade judaica, ou melhor, uma determinada identidade judaica, referenciada sobretudo em certa tradição de pensamento progressista, desempenhou papel importante na constituição política do "DNA" político e ideológico de Flavio.

CLARA E JACOB se conheceram no Círculo Israelita. Segundo o depoimento dela, as famílias judias levavam suas filhas à entidade a fim de que elas pudessem conhecer potenciais futuros maridos. Algumas, como ela e suas irmãs, frequentavam o Círculo "a muque", "por medo". De qualquer maneira, foi lá que os pais de Flavio se encontraram. Depois casaram – em uma cerimônia religiosa realizada em casa – e viveram juntos por trinta e três anos, quando Jacob faleceu.

Clara, na citada entrevista ao Instituto Cultural Judaico Marc Chagall, associou casamento com independência, esta última significando, ao que tudo indica, a possibilidade de fugir do olhar vigilante do pai, em especial porque o matrimônio implicou uma mudança para Porto Alegre: "[...] aí em seguida casei, eu casei cedo. E fiquei independente, né? Digamos". Ao falar de seu marido, referiu-se à pobreza da família dos sogros: "Ele imigrou com a família dele, com os pais, comeram todo o pão que o diabo amassou. Passaram muito trabalho na infância, porque os pais dele eram muito despreparados, não sei ali o que houve bem, porque quando o conheci, eles já tinham falecido [...]". Também comentou sobre as atividades exercidas por Jacob, bem como a respeito de suas preferências intelectuais:

E aqui ele trabalhou, ele gostava de jornal, jornalismo, fazia crônica de cinema, um autodidata sempre. Um homem que gostava muito de ler, ele sabia das coisas, era uma pessoa muito... não é porque ele era inteligente, ele aproveitava muito bem as coisas, os seus momentos, e era muito curioso, mesmo intelectualmente. É isso.

Foi essa curiosidade intelectual de Jacob que possibilitou a formação de um ambiente cultural muito denso e dinâmico na casa dos Koutzii, configurado a partir de vínculos estabelecidos com outros judeus "progressistas" ou "vermelhos", entre os quais circulavam uma série de bens culturais, como filmes, músicas, periódicos e livros. Flavio, ao relembrar sua infância, evocou diversas vezes esse ambiente: "[...] o que caracterizava [...] os meus primeiros anos assim, ainda infantis até, tem a ver com expressões muito nítidas do intelectual autodidata que ele [Jacob] era [...]".

RETRATOS DE FAMÍLIA
O olhar apaixonado de Jacob para Clara (à direita, na mesa) e o menino Flavio mirando longe, ao lado da irmã Marília (APFK).

Nessa configuração, ganha destaque o já referido Clube de Cultura de Porto Alegre, frequentado por Jacob e pelo menino Flavio. Clara, na já citada entrevista, instigada pela entrevistadora, falou um pouco da atuação de seu marido nessa entidade e da atmosfera que, segundo suas lembranças, nela vigorava:

> Ah! Ali sim, também ele fazia parte da diretoria e... é, aquela coisa de sempre ter um papel, que ele foi, realmente ele foi muito atuante. E promover festividades, eventos culturais, coisa assim. Não, isso ele sempre teve. Quando era o dia do aniversário do Gueto de Varsóvia, ele em geral discursava e tal [risadas]. É sim, cada discurso bonito que ele fazia, ele escrevia bem!

Mais uma vez emerge, nas memórias dos que conviveram com Jacob, a facilidade que ele parecia ter com as palavras, apesar de ser possível notar uma pequena discrepância: Hans Baumann, na entrevista antes citada, enfatiza a capacidade de improviso do orador, enquanto sua esposa refere que ele escrevia os seus belos discursos. De qualquer maneira, para ambos, as falas de Jacob durante as comemorações do aniversário do Gueto de Varsóvia foram marcantes, a ponto de inscreverem-se com força em suas evocações do Clube de Cultura. Clara continua:

> No início [...] nós íamos lá todas as noites, era muito divertido, porque era uma panelinha, sabe como é, né? Coisa horrível! [...] e os homens se reuniam muito pelos destinos do Clube, [...] pra ter teatro, pra isso, pra aquilo. A gente ficava lá embaixo no maior papo e tal. Tinha uma ecônoma uma época lá que ajudou bastante. Então era um clube muito divertido [...] e quando havia alguma realização interessante, ou algum teatro, alguma coisa, a gente participava, ia também assistir.

Interessante apontar que Flavio também se recordou dessa ecônoma: "[...] a ecônoma [...] tinha trabalhado na minha casa antes pra mim e pra minha mãe, e fazia uma Charlotte que é uma das reminiscências infantis mais inesquecíveis da minha memória frágil e seletiva" (entrevista 2).

Voltando à entrevista de Clara, a entrevistadora quis saber um pouco mais do perfil da "panelinha" do Clube de Cultura, o que provocou o seguinte diálogo:

> – E a comunidade judaica, em geral, participava do Clube de Cultura ou era só...?

> – Participava, porque todas as pessoas que a gente, eu pelo menos todas as pessoas que eu me dava lá eram judeus. Participava sim. Não eram todos. Eu mesma conhecia pessoas de outros locais, que elas jamais poriam o pé lá, né? Porque tinha uma certa fama de comunista.

> – Por isso que eu estou lhe perguntando, existia uma certa restrição por parte da comunidade judaica?

— *Eles eram muito liberais e muito... um pouco mais avançados que os outros, né? Mas de comunismo mesmo acho que... eu pelo menos nunca vi nada.*

Diante da pressão da entrevistadora, Clara adotou um tom sinuoso ao falar da ideologia dos integrantes do Clube: "muito liberais", "mais avançados que os outros" (embora não precise o sentido desse "avanço"), mas cujo comunismo nunca fora por ela notado. Na sequência, depois de citar os nomes de vários frequentadores da associação, ela fez algumas considerações que evidenciam sua preocupação em deixar uma imagem boa e moralizada do Clube:

Eram pessoas jovens assim, também muito a fim de brincarem, se divertirem, participar e tal. Frequentavam os casais, era muito gostoso, sabe? Ambiente muito bom, mesmo que a gente se divertia muito sem beber, ninguém bebia ali da turma, e com coisas muito saudáveis realmente, sabe? E tudo muito espontâneo, acabava sendo muito bom.

Porém, não deixou de insinuar que, na "comunidade judaica" de Porto Alegre, o Clube de Cultura tinha um perfil diferenciado:

É. Um pouquinho diferente do Círculo [Social Israelita] e de outros, né? Eu acho que mais ou menos isso.

[...]

Não era como o Círculo, que pede um convite pra um baile e aí respondem: "Bom, mas não é sócio, não pode entrar no clube". [...] quer dizer, não é assim, era completamente diferente, muito aberto. E havia frequência também, mas menor, não muito grande.

Essa entidade – mais aberta, mas menos frequentada do que outras organizações judaicas da cidade, com certa fama de comunista e perfil "liberal", mas também muito moralizada – adquire igualmente centralidade nas memórias de Flavio a respeito de sua infância. Ao evocá-las, predominam recordações lúdicas e jocosas. Nesse sentido, ele menciona

[...] a turma de casais que eram todos da comunidade judaica e que vão estar muito presentes no Clube de Cultura, [...] uma espécie de casa-galpão [...] onde havia vários ateliês [...] fica um pouco difuso pra mim, mas era uma coisa muito singular, porque de fato o que poderia ser, assim, o pequeno "gueto" da esquerda judaica, colocando gueto entre aspas, era na verdade uma grande escola de arte [...]. Mas [...] logo atrás, o que era o corpo principal foi um teatro, o teatro acho que esta lá até hoje [...]. Mas neste ambiente, finalmente, isso já no meu caso, sem seguir uma cronologia muito tediosa e excessiva, provavelmente significa um salto da memória do galpão para o prédio construído, mas eu tenho certeza que, com

> *15 anos, 14 anos, eu frequentava com alguma assiduidade a parte da frente, que tinha, além do balcão onde tinha a Charlotte, mesas de xadrez, onde os "velhos", entre aspas, frequentadores do Clube* [iam], *e que tinham especial gosto pelo jogo. E eu, muitas vezes, ia ver ou ia participar, porque eu tive um tio, Salomão Saidenberg, um dos irmãos da minha mãe, que eram cinco, e ele foi um grande enxadrista, personagem que eu tenho afeto, mas um pouco excêntrico, um pouco solitário. Provavelmente acabou tendo uma grande identidade com o xadrez, acabou sendo campeão brasileiro. Embora eu não tivesse nenhum talento, talvez um pouco por osmose, enfim, eu tive um certo fascínio pelo jogo, participava um pouco assim, são lembranças que me ocorrem* (entrevista 2).

Essa rede de casais parece ser o quadro social da memória (Halbwachs, 1925) de Flavio referente a sua infância, mais do que os possíveis amigos da mesma idade. Ao evocar um elemento central de suas lembranças desse período, ele deixa isso bem claro:

> [...] *eu me lembro das cenas, era o living desse outro apartamento* [onde ele morava com a família], *eram pelo menos dezesseis casais, eles alugavam filmes nas distribuidoras,* [...] [pois] *tinham muitas relações na área cinematográfica, e aí tinham um certo hobby que, de vez em quando, aos sábados à noite, se reuniam todos. As casas às vezes mudavam, e passavam algumas películas notáveis na época* [...]. *Obviamente aquelas pessoas tinham muita afinidade entre si, e me lembro de algumas oportunidades em que eu, imagino, fazendo as contas, eu devia ter oito anos, talvez dez anos, alguma coisa assim,* [podia] *assistir* [...].
>
> [...] *eu gostava também de ver esses filmes, além da coisa mais mágica de ver num ambiente privado, entre casais amigos da geração do meu pai, não da minha* [...] (entrevista 2).

Aliás, quando perguntei a ele sobre os seus amigos daquela época, ele foi bastante lacônico, falou que passava as férias com a família em São Paulo, onde convivia com tios e primos, e só se referiu a um grupo mais próximo em termos etários quando abordou sua vivência no Colégio de Aplicação da UFRGS (assunto do próximo subcapítulo).

Em outra ocasião, Flavio também me contou que, na juventude, participara de um grupo de jovens judeus "predominantemente não sionistas" chamado Haifa, liderado por Wremir Scliar, irmão de Moacyr, onde jogava basquete. Era mais um espaço étnico não religioso frequentado por ele.

O cinema, conforme referido acima, ganha centralidade nas recordações de infância de nosso personagem, associado a um verdadeiro encantamento. Flavio se refere a ele com expressões como "coisa mágica" e "reino de fantasias". Na compreensão de tal fato, não se pode deixar de levar em conta o papel que essa forma de expressão teve na trajetória de sua família. Segundo Clara, seu pai, avô de Flavio, teria viajado aos Estados Unidos, onde morava seu irmão, em 1928, e lá comprou aparelhos de cinema:

> Depois o meu pai foi a essa aventura americana, e ele trouxe, realmente, alguns aparelhos. Eu acho que era o capital que ele havia juntado aquele tempo todo. Só que ele trouxe toda aparelhagem pra cinema mudo. Mas, imediatamente, começou..., foi assim concomitante, quase, o cinema falado[18]. Mesmo assim, ele fez alguns filmes, ele foi bastante pioneiro aqui no Brasil. [...] e ele fez alguns filmes como Escrava Isaura, Iracema e O Crime da Mala, que foi um caso muito interessante que aconteceu lá em São Paulo. Depois ele foi proprietário de cinema, foi também representante da RKO, por exemplo, que eu me lembro bem.

Flavio, na intimidade familiar, parece ter ouvido outras histórias sobre o seu avô: "[...] eu sei que tem uma história que ele ganhou um bilhete na sorte grande e usou esse dinheiro pra financiar alguns projetos cinematográficos, que estão entre [...] os primeiros filmes produzidos no país". Seja como for, a ligação de Isaac Saidenberg com o cinema permitiu ao neto um contato frequente e afetivo com esse veículo. Afinal, depois de instalado em Porto Alegre, "ele constituiu uma pequena rede de cinemas, [...] era dono do Cinema Baltimore, que agora se foi, e do Cinema Marabá [...], bem mais tarde ele vai construir o Vogue [...]. O Vogue já foi um cinema um pouco mais sofisticado [...], mas, enfim, a rede chegou a ter três cinemas". Em função disso, ele

> ganhava no fim do ano, do avô ou dos tios, [...] eles me davam o presente encantado, uma espécie de anuário que a Paramount, a Universal e acho que a RKO também fazia isso, [...] uma espécie de book, com todos os filmes já produzidos e que foram disponibilizados naquele ano. [...] eles eram feitos assim ó: a ficha, o cartaz do filme e algumas indicações [...], não era mais do que o nome dos artistas e seu rosto, e duas ideias provocantes que poderiam ter no filme, era uma coisa muito sedutora e muito instigante da imaginação. E, ao mesmo tempo, do desejo de poder, bom, mais cedo ou mais tarde eu vou acabar vendo esse negócio aqui, porque às vezes entrava mesmo que fosse pra dezoito anos, o porteiro trabalhava pro meu avô. Mas isso é uma coisa muito marcante, a questão do cinema, muito mais fundamentalmente pela própria atividade do pai [...] (entrevista 2).

Parece, pois, que Jacob conseguiu contagiar o filho com seu amor pelo cinema. Em uma de nossas entrevistas, Flavio, ao falar de sua dificuldade para dormir cedo e da oferta "quase asfixiante" de canais pela TV a cabo, lembrou de reencontrar na programação televisiva "algumas películas, alguns filmes que eu lembro que vi nessas circunstâncias", ou seja, junto aos amigos de seus pais, ambos com Errol Flynn, "que era um dos grandes heróis da época":

Capitão Blood, de 1935 – "eu me lembrava das cenas, porque é um filme de piratas, ficou indelevelmente marcado na minha memória algumas cenas fascinantes, de combate, de abordagem de um navio ao outro"; e, provavelmente, *Gentleman Jim*, de 1942, do qual não recordava o título: "[...] são poucas as lembranças que eu tenho do outro, que tinha a ver com filme de boxe, [...] que era sobre os primeiros campeões americanos, que foi um clássico da sua época" (entrevista 2)[19].

Outros produtos culturais também circulavam em sua casa, contribuindo para consolidar, na memória de Flavio, as lembranças de um ambiente intelectual muito rico e estimulante. Ele recorda que seu pai "cultivava muito tanto a música dita erudita quanto a... enfim, todas as formas, e gostava muito de todas". Falando de si mesmo com ironia, característica recorrente em suas narrativas autobiográficas, contou-nos: "E eu, parece que nos últimos momentos [em] que mostrei uma certa eficácia e inteligência, bom, eu sabia o nome das músicas, quando ainda não sabia ler, então essa foi minha última explosão de genialidade". Em relação à literatura, novamente o pai é a figura central: "[...] o pai era um autodidata e também era um leitor voraz, enfim, eu sempre o via até as duas da manhã sentado com um livro [...]" (entrevista 2). Enfim, nosso personagem insere suas memórias de infância em uma "[...] atmosfera cultural dentro da própria casa e, junto com isso, claramente a política...". Essa mescla de cultura e política é ilustrada por ele quando fala das revistas que chegavam à sua residência:

> [...] *porque o pai, como um homem de esquerda, me passava* [a política], *pelo fato que ele trazia também todas as revistas que desse. Claro que a mãe achava um pouco demais para o orçamento da família, mas ele sempre foi um cara menos objetivo e mais interessante na verdade.* [E] *havia na época – isso é quase matéria arqueológica! – uma revista que eu não me lembro se era semanal ou mensal da União Soviética,* [na qual] *todas as cores eram maravilhosas, as pombinhas da paz, onde tinha toda aquela estética do socialismo real e da propaganda mundial, como a China também tinha a sua [...]. Ele* [também] *comprava religiosamente aquela que era então muito famosa, a revista* Life *americana, inclusive depois mandou encadernar* (entrevista 2)[20].

Ou seja, para explicar o seu "DNA", Flavio evoca uma atmosfera na qual cultura e política aparecem intimamente entrelaçadas; atmosfera essa possibilitada, sobretudo, pelas atividades e interesses de Jacob. Politizando sua infância para construir-se como militante de um projeto de transformação social – o qual, mesmo sofrendo profundas alterações ao longo de sua vida, motivadas por mudanças sociais e pessoais, se constitui no fio condutor de sua narrativa autobiográfica –, Flavio assim se refere ao pai: "[...] minhas canções de ninar eram a descrição de batalhas e lutas que tinham um conteúdo ético, épico, ao mesmo tempo uma releitura minha, uma espécie de impregnação, acho que romântica assim, do ideário da justiça, da busca de igualdade, que era muito central e óbvio naquela época da esquerda, dos socialistas".

A partir das considerações feitas até aqui, pode-se pensar, talvez, não numa "origem que explica", calcada na transmissão genética de valores morais e convicções políticas, mas no acesso que Flavio teve, em sua infância, a um repertório de ideias, práticas, símbolos e imagens, do qual, por motivos variados, ele, consciente ou inconscientemente, selecionou alguns para construir-se como sujeito uno e coerente. Isso, de forma alguma, significa determinação. Ou seja, não é porque Flavio era filho de um militante comunista, inserido na comunidade de judeus "vermelhos" de Porto Alegre, na qual circulava uma série de bens culturais, que ele se tornou militante de esquerda. Como disse antes, muitas outras crianças devem ter passado por experiências semelhantes e nem por isso abraçaram as mesmas ideologias políticas que ele. Se quisermos explicar tudo em uma biografia pelos grupos sociais nos quais se inserem os personagens biografados perderemos de vista o "resíduo de indecifrabilidade" (Ginzburg, 1987, p. 26) presente em todas as trajetórias individuais, o idiossincrático, o singular e também o papel do acaso. Mas, apesar disso, não podemos desconsiderar que Flavio vivenciou essas experiências históricas e sociais, as quais forneceram matéria-prima para que ele se configurasse como indivíduo capaz de articular projetos próprios e de se diferenciar de outras pessoas, recheando com um conteúdo peculiar o seu "DNA político e ideológico".

Não apenas Flavio relembra seu pai como referência de cultura. O escritor Moacyr Scliar (1937-2011), por exemplo, também filho de emigrantes judeus, em crônica publicada no ano de 1997, afirma:

> *Minha cultura melhorou graças a vários fatores. Um deles: o estado dos meus sapatos. Quando os rasgões ficavam demasiado evidentes, meu pai me mandava ir à Casa Princesa, na Voluntários da Pátria, do amigo Marcos Lerrer. Lá eu comprava sapatos novos. E lá conversava com o gerente, Jacob Koutzii.*
>
> *Esse homem baixinho, de bigodinho e sorriso amável, representava uma das grandes admirações da minha infância. Como meus pais e como a maioria dos moradores do Bom Fim, era emigrante – tinha vindo da Rússia. Como muito dos emigrantes, não tinha diploma de curso superior. Mas isto não impedia que fosse um homem esclarecido, e com uma paixão toda especial pelo cinema. Sob o pseudônimo de Plínio Moraes, fazia crítica cinematográfica para vários jornais da capital [...].*

No mesmo texto, Scliar avalia a "tonalidade política" de Koutzii e a forma como essa se articulava (ou não) com sua paixão pelo cinema:

> *[...] Jacob Koutzii era um homem de esquerda. Quanto de esquerda ele era, não sei dizer, mas o fato é que fazia parte do Clube de Cultura,*

o reduto do judaísmo "vermelho" de Porto Alegre, comandado por meu tio, Henrique Scliar. Contudo, suas crônicas sobre cinema estão longe de se constituírem em panfletos esquerdistas. Ao contrário. Versando especialmente sobre filmes americanos, revelam uma admiração que comove. Plínio Moraes gosta de Branca de Neve e os Sete Anões, gosta de Frank Capra, gosta até de Samuel Goldwyn. O cinema é o território de seus sonhos.

Por fim, enfoca a relação entre Jacob e Flavio, procurando identificar alguma linha de continuidade entre eles (não é à toa que a crônica se intitula *Um pai, um filho*): essa é localizada na capacidade de sonhar, embora o escritor logo sublinhe a diferença entre os ambientes onde tais sonhos foram sonhados, o que impactou profundamente as visões de mundo dos dois Koutzii:

> *Como o pai, Flavio Koutzii é um homem que sonha. Mas o mundo em que vive é diferente do mundo de Plínio Moraes. Flavio pagou caro por suas ideias; foi perseguido, foi preso. Descobriu que nem sempre a História é uma tela branca, em que podemos projetar o filme de nossas melhores expectativas, mas mesmo assim partiu para a luta. Muitos discordarão de suas ideias e de suas posições, mas todos terão de convir que ele tem ideias e tem posições e não hesita em defendê-las com uma veemência que não exclui botinadas (e não são as botinas rasgadas que eu usava). Não é um personagem de filme; é um político realista, duro na queda. Mas, se sua vida desse um filme, sem dúvida Plínio Moraes teria belas coisas a dizer a respeito* (Scliar, 1997, p. 3).

No livro onde foram reunidas as crônicas de Jacob/Plínio Moraes, publicado em 1997 pela Prefeitura Municipal de Porto Alegre, dois outros depoimentos seguem o mesmo tom. O professor de Literatura Flavio Loureiro Chaves afirma em seu texto com caráter de prefácio:

> *Foi justamente aí [no Clube de Cinema de Porto Alegre] que vim a encontrá-lo e fui privilegiado com a sua generosa amizade, por volta de 1960. Jovem estudante, eu era também colega de aula de seu filho Flavio Koutzii no Colégio de Aplicação da UFRGS. Plínio Moraes já havia abandonado então a crítica militante e eram raras as suas colaborações na imprensa. Permaneciam intactas a sua paixão pelo cinema e a vasta cultura de que era portador. Delas usufruíamos nós, o grupo de jovens que o escutava falar, reunindo na mesma solda uma longa experiência e a personalidade inalterável de um velho guerreiro já tranquilo por ter lutado a boa causa. Jamais nos corrigiu, nunca impôs as suas opiniões; a paciência com que nos ouvia era a mesma que usava na doação dos múltiplos conhecimentos amealhados. Só muito mais tarde dei-me conta de que o seu "magistério" foi para nós tão importante e decisivo quanto as aulas que, dentro do ensino formal, nos eram ministradas pela elite docente daquela época* (Chaves, 1997, p. 14).

Por sua vez, o jornalista Luiz Pilla Vares, então secretário municipal da Cultura, no posfácio da obra, escreveu:

> Eu tive o privilégio de conhecê-lo pessoalmente. Era um homem culto, extremamente civilizado. Inteligente e irônico. Pertencente àquela intelectualidade iluminista, que caracterizava a esquerda ocidental dos anos trinta e quarenta. Mas estava longe de ser um dogmático. [...]
>
> A repressão das ditaduras o atingiu no fundo de seu coração: seu filho, o deputado Flavio Koutzii, então um jovem ativista, foi obrigado a passar para a clandestinidade em 1970 no Brasil, sendo preso depois pela ditadura argentina. Jacob Koutzii morreu em 16 de agosto de 1975 sem ver Flavio em liberdade. Penso que sua morte tem muito a ver com o sofrimento de seu filho (Vares, 1997, p. 156).

Os três depoimentos convergem ao ressaltarem a cultura de Jacob e o prazer que a convivência com ele despertava, e, também, acabam por relacionar os dois Koutzii, pai e filho, de certa forma reforçando, mesmo que indiretamente, o papel da genealogia na conformação política do segundo. Nas entrevistas que realizei com familiares e amigos de Flavio, Jacob emerge como uma figura doce, pacata e bem-humorada, imagem expressa no epíteto dado a ele: "Jacob dos pacotinhos". Lea Cutz, filha do irmão de Jacob, Jorge, explicou-me a razão do apelido: "[...] o tio Jacob tinha um apelido aqui, 'conhecidésimo', 'Jacob dos pacotinhos', porque ele passava nas *delicatessen*, diariamente, comprando guloseimas". Miriam, filha de Lea, irmã de Clara, também evocou essa história: "Porque ele sempre trazia alguma coisa quando saía na rua. Aí eu lembro muito da minha mãe chamar ele de 'Jacozinho dos pacotinhos'". Sonia Pilla contou-me a mesma anedota, mas comentou o quanto esse hábito de Jacob desagradava Clara:

> [...] ele invariavelmente voltava pra casa com pacotinhos de coisas que comprava. E a dona Clarinha ficava furiosa com ele, que ele comprava coisas completamente inúteis, desnecessárias... [...] eu me lembro de em uma ocasião eu ter assistido [a] ele chegar com os pacotinhos. E eu acho que ele comprava guloseimas, docinhos, coisas nessa área. E ela ficava louca da vida. No outro dia ele vinha de novo com os pacotinhos [risos]. Ele era muito assim. Ao contrário da dona Clara, ele era muito afetivo, gostava muito de contar piada, bem engraçado ele. E adorava cinema, e música também[21].

Em outras entrevistas, Clara também foi lembrada como o polo pragmático e racional do casal, em contraposição a Jacob, o que, de certa maneira, subverte representações de gênero dominantes, nas quais a racionalidade é associada aos homens e a afetividade, às mulheres. Nesse sentido, Marco Aurélio Garcia disse-me:

[...] *O pai dele era uma figura interessantíssima. Aí tem um lado psicanalítico, porque a figura forte era a mãe do Flavio, dominadora, dona Clara. Dona Clara mandava, fazia e acontecia. E o Jacob era um judeu comerciante que trabalhava, era sócio de uma loja de sapatos [...]. E o Jacob se interessava por duas coisas, por cinema e cultura em geral [...].*

Tânia Ávila, amiga de Flavio e sua sócia em uma livraria, da qual trataremos no capítulo seguinte, trouxe uma imagem semelhante: "Ela tinha um julgamento muito, muito rígido... Era uma faca cortante. E ela deixava isso muito claro e não fazia, não tinha nenhuma intenção de disfarçar isso [...]".

Outras imagens de Clara, em especial sua inteligência, força, refinamento e afetividade, aparecem nas falas de seus sobrinhos e de seu neto, determinadas, é claro, pelas posições por eles ocupadas na rede de relações da família Koutzii. Ricardo Abramovay, por exemplo, disse-me o seguinte: "A tia Clara era uma pessoa muito querida. É engraçado, eu tinha a imagem dela, que provavelmente não é verdadeira, como se ela fosse intelectualmente mais sofisticada do que a minha mãe". Sua irmã Miriam seguiu a mesma linha: "[...] a tia Clara eu sempre amei, adorei. Quer dizer, ela era uma figura muito forte, muito bonita... Gulosa, gorda, né? Mas fantástica, muito inteligente, uma mulher, assim, brilhante [...]". Lea, prima de Flavio pelo lado paterno, foi quem revelou maior admiração por Clara: "[...] a tia Clarinha, que era de uma descendência inglesa, era uma pessoa absurdamente fina, educada, letrada, respeitosa. É tão difícil falar dela, porque ela era uma perfeição. Para mim, especialmente, ela era uma perfeição. Então é difícil falar menos do que isso, porque ela era uma pessoa muito, muito, muito diferente de todos". Seu neto, Tiago, nasceu em 1977, quando Flavio estava preso na Argentina, o que confere a suas lembranças de infância algumas especificidades:

A vó Clara era muito cuidadosa comigo, muito preocupada, bem vó judia. Quer dizer, eu não sei, porque eu não conheci outras vós judias, mas ela tinha um cuidado bem especial, era muito carinhosa... Ela tinha uma preocupação constante, pensando isso agora. Não que fosse uma coisa que eu me atentasse, mas ela tinha um pesar, que eu não sei se é cultural ou de onde vinha. Como estereótipo caía bem, mas os motivos reais e concretos eu não sei quais eram. Eu lembro bastante de ir pra Porto Alegre, sempre que eu tava na casa dela eu ficava muito bem. Tinha comidas específicas que eram muito simples, era purê, filé de frango e arroz, isso tinha o melhor gosto do mundo, e tomate, salada de tomate. E tinha uns doces que ela fazia depois e as famosas balas azedinhas, as da Neugebauer, que eu era completamente fissurado naquela bala, que era azeda, era uma grande aventura comer aquelas balas. O parquinho da Redenção que ela me levava sempre. Então sempre que eu vou pra Porto Alegre, eu vou à Redenção, que tem uma melancolia...

Flavio, como vimos, atribuiu seu "DNA político e ideológico" sobretudo à linhagem paterna. Mas cabe salientar uma observação de Lea que complica um pouco essa "configuração genética": "[...] o homem que eu encontro hoje, o Flavio, é uma tia Clarinha também". Mais uma vez insistimos que não se trata aqui de naturalizar o indivíduo Flavio, atribuindo sua personalidade e trajetória a uma herança biológica predefinida, o que eliminaria, entre outros fatores, o papel de suas escolhas, o peso das demais relações por ela entabuladas, os condicionamentos dos contextos em que atuou e até a força do acaso. Mas não se pode negligenciar, é claro, que tais experiências familiares tiveram participação destacada no repertório de referências que condicionaram a sua vida. Mais uma vez as palavras de Lea nos ajudam a pensar sobre isso: "[...] tem uma história familiar que sustenta este homem que ele é, sua inteireza, sua integridade, essa convicção, sua escolha, uma escolha extremamente difícil, com altas perdas, talvez, pro campo pessoal [...]".

Desse núcleo familiar também fazia parte Marília, irmã de Flavio. Ao recordar de sua infância e juventude, ele pouco falou dela (veremos, adiante neste livro, que ela é mais presente nas suas recordações referentes à militância política). Porém, nas memórias de outros depoentes, a imagem de Marília apareceu com força. Alguns disseram que ela era "avançada" para sua época, principalmente por ter uma vida afetiva e sexual relativamente livre, pouco condizente com as representações consideradas adequadas às mulheres de sua idade e classe social. Tal representação evidencia mais uma vez os contornos pouco tradicionais, no que tange às relações de gênero, da família Koutzii. Sobre isso, disse-me Miriam: "A Marília era uma pessoa muito divertida, muito avançada, [...] tava vinte anos à frente das outras e dos outros". Perguntei-lhe: "Em que sentido?". Ela respondeu:

> *Todos. No sentido da sexualidade, no sentido de namorar, no sentido de pensar o mundo, no sentido de aproveitar a vida... [...] e a Marília, sim, era muito criticada por isso. A minha mãe adorava a Marília, mas sempre tava criticando o jeito dela ser, porque era muito namoradeira, muito isso, muito aquilo. E era uma pessoa muito divertida também, muito divertida, que realmente morreu quando não tinha que morrer...*[22]

Na mesma linha, Lea recordou-se dos seus "mil namorados e variados, todos os tipos, formatos, cores e sabores". Sonia guardou uma lembrança semelhante: "Leve, gozadora, irônica... Era muito legal".

Porém, outros entrevistados ressaltaram uma imagem diferente de Marília, enfatizando sua personalidade "difícil" e sua relação conturbada com Clara e Flavio. Tânia, por exemplo, comentou: "Marília era uma pessoa maravilhosa, mas muito difícil de conviver. Pra te dar um exemplo: dependendo da cor da roupa e de como ela tava vestida, era melhor tu atravessar a rua e quem sabe dobrar a esquina [risos], sabe? Era uma coisa poderosa". Já Ricardo relacionou, sem opor, as duas "facetas" da prima aqui comentadas: "A Marília era uma pessoa muito difícil, sofrida num certo sentido, mas, ao mesmo tempo, uma pessoa que tinha namorado e, enfim, aproveitava bem a vida". Salientou ainda a sua relação complicada com a mãe: "A relação dela [Clara] com a filha sempre foi muito problemática". Thiago, único filho de Marília, nascido em 1977, associou tal "complicação" às discordâncias entre mãe e filha sobre a vida afetiva desta última: "[...] eu lembro dela [Clara] sempre ficar muito preocupada com a minha mãe, com os namoros, os casamentos, as idas e vindas, que era uma relação tempestuosa [...]". Mas também evocou uma memória familiar que atribui essas tensões à percepção de Marília de que Clara tratava de forma diferenciada seus filhos:

> [...] *tinha uma questão de cobrança da relação entre irmãos que foi muito, muito pesada, pelo menos pra minha mãe.* [...]
>
> *Mas também não sei o quanto isso era verdade ou não, porque eles cresceram juntos, eles que sabem os privilégios que cada um teve, não tem como eu imaginar o que era, e eu nunca fiz nenhum julgamento.*

Também falou das mágoas que permeavam a relação entre os irmãos:

> *Minha mãe sempre cobrou muito o tio Flavio pela não presença, e depois que a minha mãe morreu o tio Flavio se preocupou muito com isso. Várias vezes a gente se encontrou, e é um pedido de desculpa implícito no gesto, né?: "Não, pô, eu tô aqui, como é que você tá?". Claro, ele ficou superpreocupado comigo, o que é que eu ia fazer da vida...*

Lea também abordou essa questão ao falar do momento em que Flavio e Marília militaram em organizações clandestinas após o golpe de 1964:

> [...] *a Marília já tá fora daqui, vai pra São Paulo, os dois militantes, o Flavio também vai pra São Paulo, não é? A Marília começa a sofrer questões fortes... Para chegar ao Flavio, vão à Marília, então ela tem que sair do país, ela tem que ir pra Argentina. E aí a vida dela vai se comprometendo muito, não tanto pela trajetória dela, mas por ser a irmã do Flavio, né? E eu acho que isso tem um peso emocional ainda hoje pra ele.*

Não é o objetivo deste livro analisar os afetos que vinculavam os membros da família Koutzii. Ao trazer essas falas, busco tão somente apontar para alguns elementos que talvez nos ajudem a entender melhor o processo inicial de socialização de nosso protagonista, ou, como diz Elias em termos mais amplos, "a relacionabilidade social primeva do indivíduo" (Elias, 1994, p. 27). Saliento, nesse sentido, a presença de mulheres consideradas fortes; as características (por vezes contraditórias) atribuídas, de acordo com o lugar social e a personalidade de quem narra, a cada membro desse grupo familiar, as quais, aliás, não parecem diferir muito de outras famílias estruturadas segundo o modelo nuclear burguês que emerge no mundo ocidental com a modernidade; um certo refinamento intelectual talvez pouco comum em famílias de classe média baixa naquele período. Sobre este último ponto, Lea declarou: "[...] eles [Marília e Flavio] foram criados numa casa, eu acredito assim, de muita transação intelectual, um ambiente muito próspero nesse sentido".

Não gostaria de encerrar essa parte sem comentar sobre o meu papel de biógrafo nessa trama das relações familiares de Flavio. Ouvi alguns de seus parentes e tive acesso a manifestações de afetos (que vão do amor ao ressentimento) as quais poucas vezes transcendem o círculo dos mais próximos. Por vezes, servi até de mensageiro entre parentes e amigos que não se viam há muito tempo. Tive que lidar com isso guardando a minha posição de pesquisador, mas sem deixar de lado os sentimentos implicados na tarefa que assumi. Por isso, cito um belo trecho da entrevista que Maria Regina Pilla concedeu-me, quase por acaso, junto a Paulo Timm, que, parece-me, pode ajudar a pacificar culpas ainda vigentes no presente:

> *Eu sei que quando a Marília morreu, uma vez eu telefonei pra ela, foi a última vez que eu falei com ela por telefone. Ela disse: "Aí, Neneca, que bom que tu ligaste, que eu vou poder descarregar contigo um troço que eu tô assim, que até é legal, eu quero que tu saibas. Tu lembras como a gente falava mal do Flavio?" "Claro, como vou esquecer?" Ela disse assim: "Pois é, eu quero dizer que tudo isso agora aconteceu o contrário. Desde que eu fiquei doente, ele está sendo um irmão incansável. Ele tá aqui dormindo comigo, todos os fins de semana dele são dedicados a vir aqui". Eu fiquei tão emocionada de ela me dizer aquilo do jeito que ela me falou. Eu acho que eu nunca disse isso pro Flavio.*

VAMOS AGORA abordar por outro ângulo a condição judaica de Flavio, a qual, como vimos, se constitui em uma das espirais mais importantes de seu DNA político e ideológico. Nesse sentido, é possível pensar que a mesma rede que acolhia o "filho de Jacob", proporcionando a ele um palco para suas exibições de inteligência (no xadrez e no conhecimento da música, por exemplo) e de engajamento político ("Viva Luís Carlos Prestes!") e um espaço para a realização de uma série de prazeres (como degustar a Charlotte da ecônoma do Clube de Cultura e assistir a filmes em primeira mão), também contribuía para a sua estigmatização junto a outros setores da sociedade. Obviamente que a espiral judaica e a espiral comunista se entrelaçavam intimamente para compor tal DNA, mas a primeira tem uma especificidade que merece ser compreendida. Afinal, e retomando uma frase já citada de Flavio: "O comunismo não tinha muitas consequências, mas o judeu tinha". Que consequências o (ser) judeu teve para ele?

Já vimos que, no caso da família de Flavio, tal identidade não passava pela religiosidade, mas por uma determinada ascendência, pela inserção em uma rede de sociabilidade e pela adesão, sobretudo de seu pai, a uma série de valores éticos e políticos relacionados a determinados grupos judeus (não é à toa, nesse sentido, o interesse de Jacob pelo episódio da resistência do Gueto de Varsóvia). Na narrativa de Flavio que abre este capítulo, ele recorda das vezes que, aos 8 ou 9 anos, apanhou dos alunos do Colégio Rosário, estabelecimento dirigido pelos irmãos maristas. Quando lhe perguntei, muitos anos depois, se a narrativa do Gueto de Varsóvia remetia ao tema da condição judaica, ele, após fazer considerações mais gerais sobre a história do povo judeu e de Israel, invocou novamente, só que com mais detalhes, essa violência vivida na infância:

> Pela história sim, pelo sentido judaico, digamos assim, do percurso do povo judeu, [mas] não remetia especialmente a uma perspectiva sionista que não era a sua [de Jacob]. E naquela época, obviamente, ainda era uma época muito da juventude do Estado de Israel, portanto, o que veio acontecer depois não era perceptível. O que era perceptível... bom, afinal conseguimos um lugar, isso é uma coisa que me parece que estabelece uma singularidade que é histórica, no sentido do percurso, muito importante [...]. Então tinha muito essa coisa que também era marcante pra mim, um terreno muito do subjetivo assim, que é sentir a condição judaica como uma condição diferenciada, e senti-la claramente. Há uma série de episódios da minha vida que eram muito..., alguns hoje são bons até de contar como uma espécie de historinha da sabedoria judaica [...], vivências que [se] pode olhar até com uma certa ternura hoje em dia, não virou nenhuma tragédia, mas eu tenho certeza que os vínculos mais profundos que se formam em cada ser humano, da sensibilidade, da maneira como tu registras determinadas coisas, isso é uma das coisas que a gente não esquece, menos esquece. Então, eu me lembro que, do tema da diferença, [...] eu aprendi primeiro me dando conta em várias situações sociais simples que ser judeu, segundo a leitura de todos os cristãos que estavam em volta de mim impiedosamente, era ser diferente, e ser menos, ser hostilizado, quando não desprezado. Eu vivi situações de extrema violência. [...] nós moramos num edifício que está ali, o edifício Terra Lopes, 128, na Avenida Independência, fica um pouco antes da [rua] Coronel Vicente [...] e tu caminhava meia quadra em direção à Igreja da Conceição, tem a Praça Conceição que está ali, [...] tinha o viaduto e o Colégio Rosário. Isso eu tô falando de quando eu tinha oito anos, estamos falando do ano de 51, 52, uma coisa assim, e o Colégio tinha naquela época – estamos falando de 60 anos atrás, né? – a educação cristã, tinha um componente um pouco mais simplista, maniqueísta assim, lembro até da responsabilidade dos judeus com a morte de Cristo, mas isso rapidamente desembestava num antissemitismo, entre aspas até "brando", não eram os skinhead, nem psicopatas neofascistas. Mas o que aconteceu? Eu, com a minha irmã já falecida, Marília,

> que era mais moça do que eu, nós íamos sempre, nós estudávamos
> no Instituto de Educação, [...] e eu ia caminhando, meia quadra da
> Independência, retornava ali à [rua] Sarmento Leite, então tinha
> que passar na frente do Rosário, e aí, em algum momento, tinha
> vários meninos, três irmãos que eu conheci em outros momentos,
> que moravam no mesmo edifício, Terra Lopes, e eram estudantes do
> Rosário, [...] tinham uma espécie de antissemitismo médio, naquele
> padrão assim. Bom, e daí, de alguma maneira é isso, eu era um
> guri judeu, então eu... umas duas vezes, de repente, num momento
> começou isso, né? Eu tava passando, levando a minha irmãzinha pra
> ir pra aula, e os caras vieram pra cima de mim ...

Perguntei: "Batiam?". Ele respondeu:

> Claro, a primeira vez sim; na segunda, eu ainda consegui me antecipar
> e sair; e na terceira eu peguei o bonde [risos]. Não precisava. Pensa,
> caminhava oito minutos e tava lá, mas ela [a história] é emblemática,
> porque não é uma história extremamente violenta, só que não tem
> esquecimento possível, não da história, mas do que eu senti, quando
> eu senti, disso que se trata, de uma coisa, uma cicatriz que fica mais
> profunda dentro da alma do que na superfície da pele, né? Então,
> por essa coisa assim, um gurizinho de oito anos, eu era meio tímido
> mesmo, podia ser um guri belicoso, não era. Então ficava uma espécie
> de amargura com o que, sim, me parecia uma extrema violência. Qual
> era a razão? A razão era que eu era judeu, não é porque eu tinha
> feito alguma coisa errada ou uma molecagem, o que é tão possível na
> infância (entrevista 2).

Ao ouvir esse relato, numa daquelas situações só propiciadas pelo caráter dialógico das entrevistas de história oral, lembrei-me, e contei a Flavio, de uma narrativa que escutei de meu pai. Ele estudava em um colégio igualmente marista, em Cruz Alta, no interior do Rio Grande do Sul, onde também estudavam, salvo engano, dois judeus. Segundo meu pai, havia várias manifestações antissemitas naquele educandário. Por exemplo, na hora das missas os judeus não se ajoelhavam, mas mantinham uma postura de respeito. Do púlpito, os padres se dirigiam a eles aos gritos: "Te ajoelha, judeu! Vocês mataram Cristo!", acusação que também converge com as lembranças pessoais de Flavio. Por vezes, os alunos, não recordo se meu pai entre eles, eram, inclusive, incentivados a bater nos meninos judeus na saída das aulas. Esses meninos se tornaram homens e grandes amigos de meu pai, mas não os conheci, porque ambos se suicidaram antes de eu nascer.

Não sei por que essa história ficou marcada na minha memória. Recordo que meu pai contou-a diversas vezes, com uma performance teatral, sobretudo nos momentos mais violentos. De qualquer maneira, ela veio à tona na minha mente ao ouvir a "historinha de sabedoria judaica" de Flavio. Contei-a para ele, que, segundo me parece, ficou bastante impactado, inclusive retomando-a em um momento posterior da entrevista para caracterizá-la como um "troço delirante".

Na sequência da história do Rosário, Flavio narrou outros episódios expressivos desse antissemitismo "brando" ou "médio" que vigorava em Porto Alegre nos anos 50:

> *Isso foi uma coisa marcante, e passou um a dois anos, que é um episódio urbano bem interessante, [...] não sei se tu tá visualizando, mas enfim, uma quadra na esquina da [avenida] Independência com a [rua] Coronel Vicente. Teve um momento lá que tinha um monte de casas, não sei se isso vai fazer talvez 50 anos, 45 anos, é fácil de fazer a conta, agora não tô lembrado. Caíram todas as casas pra construir o edifício que está lá [...], ficou esse espaço que era como um declive, então era muito profundo assim, e fizemos um campo de futebol, os guris ali. E aí, de novo, começou o negócio: "Judeu não sei o quê!". E isso eu sempre conto, mas também era um troço que significava agressões possíveis ou contidas. E aí, num momento dado, bom, contei pro pai: "Bom, tá difícil aqui". Tinha esse terreno, [...] a gente ia jogando, uma coisa inédita, ter um campo no lugar mais central de Porto Alegre, de areia. E começou a ficar meio complicado. Daí eu contei pro pai, daí o pai, na loja da qual ele era sócio, [...] ele foi lá, pegou um terno de camisetas, eu me lembro até hoje, era do Fluminense, e foi falar com os guris assim, ele era muito bonachão: "[...] o Flavio aí tá querendo organizar um time". Essa é uma clássica, assim, dá um jeito pra evitar um drama maior. E aí os caras [falaram]: "Maravilha". Enfim, eu entrei num time, mas foi uma pequena fábula urbana que tinha essa impregnação. Então, [...] ela não virou um troço meio sangrento, [...] mas essas experiências que eu acho relativamente precoces* (entrevista 2).

Mais adiante, ele novamente apontou para a precocidade de sua autopercepção como judeu e comunista, retomando a imagem do DNA:

> *[...] nesse período, antes não, [eu tinha] uns dez anos, a condição de esquerda e de judeu estava posta, e numa e noutra havia luta a fazer, histórias dramáticas de sobrevivência. [...] a noção [da] luta pelo bem, pela justiça, pela igualdade, e que é uma luta que [é] difícil, longa, com muitos preços a pagar, estava posta. Não que eu me desse conta disso, que eu em particular ia lutar, mas digamos que o que embalava, digamos assim, essa constituição identitária não eram só os elementos de diferença e de um certo nível até de opressão* soft. *E viraram incipientes, muito pesados, era combinado com a narrativa quase épica dos que tinham essa identidade. [...] é uma outra coisa, uma coisa ligada a questões vitais da condição humana e da humanidade, e eu acho que esse é um DNA enorme, muito potente e muito definitivo pra mim...* (entrevista 2).

Mais uma vez, não cabe ao historiador reforçar tal "constituição identitária" teorizada por Flavio, nem naturalizar esse seu DNA "enorme", "potente" e "definitivo", mas sim historicizar as violências sofridas e compreender de que forma ele as incorporou em sua "genética". Nesse sentido, é apropriado, de início, salientar a maneira como Flavio narra tais episódios, por um lado distanciando-se deles, ao apresentá-los como "historinhas de sabedoria judaica" ou "fábulas urbanas", passíveis até de serem lembradas com certa ternura, mas, por outro, acentuando a sua extrema violência, capaz de deixar cicatrizes em sua alma. Também é significativo como procura deles extrair implicações éticas e políticas, compatíveis com a sua posição ideológica, ao invocar a luta pela justiça, pelo bem e pela igualdade. Ele mesmo se dá conta da impossibilidade de derivar diretamente sua militância desse *background* de vivências – "Não que eu me desse conta disso, que eu em particular ia lutar..." –, mas não deixa de afirmar que os sofrimentos vividos em função de sua condição judaica e as histórias "quase épicas" contadas por seu pai conformaram a sua "identidade genética".

Para se entender essas experiências de Flavio, parece ser um bom caminho sair, por um momento, de sua narrativa particular e voltar a atenção para outros personagens, fictícios e reais.

Em seu romance *A Guerra do Bom Fim*, de 1972, Moacyr Scliar, também ele um morador do Bom Fim ao longo de muitos anos, como, a partir de um determinado momento, foi a família de Flavio (e onde ele reside até hoje), narra as lembranças do protagonista Joel sobre a época em que vivia nesse bairro com sua família, na década de 1940. Em tais recordações, o antissemitismo também ganha espaço, como nesta passagem:

> *O verão chegava e com ele, Chanuka, a Festa das Luzes, Joel e Nathan acenderam velinhas, lembrando os Macabeus. Depois viria o Pessach e eles comeriam pão ázimo, recordando a saída do Egito; e depois a Sexta-Feira da Paixão. E por fim o Sábado de Aleluia, dia em que até as pedras da Rua Fernandes Vieira* [paralela, aliás, à rua João Telles, onde moravam os Koutzii] *estavam cheias de ódio contra os judeus.* [...] *Os goim caçavam judeus por todo o Bom Fim. No dia seguinte estariam reconciliados e jogariam futebol no campo da Avenida Cauduro, mas no Sábado de Aleluia era preciso surrar pelo menos um judeu* (Scliar, 1997, p. 49-50).

Impossível não relacionar essa história com a narrativa de Flavio e com sua percepção de que, entre os cristãos, ser judeu era ser diferente, era ser menos, era ser hostilizado, quando não desprezado; sentimento relacionado à ideia de que foram os judeus os responsáveis pela morte de Cristo (não por acaso, o ódio explodia no Sábado de Aleluia). Nos demais dias do ano parecia vigorar um antissemitismo "médio" ou "brando", uma opressão *soft*, mas que não excluía episódios de violência, inclusive entre os guris que jogavam futebol, como relatou Flavio.

Sua mãe, Clara, na entrevista antes citada, várias vezes foi questionada sobre o impacto do Integralismo na comunidade judaica de Porto Alegre. Em uma das respostas, ela afirmou:

> *Pergunta – Mas com a senhora e a sua família – no caso –, não houve nenhum enfrentamento com os integralistas?*
>
> *Resposta – Não, não, não. Com o antissemitismo sim, algumas vezes, nem lembro de coisas. Mas eu mesma me enfrentei com o antissemitismo, mas quando era bem jovem.*

Ao examinar narrativas de judeus que viveram em Porto Alegre em períodos próximos à infância de Flavio localizei outras histórias de violência e discriminação, associadas por eles à descoberta da alteridade, do "ser diferente". Um exemplo vem da entrevista de Frida Enk Kaufmann, nascida um pouco antes de nosso personagem, em 1942, ao Instituto Marc Chagall, na qual ela contou a seguinte história:

> *Olha, eu vou te contar uma coisa: no tempo que eu era guria, aqui, essa zona tinha muita gente humilde. Agora, até que é uma zona não tão assim. Então, tinha certas coisas, uma coisa que me marcou muito: uma vez eu ia numa festa, alguma coisa e a mãe me arrumou e eu estava toda arrumada, bonita e fui lá na minha tia, sabe como é criança, e eu me lembro que no caminho passou uma gurizada de cor e começaram: "Ô, judia!". Sabe que foi uma coisa tão horrível, que me marcou, que eu me lembro daquilo até hoje. Esse tipo de coisa, que a gente sempre vivenciou, ou de um jeito ou de outro, de vez em quando a gente entra num bar, ouve alguém falando de um judeu e essas coisas.*

Ao que me consta, Frida não se tornou militante de esquerda, o que parece confirmar a ideia aqui defendida de que não foram as experiências antissemitas vividas por Flavio que determinaram diretamente as suas escolhas políticas posteriores. Contudo, elas tiveram um papel importante na sua construção de si, ao serem incorporadas em uma narrativa mais ampla articulada em torno dos temas da opressão e da luta pela justiça. Também não se quer reforçar, com a narrativa desses episódios, a ideia de uma "eterna perseguição aos judeus", que insere numa linha de continuidade, por exemplo, a expulsão do Egito, a Inquisição e os campos de concentração nazistas. Tal perspectiva pode cumprir certas funções morais e políticas, mas não ajuda a compreender as experiências vividas por Flavio em seu contexto, já que confere ao antissemitismo um caráter ontológico e não histórico.

Para concluir este subcapítulo, pode-se dizer que o "DNA político e ideológico" de Koutzii, por mais paradoxal que isso pareça, não nasceu com ele, mas foi sendo moldado, "gene por gene", pelas múltiplas experiências que vivenciou, pelas relações que estabeleceu, pelos ambientes que frequentou, pelas histórias que ouviu. Por essa perspectiva, talvez seja possível compreender, de modo plenamente histórico, sem teleologias, idealizações e reducionismos, alguns de seus percursos posteriores.

NOS TEMPOS DO APLICAÇÃO

Em um boletim da Peleia, tendência política do movimento estudantil gaúcho surgida em 1977[23], intitulado *Pois é, tchê...*, datado do final dos anos 70 e voltado ao tema da anistia, o assunto principal foi Flavio Koutzii, que estava preso em La Plata, Argentina. Segundo o impresso, "[...] o nome de Flavio Koutzii simboliza a defesa e a solidariedade de todos aqueles que por motivos políticos encontram-se hoje presos, torturados, banidos e exilados pelo regime ditatorial em que vivemos". Porém, para aqueles estudantes que vivenciavam o contexto da abertura "lenta, gradual e segura", da reorganização do movimento estudantil e da luta pela "anistia ampla, geral e irrestrita", Flavio representava "algo mais de perto [...], não só pela condição de gaúcho, mas de um ex-colega da Faculdade de Filosofia da UFRGS e, principalmente, pelo desempenho que sempre teve no meio estudantil de sua época [...]". Diante dessa centralidade, afirmavam, o *"Pois é, tchê...* procurou junto a ex-colegas, contemporâneos de Flavio, informações para montar um perfil e relatar a situação em que se encontra atualmente Flavio Koutzii, na Argentina". Com base em tal pesquisa foi elaborado um texto denominado *Quem é Flavio Koutzii?*, do qual reproduzimos os primeiros parágrafos:

> *Flavio Koutzii era um universitário porto-alegrense típico, morador do Bom Fim. Estudante do Colégio de Aplicação, estudioso, inteligente, crítico. Participante ativo do Movimento Secundarista*[24], *na época bastante forte e organizado. Em 1962, ingressa na UFRGS, em dois cursos: Economia e Filosofia. Já em 1963, era eleito presidente do CAFDR [Centro Acadêmico Franklin Delano Roosevelt, da Faculdade de Filosofia da UFRGS], sem dúvida o centro político da Universidade. A velha Faculdade de Filosofia congregava então uns doze cursos, desde Física até Jornalismo.*

> *O golpe de 64 encontrou Koutzii na presidência do CAFDR e foi do Movimento Estudantil que partiram os maiores apelos para a resistência em Porto Alegre. A ida de Jango e Brizola para o Uruguai, a prisão do prefeito Sereno, a tomada da cidade pelos militares, acabou atingindo a UFRGS, também invadida.*

> *O CAFDR foi tomado pela repressão e a diretoria expurgada. No fim do ano, porém, com a Lei Suplicy e com novas eleições para os Centros Acadêmicos, Flavio Koutzii estava entre os principais articuladores da nova chapa que venceu disparada as eleições, tirando o CAFDR dos pelegos interventores.*

Dividindo sua prática política entre a Economia e a Filô, Koutzii, nesses anos, foi um dos mais lúcidos dirigentes estudantis da UFRGS. Calmo, frio, forte nos argumentos e uma rapidez no raciocínio que nunca deixava de conter o humor e o tom satírico dos bons polemistas.

Quando a esquerda gaúcha inicia um processo de autocrítica dos equívocos de 1964, uma crítica às concepções reformistas e populistas que predominavam no período, Flavio acha-se entre os que lideravam a ruptura com o reformismo, buscando novas alternativas políticas e orgânicas para o movimento oposicionista.

Baixo, atarracado, colorado convicto, só dava folga à política nos sábados à tarde para o futebol no VELUDO[25]. Sem muito preparo físico, era flagrado constantemente em impedimento na ponta esquerda, sua posição predileta, ao que retrucava: "No futebol, eu sei a teoria, o que me falta é a prática" (Pois é, tchê... Uma publicação Peleia, 16/03/1977).

Para os autores do boletim, o nome de Flavio, no âmbito da luta pela anistia, tinha um significado especial, pois remetia a "algo mais perto", pelo fato dele ser gaúcho e, principalmente, devido a sua condição de ex-aluno da UFRGS. Verifica-se, no relato biográfico acima reproduzido, a tentativa de, por meio da trajetória do militante preso na Argentina, construir uma memória do próprio movimento estudantil da Universidade, uma genealogia nobre para aqueles que, no momento da escrita, evocavam um tempo pretérito legitimador de suas lutas presentes e projetos de futuro (não por acaso, como referimos, a Peleia é herdeira do grupo político em que Flavio havia atuado). No texto, ele é caracterizado como um estudante "típico", que havia participado de um movimento secundarista "bastante forte e organizado" (um equívoco, como apontei) e depois liderado o Centro Acadêmico da Faculdade de Filosofia, então considerada "o centro político da Universidade" (o que realmente aconteceu). Na opinião dos autores, Flavio havia feito as opções corretas, ao desbancar os "pelegos" e refutar os "reformistas", epítetos que, possivelmente, também eram dirigidos, nas lutas travadas naquele período, aos opositores da corrente política da qual participavam. Enfim, diversas temporalidades se entrecruzam na narrativa a respeito de Flavio: um passado glorioso de lutas por ele encarnado, um presente em que se pretendia reviver esse momento combativo e um futuro a ser construído, no qual se conquistaria a anistia e a democracia. O final do texto aponta justamente para esse projeto: "Cabe-nos uma parcela dessa luta. Vamos assumi-la como um dos pontos da longa caminhada na conquista da anistia ampla, total e irrestrita e da democracia".

No texto, se evoca os percursos políticos de Flavio, algumas de suas qualidades pessoais e também, como que humanizando o personagem, alguns de seus "defeitos", em especial a sua falta de talento para o futebol. Nas entrelinhas, parece dizer-se: "Ele é um de nós, mas sobretudo um exemplo para nós".

Em um momento bem posterior, no ano de 1994, quando a anistia já havia sido conquistada e a democracia aparentemente consolidada, embora, provavelmente, não da forma como desejavam os militantes da Peleia, comemorou-se o sexagésimo aniversário da UFRGS. Um dos resultados dos festejos foi a publicação do livro sintomaticamente intitulado *UFRGS: Identidades e Memórias*, composto por textos variados, em especial de professores e ex-alunos com destaque na vida pública, nos quais os autores evocavam lembranças marcantes de suas vivências na Universidade, de maneira a configurar uma determinada identidade institucional. O interessante aos propósitos desta pesquisa é que, ao acionarem suas lembranças pessoais, alguns recordaram de Flavio, como se o seu nome fosse indissociável de um determinado momento da história da instituição. Por exemplo, o jornalista Uirapuru Mendes, estudante de Filosofia entre 1966 e 1968, ao lembrar do episódio da tomada do restaurante universitário, ocorrida em 8 de março de 1967, comenta: "A Filosofia era praticamente o centro da esquerda, o pessoal das outras faculdades costumava transitar por ali em suas missões cotidianas. Como teóricos e gurus, destacavam-se Flavio Koutzii, Pilla Vares, Marcão, Marco Aurélio Garcia, fina flor do marxismo e adjacências" (Mendes, 1994, p. 146). Em outro texto, a também ex-aluna da "Filô" e no momento da publicação do livro professora do Departamento de História Sandra Pesavento, mesmo tendo como eixo principal de seu relato as aulas da temida professora Helga Piccolo, inclui Flavio em suas reminiscências: "[...] a gente até chegava a acreditar que era possível derrubar a ditadura face a nossa resistência estudantil. Lembro-me muito bem de algumas figuras politizadas de então: [...] Raul Pont distribuindo panfletos, Flavio Koutzii seriíssimo, o Pilla a filosofar no bar da Filô [...]. Os líderes de então, que eu respeitava" (Pesavento, 1994, p. 215). Raul Pont, citado por Pesavento, que também cursou História na UFRGS e que, na época do lançamento do livro, era vice-prefeito de Porto Alegre, também presentifica a figura de Koutzii ao evocar o bar da Faculdade de Filosofia, o "Bar da Filô": "O bar era pequeno, acanhado. Não ocupava mais de um terço da área. O restante do prédio era o CAFDR, o bravo Centro Acadêmico que resistiu ao golpe de 1º de abril e teve seu presidente, Flavio Koutzii, cassado pelos militares" (Pont, 1994, p. 68). Já a referida professora Helga Piccolo, docente da UFRGS desde 1959, encerra o seu depoimento da seguinte maneira:

> *Lembrei-me de vasculhar os meus "guardados" da época à procura de algo que pudesse ser um referencial significativo do que pensavam alunos (não na sua totalidade, mas, ao menos, dos que eram ativos na política estudantil). Num exemplar (sem data, mas que, por inferências, é possível situar no pós-março de 1964) de O Coruja – órgão oficial do CAFDR – encontrei na "Coluna do Presidente" (que era, então, Flavio Koutzii) o seguinte registro, que vai transcrito, à guisa de conclusão de remembranças:* [segue o texto, que será posteriormente examinado] (Piccolo, 1994, p. 34).

Em uma publicação organizada por docentes da UFRGS, essa alusiva aos 35 anos dos movimentos contestatórios de 1968, outra ex-aluna da "Filô" e, posteriormente, professora do Departamento de História da Universidade, Maria Luiza Martini, ao relembrar pessoas que, no Rio Grande do Sul, combateram a ditadura, inclui Koutzii entre elas: "A frente de resistência à ditadura reunia toda a esquerda na esfera pública. Tratava-se de derrotar o setor civil golpista, que se aliava ao poder militar, negociando com os setores liberais, democráticos e conservadores, não socialistas. Eram políticos como Carlos de Brito Velho (Maragato, Partido Libertador), dirigentes universitários como Angelo Ricci, lideranças estudantis como André Foster, Flavio Koutzii, Raul Pont, José Loguércio" (Martini, 2003, p. 111-112).

Ou seja, o nome de Flavio ficou associado à memória da chamada "geração 68" de Porto Alegre, tanto por aqueles que, no presente da rememoração, a ela buscavam se associar (como Uirapuru, Sandra, Raul e Maria Luiza), quanto pela professora Helga, a qual, apesar de exterior ao grupo (foi professora de muitos daqueles jovens), também evoca o personagem como expressão do que pensava uma parte dos alunos naquela época, relacionando-o à expressão política mais monumentalizada desse coletivo: o movimento estudantil.

A memória de 68 foi, por meio de vários agentes e suportes, nacional e internacionalmente, cristalizada em um conjunto pouco numeroso de imagens, entre as quais se destacam as grandes manifestações de estudantes pelas ruas de diversas cidades do mundo. No Brasil, a luta contra a ditadura acrescentou matizes próprios a tal representação, promovendo homogeneizações (aglutinando, por exemplo, militantes de organizações armadas e grupos interessados em experimentações estéticas e comportamentais) e esquecimentos (como o dos jovens que ou apoiavam o regime militar ou simplesmente não ligavam para política). À juventude de 68 foram associadas, genericamente, qualidades como idealismo, rebeldia e politização, características que também estão presentes nas narrativas reproduzidas acima, desde aquela articulada pelos militantes da Peleia no final da década de 1970, quando tais evocações serviam como força motivadora para a luta pela anistia e pela democracia ("aquilo que fomos e que podemos voltar a ser"), até as fixadas por escrito no início dos anos 90 e do novo milênio, em dois contextos comemorativos, que remetiam, nostalgicamente, a um passado muito distante e diferente ("aquilo que fomos e que já não somos mais"). Em todas, Flavio desponta como um ícone, quase sempre ao lado de outros companheiros, tanto em função da liderança que efetivamente teve junto a parte dos estudantes da UFRGS no período em questão quanto por sua capacidade de sintetizar atitudes e comportamentos associados a tal geração.

Porém, mesmo que essa seja a imagem do Flavio estudante/militante cristalizada na memória coletiva apoiada em determinados quadros sociais (Halbwachs, 1925), a vida escolar do personagem começou bem antes. Ele fez o primário no Instituto de Educação General Flores da Cunha, educandário tradicional de Porto Alegre, estabelecido com esse nome em 1939 e voltado especialmente à formação de professoras. Dessa época, sua principal lembrança são os anteriormente mencionados ataques antissemitas que sofria, promovidos pelos alunos do Colégio Rosário. No mais, diz ele, quando questionado a respeito dessa etapa de sua escolarização, "[...] o Instituto é uma coisa meio difusa, eu acho que éramos muito crianças [...]" (entrevista 2). Sobre essa instituição, seu contemporâneo Paulo Coimbra Guedes comentou, muitos anos depois: "Só muito recentemente fui ter ideia do quanto o Instituto de Educação era [...] um colégio diferente, moderno, interessante. [...] era escola-novista, mas que sabia eu disso, que sabe a gente da nossa escola primária enquanto está na escola primária?". De modo divertido, lembrou-se também do desconforto que sentia, por ser um "guri suburbano", filho de pai são-borjense, ao ter que cantar o hino do educandário no feminino – "Juntas – juntas, cantemos a nossa marcha triunfal" –, já que esse acolhia majoritariamente, como foi dito, jovens normalistas (Guedes, 2004, p. 85-86). Tal percepção de Coimbra Guedes é respaldada pelo estudo de Guacira Lopes Louro a respeito do Instituto, que ressalta, referindo-se ao período pós-Estado Novo, "[...] a predominância da psicologia em suas atividades e organismos internos – no que aliás acompanhava a tendência educacional dominante" e o fato de se colocar "[...] como um centro educacional que procurava estar o mais próximo possível das novas diretrizes psicopedagógicas, aparelhando-se com métodos e recursos modernos" (Louro, 1987, p. 16).

De uma escola primária moderna para a época, Flavio passou a um ginásio também considerado inovador em termos educacionais: o Colégio de Aplicação da UFRGS, que iniciou seu funcionamento em março de 1954, ligado ao Instituto de Filosofia da Universidade, com o objetivo de servir à formação de professores e como campo de experimentação pedagógica. Sobre essa fase de sua formação, ele guarda lembranças bastante nítidas.

Aos 11 anos de idade, Flavio fez o exame de admissão[26], passando a integrar a segunda turma do educandário, composta por 30 alunos[27]. Ou seja, ao ingressar no Colégio, não havia mais do que 60 estudantes matriculados. Assim, ao que tudo indica, literalmente todo mundo se conhecia na instituição, o que propiciava a constituição de fortes vínculos pessoais, situação favorecida ainda pelo fato de que boa parte dos colegiais continuava junta até o final do ensino médio (Flavio começou o Científico e depois mudou para o Clássico), completando sete anos de convivência (quatro de ginásio e três de ensino médio). Uma imagem criada por Flavio expressa bem esse ambiente: "[...] o Colégio de Aplicação era uma espécie de uma estufa [...], se depois de três anos que tu tá lá, tu conheces 120 pessoas, não tem mais nenhuma [...]; então nós nos conhecíamos muito. [...] então a nossa turma fez um percurso onde praticamente, se não todos, 85% estiveram juntos de ponta a ponta" (entrevista 2).

Tais vínculos mostraram-se tão fortes que perduraram por vários anos e se manifestam ainda hoje nas festas realizadas pelos membros de diversas turmas em comemoração aos aniversários de suas formaturas e da própria escola. Reuniões como essas, certamente, possibilitam uma presentificação das lembranças "dos tempos do Aplicação" e o reforço de laços afetivos que, no dia a dia, nem sempre são ativados. Essa é a impressão que fica do depoimento de João Carlos Santos Juchem, colega de Flavio naquele educandário, atualmente morando em Florianópolis: "E aí, nesse final de ano, dos 50 anos do Aplicação, teve um jantar no sábado, mas na sexta, eu e a Helga [sua esposa] saímos com o Flavio, a Sonia [Pilla, companheira de Flavio] e mais uma outra colega. Fomos jantar, e aí contando história dos tempos do Aplicação, essa coisa toda, [...] a gente volta pra trás no tempo, né? Faz uma refilmagem...". O depoimento de outra colega de Flavio, Lígia Maria Coelho de Souza Rodrigues, vai no mesmo sentido:

> [...] o Aplicação foi um deslumbramento e eu estabeleci uma ligação muito forte com a turma, com os meus colegas. Eu acho que todo mundo que você entrevistar do Aplicação vai te dizer isso, tinha uma ligação muito forte entre a gente, a gente realmente era um grupo, com todas as diferenças de interesses e de temperamento, até de origem social, econômica e tudo, mas a gente estabeleceu uma relação muito forte.

Desses tempos, algumas lembranças se destacam na narrativa de Flavio: o início do relacionamento com Sonia Pilla e o ambiente estimulante propiciado pela instituição, apesar de seu caráter "paradoxal" (conforme veremos posteriormente), o qual, segundo a construção de si empreendida pelo biografado, teve um papel fundamental na sua formação política, agregando novos elementos e reforçando outros já existentes em seu "DNA".

A PRIMEIRA menção à Sonia na entrevista em que tratamos daquele período apareceu de forma espontânea, sem meu estímulo. Evocando suas vivências no Aplicação, ele disse:

> [Hesitante] E, e, e, na... e aconteceu já quando eu tava no Científico, acho que no segundo ano do Científico, foi que a minha mulher, a Sonia, entrou pro Aplicação, ela era do [Colégio] Farroupilha e era filha do diretor da Faculdade de Filosofia, do doutor [Luiz Pilla]. Depois eu tive um momento de delírio e troquei o Científico pelo Clássico, achava que ia fazer Direito em São Paulo, achava que Porto Alegre estava pequena demais para mim [ironizando] [risos] [...]. [...] isso é o mais engraçado, quer dizer, ali no último ano, já era no Clássico e éramos colegas de aula, que eu me encantei com a Sonia. Certo que tem várias idas, vindas, histórias..., mas é algo meio impressionante, na aula e até hoje, com vários intervalos extremamente oxigenantes para os dois [...]. É meio também uma certa metaforazinha de [...] uma idade tão incandescente como é a adolescência [...] (entrevista 2).

SONIA PILLA
"Uma cara fascinante" para o apaixonado Flavio (Acervo Pessoal Sonia Pilla).

Na fala de Flavio se estabelece uma continuidade entre "os tempos do Aplicação" e o presente, personificada na imagem de Sonia, motivadora de "algo meio impressionante, na aula e até hoje", apesar das idas e vindas e dos intervalos "oxigenantes". Afinal, desde o seu olhar contemporâneo, foi a "sua mulher" que entrou no Colégio, ou seja, a companheira de hoje já estava lá. Sonia parece trazer ao momento atual diversas e intensas emoções do passado, as quais tiveram início quando o jovem estudante do último ano do ensino médio "se encantou" por ela, embora, com a ambição associada normalmente à mocidade, e descrita com ironia por seu olhar atual, achasse Porto Alegre muito pequena para as suas pretensões (sobretudo para alguém que passava as férias em São Paulo, onde tinha laços familiares, e que, portanto, possuía condições de estabelecer uma comparação razoavelmente realista entre as duas cidades). Na sua narrativa, a filha do doutor Luiz Pilla[28] e companheira do presente assume a função de metáfora da intensidade da adolescência, marcada, na sua perspectiva, por dilemas e tensões bastante fortes.

Em um momento posterior da entrevista, estimulei-o a falar sobre Sonia: "E nessa época tu namoraste a Sonia? No Aplicação?". Ele respondeu:

Sim, é, no último ano. É uma história que eu tô pensando em vender pra uma dessas revistas [risos], porque era uma coisa assim, digamos, do romantismo daquelas que o cara ficava tuberculoso depois da paixão mal correspondida... Mas foi, ahm, foi no último ano, eu me lembro bem, obviamente, porque fundaram aqui algo impensável na época. Um outro cara que era um estudante de Direito que nós frequentávamos fundou uma espécie de clube, um clubezinho, uma coisa assim, e esse clubezinho, entre suas grandes virtudes, tinha uma reunião dançante todos os sábados de noite, e eu me lembro de, no meio do ano, portanto era julho de 61, como é nos filmes assim, em algum momento eu percebi que a Sonia era uma cara que eu achava absolutamente fascinante, e até hoje, assim, com os amigos, eu debocho desse troço, eu digo que ela me enganou, que era tão silenciosa que tudo pra mim era um mistério [risos], era um uma coisa fascinante, que eu nunca vou saber como é. Mas durou, uma paixão enorme por muito tempo. E ali era uma coisa meio complicada, porque o pai dela, pô, nessa hora a caracterização era a seguinte: eu era judeu, e aí já era um [problema], porque eu tô falando do pai dela, porque o pai dela foi ser diretor, era diretor da Faculdade quando eu entro na Filosofia; e aí esse cara [referindo-se a ele mesmo] era líder estudantil, judeu e de esquerda, era muita coisa. Ele era um cara severo, mas teve que... Mas foi isso assim, houve uma coisa mesmo assim, as palavras são até pertinentes, havia uma espécie de ingenuidade, uma espécie de romantismo extremo misturado com insegurança, e isso nós nos descobrimos ali. Eu estava nos últimos meses e eu ia embora pra lá [São Paulo], e fui... Então isso já criou uma coisa fantástica... [...] eu viajo, depois, em março..., eu não passei no vestibular lá [em São Paulo], graças a Deus. E aí eu me lembro, eu vim em março, um pouco envergonhado de não ter passado, pra rever meus pais. Na verdade eu vim porque eu queria vê-la, e aí num momento extraordinário de determinação e coragem, eu me declarei [risos], era 11 de março de 62. E, bom, daí sim nós começamos, eu logo voltei, o negócio de um cá e o outro lá ficou meio precarizado, mas, quando eu entro na Faculdade [de Filosofia da UFRGS], eu volto [...] (entrevista 2).

Flavio, ao longo de nossas entrevistas, reclamou várias vezes de sua falta de memória, sobretudo para detalhes. Contudo, nesse caso, lembrou muito bem do início de seu romance, inclusive datando com precisão a sua declaração de amor: 11 de março de 1962. Certamente, a experiência foi marcante para ele, em especial porque assinalou o início de um relacionamento que, apesar das idas e vindas, perdura até hoje, possibilitando uma reatualização constante dessas lembranças passadas.

Ao longo de sua trajetória, Flavio estabeleceu relações amorosas profundas e intensas. Algumas foram marcadas pela dor da separação, decidida, em certos casos, por um dos próprios enamorados (como nas idas e vindas com Sonia), e, em outros, conforme veremos mais adiante, imposta pelas contingências da militância política. Com a segurança propiciada pela distância temporal e pela certeza de um "final feliz" com Sonia, o personagem, ao narrar o início de seu namoro com ela, ironizou a intensidade de seus sentimentos à época, evocando um "romantismo extremo", típico de "revistas" e "filmes", daqueles em que "o cara ficava tuberculoso de paixão". Apesar do tom cômico e irônico, a narrativa de tais lembranças ecoa um conjunto de enunciados de longa duração que constituíram a adolescência como uma etapa específica da vida, associando-a a uma determinada forma de vivenciar os afetos e os desejos: o amor romântico.

Esse modelo de subjetividade configurou-se na modernidade ocidental, fruto da própria emergência da noção de indivíduo como ser autônomo, capaz de fazer escolhas e decidir seu destino (em oposição ao predomínio do grupo e dos casamentos arranjados que caracterizaram o Medievo e o Antigo Regime). Ganhou solidez na sociedade burguesa dos séculos XVIII e XIX, mas as enunciações que o compõem já se faziam sentir muito antes, em *Tristão e Isolda* e *Romeu e Julieta*, por exemplo. O amor romântico constrói sujeitos desejosos de se fundir totalmente com o ser amado, pois a sua força motriz é a ideia de entrega plena, carnal e espiritual. Caso isso não pudesse ocorrer, em geral devido a pressões "externas" (familiares, sociais, políticas...), tais sujeitos deveriam desistir da vida, pois essa perderia todo o sentido, seja suicidando-se diretamente, seja "deixando-se morrer". Vale lembrar que a tuberculose, evocada de forma brincalhona por Flavio, era uma das maneiras preferidas de desistir da vida nos textos literários que delinearam o amor romântico, sobretudo no Oitocentos.

Pilar Sampedro apresenta uma caracterização do amor romântico que parece sintetizar bem vários elementos trazidos por Flavio em sua narrativa a respeito do encontro com Sonia:

> *Alguns elementos são prototípicos: início súbito (amor à primeira vista), sacrifício pelo outro, provas de amor, fusão com o outro, esquecimento da própria vida, expectativas mágicas, como a de encontrar um ser absolutamente complementar (a "metade da laranja"), viver em uma simbiose que se estabelece quando os indivíduos se comportam como se verdadeiramente tivessem necessidade um do outro para respirar e mover-se, formando assim, entre ambos, um todo indissolúvel* (Sampedro, 2004).

Tal configuração discursiva constituiu lugares de sujeito, entre os quais se destaca o jovem que sofre por amor em função da distância do objeto amado, ocupado aqui por Flavio Koutzii e delineado através de suas próprias palavras. Palavras que dele escapam, que são maiores que ele, que remetem a tempos distantes, mas que a ele retornam, moldando seu corpo, suas alegrias e suas dores, delineando e estetizando o ser desejante que sofre no começo da década de 1960 e ri no início do século XXI.

Claro está que Flavio não foi um simples produto desse modelo de subjetividade. Aliás, nem todos os elementos que o constituem estão presentes em sua narrativa. Por exemplo: ele não parece ter se apaixonado por Sonia à primeira vista, mas em "algum momento", talvez nas reuniões dançantes que ocorriam no "clubezinho" criado pelo estudante de Direito, quando percebeu que a colega estudiosa, integrante do "trio de moças que só tirava dez" (entrevista 2)[29], era uma "cara absolutamente fascinante". Mas, de qualquer forma, naquele momento de sua existência, e em outros como veremos na continuidade deste livro, Flavio se constituiu como o jovem completamente entregue ao amor, fascinado pela mulher amada, capaz de superar obstáculos para viver a paixão (como a resistência de Luiz Pilla), alguns criados por ele mesmo (a distância entre São Paulo e Porto Alegre, por exemplo), e de ficar à beira da morte (ainda que imaginária) em função de afetos não correspondidos.

Ele, como muitos outros jovens de sua geração, possivelmente subjetivou-se dessa maneira através de múltiplas práticas discursivas e não discursivas, entre as quais podemos destacar o cinema e a literatura. Em relação ao primeiro, já vimos como Flavio teve, em sua infância e puberdade, amplo acesso a filmes das mais variadas procedências e gêneros, inclusive a produções hollywoodianas, que contribuíram para reforçar e difundir mundialmente o amor romântico. Também observamos como, na casa de seus pais, especialmente por obra de Jacob, circulavam produtos culturais variados, como revistas e livros, alguns possivelmente portadores desse tipo de discurso. Já no Colégio de Aplicação, ele tomou contato com obras que discutiam de maneira mais complexa a questão do amor, sobretudo por influência do professor de Literatura Carlos Appel, figura marcante em sua formação, do qual falaremos com mais detalhes posteriormente.

Nesse sentido, Flavio lembra de "algumas leituras meio estonteantes" que colocavam em discussão "alguns temas-chaves", possibilitando "uma percepção melhor, por exemplo, da questão do amor, das questões que nós ainda lidávamos com dificuldade porque éramos [jovens], mas ao mesmo tempo [...] rompendo, assim, [com] coisas muito ingênuas e muito caretas". Dentre essas obras, ele destaca a tetralogia de Lawrence Durrell, *Quarteto de Alexandria*, "que pra mim sempre foi um marco [...], que foi uma descoberta fascinante"[30]. Posteriormente, evocou também a leitura da *Lírica* de Camões: "Me lembro que começou um pouco com a discussão do amor, não no sentido assim de 'florzinhas', mas como é que é isso mesmo [...]". Ou seja, Flavio teve acesso, em casa e no Aplicação, a diversos discursos que, de maneira mais ou menos complexa, apresentavam a discussão sobre o amor, oferecendo respostas éticas e estéticas àqueles jovens que lidavam com dificuldade com certas questões "próprias de sua idade". Estonteados e fascinados diante dessas representações, alguns, como Flavio, construíam sua subjetividade em diálogo com elas, configurando-se como indivíduos entregues às paixões e aos sofrimentos amorosos, atitudes que historicamente foram estabelecidas como "típicas da juventude", coerentes com as mudanças físicas e psicológicas "características" dessa etapa da vida. Afinal, os principais protagonistas do amor romântico são os jovens (como Flavio e Sonia). Contudo, a juventude, enquanto etapa separada do ciclo vital, ao longo da qual o indivíduo se prepara para a vida adulta, também é uma criação histórica. Ela se constituiu ao longo do processo de estabelecimento da sociedade moderna ocidental, sobretudo com a transformação da família em núcleo básico de sociabilidade, formadora de corpos e almas, e com a substituição da aprendizagem quotidiana pela escola como meio de educação, possibilitando uma "quarentena" às crianças e depois aos jovens e seu distanciamento do mundo dos adultos (Ariès, 1981, p. 11 e 277).

Segundo Ariès, havia-se experimentado um sentimento de juventude como depositária de valores novos no período romântico, mas sem referência precisa a uma classe de idade, e de maneira limitada à literatura e àqueles que liam. Depois da guerra de 1914, "em que os combatentes da frente de batalha se opuseram em massa às velhas gerações da retaguarda", ao contrário, "a consciência da juventude tornou-se um fenômeno geral e banal". Assim, afirma o historiador, "passamos de uma época sem adolescência a uma época em que a adolescência é a idade favorita. Deseja-se chegar a ela cedo e nela permanecer por muito tempo" (Ariès, 1981, p. 47).

A distinção entre jovens e adultos se intensificou no pós-Segunda Guerra, sobretudo nos Estados Unidos, quando, percebendo o potencial de consumo dessa "faixa etária", a indústria, o comércio e a publicidade "passam a produzir bens específicos para esse público, alimentando o espraiamento de novos hábitos". Antes, porém, ao menos desde a década de 1920, diversos estudos associaram a juventude à delinquência, à rebeldia e à revolta, em geral com o objetivo de resolver tais "problemas" (Abramo, 1993, p. 28-29)[31]. O jovem rebelde foi estetizado e sua imagem divulgada intensamente pelo cinema, música e propaganda, tornando-se objeto por vezes de preocupação, por vezes de repulsa, mas em não raras ocasiões também de desejo e identificação.

No período em que Flavio e Sonia iniciaram seu namoro, início da década de 1960, o processo descrito acelerou-se e possibilitou a emergência de uma nova cultura juvenil. Para a sua geração, ele ressaltou a importância do movimento cinematográfico da Nouvelle Vague – "vimos todos os filmes", contou-me – na conformação dessa ideia de juventude. Assim, em diversos meios sociais, cada vez mais essa faixa etária deixou de ser percebida pelos próprios jovens como um estágio preparatório à maturidade e passou a ser encarada como um momento de questionamento e desafio ao mundo dos adultos, considerado obsoleto. Segundo Hobsbawm, "o que os filhos podiam aprender com os pais tornou-se menos óbvio do que o que os pais não sabiam e os filhos sim. Inverteram-se os papéis das gerações" (Hobsbawm, 1995, p. 320). Tal quebra do sentido evolutivo do ciclo vital expressou-se nos movimentos estudantis e operários dos anos 60 – "que expuseram jovens liderados por seus pares, e não por grupos de faixas etárias maiores" (Fischer, 1996, p. 14) –, dos quais os mais emblemáticos foram aqueles que tiveram lugar em 1968, capazes de delinear os contornos de uma geração, personificada, entre outros, no caso de Porto Alegre, segundo muitos dos que se identificam com ela, na figura de Flavio. Pode-se dizer que os jovens de 68 encarnaram e impulsionaram um novo regime de historicidade, ou seja, uma nova maneira de perceber a relação entre passado, presente e futuro, marcado pela descrença em relação à capacidade do primeiro (o passado) de oferecer ensinamentos e pela desilusão para com as utopias que teriam lugar no terceiro tempo (o futuro), restando a eles realizar "aqui e agora" o modo de vida e a organização social a que aspiravam, seja pela luta armada, seja pela mudança existencial experimentada individualmente. O slogan "Tudo imediatamente!", pichado nos muros da convulsionada Paris daquele ano, encarna com perfeição o presentismo dos jovens contemporâneos dos primeiros passos da paixão de Flavio e Sonia[32]. Deve-se salientar ainda o internacionalismo dessa nova cultura jovem, visível, por exemplo, na circulação transnacional dos modos de vestir, dos estilos musicais e dos padrões comportamentais, que acabava conferindo certa homogeneidade à juventude de diversas partes do mundo, sobretudo entre as camadas médias: "Todo mundo tinha de 'estar na sua', com o mínimo de restrição externa, embora, na prática, a pressão dos pares e a moda impusessem tanta uniformidade quanto antes, pelo menos dentro dos grupos de pares e subculturas" (Hobsbawm, 1995, p. 323).

Em sua entrevista, Flavio evocou algumas dessas transformações que, mesmo na provinciana Porto Alegre, se faziam sentir:

> **Flavio** – [...] *porque na vida pessoal de todo mundo, nós somos bem a geração da transição – entendeu? – dos anos 60, da revolução de costumes, legitimamente, Beatles, Rolling Stones, mudanças na tradição, enfim,* [...] *uma maior liberdade sexual já tinha entrado nos nossos filmes, nos nossos livros, e uma certa compreensão, até mesmo do peso do Sartre e da Simone de Beauvoir, a ideia mais aberta assim... não só existencialista, mas fortemente porque a Nouvelle Vague trazia isso...*
>
> **Entrevistador** – *Isso na época do Aplicação ainda?*
>
> **Flavio** – *Do Aplicação, sim, no fim... é porque os últimos três anos do Aplicação são os anos 59, 60 e 61, né? Então ali tava começando uma certa transição* [...], *tava começando isso, porque depois nos anos subsequentes se acentua tudo, maio de 68, a questão do feminismo, etc., já a bagagem mais consolidada, digamos, da segunda metade dos anos 60. Mas como nós estávamos numa escola que nesse sentido era um pouco adiante do seu tempo, nós já tínhamos isso que eu quis dizer. Afetivamente a nossa educação, os nossos próprios preconceitos e temores eram da nossa época, e alguns atrevimentos são da próxima...* (entrevista 2).

Flavio, ao abordar retrospectivamente os seus últimos anos no Aplicação, confere homogeneidade e coerência a um conjunto de elementos (autores, grupos musicais, atitudes) que, na época referida, provavelmente, não eram vividos de maneira tão unitária assim. Ele atribui a esse tempo um sentido de transição (do conservadorismo para uma "ideia mais aberta"), que só se completaria no emblemático 68, mas cuja direção foi, de certa maneira, adiantada para aqueles que tiveram a oportunidade de estudar nesse colégio, o qual estaria "um pouco adiante de seu tempo". Mais à frente, observaremos os limites desse "adiantamento".

Antes, porém, é significativo ressaltar dois aspectos importantes da fala de Flavio a respeito do início de seu namoro com Sonia, os quais se mostram intimamente inter-relacionados. O primeiro se refere a uma certa continuidade do antissemitismo "brando" por ele experimentado desde a infância e agora encarnado na figura do severo Luiz Pilla, para quem era demais encarar um pretendente de sua filha líder estudantil, judeu e de esquerda. O segundo diz respeito a um traço de personalidade de Flavio, muito comentado por seus contemporâneos, e que ele considera quase patológico: a timidez. Ambos, nesta fase de sua vida, se manifestaram, por exemplo, em momentos de descontração e lazer. Neste sentido, em uma das nossas entrevistas, ele contou:

> **Flavio** – [...] *eu me lembro que fui a uma reunião dançante, eu devia ter uns 14 anos e tu vais ficando com um radar, que é um radar de acuado. Eu fui assim. Jovem, com uns 14, 15 anos, numa casa ali em Petrópolis* [bairro de Porto Alegre], *não sei nem como é que eu fui parar lá, deve ter sido um colega, mas não era nem a minha turma, e aí estavam contando um pouco de piadas e aí, alguém, não foi nem agressivo, diz assim, ia contar uma piada e disse: "Tem algum judeu na sala?". Era o momento de indelicadeza, ele não perguntou pra criar constrangimento, ele perguntou pra saber, mas eu, aos 14 anos, eu senti como se tivessem me dado um soco no estômago, mas no sentido que não porque eu tinha vergonha de ser judeu, mas porque era algo que desequilibrava completamente, entendeu? Não tem como, e eu não quero sofisticar muito, só sei que eu senti duramente,* [...]. *Mas, bom,* [...] *não era um ambiente hostil, mas por isso mesmo era muito mais significativo, não era nem uma coisa de turma, de patota, de guri* [...].
>
> **Entrevistador** – *Não tem um revide óbvio, né?*
>
> **Flavio Koutzii** – *Não, nem tinha sido uma baita* [agressão] [...], *mas essas são algumas coisas que eu me lembro, deve ter muitas outras...* (entrevista 2).

Como já observamos no subcapítulo anterior, essas manifestações racistas, mesmo que consideradas por Flavio como não agressivas, pequenas (o contrário de "baita"), e, nesse caso, expressas em ambientes pouco hostis, sem intenção de criar constrangimentos, foram sentidas por ele – que já vinha desenvolvendo um "radar de acuado" – como "soco no estômago", atitudes que desequilibravam (provavelmente inferiorizando-o perante os demais convidados da festa). Esse, muito provavelmente, não foi um acontecimento isolado na juventude de Flavio, apesar de ser o escolhido por ele para exprimir um determinado âmbito de suas experiências nesse período. Trata-se, portanto, de uma narrativa pregnante, "citável", com força estética, a ponto de nos ensinar algo sobre o funcionamento do antissemitismo em Porto Alegre nas décadas de 1950 e 1960.

A vivência do antissemitismo pode ter contribuído para reforçar sua timidez, seguidamente lembrada, por ele mesmo e por seus amigos, como uma faceta importante de sua personalidade. Assim, em depoimento ao jornalista Paulo César Teixeira, Flavio acentuou as afinidades ideológicas com seu pai, mas também enfatizou um contraste entre eles: "Lembro-me de encontrar o velho na Rua da Praia em conversa animada sobre cinema com colegas meus de faculdade. Um deles comentou que preferia conversar com meu pai, um sujeito engraçado e gozador, e não comigo, que estava sempre tenso e concentrado em alguma tarefa para salvar o mundo" (*Apud* Teixeira, 2012, p. 66). No mesmo sentido, não esqueçamos que a já mencionada Sandra Pesavento, companheira de geração de Flavio, ao recordar dele, atribuiu-lhe o adjetivo "seriíssimo".

Porém, mesmo antes de mergulhar nas tarefas voltadas a "salvar o mundo", a timidez se manifestava com intensidade. Ao comentar sua tentativa de estudar Direito em São Paulo após o final do ensino médio, Flavio recordou:

> [...] *na verdade eu sempre fui um cara tremendamente tímido, eu sou até hoje. Tem coisas* [em] *que eu me solto muito bem, quando falo em determinados ambientes, mas isso é uma coisa assim que beira quase uma patologia, é uma coisa muito forte, não pouco, nessa época* [da juventude] *muito mais, porque tinha inseguranças da idade. Então eu tenho a impressão que isso foi uma audácia, foi legal eu ter feito essa tentativa...* (entrevista 2).

Seu companheiro nessa empreitada foi o citado João Carlos Juchem, colega do Aplicação, que comentou: "Ele tinha uma tendência ao trabalho político, embora de personalidade muito reservada, muito tímida. Ele sempre foi muito quieto. Ali, em algumas fotografias, ele sempre estava nos cantos da sala. Ele tinha isso. E depois, quando entrou na faculdade, talvez tenha se soltado mais.

João Carlos – [...]. *É aqui que eu te falo, aqui é a turma e ali tá ele.*

Benito – *Bem escondidinho.*

João Carlos – *E só faltava, que nem diz a Sonia* [Pilla], *ele estar do outro lado da parede.*

Em outro momento da entrevista, estimulei-o a falar sobre o tema: "O senhor disse que ele era muito reservado", e João Carlos comentou: "O Flavio

TIMIDEZ
Flavio, o primeiro bem à esquerda, na sala de aula (Acervo Pessoal João Carlos Juchem).

era muito tímido. Até hoje, se tu olhares, é um cara reservado. Ele não é um sujeito expansivo. Ele escuta primeiro pra depois falar [...]. E no Colégio então ele era mais reservado ainda, ele se abria mais com alguns. Com os outros ele era fechado. Não por indisposição com alguns, era por natureza mesmo, personalidade dele".

O contraste entre a tendência ao trabalho político por parte de Flavio e a sua "natureza" reservada emergiu em algumas entrevistas, inclusive na dele próprio, quando sentiu necessidade de explicar que, em determinados ambientes, "se solta mais". Senão, como entender o destaque deste personagem em um campo onde a capacidade de oratória, de argumentar em público (mesmo que esse público seja reduzido como nas organizações clandestinas), de seduzir o outro para determinada causa, é considerado um atributo fundamental? Para outro companheiro de juventude de Flavio, Enio Kaufmann, ele "[...] compensou muito da sua timidez, da sua incapacidade de se relacionar com as pessoas, por uma postura política, por uma atividade política".

Enfim, nos "tempos do Aplicação" Flavio, entre múltiplos outros aspectos, vivenciou o amor romântico, sofreu com o antissemitismo e manifestou sua timidez, e também parece ter experimentado situações importantes para a sua constituição como militante político.

NESSE PERÍODO, em função das próprias características do colégio onde estudava, nosso personagem parece ter tomado contato precocemente com certos elementos que, posteriormente, foram identificados à "geração 68", mas também com as restrições que os impedim de se desenvolver completamente. Em uma entrevista na qual abordamos suas vivências no educandário, ele se referiu ao Aplicação como "paradoxal": por um lado, a instituição era "moderna" em relação às outras escolas da época, sobretudo no que diz respeito aos aspectos pedagógicos e às vivências culturais que propiciava; por outro, mostrava-se bastante conservadora no que tange às questões políticas. Vejamos uma das narrativas pregnantes de Flavio que expressa com maestria tal paradoxo:

> [...] o Colégio de Aplicação era meio ascético do ponto de vista político naquele momento [...]. Tem um episódio que dá pra contar rindo, que a dona Isolda Paes[33], uma instituição, já faleceu [...]. [...] eu acho que foram umas três ou quatro gerações, a diretora era Graciema Pacheco e a diretora operativa era a Isolda. Lá pelas tantas, a Isolda era uma mulher mais conservadora, então, por exemplo, ela descobriu, agora eu me lembrei, que eu tava lendo Jorge Amado. Não sei se eu levei o livro pra aula, porque na época ele era conhecido pela sua obra, não só pela Tieta do Agreste, Gabriela Cravo e Canela, mas também por toda a obra anterior, que é uma obra que hoje não tem nem pra vender, mas é muito significativa, Subterrâneos da Liberdade, que era muito bonita. E era um cara que tinha sido escrachadamente do Partido Comunista. Aí eu sei que a minha mãe foi chamada, a dona Isolda chamou a mãe pra chamar a atenção para o fato de que eu tava lendo Jorge Amado. Eu acho que a mãe, obviamente, ela deve ter dito [algo] proverbial, era uma mulher muito, muito elegante assim na maneira de tratar as coisas, educada. Ela deve ter dado uma resposta, mas não um desafio, uma resposta. Mas esse é um paradoxo, porque na verdade o Colégio de Aplicação lhe abre algo, que é uma grande explosão positiva (entrevista 2)[34].

Ou seja, o paradoxo entre o ascetismo político e a "grande explosão positiva", entre a possibilidade de ler Lawrence Durrell e a censura por ter lido Jorge Amado, ficou inscrito na memória de Flavio e de alguns de seus colegas. Em outros momentos, ele voltou a evocar tal paradoxo, como na seguinte passagem: "[...] o Colégio era muito surpreendente, nossas condutas eram todas inspiradas nas coisas mais avançadas da juventude da época. Mas no fundo era um colégio que tinha um lado surpreendente, meio vitoriano. Passava pela dona Isolda Paes e pela dona Graciema Pacheco" (entrevista 2).

Esse paradoxo e a identificação de dona Graciema e dona Isolda com o aspecto "vitoriano" e repressor do Aplicação aparecem em outras memórias sobre a instituição. Cito aquelas registradas por Paulo Guedes, colega de turma, amigo e admirador de Flavio. De um lado, ele fez uma descrição minuciosa dos aspectos "avançados" do educandário:

> [...] viagem pras ruínas de São Miguel no fim da quarta série, aulas de Literatura que também tratavam de livros recém-editados, pesquisas de campo com o professor de Biologia, coral que viajava para cantar pelo Estado. E tinha coisas que só os nossos professores faziam, como, por exemplo, nos perguntarem o tempo todo o que nós achávamos

CENAS DO APLICAÇÃO
No coral da escola (canto esquerdo da foto acima); no pátio (à direita, na foto ao lado) e na excursão às Missões (fotos abaixo – no grupo, Flavio ao centro) (Acervo Pessoal Sonia Pilla).

de tudo aquilo, nos mandarem escrever o que nós pensávamos e não apenas o que tínhamos ouvido em aula. Nos mandavam ler livros e explicar o que tínhamos entendido dessas leituras. [...] era incomum naquela época: só eles é que faziam isso sistematicamente, tão sistematicamente que dar nossa opinião se tornou pra nós o modo natural de falar em aula e de escrever trabalhos (Guedes, 2004, p. 88-89).

De outro, essa escola que estimulava a autonomia dos alunos a ponto de torná-la um "jeito natural" de falar e escrever também impunha limites bem claros a manifestações "subversivas" no terreno político. Nesse sentido, Guedes citou um episódio vivenciado por ele, Flavio e outro amigo:

Em 1961, nosso último ano no Colégio, nós resolvemos – eu, o Flavio Koutzii e o Saul Melo – deixar a barba crescer em homenagem, é claro, à Revolução Cubana. Dona Graciema Pacheco nos chamou no recreio – os três juntos – na porta do seu gabinete de diretora e enunciou uma só frase: "Se vocês não têm tempo de fazer a barba, não venham pro colégio". Os três grandes homens se reuniram em assembleia e decidiram, por unanimidade, fazer a barba. Como diz Paulo Freire, correndo riscos menores nos preparamos para enfrentar riscos maiores, isto é, ficou muito claro para nós que ali estava o limite dos nossos poderes.

Na sequência, estabeleceu uma comparação com o presente da escrita: "Eu li, no ano passado, um texto do Flavio sobre as críticas da esquerda ao governo Lula que me trouxe de volta, com toda a nitidez, aquele nosso recuo estratégico, aquela lição que dona Graciema nos deu a respeito do essencial e do acessório" (Guedes, 2004, p. 89-90).

A situação narrada por Guedes, amenizada pelo recuo temporal e permeada por um tom galhofeiro e irônico, pode nos ajudar a pensar sobre o contexto no qual ela ocorreu, marcada pela extrema polarização política, tanto em nível internacional, com a Guerra Fria, quanto no âmbito brasileiro, onde se verificava um acirramento do conflito entre as forças de esquerda e de direita. No microcosmo do Aplicação, mesmo que indiretamente, os ecos desses movimentos mais amplos também se faziam sentir e, em consequência, o gesto "subversivo" dos rapazes, que, talvez, em outro ambiente, pudesse soar como simples molecagem, ganhou um peso maior aos olhos da "representante da ordem", dona Graciema, que não hesitou em reprimi-lo.

Interessante salientar que um dos professores considerados mais inovadores do colégio, Carlos Appel, do qual falaremos mais logo a seguir, amenizou, em seu depoimento, o caráter conservador, repressor e vitoriano de Graciema e Isolda. Perguntei-lhe se elas tinham uma postura reticente em relação às suas práticas pedagógicas avançadas. A resposta me surpreendeu: "A Isolda e a Graciema me protegeram muito. [...] sabiam que eu dava isso e apoiavam. E a Graciema era muito aberta nas discussões que ela tinha na questão, digamos assim, da nova didática a que ela se propunha. Ahn, eu me lembro que nós discutíamos muito nessa época...".

Ainda sobre as ambiguidades do educandário, destaco o depoimento de Lígia Rodrigues, que ingressou no Aplicação em 1959 para fazer o ensino médio. Vinha "de uma família de classe média meio empobrecida e muito repressiva". Antes havia estudado quatro anos em uma escola de freiras, dos quais dois em sistema de internato. A entrada no colégio marcou, segundo suas próprias palavras, "um antes e um depois". Disse-me ela:

> *Então pra mim aquilo era um ambiente de extrema liberdade, e efetivamente era muita liberdade na relação com os professores e na maneira como se discutia tudo. Isso todo mundo reconhece, meus colegas todos reconhecem. Quer dizer, não havia aquela postura dos professores com os quais eu havia me acostumado no colégio de freiras de impor nada. Os professores discutiam com a gente, eles nos ouviam, você tinha opiniões, você podia ter opiniões.*

Por outro lado, lembrou que a maioria dos seus colegas da época "achava o Colégio de Aplicação muito repressivo. Eu não, porque o meu parâmetro era outro, eu vinha de um colégio de freiras". Perguntei-lhe na ocasião se havia alguma movimentação política no educandário, ao que ela me respondeu: "No colégio, não. O Flavio tinha razão de dizer que era alienado. Não, inclusive eu não me lembro de a gente discutir política. Eu me lembro de a gente discutir cinema, literatura, mas política...".

Embora limites se impusessem à autonomia dos estudantes do colégio, algumas brechas também eram abertas, especialmente por docentes considerados liberais e avançados. Nas recordações de Flavio, ganha destaque a atuação de Carlos Appel: "Na Literatura, o nosso grande mestre ali por muitos anos foi o Carlos Appel, que era um grande provocador, positivamente". Ele também evocou, igualmente, o papel do coral do educandário, também mencionado por Guedes como algo marcante: "[...] o Appel é, inclusive, quem organiza o Coral do Aplicação, que copiava um pouco o coral da Faculdade de Filosofia. Historicamente foi de altíssima qualidade, e isso produzia mais uma experiência agregadora [...]" (entrevista 2). Na mesma linha vai o depoimento de Lígia:

> *[...] ele nos parecia um grande intelectual e ele fez coisas muito interessantes mesmo. Quer dizer, ele foi a primeira pessoa que me deu a compreensão, por exemplo, coisa que me ocorre, da ligação entre as manifestações artísticas entre elas e o momento em que elas acontecem. Então eu me lembro dele numa aula falando sobre a* Montanha Mágica, *do Thomas Mann, e a* Sagração da Primavera, *do Stravinsky. Isso era uma coisa muito impactante, que abria muito os olhos da gente, você ser capaz de relacionar a literatura com as artes plásticas, com a música, com o cinema! A gente falava muito em cinema e eu já gostava muito de cinema, mas eu acho que a paixão mais forte mesmo veio a partir das aulas do Carlos. Quer dizer, então ele era um professor de Literatura que na verdade não era só um professor de Literatura, ele era muito mais do que isso.*

Appel, em entrevista a mim concedida, recordou-se de algumas das inovações que fazia em sala de aula:

> Porque eu, além de ser professor de Literatura Brasileira, eu usava vários autores que traziam, digamos assim, novidades. Os nossos alunos do Colégio de Aplicação, eles não liam só livros de literatura brasileira, eles, no primeiro ano, eles liam todo o teatro grego, e depois todo o teatro português de Gil Vicente, e depois vinham pro teatro de Nelson Rodrigues, até chegar a Ariano Suassuna 'linkado' com o teatro de Gil Vicente. [...] No terceiro ano era normal que os alunos fizessem um exame encenando uma peça.

Ressaltou ainda: "A gente inovava no Colégio de Aplicação porque era permitido". E ainda: "[...] era um colégio experimental, e o Flavio Koutzii participou disso tudo".

Olga Garcia Falceto (estudante na instituição de 1960 a 1966), por sua vez, no contexto das comemorações do cinquentenário do colégio, recordou que a postura desse docente acabou lhe custando o emprego após o golpe de 64, o que também ocorreu com outra professora: "Com os cidadãos Magda Zanoni e Carlos Appel tivemos as mais significativas aulas de democracia e, como consequência, vivenciamos o sofrimento de vê-los expulsos do Colégio, sem podermos fazer nada para evitar isso" (Falceto, 2004, p. 115). Sobre esse episódio, Appel contou-me: "Em 1964, em março, eu já tinha percebido antes, em 63, uma pressão muito grande dos pais e de vários outros professores pelo tipo de pensamento e de dinâmica que corria entre os nossos alunos". Mais adiante, exemplificou o que significava essa pressão:

> Eu me lembro que um pai, uma pessoa de bom nível, veio falar comigo preocupado porque a filha e o filho, que eram meus alunos no Aplicação, não paravam mais de discutir na mesa [risos]. Porque antes, na mesa, eles tinham tranquilidade, mas quando saíam das minhas aulas eles saíam um terror. Então os pais se queixavam que eu estava incomodando, digamos assim, os valores familiares. E isso não é só um caso específico.

Em nossa conversa sobre aquele período, Flavio ressaltou que sua matéria preferida era História: "[...] eu não era dessa turma dos superbons alunos, eu nunca fui, mas, em algumas áreas, eu era interessante. O fato dessa coisa política, que eu já tinha mais acumulada pelas razões que conhecemos [refere-se ao seu pai], ela se expressava muito nas aulas de História, porque havia muita conversa, [...] tinha uns professores muito bons". Entre esses últimos, ele destacou o nome de Elita Copstein, explicando:

> Dona Elita é uma que me adotava porque eu era um bom aluno em História. Tinha essa coisa de discutir, sinalizar pelo tema literário. Vou te dar um exemplo: ela nos ensinava, problematizava, fazendo o seguinte: pegava a história do Calabar, então ela explicava: "Bom,

então o Calabar no Brasil é sinônimo de traidor, mas na verdade a situação é um pouco diferente, ele julgou que entre os colonos, colonizadores portugueses e colonizadores holandeses, os holandeses representavam, e parecia mesmo, mais progresso, coisa que se materializou no período em que dominaram Pernambuco". Isso é uma coisa tão expressiva que eu nunca esqueci, porque ela recusava o automatismo de igualar Calabar à traição, porque nessa os caras nos empurram a versão lusa da história brasileira. Então eu acho significativo, eu me lembro desse exemplo, não terá sido o único, mas não era muito chapa branca o ensino nesse sentido. Enfim, como eu tinha a minha cultura histórica, cultura é uma palavra muito ambiciosa, mas uma certa percepção da história [...], eu comecei na área de História a demarcar, a olhar um pouco determinadas situações. A Sonia [Pilla] que me diz que isso lhe chamou a atenção; entre os caras, eu era o que tinha uma visão um pouco diferente (entrevista 2).

Sonia respaldou essa memória, contando-me que nas aulas da dona Elita

[...] o Flavio começou a discutir com ela a concepção de história, o que é história. Inclusive eu me lembro que ele discordava dela, porque eu acho que ela, pelo que eu me lembre, tinha a visão da história como um ciclo que se repete. O Flavio foi pra cima dela brilhantemente, deu um debate entre os dois fantástico, e eu me interessei [risos]. E aí começou uma aproximação nossa, mas tudo muito como era naquela época, né? [pausa]. E foi bem interessante isso. E aí, na medida em que a gente começou a conversar, ele se apaixonou perdidamente.

Apoiado pelas lembranças de Sonia, Flavio recorda que se destacava nas aulas de História, a ponto de ser "adotado" pela professora, destaque esse atribuído por ele a uma certa "percepção da história", ao acúmulo anterior dessa "coisa política", ou seja, a uma série de experiências e percepções provavelmente desenvolvidas no contato com a rede de sociabilidade da esquerda judaica de Porto Alegre onde circulava desde a infância. Afinal, por exemplo, ouvir tantas vezes narrativas sobre o Gueto de Varsóvia e a Batalha de Stalingrado, entre outros assuntos, deve ter lhe dado subsídios para demarcar um espaço próprio de projeção no âmbito da referida disciplina. Tais recursos foram potencializados pela postura aberta de dona Elita, uma professora não "chapa branca", que, conforme exemplifica a história citada acima, apresentava aos estudantes uma visão mais complexa e menos unilateral dos processos e acontecimentos passados.

A seguir, apresentamos uma tabela com as notas de Flavio no Colégio de Aplicação, nos quatro anos do ginasial e nos três anos do colegial, atual ensino médio, incluindo dois anos de Científico e um de Clássico.

Esses dados mostram que Flavio realmente não era um "superbom" aluno se levarmos em conta os parâmetros avaliativos do educandário (embora o que se perceba seja, sobretudo, uma grande oscilação entre as notas na mesma disci-

GINASIAL	1955 Ginásio 1ª série	1956 Ginásio 2ª série	1957 Ginásio 3ª série	1958 Ginásio 4ª série
Português	9,9	6,1	6,2	7,1
Latim	8,3	6,1	4,7	5,2
Francês	6,1	4,9	5,7	5,9
Inglês		6,1	7,6	8,1
Matemática	9,0	4,4	7,1	5,3
Ciências e Trabalho[35]	7,8	7,9	5,6	6,6
História[36]	9,5	8,6	7,9	7,2 (Geral)
-	-	-	-	8,3 (do Brasil)
Geografia[37]	8,8	7,9	6,9	8,6
Desenho	6,5	4,9	6,7	7,1
Canto	8,0	7,9	8,9	9,2
Resultado	**8,1**	**6,5**	**6,7**	**7,1**

COLEGIAL	1959 Científico 1ª série	1960 Científico 2ª série	1961 Clássico 3ª série
Português	7,4	7,3	6,9
Latim	-	-	6,9
Francês	5,2	5,4	-
Inglês	5,2	7,0	-
Espanhol	7,4	-	-
Matemática	4,7	4,5	5,7
Física	6,2	4,5	6,6
Química	6,7	4,0	8,8
História Natural	-	4,8	7,7
História Geral	9,2	8,6	8,5
História do Brasil	-	8,7	8,8
Geografia Geral	7,1	8,2	6,5
Filosofia	-	-	8,7
Desenho	6,0	7,0	-
Resultado	**6,5**	**6,3**	**7,4**

plina dependendo do ano), e que suas médias em História (apesar de algumas descidas, especialmente no ginásio) eram geralmente superiores àquelas de outras matérias. Porém, o fato dele se destacar nesse campo de conhecimento não deve ser visto como um elo lógico e natural de sua formação como militante, do tipo: pai comunista > discussões políticas em casa > contato com a esquerda judaica de Porto Alegre > destaque nas aulas de História > militância. Claro está que essas experiências guardam alguma conexão no seu caso pessoal, mas nem por isso autorizam a falar de um caminho coerente e necessário. Afinal, por exemplo, muitos filhos de comunistas podem não ter se destacado em aulas de História e, em sentido inverso, nem todos os que se destacaram tinham essa origem familiar de esquerda. O que quero afirmar é que é preciso ter cuidado com explicações muito lineares para as opções políticas posteriores de nosso personagem, como de resto para os percursos biográficos de qualquer pessoa. Embora as conexões desses ingredientes ganhem destaque em sua narrativa (pois ele, como boa parte dos indivíduos modernos, busca assegurar a coerência de sua história), ao historiador biógrafo cabe duvidar dos caminhos lineares e teleológicos, do tipo causa e efeito, e lembrar as múltiplas, embora não ilimitadas, possibilidades que se abrem às pessoas em cada momento de suas vidas, sem falar do papel do acaso.

Nos "tempos do Aplicação", Flavio viveu, direta ou indiretamente, diversas experiências afetivas, intelectuais e políticas que contribuíram para a definição de muitos de seus projetos individuais, os quais se configuraram em constante interlocução com outros projetos particulares e coletivos: entre outras, dar conta das inquietudes configuradas historicamente como próprias da adolescência, conquistar o amor de Sonia, enfrentar o antissemitismo que vigia em Porto Alegre, ter sucesso em São Paulo e, de acordo com suas palavras, ditas hoje de maneira divertida, "salvar o mundo". Esses projetos se articulavam em maior ou menor grau e a hierarquia entre eles se estabelecia contextualmente. Se a militância política acabou prevalecendo e conferindo, de alguma maneira, o sentido da sua existência, isso só pôde ser percebido *a posteriori*, e não enquanto ele vivia a sua vida (e segue vivendo...). Assim, parece-me importante sublinhar que o militante Flavio que se engajou na luta armada a partir do final da década de 1960 não era o mesmo rapaz que se defrontou com dona Graciema por ter ousado imitar a estética dos revolucionários cubanos. Paulo Guedes, na ocasião, também optou pela barba comprida e nem por isso seguiu o mesmo caminho. Ou seja, é preciso resguardar, na explicação histórica, a margem de incerteza, o resíduo de indecifrabilidade e a diversidade de caminhos e opções que caracterizam qualquer existência, por mais que, conhecedores do "futuro do passado"[38], os historiadores se sintam tentados a tudo explicar e unir de forma coerente.

No campo das possibilidades e limites oferecidos pelo Colégio, paradoxalmente avançado e conservador ao mesmo tempo, Flavio deu início a sua militância no sentido mais específico do termo (que hoje, ao se referir àquele momento, ele considera "um tanto ingênua" (Teixeira, 2012, p. 67)). No texto da Peleia citado no início deste capítulo, os autores mencionam que, no período em que Flavio cursava o colegial, o movimento secundarista era "bastante forte e organizado". Essa generalização, favorecida pelo distanciamento temporal, não deve levar a supor que todos os colégios secundaristas da cidade tinham uma organização estudantil sólida e politizada. Este era o caso, por exemplo, do "Julinho" (Colégio Júlio de Castilhos), que já possuía uma tradição de mobilização de seus estudantes[39]. Em uma de nossas entrevistas, o personagem mencionou, espontaneamente, essa escola quando falava de sua vida estudantil: "[...] quem tá na política, eles sempre dizem: 'tu foi do Julinho?'. Não fui. Pessoalmente não me incomodo de maneira nenhuma de não ter sido, mas ali foi, por décadas, a grande escola onde também havia um ambiente mais politizador e instigante, sem dúvida nenhuma". Voltei depois ao tema, questionando: "Flavio, voltando agora pro Aplicação, tu dizes que no Aplicação não tinha uma vivência política muito importante, comparando com o Julinho, por exemplo...". Ele respondeu:

> *Nem remota. Tanto que, que eu me lembre, é nos meus dois últimos anos lá, portanto, no ano sete e no ano oito da vida do Aplicação, que eu começo a puxar, assim, a "tremendamente radical"* [ironizando] *proposta de formar um grêmio, um grêmio estudantil. Não tinha nem essa coisa associativa básica, não tinha. E é um percurso meio difícil, que depois eu acho que foi resolvido, mas não deu pra avançar muito mais. Então era um dos ensinos mais avançados do Brasil e uma das visões mais retrógradas nessa parte* [...] (entrevista 2).

Ele ressaltou ainda, novamente com ironia, que o trabalho para fundar esse grêmio foi a sua "primeira batalha política", destacando também: "O cara que começou a encher um pouco a paciência fui eu". Nesse caminho, "pouco a pouco" foi se "afirmando como uma certa liderança, forçando coisas elementares, como a instituição de um grêmio, enfim, aquela coisa mais banal, de colégio" (entrevista 2).

Em um depoimento sobre o Aplicação, Jayme Werner dos Reis, professor de Educação Física no educandário de 1957 a 1971, falou sobre suas aulas no pátio do colégio: "A pedido da Direção, os alunos deveriam permanecer nas imediações do Colégio e não serem 'atraídos' pelos alunos da Faculdade de Filosofia que na época já eram bastante agitados" (Reis, 2004, p. 70). A tentativa de dona Graciema de manter isolada a sua "estufa" parece não ter dado muito certo, e o caso de Flavio é exemplar nesse sentido. Não só ele se sentiu "atraído" pelos alunos da "Filô" como se tornou um dos mais "agitados" entre eles. O quanto suas experiências no Aplicação favoreceram tal percurso é difícil dizer. Afinal, o fato de ter passado por escolas inovadoras não conduz, necessariamente, a posturas políticas contestatórias (como mostram as trajetórias de outros ex-alunos do Colégio), embora possa lhes favorecer e estimular. No caso particular aqui estudado, entretanto, as aulas de Carlos Appel e da dona Elita, o contato com atividades pedagógicas avançadas que favoreceriam a autonomia de pensamento e de expressão (com limites, como vimos, embora esses possam ter sido, igualmente, fatores estimuladores de sua militância política), a relação com colegas pertencentes a uma elite culta e informada, o trabalho para fundar o grêmio estudantil, entre outras experiências, sem falar no contexto mais amplo, nacional e internacional, que certamente "agitava" os estudantes, contribuíram para o "fazer-se" do militante Flavio Koutzii, que só se configurou de modo mais acabado no ambiente da tão temida, pela direção do Aplicação, Faculdade de Filosofia. De acordo com ele, desde um ponto de vista retrospectivo, condicionado pelo conhecimento do futuro daquele passado, as vivências no Colégio contribuíram para atenuar "preventivamente" um possível dogmatismo político, muito característico das esquerdas no período:

> [...] ela [a passagem pelo Aplicação, neste caso se referindo especificamente às aulas de Literatura] *é muito importante porque, como a cultura da esquerda, que eu já tinha compreendido um pouco, obviamente tinha todo um lado dogmático, muito especialmente influenciado pelo stalinismo, ou pelas correntes autoritárias [...], é uma grande vacina antidogmatismo e, ao mesmo tempo, uma grande certeza de que esta pluralidade de significados em determinadas situações é algo importantíssimo. Senão, o cara não enxerga nada* (entrevista 2).

Nesse ponto, a fim de melhor contextualizarmos as vivências de nosso personagem, é interessante estabelecermos uma comparação do educandário frequentado por ele com o Colégio de Aplicação da UFRJ, cujos alunos foram estudados por Alzira Alves de Abreu. Ao contrário deste último, o Colégio da

UFRGS não "forneceu um contingente importante de jovens revolucionários" para as guerrilhas dos anos 60 e 70. Porém, a caracterização feita pela autora da instituição carioca em muitos aspectos é semelhante à sua congênere sulista e ajuda a explicar o campo de possibilidades onde Flavio viveu parte de sua infância e juventude. Portanto, permito-me citar um trecho longo do referido estudo:

> Era uma instituição escolar pública, ligada à Universidade, que durante as décadas de 50 e 60 adquiriu enorme prestígio por seu ensino de alta qualidade. Recebia alunos com uma formação cultural e social homogênea, jovens selecionados por meio de exames rigorosos, cujas famílias, em geral provenientes das camadas médias do Rio de Janeiro, viam na educação um valor e um capital social. Os pais que escolhiam o Colégio de Aplicação não tinham herança para transmitir aos filhos, no sentido de capital econômico ou social, que lhes garantisse o futuro. Em sua maioria eram profissionais liberais de classe média, militares, funcionários públicos ou comerciantes. A instrução era o canal de ascensão social, de sucesso profissional.
>
> O colégio tinha como proposta fundamental formar cidadãos dotados de alto senso crítico, capazes de autogerir seu trabalho intelectual e atentos ao que se passava em torno, na sociedade. A ideia de "missão social" que permeou a forma de agir e pensar de uma parte da intelectualidade brasileira dos anos 50/60 também atingiu o CAp. Na orientação do colégio estava presente a crença de que todos tinham uma missão social – a de, através do conhecimento, transformar a sociedade, levá-la a se tornar mais justa e desenvolvida. Havia por parte dos professores uma percepção de que a sociedade brasileira passava por grandes transformações e que a educação deveria também se transformar e preparar os jovens para uma intervenção na vida social. Não se pode dizer que estivesse incluído no ideário do colégio um incentivo a uma participação direta nos movimentos políticos e nas lutas partidárias. Foi no decorrer da década de 60, na medida em que as posições político-ideológicas foram se radicalizando na sociedade, que dentro do colégio os campos ideológicos foram se definindo, e os alunos passaram a identificar colegas e professores como pertencentes aos grupos dos progressistas ou a grupo dos autoritários e repressores (Abreu, 1997, p. 188-189).

É do "agitado" Flavio, filho de comerciantes que apostavam na educação da prole, certamente imbuído de uma "missão social" cada vez mais clara para ele, que trataremos logo a seguir. Antes, porém, falaremos de seu breve interregno em São Paulo.

Após terminar o ensino médio, nosso personagem, como já vimos, de acordo com a sua perspectiva atual, permeada pela ironia, sentiu que Porto Alegre

Curso Colegial Clássico

Eleonora Rezende de Rezende
Eliana Cruz Holmer
Elisabeth Escobar de Souza Lobo
Maria de Lourdes Cirne Lima Eichenberg
Flavio Koutzii
Flávio Loureiro Chaves
Rozmary Bareggio Nardon
Saul Milton Varela de Melo
Sonia Brueggemann Pilla
Tânia Mara Fernandes
Teresa Maria Johansson
Paulo Coimbra Guedes

Curso Colegial Científico

Aida Maria Godoy Pereira
Antônio Pedro de Oliveira Costa
Alberto Augusto Alves Rosa
Elisabeth da Costa Carvalho
Fernando Beylouni
Fernando Viégas Rangel
João Carlos Juchem
Jorge Alberto Peixoto de Freitas
José Antonio Bica Coimbra
Ligia Maria Costa Coelho de Souza
Lúcia Maria Chandelier Poli
Naila Ribeiro Daiello
Norma Maria Baptista Gomes
Wolfgang Arndt Willi Schrader
Regina Leite Torres

Orador: **Flávio Loureiro Chaves**

FIM DE UMA ETAPA
A formatura no Aplicação (Acervo Pessoal Lígia Maria Coelho de Souza Rodrigues).

AVENTURA NA PAULICEIA
Em São Paulo, ao lado do amigo João Carlos
(Acervo Pessoal João Carlos Juchem).

estava pequena demais para suas ambições e resolveu embarcar na aventura de fazer vestibular em São Paulo. Sobre isso, comentou:

> [...] *não fiz vestibular aqui e fui pra São Paulo, fui tentar lá um vestibular cem vezes mais difícil. E isso eu lembro que foi uma coisa que saiu um pouco dos moldes previsíveis.* [Referindo-se a si mesmo] *Estudou numa boa escola, tinha um bom apoio pra enfrentar e o cara vai lá e complica ainda a coisa. Mas isto era uma expressão até interessante de um certo tipo de inquietude que eu tinha* [...] (entrevista 2).

João Carlos Juchem, seu companheiro nesta aventura, narrou algumas passagens pitorescas da estadia em São Paulo:

> [...] *quando terminamos, eu o Científico e ele o Clássico, ele inventou uma história de a gente ir pra São Paulo fazer o vestibular.* [...]

> *Nós tivemos colegas que eram húngaros, que tinham vindo pro Brasil e* [...] *eles moraram em Porto Alegre. Eles até eram meus vizinhos na Rua Garibaldi. E o pai deles era um engenheiro, muito competente, e acabou indo pra São Paulo, numa empresa grande. E eles foram dois anos antes de nós terminarmos o Colégio de Aplicação. Aí aquela aventura me entusiasmou um pouco e lá fomos. Fomos, fizemos vestibular e não tivemos sucesso na época* [...]. *A história de vestibular é uma coisa meio complicada porque naquela época tinha exame, prova escrita, que não era de múltipla escolha, era prova escrita e depois prova oral. A prova oral era o seguinte: você chegava ali e sorteava um ponto. Ora, eviden-*

temente que ninguém sabe 100% da matéria. E se tu tivesse o azar de pegar exatamente [o que não sabia]... *Se tu não sabes, tu tentas dar uma conversada com o examinador e dizer: "Olha cara, essa parte aqui eu não sei, mas eu sei 90% da matéria". Mas se ele for inflexível, como foi o nosso caso, você não tem mais nada a fazer, apenas dar bom dia pro cara e se retirar...*

E foi o que aconteceu, mas [...], *independente disso, ficamos um certo tempo em São Paulo trabalhando. Morávamos na Praça Buenos Aires, uma praça que ficava a uma quadra da Avenida Angélica, numa pensão* [cuja] *dona era até prima segunda do Flavio. Era uma atriz de teatro, então frequentamos muito teatro em São Paulo por causa disso.*

Da família do Flavio eu conheci alguns [...], *os parentes dele eram muito ricos. Um era dono do Hotel Jaraguá, que era o melhor hotel da cidade naquela oportunidade. O outro,* [...] *mais novo, Bernardo Goldfarb,* [...] *era dono das Casas Marisa. Então o Flavio era, vamos dizer, um israelita comunista, que é um negócio meio...* [risos]. *A família dele achava meio estranho aquilo, mas ninguém contestava. Ele tinha a convicção política dele. Todos eles se davam bem, tanto que jantamos algumas vezes nos parentes dele* [...].

[...]

Então morávamos numa república, era um quarto, eram três, tava eu e o Flavio, e tinha um mineiro que era advogado, que era um pouco mais velho que nós. Intelectual ele. Aí também foi uma experiência boa porque aprendi muita coisa com ele, que era um sujeito inteligentíssimo. Aí depois voltamos e cada um seguiu sua faculdade [...].

[...]

Pra se manter, na verdade, nós nos mantínhamos com subsídio familiar, porque nós trabalhávamos era muito pouco. [...] *eu trabalhava de vendedor numa empresa que vendia material que servia pra copiar documentos.* [...] *e o Flavio eu não me lembro se ele trabalhava numa editora de livros, alguma coisa assim[40]. E passávamos o dia inteiro batendo perna, de noite conversávamos. O café da manhã da pensão era muito bom e de vez em quando a gente ia jantar, uma ou duas vezes* [por semana], *na casa de parente dele, que daí, pô, era um senhor jantar. Ou então na casa dos húngaros, esses que eram amigos da gente, do Roberto e da Judith. Então era isso, mas foi um tempo razoavelmente bom, aguentamos, e aí depois não sei por que* [dissemos]: *"Vem cá, nós vamos tentar de novo aqui ou vamos voltar pra Porto Alegre?". E acabamos voltando.*

Em São Paulo, a saudade de Sonia aumentava e era suprida, em parte, pela troca de cartas e presentes, como ela me contou:

> *E, inclusive, ele sofreu um monte de estar longe, e eu me lembro que eu dei uma girafinha pra ele, uma girafinha assim de tecido, muito bonitinha, que eu chamei de Dona Felicidade, e dei a girafinha pra ele. Aí depois, quando ele tava lá em São Paulo, ele mandou fotos da Dona Felicidade. E aí a gente se escrevia, naquela época tinha muito aquela coisa da carta. E aí como ele não passou, ficou alguns meses conseguindo trabalho, alguma coisa lá, não deu certo e ele voltou.*

Flavio retribuiu o presente, enviando-lhe fotos de um passeio que fez à Ilha de Paquetá, no Rio de Janeiro, talvez não por acaso cenário de uma das mais importantes obras literárias brasileiras ligadas à estética do romantismo: *A Moreninha*, de Joaquim Manuel de Macedo. Sonia, Flavio e eu conversamos e nos divertimos muito vendo essas imagens:

Flavio – *Não, tu tinha me dado isso. Tu tinha um certo fetiche afetivo...*

Sonia – *Eu tinha te dado a girafinha.*

Flavio – *Que tu chamavas de Dona Felicidade.*

Sonia – *Aí ele me mandou essas fotos e uma foto da Dona Felicidade...*

Flavio – *Pra te mostrar a intensidade do meu amor. Eu, não podendo estar aqui, eu tive que* [enviar].

[...]

Flavio – *Aí foi uma viagem.*

Sonia – *Aqui tá assim: "A charrete tão ligeira que não pude pegar"* [risos]*; "Dona Felicidade fazendo xixi"; "Quem será este passarinho sozinho a chorar?"* [risos].

Benito – *Gente, muito bonitinho!*

Flavio – *Isso aí destruiu já* [minha reputação].

Benito – *Eu faço uma publicação "do B". Com certeza eu vou querer a série* [de fotos].

Flavio – *Mas aí notarão que eu não era um bolchevique sanguinário.*

A insistência de Flavio, os apoios familiares que ele tinha em São Paulo e o exemplo dos colegas húngaros contribuíram para convencer João Carlos a participar do projeto de seu colega e amigo, que queria ampliar seus horizontes e ser bem-sucedido em um meio desconhecido, talvez como forma de dar vazão às suas ambições e de superar certas limitações, como a timidez. Porém, o projeto foi barrado, na versão do entrevistado, pela inflexibilidade dos examinadores que os avaliaram no vestibular. Diante desse fracasso, tentaram manter-se naquela cidade, um pouco trabalhando e um pouco mais à custa dos pais. O quotidiano parece ter sido difícil, mas com a possibilidade de bons jantares na casa dos parentes ricos do "israelita comunista" e de programas agradáveis proporcionados pela cidade grande. Afinal, "São Paulo tinha uma vida cultural, mesmo pra época, muito intensa, sobretudo se comparar com Porto Alegre, que era uma província e não tinha nada" (entrevista com João Carlos Santos Juchem). Apesar disso, depois de menos de um ano, resolveram voltar e refazer seus projetos. No caso de Flavio, isso incluía, mais imediatamente, reencontrar Sonia, retomar os estudos e, cada vez mais, mergulhar de cabeça na militância política. É isso que veremos no próximo capítulo.

CAPÍTULO 1   95

DONA FELICIDADE
E aí a gente se escrevia... (Acervo Pessoal Sonia Pilla).

NOTAS Capítulo 1

1. Refere-se aos livros deste autor relativos ao judaísmo e ao romantismo revolucionário, tais como: Löwy; Sayre (1995) e Löwy (1989).

2. Segundo o autor, os acontecimentos vividos "por tabela" são aqueles "vividos pelo grupo ou pela coletividade à qual a pessoa se sente pertencer".

3. Sobre essa noção, ver: Foucault, 1987 e Le Goff, 1990, p. 535-553.

4. Identidade aqui entendida como "imagem que uma pessoa adquire ao longo da vida referente a ela própria, a imagem que ela constrói e apresenta aos outros e a si própria, para acreditar na sua própria representação, mas também para ser percebida da maneira como quer ser percebida pelos outros" (Pollak, 1992, p. 204).

5. E, nesse caso, o fenótipo não parece ser determinante, já que um judeu pode facilmente passar por não judeu, ao contrário dos japoneses estudados por Jeffrey Lesser, os quais, na militância clandestina contra a ditadura civil-militar iniciada em 1964, mesmo contrariados, não conseguiam se livrar de codinomes "étnicos", especialmente "Japa". Ver: Lesser, 2008.

6. Ver: Bourdieu, 1996, p. 186-188.

7. Segundo o autor, "A organização dos *esportistas proletários* fazia parte de um trabalho mais amplo desenvolvido pelos comunistas porto-alegrenses que, seguindo a linha política nacional do PCB, buscavam constituir uma série de *frentes de massa* entre diferentes setores sociais, particularmente a juventude e as mulheres trabalhadoras" (2004, p. 279 – itálicos no original).

8. *Apud* FORTES, 2004, p. 278 (entrevista concedida ao autor em 18/03/1997).

9. Ele é o 14º signatário deste documento reproduzido em Lunardelli, 2000, p. 27.

10. Todas as críticas de cinema publicadas por Plínio Moraes na grande imprensa foram consultadas em KOUTZII, 1997. Por isso, para referenciá-las, citarei, no próprio corpo do texto, as páginas do livro onde elas se encontram.

11. Em entrevista concedida no ano de 1989, sua esposa, Clara, afirmou ter acompanhado toda a Segunda Guerra pela imprensa, em especial pela revista norte-americana *Life*, comprada por Jacob, e acrescentou: "O meu marido, lógico, ele era assim um apaixonado pelo assunto e seguia com bastante conhecimento". Entrevista de Clara Saidenberg Koutzii ao projeto de história oral do Instituto Cultural Judaico Marc Chagall de Porto Alegre. Todas as falas de Clara apresentadas neste livro, salvo menção em contrário, foram recortadas dessa entrevista.

12. Crítica também publicada no *Correio do Povo*, 08/06/1948 - p. 149-150.

13. Ata de Fundação do Clube de Cultura. Livro de Atas da Diretoria nº 1. Porto Alegre, 17 de setembro de 1950. *Apud* Aguiar, 2009, p. 75.

14. Acervo DOPS, Boletim número 42 (reservado), Porto Alegre, 21 de setembro de 1951, n.00704-00724, folhas 5-8, n.00708-00711(APERJ). Grifo meu.

15. Baumann, Hans. Depoimento sobre as comemorações do Levante do Gueto de Varsóvia no Clube de Cultura concedido a Airan Milititsky Aguiar. Porto Alegre, 30/11/2007; *O Levante do Gueto de Varsóvia*, 14º Ato Comemorativo. Porto Alegre, 19/04/1957. *Apud* Aguiar, 2009, p. 84-85. Todas as considerações sobre essa comemoração têm por base a referida dissertação.

16. Em entrevista, Clara afirmou: "[...] meu marido não tinha nada com religião, não queria saber. Ele ia também uma vez por ano ao 'shil' [sinagoga] e tal. Então acabei ficando uma pessoa bastante afastada [da religião]".

17. O sobrenome "Cutz", corruptela de "Koutzii, deve-se a um erro de registro quando da entrada desse ramo da família no Brasil.

18. *O Cantor de Jazz* (*The Jazz Singer*), que estreou em 6 de outubro de 1927, é considerado o primeiro filme de grande duração com falas e canto sincronizado com um disco de acetato. A

partir daí, os filmes mudos passaram a ser totalmente substituídos pelos filmes falados ou *talkies*. http://pt.wikipedia.org/wiki/O_Cantor_de_Jazz Acesso em 27/04/2012. Esta informação parece confirmar o desencontro do investimento de Isaac Saidenberg com as novas tecnologias que então se implantavam na produção cinematográfica.

19. Em crônica de 1936, Plínio Moraes comentou, maravilhado, o filme *Capitão Blood*, destacando "as cenas de batalha entre os brigues e os galeões", fascínio que parece ter transmitido anos depois ao filho. *Diário de Notícias*, 26/05/1936. In: Moraes, 1997, p. 22.

20. Sobre o destino da coleção da revista *Life*, Clara, expressando seu espírito prático, de certa maneira oposto ao idealismo e aos gostos intelectuais de Jacob, afirma: "Eu me desfiz numa ocasião dessas duma coleção da revista *Life* [...], elas eram em inglês. Eu acho que eram americanas, não sei. Bom, então ele assinava. Ele teve o desplante de mandar encadernar e era o verdadeiro registro da história da guerra, da última guerra mundial. [...] E o que acontece é que, infelizmente, por um problema de espaço, a gente não pode viver só com papel dentro de casa, né? Não é possível! Infelizmente mesmo não é! Aí, acabamos nos desfazendo, apesar dos protestos".

21. Marco Aurélio Garcia, Maria Regina Pilla e Ricardo Abramovay, em suas entrevistas, também recordaram esse apelido de Jacob.

22. Marília morreu de câncer em 1996.

23. A Peleia resultou de uma cisão da Nova Proposta, corrente política criada em 1975 na UFRGS por militantes do POC – Partido Operário Comunista, do qual Koutzii, como veremos a seguir, foi um dos fundadores. Posteriormente deu origem à tendência Democracia Socialista, que teve papel destacado na criação do Partido dos Trabalhadores, em 1980.

24. Aqui se pode verificar uma idealização da memória sobre Flavio, já que ele nunca foi militante do movimento secundarista.

25. Veludo era o local onde Flavio e seus amigos e companheiros de política jogavam futebol, como será melhor explicado no capítulo seguinte.

26. Diz o "Certificado de Aprovação" de Flavio: "[...] foi considerado aprovado em exame de admissão nos termos da *Lei Orgânica de Ensino Secundário* (decreto-leis ns. 4244 de 9 de abril de 1942 e 8.347, de 10 de dezembro de 1945), tendo obtido os seguintes resultados: Português: 7.75; Matemática: 7.2; Geografia: 9.9; História do Brasil: 9.5. Média Geral: (oito e meio) 8,5. Porto Alegre, 15 de dezembro de 1954" (Acervo do Colégio de Aplicação).

27. Segundo Schütz, "desde o início, o Colégio de Aplicação abria suas turmas com 30 vagas preenchidas mediante seleção e 03 vagas para filhos de professores universitários ('vagas para cartão', como se costumava dizer)", (Schütz, 1994, p. 45).

28. O peso de ser filha do Dr. Luiz Pilla, e talvez mais ainda, o de ser pretendente dessa filha, não deveria ser mesmo pequeno para Sonia e Flavio. Afinal foi o "eminente e saudoso" professor que, ao assumir a direção da Faculdade de Filosofia, incluiu em seu plano de atividades a instalação do Colégio de Aplicação. Por isso, ele é lembrando até hoje como o "patrono" do educandário. Cf. Pacheco, 2004, p. 15. Graciema Pacheco foi diretora do Aplicação de 1954 a 1981 e faleceu em 1999. Seu depoimento foi originalmente publicado em 1987.

29. Flavio se refere às colegas Sonia Pilla, Elisabete Souza-Lobo e Maria de Lurdes Heisenberg.

30. Lawrence Durrell (1912-1990), inglês nascido na Índia colonial, escreveu nesta ordem os livros que compõe a obra *O Quarteto de Alexandria: Justine* (1957), *Balthazar* (1958), *Mountolive* (1958) e *Clea* (1960). Portanto, eram livros relativamente recentes quando Flavio os leu. Na tetralogia, a história vai se ampliando e a narrativa é contada através dos olhos de cada um desses quatro personagens, oferecendo diferentes pontos de vista sobre a realidade. Segundo o autor, a obra é, sobretudo, uma "investigação do amor moderno".

31. Um bom resumo deste processo consta em PEDROSO, 2009.

32. Sobre o regime de historicidade presentista, ver: HARTOG, 1997. O exemplo do slogan parisiense está na p. 12.

33. Isolda Paes foi cofundadora do Colégio de Aplicação da UFRGS em 1954, nele permanecendo até 1972. Faleceu em 2002.

34. A leitura de Jorge Amado "fez a cabeça" de outros futuros revolucionários, como explica Alzira Alves de Abreu para o caso do Rio de Janeiro: "A formação política [dos guerrilheiros por ela estudados] não se deu primariamente por meio da leitura de textos políticos, e sim através da literatura. A pesquisa com ex-guerrilheiros mostra que uma sensibilidade para problemas sociais e uma opção pela luta contra as injustiças e a miséria no país foram despertadas muito cedo em casa paralelamente à leitura de autores como Monteiro Lobato, Jorge Amado, José Lins do Rego. Essas leituras foram feitas entre 12 e 13 anos de idade" (Abreu, 1997, p. 189-190).

35. Na 1ª e na 2ª séries cursava-se Trabalho Manual; na 3ª e na 4ª séries, Ciências Naturais.

36. Na 1ª série cursava-se História do Brasil; na 2ª e na 3ª séries, História Geral; e na 4ª série, Flavio cursou as duas.

37. Na 1ª e na 2ª séries cursava-se Geografia Geral; na 3ª e na 4ª séries, Geografia do Brasil.

38. Parodiando Koselleck, 2006.

39. Ver: Copstein; Lima e Silva; Schäffer, 2001.

40. Flavio, ao ler este trecho da entrevista de João Carlos, me disse que naquela ocasião trabalhou em uma empresa de vigas de aço.

CAPÍTULO 2
A POTÊNCIA DOS ANOS 60

FRUSTRADO EM sua pretensão de conquistar São Paulo, Flavio voltou a Porto Alegre, onde retomou antigos planos e formulou novos, sempre em diálogo com outros projetos individuais e coletivos, e tendo em vista as possibilidades e limites do contexto em que vivia. Como não passou no vestibular da prestigiada Faculdade de Direito do Largo de São Francisco, ingressou, em 1963, nos cursos de Filosofia e Economia da Universidade do Rio Grande do Sul[1]. Em uma de nossas entrevistas, ele comentou esse fato com um misto de satisfação e ironia: "[...] e aí eu faço os vestibulares e passo, eu tenho certo orgulho disso porque eu realmente nunca fui um bom estudante. [...] passo em quarto na Economia e sétimo na Filosofia, nas duas, o que é um delírio interessante: o cara [referindo-se a si mesmo] queria reproduzir Marx, então ele já ia direto fazer Economia e Filosofia" (entrevista 2).

Lá encontrou um ambiente de forte ebulição política, principalmente por parte dos alunos, no qual logo se envolveu, provavelmente motivado, ao menos de início, pelas convicções moldadas ao longo da infância e da juventude, principalmente em casa e no Colégio de Aplicação, através de conversas, leituras e vivências quotidianas. O moço que desde menino se sentia diferente por ser judeu e comunista parece ter encontrado na Universidade um clima propício para transformar o que antes era estigma em capital simbólico[2], tornando-se, em pouco tempo, uma figura de destaque entre os estudantes, lembrada dessa forma até os dias de hoje por seus companheiros de geração, projetando-se como um líder daqueles seres "agitados" que a cautelosa dona Graciema tanto temia que entrassem em contato com as flores de sua "estufa".

Ao que tudo indica, muito rapidamente Flavio colocou a política à frente dos estudos. De forma brincalhona, ele relembrou: "Eu entro na Universidade [...] com garantia de que eu ia ser o pior aluno [risos]... e fui". Mas, logo a seguir, reconhece: "E... bom, e até continuei estudando mais seriamente foi Economia..." (entrevista 2). Essa situação não foi, obviamente, peculiar a ele, como Marco Aurélio Garcia deixou claro em sua entrevista. Perguntei-lhe: "E

VOLTA A PORTO ALEGRE
Flavio ingressa na Universidade e no Partido Comunista
(Acervo Pessoal Sonia Pilla).

na Universidade, o que é que vocês faziam concretamente?", ao que ele respondeu sem pestanejar: "Política! [risos] Política todo o tempo".

Foi na Faculdade de Filosofia que Flavio recebeu o convite para ingressar no Partido Comunista, que então se estruturava junto ao movimento estudantil. Quem lhe fez a proposta foi justamente o já, apesar da pouca idade (nasceu em 1941), veterano em termos de atuação na esquerda, Marco Aurélio Garcia. Em entrevista ao projeto História Oral do Partido dos Trabalhadores, ele recordou:

> Mas em 63 houve uma coisa interessante. Nós tínhamos conseguido montar o movimento estudantil do Partido. Nessa época, eu conheci várias pessoas, uma das quais o Flavio Koutzii. Tem um episódio muito divertido, que o Flavio conta até hoje, com muito humor. Alguém me disse: "Olha, esse rapaz é um cara muito promissor [...] [estudou no] Colégio de Aplicação". Então eu fui conversar com ele. E convidei-o para entrar no Partido Comunista. Não sabia de todos os antecedentes. O pai do Flavio tinha sido comunista, era uma figura adorável, foi o primeiro crítico de cinema de Porto Alegre... Depois eu o conheci muito e era uma figura encantadora. Mas aí, quando eu convidei o Flavio para entrar no Partido Comunista, ele, com aquele ar solene que ele tem às vezes, mas hoje ele evoca isso com enorme autoironia, disse: "Isto corresponde exatamente aos meus interesses". [risos] Muito bem. E o Flavio entrou. E nós começamos a crescer muito na Filosofia.

> [...] *eram dois lugares onde nós tínhamos grandes células: era na Filosofia, onde havia uns cinquenta, mais ou menos, e na Arquitetura. Na Arquitetura, beneficiado, inclusive, pelo fato de que muitos professores eram do Partido.*

Dois aspectos podem ser destacados a partir dessa fala. Primeiro, a forma como o PCB cooptava novos militantes, nesse caso um jovem considerado promissor em função das ideias que expressava publicamente, dos seus "bons antecedentes", como o fato de ter familiares comunistas (embora, no caso de Flavio, Marco Aurélio aparentemente ainda não soubesse dessa sua genealogia, o que, como veremos posteriormente, nem sempre é confirmado nas narrativas sobre o episódio), e de haver passado pelo Colégio de Aplicação, o qual, como referi no capítulo anterior, era considerado avançado para a época, apesar de certas características conservadoras que mantinha. Essa estratégia era tradicional no PCB, basta lembrarmos a maneira como o pai de Flavio "seduziu" o então jovem Eloy Martins para ingressar na agremiação. Segundo, a frase, hoje dita com ironia por Flavio, de que o convite de Marco Aurélio vinha ao encontro dos seus interesses, parece sintetizar a ideia que queremos sustentar para explicar o ingresso do primeiro na militância política mais sistemática e articulada: a conjunção de interesses pessoais, construídos ao longo de sua infância e juventude, com um campo de possibilidades, representado por Marco Aurélio e marcado pelo crescimento do Partido na Universidade, no qual tais interesses podiam se constituir como projeto ao mesmo tempo individual e coletivo, possibilitando a concentração de ações para atingir determinados fins, no caso, a transformação da sociedade capitalista.

"NÃO ÉRAMOS JOVENS LOUQUINHOS"

É importante salientar que, ao tratar de sua militância nos anos 60 e 70, tanto em textos escritos quanto em depoimentos orais, Flavio normalmente a aborda como uma experiência geracional, coletiva, que deve ser explicada não em termos individuais, mas pela singularidade e complexidade do contexto então vivido e pela trajetória posterior das pessoas que dela participaram. Em suas entrevistas referentes ao período, aliás, seguidamente foi difícil captar o "indivíduo" Flavio, pois sua narrativa tende a priorizar o ambiente mais amplo, nacional e internacional, que marcou aquele momento, bem como as sensibilidades e experiências de sua geração. Depois de muitas tentativas, mais ou menos disfarçadas, de fazê-lo falar na primeira pessoa do singular, como um "personagem específico", me dei conta de que essa era a sua maneira de contar e de "contar-se", e que, mais do que transformá-la, seria preciso entendê-la[3]. Por isso, o conceito de geração, termo "êmico", ou seja, interno ao discurso de Flavio e de muitos de seus contemporâneos, tornou-se também uma categoria analítica para o exame de seus percursos e de sua forma de significá-los.

A principal preocupação de Flavio ao diluir-se no coletivo e no contextual parece ser a de dar um sentido racional a sua militância e a dos que, como ele, pegaram em armas para contestar a sociedade capitalista e as ditaduras de segurança nacional na América Latina. Tal intuito é compreensível quando se leva em conta "o presente" (ou "os presentes", já que ele se pronunciou sobre o tema em diversos momentos) no qual o personagem narra o seu passado, quando seguidamente, em muitos discursos expressos através de suportes variados (romances, livros de memórias, documentários, filmes de ficção, novelas e minisséries televisivas, artigos de jornal, entre outros), esses militantes ou são retratados como enlouquecidos raivosos ou como ingênuos idealistas, mas, de qualquer maneira, como alheios à realidade em que viviam[4]. Flavio, ao contrário, faz questão de mostrar a sua sintonia e a de seus companheiros com o contexto da época, em termos das possibilidades por ele abertas. Além disso, há que se considerar a força simbólica da expressão "geração 68", à qual boa parte das pessoas que eram jovens naquele ano tornado emblemático quer pertencer, já que ela sintetiza uma série de valores e atitudes considerados positivos e que hoje parecem ter desaparecido: idealismo, combatividade, postura crítica, politização, ousadia, coragem, entre outros[5]. Flavio, portanto, tem bons motivos para dar destaque a tal geração, cujas ações soam bem aos ouvidos do presente, ao menos como uma espécie de bastião ético e não necessariamente como um exemplo a ser retomado. Por fim, é preciso também lembrar que, no contexto do final da ditadura e da reabertura política, em um ambiente cultural que se prolonga até os dias de hoje, embora com contestações, houve uma revalorização da ideia da democracia no seu sentido liberal, associada especialmente à realização de eleições livres e à garantia de direitos civis, a qual, segundo os discursos hegemônicos, deve ser conquistada pacificamente. Em tal panorama, a opção pela luta armada e a defesa de ideias como a necessidade de ruptura violenta com a ordem burguesa e de implantação da ditadura do proletariado, que animaram tantos setores da esquerda latino-americana nos anos 60 e primeira metade dos 70, parecem "fora do lugar", capazes, inclusive, de estigmatizar aqueles que as haviam defendido. Em função disso, alguns ex-militantes que então pegaram em armas renegaram publicamente essa postura, atribuindo-a a certa ingenuidade juvenil, como forma de se reintegrarem à vida política democrática. Flavio preferiu outro caminho: entender historicamente as suas próprias escolhas, pensando-as como parte de um movimento geracional.

Ele, assim, quer contextualizar o que hoje pode parecer estranho, louco, exótico, curioso, irresponsável, fora da realidade, significando desde uma perspectiva histórica o tipo de militância do qual foi protagonista destacado. Exemplar desse seu intento é o seguinte trecho da entrevista por ele concedida à revista *Sextante* em 2000:

> *Era um pouco do que parecia possível, quer dizer, tudo parecia possível. A nossa cabeça, ou os fatos, os aspectos culturais, a interpretação da realidade, produziam uma convicção. Que não era convicção de um*

*cara sozinho, por isso que é um fenômeno **de geração**, senão não seria um fenômeno de geração, seria um grupo de enlouquecidos, uma seita, uma fé. Sempre se falou em geração porque foi um fenômeno de gerações, quase todas elas acuadas por golpes militares, mas mergulhadas num magma incandescente de possibilidades de mutação* (Sextante Entrevista, julho de 2000, p. 19. Grifo no original).

Em texto escrito mais de uma década antes, e publicado na coletânea organizada, entre outros, por ele próprio, alusiva aos vinte anos da morte de Che Guevara, Flavio parece ter sintetizado pela primeira vez, poucos anos depois de retornar ao Brasil, seu pensamento sobre o assunto, sua tentativa de entender pela chave geracional a sua própria experiência e a de seus companheiros. Não é à toa que, nas nossas entrevistas, ele mais de uma vez me perguntou se eu tinha lido esse texto, cuja cópia me deu, porque continuava pensando que a síntese ali exposta era correta e adequada para explicar as opções políticas de sua geração.

No artigo, significativamente intitulado *Che: o Contexto Histórico e a História do Contexto* (Koutzii, 1987)[6], Flavio traça uma história da esquerda a partir da Revolução Russa de 1917, passando pela Revolução Chinesa de 1949 e chegando até a Revolução Cubana de 1959, na qual centra seus argumentos, considerando-a "[...] a seiva que vai alimentar, em forma de exemplo, todo continente" (p. 51), impulsionando uma nova geração de militantes a romper com os PCs tradicionais e a abraçar a luta armada: "Resumindo, a influência cubana é um dos motivos principais da constituição de uma *vanguarda nova, jovem, empírica e combatente*" (p. 53 – itálicos no original). O autor pondera que esse espraiamento da influência da Revolução Cubana só foi possível em função "de uma série de modificações nas condições da luta de classes no fim dos anos 50 e início dos anos 60", assim resumida por ele: "Com uma burguesia impotente, com um exército intervindo cada vez que a esquerda e o campo popular cresciam um pouco, era natural buscar um caminho de intervenção política e de acumulação de forças que não dependesse somente do espaço que a burguesia pudesse conceder ou admitir" (p. 55). Na sequência, Flavio retoma a figura de Che e seu "gesto de radicalidade inigualável" (p. 55) de abandonar suas funções no governo cubano para impulsionar a revolução latino-americana. Aborda, ainda, as interpretações formuladas por intelectuais que punham em xeque o gradualismo do PCB e "facilitavam e confirmavam as opções que o guevarismo e a influência cubana sugeriam [...]", como Caio Prado Júnior, Celso Furtado, André Gunder Frank, Rui Mauro Marini e Emir Sader. Apresenta, então, a teoria do foco guerrilheiro que fascinou os novos revolucionários guevaristas, oferecendo "aparentemente soluções para quase tudo" (p. 59). A seguir, trata da morte de Che e afirma que esse fato, entre outras derrotas, não levou "a um processo de reavaliação dos limites da estratégia guevarista", ao contrário, soou "mais como um estímulo à luta", o que foi potencializado por uma série de acontecimentos como a ofensiva do Têt no Vietnã em 68, as mobilizações estudantis na Alemanha, Itália e França no mesmo ano, a multiplicação em todo o mundo dos ecos da revolução cultural chinesa, a Primavera de Praga, a radicalização das lutas pela libertação do povo palestino, nos Estados Unidos, os protestos contra a guerra, o *black power* e os movimentos estudantis de Berkeley e o início da guerrilha na Argentina, Brasil, Chile e Bolívia, e sua continuidade no Uruguai, Colômbia e Guatemala. Por fim, destaca a importância, para os revolucionários da época, da vitória da revolução vietnamita contra a "gigantesca potência imperialista". Em suas palavras:

> *Seria muito difícil convencer os revolucionários de então que toda esta imensa mobilização não era o sinal claro e seguro de que se vivia nos fins dos anos 60 um ascenso do processo da revolução em todo o mundo.*
>
> *A História parecia encurtar seus prazos. O rosto do Che estava em todas as bandeiras. Velhos valores da moral conservadora caíam em pedaços. A juventude explodia a camisa de força das boas maneiras burguesas* (p. 61).

Por que demos tanta atenção à maneira como Flavio contextualizou, e em consequência conferiu sentido, a sua experiência de militância, por ele percebida como uma experiência geracional? Porque é a forma como o personagem recupera, pela via da memória, experiências objetivas e subjetivas vivenciadas naquele contexto (semelhantes, aliás, às evocadas por outros indivíduos que também se consideram pertencentes a essa geração) e, no mesmo movimento, as significa, as assume, em meio a tantas outras vivências da época, como "as" experiências, aquelas que o motivaram a agir de tal ou qual maneira, que, em última instância, o definiram como indivíduo (ainda que um indivíduo pensado no coletivo, como nós). Isso com o objetivo de, conforme dissemos acima, normalizar atitudes que, no momento da escrita (e, em grande parte, até hoje), podem parecer sem sentido. Afinal, reconhece Flavio, "é difícil imaginar como estudantes, trabalhadores, intelectuais, que não eram nem loucos nem delirantes, se polarizavam de cima a baixo nesses continentes latino-americanos em torno do que se chamava então de 'estratégia de luta armada'" (p. 47).

Para realizar essa racionalização *a posteriori*, Flavio valeu-se de uma perspectiva marxista, cujas categorias e formas cognitivas e narrativas foram aprendidas e interiorizadas por ele desde a infância e posteriormente potencializadas como via de interpretação do mundo ao longo da militância. Tal fato, contudo, não diminui o caráter autobiográfico dessas narrativas, inclusive daquela expressa no artigo sobre Che. Ao contrário, evidencia como nosso personagem subjetivou-se e tornou-se um autor capaz de contar a sua própria vida, de, ao abordar "o contexto histórico e a história do contexto", falar de si ao falar dos outros.

Além de ser um termo que permite a Flavio contar-se, geração também me parece uma categoria analítica útil para, do ponto de vista do biógrafo que sou, explicar as suas ações. Afinal, "[...] a geração é também uma reconstrução do historiador que classifica e rotula" (Sirinelli, 1996, p. 133). Não penso aqui em geração como uma faixa rígida de idade, mas como grupos de pessoas que experimentam alguns eventos marcantes, e que, mais do que isso, assumem esses eventos para definir-se retrospectivamente desde o presente. Conforme afirma Sirinelli (1996, p. 134), "[...] a história ritmada pelas gerações é uma 'história em sanfona', dilatando-se ou encolhendo-se ao sabor da frequência dos fatos inauguradores". No que diz respeito à geração de Flavio, alguns desses fatos já foram apontados acima por ele mesmo, reaparecendo em outras narrativas de seus contemporâneos. Tal é o caso, por exemplo, da morte de Che, em 9 de outubro de 1967, que por vezes funciona como um marcador temporal significativo nas evocações de certos integrantes desse grupo geracional. Vejamos alguns exemplos.

Cláudio Gutiérrez, militante do movimento secundarista do Rio Grande do Sul e ligado à ALN (Ação Libertadora Nacional), tem uma lembrança precisa de onde e com quem estava quando Che foi assassinado pelo exército boliviano, e da emoção que o fato lhe provocou. Pelo menos é o que transparece da leitura de seu livro de memórias *A Guerrilha Brancaleone*, publicado em 1999 (portanto, mais de 30 anos após o episódio):

> *Na noite do dia 10 de outubro de 1967, estávamos no Centro, entre o [restaurante] Rian dos sanduíches de pernil e a [Livraria] Coletânea, junto à banca da esquina da Praça da Alfândega, quando lemos na capa de um jornal: "Morto Che Guevara". A manchete era acompanhada de uma foto do "Che" assassinado, com os olhos abertos e um certo sorriso difícil de definir. Estávamos em companhia do Marcos Faermann, o Marcão, jornalista da Zero Hora. Uma profunda emoção nos dominou. No casarão da [rua] Santo Antônio, onde eu morava, preparamos muitos lápis de pichação. Porto Alegre amanheceu coberta com a frase: "Vingaremos ao Che". Muitas de nossas pichações foram em locais próximos a quartéis ou delegacias. Na delegacia da Avenida Cristóvão Colombo tentaram apagar a inscrição com ponta e formão, conseguindo produzir um baixo relevo* (Gutiérrez, 1999, p. 44-45).

A argentina Mele Franconetti, que militou com Flavio na primeira metade dos anos 70, também confere ao acontecimento um caráter marcante, situando-o entre os fatores que a impulsionaram a ingressar em um partido revolucionário:

> *Duas coisas me impressionaram muitíssimo. Uma foi o movimento, o Cordobazo* [movimento de protesto popular ocorrido em 29 de maio de 1969 na cidade argentina de Córdoba], *e tudo o que houve no país, porque não houve só em Córdoba,* [mas também] *em Rosario, em Corrientes, bueno, todo esse movimento em 68* [sic] *me influenciou muitíssimo. E outra foi a morte do Che. Isso também me influenciou muito.*

Outra argentina, Norma Espíndola, que também militou com Flavio naquele país e foi sua companheira por vários anos, indicou algo semelhante: "[...] e vem a morte de Che e isso me provoca uma crise muito grande. A morte de Che foi impressionante, eu estava em uma assembleia, [...] e eu não podia nem com minha alma, foi uma coisa terrível" (entrevista 1 – N).

Flavio, por sua vez, em uma das nossas entrevistas, comentou sobre a ética ligada à militância nos anos 60 e 70, "[...] que o exemplo do Che materializa, inclusive com o sacrifício da sua própria vida" (entrevista 8). No texto acima referido, o impacto emocional do assassinato do revolucionário argentino para ele fica ainda mais claro quando, ao finalizar sua análise, propõe poeticamente a fusão da pessoa do líder morto com o conjunto de sua geração (expressa pelo pronome "nós"): "Mais que os Beatles e os Rolling Stones, nós amávamos o Che. É impossível não chorar por ele, quer dizer, não chorar por nós" (Koutzii, 1987, p. 63).

Evidenciando como as gerações e as memórias sobre elas não são homogêneas, e que existem diferenças profundas mesmo entre aqueles que vivenciaram "fatos inauguradores" comuns – diferenças essas explicadas, em grande medida, pelas trajetórias posteriores dos que lembram no presente –, ressoa a fala dissidente de Paulo Paranaguá, companheiro de militância de Flavio que, como disse antes, conheceremos melhor ao final deste capítulo, relativa à derrota de Che:

> Não dá pra dizer que ele não foi derrotado, porque em todas as batalhas que ele travou ele foi derrotado, menos levar o Fidel ao poder em 59, mas em todas as outras ele foi derrotado. Então dizem que ele teve uma vitória moral. Me desculpa, ele não é exemplo nenhum. Era um sujeito que liderava e conduzia os outros à derrota e à morte.

Apesar dessas divergências, a vantagem analítica de pensarmos Flavio como integrante de uma geração vai no sentido de compreender melhor o significado social de suas ações, os aspectos coletivos de seus projetos, os contornos do campo de possibilidades que permitiram a muitos dos que eram jovens nos anos 60 agirem com alguma sintonia e, ao mesmo tempo, estabeleceram restrições a essa ação. Isso não significa, de modo algum, homogeneizar o grupo geracional, esquecendo-se que, entre os que o compõem, existem diferenças importantes determinadas por múltiplos fatores como classe, raça, gênero, religião, orientação ideológica, entre outros. Tal variedade, contudo, não nos impede de reconhecer as "virtudes periodizantes" (Sirinelli, 1996) da geração, sua capacidade de auxiliar o pesquisador a vislumbrar traços comuns aos que dela participam, derivados da vivência conjunta de acontecimentos fortes, capazes de configurar uma certa comunidade de sentimentos.

Por outro lado, ao admitirmos, em consonância com a autopercepção de Flavio, que muitas de suas emoções e ações podem ser explicadas a partir de uma chave geracional, e portanto coletiva, não queremos dizer que elas se reduzam a isso. Ele integrou uma geração, mas também foi um indivíduo característico da modernidade, que se construiu como uno, singular e homogêneo, e que, por isso, pode ser narrado biograficamente. Além disso, tornou-se sujeito a partir de múltiplas práticas discursivas e não discursivas, algumas das quais estamos descrevendo neste livro, mas fletiu-as de maneira específica de forma a esculpir-se como um ser humano único e original[7].

Na última parte de seu texto sobre Che, Flavio fez a seguinte observação:

> Estabelecer o contexto no qual se propagou a influência do Che não implica propor a interpretação de que Guevara é um produto destes fatores. Seria absurdo.
>
> Ele foi, na verdade, um agente ativo e modificador das condições que analisamos. É comum escrever que Guevara "encarnou" – melhor que ninguém – as mudanças e rupturas de sua época. Não é só isso. É bem mais: ele propôs posições e concretizou gestos que orientaram, estimularam e entusiasmaram a juventude revolucionária em todo o mundo (p. 62).

Guardadas as devidas proporções, já que a escala é, obviamente, muito diferente, pode-se pensar em Flavio também dessa forma: ele não foi um simples produto do contexto (como, aliás, nenhum indivíduo o é). Caso fosse, a própria empreitada de biografá-lo seria inútil; foi, sim, um "agente ativo e modificador" das condições sociais nas quais viveu, alguém que "propôs posições e concretizou gestos" capazes de orientar, estimular e entusiasmar parte dos seus contemporâneos (mesmo que, seguidamente, essa "parte" fosse bem reduzida devido às próprias condições da luta política da época) no Brasil, desde seu ingresso na URGS, e, posteriormente, na Argentina, como veremos depois, tanto que aqui como lá, ele é, no presente, seguidamente lembrado como um líder e também como alguém que "encarnou as mudanças e rupturas de sua época".

Em depoimentos mais recentes, tanto orais quanto escritos, ao ser instado a abordar sua trajetória política nesse período, Flavio continua operando na mesma chave narrativa: fala do contexto e de sua geração para falar de si. Por exemplo: em texto incluído na coletânea *A Ditadura de Segurança Nacional no Rio Grande do Sul (1964-1985): História e Memória*, publicada pela Assembleia Legislativa do Estado em 2009, ele retomou muitos dos fatos e processos tratados no artigo sobre Che e ressaltou: "[...] não éramos um bando de loucos com testosterona alta. Foi uma conjuntura mundial que levou a isso". Afinal, "nesse mundo que estou desenhando, as coisas tinham essa intensidade espantosa. [...] havia um mundo efervescente. De certa maneira, as utopias e as hipóteses revolucionárias tinham muito sentido". Por isso, "nesse quadro vivemos nossa própria experiência e buscamos as respostas como a nossa geração tentou" (Koutzii, 2009, p. 104, 105, 106 e 107, respectivamente). O uso recorrente da primeira pessoa do plural evidencia como Flavio procura diluir-se no coletivo, integrar-se a um grupo (geracional, no caso) e, dessa forma, conferir sentido às suas experiências pretéritas.

Em entrevista a nós concedida no ano de 2012, Flavio seguiu a mesma linha:

> [...] *as gerações dos anos sessenta, como dizemos no Brasil e na França, e dos setentistas, como dizem os argentinos falando de si mesmos, os sessenta e os setenta, eles foram, no conjunto, uma singularidade de um período, com uma densidade histórica e com uma composição, digamos assim, o DNA da época, o ar do tempo na época* [...] (entrevista 3).

A metáfora do DNA que, utilizada nos relatos a respeito de sua infância e início de juventude, tinha uma conotação individual, significando, sobretudo, a transmissão "cromossômica" de características políticas, éticas e ideológicas, em especial a "herança genética" de seu pai, passou, nas falas sobre a militância, a significar aquilo que singulariza um grupo e uma época, adquirindo sentido coletivo.

É de se notar, contudo, que, apesar dessa reiteração de determinados aspectos contextuais e geracionais, em especial os que dizem respeito à história das lutas socialistas internacionais, Flavio vem incorporando a seus depoimentos mais recentes outros aspectos no delineamento daquela conjuntura, notadamente os referentes às transformações culturais em sentido amplo, abarcando desde as artes até os comportamentos, o que provavelmente expressa o espaço que essas mudanças adquiriram na memória coletiva contemporânea relativa aos anos 60. Por exemplo, no referido texto escrito para o livro da Assembleia Legislativa do Rio Grande do Sul, ele assinala:

> *Também são fáceis de lembrar as condições políticas e culturais da época, sublinhando as culturais. Em 1961, aparece a Bossa Nova. Logo depois, com o patrocínio da UNE, constituem-se os Centros Populares de Cultura (CPCs), que se irradiam por todo o país, dando lugar à criação dos Teatros de Arena, especialmente de São Paulo, Rio e aqui [Porto Alegre], mais tarde um pouco. É uma explosão criadora. Nasce também o Cinema Novo. Tem também uma revolução no grafismo brasileiro* (Koutzii, 2009, p. 109).

Na entrevista de 2012, ao buscar novamente "normalizar" o comportamento daqueles que, como ele, optaram pela luta armada nos anos 60 e 70, ressaltou:

> *Não é porque nós éramos jovens louquinhos, é porque nós éramos jovens que, de alguma maneira, tínhamos um certo diagnóstico, com algumas diferenças entre nós, que era mais ou menos convergente, coincidente,* [...] *que repetia-se diferenciando o que deve ser diferenciado em vários lugares.* [...] *mas que pautas eram as tremendamente ascendentes e multitudinárias? A situação da mulher, a grande erupção do tema do feminismo, de forma irredutível e que nunca mais voltou pra trás. O tema do respeito às diferenças sexuais* [...]. *Uma espécie de colapso induzido pela luta, por exemplo, dos jovens de*

> *então, especialmente da Europa [...] contra, digamos, a espécie da hipocrisia da ética vitoriana dos seus pais. [...] aí mistura tudo, os filmes da Nouvelle Vague, cada um era dois passos mais adiante... [...] com esse vício da juventude e com esta sede de dar novos passos na sua própria vida. Então, vê como é potente essa situação. [...] isso bateu no Brasil, já em 63, [mas] ficou muito mais nítido depois do golpe...* (entrevista 3).

Nessa mesma entrevista, depois de elencar todos os elementos que, segundo ele, compunham o contexto do período em tela, Flavio afirmou gostar do que havia dito, pois, através de sua narrativa, dava conta minimamente da complexidade da época, sem simplificá-la. E ressalvou: "[...] podem ter outras pessoas que achem que tinha mais dez por cento disso do que daquilo, que eu esqueci, pode ter, claro, mas que esses eram, digamos, fatores centrais daquele período histórico, brasileiramente falando, da América Latina e do mundo [...], isso não tenho a menor dúvida" (entrevista 3).

Até aqui, procuramos entender como Flavio narrou e narra suas experiências políticas dos anos 60 e 70 e por que o faz desta forma. A partir de agora nossa atenção se voltará a essas experiências narradas por ele e outros sujeitos, mais especificamente, a sua militância no movimento estudantil e nas organizações políticas brasileiras de esquerda.

Muitos autores já abordaram, desde diversas perspectivas teóricas, metodológicas e ideológicas, os grandes temas da história da esquerda naquele período: a agitação política dos primeiros anos da década de 1960, o impacto do golpe, as cisões do PCB e a opção de muitos grupos pela luta armada. Qual o sentido, então, de recontar essa história a partir de uma biografia? Que ganhos analíticos podemos obter de tal empreitada? Talvez alguns desses ganhos não sejam racionalizáveis pelo autor-biógrafo e só possam ser auferidos pelo próprio leitor ao acompanhar as páginas que seguem. Mas outros já podem ser apontados aqui. Cito dois de ordem mais teórica.

Em primeiro lugar, um trabalho como o aqui proposto nos permite avaliar o papel do indivíduo no desencadeamento e conformação de determinados movimentos históricos, no caso em pauta, das lutas da esquerda brasileira nos anos 60 e 70, suas ações, discussões e cisões. Como dissemos antes, Flavio não foi apenas um produto do contexto dessa época, mas um protagonista dos processos que configuraram as possibilidades e limites de tal contexto. Com seus projetos individuais e coletivos ele influenciou, por vezes decisivamente, a tomada de certas decisões que tiveram impacto nos rumos de indivíduos e grupos que lutavam contra a ordem capitalista e a ditadura implantada no Brasil com o golpe de 64. Em decorrência, ao biografá-lo, espero ajudar a compreender melhor o processo de construção de lideranças em meio às lutas políticas do período, identificando que características (ou "capitais", na linguagem de Bourdieu) eram valorizadas em certos grupos de maneira a capacitar seus detentores a assumirem a função de dirigentes, de indivíduos capazes de indicar os caminhos a seguir.

Em segundo lugar, examinar a trajetória da esquerda no período tendo como fio condutor os percursos de um indivíduo permite aquilatar o papel de fatores menos visíveis em uma abordagem macroanalítica na constituição de alianças e oposições, na conformação de ideias e ações. Estou falando aqui, por exemplo, do peso dos afetos (amizades, inimizades, ódios, amores...), das sensações (medo, confiança...), das percepções de mundo que não podem ser resumidas ao ideológico e ao racional, mas que também ajudam a entender os posicionamentos expressos, por exemplo, em programas políticos, jornais e panfletos. Como, nas sociedades ocidentais modernas, o indivíduo foi constituído como origem e portador desses afetos, sensações e percepções, atribuídos ora a sua mente ora ao seu coração, nos parece importante focar a análise em um indivíduo – não no sentido de afirmar sua unicidade e potência, mas objetivando compreender como esses atributos foram estabelecidos historicamente – para dar conta de tais aspectos. Nesse sentido, a história oral é uma metodologia de grande valor, pois tem o potencial de, por meio da memória, incluindo lembranças e esquecimentos, presentificar "material biográfico" rarefeito ou inexistente em outras fontes.

De certa forma, faremos então o oposto do que Flavio fez nas suas narrativas a respeito do período: buscaremos o "eu" onde ele priorizou o "nós", ressaltaremos a sua história para entender a história do contexto, destacaremos o seu papel junto à geração da qual ele fez parte e não o contrário. Essa "traição" justifica-se pelo que dissemos acima; além disso, estamos convictos de que, procedendo dessa forma, também ajudaremos a entender melhor o "nós", o contexto e a geração.

ALGO "MEIO FULMINANTE"

Quando Flavio entrou na URGS, as universidades ferviam politicamente em diversas partes do Brasil, da América Latina e do restante do mundo. Não é o caso aqui de retomar o contexto mais amplo em que se deu essa movimentação. Isso já foi feito por diversos autores e pelo próprio Flavio, como vimos mais acima. No plano nacional, e em uma duração mais curta, cabe lembrar, porém, da renúncia de Jânio, da tentativa de evitar a posse de Jango, do episódio da Legalidade, da manobra parlamentarista, da volta ao presidencialismo e, em especial, da mobilização social experimentada por vários grupos sociais, como setores do operariado, do campesinato e dos estudantes secundaristas e universitários. Em uma de nossas entrevistas, Flavio evocou essa conjuntura quando compôs o contexto que, do seu ponto de vista, explicaria a sua trajetória política:

> [...] *tinha havido uma ruptura de alguns equilíbrios com a Legalidade de 61, com a resistência ao golpe de 61 e com a posse do Jango. Uma ascensão de uma pauta de reformas sociais que praticamente começam a se esboçar, mais do que se materializar, mas que são vistas pelo conservadorismo e pela reação brasileira como altamente subversivas. E, portanto, a pauta do Jango e a ascensão dele no lugar do Jânio ra-*

dicaliza no país um projeto, radicaliza como hipótese de caminho e de implementação pelo governo federal, uma hipótese de reformas mais radicais, isso que objetivamente estava posto. E do ponto de vista dos propagandistas, razoavelmente histéricos e absolutamente tomados pela doutrina da Guerra Fria, da Segurança Nacional, eles veem [n] isso todos os perigos de mais uma invasão comunista. Então é óbvio que a temperatura ascendente do ambiente de luta social e luta de classe no Brasil sofreu uma aceleração gigantesca ali, de 61 pra um período que dura três anos (entrevista 3).

Ou seja, Flavio presentifica, através de suas lembranças, formatadas por uma análise direcionada pela perspectiva teórica marxista, o clima político de radicalização que parecia contagiar boa parte da sociedade brasileira no início da década de 60: de um lado, aqueles que almejavam transformações sociais viam no episódio da Legalidade e na luta pelas reformas de base a abertura de um caminho potencial para a implementação de seus projetos; de outro, setores conservadores vivenciavam essa atmosfera de maneira bastante temerosa e empenhavam-se, de forma "histérica", segundo Flavio, em barrar as mudanças, vistas por eles como manifestações da infiltração comunista e, em consequência, da desagregação dos valores e modos de vida que prezavam.

No âmbito específico do movimento estudantil, um acontecimento marcante foi a chamada Greve do 1/3, de 1962, comandada pela UNE, cuja pauta – considerada "ultraradicalizada" por Koutzii[8] – era a exigência de que, em cada órgão diretivo universitário, deveria haver o correspondente a uma terça parte de alunos em relação ao número de professores. Bruno Mendonça Costa, que se formou em Medicina na URGS em 1963 e no início dos anos 60 presidia a FEURGS (Federação dos Estudantes da URGS), órgão extinto e substituído em 1964 pelo Diretório Central de Estudantes, em depoimento à publicação comemorativa aos 60 anos da Universidade, ressaltou:

Foi um movimento memorável em todo o país. Greves, discursos em todos os níveis, discussões intermináveis sobre os objetivos de uma Universidade num país subdesenvolvido. Resultado: não se conseguiu a representação de 1/3 e sim somente o número correspondente ao denominador, ou seja, 3. Mas daí em diante os estudantes foram conquistando uma melhor representação em todos os órgãos diretivos (Costa, 1994, p. 84).

O impacto dessa proposta junto aos setores conservadores da Universidade parece ter sido forte. Não é à toa que dois professores que a apoiaram, Ernani Maria Fiori, da Faculdade de Filosofia, e Demétrio Ribeiro, da Faculdade de Arquitetura, estiveram entre os primeiros expurgados logo após o golpe de 1964. Afinal, como ressalta Marco Aurélio Garcia, que na época já militava no PCB e integrava a direção da UNE:

[Com exceção de alguns professores] [...] *a Faculdade era muito conservadora, mas muito, muito, muito conservadora. Evidentemente, isso se chocava com os alunos, que eram alunos mais progressistas, por um lado, e que, ademais, viviam aquele clima de enorme efervescência que o país estava vivendo.* [Não só] *efervescência política, como efervescência cultural. Quer dizer, o Brasil vivia uma mudança econômica, social e política, e vivia isso tudo sob um guarda-chuva cultural e de ideias muito fortes que não batiam na Universidade. Quer dizer, batiam por baixo na Universidade, mas não batiam na hierarquia universitária* (entrevista de Marco Aurélio Garcia ao projeto História Oral do Partido dos Trabalhadores).

Flavio, que estava em São Paulo durante a Greve do 1/3, ingressou na "muito, muito, muito" conservadora Universidade do Rio Grande do Sul pouco depois dessa "sacudida"[9] e logo se inseriu no PCB e no movimento estudantil. Já sabemos que o convite para integrar a agremiação comunista partiu de Marco Aurélio Garcia, um pouco mais velho do que ele e que, desde 1959, já militava no movimento estudantil secundarista (como aluno do Colégio Júlio de Castilhos, conhecido pela politização de seus alunos) e depois universitário (após ingressar na Faculdade de Filosofia em 1961), tendo ocupado, inclusive, a vice-presidência da UNE. Tal convite adquiriu, na fala de ambos, Flavio e Marco Aurélio, o caráter de acontecimento inaugurador, narrado em diversas ocasiões com tom jocoso[10] e também com algumas diferenças. Por exemplo, na entrevista citada no início deste capítulo, Marco Aurélio disse não saber dos antecedentes familiares comunistas de Koutzii; já este último, em depoimento a Eliana Tavares dos Reis, afirmou que o futuro companheiro o abordou da seguinte maneira: "Bom, nós conhecemos o teu pai, sabemos das tuas posições e eu queria te convidar para entrar para a célula que nós estamos organizando aqui..." (Reis, 2007, p. 99).

De qualquer forma, não obstante as nuances características da maneira como cada indivíduo elabora no presente os acontecimentos pretéritos, elaboração que comporta lembranças, esquecimentos e também "ajustes ficcionais", o importante é que, da perspectiva de Marco Aurélio, Flavio parecia alguém com potencial para atuar adequadamente no Partido, e, desde a ótica deste último, a agremiação soava como um bom espaço para a implementação de seus projetos políticos. Segundo a narrativa registrada por Eliana Reis, ao convite se sucedeu o seguinte diálogo:

– *Mas, Marco Aurélio, só para eu me situar bem, tu podias me dizer qual é a proposta do Partido?*

– *Sem dúvida, é o seguinte: o Partido acha que existe uma burguesia* [...] *que tem interesses objetivos de aliança com os trabalhadores contra o imperialismo. Nós apoiamos o João Goulart por causa disso, porque ele representa um pouco esse tipo de governante e, bom, essa é a nossa linha, uma aliança, por enquanto, com a burguesia nacional...* (Reis, 2007, p. 199).

A frase de Marco Aurélio, evocada por Koutzii, é precisa em sintetizar a linha política do PCB naquele momento, ou melhor, desde a *Declaração Política de Março de 1958*, que apostava na aliança de diversos setores sociais – o proletariado, os camponeses, a pequena burguesia e a burguesia nacional – para a realização da primeira etapa da "revolução brasileira", de caráter nacional e democrático, e com cunho anti-imperialista e antifeudal, que precederia o segundo passo: a revolução socialista propriamente dita[11]. Concretamente, no período em tela, tal tática, que desde o início foi criticada internamente por alguns dirigentes comunistas, se expressava no apoio do Partido a João Goulart.

Porém, o convite a Flavio foi feito em 1963, quando o PCB vivenciava um questionamento dessa posição, ao menos por parte de alguns de seus integrantes. Na sua Quarta Conferência Nacional, realizada em dezembro de 1962, a maioria dos delegados criticou o que consideravam ser uma "orientação direitista" do Comitê Central na aplicação da linha política. Segundo Jacob Gorender, que vivenciou por dentro todo esse processo, já que era dirigente do Partido e oposicionista de primeira hora à tática conciliatória, "durante os primeiros dez meses de 1963, a crítica à política de conciliação de Jango foi a posição concreta que o PCB adotou no interesse precisamente da frente de luta pelas reformas de base". Porém, já no final do ano, Goulart distanciou-se das forças conservadoras e voltou a se aproximar do PCB: "Diante da promessa de legalização do PCB, Luís Carlos Prestes e Giocondo Dias se mostraram facilmente receptivos. As críticas ao Governo Goulart baixaram de tom, desapareceram e o acordo passou a ser enfatizado. Prestes e Dias eram os mentores e principais executores da alta política partidária e sua posição, nesse caso, era decisiva" (Gorender, 1987, p. 46 e 58, respectivamente). A explicação de Marco Aurélio a Flavio, não obstante todas as possíveis remodelações operadas pela memória do último, parece, então, sintetizar o debate mais amplo que resumimos acima: de um lado, ela afirma a aliança com a burguesia nacional e com Jango; de outro, tensiona tal postura, ao ressaltar que a atitude conciliatória estava em vigência "por enquanto".

A ascensão de Flavio no movimento estudantil e no PCB se deu de maneira meteórica: em outubro de 1963, ele foi eleito presidente do Centro Acadêmico Franklin Delano Roosevelt, da Faculdade de Filosofia, e em 1966 passou a integrar a direção estadual do Partido. Nas referidas eleições, Flavio – classificado como "candidato de esquerda" pelo jornal *Correio do Povo* (Porto Alegre, 12/10/1963, p. 11) – obteve 236 votos, vencendo Ênio Squeff, da situação, ligado à Ação Popular (AP)[12], que ganhou 229 votos, e José Wagner, do Movimento Democrático Universitário (MDU)[13], que angariou 180 votos. A declaração de Flavio ao jornal *Última Hora*, logo após a eleição, expressa bem a posição do PCB naquele momento, que, como vimos, abraçava a bandeira da luta nacionalista e democrática contra o imperialismo. Segundo o presidente recém-eleito,

> [...] *sua vitória é das forças democráticas e nacionalistas, apelando ainda para a união de todos os integrantes da Frente Única no movimento estudantil dentro de sua gestão, que manterá a atual política do CAFDR, de apoio a entidades como a UNE e o CGT, "que lutam pela libertação de nosso povo da espoliação imperialista em prol da extensão da democracia a todo o povo brasileiro"* (Última Hora, Porto Alegre, 11/10/1963, p. 2).[14]

A eleição para o Centro Acadêmico pode ser considerada o batismo de Flavio como liderança política, naquele momento em especial junto aos estudantes, mas ganhando também uma visibilidade que ia além dos limites da Universidade, sobretudo por meio da grande imprensa, a qual, naquele contexto de radicalização ideológica, repercutia as disputas travadas no interior do movimento estudantil.

Mas o que explica essa trajetória ascendente tão rápida de Flavio, que, poucos meses após ingressar na Universidade, já se tornara presidente de um de seus centros acadêmicos mais importantes[15]? Em uma de nossas entrevistas, ele definiu tal ascensão como algo "meio fulminante", atribuindo-a, como de hábito, a "razões do período histórico". Na continuidade, salientou novamente a importância da Greve do 1/3, "[...] que eu não participei, porque eu tava no mercado de trabalho lá [em São Paulo]":

> [...] *foi uma greve impressionante, [...] isso tem uma grande importância, seguramente, na formação de múltiplas lideranças [...]. Onde a UNE também cresce como grande elemento articulador, [...] é o auge de sua importância em toda sua história, é naquele momento e naquele ano. Então tem muita gente que emerge pra uma sensibilidade política, a partir, digamos, de uma questão mais da Universidade e que, portanto, quando eu entro,* [era] *um ambiente que no ano de 62 representava um grande sementeiro de novas lideranças, novas sensibilidades, abertura para direitos e disputa pelo próprio espaço dentro do universo universitário* (entrevista 2).

Ou seja, mais uma vez, Flavio explica-se tratando do contexto mais amplo e apontando para processos coletivos que favoreceram o aparecimento de novas lideranças no meio estudantil. Logo a seguir em sua fala, Flavio forneceu algumas informações que ajudam a explicar, de modo mais direto, a sua vitória no CAFDR, relacionadas à presença do PCB no movimento estudantil da URGS:

> [...] *é meio impressionante o que nós conseguimos assim em dois, três meses; todos os cursos, que eram todos ali* [na Faculdade de Filosofia], *nós formamos, então, a célula, na linguagem da época, célula da Filosofia, célula das Ciências Sociais, célula da Física, da Química...*

[...] *e aí, eu nunca entendi muito bem, mas eu me destaco e sou candidato,* [...] *e ganhamos* (entrevista 2).

O que Flavio nunca entendeu muito bem ganha mais inteligibilidade quando pensamos que, antes mesmo de seu ingresso na Universidade, o PCB já vinha conquistando espaço junto aos estudantes da instituição e montando uma estrutura que certamente teve papel importante na sua eleição ao Centro Acadêmico. Tal processo é relatado por um de seus protagonistas, nosso conhecido Marco Aurélio Garcia:

Aí [...] *nós estávamos já constituindo o Partido Comunista na Universidade. Na Universidade havia muito poucas pessoas.* [...] *e começou aí... Quer dizer, grande parte da leva do* [Colégio] *Júlio de Castilhos terminou indo para a Universidade e nós começamos a vertebrar o Partido Comunista. E, no segundo ano da Filosofia, em realidade, o meu primeiro ano do Direito* [ele entrou na Filosofia em 61 e no Direito no ano seguinte], *nós ganhamos a eleição do DCE, que chamava FEURGS nessa época* (entrevista de Marco Aurélio Garcia ao projeto História Oral do Partido dos Trabalhadores – Entrevistador: Alexandre Fortes. Brasília, 07/06/2010).

Essa "vertebração" do PCB na Universidade foi fundamental para a vitória de Flavio, então pouco conhecido em vários cursos da "Filô". Mas ele certamente não era apenas mais uma vértebra nesse esqueleto, pois possuía qualidades e aglutinava relações pessoais que o auxiliaram nesse primeiro grande passo na política. Em uma de nossas entrevistas, embora sempre priorizando fatores mais amplos, ele também apontou para certos aspectos individuais que contribuem para o melhor entendimento de sua ascensão no movimento estudantil: "[...] eu era um cara muito, muito, eu já falei, tímido, mas também muito ingênuo. O fato de ter essas ideias que eu tinha e de ter tido privilégios, ser criado onde eu fui, passar pela escola que eu passei, me enriqueceram e me deram umas sensibilidades e qualidades mais [...] (entrevista 2).

Ou seja, Flavio, por meio da memória, presentifica o jovem "muito, muito" tímido e também ingênuo que era naquela época, e atribui sua trajetória fulminante na política estudantil às ideias que tinha, ao ambiente onde foi criado e ao Colégio de Aplicação, considerados por ele como "privilégios" que teriam lhe enriquecido com algumas "sensibilidades e qualidades mais". Que sensibilidades e qualidades seriam essas? Nas entrevistas que realizei para a pesquisa, algumas ganharam relevo na fala dos seus companheiros de geração.

Nelson Boeira, hoje professor convidado do Programa de Pós-Graduação em Filosofia da UFRGS, concluiu seus estudos secundários no Colégio de Aplicação em 1964. Segundo ele, Flavio já era então conhecido no movimento estudantil: "Ahn, ele era um nome conhecido, o Marco Aurélio Garcia era outro nome, Pilla Vares, eram nomes conhecidos dos estudantes, e o Flavio especialmente porque tinha estudado no Aplicação". Logo em seguida, Boeira ingressou no curso de Direito e começou a frequentar as reuniões políticas da esquerda, das quais Flavio participava: "Ahn, e daí eu vi o Flavio atuando numa reunião, que eu não esqueço, da esquerda pra decidir uma posição comum [...] do movimento estudantil, na Faculdade de Economia". Desde o início, a performance de Flavio parece ter-lhe chamado a atenção: "[...] eu fiquei impressionado assim, que ele tinha realmente uma capacidade de argumentação e concisão, clareza assim, que o distinguia dos demais participantes da reunião. Bom, esse é o Flavio, né?". A essas qualidades ele, posteriormente, acrescentou outras:

> *Ele refletia mais sobre... não sobre a teoria [...], mas sobre a atividade política, a condução política do dia a dia. Havia reflexão. Não que a meu juízo estivesse sempre certa, mas distinguia-se simplesmente da manifestação de opinião pura e simples. Isso chamava a atenção. Isso é uma coisa que, vamos dizer, que [...] o distinguia dos outros, foi pra mim uma razão de admiração.*

Boeira ainda destacou que Flavio "tinha curiosidades em outras áreas", o que também o diferenciaria de boa parte da militância da época, a seu ver "limitada", com um grau de formação doutrinária "pífio": "[...] ele fazia parte de algo que me pareceu ter desaparecido da esquerda, que era uma tradição fortíssima lá do início do século [XX], quer dizer, tu pegas a social-democracia alemã, etc., no século XIX, ahn, as pessoas de esquerda tinham uma formação intelectual ampla, cultural ampla, interesses muito vivos [...]". Por todas essas razões, segundo o entrevistado, Flavio "[...] era uma pessoa que tinha notória [...] e nítida [...] liderança. Mesmo aqueles que discordavam dele o ouviam com atenção".

Este último ponto, desde outro ângulo, é retomado por Enio Kaufmann, hoje professor de Física e um dos proprietários do curso pré-vestibular Unificado, cinco anos mais jovem que Flavio, que o conhece desde a infância (em função de ambos pertencerem à comunidade judaica de Porto Alegre), mas que dele se aproximou mais fortemente ao ingressar na Universidade em 1967. Enio, em entrevista a mim concedida, evocou os mesmos nomes mencionados por Boeira como os grandes líderes da esquerda entre os estudantes da URGS:

> *[...] eu vou reencontrar o Flavio na Universidade, né? O Flavio já como militante quando eu entro na Universidade. O Flavio já militante, o Flavio já dirigente. E então, quando eu entro, [...] é quando tá havendo a dissidência do Partidão e o pessoal tá saindo pra fundar o POC[16] [...], que aí era o Flavio, era o falecido Luiz Paulo de Pilla Vares, era o Marco Aurélio Garcia, enfim, esses eram os grandes líderes daqui, depois outros que se seguiram. Mas os pensadores eram esses.*

De acordo com o entrevistado, sua convivência com Flavio passava mais pela amizade pessoal do que pela identificação política, embora essa também existisse: "Sempre teve a coisa muito mais de amigo, muito mais de torcedor do [Sport

Club] Internacional, essas coisas assim". De qualquer maneira, ele ressaltou as qualidades de Flavio como líder político que lhe chamaram a atenção:

> [...] o Flavio, dentro do movimento estudantil, nunca foi um grande orador, o Flavio nunca conseguiu ser um grande líder, sei lá o quanto isso custou pra ele, mas o Flavio sempre foi respeitado pela sua capacidade de articulação. Aquela coisa, né? O Flavio ia falar, todo mundo parava. Mas tinha que ser em reunião, se desse o palanque pro Flavio ele morria de vergonha [risos].

E ainda: "[...] muito respeitado, muito homem de bastidores, mas era um líder respeitado nas correntes, havia várias correntes dentro do movimento estudantil, de esquerda".

Se compararmos essas lembranças com aquelas evocadas por Boeira, pode-se perceber que a maior proximidade afetiva de Enio com Flavio parece ter lhe permitido construir um olhar diferente, "desde dentro", sobre o amigo, capaz, inclusive, de sublinhar suas "fraquezas", como o seu temor de falar para plateias mais amplas em função de sua timidez, característica essa, aliás, muito sublinhada, como já vimos, pelo próprio Flavio e por outros que o conheceram. Ênio, inclusive, oscila ao dizer, em um momento, que Flavio nunca conseguiu ser um grande líder e, em outro, que ele era um líder respeitado nas correntes da esquerda, talvez associando a ideia de grande líder ao indivíduo capaz de mobilizar as massas com sua eloquência. Boeira, por sua vez, ocupou mais tempo de sua fala ressaltando o preparo intelectual de Flavio, sobretudo em um ambiente que ele caracterizou como pouco reflexivo e culturalmente pobre.

Entretanto, apesar dessas diferenças, os dois atribuem ao nosso biografado uma característica que parece ter contribuído decisivamente para a sua trajetória fulminante no movimento estudantil (e para a sua carreira política posterior): a capacidade de reflexão e de articulação; nas palavras de ambos, quando Flavio falava em uma reunião política, era ouvido por todos, inclusive pelos que discordavam de suas opiniões. Tais qualidades parecem ter sido cultivadas desde a infância, no ambiente familiar, onde ele pôde desenvolver diversas aptidões e gostos intelectuais, e depois estimuladas pelo Colégio de Aplicação, no qual, apesar de um certo conservadorismo, promovia-se a autonomia e o pensamento crítico por parte dos alunos. Flavio, certamente, aproveitou-se desses "privilégios" para construir-se como sujeito político e delimitar um espaço de influência no qual pudesse implementar seus projetos, superando, inclusive, traços de personalidade que deviam lhe incomodar, como a timidez, e conferindo sentido positivo a outros que antes pareciam lhe causar problemas, como a sensação de ser diferente por ter origem judaica e defender o comunismo. Nesse momento de sua vida, o "ser diferente" parece, ao menos em alguns planos, ter se tornado um trunfo.

Nelson e Enio entraram na URGS quando Flavio já era um líder reconhecido por boa parte do movimento estudantil da Universidade à época. Ele havia sido eleito presidente do CAFDR e, como veremos a seguir, cassado alguns meses depois em função dos desdobramentos do golpe de 64. Paulo Guedes, ao contrário, conforme indicado no capítulo anterior, tornou-se amigo de Flavio no Colégio de Aplicação. Em seus depoimentos atuais, ele expressa sua admiração pelo ex-colega. De acordo com Paulo César Teixeira, referindo-se às eleições de 1963 para o Centro Acadêmico:

> Guedes tinha apreço por ambos os candidatos [Koutzii e Squeff], mas se considerava mais próximo de Flavio, por motivos ideológicos e pessoais. "Gostava dessa cachaça de ser independente. Apesar de votar sempre com o Partidão, não tinha compromisso formal", explica. "Além de tudo, Flavio era meu ídolo desde os 12 anos de idade", acrescenta (Teixeira, 2012, p. 64).

Em função dessa admiração ajudou, inclusive, na logística para eleger o seu "ídolo", como revelou em outro texto: "[...] em 63 fui buscar minhas colegas em casa para votar no Flavio Koutzii, que ganhou eleição para o CAFDR, derrotando o meu queridíssimo amigo Ênio Squeff" (Guedes, 1994, p. 131).

O papel dos "independentes" na eleição de Flavio não parece ter sido desprezível, como ele mesmo assinala: "[...] como é que eu ganho a eleição? Eu só posso ter ganho – eu nem era conhecido, eu tava no meu primeiro ano – [...] pela organização e pelos aliados, chamados 'independentes'. Eram os nossos independentes que nos apoiaram" (entrevista 3). Portanto, sua vitória, ao que tudo indica, derivou tanto da organização do PCB na "Filô" quanto de seu poder de sedução junto àqueles estudantes que não estavam ligados a agremiações políticas.

O caso de Paulo mostra que, além de conquistar espaço de influência política em um universo desconhecido, devido tanto à capacidade de "vertebração" dos comunistas quanto a certas características pessoais, Flavio também trouxe um pequeno capital social[17] do Colégio de Aplicação, ou seja, a adesão de algumas pessoas que o admiravam desde antes do ingresso na Universidade e que, por isso, tendiam a seguir os caminhos por ele indicados, atuando também para que o ex-colega atingisse posições de liderança. Isso também se verifica em sua atuação no PCB, como reconhece Sonia Pilla, em depoimento a Eliana Tavares dos Reis. Ela disse que ingressou no Partido "puxada" por Flavio: "O Flavio foi um cara que nos puxou pra dentro, depois também nos puxou pra fora", referindo-se não só a si mesma, mas também a outros militantes e amigos dos tempos do Aplicação, em especial Elisabeth Souza Lobo, que depois se tornaria esposa de Marco Aurélio Garcia, outro dos "pensadores" do movimento estudantil da URGS (Reis, 2007, p. 123-124).

Em 13 de novembro de 1963, Flavio tomou posse, na condição de presidente do CAFDR, como membro do Conselho Técnico-Administrativo da Faculdade de Filosofia, prestando compromisso de cumprir e fazer cumprir o regimento da unidade acadêmica[18]. Para além da linguagem formal do documento de posse, é possível imaginar o incômodo que a presença do dirigente estudantil, notório militante comunista, deve ter provocado em alguns dos membros do conselho, que temiam a presença de ideias esquerdistas na Universidade e contribuíam para reforçar a sua face conservadora. Flavio recordou do clima nesse conselho em entrevista ao historiador Jaime Valim Mansan. Quando perguntado se havia conhecido alguns professores que fizeram parte das comissões de expurgos da URGS, ele respondeu:

> [...] *sim, claro. Eu primeiro os conheci porque, como presidente do Centro Acadêmico, eu era do Conselho Universitário* [na verdade, ele integrava o Conselho Técnico-Administrativo da Faculdade de Filosofia]. *Então eu convivi com eles. Convivi, assim, com certo formalismo, com certa distância, entende?* [...] *então o cara acaba tendo que engolir um presidente de Centro Acadêmico comuna... Mas* [...] *eu tinha uma atitude* [...] *respeitosa, defendia o que tinha que defender, então não tinha um ambiente especialmente hostil comigo, que eu tenha memória* (entrevista de Flavio Koutzii a Jaime Valim Mansan)[19].

Além de cumprir os "deveres implícitos de seu mandato" e defender no Conselho da Faculdade de Filosofia, "respeitosamente", conforme suas lembranças, o que considerava serem os interesses dos alunos, Flavio contribuiu para agitar culturalmente o movimento estudantil. Quando perguntei a Sonia Pilla o que ela recordava da atuação do companheiro no CAFDR, a resposta foi: "Eu me lembro dele dar um toque cultural no Centro Acadêmico, botar lá um negócio de música, sei lá o que, algumas iniciativas assim [...]". Também nesse sentido, Flavio recordou que, ainda em 63, viajou ao Rio de Janeiro "[...] para contatar com coisas que estavam absolutamente intensas naquele momento, por exemplo, o ISEB, o Instituto Superior de Estudos Brasileiros". Lembrou, igualmente, de ter ido conversar com Nelson Werneck Sodré, "que era [...] pra mim, na época, [...] um historiador de referência", a fim de convidá-lo para uma espécie de seminário em Porto Alegre patrocinado pelo Centro Acadêmico. Na ocasião, falou também com Luis Carlos Maciel, "que na época era um dos intelectuais mais interessantes [...] daquele período". De acordo com suas palavras: "Toda ideia era trazer um pouco pra cá parte desses debates e parte das expressões culturais que se materializavam". Na mesma entrevista também disse que, nessa viagem, foi à sede da UNE, onde pegou

> [...] *os cartazes que eles produziam pra todo Brasil, que realmente materializavam uma revolução no grafismo, na elaboração estética,* [...] *e era muito interessante o que eles diziam, porque eles eram geralmente textos, enfim, folha com fundo branco assim: "O que é a reforma agrária?", a defesa da reforma agrária,* [...] *mas isso era posto de uma forma gráfica simplificada, não especialmente criativa, mas isso tava em todos os centros acadêmicos do Brasil, numa época em que se dava muito mais bola, claro, era o auge desse tipo de expressão* [...] (entrevista 2).

A memória de Flavio passeia por ideias e formas que faziam a cabeça de muitos jovens estudantes brasileiros no início da década de 60. De acordo com suas reminiscências, ele procurava, como presidente do Centro Acadêmico, atualizar o movimento estudantil local com uma discussão política e cultural mais ampla, que tinha como um de seus polos propulsores a UNE. Fiquei curioso em saber se, no meio de tanta agitação, havia aulas que lhe interessavam, ao que ele respondeu:

> *Eu tinha dificuldades com Estatística [...]. Eu era uma tragédia. E tinha bons professores, famosos, caras até meio progressistas. Mas Estatística não perdoa [...]. Então, digamos assim, eu não diria desde o início, mas, na Economia, eu fui mais seriamente até dois terços do curso. E eu, quando tive que sair por causa da repressão, me faltavam cinco matérias só. Mas na Filosofia, depois do primeiro ano, até pelo nível de exigência, é ou tu estudas ou... E ali eram caras interessantes: o professor [Ernani Maria] Fiori, o Ernildo [Stein] tava começando a dar aula. Tinha qualidade, inclusive, [...] não era conversa mole. Então isso eu não conseguia acompanhar, quer dizer, eu não tinha tempo, e talvez estofo, pra seguir o curso de Filosofia decentemente. Eu fui ficando...*

Na continuidade, ressaltou o quanto a política passou a assumir, cada vez mais, papel preponderante em sua vida: "Mas era muito misturado essa coisa assim de ser uma liderança, uma certa referência, e isso vai se acentuando, já não tanto particularmente em relação à Faculdade, mas ao movimento estudantil [...]" (entrevista 3).

Tal "mistura" só se fortaleceu após o golpe de 1964. De acordo com Alzira Alves de Abreu (1997, p. 185):

> *Se pensarmos na geração de jovens que aderiu à luta armada no final dos anos 60 no Brasil, veremos que ela se formou a partir de um acontecimento fundador: o golpe de 1964, que derrubou o regime democrático e instalou no país um regime ditatorial militar. Esses jovens tinham presenciado, no início da década de 60, um movimento de renovação cultural que atingiu desde a música popular, o teatro, a poesia, que se tornou engajada politicamente, até o "cinema novo", que tratou, numa nova linguagem cinematográfica, dos problemas sociais e políticos do país.*

Essa interpretação se ajusta de forma precisa à trajetória de Flavio, e isso, obviamente, não é casual. Afinal, ele viveu intensamente, e promoveu no âmbito do movimento estudantil da URGS, essa "renovação cultural", e se defrontou duramente com o referido "acontecimento fundador". Além disso, Flavio reivindica-se como membro dessa geração e, portanto, constrói-se a partir dos marcos que a conformaram. Assim, como no caso de muitos de seus contemporâneos, em especial daqueles que atuavam no campo da esquerda, o então líder estudantil e militante comunista precisou redefinir seus projetos diante do novo campo de (im)possibilidades aberto pelo golpe.

"E AÍ VEIO O GOLPE"

Já existe uma farta bibliografia sobre o impacto do golpe junto às diferentes organizações de esquerda. Flavio certamente conhece muitas dessas obras e incorpora as sínteses e interpretações nelas contidas a sua maneira de lembrar as experiências então vividas. Além disso, ao longo de seus percursos como militante, ele precisou, muitas vezes, refletir a respeito dos acontecimentos e debates que se seguiram à deposição de João Goulart para (re)definir-se politicamente e traçar os rumos a seguir, tanto por ele próprio quanto pelos grupos dos quais participava, seguidamente na condição de líder. Em função disso, a memória que expressa nas suas entrevistas e nos seus textos escritos em relação ao tema já está bastante consolidada e elaborada, "enquadrada", como nos ensina Pollak, sem muito espaço para oscilações e inovações.

Nas entrevistas que realizei com Flavio, o golpe aparece como uma ruptura, um ponto limítrofe entre um antes e um depois. Tal representação temporal emergiu, por exemplo, quando ele estava me contando sobre o já citado plano de realizar um seminário em Porto Alegre com figuras de destaque da intelectualidade brasileira de esquerda. Perguntei: "E vocês conseguiram trazer esse pessoal pra cá?". Ele respondeu: "Eu acho que o ciclo era pro ano seguinte, daí o ano seguinte durou [...] até 31 de março, com o golpe militar" (entrevista 2). Tratando do mesmo tema em outra entrevista, disse: "[...] eu fui ao Rio como presidente do Centro Acadêmico, todo metidinho, assim, com dezoito anos [...]. [E dizia:] 'Nós temos boas posições, não só na Filosofia, queremos armar um ciclo' [...]. E montamos... E aí veio o golpe [pausa]" (entrevista 3).

O golpe, portanto, na percepção de Flavio e de muitos de seus companheiros de geração, traçou uma linha divisória entre o ano de 1963, caracterizado por ele como uma "festa" (depoimento de Flavio à TVE-RS), e um período marcado por vários questionamentos: "Como é que nos pegaram tão fácil?"; "Como é que a gente faz se os caras acabaram com a democracia e com as regras do jogo?"; "Que país é o nosso? O que foi que nos aconteceu que nos varreram tão facilmente? Que elementos de estratégia e tática política que até aqui eram nossos referenciais estão superados ou devem ser até abandonados para construir uma outra linha?" (Frases retiradas de momentos diversos da entrevista 3). A forma interrogativa das frases utilizadas para contar o que sucedeu à implantação da ditadura parece expressar a perplexidade e o ambiente de intensos debates que afloraram naquele momento, quando havia muitas perguntas e inúmeras possíveis respostas.

Em texto escrito de sua autoria, publicado no ano de 2009, esses sentimentos de ruptura e perplexidade se mantêm:

> *Nos anos de 1965 e 1966, no meu caso, vivi isso. Aqueles que tinham sido atropelados pelo golpe e, particularmente, aqueles que tinham uma atividade mais consciente do ponto de vista político, seja no seu sindicato, seja como estudante ou militante de esquerda, vão se interrogar sobre como foi que caímos como uma espécie de castelo de cartas. Como um golpe improvisado, embora tivesse o apoio dos tanques, de armas e boa parte do exército, aconteceu sem a resistência das forças brasileiras. Elas estavam tão frágeis que não puderam resistir. Claro, tem o papel dos líderes. Temos o exemplo de resistência de Leonel Brizola. Por que o Jango optou por evitar o que ele pensou que pudesse se tornar uma guerra civil? Os líderes têm o seu papel, mas isso não anula o fato de a sociedade não estar com capacidade de resposta. Pelo menos uma parte da sociedade.*
>
> *Nesses dois anos, no campo da esquerda em especial, vai se fazer uma reflexão e até uma autocrítica sobre quais as lições a serem tiradas do que aconteceu e os caminhos a serem seguidos* (Koutzii, 2009, p. 102-103).

Para Flavio – novamente partido entre o "eu" ("vivi isso") e o "nós" ("caímos") – e para o seu grupo, caracterizado por ele como os mais conscientes politicamente, a pergunta-chave passou a ser "como?". Na busca por respostas, muitas discussões foram realizadas, nas quais se travaram debates e se estabeleceram relações de proximidade e distanciamento.

Antes de nos determos com mais vagar no conteúdo desses debates, chamo a atenção para o trecho da citação feita acima no qual Flavio trata do papel dos líderes. E ele, enquanto dirigente estudantil, procurou orientar seus liderados no sentido da resistência? No âmbito do movimento dos estudantes da Universidade Federal, que, afinal era o seu espaço de influência, ocorreram, sim, alguns enfrentamentos à ditadura dos quais Flavio participou.

Logo na madrugada de 1º de abril, a UEE e a FEURGS anunciaram uma "parede total" dos estudantes universitários do Rio Grande do Sul contra o golpe e o "gorilismo" (*Última Hora*. Porto Alegre, 01/04/1964. p. 11). No dia seguinte, o jornal *Última Hora* noticiou a tomada pacífica da Rádio da Universidade por mais de mil estudantes, que passaram a controlar sua programação (*Última Hora*. Porto Alegre, 02/04/1964, p. 06). Os jornais da grande imprensa consultados (*Última Hora, Diário de Notícias, Zero Hora* e *Folha da Tarde*), ao tratarem das ações do movimento estudantil universitário nesses primeiros dias após o golpe, não mencionam o nome de Flavio. Da mesma forma, em 1994, o compositor e diretor de programação da referida rádio, Flavio Oliveira, narrou o episódio da invasão sem mencionar o então presidente do Centro Acadêmico da "Filô":

> *Na manhã seguinte à marcha de Mourão Filho, desde Minas Gerais até o Rio de Janeiro, um grupo de colaboradores e ouvintes da Rádio da UFRGS, todos universitários – em com certeza mais de onze –,*

> *ocuparam-na pacificamente. O objetivo era resistir ao golpe militar do primeiro de abril de 1964, expressando com alcance nacional as vozes da comunidade universitária. A emissora passava a integrar a Rede da Legalidade. Eu fazia parte do grupo. Queríamos também preservá-la da truculência e do vandalismo culturais que passaram a campear. Um funcionário entregou-nos a chave do prédio. Um técnico de som, operador da mesa de controle de estúdio, deu-nos as instruções necessárias sobre o funcionamento da emissora e o pessoal da Engenharia Elétrica garantiu o resto. Transmitimos durante muitas horas (quem sabe setenta e duas?), com equipes de rádio-jornal, locução, reportagem, discoteca, sonoplastia, técnica e tudo o mais. Naquele lapso de tempo em que ficamos no ar, conseguimos ser úteis e solidários à população rio-grandense que era majoritariamente contra o golpe [sìc] e o restante do país, cuja perplexidade e resistência se expressavam pela Rede. Enquanto a transmitíamos em ondas médias e curtas, os militares conspiravam em canais codificados. [...] o saldo do nosso breve projeto foi exitoso nas transmissões. Contudo, não conseguiu deter a violência policial-militar: nosso famoso "Arquivo de Vozes" foi impiedosamente dilapidado. A polícia confiscou diversas gravações históricas com o simples argumento de que eram subversivas. Afirmavam ter ordens superiores para apreendê-las* (Oliveira, 1994, p. 108-109).

Na já citada entrevista de 2008 ao historiador Jaime Valim Mansan, Flavio se referiu à ocupação da rádio e também à da Reitoria. Em suas lembranças, prevalece a imagem de que a resistência foi pequena, curta e contou com poucos apoiadores:

> [...] *nós ainda – alguns de nós, eu incluído – tivemos um pouco os reflexos de 1961, quer dizer, a ideia de resistir. Coisa que também o Brizola tentou fazer* [...]. *Quer dizer, houve talvez um gap assim de vinte e quatro horas, talvez, no máximo, não sei se chega a dois dias, no qual se tomou a Rádio da Universidade, tomamos a Reitoria... Mas assim, eram os grupos organizados, pequenos, de militantes do partido. E tomamos no sentido de que fomos lá e ocupamos, não tinha ninguém para impedir lá. Mas dentro da expectativa de que houvesse, onde realmente pesava, algum tipo de resistência maior. E isso não aconteceu, então muito rapidamente as coisas... começam as prisões, mas são de figuras mais conhecidas e notórias daquela época.*

Em entrevista recente, perguntei-lhe sobre essas ações de resistência, que não haviam sido lembradas espontaneamente por ele em nossas conversas anteriores. Novamente, a ênfase foi dada à rapidez com que tais movimentos se esvaziaram e ao sentimento de derrota e solidão que tomou conta daqueles que os empreenderam:

> Bom, eu tenho a lembrança justamente desses fatos, de que, bom, que se tomou a rádio. Eu me lembro de ter estado ali pelo menos em algum momento, ou no início ou não sei... [...] E duma ida nossa [...] no dia mesmo ali na Reitoria, que nós chegamos a ocupar, nós e uma meia dúzia de caras. Mas que eram praticamente gestos... o da rádio nem tanto, acho que a rádio ainda tava num momento... estamos falando de horas daquele dia e do dia seguinte, tava dentro de uma hipótese de usá-la pra alguma coisa, numa perspectiva ainda de maior resistência. E o negócio da Reitoria também um pouco. Mas o que eu quero dizer, tirando alguns poucos companheiros e quadros, logo ficou totalmente evidente que, bom, não tinha desdobramento possível. Não era que a gente se mexeu e aí daqui a pouco começou a chegar gente que se deu conta, não tinha isso. Então era uma espécie de solidão assim perceptível, perceptível e triste, era algo que nós ainda não estávamos muito amadurecidos para elaborar ali, na hora, bom, tudo o que significava um golpe e o que é que aconteceria... Mas, ahn, talvez seja um primeiro encontro com a derrota, com o perigo e com o incerto. [...] bom, e o reflexo, sei lá, um ou dois dias depois, foi se retirar para ver como é que ficava, porque não tinha estrutura para organização, para encarar, digamos assim, um tipo de confronto maior (entrevista 5).

A narrativa melancólica de Flavio pode ser explicada pela sua percepção posterior a respeito daqueles fatos e seus desdobramentos, quando a pequenez das ações de resistência levadas a cabo por ele e seus companheiros em relação à força repressiva da ditadura mostrou-se cada vez mais evidente. Interessante perceber que o jornal *Última Hora*, notório aliado de Jango e, portanto, interessado em destacar a oposição ao golpe, informou na época que mais de mil estudantes haviam tomado a rádio. Em relatos bem posteriores, os números se apequenaram: Flavio Oliveira fala em "mais de onze" e seu xará, Flavio Koutzii, se refere a pequenos grupos e a "uma meia dúzia de caras". Impossível dizer se alguma dessas quantificações é exata, embora a notícia do periódico, mesmo que exagerada, tivesse que ter um mínimo de credibilidade entre seus leitores. O certo é que Flavio hoje significa esses acontecimentos como parte de uma narrativa maior sobre a derrota das esquerdas brasileiras diante da ditadura, "um primeiro encontro" com o "perigo" e com o "incerto", que marcaram tão fortemente a sua trajetória.

Ênio Squeff, oponente de Flavio na eleição do CA, mas seu aliado na resistência à ditadura, evocou, poeticamente, outra dessas ações de resistência levada a cabo por estudantes da URGS nos dias que se seguiram ao golpe:

> Das lembranças que tenho de meu tempo de Universidade, uma me é inevitável, arquetípica: o entardecer de um dia qualquer de abril de 64. Venho da Discoteca Pública, onde sou "diretor interino" e de onde se fala abertamente da razzia que está sendo tramada, pra valer,

> *contra todos os que se mobilizaram em reação ao golpe militar. Há qualquer coisa de um Brasil diferente no ar. O crepúsculo ainda exibe um azul profundo pelos lados do parque Farroupilha, e resta uma pátina de dourado outonal por sobre algumas copas secas, cujas sombras se projetam pelas paredes altas do Instituto de Educação, defronte à Faculdade de Filosofia. Na rua, atravessando o passeio, alguns bancos de praça estão de borco. O Flavio Koutzii me explica que eles se destinam a impedir a invasão dos tanques vindos desde a [Avenida] João Pessoa, onde há um quartel, hoje demolido. Acho a tática, no mínimo, engraçada* (Squeff, 1994, p. 64).

Squeff inclui Koutzii na lembrança inevitável e arquetípica do seu tempo de Universidade. Mesmo considerando engraçada a tática da barricada organizada pelo então presidente do Centro Acadêmico, essa lhe calou fundo, a ponto de ser a primeira recordação que resolveu narrar, com muitos tons e formas, quando instado a escrever sobre aquele período. Em sua narrativa, o golpe também ganha um sentido de ruptura: a partir dele, havia "qualquer coisa de um Brasil diferente no ar".

Outra narrativa, nada poética, sobre esses acontecimentos aparece na ata da 6ª Reunião Ordinária da Comissão Especial de Investigação Sumária, ocorrida em 15 de junho de 1964. Esse órgão tinha, entre outras finalidades, a função de "apontar indícios ou informações de fatos da Universidade que devam ser estudados pela comissão de investigação uma vez que digam respeito à subversão, comunismo ou corrupção". Em determinado momento da reunião, o diretor da Faculdade de Filosofia, Ary Nunes Tietböhl, do qual ainda ouviremos falar neste capítulo, fez um longo relato. Dele reproduzimos um trecho relativamente extenso, que permite conhecer ações de resistência ao golpe realizadas por setores do movimento estudantil da URGS, com participação ativa de Flavio, bem como formas de repressão a elas contrapostas:

> *Com a eclosão do movimento revolucionário, a 31 de março, 1º de abril e manhã de 2 de abril, registraram-se, de parte da direção do Centro Acadêmico da Faculdade de Filosofia, atos e manifestações que de modo algum viviam o espírito da Revolução. Quando cerca das 7:45 horas do dia 1º, o orador chegou à Faculdade que dirige, havia cartazes com declarações contrárias ao movimento eclodido, tais como: "Abaixo os gorilas", "O Centro Acadêmico manifesta-se contra o golpe", e outros. O Prof. Tietböhl chamou o Presidente e determinou que, de imediato, retirasse todos os cartazes que havia no pátio da Faculdade. Após alguma relutância, foram retirados. Pelas 10:30 horas surgiu outro cartaz com os mesmos dizeres. Sem chamar o Presidente do centro, o orador mandou o porteiro e dois serventes retirar o cartaz, o que foi feito. Ficou, o orador, na Faculdade até às 12:00 horas, após o que o estabelecimento de ensino foi fechado, já que as atividades universitárias foram suspensas, por determinação*

do Sr. Reitor de então. Na manhã seguinte o orador não notou nada de anormal na Faculdade. Não havia mais cartazes, a não ser um, que o Prof. Tietböhl notou quando ia saindo, às 10:30 horas, e que por ele mesmo foi retirado. Mais tarde, perto do meio-dia, o orador ouviu, pelo rádio, que existia, no Centro Acadêmico da Faculdade de Filosofia, um centro de alistamento do movimento contrário ao que havia eclodido. À tarde, o orador foi novamente à Faculdade, tendo encontrado, na confluência da Av. Paulo Gama com a Av. Osvaldo Aranha, uma espécie de barricada, constituída com bancos de cimento, tonéis vazios e outros materiais. No recinto, defronte da porta principal, estava uma faixa em que se lia, mais ou menos, os seguintes dizeres: "Faculdade de Filosofia – Centro de Alistamento". Entretanto, quando o orador estava chegando à Faculdade, chegava também, um veículo da Polícia de Choque, tendo, esta, destruído a barricada e retirado todos os cartazes que estavam pregados às árvores, nos quais se concitava a mocidade a se alistar. O Prof. Tietböhl mandou retirar a faixa antes mencionada, tendo esta sido retirada somente depois que o orador declinou sua condição de Diretor da Faculdade de Filosofia. Estes são os fatos ocorridos imediatamente após a eclosão do movimento revolucionário. Dias após surgiu uma circular do Centro Acadêmico, fazendo referência quanto à prisão de estudantes, intervenção nas entidades estudantis, e dizendo da sua discordância. Não havia assinatura, mas, à tarde, apareceu uma declaração do Presidente do Centro Acadêmico, Flavio Koutzii, atribuindo a si a responsabilidade daquela circular. Esse material foi naquela mesma tarde, entregue ao III° Exército, não sem antes o orador ter providenciado audiência com o então Sr. Reitor em exercício, Prof. Luis Lessigneur de Faria, para dar-lhe conhecimento do assunto; essa audiência, porém, não foi realizada, em virtude da existência de outro compromisso do Sr. Reitor em exercício. Também apareceram, na Faculdade de Filosofia, boletins do Movimento de Resistência Estudantil, de origem completamente ignorada. Após o aparecimento do primeiro de tais boletins, determinou, o orador, a realização de rigorosa audiência, para apuração dos responsáveis pelo mesmo. Os resultados, porém, foram negativos, porque as Direções das Faculdades não têm, infelizmente, esses aparelhos de sindicância e de repressão que se dispõe noutros órgãos mais especializados. Foi recebido, igualmente, um convite do Sr. Coordenador das Interventorias junto às entidades estudantis, Cel. José Palácio de Castro Nogueira, no sentido de que a Direção da Faculdade se precavesse contra certos movimentos que ainda havia no Centro Acadêmico. Não tendo, porém, ficado comprovados tais movimentos, embora a Direção tivesse consultado diversos professores. De toda a maneira, ficaram todos alertas relativamente a esses movimentos. Na Faculda-

de de Filosofia – ao que sabe o orador – houve uma detenção, a do ex-estudante Joaquim José Felizardo, que, por determinação do Centro Acadêmico, era Diretor do Curso Noturno de preparação para os exames vestibulares; soube-se, também, através de publicação oficial da DOPS, da prisão do Prof. Otto Ohlweiller. Por outro lado, chegou ao conhecimento da Direção que teria havido reuniões de caráter suspeito, patrocinadas pelo Clube de Jornalismo, que ocupava uma das salas da Faculdade. O orador tomou as providências necessárias no sentido de alertar o Sr. Presidente do Clube e, a seguir, retomou a sala da Faculdade, impedindo que as Reuniões se realizassem. Essas, pois, eram as informações que poderia prestar.

Na continuidade, o presidente da comissão, professor Nagipe Buaes, indicado pela Faculdade de Ciências Econômicas, perguntou se o presidente do Centro Acadêmico da Faculdade de Filosofia, Flavio Koutzii, era o responsável pelos fatos sucedidos e narrados pelo prof. Tietböhl, ou se somente teria co--participação nesses acontecimentos. O último respondeu

[...] que, infelizmente, não poderia dar uma resposta positiva a respeito dessa pergunta. O que pode afirmar com segurança é que no Centro Acadêmico foi instalado um posto de alistamento no sentido de fazer uma resistência ao movimento revolucionário. Crê o orador que tal posto, para que fosse estabelecido no Centro Acadêmico, precisaria – como é lógico – da anuência do presidente do Centro, pois em qualquer entidade onde há um responsável, é necessário que este dê sua anuência quando há um empreendimento, a não ser que ele não fosse ouvido, mas, nessa hipótese, caberia ao responsável manifestar sua discordância[20].

Flavio Koutzii, obviamente, não só deve ter dado anuência para todas essas ações como certamente participou de muitas delas. Enfim, o que se pode dizer é que houve resistência da parte de estudantes da Faculdade de Filosofia da URGS ao golpe de 64 e que Flavio, como presidente do Centro Acadêmico, liderou vários movimentos nesse sentido. Se hoje, aos olhos de alguns (olhos esses banhados pelo tempo transcorrido desde aqueles dias), tais enfrentamentos parecem pequenos e fadados ao fracasso, na época mobilizaram corações e mentes, esperanças e utopias, daqueles que queriam construir um futuro ainda em disputa, mas que progressivamente se configurou como radicalmente oposto ao sonhado pelos "mais de mil" ou "meia dúzia" de jovens que se mobilizaram para enfrentar os militares e seus aliados civis, muitos no interior da Universidade.

Uma história intrigante a respeito do golpe nos foi contada por João Carlos Juchem, ex-colega de Flavio no Aplicação e seu parceiro na "aventura paulistana": ele relatou que, quando da queda de Jango, estava realizando o CPOR, "o serviço militar para universitários". Em um final de semana, servindo como adjunto ao oficial do dia, "e, por azar, o dia era 31 de março de 1964", vivenciou a seguinte situação, segundo suas palavras:

> [...] chegou lá uma certa hora da manhã, o oficial do dia me chama e diz assim: "Olha, Fulano, o quartel é teu".
>
> "Ô tenente, muito obrigado por esse presente, mas não me interessa esse presente".
>
> Aí ele disse: "Deixa de ser bobo, fica aí com o quartel [...] que eu vou passar o dia todo em reunião aqui".
>
> E aí eu comecei a estranhar porque no CPOR começou a chegar tropas e soldados, [...] com metralhadora, essa coisa toda... Porque, assim, o CPOR ficava numa unidade militar ali onde ficava o paiol [de munições] em Porto Alegre, então eles tinham que defender aquilo ali. Então o CPOR ficou minado de soldados armados em prontidão.
>
> "Pô, o que é que tá acontecendo?" Até que se descobriu que era um golpe militar.
>
> "Porra, mas esses caras tão dando um golpe, rapaz!".
>
> E aí era mais ou menos fim da manhã, início da tarde, não lembro bem, o oficial do dia sai e me fala:
>
> "Ô Santos", era meu nome de guerra, "vai chegar uma viatura aqui com cinco oficiais e tu coloca eles numa sala de aula".
>
> Eu disse: "Mas cinco oficiais pra quê? Nós vamos nos reunir?", me fazendo de besta, né?
>
> Ele disse: "Não, eles tão presos".
>
> "Mas preso por que, pô?"
>
> Ele disse: "Não seja bobo, não, não..." [risos]. Eu queria informação, né? Mas não, era difícil.

Na sequência, ele descreve a chegada dos cinco oficiais, militares que se opuseram ao golpe, os quais ficaram presos, conforme a ordem do superior. Em seguida, relatou: "[...] e ficou aquela sensação de a gente buscar notícia, buscar notícia com rádio, e o tempo ia e: 'porque não sei o que, porque o movimento começou em Minas Gerais, e junto com o governo de São Paulo, e Mourão Filho pra cá, e não sei o que, e tal...'".

João Carlos me disse que contou essa história recentemente a Flavio, o qual teria exclamado: "Que história interessante essa tua!", e falado sobre a pesquisa que eu realizava. Continuou, então, narrando suas lembranças daquele dia. Em seguida, ressaltou:

> Então [...] aquilo foi um troço que me marcou muito. [...] e aí que [em 2011] eu contei essa história, ele [Flavio] achou interessantíssima. [...] eu terminei o serviço domingo, na segunda-feira eu fui pra casa do Flavio. E quando eu cheguei ali na [Avenida] Independência, quase esquina com a [Rua] João Telles [onde fica o apartamento de Flavio, o mesmo onde ele então morava com sua família], eu encontro ele, na Independência. Ele disse:
>
> "Ô João Carlos!".
>
> "Pô, tô te procurando, tô preocupado contigo".
>
> "Mas tu ia aonde?"
>
> "Não, eu ia na tua casa, né? Pra falar contigo".
>
> Ele disse: "Não, olha aqui, eu não tô mais em casa, eu tô saindo de casa e tu não volta mais lá em casa".
>
> Eu disse: "Pô, eu me dou com a tua mãe, com a tua irmã, com o teu pai".
>
> Ele disse: "É, mas eu vou fugir". Disse: "Eu vou sair do país".
>
> "Por isso que eu tô aqui, pra conversar contigo, por causa do negócio do 31 de março que eu tava no quartel. Porque eu tô preocupado contigo, porque daqui a pouco os caras vão... Até tu explicar que tu não tem nada que... Que tu não queria depor ninguém e [...], enfim, que os golpistas são eles e não vocês, é difícil. Pô, mas de qualquer maneira eu preciso de informação tua".
>
> "Não, tu não pode mais querer ter informação minha, por favor, não vem aqui, pro teu bem e pro bem da minha família, porque se não tu vai ser preso, e tu não tem nada que ver com...".
>
> Bom, aí então eu perdi o contato com o Flavio, porque em seguida eu fui pra Santa Cruz do Sul, entrei no Banco do Brasil, a "revolução" foi 31 de março, e em agosto eu fui pra Santa Cruz. E aí realmente eu não sabia mais onde é que tava o Flavio [...].

A história contada por João Carlos é muito rica em detalhes, ritmo e emoção. A evocação que lhe permitiu voltar no tempo empolgou Flavio, o qual logo lembrou de seu biógrafo, eu, e da importância de registrá-la em sua biografia.

Flavio certamente era conhecido como militante comunista em Porto Alegre. A própria imprensa já registrara alguns lances de sua trajetória, informando, por exemplo, quando de sua vitória nas eleições do CAFDR, que ele era o candidato da esquerda. Portanto, a preocupação de João Carlos, que presenciou o desenrolar dos acontecimentos desde um ponto de observação privilegiado, não era descabida. A amizade que nutria por Flavio impeliu-o a logo procurá-lo para contar o que ocorria e avisá-lo da necessidade de resguardar-se. A resposta do amigo foi cortante e implicou uma ruptura que os afastou por muitos anos: eles só se reencontraram após a volta do militante ao Brasil, no início da década de 1980.

Flavio escondeu-se por algum tempo após o golpe na casa de colegas do Aplicação e da Filosofia, o que evidencia a importância dos laços pessoais nas ações de solidariedade para com os perseguidos (potenciais ou reais) pela ditadura que se implantava. Primeiro, ficou na residência de Ruy Carlos Ostermann – "o Ostermann tava não sei se na mesma aula ou na aula seguinte [da Faculdade de Filosofia], mas o certo é que nós fomos colegas em algumas coisas", era também "um jovem progressista" e frequentador do "Veludo", ambiente que logo iremos conhecer – e depois na casa do coronel Targa, pai de Luiz Roberto Targa – "a relação vinha do Colégio de Aplicação, ele era da primeira turma e eu era da segunda".

Flavio sabia que corria riscos, já que os militares estavam à procura de opositores notórios. Mas, e é aí que a narrativa de João Carlos pareceu-me intrigante, algum tempo depois ele reapareceu e continuou a militar no movimento estudantil e no PCB. Talvez, então, o desencontro desses amigos tenha se dado, sobretudo, em função da mudança de João para o interior do Estado, pois a "clandestinização" de Flavio só ocorreu efetivamente no início da década de 1970. Ou seja, logo nosso personagem retornou à ativa e continuou participando de ações de resistência ao golpe. Ele narrou essa volta ao historiador Jaime Mansan:

> Porque eu não caí. Eu não saí do Centro [Acadêmico]. A cena é assim: tem o golpe e por três, no máximo quatro dias, eu fico na casa de alguém. Que nós achamos que imediatamente poderia se dar isso, prisão e tal. Isso eu me lembro, talvez até pela intensidade dramática. Um dia, não sei se é três dias depois do golpe ou quatro – mas eu diria, para ter mais prudência, entre três e cinco dias após o golpe –, eu desço do carro, onde a equipe do grupo político [estava], eu desço do carro ali na [Avenida] Paulo Gama e entro pela Faculdade, vou caminhando, vou olhando, vou vendo, vou cumprimentando, depois saio lá do outro lado, [...] ali era a entrada da Faculdade de Filosofia, naquela época, e tinha umas espécies de ruas, de pedra... de paralelepípedo. Essa rua, ela não era uma rua, era uma coisa interna, dentro da Faculdade, então tu podias ir reto ali, caminhando ali, saía do outro lado, na frente do parque da Redenção. Eu fiz isso, não tinha nada, e voltei.

Portanto, Flavio não caiu nos primeiros momentos da "operação limpeza" promovida pelos golpistas logo após tomarem o poder[21]. Sua queda, no caso da direção do Centro Acadêmico, ocorreu apenas alguns meses depois, ao longo dos quais ele continuou se destacando como liderança estudantil e logo partidária. Inclusive, ainda na posição de presidente do CAFDR, realizou uma inusitada viagem ao leste europeu e à URSS, como narrou, com suas habituais pitadas de ironia e bom humor, em uma de nossas entrevistas. Segundo ele, havia um programa do Departamento de Estado norte-americano que convidava alunos "meio de esquerda" para uma viagem de um mês aos Estados Unidos durante as férias de julho "[...] para, enfim, fazer um circuito assim, programado por eles, pra ver como a América era, deveria ter sido". Ele foi o escolhido e tirou passaporte. Nesse meio tempo, a direção nacional do PCB solicitou a localização de alguém do sul que tivesse condições imediatas, inclusive em termos de documentação, para participar de um congresso da Juventude Democrática, "que era um aparelhão, [...] era a Federação Mundial da Juventude. Era um aparelho, um elefante branco controlado pela influência soviética, assim como a UIE, União Internacional dos Estudantes, que era realmente mais viva, mas também refletia mais as posições...". Flavio estava disponível, "então saiu no jornal que eu ia pros Estados Unidos quando eu estava indo pra Hungria, Checoslováquia, e depois lá me convidaram pra conhecer a União Soviética".

Perguntei se isso havia ocorrido em 64 mesmo e ele respondeu: "No ano do golpe. Três meses depois do golpe eu tava lá, algo completamente bruxo assim. [...] nem a direita estava tão organizada, e a esquerda muito menos. Foi uma coisa meio acidental". Ele saiu pela fronteira com o Uruguai, onde o Partido era muito organizado, e de lá rumou para Praga. Seu contato era uma aeromoça da empresa Swissair: "Isso é algo que um guri da minha idade achava o máximo, primeiro porque era uma aeromoça, segundo, porque era companheira". Flavio continuou narrando seu encantamento com aquela situação tão "deslumbrante" para alguém que até então havia viajado no máximo até São Paulo:

> *Eu tinha aquela coisa juvenil, fantasiosa [...]. E aí eu vou, sou recebido pelo cara do Brasil na União Internacional, em Praga. Aí com ele vamos a Budapeste, onde era o congresso. E do congresso, isso tudo levou uns dez, doze dias, nos convidam [...] [para] eu viajar três meses na União Soviética para conhecer. [Eu era] um jovem quadro, promissor. Mas é algo esquisitíssimo, eu fui o primeiro cara que chegou do Brasil, eu acho, depois do golpe. Aí do aparelho lá deles os caras vieram ver... Sim, era uma coisa clara assim, informação, mas eu literalmente era um guri, não era do centro da direção, então eu devo tê-los decepcionado, dei algumas informações. E aí depois, como eu era presidente do Centro Acadêmico e responsável, eu disse: "Não, tá bem, dez dias posso [ir à URSS] [risos]. Mas depois eu tenho que voltar porque o Centro Acadêmico pode ter intervenção". Aí, bom, eu*

fiz uma viagem de dez dias, muito memorável pra mim. Cheguei a estar em Leningrado e estive em Riga também, Estônia também, aí era eu com o cara, com um tradutor que falava espanhol.

Questionei-o a respeito de suas impressões sobre esse périplo tão memorável, ao que ele respondeu:

> [...] *impressões muito naïves assim, muito ingênuas. Tem coisas que me impressionavam mesmo assim, campo de esporte e treinamento, entendeu?* [...] *mas ahn... era algo meio para o qual eu não tava preparado, quer dizer, eu fazia algumas perguntas que eu acho que não seria muito bom fazer* [risos], *mas enfim.* [...] *eu tenho sim o impacto subjetivo sobre mim, foi um impacto que me impressionou. Mas logo ali, dois anos depois, eu já tava numa dissidência do...* [PCB] *Mas assim, o impacto de viver... e misturava muito: a primeira viagem à Europa, tudo desconhecido, aquelas coisas que se via depois nas revistas, tu descias num lugar, os pioneiros,* [...] *aqueles menininhos que* [ofertavam] *flores pra cada autoridade que chegava. Então, todo aquele folclore também tinha. Mas foi bem, o impacto positivo difuso assim, sem capacidade de avaliação crítica* [...] (entrevista 3).

A narrativa de Flavio permite-nos refletir sobre algumas questões importantes: a sua posição destacada entre os estudantes de Porto Alegre, o que, aliada ao fato dele estar devidamente documentado, lhe permitiu realizar a viagem; a relativa pouca organização, se comparado ao período posterior a 68, da repressão, que possibilitou ao "guri" fingir que viajaria aos Estados Unidos quando na verdade estava partindo rumo aos países comunistas; o seu encantamento com a viagem, que hoje ele reporta como ingênuo e *naïf*, sentimento que, provavelmente, tinha relação com o que havia visto (nas revistas de seu pai, por exemplo) e ouvido sobre a pátria do socialismo desde a infância; e sua posição então politicamente ambígua, hoje percebida com mais clareza, de se deslumbrar com a União Soviética e demais países comunistas e, ao mesmo tempo, estar imerso nos debates que tinham como um de seus eixos a crítica a esse modelo.

Flavio voltou da Europa em julho e, como havia previsto quando desistiu de ficar três meses na URSS, logo houve uma intervenção do CAFDR que depôs a diretoria da entidade. Assim, conforme registra a ata de 15 de agosto de 1964 da Congregação da Faculdade de Filosofia, com a presença de 26 membros, em um gesto de aparência meramente burocrática, o diretor Ary Nunes Tietböh comunicou que, pela Portaria 26, de 27 de julho de 1964, fora destituído "o diretório do Centro Acadêmico sob a presidência do acadêmico Flavio Koutzii e que, por Portaria n. 27 designou o atual Presidente, acadêmico Estevão Valmir Torelly Riegel". Na ata consta que "ambas portarias têm apoio legal na Portaria 950/64 de cinco de junho de 1964, decorrente da decisão resolutória n. 18/64 do Conselho Universitário"[22]. Nesse mesmo documento, informa-se que tomaram posse como membros da Congregação o referido Estevão Riegel e os acadêmicos Miron Stoffel e Luiz Carlos de Mesquita Rothmann. Na sequência, foram tratados assuntos de caráter administrativo, como a instalação do Conselho Departamental, justificativas de ausências, regulamentação do regime de tempo integral, entre outros. Não há registro de que algum dos presentes tenha se oposto à deposição do "diretório" (Ata nº 137 da Congregação da Faculdade de Filosofia da UFRGS, Porto Alegre, 15/08/1964).

A linguagem burocrática, própria desse tipo de documento, ainda mais em um contexto como aquele no qual foi produzido, esconde, na verdade, lutas muito acirradas travadas tanto no plano nacional quanto no movimento estudantil da URGS. A deposição da diretoria presidida por Flavio estava de acordo com a política que o governo golpista queria impor às universidades, a qual, no caso da Federal do Rio Grande do Sul, não enfrentou muitos obstáculos, seja por medo, seja por adesão, seja por indiferença. Nesse sentido, é ilustrativo o conteúdo da Circular nº 5/64, contendo o teor da Circular nº 35 do "Reitor Magnífico", que, com data de 6 de maio de 1964, foi enviada pelo diretor da Faculdade de Filosofia aos professores da unidade, da qual extraí os seguintes trechos:

> Nesta hora da vida nacional, em que os responsáveis pelos destinos de nossa Pátria fazem convergir os mais elevados esforços no sentido de alcançar, o quanto antes, os patrióticos objetivos que configuraram o movimento democrático restaurador, cumpre-me dirigir-me a V. Exa. [diretor] e aos corpos docente e discente dessa unidade universitária, com a finalidade de manifestar-lhe a expressão dos sentimentos de integral apoio às considerações da Nota Oficial emanada do Comando do III Exército, vazada em termos de irrestrita consonância com o próprio das normas estatutárias e regimentais que regem esta Universidade, suas Escolas, Faculdades e Institutos.

Mais adiante, quando enunciou o programa a ser seguido pela Universidade, o Reitor destacou, entre outros, o seguinte item: "Abstenção de qualquer ato que venha importar em perturbação da ordem, aos bons costumes e no desrespeito às autoridades em geral" (Documento citado por Piccolo, 1994, p. 33-34). Obviamente que, em uma Universidade "muito, muito, muito conservadora", as ações de Flavio e do Centro Acadêmico por ele dirigido eram seguidamente percebidas como atentatórias à ordem, aos bons costumes e às autoridades, contrárias, enfim, aos "princípios norteadores de nossa atividade universitária, enfaixados nos superiores interesses da Ordem e do Progresso", como dizia a mesma circular.

Segundo Flavio, logo depois da intervenção no CAFDR, ele tomou "algumas medidas de segurança por três, quatro dias, mas não houve uma perseguição" (entrevista 3). Rapidamente, porém, voltou a militar e a tentar, junto com seus companheiros, empreender atividades de resistência a essa arbitrariedade. Em uma "edição extra" do jornal do Centro Acadêmico *O Coruja*, sem data, mas certamente publicado após a intervenção, há chamadas como: "Colega: prestigia as assembleias de aula! Pela autonomia – contra a intervenção – pela liberdade de opinião" e "Assembleias de aula esta semana – comparece e prestigia". Além disso, o periódico noticiava que a diretoria deposta havia tomado medidas legais a fim de que a intervenção não se consumasse:

> [...] *dia 6 p.p. a direção da Faculdade recebeu comunicação do exmo. sr. juiz de direito da 3ª vara da fazenda pública, dando ciência da entrada naquele juízo de mandado de segurança, impetrado pelo CAFDR através de seu advogado, professor Navarrete. A direção tem 15 dias (nos termos da lei) para manifestar-se a respeito. Dia 21, portanto, poderá ser o dia D.*

No dia 3 de agosto, o jornal *Zero Hora* publicou notícia intitulada *Filosofia da URGS: estudantes vão à Justiça por autonomia*, na qual informava:

> *"Para defender em juízo junto aos órgãos universitários e Conselho de Segurança Nacional os direitos do Corpo Discente da Faculdade de Filosofia", de acordo com nota oficial distribuída à imprensa, o Centro Acadêmico Franklin Delano Roosevelt constituiu seu procurador o bacharel prof. Waltér[i]o Navarrete, que tentará revogar intervenção e ato de destituição da Diretoria do CAFDR, impetrada pela Diretoria da Faculdade, sexta-feira última.*
>
> *A nota oficial que vem assinada pelo presidente deposto acadêmico Flavio Koutzii considera o ato da direção da Filosofia como "arbitrário" e "contrário à legislação em vigência no País" pois, segundo frisa, "fere frontalmente o inalienável direito dos estudantes de escolher, por voto livre e universal, direto e secreto, seus dirigentes e representantes na forma da legislação vigente".*
>
> *A mesma nota conclama todos os estudantes a que acompanhem, de perto, o trâmite da questão, "visto estar em jogo a autonomia dos Centros Acadêmicos"* (Zero Hora. Porto Alegre, 03/08/1964, p. 7).

Em 5 de agosto, o mesmo periódico informou que, no dia seguinte seria julgado, pelo Tribunal de Justiça do Estado, o mandado de segurança impetrado pelo procurador do CAFDR. Assinalou também que esta era "a primeira medida concreta dos estudantes contra a direção da Faculdade, visando garantir a continuidade da diretoria deposta". A matéria ainda ressaltou:

> *Ontem à tarde, teve lugar uma Assembleia de Representantes de todas as séries e cursos da Filosofia da URGS, oportunidade em que estudantes, hipotecando solidariedade à Direção do Centro Acadêmico, decidiram fazer correr um manifesto entre os acadêmicos que será remetido*

ao Reitor da URGS e ao diretor da Faculdade, pedindo a revogação da Portaria 950.

Por outro lado, o interventor, nomeado pela Direção da Faculdade, para o CAFDR, ainda não tomou posse, aguardando o pronunciamento da Justiça (Zero Hora. Porto Alegre, 05/08/1964. p. 10).

Apesar desses argumentos e apoios, no "dia D" mencionado pelo *Coruja* os "aliados" não derrotaram o autoritarismo, pois a deposição da diretoria não foi revogada.

No mesmo número do jornal do CAFDR citado anteriormente, uma poesia de Flavio, publicada na "Coluna do Presidente", estetizava o clima que passou a predominar em boa parte do movimento estudantil da "Filô" alguns meses após o golpe:

*um fato. depois de abril os murais
ficaram no pátio. brancos. mudos
a direção mandou tirar
irritava o protesto. mudos. brancos
agora já há som e cor.
e até sabor de liberdade.
e o protesto colorido
sem o azedo do medo.
e o protesto de gente que tem
vinte anos. Que tem vinte anos – e
outras coisas mais, que não sai
nos jornais, por exemplo:
sinceridade, uma certa sensibilidade,
uma busca de verdade e até mesmo
(creiam os srs. Professores)
bastante <u>responsabilidade</u>.
e apesar de toda esta versatilidade
tem gente que não está gostando.
não entendendo.
mal-compreendendo
os nossos cartazes,
os nossos jornais,
– que estão falando em
democracia
autonomia
e se a direção está contra tal ação:
de que falaremos à nova geração?*

TRIBUNA

ORGÃO OFICIAL DO C.A.F. D.R. - 4a. EDIÇÃO EXTRA - FAC. FILOSOFIA DA URGS
ANO XVIII - SECRETARIA DE IMPRENSA E DIVULGAÇÃO

CARLOS HEITOR CONY :
O ATO E O FATO

"Passa o tempo e o Brasil não passa: fica encravado no mesmo lugar, transformado metade em quartel, metade em colégio interno de freiras, onde a delação é incentivada e premiada. Maior que os desmandos de qualquer governo, maior que qualquer imoralidade administrativa, maior que qualquer indecência ideológica - é essa frente única da imbecilidade, quando a **hipocrisia** faz as vêzes da prudência, o mêdo faz as vêzes de tática e a falta de vergonha fica fazendo às vêzes de desânimo."

(pg. 57 - A NECESSIDADE DAS PEDRAS)

"Acredito que é chegada a hora de os intelectuais tomarem posição em face do regime opressor que se instalou no País. Digo isso como um alerta e um estímulo aos que têm sôbre os ombros a responsabilidade de serem a "consciência da sociedade". E se, diante de tantos crimes contra a pessoa humana e contra a cultura, os intelectuais brasileiros não moverem um dedo, estarão traindo o seu papel social e estarão dando uma demonstração internacional de mediocridade moral"

(pg. 81 - A HORA DOS INTELECTUAIS)

COLEGA !

PRESTIGIA AS ASSEMBLÉIAS DE AULA !
PELA AUTONOMIA - CONTRA A INTERVENÇÃO - PELA LIBERDADE DE OPINIÃO -

COLUNA DO PRESIDENTE

um fato. depois de abril os murais
ficaram no pátio. brancos. mudos.
a direção mandou tirar.
irritava o protesto. mudos. brancos
agora já têm sem a côr.
e até sabor de liberdade.
o o protesto colorido
sem o azêdo do mêdo.
o o protesto de gente que tem
vinte anos. que tem vinte anos - e
outras coisas mais, que não são
nos jornais. por exemplo :
sinceridade, uma certa sensibilidade
uma busca de verdade e até mais mesma
(creiam-me srs. professores)
bastante responsabilidade.
e apesar de tôda esta versatilidade
tem gente que não está gostando.
não entendendo.
mal-compreendendo
os nossos cartazes,
os nossos jornais,
- que estão falando em
democracia
autonomia
e se a direção está contra tal ação:
de que falaremos "nova geração" ?

flávio koutzii

Os versos de Flavio contam como ele via seus companheiros de geração – jovens de 20 anos, sinceros, sensíveis, em busca da verdade, versáteis e também com muita responsabilidade, ao contrário do que criam seus professores –, bem como do momento de animação, prenhe de cor e som, que sucedera o período "depois de abril", branco e mudo. Essa reativação da esperança tinha a ver com a retomada dos protestos coloridos em prol da liberdade, da democracia e da autonomia. Tratam ainda, de forma provocativa, da postura daqueles que, segundo a pena do presidente deposto do Centro Acadêmico, se irritavam com o protesto, ou seja, a direção do Instituto de Filosofia, a quem era lançado um desafio: de que forma ela seria vista, no futuro, pela geração que sucederia os jovens do presente?

Mas as divergências não se davam apenas entre o grupo de Flavio e a direção da "Filô", ocorriam também junto aos próprios estudantes. Este fato é explicitado em um texto d'*O Coruja*:

> <u>FEURGS</u>
>
> *semana passada, em reunião informal, compareceram à sede da feurgs todos os presidentes dos centros acadêmicos da URGS – eleitos ou nomeados "delegados" pelos diretores de Faculdades. após a apresentação de um relatório dos interventores nomeados pela Reitoria, <u>considerado tendencioso</u> pelos presidentes legais presentes à reunião, passou-se à discussão do problema relativo à <u>redemocratização da entidade</u> máxima dos universitários da URGS. ficou acertado que uma comissão – composta por todos os presidentes de centros acadêmicos da URGS – estudará o problema, com vistas a um rápido estabelecimento da <u>representatividade</u> da diretoria da FEURGS* (sublinhados no original).

A notícia mostra como se procurou resolver o impasse vigente no CAFDR e em outros centros acadêmicos no espaço mais ampliado da Federação dos Estudantes da URGS, que reunia representantes dos órgãos estudantis de toda a Universidade. Na reunião, ao que tudo indica, os "delegados" (e o uso das aspas no texto é significativo) indicados pelos diretores das unidades foram derrotados no debate e seu relatório considerado tendencioso. O movimento, segundo a nota, era pela redemocratização da entidade, com o restabelecimento da representatividade de sua direção, o que só poderia ocorrer, pode-se supor, se os presidentes legais (sem aspas) fossem reconduzidos aos seus postos. Flavio certamente esteve envolvido em todas essas articulações. Não é à toa que, mais uma vez, foi punido pela direção da faculdade de Filosofia, como afirma outra notícia d'*O Coruja*: "o exmo. sr. diretor da faculdade de filosofia da urgs assinou há dois dias a portaria de n. 28, na qual é punido o presidente do CAFDR, flávio koutzii, com a pena de 'advertência', por haver, supostamente, 'desobedecido às determinações do diretor'...".

Nesse contexto belicoso, o outro lado também se manifestou. Estevão Riegel, que, conforme vimos, substituiu Flavio como presidente oficial do CAFDR após a deposição deste, escreveu um *Esclarecimento da Presidência do Centro*

Acadêmico Franklin Delano Roosevelt aos colegas universitários. No documento, afirmou a legitimidade de sua posição e explicou a postura que havia assumido até então:

> *Designado a 27 de julho do ano em curso para presidir o nosso Centro Acadêmico, ressalte-se, PRESIDIR, tenho me mantido em silêncio até quase um mês passado o fato, objetivando assim não conturbar a situação excepcional porque estamos passando. Porém, as coisas evoluíram de tal modo, que o silêncio poderia ser tomado como uma alienação covarde.*

Rompendo então o silêncio autoimposto, o autor passou a criticar a "última edição" de *O Coruja extra* (a sétima, a qual não conseguimos localizar), que, em sua visão, teria ultrapassado "os limites do suportável" e excedido "em inverdades os [números] anteriormente editados". Posteriormente, inclusive, chamou o jornal de "esta coisa periodicamente distribuída deles e não da maioria dos alunos". Dali em diante, questionou o que *O Coruja* havia chamado de "arbitrariedade" cometida pelo diretor da Faculdade de Filosofia, professor Tietböhl, o qual havia fechado o Centro Acadêmico após receber convite para comparecer a uma mesa-redonda com o padre Jean-Yves Calvez S. J.[23] sobre "Os temas sociais e políticos de nosso tempo". Segundo Riegel:

> *Após designado para presidir o CAFDR, tenho comparecido todas as tardes à Faculdade, mas por uma casualidade que ainda lamento, segunda-feira última, dia 24, aqui não compareci e não tive oportunidade de dar a minha colaboração à "arbitrariedade" do Excelentíssimo Senhor Diretor.*

> *Bastante interessante o conceito de certos colegas sobre o termo "arbitrariedade".*

> *Não falam eles [...] que o fechamento do Centro Acadêmico foi uma resposta a um ofensivo ofício encaminhado pelo Acadêmico Flavio Koutzii ao Excelentíssimo Senhor Diretor desta Faculdade.*

> *Não falam eles, que até mesmo o ilustre conferencista Padre Jean Ivez Calvez S. J., diga-se de passagem até seria bom que eles ouvissem-no e meditassem sobre sua exclamação, concordou em suspender a mesa redonda, após contato mantido com o Digníssimo Senhor Diretor desta Faculdade, compreendendo o engodo em que havia sido envolvido.*

A seguir, ele apresentou quais eram, em sua perspectiva, as intenções dos promotores do referido evento. A primeira seria a de legitimar a direção cassada, pois o convite apresentava a mesa-redonda como "mais uma promoção da atual Diretoria do CAFDR". Ou seja, caso nenhuma atitude fosse tomada pelo diretor, *O Coruja* "alardearia uma concordância sua com os pretensos dirigentes do nosso Centro, implicando assim, uma dubiedade de posição, que aparentaria um reconhecimento da Direção deposta". O segundo objetivo, diz Riegel, foi alcançado, referindo-se, pelo que se pode deduzir, ao próprio fechamento do CAFDR, fato que daria munição aos diretores depostos para acusar de arbitrário o ato de Tietböhl. O interventor terminou seu texto com as seguintes considerações:

> *Circulou a sétima edição do* Coruja, *tristemente apasquinado, eivado de inverdades e ofensas à pessoa do nosso Digníssimo Diretor, por sua coerente atitude, taxando de arbitrária a justeza de sua ação.*
>
> *Prestadas as explicações que acreditava necessárias, PRETENDO voltar agora ao silêncio, até que a Justiça decida sobre a quem de direito caberá a Direção de nosso Centro.*
>
> *Com o exposto, não é minha intenção manter polêmica com ninguém como também não é a de criar divisionismos e animosidades.*
>
> *Se tais esclarecimentos prestei, foi em vista de não ser da alçada do nosso Digníssimo Diretor, prestá-los, dado o alto posto que ocupa em nossa Faculdade, na escala hierárquica que alguns poucos fingem desconhecer, através de ataques mesquinhos, não condizentes com o alto estágio de aculturamento em que se encontram.*
>
> SAUDAÇÕES UNIVERSITÁRIAS (Riegel, Estevão Valmir Torelly. Esclarecimento da Presidência do Centro Acadêmico Franklin Delano Roosevelt aos colegas universitários. Porto Alegre, s/d, grifos no original).

Verifica-se, portanto, que, além da via judicial, a diretoria presidida por Flavio também resistia à deposição por outros caminhos, procurando, inclusive, apresentar-se à direção da Faculdade de Filosofia e à comunidade universitária mais ampla como o grupo que legitimamente dirigia o Centro Acadêmico, através, por exemplo, da promoção de eventos. Obviamente que posturas como essa exasperavam os ânimos do diretor Tietböhl e do aluno por ele indicado para presidir o CAFDR. Tudo isso fazia parte da luta política travada no espaço da "Filô", que, é claro, ecoava, com certas peculiaridades, o embate mais amplo, de nível nacional, entre os setores de esquerda do movimento estudantil e aqueles estudantes que apoiavam a ditadura. Não é à toa que *O Coruja*, ainda em abril de 1964, integrou a grande exposição de "material subversivo" apresentada pelo Exército no auditório Araújo Viana, em Porto Alegre, o que mostra que as críticas trazidas pelo jornal incomodavam, e muito, os representantes e apoiadores do novo regime (Squeff, 1994, p. 65).

Nesse ambiente, os grupos de esquerda mais influentes no movimento estudantil da Faculdade de Filosofia, apesar de suas divergências (que não eram poucas), aproximaram-se diante do inimigo comum: a ditadura e aqueles que a sustentavam. Como evoca Raul Pont, que ingressou no curso de História da URGS em 1964 e no de Economia em 1966:

> [...] *ao começar a militar no Centro Acadêmico, imediatamente a gente tomava conhecimento de que havia pessoas que eram ligadas ao Partido Comunista, havia um grupo ligado à Ação Popular... Nós ainda tínhamos adversários fortes no campo da direita, portanto a disputa era muito mais contra um setor dos estudantes e da sociedade que defendeu o golpe, que "marchou com a família, com Deus e a propriedade"...*

Ainda segundo ele, o clima no interior desses grupos de esquerda era de perplexidade diante da deposição da diretoria encabeçada por Flavio, "[...] algo que para nós era incompreensível, inaceitável – 'Como é que um golpe militar lá em Brasília atinge aqui a Universidade, o presidente do Centro Acadêmico que nós elegemos?'" (Ferreira; Fortes, 2008, p. 214).

Tal perplexidade motivou inúmeras reuniões, realizadas no próprio CAFDR, nas quais, segundo alguns relatos, havia espaço para utopias e pequenas resistências, hoje evocadas como manifestações de uma ingenuidade juvenil. Esse é o caso do já mencionado Ênio Squeff, ligado à AP, que escreveu: "As noites em claro no Centro Acadêmico 'Franklin Delano Roosevelt' (que nome, meu Deus) evocarão outras madrugadas, algures, não vividas senão nas que nossa imaginação constrói: a comuna de Paris, o socialismo que virá, a solidariedade entre os povos, o canto de então algo bobo, de que 'o povo unido jamais será vencido' e assim por diante" (Squeff, 1994, p. 64). Mesmo independentes como a então estudante de História Sandra Pesavento, que afirmou não ter "passado jamais do que se chamava 'a esquerda festiva' (sem ser filiada a nada, frequentava tudo)", descrevem, com a homogeneização e a idealização muito características da memória, essas reuniões: "[...] éramos todos de esquerda, éramos jovens, magros, lindos (acho que sim), e frequentávamos o Centro Acadêmico Franklin Delano Roosevelt, onde cada notícia de um ato repressor era revidada com a pronta resposta do toca-discos (o nosso 'som' de então) a tocar *Funeral do lavrador* ou a repetir o refrão 'É um tempo de guerra, é um tempo sem sol'!" (Pesavento, 1994, p. 215). Flavio Aguiar, na época estudante de Letras, também comentou a respeito das atividades do movimento estudantil naquele momento:

> *A gente se reunia muitas vezes na frente da Faculdade de Filosofia e ia em passeata até o centro, aonde era dispersada invariavelmente na porrada pela Brigada Militar, pela polícia. E isso era assim um trajeto. Era se reunir na frente da Faculdade de Filosofia ou às vezes no Direito, outros lugares, e naquele caminho até o centro, supostamente para chegar até o Palácio Piratini* [sede do governo estadual], *embora a gente nunca conseguisse chegar.*

Madrugadas de utopia em um tempo sem sol. Na festa dos "bixos" (com "x" mesmo, como são chamados os calouros no Rio Grande do Sul) de 1966 o protesto ganhou a luz do dia e um espaço nobre. Flavio Koutzii recorda do acontecimento, embora confunda as datas:

[...] *naquela época havia a tradicional festa dos bixos, com desfile na Rua da Praia. Eu tenho má memória, mas em 63 nós já tínhamos feito um desfile, era o meu ano de presidente, bem crítico [...]. E acho que no ano seguinte, eu não tenho certeza se foi no ano do golpe ou 65, e nós, da Filosofia, desfilamos todo mundo de preto, luto, o que já era um atrevimento notável. Deu um rolo... Mas ainda dava, entendeu? Dava, era tolerado...* (entrevista 3).

A referida Sandra Pesavento, em texto publicado no livro alusivo aos 60 anos da UFRGS, lembrou com muitos detalhes da

> *Memorável (e última) "parada dos bixos" (era assim que se chamava o desfile dos calouros), quando* **toda** *a Faculdade de Filosofia saiu de camisolão preto, muda, séria, compenetrada, monotonia só quebrada pela figura loiríssima da Iegle, de toga branca, numa carreta transportada por bois. E bem na frente do palanque oficial, na [Avenida] Borges de Medeiros (prefeito, autoridades, etc.), ela abria uma gaiola que encerrava pombas brancas. E as pombas revoaram, soberanas, lindas, nos céus de Porto Alegre, por sobre a multidão que assistia. Aplausos mil, ar contrafeito das autoridades, a premiação esperada e o fim da "parada dos bixos": chega de contestação ao regime!* (Pesavento, 1994, p. 215. Grifo no original).

Raul Pont recorda que não apenas as autoridades ficaram contrariadas com o desfile, mas também os estudantes de Engenharia, "cujo Centro Acadêmico não se alinhava à oposição ao regime militar", e parte dos de Economia (curso frequentado por Flavio e Raul, junto com a Filosofia e a História, respectivamente). Em certo momento, as provocações feitas de lado a lado descambaram em pancadaria generalizada: "A coisa foi noticiada como se fosse só desavença juvenil, mas o que houve foi um incidente político" (Teixeira, 2012, p. 71). Flavio Aguiar é outro que lembrou com detalhes do desfile, evidenciando como esse acontecimento foi marcante para muitos estudantes da Faculdade de Filosofia:

> [...] *o desfile [...] era com todo mundo vestido de preto, com uma mordaça na boca, na frente ia uma carroça, como se fosse a carroça da guilhotina da Revolução Francesa. Na frente tinha uma carroça com uma moça de branco, era a única de branco, em cima da carroça, e três pessoas, três estudantes, que caminhavam na frente da carroça tocando tambor, como se fosse uma marcha militar assim: "tararan, tararan, tararan". Era execução. E era claro, não precisava dizer nada, né? Porque era evidente a alusão ao golpe. E aí o que aconteceu?* [...] *Eu não me lembro agora, mas o representante, que tinha sempre um representante, agora não lembro se era da prefeitura ou do governo do Estado, que era oficial. Claro, ele deu zero pra Faculdade de Filosofia, que eles davam nota, né? E os outros membros do júri, entre eles a*

[jornalista] *Gilda Marinho, deram dez. Então naquele ano a Faculdade de Filosofia ganhou. Foi a primeira vez que a Faculdade de Filosofia ganhou o primeiro prêmio* [que era um prêmio simbólico] *da parada dos bixos. E ao mesmo tempo aquilo marcou o fim, porque ainda teve a parada no ano seguinte, em 1967, mas depois 1968... aí já não tinha mais parada,* [risos] *era só porrada mesmo, só. Mas isso foi uma coisa marcante, foi um episódio marcante que também marcou uma época.*

Como diz Flavio Koutzii, no período entre o golpe e a decretação do AI-5, "ainda dava" para manifestar publicamente contrariedade ao regime, apesar dos "rolos" que tal atitude provocava (como a sua deposição da presidência do Centro Acadêmico e a proibição das paradas dos "bixos"). Em 1965, ele se candidatou à direção do DCE com o apoio das forças de esquerda. Em entrevista concedida a mim, falou um pouco da campanha:

[...] *tu ias a cada Faculdade, pedia autorização, entrava nas salas de aula, fazia um* speech *brevíssimo, assim, dois, três minutos, em geral os professores permitiam. Tu vê que é interessante isso, quer dizer,* [...] *aqui não tava algo ainda muito massacrante. E, bom, a campanha, acho que incluía as faculdades de Pelotas, eu me lembro de ter ido a Pelotas também pra isso. Tinha uma equipe que me dava muito apoio.*

Flavio perdeu por cerca de 400 votos – "que até é um bom resultado considerando o árduo tempo ali" – para o candidato da direita, Adalberto Tatsch, que havia sido presidente do Centro Acadêmico do Direito (entrevista 5). No ano seguinte, as forças progressistas conseguiram se rearticular e avançar no movimento estudantil da URGS: Carlos Alberto Vieira, independente, mas do campo da esquerda, ganhou as eleições para o DCE. Segundo Flavio, "com ele nós conseguimos quebrar a barreira e eleger presidente do DCE". Referindo-se ao colega, afirmou: "[...] foi um grande líder estudantil, um orador espetacular", "[...] um cara meio inconteste assim, porque ele já tinha muita exposição pública, estava ameaçado de ser expulso do Direito da URGS, resistiu [...]". E tratando da trajetória posterior de Vieira, disse: "[...] ele foi desligado da Faculdade da URGS e [...] teve que fazer uma inscrição em Passo Fundo pra terminar o curso de Direito e também pra se proteger da repressão. Embora ele fosse independente, [...] o cara incomodou mais do que metade dos caras que não eram independentes [risos]".

Ainda em 1966, ocorreu uma nova vitória da esquerda: André Forster, aluno de Ciências Sociais, tornou-se presidente do CAFDR, com base em uma aliança do PCB com a AP, entre outras agremiações políticas (afinal, como já foi dito, havia um inimigo comum a ser combatido). A comemoração ocorreu no Bar Alaska, localizado na esquina da Avenida Osvaldo Aranha com a Rua Sarmento Leite, conhecida como "Esquina Maldita", bem em frente à "Filô". Raul Pont, em entrevista ao jornalista Paulo César Teixeira, recordou: "O Marco Aurélio

[Garcia] fez um discurso inflamado. Parecia que nós tínhamos tomado o poder dos militares. Afinal, estávamos dentro do Alaska, que era o nosso território, um território livre" (Teixeira, 2012, p. 70). Maria Regina Pilla, que ingressou no curso de Jornalismo em 1967, também evoca, de maneira irônica, a comoção provocada por essa vitória entre os estudantes de esquerda. Quando lhe perguntei o que o grupo dela fazia como atividades de militância, "Neneca", como é conhecida, respondeu:

> [Risos] *Tu não vais acreditar, vocês não vão..., era ganhar o Centro Acadêmico da Filosofia. [...] parecia assim que a gente tinha feito a Revolução Russa em Porto Alegre. Era a cabeça da gente, era assim.* [...] *mas era uma coisa grandiosa, ganhar uma merda de um Centro Acadêmico da Faculdade de Filosofia. Era uma coisa assim ó, desse tamanho, entende?* [faz gesto com a mão indicando algo bem pequeno] *Mas na cabeça da gente, quando a gente começou a militar, aquilo era tão empolgante, tão maravilhoso, tão desmesurada aquela vitória em relação a uma direita que* [...] *no Centro Acadêmico* [...] *não era nada, mas no país ela era tudo, era a ditadura militar, né? Então a gente se sentia assim em pleno confronto com a ditadura* [...]. *Era muito ridículo, mas era bacana, era muito terno, aquela gente totalmente desvairada, fazendo aquelas coisas.*

A memória de Maria Regina reconstrói esse acontecimento com tons de ironia, mas também de ternura, próprios de quem revê o passado à distância e à luz dos conhecimentos adquiridos posteriormente, como, por exemplo, aquele relativo à força e à durabilidade da ditadura, o que, quando da vitória no Centro Acadêmico, não era, é claro, evidente. Acompanhar os acontecimentos políticos colados aos atores que os protagonizaram permite refletir sobre o caráter de imprevisibilidade da história. Aqueles jovens que comemoravam a eleição de Forster talvez não fossem tão ingênuos assim, como querem fazer crer as lembranças prenhes de ternura de Neneca, Raul e tantos outros. Eles tinham, certamente, muitas utopias, cristalizadas em imagens de lutas históricas travadas pelos setores populares em outros espaços e tempos (como a Comuna de Paris de Ênio Squeff e a Revolução Russa de Maria Regina), as quais pretendiam realizar em Porto Alegre, de preferência a curto prazo. Mas suas batalhas e os projetos que as impulsionavam faziam sentido naquele campo de possibilidades onde expressivas vitórias (a eleição no DCE e a retomada do CAFDR) podiam suceder grandes derrotas (como a cassação da diretoria presidida por Koutzii ou sua derrota para o mesmo DCE); onde atos de rebeldia assinalavam que havia espaços de resistência e luta; onde ainda dava, apesar de todos os "rolos", para lutar contra o regime, que também não era o mesmo, em termos de organização da estrutura repressiva, do que viria a ser depois de 68, quando, então, só sobrou "porrada". Como eles poderiam conhecer esse futuro do pretérito? Tentemos, pois, compreendê-los historicamente, ou seja, à luz de suas próprias experiências, sem abrir mão da ternura que, eticamente, deve balizar a nossa memória a respeito daquele tempo e das ações desses personagens.

A comemoração no Bar Alaska pode ser um pretexto para falar de outra característica de Flavio: o fato dele ser abstêmio, o que certamente o diferenciava de muitos dos seus companheiros de militância que frequentavam os círculos boêmios nos quais o consumo de bebidas alcoólicas era um elemento importante. Essa característica e seu gosto por refrigerantes foram lembrados, com tom jocoso, em várias entrevistas que realizei, como veremos em outras passagens deste estudo. Sobre isso, diz o jornalista Paulo César Teixeira (2012, p. 66):

> *Nas noites que passou ao lado dos companheiros de sua geração no [Bar] Acapulco, Flavio bebia apenas guaraná. "Não que tivesse alguma razão de saúde para isso. Talvez fosse por certa timidez. Quem sabe, me levasse a sério mais do que deveria", especula. Após alguns segundos em silêncio, dá de ombros: "Não vamos inventar explicações sofisticadas para comportamentos banais".*

Nesse período, Flavio também frequentou o Veludo, lugar de Porto Alegre onde um grupo de amigos se reunia para jogar futebol[24]. No panfleto da Peleia, citado no início do capítulo anterior, afirma-se que ele "só dava folga à política nos sábados à tarde para o futebol no VELUDO". Segundo Raul Pont, o Bar da "Filô", junto ao CAFDR, era o ponto de "referência para combinar o futebol no 'Veludo', em Belém Novo [bairro distanciado do centro da cidade], para onde partíamos todo o sábado com pontualidade britânica" (Pont, 1994, p. 70).

A primeira vez que ouvi falar desse lugar foi na entrevista com Nelson Boeira, quando este, ao expressar sua admiração por Flavio, afirmou: "Depois, era meu parceiro de futebol, do Veludo, não sei se tu...", com uma expressão interrogativa como que me perguntando sobre se eu sabia do que ele estava falando. Diante de minha negativa, explicou:

> *Veludo foi uma instituição importante dos anos 60. Durou uns 30 anos até, mas eu estive no Veludo até o início dos anos 70, porque fui estudar no exterior. Mas o Veludo reunia basicamente pessoas de esquerda, primeiro um pequeno grupo de alunos do Aplicação, a partir de 64 começou a jogar todos os sábados em Belém Novo. E aos poucos, depois, o pessoal da Faculdade de Filosofia, o Flavio era um dos poucos que tinha um carro, então tinha que levar lá o fusca dele no sábado, mas era também um local de socialização, de conversa, vamos dizer, de tudo um pouco: pessoal, política, mas muito, muito agradável. Jogar futebol também. Uns melhores, ninguém muito bom...*

Perguntei-lhe quem eram as pessoas que lá jogavam. Antes de enumerar várias delas, Nelson respondeu: "O Flavio [...] era um, até ele começar a se envolver [com] a atividade política, ele não tinha tempo, né?". Mais adiante, procurou caracterizar o grupo como um todo: "Era na verdade uma reunião de pessoas assim, a princípio da Faculdade de Filosofia, da esquerda, com graus de participação política variável". Curioso, e com alguma maldade, perguntei: "O Flavio jogava bem?". Ele respondeu o que eu pressentia: "Não [risos]. [...] mas não era muito importante isso, o importante era a farra". Mais adiante acrescentou: "Era o mundo da esquerda universitária. Ahn, e o Flavio foi diminuindo, depois aparecia menos, chegou um momento em que era impossível pra ele".

Flavio Aguiar fez um relato semelhante a respeito desse grupo e da participação que nele teve o seu xará:

> Mas era uma coisa assim, a gente era um grupo de estudantes, em geral, a esmagadora maioria era todo mundo de esquerda, que se reunia na frente da Faculdade de Filosofia e aí os que tinham carro levavam os outros até a Praia do Veludo, lá em Belém Novo, e aí a gente jogava futebol no sábado à tarde. E o Flavio era um deles. Algumas vezes o Flavio chegou a ir antes de todos... [Com o tempo ocorreu] mais o envolvimento dele na vida clandestina e também na vida política. [Aí] ele se tornou um frequentador não assíduo, ele ia de vez em quando. E ele sempre jogava, claro, [...] pela esquerda, evidente. [risos] Todo mundo queria ser pela esquerda.

Como deixam claras as falas de Boeira e Aguiar, a Política, com "P" maiúsculo, foi se impondo progressivamente como elemento norteador dos projetos de Flavio, exigindo dele cada vez mais tempo e energia, impossibilitando-o, inclusive, de participar de sociabilidades políticas mais difusas como as vivenciadas no Veludo.

Após o golpe, militantes do movimento estudantil passaram a ter mais peso no interior do PCB, já que conseguiam "[...] filiar mais rápido e mais gente nova do que as estruturas mais tradicionais do Partido, por todo aquele cenário que já se caracterizou antes [...]". Essa transformação na correlação de forças internas possibilitou que Flavio ascendesse às instâncias dirigentes da organização: "[...] eu acho que já em 66, numa conferência aqui do Partido no Rio Grande do Sul, [...] nós já éramos muitos em relação à velha guarda, tanto que a direção executiva, mesmo sendo do partido estadual, [...] em cinco, dois eram do movimento estudantil, eu e o Fabinho [Fábio Marenco]". Tal mudança, como veremos logo a seguir, tensionou as discussões travadas entre os comunistas: "[...] era o fruto de uma correlação de forças, obviamente, passageira. Tanto [que] a maioria do Partidão mais tradicional, digamos assim, nos suporta porque era um processo que ainda tava meio indefinido quem ficava, quem saía" (entrevista 5). No caso específico de Flavio, essas transformações implicaram uma absorção crescente pelas atividades político-partidárias. Estabelecendo uma periodização para a sua vida, ele afirmou: "[...] no meu caso, já em 67, eu praticamente só cuido da atividade política [...]" (entrevista 3).

Essa atividade passava, naquele momento, especialmente pela discussão sobre os rumos possíveis da revolução brasileira, o que implicava debater a postura do PCB diante do golpe de 64 e sua estratégia gradualista e de aliança com a burguesia nacional. Nas palavras de Flavio, "depois da derrota não houve um canto do Brasil e uma regional do Partido que não se debruçasse sobre o significado daquilo" (entrevista 1). Nesse ambiente de debates e questionamentos, ocorreram muitas dissidências, uma delas liderada, entre outros, por Flavio.

Em uma entrevista, ele aglutinou em torno de três grandes temas a discussão então travada. Um deles, "que dominou 65, 66", dizia respeito às condições do campo no Brasil. Importante motivação para o debate sobre a questão foi o "famosíssimo" livro de Caio Prado Júnior *A Revolução Brasileira*, publicado em 1966: "Então os setores mais críticos são os que começam a explicar e a escrever: '[...] o Caio diz [que] o campo brasileiro é capitalista [ao contrário do PCB, que o caracterizava como feudal], pode ter pontos em atraso, mas a forma econômica dominante é a forma capitalista', isso é um tema." De acordo com Flavio, a polêmica tinha consequências bem concretas quanto ao modo de luta a ser escolhido, por exemplo, se guerrilha urbana ou rural:

> [...] *me lembro que, em alguns casos, se disse: "Não, tá bem, tem que ser no campo, mas nós precisamos fazer primeiro na cidade pra arrecadar meios pra poder [realizar] isso, fazer uma função exemplar, simbólica", que tinha que ver um pouco também com as ideias que nesse momento eram materializadas ou logo ali seriam materializadas naquele famoso livro do [Régis] Debray, A Revolução na Revolução [publicado em 1967], e na luta mais uma vez do Che de construir na Bolívia [...] outras tentativas, uma nova frente revolucionária.*

Outra questão candente no debate era sobre qual dos modelos externos – o soviético, o chinês ou o cubano – deveria ser adotado no Brasil, e com que grau de adaptação à realidade do país: "[...] e é por isso que depois o modelo cubano vai ter uma influência arrasadora... porque [desagradava a setores de esquerda] uma ideia de uma guerra longa, uma guerra prolongada, em países que já tinham uma certa organização capitalista e não como a China [...]". Para Flavio, a pergunta era: "Como é que nós podemos fazer isso [a revolução socialista] nesse país real e que tem um DNA intransferível, tem coisas em comum e tem coisas [específicas]?". Segundo ele,

> [...] *esse também era um dos temas meio problemáticos, isso foi em toda a esquerda naquela época, ter de lidar entre a cópia do modelo e a recriação, ou a criação de um modelo [...] levando em conta as especificidades de seu país. Era uma tensão que tava dada, que teria de ser resolvida, e imagine quanta nuance e diferença, [...] o que justifica em parte, ou melhor, explica em parte porque tantos grupos se dividiram. Que bastava ter uma inflexão importante sobre a variável A ou B de dez, isso já dava uma organização. Que é um erro profundo, dada a potência do inimigo e a fragilidade das forças revolucionárias de então.*

Finalmente, o terceiro tema se referia às alianças a serem estabelecidas para levar adiante a luta revolucionária:

> [...] quem são os aliados possíveis ou não? E a matriz do Partidão, a qual era devedora [...] da influência do modelo soviético, era de que nós tínhamos que ser aliados com a burguesia nacional, o Jango representava isso. Porque eles teriam interesses comuns com os trabalhadores num aspecto de enfrentar certas posições do imperialismo. A vida mostrou que, embora tu pudesses organizar essa sociologia dessas classes, e elas eram existentes, isso não quer dizer que o comportamento da burguesia nacional, na hora "do vamos ver", fosse ser essa de aliada, na verdade, o que vai acontecer concretamente é que em grande parte dos países latino-americanos essa chamada burguesia nacional se alia ao imperialismo e passa a partilhar suas iniciativas econômicas [...] (entrevista 3).

Essa avaliação feita por Flavio, com pequenas variações, encontra-se presente nas recordações de outros militantes, nos documentos da época e na própria historiografia; tornou-se, enfim, quase um senso comum entre os militantes de esquerda e estudiosos do período e, provavelmente por isso, aparece tão organizada na fala de nosso personagem. Interessante notar que, presentificados por sua memória, os três temas elencados acima parecem retomar o seu caráter agonístico, de disputa política, em frases do tipo: "Como é que nós podemos fazer isso?". De outro lado, por serem mirados à distância, deixam espaço para apreciações que não podiam ser feitas com tanta clareza naquela conjuntura, por exemplo, aquela que diz respeito ao erro dos grupos de esquerda em se fragmentarem diante da "potência do inimigo". Ou seja, ao retomar esses eixos do debate da esquerda no pós-64, Flavio fala ora como se ainda estivesse lá, ora como observador distanciado, capaz de analisar, a partir do futuro daquele presente, as discussões então entabuladas, inclusive apontando os erros cometidos.

Tais discussões levaram à formação de diversas organizações clandestinas em várias partes do país, as quais afirmavam a sua identidade política com base em interpretações mais ou menos diferenciadas dos temas antes apontados. Afinal, repetindo a frase de Flavio, "[...] bastava ter uma inflexão importante sobre a variável A ou B de dez, isso já dava uma organização [...]". Um desses grupos foi liderado por ele: a Dissidência Leninista do Rio Grande do Sul, criada em 1967. Claudio Guitérrez registra, em seu livro de memórias, a formação da Dissidência, também evocando alguns dos debates e influências referidas por Flavio:

> Os companheiros que viriam a formar a dissidência do Rio Grande do Sul eram, principalmente, integrantes das bases universitárias e secundaristas. Suas lideranças mais notórias eram o Flavio Koutzii, o Luis Pilla Vares e o Marco Aurélio Garcia. Com a convocação das conferências municipais e dos congressos regionais, iniciou-se uma

> *intensa atividade de estudos e debates. Muitos desses encontros aconteciam no apartamento do Marco Aurélio e, alguns, na casa do Pilla Vares. Questionava-se a existência de um mitificado passado feudal e de uma burguesia que teria contradições com essa estrutura agrária atrasada. Papel importante nesse debate teve o estudo de Caio Prado, um pecebista histórico, a respeito do campo brasileiro, questionando a existência do campesinato no Brasil. [...]. Para Caio Prado, autor de* A Revolução Brasileira, *dado o caráter capitalista do campo brasileiro, a principal tarefa para o avanço social era a organização dos sindicatos rurais e a aplicação da legislação trabalhista no campo. As conclusões da dissidência e de outros tantos grupos dentro do PCB que se opunham ao Comitê Central eram no sentido de que a etapa da revolução brasileira não era democrático-burguesa, e sim socialista* (Gutiérrez, 1999, p. 38).

Segundo Raul Pont, a formação da Dissidência teve uma "influência forte" da Política Operária (POLOP), organização que também vinha sofrendo com disputas internas, e da qual falaremos logo adiante. Em suas palavras, "esse grupo era um dos poucos que nós tínhamos para um contato nacional, através dos debates que conseguíamos fazer no movimento estudantil, na UNE, devido à clandestinidade e ao caráter estanque, e às dificuldades que o Partido Comunista estabelecia para o debate" (Ferreira; Fortes, 2008, p. 215). Essas dificuldades se manifestaram fortemente ao longo de 1967. A Dissidência do Rio Grande do Sul produziu e apresentou teses para o 6º Congresso do PCB ocorrido naquele ano, as quais, como era de se esperar, foram muito mal recebidas pelo Comitê Central, que continuava reafirmando suas ideias a respeito da revolução por etapas e da necessidade de aliança com a burguesia nacional. De acordo com Gorender, na preparação desse congresso, a direção do PCB sofreu derrotas nas conferências preliminares de São Paulo, Rio de Janeiro e Rio Grande do Sul. Ele tomou parte da Conferência Estadual gaúcha e foi por ela eleito delegado ao encontro nacional. Gorender pinta com tintas fortes a reação autoritária dos dirigentes do Partido a essas insubordinações:

> *Sob o controle de Prestes e* [Giocondo] *Dias, a Comissão Executiva não se dispôs a aceitar as derrotas com espírito democrático. A situação de clandestinidade facilitava o desrespeito às decisões das assembleias e conferências. A Comissão Executiva interveio nas organizações partidárias oposicionistas, dissolveu organismos e instituiu direções fantasmas* (Gorender, 1987, p. 91).

Maria Regina Pilla, então recém ingressa no PCB e, portanto, militante de base que atuava especialmente junto ao setor estudantil, lembrou que a ruptura foi "complicada" e que o "Partidão" designou quadros para vir a Porto Alegre a fim de impedir a dissidência. Recordou ainda que, apesar de ser um quadro subalterno, e portanto sem espaço para influir nas decisões da cúpula, tinha uma função importante: levar as pessoas às reuniões, pois era uma das únicas que sabia dirigir. Em suas palavras:

> Eu levava... e era tudo muito perigoso, as reuniões eram clandestinas, tinha que meter, assim, quarenta pessoas dentro de um apartamento de duas peças, entende? Como é que tu fazes isso? É complicado. Era toda uma logística pra fazer esse negócio, tinha que levar as pessoas aos poucos e as pessoas não podiam saber onde elas estavam indo também, porque se elas fossem presas elas não podiam denunciar [...]. Então a gente tinha que levar a pessoa, que ia sem olhar, com os olhos vendados... e deixava no lugar, depois alguém levava caminhando a pé, olhando pro chão, quando era no centro da cidade [...].

Ou seja, cada vez mais esses jovens militantes iam aprendendo a viver a situação da clandestinidade, com tudo o que ela implicava de energia, riscos e emoções. As lembranças de Neneca remetem às tentativas do PCB de evitar as dissidências que pipocavam em diversos estados, as quais obviamente colocavam em xeque o seu papel de agremiação aglutinadora da esquerda brasileira. Perguntei a Flavio como se dava concretamente uma ruptura desse quilate, quais eram os atos que a efetivavam, e ele respondeu da seguinte forma:

> [...] não era uma traição, principalmente entre pessoas que, bom, conviveram muito e tinham civilidade, [...] era um processo que acabou, entre aspas, tendo "uma certa naturalidade". Opções vão se fazendo, as divergências vão sendo verbalizadas nos âmbitos, ou em células de base, e, a partir de certo momento, [...] eu sei que nós fomos expulsos. Mas não foi uma cena [grandiosa], entendeu? A partir de certo momento não teve mais [possibilidade] e depois eles formalizaram a expulsão, eu acho que não foi frente a frente, mas porque já estava [decidido]. Para os dois [lados] já estava, entendeu? Nós já estávamos convencidos de que [...] tínhamos que adotar outro caminho nesse contexto todo.

Também segundo Flavio, ainda no período em que a Dissidência, mesmo sem ter esse nome, estava dentro do Partido, "nós influenciamos algumas pessoas, não só estudantes, que vieram pra nós, assim como talvez um ou outro que no começo tinha simpatia pelas nossas inquietações, mas depois na hora H disse não [...]" (entrevista 3). Flavio Aguiar, que participou de uma chapa contrária à de Flavio na eleição para o Centro Acadêmico ocorrida em 1967, salientou a importância que os laços pessoais tiveram na ampliação da influência da Dissidência no movimento estudantil da "Filô":

> E nós ganhamos, ficamos com aquela bomba, de repente, o Centro Acadêmico na mão. Aí aconteceu o seguinte. Eu não sei direito se foi por amizades ou afinidades, a gente, no Centro Acadêmico, acabou se aproximando muito do pessoal da Dissidência, da então Dissidência,

e vice-versa, [...] o pessoal da Dissidência se aproximou do pessoal do Centro. Talvez aí tenha toda essa história, a gente jogava junto no Veludo. Tinha muita amizade no meio. Muitos vinham do Colégio de Aplicação, o Flavio, outros também. Então tudo isso... Tinha, digamos assim (talvez o Flavio me mate por eu dizer isso), menos clareza política e mais afinidade pessoal.

Mais adiante, de forma um pouco exagerada, mas expressiva da força da Dissidência entre os estudantes daquela unidade acadêmica, afirmou: "Praticamente assim, todo o movimento estudantil centrado na Faculdade de Filosofia rompeu com o Partidão nessa época e passou a constituir a Dissidência, que depois, com a junção com a POLOP e outras coisas, virou o POC, Partido Operário Comunista".

Enfim, com mais ou menos "naturalidade", de maneira mais ou menos traumática, os integrantes da Dissidência foram progressivamente percebendo que não tinham espaço no PCB para implementar seus projetos políticos e nem ao menos discuti-los. De acordo com Raul Pont, "nós saímos do PCB para a Dissidência por impossibilidade de influir no debate interno, porque a verticalização, o autoritarismo, a falta de democracia interna era muito grande" (Ferreira; Fortes, 2008, p. 215). No caso específico de Flavio, um fator adicional contribuiu para o esgarçamento de suas relações com o Partidão: a posição que assumiu diante da Guerra dos Seis Dias no Oriente Médio, entre Israel e os países árabes, que ocorreu também em 1967, a qual expressava convicções desenvolvidas nos seus itinerários como judeu não religioso e de esquerda: "É, tem a história de 67 que eu me lembro, que tem um debate que eu fiz sozinho, da Guerra dos Seis Dias, que eu me meti com algumas posições meio singulares, desagradava a comunidade judaica e desagradava a ortodoxia do PC, e eu no meio querendo dar uma explicação. [...] mas não me arrependo, foi algo superinteressante".

Flavio participou de um debate no Círculo Social Israelita de Porto Alegre. Disse-nos que leu "compulsivamente" a fim de preparar-se para a discussão, inclusive uma literatura que "nem tinha em português". O ambiente do debate parece ter sido bem tenso, conforme suas lembranças: "[...] tem caras que são meus amigos até hoje, mas, no meio do seminário, os caras queriam me quebrar a cabeça". Por outro lado, ele evoca também lembranças "muito cálidas", que remetem às suas origens familiares: "[...] vinham vários velhos judeus e diziam assim: 'Bom, não concordo com isso aí que tu tá dizendo', mas não me xingavam: 'Mas bah! Tu é inteligente que nem o teu pai' [risos], que era uma coisa muito gratificante assim".

Além disso, Flavio escreveu um texto sobre o tema para ser discutido internamente no Partido. Segundo ele, essa guerra "[...] foi uma grande encruzilhada para os intelectuais progressistas e para judeus ou não judeus, numa época em que Israel ainda não tinha mostrado o percurso que iria fazer, cada vez mais complicado, e hoje em dia francamente inaceitável, na minha opinião. O que me amargura muito". Perguntei-lhe por que o seu texto incomodou tanto o Partidão. Ele respondeu: "A posição oficial da União Soviética era de solidariedade integral com os palestinos". Sua intervenção nesse debate ficou gravada na memória de muitos amigos que com ele conviviam. Flávio Aguiar, por exemplo, lembrou uma discussão a respeito do tema realizada na Faculdade de Direito da URGS:

> [...] era um debate para discutir a situação do Oriente Médio, mas quem foi lá discutir mesmo era um grupo de judeus. [...] o lado árabe eu lembro que tava lá representado por alguns descendentes de árabes que eu nem sei direito de que país eram. Mas que não fizeram nada, ficaram tomando nota o tempo inteiro, provavelmente para mandar relatórios não sei pra quem. E, na verdade, o debate se deu entre a comunidade do Bom Fim, pró uns e pró outros, e contra outros. O Flavio pontificava no lado não sionista. E eu lembro que tinha um cara que era pró-sionista. Eu lembro que ele tava vestido de casaco de couro. Esse cara parecia que tinha chegado da frente de batalha, sabe? Era um cara mais velho e articulava a juventude pró-sionista, pró-Israel. E eles se digladiaram assim ferozmente, sabe? [...] foi daqueles debates que todo mundo acha que ganhou.

Na entrevista com Enio Kaufmann, igualmente, quando comentávamos sobre a situação política do Oriente Médio na atualidade, referi esse episódio, a respeito do qual ele prontamente comentou: "Em 1967 o Flavio se pronuncia com clareza quanto à Guerra dos Seis Dias, entende? Na época todas as lideranças de Israel diziam: 'Nós estamos ocupando territórios para trocar pela paz', e isso que o Flavio se pronunciou na época era a favor do respeito à existência do Estado de Israel, entende?".

Também Neneca, que justamente nessa época começou a namorar Flavio, registrou em suas memórias: "Era a época da Guerra dos Seis Dias, e Flavio, que dirigia a Dissidência gaúcha do Partidão dava uma palestra sobre as implicações éticas dos eventos no Oriente Médio para os judeus comunistas" (Pilla, s/d, p. 37)[25].

Quando questionei Flavio sobre a sua posição nesse debate, ele disse que desagradou a "gregos e troianos" ao buscar uma interpretação mais equilibrada a respeito do conflito: "[...] eu não ia lá para repetir o discurso, digamos, pró-soviético, a interpretação soviética, e tampouco ia pra repetir as lamúrias ou as versões unilateralmente do ponto de vista da política de Israel naquele momento". Evocando suas lembranças dessa discussão, deixou transparecer que sentia orgulho das posições então assumidas: "[...] foi uma coisa de uma certa coragem intelectual porque eu não era um especialista, entendeu? Eu fui um cara que me interessei e na hora que eu me interessei, eu fiz um mergulho e, dentro dos meus limites intelectuais, eu fiz uma apropriação de alguma qualidade". E mais adiante: "Agora que eu tô valorizando esse outro aspecto, que é uma certa coragem intelectual" (entrevista 5).

Consumada a Dissidência, por esse e outros motivos, as organizações que haviam rompido com o PCB procuraram se articular, sem sucesso. Gorender lembra de uma reunião nacional da Corrente Revolucionária ocorrida em outubro de 1967, na cidade de Niterói, com a presença de cerca de trinta companheiros, entre os quais Flavio Koutzii representando o Rio Grande do Sul, o que evidencia a sua liderança no seio dos descontentes gaúchos. O autor lamenta:

> *Desta reunião saiu o núcleo de fundadores do PCBR. Mas também saíram quadros de destaque para o PCdoB, a ALN e a Dissidência Leninista do Rio Grande do Sul. Se todos os presentes tivessem chegado a uma conclusão unitária sobre o rumo da reorganização, contaríamos com um bom começo para estruturar um partido importante pela força de sua militância. Sucedeu o contrário. Prevaleceu a fragmentação, a dispersão em direções diferentes* (Gorender, 1987, p. 101).

Como no caso de Flavio, essa avaliação só pôde ser feita retrospectivamente, já com a consciência da ferocidade da repressão e da fraqueza das organizações de esquerda, pois, no calor da hora, prevalecia a disputa sobre quem tinha razão e, portanto, a dificuldade de conciliar todas as dissidências do PCB. De qualquer forma, a Dissidência Leninista continuou próxima da POLOP. "Havia uma identidade grande com a POLOP. Nós tínhamos um trabalho comum, não só a dissidência do Rio Grande do Sul, mas também a do Rio de Janeiro [...]", ressaltou Raul Pont (Ferreira; Fortes, 2008, p. 215).

A POLOP foi fundada em 1961 e, desde o seu início, criticou a proposta do PCB de aliança com a burguesia nacional progressista. Segundo Daniel Aarão Reis Filho, a sentença da organização sobre esse projeto "era inapelável. A burguesia não resolveria o problema da carência de capitais por sua integração no sistema imperialista. Não promoveria a reforma agrária por suas alianças com o latifúndio. Não aumentaria o nível de vida do povo porque o processo de acumulação de capitais no país pressupunha a inflação e a carestia". Portanto, na ótica de seus militantes, caberia ao proletariado "a tarefa histórica de vanguardear as reformas sociais". Em virtude disso, os adeptos da POLOP se encheram de esperanças com o avanço do movimento popular na conjuntura de 1963/1964: "Era como se os militantes estivessem vivendo um contexto semelhante ao imaginado pelos revolucionários russos no começo do século XX: formar quadros, influenciar organizações e grupos existentes, 'penetrar' na classe revolucionária, organizar um partido de 'novo tipo'. Daí a importância-chave do jornal *Política Operária* – seu objetivo era aglutinar, esclarecer, orientar". Como consequência, a organização dirigia seus esforços para intervir nas lutas internas da esquerda, influenciá-las, inclusive chamando o PCB a retificar sua linha de ação. Ainda de acordo com Reis Filho, "o III Congresso da POLOP, realizado pouco antes do golpe de 1964, não parece ter criado condições para a percepção da eventualidade de uma derrota próxima. Ao contrário, prevalecia a confiança na capacidade ofensiva do movimento popular como alternativa ao titubeante governo Goulart" (Reis, 1990, p. 34-36).

O IV Congresso da POLOP, de 1967, aprovou o *Programa Socialista para o Brasil*, que propunha o governo revolucionário dos trabalhadores como meio de transição à ditadura do proletariado. Esse documento explicava o golpe de 1964 pela necessidade das classes dominantes de "[...] manter os seus privilégios, ameaçados pelo movimento popular que crescia" (*Apud* Gorender, 1987, p. 128). Nesse evento, aconteceram importantes cisões de grupos que apostavam na estratégia foquista, como o COLINA (Comando de Libertação Nacional) e a VPR (Vanguarda Popular Revolucionária), e o setor que continuava a defender o *Programa Socialista para o Brasil* aproximou-se da Dissidência Leninista do RS.

Em seu número 17, de maio de 1968, o jornal *Política Operária*, transformado então em órgão oficial do Partido Operário Comunista, explicou essa articulação, sobretudo a partir da contraposição ao PCB e dos conflitos entre os grupos que divergiam da velha agremiação: "É que do desenvolvimento da luta interna na esquerda – dentro e fora do velho partido comunista – chegamos à unificação da Organização Revolucionária Marxista POLÍTICA OPERÁRIA com a DISSIDÊNCIA LENINISTA, que já rompera com o partido reformista no processo de discussão interna" (*Política Operária*. Órgão Central do Partido Operário Comunista, Maio de 1968, p. 1). O periódico transcreveu a resolução política aprovada no congresso que deu origem ao POC, na qual se afirma o papel preponderante do operariado na condução da luta revolucionária, perspectiva que balizava a sua forma de ação e também a sua crítica às organizações orientadas exclusivamente pela estratégia do "foco guerrilheiro":

> *Nas nossas condições* [da sociedade brasileira] *a guerrilha no campo terá que culminar com uma insurreição urbana vitoriosa para que ponhamos por terra o poder burguês. Mas para isso é preciso que, ao lado da deflagração do foco guerrilheiro no campo, o partido desenvolva toda uma atividade revolucionária entre a classe operária. E essa atividade só pode se dar a partir dos problemas próprios da classe e de sua organização para essas lutas. É o desenvolvimento de tais lutas sob uma liderança comunista que cria uma classe revolucionária para enfrentar a sociedade exploradora* (*Política Operária*. Órgão Central do Partido Operário Comunista, Maio de 1968, p. 3).

É importante salientar que alguns militantes da Dissidência Leninista discordaram dessa aproximação com a POLOP, pois consideravam que era preciso investir logo na organização do foco guerrilheiro. Tal posição fica clara nas memórias de Claudio Gutiérrez:

> *Os secundaristas entram em confronto com a Dissidência. Não nos interessava se havia ou não resquícios feudais no campo brasileiro, qual categoria caracterizaria a contradição principal, se entre nação e*

imperialismo ou entre capital e trabalho, enfim, o chamado caráter da revolução brasileira, mas como poderíamos encaminhá-la. Para nós, não havia dúvida: era através da luta armada, da organização do foco, tarefa que a Dissidência não demonstrava a menor intenção de empreender.

Gutiérrez relata ainda que, depois de seu grupo realizar uma ação para expropriar armas do apartamento de um coronel, Flavio veio encontrá-los e preveni-los dos riscos da luta armada naquele momento, episódio que revela tanto a liderança do último na Dissidência como a sua maneira de agir politicamente, por meio da conversa e da argumentação:

Fomos novamente procurados pela Dissidência. Flavio Koutzii, num fusca branco que tinha na época, nos fez uma longa preleção sobre a questão da luta armada e sobre a responsabilidade do dirigente em um processo em que muitos jovens morreriam, como já acontecia em outros países da América Latina. Sempre me lembrarei dessa conversa como premonitória. O Flavio viveria, alguns anos depois, o drama argentino.

Os conflitos entre os que, como Flavio, preferiam investir no trabalho de massas e aqueles que, como Claudio, resolveram apostar imediatamente na luta armada, se manifestaram em várias ocasiões, por exemplo, em uma passeata ocorrida no ano de 1968. Nela, conforme as lembranças do segundo, "à palavra de ordem 'o povo organizado derruba a ditadura', contrapúnhamos o lema foquista: 'O povo armado derruba a ditadura'" (Gutiérrez, 1999, p. 42-3,48 e 64).

Voltando à aproximação da Dissidência com o pessoal remanescente da POLOP de São Paulo, cito alguns trechos da entrevista que fiz com Angela Mendes de Almeida, uma das principais dirigentes do POC, os quais expressam como se deu tal movimento desde um ponto de vista mais pessoal e afetivo, ponto de vista esse, é claro, construído pela memória acionada no presente:

[...] pelo que eu me lembre, eles [os membros da Dissidência Leninista do RS] aderiram às nossas teses. E eles eram muitos, acho que tinham mais militantes lá do que nós tínhamos [inaudível] em São Paulo, e eram muito simpáticos. Eu sempre achei os gaúchos, principalmente os militantes, muito simpáticos, muito agradáveis, muito amorosos...

[...]

[...] e essa viagem que eu e o Merlino [seu companheiro, também militante do POC, sobre o qual falaremos com mais vagar no próximo capítulo] fizemos lá [no Rio Grande do Sul], que foi muito prazerosa, que os gaúchos foram maravilhosos. Acho que eram reuniões políticas, eu não me lembro do que a gente discutiu, eu só me lembro de como

eles nos receberam... E nós fomos de carro e voltamos de carro, acho que o Flavio tava lá.

Perguntei se, nesse momento, Flavio já era uma liderança e ela respondeu: "Ah, claro. Ele era da direção, ele era o principal militante de lá. Quando se discutia, ele era a voz do Rio Grande do Sul". E ainda, instada por mim a caracterizar Flavio nessa época de constituição do POC, Angela afirmou: "Ele tem aquele jeito de falar dele, meio irônico, pausado... Me lembro, porque ficou muito marcado na minha memória o conjunto dos gaúchos".

Segundo Angela e Maria Regina, foi "a herança da POLOP que guiou a atuação do POC no ano crucial da revolução brasileira e mundial, 1968". Essa atuação se deu, sobretudo, no movimento estudantil, com base na tese da "Universidade Crítica"[26], que orientou a militância em vários estados do Brasil, e também com presença na UNE, especialmente no famoso XXX Congresso, realizado em Ibiúna (SP), no mês de outubro de 1968, que acabou com a prisão de todos os participantes. Em relação à URGS, mais especificamente, Raul Pont falou um pouco da situação então vivida:

> [...] *em 1968 fui eleito presidente do DCE Livre. Porque depois do fechamento da UNE e das UEEs, a ditadura, além de fechar as entidades centrais, ainda proibiu a eleição direta até para os DCEs, para as federações universitárias. E nós resolvemos enfrentar a proibição e a Reitoria e mantivemos, durante uns dois anos, o DCE Livre da UFRGS, eleito diretamente. Até que em 1970, tanto direta como indiretamente, a esquerda já era maioria. Então a Reitoria não tinha mais como impedir, porque a gente fazia eleição e ratificava isso no conselho das entidades* (Ferreira; Fortes, 2008, p. 215-216).

Neneca expressa hoje uma percepção menos positiva desse movimento. Em sua entrevista, ela acentuou, especialmente, o quanto, naquele contexto, seu grupo ainda tinha pouca consciência da força e da ferocidade da ditadura, até porque, como já dissemos, tais características só foram evidenciadas com clareza posteriormente:

> *Depois a gente criou um DCE Livre, que o Raul Pont era o candidato. Então [...] o Raul foi eleito. E era uma entidade, assim, que não existia, era a pessoa do Raul que corria da polícia e a gente atrás pra ajudar caso ele fosse preso. Mas não ia acontecer nada, ia todo mundo ser preso. A gente não tinha a dimensão de onde a gente tava amarrando o cavalo, sabe? Eu acho que era isso, a gente não sabia o que é que era exatamente aquela ditadura e do que ela era capaz, que mostrou depois. Isso eu tenho certeza, que a gente não tinha essa dimensão.*

Além da militância no movimento estudantil, o POC também procurou atuar junto ao operário organizado, obtendo alguns resultados especialmente em São Paulo, tendo participado da famosa Greve de Osasco, no ano de 1968[27].

É importante destacar que o Partido tinha ramificações no interior do Rio Grande do Sul, como relata J. C. Bona Garcia, o qual participou da fundação do núcleo de Passo Fundo. Segundo ele, todos os núcleos do interior funcionavam "sob a liderança geral do Flavio Koutzii". Esse militante também avalia o peso da organização no contexto da época: "Havia gente de outros estados, São Paulo inclusive, mas o grupo, pequeno como todos os seus congêneres, não chegava a uma centena de militantes. Como a oposição que se fazia no Brasil era insignificante, então qualquer grupo, por menor que fosse, acabava tendo uma expressão maior do que a real" (Garcia; Posenato, 1989, p. 29 e 16, respectivamente).

Ainda em 68, outro acontecimento impactou a trajetória de Flavio, dessa vez no plano afetivo: o casamento de Sonia, sua grande paixão, com outro intelectual do grupo político em que militava, Luiz Paulo de Pilla Vares, primo dela, falecido em 2008. Vimos que, logo após voltar de São Paulo, Flavio retomou seu namoro com Sonia. Essa relação perdurou por algum tempo, mas acabou terminando (ainda que temporariamente[28]). Depois, entre 1965 e 1970, ele namorou Neneca, prima de Luiz Paulo e de Sonia. Mais uma vez se percebe como as afinidades políticas se mesclavam com laços afetivos e familiares no quotidiano da militância.

O matrimônio ocorreu no dia 28 de julho de 1968. Em uma ocasião, vi fotos dos antigos álbuns de Sonia. A primeira imagem sobre a qual falamos foi justamente a do casamento. Ao vê-la, Flavio, também presente, comentou em tom de brincadeira (deixando claro, desde um ponto de vista retrospectivo, que a paixão por Sonia foi um dos eixos centrais de sua existência): "Eu fui padrinho do teu casamento com esse bigode?! Então esse devia ser o meu subliminar protesto [risos]". E, mais adiante: "[...] eu estive no casamento...

MASOQUISMO
Padrinho de casamento de Sonia e Luiz Paulo
Pilla Vares (Acervo Pessoal Sonia Pilla).

Eu tive muito *fairplay*. E depois, quando terminou o casamento, eu tinha carro naquela época, poucos caras tinham, eu os levei até o hotel da lua de mel [...]. Uma cena de masoquismo explícito [risos]" (entrevista de Sonia Pilla e Flavio Koutzii a Benito Bisso Schmidt. Porto Alegre, 14/03/2013).

Flavio, na época, teve igualmente um *affaire* com Iara Iavelberg (1944-1971), militante da POLOP e depois da VPR e do MR-8 (Movimento Revolucionário 8 de Outubro), que conheceu no casamento de sua prima, Miriam Abramovay, com Samuel, codinome Mello, irmão de Iara, ambos militantes da VAR-Palmares[29], ocorrido em São Paulo, a pedido da última organização, que precisava de "aparelhos", ou seja, casas para atividades clandestinas, com "aparência respeitável". Segundo Judith Patarra, biógrafa de Iara, os noivos "aceitaram sem hesitar. Amavam-se. O pedido justificava a formalidade e o ritual. E retirava um pouco a responsabilidade do compromisso. Era uma união importante para o Brasil". Ainda nas palavras da autora, a breve relação de Iara e Flavio se deu da seguinte maneira:

> *Mal abordaram política, pois resguardavam as atividades. Um pouco de psicologia* [Iara era psicóloga], *economia, que ele estudava, família, filmes. Combinaram ver Odisseia no Espaço. Na noite chuvosa do encontro, em frente ao cine Majestic da [Rua] Augusta, Flavio viu-a surgir de cabelos presos atrás, capa à Casablanca.*
>
> *– Inúmeras vezes recordei a cena, a figura bonita* [disse Flavio].
>
> *Terminada a sessão foram jantar, perplexos. O monólito enigmático, a hegemonia eletrônica, feto, computador, solidão, ecos, a ironia das salas de espera, o banal em existência à deriva, vivos na alma os mortos de um tempo que se perdeu. Alguma coisa que escapa à percepção, Kubrick lembra o pesadelo de Alphaville. Elucubrações de Primeiro Mundo, nosso compromisso é o ser de carne e osso aqui e agora. O famélico.*
>
> *Tornaram a ver-se, porém o relacionamento não se estreitou. Flavio tinha companheira no Sul* (Patarra, 1992, p. 248 e 250, respectivamente).

Visando evidenciar ainda mais esse forte entrecruzamento de laços político-ideológicos e afetivos, cabe mencionar que Marco Aurélio Garcia passou a namorar na época da "Filô" Elizabeth Lobo, amiga de Sonia e colega desta e de Flavio no Colégio de Aplicação. Segundo Garcia: "Nesse período, eu conheci a Elizabeth, com quem eu casei depois. Que era estudante de Letras e que era muito amiga da Sonia Pilla, que é a atual companheira do Flavio. Eram amigas inseparáveis. Era todo um grupo que tinha vindo do Colégio de Aplicação (entrevista de Marco Aurélio Garcia ao projeto História Oral do Partido dos Trabalhadores – entrevistador: Alexandre Fortes. Brasília, 07/06/2010)[30].

Sonia e Maria Regina eram consideradas "musas" pela esquerda universitária da URGS. Iara também recebeu esse qualificativo entre a intelectualidade estudantil paulista de esquerda[31]. Enio Kaufmann, que muito conviveu com Flavio nesta época, comenta hoje, de forma jocosa, sobre o poder de sedução do último:

> [...] *o Flavio, baixinho e gordinho* [risos], *sempre foi um grande conquistador. O Flavio namorava as mulheres mais bonitas da Faculdade. Nós brincávamos que era bom ficar por perto do Flavio pra pegar a sobra, pegar as gurias que o Flavio não queria e a gente se dava muito bem.* [...] *sempre o Flavio foi um grande conquistador. Não podia deixar ele falar com uma guria que ele ganhava*[32].

Ou seja, parece que a capacidade de sedução que Flavio manifestava no campo político também era por ele acionada no âmbito das relações amorosas; poder esse exercido, sobretudo, por meio da palavra, da conversa, da fala, capaz de encantar tanto os militantes quanto as "gurias" que desejava conquistar.

O comentário de Enio, compreensível para alguém que gosta de pontuar sua narrativa com bastante humor, não deixa de afirmar certos estereótipos de gênero (o homem como conquistador, que pode escolher quem quer e quem não quer, e a mulher como aquela que sofre a conquista, que é "ganha" no jogo amoroso), justamente ao se referir a um período no qual esses padrões foram fortemente questionados, em especial por integrantes da geração de Flavio. Procedendo dessa maneira, sua narrativa obscurece o papel ativo que, no caso do biografado, tiveram mulheres como Sonia, Neneca e Iara, as quais não eram, de maneira alguma, "presas fáceis" de um conquistador, mas, ao contrário, buscavam construir seus projetos afetivos com muita autonomia, inclusive optando por outros parceiros quando assim o desejaram.

A decretação do AI-5, no mês de dezembro de 68, foi um marco para os participantes das diversas organizações que combatiam a ditadura. Esse sentido de "delimitador temporal" do fato desponta nas memórias de vários militantes, inclusive do próprio Koutzii: "Passeatas e coisas e tal, isso vai até 67. Depois não há mais condições. 68, o Ato Institucional, não dá". Tal percepção foi também absorvida pela historiografia, que confere à medida "legal" (sic) um papel importante na periodização da ditadura no Brasil, significando um "golpe dentro do golpe", que levou ao poder a "ala dura" da corporação militar e impulsionou diversos militantes à luta armada em função do fechamento completo dos canais institucionais e do espaço público às manifestações oposicionistas. Portanto, memória(s) e História se encontram na solidificação do AI-5 como um fato histórico potente a dividir um antes e um depois, tanto no que se refere aos acontecimentos políticos propriamente ditos quanto no que diz respeito às sensibilidades daqueles que os protagonizaram.

Neste momento, e antes de avançarmos na narrativa da militância de Flavio e seus companheiros, parece-me necessário caracterizar melhor ideologicamente o POC. Para tanto, e a fim de que as ideias que animavam esses jovens não pareçam pairando no ar, resolvi começar tal caracterização a partir de um lugar específico: a Livraria Universitária – "nome inocente e previsível", comentou Flavio com ironia (entrevista de Flavio Koutzii à TVE) –, de propriedade dele e da estudante de Direito Tânia Ávila Barros, inaugurada em 1968, três meses antes da decretação do AI-5, na Avenida João Pessoa, bem em frente à Faculdade de Direito da URGS, e que durou até 1970. O estabelecimento foi uma maneira encontrada por ele para garantir proventos financeiros; contudo, para além de servir a essa função prática, teve também um papel político importante, tanto como lugar de sociabilidade de partidários ou no mínimo simpatizantes de ideias de esquerda quanto como veículo para acesso a uma série de leituras que circulavam com dificuldade na época, e ainda como facilitador da militância de Flavio, pois os seus movimentos pelo país para comprar livros possibilitavam igualmente o estabelecimento de contatos com companheiros de outras localidades. Nas palavras do próprio Flavio: "Eu ia buscar os livros de dois em dois meses em São Paulo. No fundo era um truque, um álibi para me conectar com a organização do POC em São Paulo" (*Sextante memória*. Porto Alegre, dezembro de 2000. p. 38-40).

Segundo Boeira, o fato de Flavio ter montado uma livraria indica que ele possuía "outros interesses", referindo-se à área cultural, aspecto que, como veremos na continuidade deste livro, também foi ressaltado por outros contemporâneos do personagem. Ele destacou igualmente que o estabelecimento serviu para muitas pessoas como "[...] uma fonte de formação inusitada, de esquerda, mas não só, tinha [...] literatura francesa, [...] publicações políticas que ele [Flavio] sabia escolher, mas também coisas de Filosofia".[33] Destacando a sua experiência pessoal, contou: "Inclusive eu comprei lá os dois volumes do Marx [...]". Além disso, continua recordando Boeira,

> [...] tinha discos de música, cartazes, que eram uma coisa que não tinha [em outros estabelecimentos da cidade], e era, obviamente, um ponto de reunião, imagino que muito supervisionado. [...] tinha, eu me lembro, uma liquidação ótima da [Editora] *Civilização Brasileira*, com tudo... O regime começou a apertar a Civilização e a Civilização teve que vender seu estoque a preço de banana pra se segurar. [...] mas daí tinha muita coisa da Civilização que era do Partido no fundo.

Flavio caracterizou o estabelecimento dessa forma: "[...] era realmente uma coisa meio jeitosa, meio inovadora, que hoje é comum [...]" (entrevista de Flavio Koutzii à TVE); "[...] a originalidade era ter esses livros especialmente em francês e inglês à disposição, vender LPs no mesmo lugar e, ao mesmo tempo, vender pôsteres. No fundo era um espaço como um barzinho, um ponto de encontro. Isso era legal na época e estava na frente do que era o fundamental do campus [da URGS], quase tudo era no mesmo lugar". Perguntei a Tânia como era a Livraria fisicamente e ela foi minuciosa na descrição:

[...] *era assim: tu entravas numa porta estreita, branca dos lados, e tinha alguns nichos onde tinha livros. Depois tinha uma série de prateleiras dos dois lados, e aqui tinha uma espécie de um balcão onde tinha discos e uma prateleira onde ficavam expostos os livros, os discos e o toca-discos ali. Atrás disso ficava uma mesa mais ou menos desse tamanho* [indicando com gestos], *onde a gente ficava. Tinha uma visão de toda a loja. E atrás, mais pro fundo, vamos dizer, era essa distância, dessa parede pra cá* [indicando], *tinha uma meia parede onde tinha uma geladeira* [...] *E atrás tinha os sofás disso aqui...* [mostra uma parede de concreto] [...] *onde as pessoas podiam sentar, podiam ler os livros e podiam roubar os livros... Muitas vezes aconteceu. E era assim, mas era muito, muito bonita.*

Salientou ainda outra "subversão" da Livraria, que certamente devia mexer com os habitantes da conservadora Porto Alegre:

[...] *logo depois da abertura, tinha uns cartazes psicodélicos* [...]. *A gente vendia também, e um deles era um casal nu, assim abraçado, fazendo sexo, e aquelas coisas de cores, bem psicodélico. E os meus professores de Direito faziam caravana, aqueles velhos safados, e tu precisava ver assim aqueles velhos, aquela coisa, como eles se desnudavam ali e eram safados e sacanas, olhando aquilo ali, era uma romaria de velhos da Faculdade de Direito* [risos].

Flávio Aguiar, em sua entrevista, também falou da Livraria, caracterizando de maneira bastante específica o seu público frequentador:

[...] *o Flavio, ele tinha uma presença muito grande no movimento estudantil, que acabou também se consolidando quando ele abriu a Livraria Universitária ali na João Pessoa, que se tornou um* point *também. A gente ia lá, ia lá tomar café. Por quê? Porque era a Livraria dele.* [...] *E ali a Livraria do Flavio acabou também sendo o* point *para os dissidentes, os que tinham saído do Partidão.*

Segundo Koutzii, "[...] os livros tinham uma seletividade um pouco unilateral, eram principalmente os livros que nós gostávamos, quer dizer, que a esquerda gostava" (entrevista de Flavio Koutzii à TVE). Tânia ironizou esse ponto, deixando claro como a Livraria, e seus proprietários, procuravam estabelecer uma distinção em relação a um padrão mais popular de leitura: "Nós também fomos uma Livraria [...] com uns exageros, como eu te disse, Meu Pé de Laranja Lima [livro de José Mauro de Vasconcelos, lançado em 1968, que alcançou grande sucesso de vendas] não entrava lá, e se alguém pedisse, só faltava a gente cuspir na pessoa [risos]".

Boeira contou-me: "[...] [Koutzii] me falou que a Livraria ele fez assim porque sabia que precisava de uma outra fonte de renda pra se dedicar em tempo integral ao POC, que não tinha como profissionalizar os quadros. [...] eu tenho certeza que isso daí é uma das razões [para a criação do estabelecimento]. Mas acho que prestou um serviço importante". Raul Pont, igualmente, referiu-se de maneira brincalhona ao papel que a Livraria desempenhou na vida cultural da cidade, sobretudo para os que defendiam ideias de esquerda:

> Bom, a Livraria é uma contradição, porque podia ser uma boa ideia como negócio, mas também não era bom negócio. Mas era do ponto de vista da difusão de ideias, de trabalhar com o livro, as publicações, a cultura... Era um lado bom, mas era uma sinaleira para a repressão, [...] porque se a repressão botasse alguém no [curso de] Direito ali, filmando vinte e quatro horas, em três, quatro dias, só filmando a clientela, ela pegava toda a organização. Porque do ponto de vista da segurança... Ainda o pessoal pagava a crédito ou não pagava, então tinha que entrar num cadastro de compradores ou devedores. Se caísse na mão da polícia, era a esquerda porto-alegrense [risos].
>
> [...]
>
> E era um ponto de referência, de encontro, de deixar recado, deixar contato, marcar ponto de encontro, que rapidamente, nós vimos que aquilo ali era suicida [...]. E mesmo como negócio não era tão bom assim, ainda que a Tânia e o Flavio, os dois sócios daquele empreendimento, tenham se esforçado bastante (entrevista com Raul Pont. Porto Alegre, 13/03/2013).

Tânia, referindo-se a essa faceta política do estabelecimento, afirmou que a Livraria era "um exemplo de irresponsabilidade", pois deixava expostos os seus proprietários: "[...] é uma coisa muito irresponsável, porque cai um lá em São Paulo, cai um sei lá onde, qual é o ponto? É aqui na Universitária". Sua observação não parece descabida, já que o estabelecimento era visado por apoiadores da ditadura, como o Comando de Caça aos Comunistas, o temido CCC. Nesse sentido, ela contou que havia o projeto de se fazer um café na Livraria, mas que o plano foi abortado, pois o referido "Comando" pichou a parede externa do prédio: "Como é que vai abrir uma coisa pública, que entra quem quer, de repente esses caras entram aqui, descem depredando tudo, e aí?". Perguntei o que havia sido pichado e Tânia respondeu:

> Eu acho que era "Fora comunista!"... Eram as letras deles. Era uma coisa de ameaça e assinado bem grande. Eu olhei de longe, ali pela Faculdade de Direito, olhei e, bom, vamos lá...
>
> [...] mas a gente tinha muito medo, físico. A Livraria fechava às 10 horas. Passamos a fechar um pouco antes também. E aí tinha uma sapataria do lado que o homem era muito ingênuo e dizia: "Comunista são eles" [risos]. "Os rapazes são bons, a senhora... comunista são eles!".

Relatou ainda um episódio posterior à saída de Flavio para São Paulo (sobre a qual falaremos depois) que evidencia o quanto a Livraria era visada e o quanto ele passou a ser um alvo importante da polícia política:

[...] um dia de manhã, eles [os agentes da repressão] estiveram na Livraria e a fecharam. [...] quando eu vi fechada, eu disse: "Opa, eu não vou lá". Aí fiquei..., tentei saber o que é que tinha acontecido. Eles tinham levado um guri que trabalhava na Livraria. E que era um sonso, era um desses que puxava [fumava maconha]...
[...]
O DOPS. Queriam saber do Flavio, logo que o Flavio foi embora. Aí o guri disse assim: "Nem sei. O patrão, aquele ali é um antipático, ele chega e só reclama das coisas, não sei, ele quase não trabalha. Quem trabalha é ela, ele só vem de vez em quando e só reclama. Não sei, ele não tem aparecido, ele aparece só pra reclamar, e quando, nem sei", e ficou lá, se fez de sonso. E eu fiquei esperando, falei com um amigo meu que era advogado e ele disse: "Faz uma coisa, espera pra ver [...], vê se ele vai voltar, se soltam ele, e amanhã tu te apresentas lá pra saber o que é que tá acontecendo". E eu acho que eu fiz isso sim, acho que [rapaz] saiu, e eu não dormi em casa, e ele disse: "Não, eles queriam o Flavio mesmo"...

Koutzii caracterizou a Livraria como "comercialmente insensata", mas concordou com o seu papel de "referência" para intelectuais como João Carlos Brum Torres, Nelson Boeira e Ruy Carlos Ostermann: "Lá a gente trocava informações, eles davam as dicas de quem eram os caras quentes da Filosofia que estavam sendo lidos na época, era uma espécie de formação entre amigos". E concluiu: "A ironia fina era a de ter um perfil tão marcado de progressista, de esquerda, em uma época que começava o fechamento dentro da ditadura" (*Sextante memória*. Porto Alegre, dezembro de 2000, p. 39).

As falas citadas evidenciam que a Livraria Universitária foi um ponto importante de sociabilidade intelectual na cidade, sobretudo para os que então se situavam no amplo e variado campo da esquerda, e também de circulação de obras que, no contexto da ditadura, eram difíceis de obter por seu conteúdo "subversivo". Por meio dos contatos estabelecidos por Flavio em função da militância, ele trazia para Porto Alegre livros que estimulavam ideias e fomentavam discussões entre os que se opunham à ordem estabelecida.

Tendo caracterizado esse espaço concreto, pode-se perguntar, de maneira geral, o que Flavio e seus companheiros liam e, a partir daí, tentar compreender melhor as referências teóricas que animavam suas ações. Neneca, em entrevista, afirmou: "A gente lia muito, era uma geração que lia". Especificamente no processo de cisão com o PCB já referimos antes a importância que tiveram alguns autores como Caio Prado Júnior, cujo livro *A Revolução Brasileira* foi qualificado de "famosíssimo" por Flavio. Ao caracterizar o ambiente do "Bar da Filô", em texto de 1994, Raul Pont evocou lembranças semelhantes:

Onde e com quem debater *A Revolução Brasileira do Caio Prado Jr.*, os primeiros artigos e livros críticos ao populismo e à esquerda tra-

dicional, obras que reinterpretavam a história brasileira, de Weffort, Ianni, Gunder Frank e tantos outros senão no CAFDR ou no bar da Filô. Afinal, eram obras e autores no "índex" da Academia, sem considerar que os expurgos e cassações mantinham a Universidade sob o domínio do medo, da delação (Pont, 1994, p. 69).

Mas o mesmo Raul, em entrevista a mim concedida, afirmou: "[...] a gente não tinha nem formação, porque a formação no Partidão era muito dirigida, muito oficiosa, muito soviética, muito manuais, meio de repetição e pouca reflexão [...]. A essa altura ninguém lia fora dos manuais"; embora logo em seguida tenha mencionado, como exceção que confirma a regra, o impacto do livro de Prado Júnior junto aos críticos do PCB. Nelson Boeira, por sua vez, também acentua a pouca erudição de sua geração. Por escolha própria, sem nenhum estímulo de minha parte, ele tratou longamente desse assunto em sua entrevista: "Eu vi em 88, quando se comemoraram os 20 anos da revolução de maio de 68, não sei como denominar, eu vi reconstruções de várias pessoas sobre o que liam e o que discutiam, das quais 90% são falsas. Falsas! Ahn, 'estávamos lendo...', é mentira!". Exemplificou esse fato com a dificuldade de se conseguir obras de Louis Althusser em Porto Alegre:

> *Eu lembro que de toda a Faculdade de Filosofia tinha um rapaz que até era uruguaio que tinha, depois se conseguiu uma edição espanhola traduzida [...]. Era uma dificuldade. Depois o Marco Aurélio [Garcia] esteve na França, já tinha tido aulas com o Althusser, e daí referia isso, mas os livros só começaram a aparecer depois dos anos 70. Ninguém lia, ou sei lá, vou dizer, um ou outro lia.*

Sobre a obra de Lênin, especificamente, já que antes falamos da importância da Dissidência Leninista do Rio Grande do Sul, Boeira comentou:

> *[...] graças ao Flavio também me interessei e li, porque o Flavio era um ardente leninista, né? [...] eu acabei lendo algumas coisas daquela edição comprada no Uruguai das obras escolhidas, das edições de Moscou. [...] o Flavio poderá corrigir, mas eu não me lembro de as pessoas sequer usarem, o que também distinguia o Flavio [...]. E alguns textos nem disponíveis eram, que são importantes [...].*

Enfim, com base nesses indícios, que não são exaustivos, pode-se inferir que os militantes que combatiam a ditadura, ao menos em Porto Alegre, haviam feito poucas leituras dos teóricos marxistas, até pela dificuldade de se obter suas obras na cidade, ainda mais em pleno período repressivo. Nesse sentido, a Livraria de Flavio e Tânia cumpriu um papel significativo, disponibilizando livros importantes. Nesse panorama, a figura de Flavio ganha destaque como alguém que se "distinguia", para usar a expressão de Boeira, no sentido de que lia mais, até em função de seu histórico familiar e, posteriormente, de suas atividades como livreiro, do que a média dos seus contemporâneos, fato que contribuiu para a consolidação de sua liderança junto ao grupo gaúcho, a ponto de ser considerado "a voz" do Estado por Angela Mendes de Almeida, ou "o cara que era o dirigente mais lúcido", nas palavras de Raul Pont. Mas avancemos na caracterização ideológica da organização liderada por Flavio. Bona Garcia foi taxativo em afirmar no seu livro de memórias: "O POC era trotskista" (Garcia; Posenato, 1989, p. 16). Provavelmente, ele construiu essa ideia tendo em vista a trajetória posterior de muitos dos membros da organização, conforme veremos no próximo capítulo, e também em função da postura antiestalinista desses militantes. Mas, sem dúvida, as concepções de Trotski não eram as que animavam a agremiação. Sobre isso, Angela Mendes de Almeida disse em sua entrevista: "[...] a figura do Trotski era importante pra nós. Para mim e para algumas pessoas que estavam em volta de mim [...]". Mas quando perguntei através de quais leituras ela e seus companheiros tomaram contato com o trotskismo, a entrevistada respondeu: "Ah, a gente já conhecia o nome do Trotski, a biografia do Trotski [de Isaac Deutscher], e eu não me lembro se a biografia do Stalin [do mesmo autor]... [...] é o que vai nos dar um pouco a intimidade, assim, o primeiro contato com aquelas lutas e com a existência de tendências". Quando perguntei a Raul Pont sobre o tema ele foi taxativo: "Não, o POC nunca foi trotskista", atribuindo a "origem do pensamento" do grupo a Ernesto Martins, que era "muito antitrotskista". Segundo ele, o trotskismo na época era o posadismo, por referência ao formulador dessa perspectiva, o argentino J. Posadas (1912-1981)[34]. Ao questionar Flavio se sua leitura de Trotski e do trotskismo havia começado no Brasil, ele respondeu:

> *Muito pouco aqui, [...] quem vai ter influência aqui nessa direção é o Pilla Vares, que era um leitor sistemático, voraz, se dividia entre a Rosa Luxemburgo e o Trotski... Então desse ponto de vista no grupo fundador da Dissidência Leninista [...] ele tem bastante influência intelectual, e depois o Marco Aurélio [Garcia]. O Marco Aurélio tinha estado no maio de 68, ele estava na França [...]* (entrevista 4).

Na continuidade de sua fala, ele evocou a IV Internacional e a experiência argentina, o que dá a entender que seu contato, ao menos de maneira mais sistemática, com o trotskismo foi posterior.

Almeida e Pont apontaram outra influência teórica do POC: o alemão August Thalheimer (1884-1948), oriundo da social-democracia, depois próximo a Rosa Luxemburgo e integrante da Liga Espartaquista, e dissidente do PC alemão. Depois de ressaltar que considera "estratosférica" a atribuição *a posteriori* de certas influências teóricas à POLOP, como a de Bukharim, Angela afirmou: "Menos estratosférico, e acho que mais real, é dizer que a POLOP aderia às teses do Thalheimer, aquilo que o Trotski chamava de 'Internacional dois e meio'". Mais adiante, contudo, relativizou tal influência, ao menos em seu grupo: "E eu acho que não se falava muito no Thalheimer. Das próprias divergências entre esse grupo do Thalheimer e o Trotski eu vim a ter consciência agora. Até pela palavra de alguns membros antigos da POLOP, daqueles que saíram junto com o Ernesto Martins e o Eder Sader, que continuam valorizando muito os textos do Thalheimer". Raul Pont, em sentido semelhante, assinalou:

> *E nós também éramos identificados como meio trotskistas, mas sem sermos... O Ernesto Martins, "o velho", ele era antitrotskista, a referência teórica dele era do POUM* [Partido Obrero de Unificación Marxista] *espanhol, em que ele tinha militado antes de vir para o Brasil. As referências teóricas antiestalinistas dele eram mais baseadas em dissidentes do PC alemão, como o Thalheimer, do que no trotskismo. Nós não tínhamos nenhuma leitura trotskista, nenhum debate sistemático... Até éramos um pouco refratários a isso, por causa do posadismo, que era o que existia de conhecido do trotskismo aqui. Era um negócio meio extraterrestre, mais doutrinário do que a POLOP, mais dogmático, coisas que não batiam com a realidade... Só mais tarde é que a gente foi conhecer obras de Trotski* (Ferreira; Fortes, 2008, p. 217).

Salientou também um conceito específico de Thalheimer, referente ao comportamento da burguesia, que foi utilizado pelos membros do POC em sua maneira de interpretar a sociedade, "para mostrar como a contradição entre a burguesia brasileira e o imperialismo não se constituía num conflito antagônico. Era a 'cooperação antagônica'. Ou seja, não levava a uma ruptura" (Ferreira; Fortes, 2008, p. 218)[35]. Tal concepção, obviamente, dava embasamento teórico à crítica da organização relativa à proposta de aliança com a burguesia nacional defendida pelo PCB.

Enfim, o POC era um partido leninista que via no operariado o motor da revolução e apostava no trabalho de massas e na ação de um partido revolucionário capaz de mobilizá-las. Talvez se possa dizer que seus integrantes, aos menos os que atuavam no Rio Grande do Sul, inspiravam-se em um "leninismo difuso"[36], veiculado por panfletos, manuais e obras de divulgação, e também oralmente pelos militantes mais experientes (dentre os quais sempre são destacados, além de Flavio, Luiz Pilla Vares e Marco Aurélio Garcia), já que os escritos de Lênin eram pouco conhecidos em Porto Alegre. Segundo Boeira, Flavio distinguia-se dos demais militantes, entre outras razões, por ter lido um pouco mais as obras do revolucionário russo. Talvez em função disso, Pont o tenha caracterizado como um "grande sistematizador", já que era ele que sintetizava algumas orientações programáticas a fim de guiar seus companheiros. As ideias de Thalheimer pareciam orientar alguns militantes da POLOP, em especial Ernesto Martins, mas aparentemente não se tornaram muito conhecidas da base do Partido, salvo certas interpretações pontuais. A agremiação caracterizava-se também por seu antiestalinismo e pela crítica à burocracia soviética, mas não era de maneira alguma uma organização trotskista, pois a adesão de muitos de seus integrantes a essa vertente ideológica só ocorreu depois, nos anos 70[37].

"DEPOIS ENGROSSOU"

Feita essa caracterização aproximada do perfil ideológico do POC e do papel que Flavio desempenhava em seu delineamento, é preciso voltar ao sombrio período inaugurado com o AI-5, que tanto marcou as vivências e as memórias dos militantes de esquerda. Como disse Flavio a uma publicação lançada em 2000, "depois engrossou" (*Sextante memória*. Porto Alegre, dezembro de 2000, p. 38). Angela Mendes de Almeida caracterizou o primeiro ano após esse ato institucional como "uma coisa estarrecedora", "era um terror". Tal "endurecimento espantoso da repressão" (Almeida; Pilla, 2008) teve como consequência uma série de quedas, assim lembrada por Almeida:

> [...] como a esquerda, no conjunto, era muito pequena, aconteceu inúmeras vezes, aconteceu comigo e com muitos outros militantes, de a gente se ver envolvido em quedas de outras organizações. Me lembro assim de um episódio, no caso [uma] professora, casada com um outro rapaz que era simpatizante de todos nós, de várias organizações. E acho que, numa festa, a polícia foi lá e prendeu todas as pessoas [...]. Tinha um militante nosso. Me lembro desse episódio, ele era muito jovem e acabou sendo solto porque não se encontrou nada [...]. Como é que aconteciam as coisas? Algumas pessoas tinham conhecimentos pessoais. [Cita um exemplo hipotético:] Então nós dois morávamos num determinado apartamento, que era um aparelho, e que, além das pessoas que frequentavam, que iam a pé, no caso, tinha outro casal que morava ali perto, cujos terraços eram quase paralelos, de um outro prédio. Então, caiu uma pessoa ligada a esse outro casal [e] nós nos sentimos na obrigação, por exemplo, de evacuar o aparelho, sair de lá. Então já aconteceu, eu e o Merlino, de a gente [...] ter que sair correndo, pra depois esperar para ver se não tinha caído algum dado, entendeu?

Não obstante, Raul Pont mostra como, apesar dessas violências, havia uma certa inconsciência (que só pôde, obviamente, ser percebida depois) a respeito do significado do famoso Ato Institucional: "[...] nós achávamos que o AI-5 era uma demonstração de fragilidade da ditadura, e portanto era a prova de que a democracia burguesa era só fachada e nós tínhamos que ir direto para o socialismo. Portanto, em pleno AI-5, nós fazíamos pichação de 'Todo poder aos operários', 'Operários no poder', 'Viva o socialismo', etc. e tal [...]" (Ferreira; Fortes, 2008, p. 218).

Demonstrando a presença marcante da decretação do AI-5 nas lembranças dos militantes daquela geração, Angela Mendes de Almeida contou-me um episódio que ficou gravado em sua memória, o qual se entrecruza com suas recordações a respeito de Flavio. Em determinado momento de nossa conversa, perguntei-lhe se ela lembrava em que circunstância conheceu o militante gaúcho. A resposta:

> [...] eu me lembro de algumas coisas. Por exemplo, eu me lembro do Flavio na seguinte circunstância. Eu fui pro Rio Grande do Sul, não me

lembro se eu fui levar materiais, e, na volta, ele veio me acompanhar na estação rodoviária, ele tinha me pedido pra passar em Florianópolis pra falar com uma pessoa, que acho que era um dirigente de um Centro Acadêmico, não sei se era pra passar material pra ele. E isso foi... O AI-5 é 8 de dezembro, foi uma sexta-feira, né? É 8 de dezembro? [A data correta é 13 de dezembro] [...] foi numa sexta-feira. O AI-5 foi proclamado, a gente não sabia, eu não sabia porque eu estava tomando ônibus e ele não sabia... [...] e eu chego lá de manhã, tinha sido proclamado o AI-5, e quando eu fui procurar esse sujeito, ele desconfiou de mim. Quer dizer, as pessoas com quem eu falei desconfiaram de mim. E me isolaram num lugar lá, me deixaram esperando num lugar meio esquisito. E depois tudo se esclareceu. E o cara disse: "Mas como o Flavio...?". [...] ele não sabia, não sei a que horas que o Ato Institucional foi divulgado. "Como, numa data dessas, vocês vêm aqui?". Eu me lembro dessa circunstância.

Nesse ambiente extremamente hostil a qualquer ação militante mais aberta, que "trouxe o refluxo do movimento de massas", uma parte dos militantes do POC "não ficou imune ao desejo de aderir à luta armada, juntando-se a outras organizações que já a praticavam" (Almeida; Pilla, 2008). Segundo Almeida:

Aconteceu que nós começamos a ser ajudados, em termos de dinheiro e em termos de documentação, porque muitas das pessoas, o nome delas caía e elas tinham que ter documentos falsos, né? E essas organizações militaristas, elas forneciam essas coisas, essas benesses. E eu acho que numa perspectiva que eu continuo defendendo hoje, nós começamos a nos sentir obrigados a participar daquilo que não era entendido como uma luta armada pra tomar o poder, mas como uma luta armada pra resistir, sem abandonar o movimento de massas, que aí já era um movimento de massas na total clandestinidade. Ou seja, sem abandonar as células estudantis e as células operárias. Que aí já era um trabalho de formiguinha, mantendo essas células. E começar a participar ativamente dessas ações armadas, porque, ao mesmo tempo que eles nos ajudavam, eles nos convidavam [a participar].

Raul também fala dessa situação:

Não havia uma tese, assim, de adotar o foquismo como alternativa. Mas acho que do entusiasmo com alguma ação feita pela ALN, de propaganda armada ou de busca de fundos em bancos – a maioria dava errado – surgiu um debate. Também, o endurecimento da ditadura, do regime, obrigava cada vez mais à clandestinidade, que custava caro... Você tinha que ter pessoas escondidas, tinha que ter aparelhos, casas discretas, ter um mínimo de aparato para imprimir um panfleto, um offset ou uma impressora, porque não podia fazer nada fora, em gráficas legais... Então a VAR-Palmares, que se originou do Colina com

> *grupos que vinham da VPR do Lamarca ou do Movimento Nacionalista Revolucionário, que aqui no Rio Grande do Sul pegava gente que vinha do brizolismo, ou até ex-PCB. Bom. Esses movimentos começaram a fazer ações armadas, com objetivos diferenciados: uns de olho no "foco", outros de olho no aparato, outros de olho na sobrevivência. No caso da VPR, era aquela ideia de montar efetivamente um "foco", a ideia castrista mais clássica. No caso do POC a discussão foi de fazer algumas ações voltadas exclusivamente para obter recursos. O POC não tinha nenhuma visão foquista e muito menos de guerra prolongada [...]* (Ferreira; Fortes, 2008, p. 217).

Tal participação em ações armadas, mesmo tendo um caráter defensivo, de "sobrevivência" diante da extrema repressão, como advogam Almeida e Pont[38], levou a profundas discussões no interior do Partido. Hoje, ao recordarem daquele contexto, alguns dos seus ex-militantes comentam, por vezes de maneira crítica, o caráter mais doutrinário do que prático da POLOP, e o prolongamento dessa característica no POC, embora reconhecendo sua consistência teórica. Nas palavras de Pont, "[...] a POLOP era muito doutrinária, muito propagandista, [mas] tinha uma formulação teórica bastante boa [...]" (Ferreira; Fortes, 2008, p. 215). Neneca, no mesmo sentido, ressalta: "A gente era mais, vamos dizer, propagandista, de falar, de imprimir a teoria". Flavio vai ao encontro dessa percepção afirmando: a POLOP "era a organização mais de elaboração", e comenta:

> *Nós éramos já um pouco, sem pedantismo, mais sofisticados, já do ponto de vista de sermos de pouca fé. Não era religião para nós, e algumas coisas já não batiam muito bem com a realidade brasileira que estudávamos e começávamos a compreender. As análises da POLOP eram mais consistentes, enxutas e adequadas, menos retóricas [...].*

Disse ainda: "Me dediquei, modestamente, muito tempo a isso" (entrevista 3).

Conforme a interpretação destacada acima, no contexto aberto pelo AI-5, marcado por várias quedas que enfraqueciam a organização tanto prática quanto psicologicamente, e pela clandestinização cada vez mais definitiva de seus militantes, a qual implicava diversos desafios logísticos, uma parte dos militantes do POC, Flavio entre eles, levantou o debate a respeito da possibilidade de realizar algumas ações armadas, posição que foi vitoriosa. Em virtude dessas discussões e ações, houve um racha no POC no ano de 1969 e uma parte de seus militantes, minoritária, mas significativa, a qual reivindicava a manutenção das teses da POLOP, ou seja, apostava no movimento de massas e no potencial revolucionário do proletariado, abandonou o Partido e voltou a adotar o nome da antiga organização. Dessa dissidência faziam parte os já citados Martins e Sader. Almeida relembra das consequências do racha:

> *O fato é que eles, principalmente o Eder [Sader] e o Ernesto Martins, lideraram uma cisão que retomou o nome da POLOP. E o POC então*

> *ficou reduzido ao Rio Grande do Sul, a São Paulo, e alguns militantes ficaram com eles, mas a maioria ficou conosco, e um ou outro militante, aqui ou ali, de Minas, da Bahia, em geral eles vieram militar aqui* [em São Paulo].

Deve-se ainda levar em conta que, em função da situação de clandestinidade e do avanço da repressão, tal debate não foi feito no conjunto do Partido, mas somente entre os dirigentes. Sobre isso, diz Pont: "Teve algumas pessoas no Rio que ficaram tentando juntar as pontas, aqui no Rio Grande do Sul também, nós não vivemos esse debate... Foi uma cisão em cima, e quem tinha contatos levou os seus contatos para um lado ou para o outro..." (Ferreira; Fortes, 2008, p. 218). Em entrevista concedida a essa pesquisa, ele detalhou mais a questão:

> [...] *aí nós vivemos o primeiro racha, a primeira dificuldade grande, que foi um debate que o conjunto da organização não viveu. Foi um debate muito da direção. Num processo de clandestinidade é muito difícil você fazer um debate bem feito. Tudo é muito difícil, os contatos, a possibilidade de se ouvir o contraditório, os informes chegam sempre muito atravessados, muito resumidos. Na direção do POC houve um debate sobre se não era o momento também, ou se não era correto fazer também algumas ações armadas, no mínimo para arrumar fundos pra melhorar e qualificar o aparato profissional de imprensa, de alguns dirigentes poderem se dedicar em tempo integral. E essa política acabou rachando a direção do POC e, praticamente, os dirigentes que rachavam levavam regiões ou áreas ou estados que eles tinham mais contato ou que eram mais conhecidos, ou sabiam como chegar com o debate* [...]. *Então nós não chegamos a fazer esse debate nem aqui nem em São Paulo, só quando vimos tava consolidado.*

Quando perguntei a Flavio se o POC realizou ações armadas no Rio Grande do Sul, ele me contou sobre o "flerte" que a organização teve com Edmur Péricles do Amaral (nascido em 1914 e desaparecido em 1973), que vinha da ALN e havia atuado com destaque em organizações armadas no centro do país. Lembrou que seu grupo ficou encantado com a possibilidade de se aproximar desse personagem tão destacado da esquerda brasileira: "Falavam dele como se fosse o número dois do Marighella, entende? Um cara que num período inicial tava em todas. Não era um mitozinho qualquer. Estaria na origem da construção dos primeiros passos importantes, nada mais, nada menos, que da ALN". Em outro momento da entrevista, expressou tal entusiasmo como se estivesse novamente vivendo naquela época: "Poxa, chegou o cara que nós precisamos pra formar pelo menos uma meia dúzia de pessoas para operar alguma coisa que se julgue necessário!". E continuou: "[...] eu fui um dos caras principais que fiquei fazendo a relação com ele. Na medida em que foi passando o tempo, eu me dei conta que era uma coisa meio incontrolável. Mas antes disso, tivemos um período de colaboração". Lembrou, então, de uma das ações que marcaram essa colaboração: a expropriação de um banco, que contou com a participação de militantes do POC e do grupo formado por Edmur, o M3G – Mao, Marighella e Marx, e Guevara.

Na operação, Flavio disse que resolveu "ser o cara do carro, que embarca, espera e leva". Edmur e "um companheiro nosso, que nem era daqui do Estado", entraram na agência bancária e realizaram a expropriação. Ressaltou também o que considera ser um traço seu: o comprometimento moral com a prática política, com as causas que abraça, mesmo que elas levem a caminhos arriscados com os quais nem sempre concorda: "Então teve um voluntarismo meu em relação ao carro, que era o meu próprio carro. Era realmente falta de experiência profunda e, por outro lado, uma coisa meio moral: 'Tá bem, eu não vou ficar [e] dizer pro cara ir...'".

Flavio relatou que, depois da expropriação, "o grupo ganhou ritmo" e Edmur propôs uma nova ação, considerada pelo primeiro "muito complexa, não era pra iniciantes". E prosseguiu: "E aí eu acompanhei isso bem de perto e cheguei à conclusão que estávamos misturando alhos com bugalhos", ou seja, "a nossa convicção ideológica" a um "certo entusiasmo com o personagem meio mítico". Afirmou ainda que, junto com Fábio Marenco, tentou dissuadir Edmur de realizar essa nova operação, falando mais uma vez como se vivesse novamente a situação evocada: "Olha, nós não vamos participar, [pois] vai ser muito mais complicado do que tu pensas. Nós não estamos preparados para algo dessa escala. Nós sugerimos fraternalmente deixar essa de lado". Ao que tudo indica, seus argumentos persuadiram o companheiro da organização parceira: "Ele deixou [de realizar a ação], mas depois ele fez mais umas duas ou três [ações] com, então, já o seu puro M3G".

Antes de relembrar esse acontecimento, Flavio fez uma reflexão mais geral sobre a luta armada:

> [...] *o que era um elemento de suporte logístico se transforma em uma espiral que tu não consegues sair mais, porque sempre tem novos problemas, portanto, precisa de novos recursos, de alugar ou comprar novas casas ou novos isso, novos aquilo. E o que era um preliminar infraestrutural e material para fazer isso, fazer aquilo... tu acaba consumido pela preliminar* (entrevista 5).

Flavio tratou de sua participação em ações armadas quando perguntado diretamente por mim sobre o tema. Esse não é um assunto fácil para ele, como perceberemos em outras passagens do presente livro, nem para vários de seus companheiros de geração que também realizaram operações semelhantes. Afinal, em nossa época, na qual normalmente se repudia a violência como meio de ação política, narrativas como a da expropriação do banco em Porto Alegre correm o risco de ser mal interpretadas e servirem para desqualificar aqueles que praticaram ações congêneres, em especial os que voltaram a atuar politicamente após a redemocratização. Talvez por isso Flavio não tenha evocado o assunto espontaneamente e só o fez de maneira mais livre quando, por decisão própria, se afastou de uma atuação mais direta na política partidária.

O episódio rememorado também mostra o impasse em que se encontrava o POC depois do AI-5, entre participar ou não de ações armadas. Na decisão pelo último caminho, pelo menos no que diz respeito ao grupo mais próximo de Flavio, pesou tanto as necessidades impostas pela clandestinidade como, ao que tudo indica, o encantamento com a figura mítica de Edmur, capaz de mobilizar energias e possivelmente fortalecer a coragem necessária à operacionalização de ações arriscadas. Ou seja, esse caso concreto nos lembra que, para podermos compreender melhor as motivações que conduziram muitos jovens a pegarem em armas contra a ditadura, temos que levar em conta tanto cálculos pragmáticos e posturas ideológicas quanto fatores ligados ao imaginário e às paixões políticas. Afinal, como a narrativa de Flavio deixa depreender, parecia ser um orgulho para aqueles moços atuarem ao lado de uma pessoa que tanto havia se destacado na resistência aos militares, um verdadeiro mito de carne e osso. Tudo isso sem deixar de levar em conta que esses indivíduos estavam imersos em uma cultura política de esquerda na qual, cada vez mais, o horizonte era passar, com maior ou menor velocidade, da discussão à ação, da crítica teórica ao ataque direto aos donos do poder.

O acirramento da repressão, a partir do final de 68, levou os militantes das organizações que combatiam a ditadura a agirem cada vez mais na clandestinidade, ou melhor, a se "clandestinizarem" eles mesmos, cortando progressivamente seus vínculos com o mundo "normal". O grau de ruptura variou de pessoa para pessoa. No caso de Flavio percebe-se que seu ingresso nessa "contrassociedade" (Garcia, 1997, p. 323) foi progressivo e intermitente, com idas e voltas, até a desvinculação completa da vida anterior.

Também se deve considerar que, em uma cidade do tamanho de Porto Alegre, era difícil para alguém como Flavio passar despercebido. Basta lembrar que algumas das ações por ele desenvolvidas no movimento estudantil haviam sido divulgadas pela imprensa. Além disso, como assinala o próprio Flavio, "todos nós tínhamos nossos nomes de guerra, mas 90% tinha estudado na mesma universidade, isso quando não na mesma faculdade. Então, todo mundo se conhecia. Quando endurece a repressão, as coisas ficam muito mais difíceis..." (Koutzii, 2009, p. 111). Em entrevista concedida no ano de 2000 à revista *Sextante*, ele já havia se referido a essa situação: "Nas organizações pra valer, todos tinham seu chamado nome de guerra, só que todo mundo tinha ido na mesma reunião dançante [risos]" (*Sextante memória*. Porto Alegre, dezembro de 2000, p. 38). Da mesma forma, Maria Regina comentou, em determinado momento de sua entrevista: "[...] começaram a cercar as organizações e a prender, o que não era nada difícil porque todo mundo se conhecia, Porto Alegre é desse tamanho, né? Todo mundo sabia quem era quem, quem é que tava em tal organização [...]". Assim, alguns dos amigos de Flavio perceberam o seu afastamento da vida que levava até então, situando-o, contudo, em momentos diferenciados. Já vimos que

João Carlos Juchem defrontou-se com esse processo ainda em 64, ao menos segundo suas lembranças, quando Flavio disse a ele para afastar-se de si e de sua família. Nelson Boeira também recordou de tal afastamento, mas localizou-o no final dos anos 60, quando Flavio possuía a Livraria. Em certo momento da entrevista, tratando do estabelecimento, ele disse: "Tive que cair na clandestinidade, daí as coisas foram... O clima todo mudou...". Enio Kaufmann igualmente abordou essa circunstância, empurrando-a para o início da década de 1970. Perguntei-lhe se ele continuou a ter alguma notícia do amigo depois de sua entrada na clandestinidade, questionamento que foi respondido assim:

> *Não, muito esporádica, até porque eu não fui pra clandestinidade, entende? Eu continuei legal, então a gente perde o contato, isso é início da década de 70 já, as coisas já tão indo... Ahn, as organizações vão sendo dizimadas, né? Então o Flavio, eu tive um ou dois contatos só com o Flavio, e ele fica pouco, não fica muito tempo clandestino no Brasil, até porque ele ia ser morto assim que fosse pego, porque por várias fontes se sabia da importância, da dimensão do Flavio.*

Flavio, por fim, parece aproximar-se mais da apreciação feita por Enio, ao escrever: "Vou trabalhar dentro do POC em São Paulo, já na condição de clandestino, em abril de 1970" (Koutzii, 2009, p. 111).

A indefinição quanto ao momento em que Flavio se tornou clandestino reforça a ideia de que tal movimento foi gradual e determinado tanto pelas circunstâncias cada vez mais adversas à militância de oposição quanto pelas escolhas feitas por aqueles que a praticavam. Segundo Marco Aurélio Garcia, "a clandestinidade representa, igualmente, uma crise de identidade. Não só porque as [e os] militantes têm de assumir uma identidade fictícia – nomes e profissões falsos e uma história de vida inventada – como porque devem romper com os múltiplos laços que as [os] prendiam à vida pregressa, fossem familiares, afetivos e até mesmo amorosos" (Garcia, 1997, p. 328). Raul Pont, referindo-se especificamente ao POC, caracterizou detalhadamente a situação de clandestinidade:

> *A dissidência se tornou mais rígida, mais orgânica. Os critérios de ingresso de militantes eram mais duros porque a conjuntura era mais dura. Nós diminuímos um pouco porque as pessoas, muitas, que militavam conosco começaram a ver que os riscos eram muito grandes. Então a gente diminuiu um pouco do que era a dissidência do Partidão e passamos a ter uma organização mais rígida e aí se voltou a crescer um pouco, mas já em outro patamar, em outro tipo de compromisso, de regras de segurança, de clandestinidade, de uso de codinome, de cada vez mais procurar não ter conhecimento de onde as pessoas moram... Ou seja, coisas mínimas, porque [...] nós não tínhamos como achar que a gente ia deixar de saber o nome da pessoa. Não tinha como. Mas ao menos a gente [podia] cortar [os laços] e a partir daí ter critérios mais duros de militância para a sobrevivência.*

De acordo com o *Relatório Anual da Divisão Central de Informações da Secretaria de Estado dos Negócios da Segurança Pública* do ano de 1971, que descreve as atividades consideradas subversivas pelos órgãos de segurança do Estado do Rio Grande do Sul e também a repressão a que essas foram submetidas, Flavio possuía quatro codinomes: "Laerte", "Hermes", "Sancho Pança" e "Gordo". Os dois últimos aludiam ao seu tipo físico, os demais eram mais neutros. Sobre os primeiros, ele ressaltou: Laerte era o "que funcionava", Laerte e Hermes foram usados "por mim e fui chamado por esses nomes". Quanto aos últimos, comentou de maneira irônica: "[...] podiam ser os outros que diziam isso nas minhas costas, entendeu? [...] eu nunca tive essa experiência de ser tratado por esses dois nomes, embora eu ache que [...] eu tenha características físicas que dão sopa [...]. [...] então isso é uma coisa engraçada" (entrevista 5).

De qualquer maneira, todas essas alcunhas visavam a escondê-lo da repressão política e, de certa maneira, borravam a continuidade identitária possibilitada pelo designador rígido que é o nome próprio, multiplicando o militante Flavio em muitos personagens e, desde o ponto de vista dele próprio, cindindo-o em relação a sua vida anterior. Na página a ele dedicada no relatório mencionado acima constam ainda dados como endereço, filiação, data e local de nascimento (todos corretos), mas também uma incorreção que se repetirá em outros documentos policiais: sua profissão é referida como estudante de "Direito".

Em uma de nossas entrevistas, quando falava de suas características pessoais, Flavio me disse que operar nas condições da clandestinidade não foi

FICHADO PELA REPRESSÃO
Ficha do DOPS refere "prisão preventiva" (AHRS).

assim tão difícil para ele pelo fato de ser uma pessoa solitária e tímida. Ressaltou ainda que, após voltar do exílio, quando assumiu uma atividade política aberta, sendo eleito e/ou escolhido para cargos como vereador, deputado estadual e secretário de Estado, que dependem "de uma certa extroversão, de uma certa simpatia, [...] das coisas caricaturais e previsíveis, [...] que não eram as minhas, [...] onde a atividade política é crescentemente também uma atividade do espetáculo, [...] é singular que eu fosse ser um personagem, inclusive se acentuando com o passar do tempo, extremamente, e a palavra é esta também, tímido, não pouco tímido" (entrevista 4). A timidez de Flavio, portanto, tantas vezes acentuada por ele e pelos que o conheceram, parece ter ajudado-o a vivenciar melhor a situação de clandestinidade, que, para outros e outras militantes, beirou o insuportável.

Enio Kaufmann, no trecho citado acima, referiu-se à importância e à dimensão de Flavio na luta contra a ditadura. Tal percepção também está presente nos documentos policiais. De acordo com o *Relatório* antes mencionado, nosso personagem "foi um dos fundadores do POC. – No RS teve ativa militância, caracterizando-se como doutrinador, aliciador e ministrador de cursos básicos de marxismo". Além dessas funções, o documento também destaca ações armadas que teriam sido por ele praticadas: "Participou de assaltos à mão armada contra estabelecimentos bancários", provavelmente referindo-se à ação realizada em conjunto com o grupo de Edmur. E acrescenta: "Pertenceu ao Comando Nacional da 'Organização', pois era um profissional da subversão".

O tema das ações armadas praticadas por militantes que combatiam a ditadura, conforme ressaltei acima, é sempre complicado de ser evocado em um contexto como o atual, no qual existe uma grande rejeição, ao menos retórica, a qualquer forma de violência (certamente em função do próprio aumento da violência urbana e de fenômenos como o narcotráfico) e, sobretudo, à violência política. Tomar o poder pelas armas, algo que parecia natural e possível a vários grupos de diferentes orientações ideológicas no período que estamos analisando, tornou-se, com a redemocratização, no caso do Brasil e de outros países latino-americanos, algo considerado quase unanimemente condenável, mesmo por aqueles que apostavam nessa via de ação. Aliás, muitas das lutas travadas pelos grupos que combatiam a ditadura, e que tinham como meio a violência política, foram relidas na contemporaneidade como "lutas democráticas", e as armas como o "último recurso" diante da repressão ditatorial. Enfim, a violência política parece ter fugido do nosso horizonte de possíveis e com certeza tal fato banha as memórias do passado estudado neste livro. Provavelmente por isso, Flavio falou pouco das ações armadas das quais participou, e em geral só o fez quando instado por mim. Ele também explicou essa postura afirmando querer evitar o exibicionismo ao narrar determinadas ações, já que nunca se considerou um quadro militar de ponta.

Nesse contexto conturbado, um episódio que marcou a memória de vários militantes e que parece ter assinalado uma nova fase da repressão no Estado foi a tentativa, malsucedida, da VPR de sequestrar o cônsul norte-americano em Porto Alegre, no mês de abril de 1970. Sobre o fato, Flavio contou em 2009:

> [...] *a partir de dezembro de 1968, temos um endurecimento da situação. Conseguimos atuar com certa consistência no Rio Grande do Sul até 1970. Dentro e fora da Universidade. Há um fato externo a nossa existência como grupo que é a famosa tentativa de sequestro do cônsul americano aqui no Rio Grande do Sul, em abril de 1970. [...] a partir dali, alterou-se, qualitativamente, a repressão no Rio Grande do Sul.*
>
> *Isso porque as atividades da luta armada aqui eram raras. Diferentes correntes e grupos entendiam que, como era o ponto de passagem da fronteira para a saída do país, tinha que estar um pouco menos obstruído. [...] essa situação se rompe, dada a gravidade qualitativa da ação. Muita gente conhecida começa a cair depois disso* (Koutzii, 2009, p. 111).

Em entrevista de 2000, ele já havia evocado esse acontecimento:

> *Foi uma coisa muito pesada, muito grave e a consequência disso foi um castelo de cartas. Foi indo e foi indo. E nesse momento, embora eu e os meus companheiros não tivéssemos nada a ver com essa ação, os mais conhecidos já sacavam o que viria em seguida. Quando estourou, eu sabia que não tinha nada a ver com o acontecido, mas que seria procurado* (Sextante memória, 2000, p. 38).

Esse fato "famoso" e "pesado" foi registrado em livros de memórias de ex-militantes do período e consolidado como marco pela própria historiografia[39], e parece assinalar um antes e um depois do que tange à trajetória da repressão em âmbito estadual: se ela já havia recrudescido a partir do AI-5, tornou-se realmente efetiva após a referida ação, quando quadros especializados do centro do país vieram auxiliar o DOPS do Rio Grande do Sul. Diante do endurecimento da repressão, Flavio e seu grupo mais próximo partiram para São Paulo em abril de 1970. Nas palavras de Neneca: "[...] eu tava nessa quando houve esse sequestro frustrado do cônsul. Eu e o Flavio, a gente teve que ir embora, um monte de gente do POC e de outras organizações teve que ir embora. Nós fomos para São Paulo". Angela Mendes de Almeida igualmente recorda: "[...] nesse período de 69 até uma parte dos anos 70 começou a acontecer [uma série de ações armadas] já, aí alguns gaúchos tinham vindo aqui para São Paulo". Flavio, por sua vez, em texto de caráter memorialístico, assinala que conseguiu retirar-se "organizadamente" para a capital paulista, "pois havia me dado conta de algumas coisas e havia tomado alguns cuidados" (Koutzii, 2009, p. 111).

Porém, em São Paulo, a repressão sobre Flavio e demais integrantes do POC não deu trégua, ao contrário, parece até mesmo ter se acirrado, como fica evidente nas lembranças desses militantes, a começar pelas do próprio dirigente: "[...] as quedas começam a acontecer duramente. A tortura fica cada vez mais violenta, assim como as mortes. As prisões começam a se encher". Frente a tal situação, de acordo com ele, as organizações, desde diferentes perspectivas, lançaram-se ao debate: "Como é que fica e o que se faz?" (Koutzii, 2009, p. 112).

Maria Regina, desde um prisma mais afetivo e acentuando os detalhes do cotidiano, também comentou essa situação:

> Em São Paulo a gente ficou vários meses, mas aí também a situação começou a ficar difícil porque a OBAN [Operação Bandeirantes], sabedora do que tava acontecendo em Porto Alegre, começou a fechar o cerco aos militantes do POC em São Paulo, que eram as casas onde eu ficava, o Flavio ficava, as casas dos amigos [...]. A gente tava, por exemplo, numa casa, eu tava na casa de uma amiga minha, Heloísa, a gente tinha ido comer doce numa padaria, quando a gente volta – a gente tinha um esquema sempre, ela voltava na frente, eu voltava depois –, ela volta na frente e vem correndo me dizer: "Não, tem que sair de lá, a OBAN teve lá e levou todo mundo" [risos]. Tinha uma gurizada jovem, meio hippie, que tava morando lá e levaram todos. E tinha mais gente militante que, casualmente, não tava naquela hora. Então a casa dela, por exemplo, ficou invalidada. Ela não foi presa, mas a OBAN tava atrás dela. Então já não dava pra ir lá e assim começou. A casa dela caiu, depois a gente vai pra casa de outro, a casa do outro cai. E já não tinha mais onde ficar, né?

Flávio Aguiar, que, naquele momento, morava em São Paulo, recebeu muitos "refugiados" de Porto Alegre. Seu depoimento evidencia o quanto os laços afetivos foram importantes para garantir a sobrevivência dos militantes perseguidos pela repressão:

> [...] nós começamos a receber, porque eu tava lá em São Paulo, as aves de arribação. Eu me lembro que primeiro chegou o Marco Aurélio e a Elizabeth. Quando eles chegaram em São Paulo, fugindo já de Porto Alegre, eles chegaram na minha casa, na casa da minha esposa então, Iole [de Freitas Druck], professora de Matemática já na USP. E que também a Iole era mais amiga do Flavio do que eu, porque a Iole era do Colégio de Aplicação. E tinha muito essa coisa. Na hora de fugir, pra onde é que eles foram? Foram pra casa de um amigo, entende? Isso é uma coisa muito do Brasil. É assim... Essa coisa que o Sérgio Buarque fala do "homem cordial" não tem nada a ver com índole pacífica, mas que o cara leva para a esfera pública o laço privado. Isso conta. [...] e o Flavio teve esse episódio também que ele, quando tocou a vez dele fugir, ele fugiu, aí foi pra São Paulo e lá ele ficou na casa de um militante também, era um aparelho, aquelas coisas lá, até hoje eu não sei direito e porque nunca perguntei muito bem, eram coisas muito complicadas. Eu sei que lá pelas tantas ele teve uma desavença com esse cara, uma desavença política, e teve que sair da casa dele. Sendo que o Flavio, nessa altura, tava com a

cabeça a prêmio. Os caras queriam matar ele. O Flavio era um cara que tava na lista de morte. A gente sabia disso e depois eu fiquei sabendo mesmo. [...] e aí o Flavio saiu, teve que sair, e foi pra onde? Pra nossa casa. Por quê? Por que a gente era do POC, não sei o quê? Não. Claro, a gente tinha simpatias, tudo. Mas por que a gente era amigo dele.

Sobre essa experiência, Flavio Koutzii comentou:

[...] eu troquei de casa umas trinta vezes pra não encher a paciência muito, depois que cheguei. Bom, tu podes ficar aqui na casa do fulano, uma semana aqui, na sala de estar ali. E eram casas de diferentes níveis econômicos... [...]

Tem lugares em que eu fiquei que eu nunca soube o nome das pessoas e é normal, entendeu? Como era clandestino, me deram um nome qualquer e, obviamente, eu não me lembro, cem anos depois [ironizando], que bairro que era, que coisa era. Mas o Flávio [Aguiar] e a Iole foram muito importantes, foi [...] mais tempo e mais relax, menos crispado.

As quedas, evocadas nesses e em muitos outros depoimentos, eram sempre um momento extremamente tenso no quotidiano da clandestinidade, pois o companheiro pego pela polícia poderia "abrir" a localização de pontos e aparelhos. A narrativa de Neneca acentua tal "efeito dominó". A de Flávio Aguiar também evidencia a apreensão trazida pelas notícias das organizações que caíam "que nem moscas", ainda mais no caso de Flavio, pelo fato deste estar "com a cabeça a prêmio". O último, por sua vez, deu destaque à instabilidade e à precariedade da vida clandestina. De modo geral, todos evocam uma escalada vertiginosa da repressão que fazia os militantes se sentirem cada vez mais isolados e fracos politicamente.

A documentação dos órgãos repressivos, que mostra o outro lado da trincheira, tende a confirmar aquilo que era percebido afetiva e quotidianamente pela militância: o cerco sobre ela fechava-se cada vez mais. Apesar dessa concordância, os sentidos emprestados por cada um dos conjuntos de fontes a tal processo são, obviamente, opostos: para a polícia, tratava-se da vitória sobre as forças subversivas; para os militantes, era a ditadura que se evidenciava de maneira progressiva, gerando sentimentos de apreensão e medo.

Os documentos policiais pesquisados revelam uma percepção esquemática da dinâmica social (seguidamente muito semelhante à da própria militância de esquerda, só que com sentido valorativo contrário), de um mundo dividido entre o "comunismo", "ideologia agressiva e expansionista [que] visa a estender seu domínio sobre o mundo", e a "democracia", encarnada no "mundo ocidental [...] decidido a conter a pretendida expansão comunista e [...] a manter o 'status quo' atual a qualquer custo". Na visão dos órgãos de segurança, os comunistas não queriam o conflito aberto e declarado, em função do poder destrutivo das armas portadas por ambos os lados, que poderiam eliminar a humanidade inteira, preferindo uma guerra "camuflada, clandestina e sub-reptícia". Em função desse caráter pouco visível da "subversão", era necessário, conforme o discurso produzido por tais órgãos, empreender uma luta sem tréguas a todas as suas manifestações e, sobretudo, neutralizar os inimigos. Portanto, o que instruía as ações repressivas era uma lógica pautada pela vigilância e pela suspeição generalizadas (citações do documento *A Guerra Revolucionária e a Subversão e o Terrorismo em São Paulo*. São Paulo, outubro de 1970).

Nesse minucioso documento consta, na introdução, um resumo do avanço da repressão, no qual são pontuados marcos como a decretação do AI-5, "que abriu novas perspectivas para o combate à subversão", e a criação da Operação Bandeirantes, em 24 de junho de 1969, "com a missão específica de dar combate à subversão e ao terrorismo". Segue o relatório:

> *Tal órgão passou a dar combate sem tréguas às organizações subversivo-terroristas existentes em São Paulo, obtendo êxitos crescentes na sua missão, representados pela desarticulação das "Vanguardas" em decorrência das prisões efetuadas e da fuga de inúmeros terroristas para outros Estados. Como consequência, ocorreu uma diminuição nas ações terroristas durante o 2º semestre de 1969, diminuição essa que se acentuou mais ainda no ano em curso.*

Portanto, os gaúchos chegaram a São Paulo em um momento de pleno avanço das forças repressivas e não é à toa que sentiram fortemente os seus efeitos. Obviamente, essa clareza só pôde ser obtida retrospectivamente, pois, no horizonte de possíveis daqueles homens e mulheres, sair de Porto Alegre era a medida mais acertada e urgente a ser tomada.

O relatório citado apresenta informações detalhadas sobre as organizações que combatiam a ditadura, o que revela ou a presença de agentes infiltrados em seu seio ou que os militantes que caíam abriam informações sobre o seu funcionamento, ou ainda um pouco das duas coisas. Em relação ao POC, o documento oferece várias informações, trazendo, inclusive, um organograma do Partido.

Apresenta ainda outro organograma (na página seguinte) que conta a história da formação das "organizações subversivo-terroristas", o qual deixa claro que a repressão estava muito bem informada a respeito do que acontecia do lado inimigo.

Especificamente a respeito do POC, o relatório informa que a organização foi definida

> *por um de seus integrantes de maior hierarquia em São Paulo, como "uma organização política marxista-leninista que visa conduzir as massas exploradas à luta pela derrubada do governo burguês, substituindo-o por um governo dos trabalhadores". Segundo esse mesmo componente do POC, "para atingir esse objetivo, o caminho é a organização da classe operária para as suas lutas específicas, no curso das quais a propaganda do socialismo se amplia e ganha adeptos".*

SECRETO

ANEXO 10

PARTIDO OPERÁRIO COMUNISTA (POC)

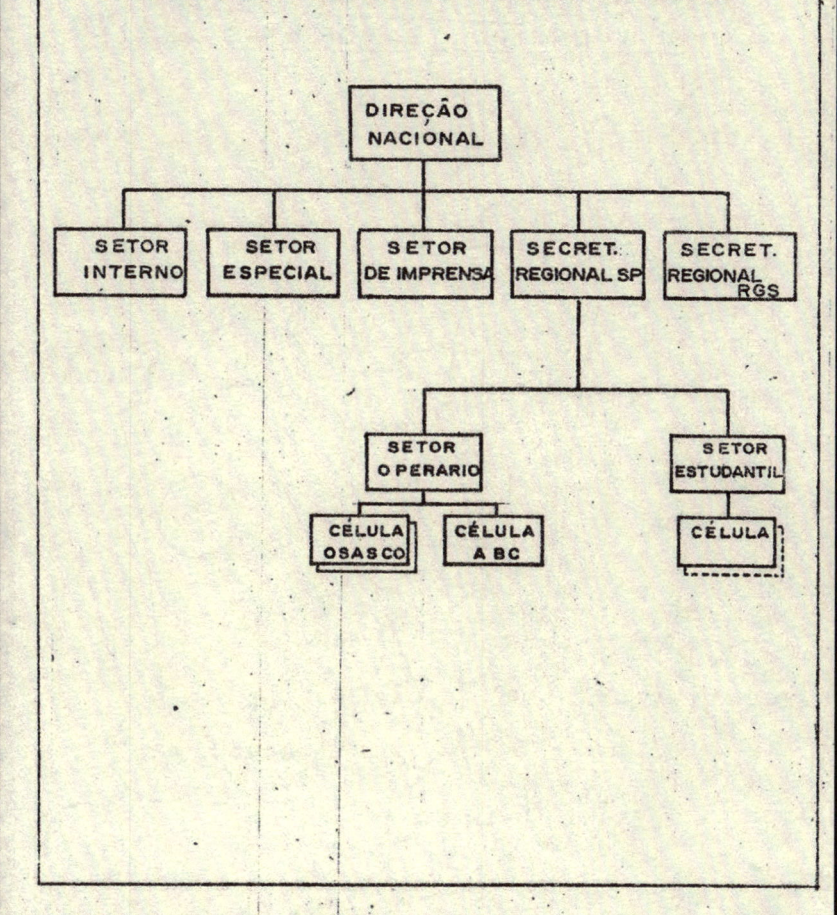

```
                        ┌──────────────┐
                        │   DIREÇÃO    │
                        │   NACIONAL   │
                        └──────┬───────┘
        ┌───────────┬──────────┼──────────┬───────────┐
    ┌───┴───┐   ┌───┴───┐  ┌───┴───┐  ┌───┴────┐  ┌───┴────┐
    │ SETOR │   │ SETOR │  │ SETOR │  │SECRET. │  │SECRET. │
    │INTERNO│   │ESPECIAL│ │DE IMP-│  │REGIONAL│  │REGIONAL│
    │       │   │       │  │ RENSA │  │   SP   │  │  RGS   │
    └───────┘   └───────┘  └───────┘  └───┬────┘  └────────┘
                                ┌─────────┴─────────┐
                            ┌───┴────┐          ┌───┴─────┐
                            │ SETOR  │          │ SETOR   │
                            │OPERARIO│          │ESTUDANTIL│
                            └───┬────┘          └───┬─────┘
                        ┌───────┴───────┐           │
                    ┌───┴────┐     ┌────┴───┐   ┌───┴────┐
                    │ CÉLULA │     │ CÉLULA │   │ CÉLULA │
                    │ OSASCO │     │  ABC   │   │        │
                    └────────┘     └────────┘   └────────┘
```

SECRETO

ANEXO 12

FORMAÇÃO DAS ORGANIZAÇÕES SUBVERSIVO-TERRORISTAS

SECRETO

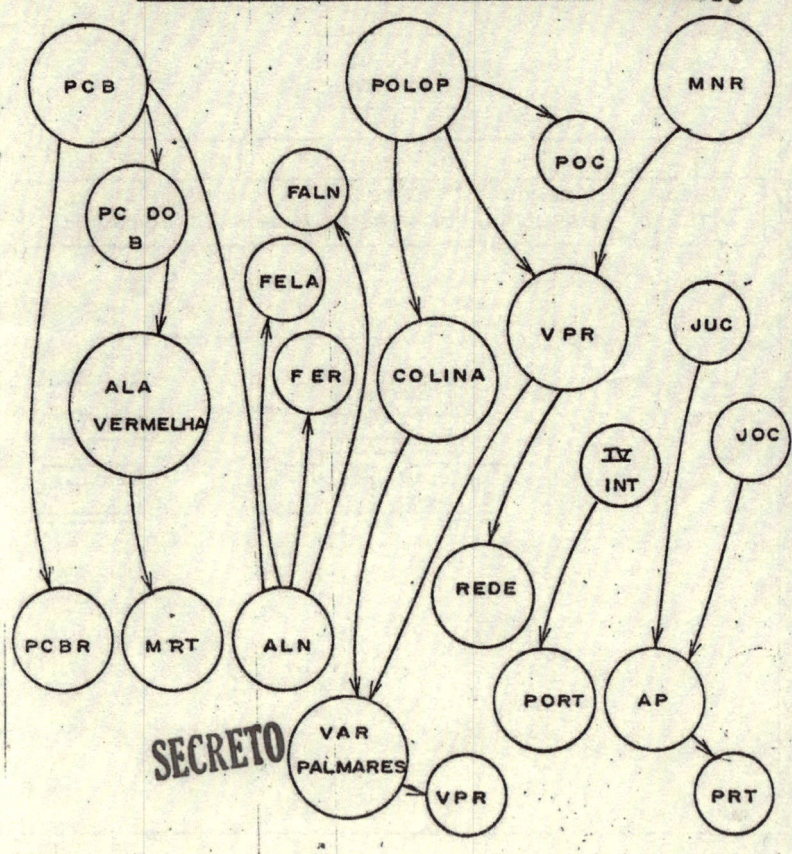

SECRETO

GRUPOS E DISSIDÊNCIAS
Organizações da esquerda, segundo a repressão (APESP).

Caracterização essa, aliás, bem fiel aos princípios orientadores do POC. Como tais informações teriam chegado às mãos da polícia? Quem ouviu esse componente da alta hierarquia do POC falar dos objetivos e estratégias da organização? Um agente infiltrado? Ou se soube de tudo isso por meio da coerção, da ameaça e da tortura a um dos militantes que caíram? Difícil saber, pois os documentos dos órgãos repressivos buscam ocultar, por razões de segurança, as fontes de informação, bem como as marcas das violências por eles perpetradas. De qualquer maneira, segundo o relatório, "o POC foi desmantelado em agosto de 1970, em consequências [sic] de prisões efetuadas pela Polícia Civil de São Paulo e pela OB [Operação Bandeirantes]". Ao descrever "a situação atual da subversão em São Paulo", o documento afirma: o POC "não tem expressão em São Paulo. Após as recentes 'quedas' ficou totalmente desmantelada [sic]".

Interessante destacar que só encontrei menções específicas ao nome de Flavio nos documentos policiais do Rio Grande do Sul e de São Paulo a partir de 1971, justamente na rubrica "Elementos Foragidos", ou seja, quando ele já se encontrava no exterior (reproduzidos nas páginas seguintes). O primeiro é a ficha que o posiciona, juntamente com vários de seus companheiros, na "Relação de elementos que interessam ao DOI/SSP/RS" (Departamento Central de Informações. Divisão de Informações. Serviço de campos. Relação dos elementos que interessam ao DOI/SSP/RS. Porto Alegre, 09/11/1971).

Note-se que a ficha indica que Flavio já se encontrava no exterior, tendo participado de reunião no Chile (a passagem do personagem por esse país será abordada no próximo capítulo). Além disso, ficamos sabendo que sua prisão preventiva foi decretada em 22 de outubro de 1971 e que ele havia sido enquadrado em vários artigos da Lei de Segurança Nacional. Por essa época, seu amigo Flávio Aguiar foi preso "por ajudar pessoas a sair do país", já que nunca havia participado da luta armada. Ele narra: "[...] ficamos uns dias lá hospedados no 'Médici Hotel' [risos], no DOI-CODI em São Paulo. E tava lá o retrato do Flavio, era um dos caras mais procurados. Nessa altura ele já tinha saído, felizmente, do país. Mas acho que nem sei se eles sabiam disso". Nos meses seguintes, diversas menções ao nosso personagem, percebido, conforme já mencionado anteriormente, como um "profissional da subversão", aparecem nos documentos policiais, verificando-se, inclusive, uma troca de informações entre os órgãos repressivos gaúchos e paulistas a seu respeito.

Antes mesmo de sua prisão ser decretada, Flavio, juntamente com outros companheiros, resolveu deixar o Brasil. Essa decisão esteve ligada a um debate que era travado não só no POC, mas em todas as organizações clandestinas, sobre "a percepção de que estávamos sendo derrotados". De acordo com ele, "nesse processo, um grupo de dirigentes do POC, dentro do qual eu estava, considera que era preciso dar um tempo e sair clandestinamente do país. Fizemos isso. Fomos para a França e formamos lá um grupo que iniciou uma reflexão sobre o que estava acontecendo. Isso no final de 1970" (Koutzii,

VIGILÂNCIA
Vários de seus companheiros na "Relação de elementos que interessam ao DOI/SSP/RS" (AHRS).

```
                                    Pôrto Alegre, 09 / 11 / 19 71

        ELEMENTOS FORAGIDOS

NOME:.....FLÁVIO KOUTZII..........................
CODINOME: LAERTE,  GORDO, HERMES e SANCHO PANÇA
RESIDÊNCIA:...........................................
              RUA TOMAZ FLORES "270" PORTO ALEGRE
ORGANIZAÇÃO:..PARTIDO OPERÁRIO COMUNISTA - POC...
FILIAÇÃO:  PAI:..Jacob Koutzii....................
           MÃE:..Clara Koutzii....................
NATURAL DE:......Pôrto Alegre - RS................
DATA DE NASCIMENTO:..20 de março de 1 943.........
PROFISSÃO:.EST. DE DIREITO........................
PRISÃO PREVENTIVA SOLICITADA EM:..22 de outubro de 1971.
OBS:..Foi um dos fundadores do POC. - No RS teve ativa
..militância caracterizando-se como doutrinador, alicia-
..dor e ministrador de cursos básicos de marxismo.-
........Participou de assaltos à mão armada contra esta-
..lecimentos bancários. Pertenceu ao Comando Nacional da
.."Organização", pois era um profissional da subversão.
........Em julho do ano em curso toma parte na reunião ha-
..vida no Chile com Fábio Oscar Marenco dos Santos e ou-
..tros militantes...............................
........Segundo se sabe é seu desejo regressar ao Brasil
......Incurso nos art. 14, 23, 25, 39 ítens I e IV, 42
..e 45, ítens I e II do Decreto-Lei 898 de 29 de setembro
..de 1 969. - Lei de Segurança Nacional.
```

ELEMENTOS FORAGIDOS
O nome de Flavio nos documentos policiais do Rio Grande do Sul e de São Paulo (AHRS).

2009, p. 112). Maria Regina também falou dessa decisão, mas com um tom mais emocional e menos racional do que Flavio:

> Então [...], naquele momento, eu cheguei pro pessoal da organização e disse: "Olha, eu não sei o que vocês vão fazer, eu vou embora, não tem condição de ficar aqui". Não tinha mais condição psíquica de estar lá. Era muito angustiante, era muito ruim estar ali. A gente não conseguia fazer nada, passava o dia inteiro angustiada com as pessoas que estavam sendo presas, torturadas, mortas. Aí eu decidi sair. Nessa época o Flavio também decidiu, que eu era namorada dele nessa época.

Lembrou ainda que a reação da organização a tal atitude foi bastante negativa: "[...] nos chamaram de tudo que foi palavrão porque a gente saiu". Já Angela Mendes de Almeida, em suas memórias sobre esse momento, introduziu um personagem que passará a ter um papel muito importante na história que aqui contamos: Paulo Paranaguá[40]. Segundo ela, ele chegou a São Paulo ao final do segundo semestre de 1970 "com um canto da sereia, vamos dizer assim. [...] e eu não tô falando disso pejorativamente, mas pra mostrar como aquilo se apresentou, pelo menos do ponto de vista meu e do Merlino, como um raio de luz". Diante do clima de desânimo que cada vez mais vicejava entre os militantes do POC, Paulo trazia uma proposta sedutora:

> [...] uma posição internacionalista, um convite para a gente conhecer as lutas que aconteciam no resto do mundo e para ter parâmetros de comparação... Porque nós vivíamos isolados, né? [...] o que tava acontecendo no mundo nós não sabíamos, a não ser as parcas notícias que apareciam na imprensa. Então aquilo era um convite para a gente ter uma atuação [...] escudada por atuações de outros lugares onde não havia tantas derrotas, tantas prisões, tantas pessoas que "desbundavam", tantas pessoas sobre as quais se ouvia que tinham sido torturadas e tinham falado, tanto desespero. Esse canto de sereia vinha acompanhado de uma adesão ao trotskismo, mas um trotskismo que não era aquele que a gente conhecia aqui, que era o trotskismo do Posadas, que era meio ridículo, meio fantasmagórico [...] e eu não me lembro como é que o Flavio colocou isso na organização, mas nós colocamos, aqui em São Paulo, como projeto [...], de ir até lá, tomar contato com a IV Internacional, e voltar com essa perspectiva, de abrir os horizontes. E eu me lembro que, quando nós discutimos isso, as pessoas aceitaram, mas muito a contragosto, acabaram aceitando. Não sei se aceitaram porque perceberam que era uma decisão já concluída.

Ainda de acordo com Angela, Neneca já estava afastada da organização e, possivelmente, partiu de maneira independente. Na França, além dela, compuseram esse núcleo do POC, Paulo, Flavio, a própria Angela e seu companheiro Merlino. Segundo o "sedutor" Paulo, o POC que ele encontrou no Brasil estava "meio perdido, [...] meio solto [...]". Nesse clima, compreende-se por que a perspectiva internacionalista da "Quarta", da qual ele era emissário, soou tão convidativa.

No plano afetivo, a sedução de Paulo também se manifestou. Maria Regina apaixonou-se por ele e seguiu para a França a fim de encontrá-lo. De acordo com a versão dela:

> [...] quando a gente ia sair apareceu um outro na minha vida [risos] e eu disse pro Flavio que eu ia embora com outro pra França. E o Flavio ficou mal e a gente chorava abraçados, aquelas coisas de adolescente... [...] aí eu fui com o outro pra França e o Flavio foi pro Chile, que era a combinação que a gente tinha feito, a gente ia pro Chile. E depois ele terminou vindo pra França [...] (Garcia, 1997, p. 329).

Essa narrativa corrobora a afirmação de Marco Aurélio Garcia de que as relações amorosas se davam de "forma quase circular entre militantes da organização, consequência óbvia de uma convivência forçada e dos imperativos de segurança", evidenciando a interpenetração já mencionada da vida política com a vida afetiva.

Enfim, o recrudescimento da repressão em Porto Alegre, sobretudo após a tentativa de sequestro do cônsul americano, levou Flavio e alguns de seus companheiros do POC a refugiarem-se em São Paulo. Contudo, lá a situação não era nem um pouco melhor. Os órgãos repressivos da ditadura cada vez mais fechavam o cerco sobre as organizações clandestinas, efetuando prisões, torturas e execuções. Isso obrigava os militantes a se "clandestinizarem" progressivamente. Conforme os depoimentos colhidos, predominavam entre esses últimos sentimentos como o medo e a desesperança. Tal situação fez com que a proposta de adesão à IV Internacional, trazida por Paulo, soasse como um raio de luz, como uma abertura de horizontes, justamente quando parecia predominar a escuridão e a limitação.

Todos esses acontecimentos redirecionaram os projetos individuais e coletivos de Flavio. Em um tempo que parecia acelerado, ele teve que tomar muitas decisões cruciais, para si e seus companheiros. Além disso, verifica-se mais uma vez em sua vida, de forma semelhante à de muitos outros militantes, uma quase indistinção entre público e privado, entre política e afeto, ou melhor, como ele salientou em outro momento, sua vida era a "política". Essa tendência só se acentuou nos anos que se seguiram, os quais serão examinados no próximo capítulo.

ESTA NÃO é uma história do movimento estudantil na UFRGS nos anos 60, nem do POC, mas de uma de suas principais lideranças e da maneira como ela experimentou as profundas transformações que abalaram a sociedade brasileira e mundial nessa década. É claro que acompanhando os seus percursos podemos conhecer um pouco mais a respeito de tais mudanças, mas desde um ponto de vista específico: o do indivíduo e, nesse caso, de um indivíduo que construiu os seus projetos de vida de modo a influir no destino de seus contemporâneos, atuando, é claro, a partir das brechas e limitações do campo de possibilidades em que viveu.

Desde o seu ingresso na Universidade, Flavio vivenciou com intensidade os acontecimentos políticos de seu tempo: o movimento estudantil, o golpe de 64, os debates que sacudiram e reconfiguraram a esquerda brasileira nos primeiros anos da ditadura, a luta armada. A política, aliás, parece ter se tornado a partir de então o eixo central de sua existência, abarcando inclusive suas relações, que normalmente chamaríamos de privadas, como as amizades e os amores. No Centro Acadêmico Franklin Delano Roosevelt, nas reuniões do PCB, da Dissidência Leninista e do POC, mas também no Veludo, na Esquina Maldita, na Livraria Universitária, nos cinemas, ele fez, sobretudo, política, no sentido de agir para transformar a sociedade e tomar o poder. Obviamente não foi o único, já que, para certos setores sociais de sua geração, a politização da vida passou a ser, devido a uma série de circunstâncias, uma característica fundamental. Mas Flavio expressou como poucos essa experiência, essa transformação da política em um modo de ser, em uma maneira de se constituir como sujeito. Por isso, construir a sua biografia nos permite perceber a intensidade dos anos 60 – tão cantada por vários daqueles que os viveram – em ato, no seu delinear-se, na sua imprevisibilidade, no seu horizonte de possíveis, no seu fazer-se, no seu movimento, no seu caráter dramático. Obviamente já conhecemos o futuro desse passado, e tal conhecimento certamente banha o meu olhar e o dos meus personagens quando buscamos recuperar, por meio da narrativa historiográfica e da memória, esse "já foi"; de qualquer forma, penso que perscrutar os tempos pretéritos por meio da biografia pode permitir um confronto menos linear, acabado, homogêneo e determinista com a História, já que é no plano individual que ganham mais clareza aspectos como o acaso, a indecisão, a multiplicidade de pontos de vista, as tensões e as singularidades.

Flavio e seus companheiros viveram uma experiência do tempo muito significativa e complexa. Segundo Pedro Duarte de Andrade, "os anos 1960 são mais do que a contabilidade historiográfica pode enumerar. Linearmente concebida, a década vai de 1960 até 1969. Entretanto, o que nela ocorreu no tempo das experiências – com significados e pensamentos – não pode ser reduzido a dados e fatos, em um apelo positivista" (Andrade, 2012, p. 13). Neste capítulo, foram elencados e analisados muitos dados e fatos, mas buscou-se também expressar esse tempo das experiências, a "potência" desse período. Como salienta Flavio: "Então tinha um tremendo foguete de quatro estágios propulsionando isso" (entrevista 4). Tal sentimento também transparece nas palavras de seu xará, Flávio Aguiar: "Tudo que se passou naquele tempo era muito intenso. Claro que hoje existem coisas intensas, mas eu acho que são de outro tipo". Cabe então perguntar: que potência e que intensidade são essas? Não obstante uma série de idealizações retrospectivas, talvez se possa explicá-las pelo fato de que os Flavios e seus companheiros transitaram com muita rapidez e desenvoltura por diversos regimes de historicidade[41], ou seja, por variadas maneiras de perceber e narrar o tempo: de um lado, fizeram inúmeras avaliações do "passado", buscando nele ensinamentos sobre como agir no presente (não é essa a função das famosas "análises de conjuntura", que abriram tantas reuniões e assembleias, e foram estampadas em muitos panfletos e periódicos?); de outro, acreditaram firmemente no caminho inexorável rumo ao socialismo, na marcha em direção a um "futuro" que criam mais justo e feliz; mas igualmente agiram no aqui e no agora, ancorando-se firmemente no "presente" como o tempo dos possíveis, além de terem vivenciado a experiência da clandestinidade, quando o passado precisou ser eliminado por razões de segurança e o futuro deixado em suspenso em prol de um presente contínuo e, para alguns, quase insuportável. Nosso protagonista e muitos dos membros de sua geração viveram, pois, a densidade quase simultânea do passadismo, do futurismo e do presentismo. Não é à toa que, em uma de nossas entrevistas, ele me disse, como que surpreendido pela intensidade dos fatos a mim narrados: "Vê como é potente isso tudo!" (entrevista 3).

NOTAS Capítulo 2

1. A Universidade foi federalizada em 1950, mas apenas após a reforma de ensino introduzida em 1968 é que se acrescentou o termo "Federal" em seu nome e o "F" em sua sigla.

2. Uso aqui, de forma bastante livre, categorias utilizadas por Bourdieu em vários textos seus, como naqueles presentes em: Bourdieu, 1992.

3. Agradeço a Gabriel Fleck por ter me chamado a atenção sobre este ponto.

4. Sobre essas memórias, ver, entre outros: Reis, 2000 e Schmidt, 2007. Mesmo alguns ex-companheiros de Flavio se referem à experiência na luta armada dessa maneira, como Paulo Paranaguá, o qual será apresentado no final deste capítulo. Em entrevista para a pesquisa, ele afirmou: "[...] estávamos num momento de loucura política, [...] não dá pra justificar [...]. [...] estávam[os] completamente errados, essa é a verdade".

5. Veja-se, por exemplo, os textos integrantes da coletânea organizada por Holzmann; Padrós, 2003. Para uma análise crítica das memórias sobre o ano de 1968, consultar, entre outros: Araujo, 2008.

6. As páginas das citações foram apresentadas no corpo do texto.

7. Apropriação livre das ideias de Michel Foucault sobre o sujeito expressas em suas últimas obras. Ver, entre outras: Foucault, 1984, 1985 e 2010.

8. Comunicação por telefone com Flavio Koutzii. Porto Alegre, 22/01/2013. João Roberto Martins Filho considera esta greve, que durou três meses, a primeira manifestação de um efetivo movimento universitário de amplitude nacional (Martins Filho, 2007, p. 186).

9. Expressão utilizada por Flavio para se referir à Greve do 1/3 em comunicação por telefone com o autor em 22/01/2013.

10. O tom jocoso fica mais explícito nas entrevistas de Flavio, que lembra ter cometido um erro gramatical na sua resposta ao convite de Marco Aurélio, afirmando que esse vinha "de" e não "ao" encontro de seus interesses. Ver Entrevistas 1 e 2.

11. Mais amplamente, esta ideia de revolução em duas etapas seguia a análise do VI Congresso da III Internacional Comunista de 1928.

12. A AP, criada oficialmente em 1962, tem origem nos setores de esquerda da Igreja Católica, em especial na Juventude Universitária Católica (JUC). No ano seguinte, explicitou sua definição pelo socialismo. A AP tinha grande penetração no movimento estudantil, inclusive na URGS.

13. Fundado pouco tempo antes (ver *Correio do Povo*, Porto Alegre, 06/10/1963. p. 16), o MDU, segundo indicam algumas fontes, era um movimento mais afinado com o campo político da direita. Ver, por exemplo, a Ata da 6ª Reunião Ordinária da Comissão Especial de Investigação Sumária, instalada na URGS após o golpe militar para investigar ações subversivas no âmbito da Universidade, realizada em 15 de junho de 1964. Nela, o professor Galeno Vellinho de Lacerda, diretor da Faculdade de Direito, ponderou que as últimas eleições ao Centro Acadêmico da referida unidade acadêmica "foram vencidas pelo Movimento Democrático Universitário, de modo que não houve dificuldades em relação ao aludido Centro Acadêmico". UFRGS. CEIS. Subcomissão "D". Atas da Subcomissão letra D, integrada pelas Faculdades de Direito, Filosofia, Ciências Econômicas e Escola de Artes, 1964. Universidade de Caxias do Sul. Centro de Documentação. Fundo Laudelino Teixeira Medeiros. Caxias do Sul, RS. Agradeço ao colega Jaime Valim Mansan por me disponibilizar cópia deste documento.

14. Cabe lembrar que esse periódico, desde a sua fundação em 1951, era ligado aos trabalhistas.

15. A Faculdade de Filosofia então congregava onze cursos: Ciências Sociais, Física, Geografia e História, História Natural, Jornalismo, Letras Anglo-Germânicas, Letras Clássicas, Letras Neolatinas, Matemática, Pedagogia e Química. Agradeço à colega Mara Rodrigues pela informação.

16. A dissidência referida por Enio será explicada posteriormente neste mesmo capítulo.

17. Segundo Pierre Bourdieu, capital social consiste em uma rede durável de relações institucionalizadas de reconhecimento e de inter-reconhecimento mútuo. Ver: BOURDIEU, 2001, p. 67-69.

18. Termo de Posse do Acadêmico Flavio Koutzii como membro do Conselho Técnico-Administrativo, 13/11/1963. Termos de compromisso e posse da Faculdade de Filosofia da UFRGS. Livro aberto em 27/06/1958, p. 18 (Acervo do Museu da UFRGS). Agradeço à colega Mara Rodrigues por me disponibilizar essa documentação.

19. Agradeço a Jaime por me disponibilizar a transcrição desta entrevista.

20. UFRGS. CEIS. Subcomissão "D". Atas da Subcomissão letra D, integrada pelas Faculdades de Direito, Filosofia, Ciências Econômicas e Escola de Artes, 1964. Universidade de Caxias do Sul. Centro de Documentação. Fundo Laudelino Teixeira Medeiros. Caxias do Sul, RS. Essa ata provavelmente foi peça importante no processo que levou à deposição de Koutzii da direção do CAFDR, ocorrida pouco tempo depois e que será analisado mais adiante neste capítulo.

21. Sobre a "operação limpeza" no Rio Grande do Sul, consultar: Rodeghero, 2007.

22. Essa portaria, assinada pelo Reitor José Carlos Fonseca Milano, partia dos seguintes "considerandos":
"Considerando que as associações de estudantes não devem transcender em seus propósitos e em sua ação, aos lindes da Universidade;
Considerando que a União Estadual de Estudantes e a União Nacional de Estudantes, a que FEURGS se encontra filiada, têm contrariado essa diretiva impostergável;
Considerando que estão suspensas, por determinação do Conselho de Segurança Nacional, as atividades coletivas, ainda internas, das associações de estudantes;
Considerando que se faz necessário, entrementes, dispor a respeito".
E apresentava essas resoluções:
"Art. 1º - Ficam suspensas as disposições dos estatutos da FEURGS e das demais associações de estudantes, no que contrariem, elas, as disposições constantes dessa Resolução.
Art. 2º - Ficam mantidas nos órgãos dirigentes da FEURGS e das demais associações de estudantes, as pessoas designadas como tais pelos Interventores Militares nessas associações.
Art. 3º - Somente se realizarão eleições para o provimento de cargos nos órgãos dirigentes da FEURGS, e das demais associações de estudantes, quando autorizadas, essas, pelo Conselho de Segurança Nacional.
Art. 4º - Ficam a FEURGS e as demais associações de estudantes, obrigadas a adaptar os respectivos estatutos à legislação do país, eliminada qualquer filiação a entidades estudantis de caráter regional ou nacional ou internacional e qualquer participação destas últimas naquelas primeiras.
Art. 5º - Far-se-á a adaptação dos estatutos da FEURGS e das demais associações de estudantes, dentro dos 30 (trinta) dias seguintes às eleições previstas no art. 3º desta Resolução.
Art. 6º - Enquanto não se realizarem as eleições, previstas no art. 3º desta Resolução, caberá ao Reitor o provimento dos cargos que integram os órgãos dirigentes da FEURGS, e das demais associações de estudantes, não vinculadas à unidade universitária determinada; aos Diretores, das Faculdades, Escolas e Institutos, o provimento dos cargos que integram os órgãos dirigentes das demais associações de estudantes.
§ único - O poder de prover importa o de exonerar ou demitir.
Art. 7º - Fica dependente de autorização do Reitor, dos Diretores das Faculdades, Escolas ou Institutos, a realização de quaisquer atividades associativas, entre estudantes, dentro do recinto dos prédios da Universidade, Faculdades, Escolas ou Institutos.
Art. 8º - Ficam 'pro tempore' imediatamente subordinados ao Reitor o Restaurante Universitário e as demais obras de assistência ao estudante, não vinculadas à unidade universitária determinada, cabendo ao Reitor designar-lhes e destituir-lhes os dirigentes substituindo-os, inclusive, por servidores da Universidade.
Art. 9º - As disposições desta Resolução vigorarão, até a adaptação que, aqui, se determina, dos estatutos da FEURGS e das demais associações de estudantes".
Essa Portaria foi encaminhada a Flavio Koutzii pelo diretor da Faculdade de Filosofia e se encontra no acervo do Museu da URGS.

23. O teólogo e jesuíta francês Jean-Yves Calvez (1927-2010) era visto pelos setores católicos conservadores como um pensador de esquerda, sobretudo em função de sua obra *O Pensamento de*

Karl Marx (1956), que foi bem recebida pelos comunistas, e por sua atuação no sentido de engajar a ordem à qual pertencia nos locais de maior pobreza.

24. Segundo texto publicado na coluna "Almanaque Gaúcho" do jornal *Zero Hora* em 11 de dezembro de 2012, de autoria de Ricardo Chaves em colaboração com Luís Bissigo, "tudo começou em 1962, com um grupo de jovens estudantes que, nos fins de semana, migravam para a Praia do Veludo, em Belém Novo, onde uma colega tinha uma casa. Foi lá que descobriram um canto de grama cercado de árvores, junto ao Guaíba. Em 1964, a ideia de jogar todos os sábados naquele lugar já estava enraizada na turminha que se encontrava defronte à Faculdade de Filosofia para, em caravana, seguir para a Zona Sul. Veio a ditadura e aquela elite artístico-intelectual-esquerdista e futebolística veludiana continuou se encontrando para momentos de descontração momentânea. Alguns viveram o exílio, outros morreram. O importante é que o Veludo sobreviveu. Mudou de lugar, mas continuou plural, esculhambado, glorioso ou ridículo, com sua bola quadrada nos pés de gente craque nas relações humanas, principalmente fora das quatro linhas".
http://wp.clicrbs.com.br/almanaquegaucho/2012/12/11/pelada-cinquentona/
Acesso em 07/02/2013.

25. Tive acesso a um primeiro manuscrito das memórias de Maria Regina Pilla, da qual retirei esta e outras citações. Em 2015, o texto foi publicado com significativas alterações em relação à versão anterior. Quando citar o primeiro material utilizarei a expressão "sem data" ou "s/d" e indicarei a respectiva página; quando me valer do livro, referenciarei o ano de 2015 e a página correspondente.

26. O Movimento Universidade Crítica teve sua origem mais imediata na questão dos excedentes, ou seja, dos alunos que obtinham a nota mínima no vestibular (5,0), mas não ingressavam nas universidades em função da falta de vagas. Em seu boletim nº 1, o MUC atacou a "Universidade Arcaica" que teria como principais características "a ordem hierárquica, a autoridade coatora, as instituições burocráticas, a ruptura entre trabalho intelectual e prática social". Entre outras metas, propunha a gratuidade de ensino em todos os níveis, a entrada de todos os excedentes e a reestruturação dos currículos por comissões paritárias. *Boletim nº 1 Movimento Universidade Crítica*.

27. ALMEIDA, Angela Mendes de e PILLA, Maria Regina. *Partido Operário Comunista/POC*. Texto eletrônico disponibilizado no site www.desaparecidospoliticos.org.br do Centro de Documentação Eremias Delizoicov e da Comissão de Familiares dos Mortos e Desaparecidos Políticos, 2008. Consultado em 12/03/2013.

28. A relação de Flavio com Sonia foi marcada por separações e reconciliações. Desde 1997, eles estão novamente juntos. Referindo-se a essas oscilações, disse Sonia: "[...] também não durava muito nossos encontros, era muito encontro e desencontro. Aí eu acabei casando, num desses desencontros, com o Luiz Paulo [risos]". Entrevista com Sonia Pilla. Porto Alegre, 14/03/2013.

29. Vanguarda Armada Revolucionária Palmares, organização surgida em 1969 como resultado da fusão do COLINA com a VPR.

30. A constatação sobre o entrelaçamento do político e do afetivo na vida dessas pessoas se aproxima daquela feita por Reis, 2007, p. 199.

31. Sonia é chamada de "musa" por Uirapuru Mendes (1994, p. 146) e Maria Regina por Sergius Gonzaga (2009. p. 158). Sobre Iara, consultar: Patarra, 1992.

32. Os entrevistados para esta pesquisa mencionaram outros relacionamentos amorosos de Flavio. Apontarei neste livro apenas aqueles que se cruzam mais diretamente com a sua militância política no período delimitado, objeto de estudo que privilegiei na investigação.

33. Em sua entrevista, Tânia Barros salientou que, normalmente, era Flavio quem escolhia os livros a serem vendidos no estabelecimento, mas que ela participava da seleção das obras de literatura.

34. Posadas era o pseudônimo de Homero Rómulo Cristalli Fernandes que, em 1941, ingressou na IV Internacional, liderada por Leon Trotski. Na ruptura ocorrida nessa organização em 1953, ficou ao lado de Michel Pablo, o qual, em troca, lhe concedeu a direção do Bureau Latino-Americano. Os posadistas participaram das agitações operárias que contribuíram para a queda do ditador Fulgên-

cio Batista em Cuba, mas, no ano de 1961, se afastaram de Fidel em virtude da aproximação deste com a URSS. Em 1970, Posadas criou sua própria internacional, a Quarta Internacional Posadista. Entre suas polêmicas ideias, destaca-se a crença de que os extraterrestres estavam entre nós e se constituíam em uma sociedade mais avançada, portanto, comunista.

35. Sobre esse conceito, ver: Mattos, 2002, p. 207.

36. Nesse ponto parodio Nelson Boeira, historiador que dedicou muitos estudos à penetração do positivismo no Rio Grande do Sul da Primeira República. No artigo *O Rio Grande de Augusto Comte*, ao lado do positivismo político e do positivismo religioso, ele localizou um positivismo difuso, sobre o qual escreveu: "[...] o comtismo chegou atrás de clichês, frases soltas, fórmulas grandiloquentes ou simplesmente de conceitos a admirar [...]". BOEIRA, 1980, p. 46. Pode-se dizer que, em alguma medida, e guardado o distanciamento temporal, deu-se o mesmo com o leninismo entre certos grupos que combatiam a ditadura brasileira nos anos 60.

37. Essa caracterização é semelhante àquela elaborada por Daniel Aarão Reis Filho sobre a POLOP: "Embora estigmatizada como trotskista pelo PCB, a POLOP, de fato, cultivava um perfil próprio. Não deixava de referir-se a Leon Trotski, mas suas referências teóricas principais eram Karl Marx, Vladimir Lenin, Rosa Luxemburgo e, em menor medida, mas não destituída de importância, August Talheimer, desconhecido teórico e comunista alemão que tivera, no entanto, grande influência sobre a formação de Ernesto Martins, principal liderança teórica e política da POLOP". Reis Filho, 2007, p. 68, n° 12. Ver também: Mattos, 2002.

38. Reis Filho tem outra interpretação, calcada no aspecto programático, para esse interesse de militantes do POC pelas ações armadas: "Apoiando-se no fato de que o Programa Socialista para o Brasil (PSB) abria brechas para a tentação da luta armada – ao contemplar a hipótese de um *foco catalisador* –, uma original, sofisticada e estranha síntese entre a ortodoxia marxista operária e a heterodoxia da revolução cubana, muitos militantes do POC começaram a aproximar-se das propostas das organizações empenhadas nas ações armadas, com as quais fizeram alianças" (Reis Filho, 2007, p. 62). Ou seja, na perspectiva do autor, essas alianças eram justificadas programaticamente, enquanto que para os militantes citados antes elas resultariam de uma necessidade conjuntural e tinham caráter apenas reativo e defensivo.

39. Ver, por exemplo, no caso dos livros de memória, Gutiérrez, 1999, p. 88, e, para a historiografia, Rodeghero, 2007, p. 98.

40. O carioca Paulo, nascido em 1948, é filho do diplomata Paulo Henrique de Paranaguá e de Gloria Rudge Leite Paranaguá. Concluiu o curso secundário no Colégio Santo Inácio, no Rio de Janeiro, e atuou junto a um grupo surrealista em São Paulo. No ano de 1966, ganhou uma bolsa para estudar Sociologia na Universidade de Louvain. Logo se desentendeu com a instituição de ensino e foi para a França, onde continuou seus estudos em Nanterre. Também esteve próximo dos surrealistas de Paris. Começou a militar no movimento estudantil em 1968. Informações coletadas em documentos policiais pesquisados no Arquivo Nacional de Brasília e na entrevista de Paulo Paranaguá ao autor.

41. Regime de historicidade é um instrumento heurístico formulado pelo historiador François Hartog para investigar as experiências do tempo ao longo da História. Segundo o autor, "eu o compreendo como uma formulação sábia da experiência do tempo que, em retorno, modela nossos modos de dizer e de viver nosso próprio tempo. Um regime de historicidade abre e circunscreve um espaço de trabalho e de pensamento. Ele ritma a escritura do tempo, representa uma 'ordem' do tempo, à qual se pode subscrever ou, ao contrário (e mais frequentemente), querer escapar, procurando elaborar uma outra". Para Hartog, existiriam, como "tipos ideais", basicamente três regimes de historicidade: o passadista, que busca ensinamentos no passado; o futurista, ancorado na ideia de progresso, que substitui as lições da história pela exigência de previsões; e o presentista, no qual o presente se torna, para si mesmo, o seu próprio horizonte. Porém, ainda de acordo com o historiador, um regime de historicidade jamais existe em estado puro. Considero, nesse sentido, que os personagens aqui analisados, Koutzii sobretudo, vivenciaram essa "impureza" de forma muito intensa, "misturando", em função de seus projetos e do campo de possibilidades onde atuaram, esses regimes de historicidade em suas maneiras de viver e dizer o tempo (Hartog, 1997. Citação da p. 8).

CAPÍTULO 3
O "CAPÍTULO ARGENTINO"

CAPÍTULOS, EM sua significação usual, são as grandes divisões dos livros, leis, tratados, entre outros documentos. Tais partes, obviamente, guardam relações com o que foi redigido antes e com o que será registrado depois, porém têm suficiente autonomia e homogeneidade para serem consideradas unidades portadoras de certa independência, assinalada inclusive, ao menos no caso dos livros, pela mudança de página e por sinais gráficos que as distinguem: números, títulos grifados, primeira letra destacada, pequenos desenhos, etc. Flavio, em entrevista concedida no ano de 2003, referiu-se a sua vivência na Argentina como um "capítulo", delimitando, portanto, um intervalo específico na sua biografia capaz de configurar um todo, embora, como acabei de dizer, um todo profundamente articulado com os "capítulos" anteriores e posteriores. Poder-se-ia pensar que se trata de uma simples figura de linguagem e que talvez não fosse o caso de lhe dar tanta atenção. Contudo, nesse caso, a metáfora transmite um significado profundo, expressando a grande importância que nosso personagem confere ao tempo em que viveu naquele país, inicialmente militando no Partido Revolucionário de los Trabajadores, inclusive liderando uma *fracción* dessa organização (entre fevereiro de 1972 e maio de 1975), e depois como prisioneiro político, confinado em vários cárceres (entre maio de 1975 e junho 1979). Esses anos revestiram-se de tal densidade existencial para Flavio que, em depoimento posterior, ele afirmou que o período em tela foi "a coisa mais importante da minha vida" (entrevista 10). Portanto, a carga vivencial do "capítulo argentino" transborda em muito a sua duração cronológica, curta se comparada aos "capítulos brasileiros" experimentados até a sua saída do país, em 1970, e depois de seu retorno do exílio, em 1984. Nesse caso, mais do que pensar no tempo matemático do calendário, torna-se necessário levar em conta o tempo vivido, saturado de experiências fortes, de intensos "agoras", e, por isso, interiorizado como uma fase que explica o antes e o depois, significando como a culminância da trajetória vivida até então e o ponto de partida para os caminhos traçados posteriormente.

Com vistas a dar conta com alguma profundidade desse momento tão importante da biografia de Flavio, dividi, neste livro, o "capítulo argentino" em capítulos distintos, ou seja, parti o capítulo vivido em dois capítulos escritos: no que aqui começa, trato da militância do personagem após deixar o Brasil, no final de 1970, até sua prisão; no seguinte, abordo suas experiências desde o momento em que foi detido até a sua libertação, incluindo o movimento que se constituiu internacionalmente em prol de sua soltura. Para compreender melhor a primeira parte, fui além das fronteiras da Argentina, acompanhando também as vivências políticas do personagem na França e no Chile. Uma das preocupações centrais foi justamente tentar compreender o impacto dessas vivências internacionais na sua configuração como indivíduo, sobretudo como militante político. Também conferi atenção especial à maneira como Flavio e seus companheiros vivenciaram o tempo, simultaneamente como horizonte de possíveis e como força inexorável, como espaço de ação e como energia dotada de vontade própria, capaz, inclusive, de conduzi-los contra os seus desejos. Premidos por tais percepções temporais, esses homens e mulheres construíram seus projetos individuais e coletivos de acordo com os campos de possibilidade em que atuaram. Foquei, igualmente, em algo sobre o qual já havia chamado a atenção no capítulo anterior: a maneira como, no quotidiano da militância e da clandestinidade, se interpenetravam os aspectos políticos e afetivos, as ideologias e as paixões, procurando, assim, compreender com mais densidade as experiências desses sujeitos, em especial de Flavio Koutzii. Que o capítulo vivido se torne verbo!

UM PASSAPORTE COM MUITOS CARIMBOS

Em uma de nossas entrevistas, Flavio me emprestou diversas fotos e também alguns documentos para eu fazer cópias. Um dos materiais que mais gerou comentários da parte dele foi seu passaporte, emitido em 17 de junho de 1964 (*Folhas 2 e 3*, página ao lado). Esse tipo de documento pode motivar memórias interessantes sobre viagens por conta dos carimbos nele postados cada vez que se entra ou sai de um país. Porém, no caso de Flavio, seu passaporte permite não apenas acompanhar os deslocamentos por ele empreendidos, mas também as táticas acionadas pelas organizações revolucionárias para burlar os controles fronteiriços, especialmente no contexto das ditaduras de segurança nacional na América Latina, quando os agentes governamentais buscavam, simultaneamente, impedir a fuga de militantes perseguidos pela repressão e o ingresso de indivíduos considerados "subversivos" nas fronteiras de seus estados. Nesse sentido, pode-se dizer que o passaporte de Flavio traz, em seus carimbos e inscrições, uma história condensada dos percursos internacionais de parte da militância de esquerda brasileira no período ditatorial, em geral motivados pela repressão política, mas igualmente pela crença em um internacionalismo revolucionário; e também de certas formas de repressão e resistência vivenciadas em diversos países latino-americanos assolados por ditaduras nas décadas de 1960 e 1970.

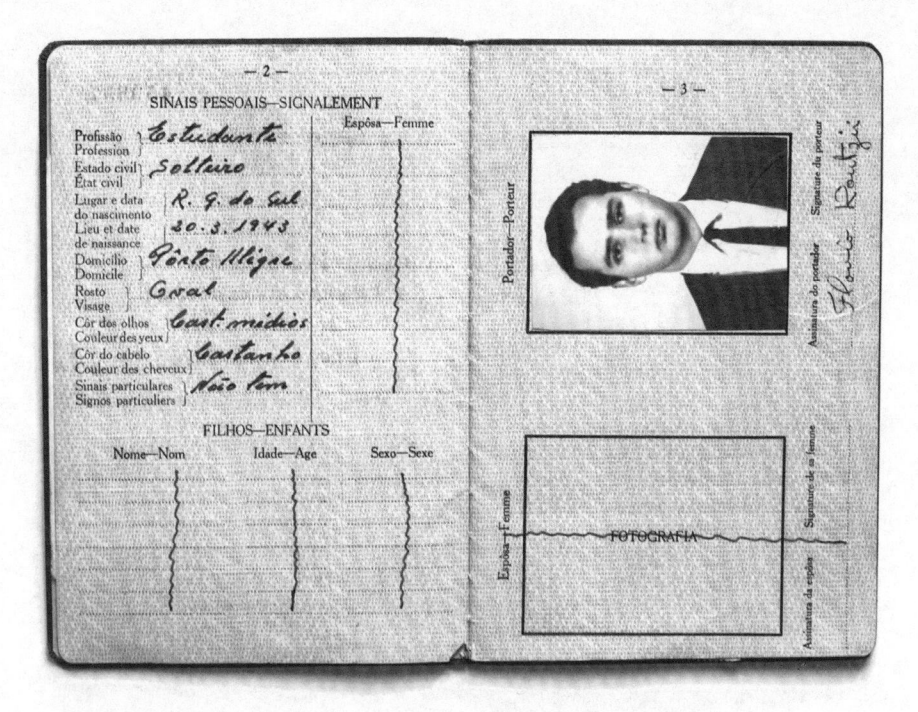

O passaporte de Flavio foi emitido em função de sua suposta viagem aos Estados Unidos em 1964, que, conforme comentado no capítulo anterior, acabou se transformando em uma incursão pelo Leste Europeu e pela União Soviética. O documento foi expedido pela Divisão de Ordem Política e Social do Departamento de Polícia Civil da Secretaria de Segurança Pública do Rio Grande do Sul, e a concessão de seus vistos e prorrogações controlada pela Delegacia de Estrangeiros e Passaportes do Departamento de Ordem Política e Social da referida secretaria, o que já indica a relação entre controle das fronteiras e vigilância da "subversão". Nele consta a informação manuscrita de que o passaporte era concedido para os países da América do Sul, América Central, América do Norte e Europa, com uma exceção carimbada de maneira bem visível: "Não é válido para Cuba", país com o qual o Brasil tinha cortado relações diplomáticas pouco mais de um mês antes, em 13 de maio de 1964. O passaporte expiraria em 16 de junho de 1966, portanto, tinha validade de dois anos, mas com uma observação: "Se não for prorrogado" (*Folhas 4 e 5*, página 196). E é aí que a história começa a se tornar mais interessante...

Em outubro de 1970, Flavio deixou o Brasil para escapar da repressão política que se fechava cada vez mais. Saiu por terra, pela fronteira do Rio Grande do Sul com o Uruguai, no carro de um funcionário da ONU na Guatemala, o qual, portanto, tinha imunidade diplomática, amigo de uma militante do POC que também os acompanhava na fuga: "Então não teve muito drama porque o cara tinha um carro com a placa das Nações Unidas", disse-me Flavio (entrevista 11)[1]. Nesse percurso, utilizou uma carteira de identidade "falsificada por quem sabia falsificar". Para dar continuidade ao seu périplo internacional, ele falsificou o próprio passaporte, prorrogando-o por mais dois períodos: até 18 de março de 1970 e, em seguida, até 16 de abril de 1972. Em suas palavras, tal falsificação foi feita no "fundo de quintal" da seguinte maneira: buscava-se no comércio carimbos que contivessem palavras como "segurança", "pública", e assim por diante; depois as palavras eram recortadas, reagrupadas e coladas em uma nova base. Finalmente, um companheiro de militância escreveu as datas de prorrogação e assinou como se fosse um funcionário da delegacia competente. Flavio chamou minha atenção para as falhas da falsificação que passaram despercebidas pela pessoa encarregada do controle fronteiriço (e, confesso, por mim também em um primeiro olhar): "[...] aqui dá para notar, não precisa nem ser especialista, porque se tu olhas bem, tu vês que não tem simetria adequada aqui entre 'Departamento de Ordem Política e Social'. Por isso que era uma falsificação não muito profissional". (*Folha 6*, ao lado, nesta página).

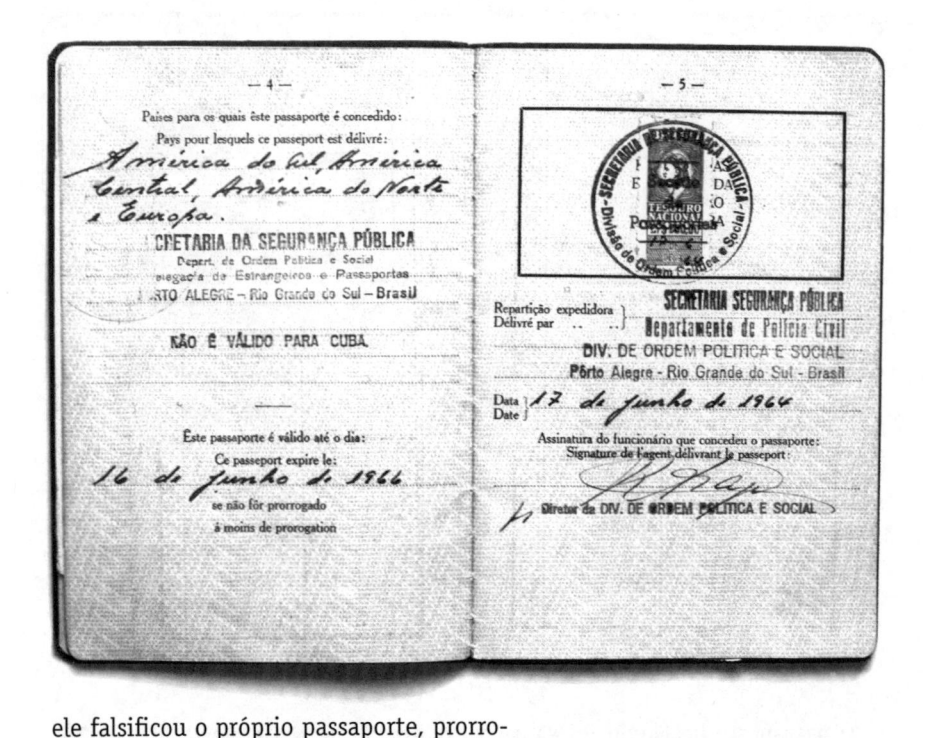

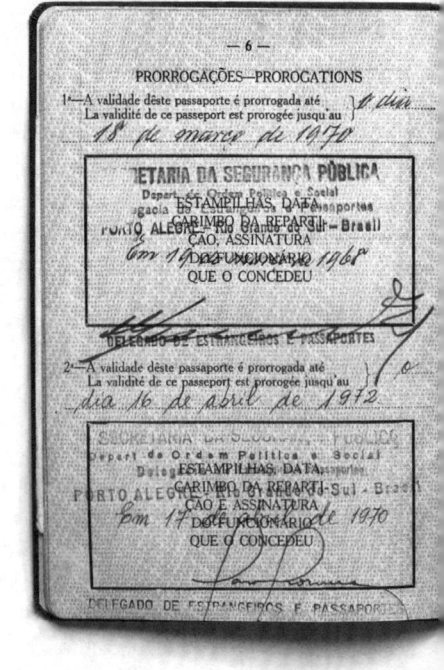

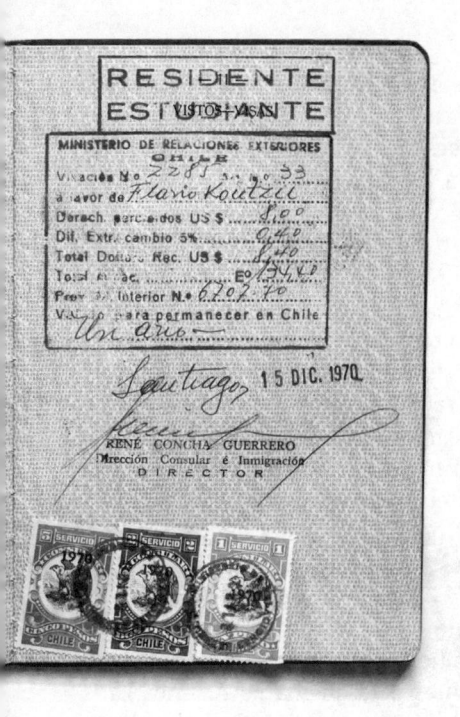

Com esse documento, foi de barca de Montevidéu a Buenos Aires, entrando na Argentina no dia 24 de outubro, apenas de passagem. Logo partiu para o Chile, em "[...] um velho ônibus que ia sofrendo até chegar a Santiago", contou-me com ironia. Ingressou nesse país em 26 de outubro de 1970. No passaporte, também consta o registro de que, em 15 de dezembro, obteve o visto chileno para permanecer no país por um ano como "Residente Estudiante" (*Folha 11*, ao lado), mas no dia 21 desse mês se dirigiu à França, onde ficou por seis meses (*Folha 13*, abaixo, à esq.). Em 2 de julho de 1971, obteve, no consulado chileno daquele país europeu, um novo visto de estudante até 15 de dezembro de 1971 (*Folha 14*, **a**baixo à dir.), retornando ao Chile no dia seguinte (*Folha 13*). Embora constem no documento outros carimbos mais apagados, parece que foi aí que acabou a vida útil do passaporte "revitalizado" pelas artimanhas dos militantes, cujas falsificações certamente se beneficiaram, ao menos no caso do Chile, de um controle menos estrito propiciado pelo governo Allende mesmo antes dele tomar posse, no mês de novembro. Nas palavras de Flavio, a primeira entrada no país ocorreu "[...] meses antes do Allende assumir. Os caras não estavam caçando. Quer dizer, aí o nível de tensionamento era muito menor".

Quanto Flavio se instalou na Argentina, em fevereiro de 1972, desenvolvendo, a partir de então, intensa militância política, o fez no âmbito das diretrizes da Quarta Internacional, ingressando com "[...] um passaporte francês, que já provinha das conexões políticas existentes com as organizações da Quarta". Ele não lembra o nome que constava no documento, "mas era o nome do dono real do passaporte [...]. Era só trocar a foto. Mas isso tinha sido feito por gente do ramo às vésperas de eu entrar na Argentina. Então era com esse passaporte, o francês, que eu me apresentei na pensão onde fui morar". De qualquer maneira, o passaporte antigo, falsificado de maneira rudimentar, foi-lhe muito útil nesse período de indefinições entre a saída do Brasil e o efetivo alinhamento com a Quarta.

Como disse acima, essas inscrições, para além da frieza burocrática dos selos, carimbos e assinaturas, expressam um contexto onde se verificava considerável circulação interacional de militantes de esquerda na América Latina, motivada pela perseguição política e pela perspectiva internacionalista, perspectiva essa que, no caso de Flavio e de alguns de seus companheiros, só se acentuou após a estadia na França, no início da década de 1970, conforme veremos a seguir. No que tange especificamente ao personagem, tal "entra e sai" evidencia ainda uma indecisão pessoal sobre o rumo que queria dar a sua militância: "[...] ainda era uma época em que eu estava duvidando [sobre] onde é mesmo que vou [...]. Termino depois me instalando na Argentina em fevereiro de 72 [...]. Mas isto aqui [o passaporte] foi necessário para chegar ao Chile, quando eu ainda duvidava se eu ia ficar onde estava o governo Allende, ou se, como depois finalmente faço, vou para a França".

Essa circulação era possibilitada também pelo fato de existirem formas de acolhimento aos militantes em deslocamento, propiciadas por relações de amizade (e até familiares) e/ou por afinidades político-ideológicas. Nesse sentido, na Argentina, Flavio encontrou sua irmã Marília, também militante do POC, que um pouco antes havia igualmente fugido do Brasil em função de perseguições políticas. Ela então namorava Miguel Angel Villa, através do qual, conforme veremos adiante, Flavio conheceu uma pessoa muito importante no delineamento de sua trajetória futura. Já no Chile, nosso personagem compartilhou um apartamento com Eder Sader, ex-companheiro do POC, em Santiago (entrevista 11). Eder havia chegado naquele país ainda em 1970, igualmente fugindo da repressão da ditadura brasileira. Lá se filiou ao Movimento de Isquierda Revolucionária (MIR), sem perder, no entanto, seus vínculos com a POLOP reconstituída e com a esquerda brasileira de maneira geral (Garcia, 1988). Chama a atenção, portanto, que, apesar das diferenças políticas entre

Sader e Koutzii, as quais os levaram a tomar rumos diferentes quando da cisão do POC em 1969 (o primeiro participou do grupo que deixou o POC e refundou a POLOP, e o último permaneceu no POC, agora intitulado POC-Combate), prevaleceu a camaradagem diante das perseguições sofridas e da necessidade de rearticulação da esquerda brasileira. Na capital chilena, Flavio também morou com Paulo Timm, seu companheiro de PCB, Dissidência Leninista e POC. Este, por intermédio de Paulo Renato Souza, havia conseguido um emprego de monitor assistente de José Serra na Faculdade Latino-Americana de Ciências Sociais (FLACSO), ligada à ONU, que recebeu muitos intelectuais brasileiros exilados, como o próprio Serra.

Mesmo antes da vitória da Unidade Popular, o Chile já abrigava exilados latino-americanos de diversas nacionalidades. Com a posse de Allende, tal afluência se intensificou. De acordo com Rollemberg (1999, p. 85):

> *Notícias da experiência socialista chilena corriam o mundo, empolgavam as esquerdas ansiosas por ver de perto o socialismo com intensa participação popular e viver essa efervescência, perspectivas estimulantes para os latino-americanos pouco habituados à tradição democrática, partindo de países já imersos em ditaduras. Santiago foi o refúgio de muitos brasileiros. A nova capital do exílio.*

Em tal contexto, alguns grupos de esquerda, como o próprio MIR, tinham desconfianças em relação à via democrática para a construção do socialismo. De qualquer maneira, encontraram no Chile um espaço seguro para militar, debater e divulgar seus projetos políticos. Flavio certamente ficou tentado pela possibilidade de vivenciar toda essa efervescência e pensou em continuar no país, tanto que se matriculou na Escola de Estudios Econômicos Latino-Americanos para Graduados (ESCOLATINA), onde lecionavam "[...] grandes sociólogos e economistas latino-americanos" (entrevista 5) e onde Timm também estudava. Isso era importante para obter e manter seu visto de "residente estudiante". Em 16 de novembro de 1970, um documento desta instituição atestava que Flavio era "aluno especial do segundo semestre de 1970 e do período acadêmico 1971 no Programa de Estudos Econômicos Latino-americanos para graduados", e que recebia uma ajuda de custo do exterior no valor de 2.500 pesos chilenos (Certificado da Escola de Estudos Econômicos Latino-Americanos para Graduados – ESCOLATINA da Universidad de Chile). Ou seja, mesmo perseguido pela polícia e pelos serviços de informação da ditadura brasileira, Flavio tinha um estatuto legal no Chile, amparado por documentação oficial do governo daquele país. Porém, ele nunca frequentou a ESCOLATINA, dedicando-se totalmente à militância. Sobre suas atividades de então, contou-me: "No Chile, [...] eram mais contatos entre os grupos da esquerda brasileira, refletindo sobre possibilidades de alianças e [sobre a] visão do Brasil naquele momento" (entrevista 11). Sinclair Guimarães Cechine, outro militante do POC exilado no Chile, que no período conviveu bastante com Flavio, lembrou que, nas reuniões voltadas à discussão política, o horizonte da volta ao Brasil e da retomada da luta contra a ditadura e em prol da construção do socialismo estava sempre presente:

> *Era reunião todo o dia. Era reunião do núcleo brasileiro preparando para voltar pro Brasil. Aí tinha reunião com o pessoal ligado à Quarta, os bolivianos, os chilenos... Aí tinha reunião que a gente tinha uma frente com o PCBR e com o pessoal da VAR-Palmares também, que tinha rachado. [...] então era reunião o tempo todo. E o Flavio tava em todas, pois era um grupo pequeno.*

Outro militante próximo a Flavio naquele momento, que preferiu não revelar seu nome, contou-me que, no âmbito desse projeto de retorno ao Brasil, já no Chile alguns integrantes do POC realizaram treinamento militar: "Os primeiros treinamentozinhos que a gente teve nessa área que você falou [da luta armada] foram no Chile, com os bolivianos. [...] tinha até uns cubanos que estiveram com o Che [...], um pessoal que tinha apoiado o Che na Bolívia. Eles estavam no Chile, iam dar um treinamento inicial pra nós". Perguntei-lhe em que consistia esse treinamento e a resposta foi: "[...] era mais assim, [...] armamentos, técnicas, explosivos, algumas coisas assim". Ressaltou ainda que Flavio "[...] era caracterizado como o chamado quadro político, quadro teórico, ele não era o quadro militar", o que corresponde à lembrança deste último de não ter participado de tais treinamentos.

As lembranças de Timm iluminam alguns aspectos da individualidade de Flavio, sua forma de encarar a militância e o mundo. Galhofeiro, lembrou que o companheiro "[...] tinha um quartinho onde ficavam todas as obras do Lênin, que ele tentava ler". Algumas vezes, segundo o entrevistado, olhava os livros e dizia: "Bah, tem que ler isso aí, ontem eu consegui avançar um pouquinho". Ao ouvir essa história, Maria Regina, que estava presente à entrevista, logo ressaltou, com sua ironia habitual: "O Flavio? Até hoje! Até hoje! O Flavio passou a vida inteira tentando ler as obras [do revolucionário russo], porque ele achava assim na cabeça dele, olha só a doideira: ele achava que, se ele lesse, tava pronto, ele seria um teórico imbatível! Ele tinha que ler tudo e ele não conseguiu [risos]". A anedota evidencia a preocupação do personagem com uma formação teórica sólida, por ele considerada pré-requisito a uma ação revolucionária adequada. Já vimos que, desde o início de sua militância, tal ideia estava presente no seu horizonte e, ao longo do presente capítulo, constataremos que ela continuou informando de modo significativo a sua atuação política. A partir dessa história, Timm teceu comentários mais gerais sobre a "personalidade política" de Flavio:

> *A projeção do Flavio para sua geração, ela não foi intelectual, ela foi mais moral, ela foi mais ética. É um cara que assume as suas responsabilidades com um senso ético, entende? Ele [...] tem uma coisa dele que, mesmo que ele estude uma coisa muito bem, ele não vai entrar numa discussão teórica. Eu acho que ele não se acha suficientemente preparado.*

Essa modéstia intelectual se expressaria também na sua forma de encarar o debate político e a relação com os companheiros de militância. Ainda nas palavras de Timm: "O Flavio cumpriu um papel muito importante na minha vida, digamos assim, não só como estatuto moral, mas também como estatuto militante no sentido amplo. Por exemplo, o Flavio nunca me exigiu que eu fosse combatente, nunca! Entende? Ele sempre entendeu que eu tava na minha e isso não comprometeu a nossa amizade". Em resumo: "Era um estatuto moral muito forte, mas também havia essa flexibilidade". Maria Regina novamente interveio na conversa: "[...] o Flavio, ele nunca foi um cara dogmático, entende? Ele ensinava as pessoas do jeito dele, que eu não sei te dizer qual é, mas ele ensinava as pessoas a pensarem, a serem independentes, a serem autônomas". Esse misto de firmeza moral e flexibilidade em relação às opções dos outros, bem como a ação "pedagógica" voltada à autonomia intelectual daqueles para quem ensinava foram qualidades de Flavio muito ressaltadas por vários dos que com ele compartilharam o "capítulo argentino", qualidades essas que talvez ganhem relevo pelo fato de, conforme indicam vários relatos da época, não terem sido muito comuns entre as lideranças das organizações revolucionárias do período, normalmente caracterizadas como sectárias e adeptas de uma postura dogmática e autoritária, justificada pelas necessidades da luta armada. Tal marca pessoal nos ajuda a conhecer melhor o indivíduo Flavio sem apartá-lo da rede de relações da qual fazia parte, ao contrário, ela só se torna uma peculiaridade individual se pensada como resultado das interações componentes dessa rede[2].

Antes de continuarmos, é importante, mais uma vez, enunciar uma precaução: sabemos hoje o que aconteceu com nosso biografado e com seu grupo político, conhecemos o futuro desse passado, e ele avulta nas falas retrospectivas de tais indivíduos como "derrota". Porém, é preciso levar em conta o fato óbvio, mas que nem sempre é informado pelas narrativas biográficas, de que tal futuro não estava dado de antemão: Flavio e seus companheiros tinham diante de si um amanhã incerto e indeterminado e, em consequência, um leque variado de escolhas. Portanto, mesmo olhando o pretérito com os olhos do presente, procuro levar em conta a margem de imprevisibilidade das ações dos sujeitos que examino, a fim de ressaltar a importância que tiveram seus atos e opções, sem deixar de considerar, é claro, os fatores mais amplos que intervieram nesses movimentos individuais. Assim, quando saiu do Brasil, Flavio não tinha certeza sobre o que fazer. Ele queria, mais do que tudo, "sair vivo do Brasil e não ser preso" (entrevista 9), e, para isso, usou os meios que estavam a seu dispor, como falsificar o passaporte, pegar um "onibuzinho" de Mendonza a Santiago, contar com a ajuda de amigos e companheiros políticos, etc. Obviamente, vários fatores restringiam suas escolhas, em especial a perseguição que sofria da ditadura brasileira. Mas ele poderia, por exemplo (e essa opção se colocou a ele), ter ficado no Chile de Allende, como diversos outros perseguidos políticos da América Latina e, talvez, sofrido a brutalidade da repressão de Pinochet em

1973. Relembrando esse momento em uma entrevista, Flavio tratou de tais possibilidades e expressou a hesitação então experimentada sobre o rumo que deveria tomar: "Durante esse período eu fico assim: bom, o que é que eu faço, vou pra lá, vou pra cá, fico aqui?" (entrevista 3). Finalmente, escolheu ir para a França e reencontrar seus companheiros do POC[3]: opção possível e até previsível, já que vinculada aos seus compromissos ético-políticos, mas não a única e necessária.

Esse grupo de militantes (basicamente Flavio Koutzii, Paulo Paranaguá, Maria Regina Pilla, Angela Mendes de Almeida, Luiz Eduardo Merlino e Emir Sader) vivenciou em Paris um tempo de avaliações, esperanças e inquietações, com impactos decisivos na vida de cada um. Comecemos com as avaliações e esperanças.

Flavio assinala, em texto memorialístico, que "no primeiro semestre de 1971, discutimos e refletimos sobre o que tínhamos feito até então, quais foram as lições, o que sobrou de tudo" (Koutzii, 2009, p. 112). Essas autoanálises coletivas eram, aliás, bem comuns entre os grupos de esquerda, formalizadas por vezes nas famosas "análises de conjuntura", que abriam reuniões, assembleias e documentos das organizações. Afinal, diante de tantas derrotas e mudanças de rota era necessário constantemente encontrar, em uma avaliação crítica do passado, a legitimidade para os novos rumos projetados. Observa-se aqui ecos de uma percepção de tempo (de um regime de historicidade, como apontamos no final do capítulo anterior) que encara o passado como repositório de lições, as quais, se bem entendidas, podem elucidar o presente e indicar os rumos do futuro.

Tal reflexão levou à adesão do grupo à Quarta Internacional, proposta que, levada por Paulo ao Brasil, já havia servido como um "canto de sereia", "um raio de luz" a esses militantes do POC, então bastante desarticulados e desmotivados depois de uma série de quedas. Ainda nas palavras de Flavio: "Nos ligamos à Quarta Internacional, que era liderada por Ernesto Mandel e que tinha justamente na França sua sessão mais pujante, a Liga Comunista Revolucionária, que era o grande grupo que nasceu, primeiro, das lutas de solidariedade com o Vietnã, mas, sobretudo, a partir de maio de 1968" (Koutzii, 2009, p. 112). Contudo, deve-se ressaltar, esse alinhamento não foi automático, mas sim resultado de um longo processo de negociações e ajustes, conforme nos conta Paulo: "[...] durante um ano na minha casa, no meu apartamento, aqui em Paris, a gente se reunia meio que para tentar acertar os ponteiros, fechar a aproximação desse grupo com a Quarta, todo um processo de entrosamento, homogeneização, discussão [...]".

Talvez o elemento mais sedutor do projeto da Quarta fosse justamente a perspectiva internacionalista, capaz de tirar esses jovens do isolamento (e do desânimo dele advindo) vivido no Brasil, inserindo suas lutas passadas e atuais em um movimento bem mais amplo pela superação da sociedade capitalista, cujas expressões, acreditavam eles, eclodiam em várias partes do mundo. Segundo Angela, a Quarta

> [...] nos prometia uma compreensão mais definida do stalinismo e da
> luta antiburocrática que então se travava na URSS e nas chamadas
> "democracias populares"; um contato com outras seções da Quarta,
> particularmente as da América Latina [...]. Era portanto a esperan-
> ça de um internacionalismo vivo, baseado na compreensão clara da
> radicalização das lutas sociais face às ditaduras na América Latina,
> que poderia nos retirar dos debates estéreis sobre luta armada que se
> davam no Brasil, inserindo a violência popular em uma perspectiva
> histórica e mundial. Era a expectativa de trazer para os companheiros
> do Brasil a capacidade de entender e sentir todas aquelas quedas,
> torturas e mortes como parte de um processo histórico que vinha de
> longe e iria além. Era a possibilidade de estabelecer um laço orgânico
> com os que lutavam nos outros países da América Latina [...] (Almei-
> da, 2013, p. 238).

O "internacionalismo vivo" da Quarta parecia, portanto, conferir sentido às lutas e derrotas passadas, e também ao tema da violência revolucionária, tão discutido no interior da POLOP e do POC, gerando, inclusive, cisões. Todas essas experiências ganhavam inteligibilidade como parte de um processo histórico mundial; adquiriam legitimidade (e, por isso, deixavam de ser sentidas como resultados de erros individuais ou de pequenos coletivos) quando percebidas em sua organicidade com muitos outros combates levados a cabo por movimentos de diversas partes do mundo, em especial, para o grupo aqui enfocado, na América Latina. Esperamos mostrar, nas páginas que seguem, como esse "internacionalismo vivo" foi efetivamente vivido por Flavio e seus companheiros.

Essa inserção em um conjunto mais amplo de lutas pôde ser vivenciada já em Paris, quando, por exemplo, o grupo participou de uma manifestação a favor de militantes do ETA (sigla de Euskadi Ta Askatasuna, que em língua basca significa Pátria Basca e Liberdade) condenados à morte na Espanha. Angela narrou com emoção esse episódio, estabelecendo um paralelo entre a efervescência das ruas de Paris e o esvaziamento dos espaços públicos no Brasil:

> [Após] *Chegados em Paris em datas diferentes, em dezembro de 1970,
> Merlino, eu e os outros brasileiros participamos de uma manifestação
> de rua impressionante para nós, que vínhamos daquelas ruas feitas de
> consumismo e de medo, sem nenhum sinal aparente de vida política,
> mas com a certeza de que a repressão vigiava, prendia e torturava na
> mais absoluta indiferença da maioria da população. Manifestação im-
> pressionante pela sua estética e pelo seu conteúdo. Paris ainda
> guardava aquela aparência deixada pelas reformas de Hausmann, da
> segunda metade do século XIX, ainda não invadida pelos modernis-
> mos. Era de noite, a cena era fantasmagórica, bandeiras vermelhas*

em profusão, um resto de neve, os militantes parisienses em casacos cheios de peles e capuzes, lembrando algumas fotos que havíamos visto da Rússia bolchevique. [...] assim, de chofre, nós fomos inseridos nas batalhas do mundo. Eu me emocionava e pensava como poderia transmitir aos companheiros do Brasil esse sentimento de coragem para lutar. Tenho a certeza que a emoção era partilhada por Merlino (Almeida, 2013, p. 239).

Depois de tantas frustrações e do isolamento da clandestinidade, não é de se estranhar que a estética da manifestação parisiense estimulasse o imaginário político dos militantes brasileiros, reportando-os a outros contextos de lutas revolucionárias e gerando neles a sensação de que estavam participando das "batalhas do mundo", irmanados, mesmo que à distância, com milhares de outros companheiros. Ainda segundo Angela, a perspectiva internacionalista era também favorecida pelo "contato com militantes estrangeiros que estavam em Paris" (Almeida, 2013, p. 241). Enfim, esses militantes do POC passaram a desfrutar de um clima cultural e de um conjunto de relações que favoreciam a reativação da esperança e o engajamento ativo em um projeto revolucionário mundial.

A inserção de suas lutas em uma continuidade mais ampla não dizia respeito somente a uma "irmandade geográfica", que cruzava as fronteiras dos estados nacionais e articulava movimentos revolucionários de diversas partes do mundo, mas também se relacionava com uma linha de continuidade temporal, mais precisamente, com uma organicidade entre gerações, unindo lutas passadas e presentes. Nesse sentido, Angela comenta sobre o "contato pessoal, caloroso, porém breve, com um personagem histórico, Pierre Frank. Fomos visitá-lo, num domingo à tarde, em seu apartamento sóbrio, antiquado, na Rua Filles du Calvaire" (Almeida, 2013, p. 241)[4]. Com mais ênfase, fala de um episódio em que a discussão política se mesclou com pequenos prazeres cotidianos, e as convicções ideológicas com os laços afetivos:

> *Mas foi Livio Maitan quem nos proporcionou algumas das discussões mais vivas. Com imensa generosidade ele e sua esposa, Anna Maria, nos receberam – os cinco brasileiros e Rovère [Thierry Jouvet] – em sua modesta casa de veraneio, em Frascati, pequena cidade situada numa colina nas proximidades de Roma, em junho. Entre massas italianas e o conhecido vinho branco da cidade, debatíamos o mundo e a história. Com que vigor juvenil, durante dois dias inteiros Livio improvisou verdadeiras conferências sobre vários temas, entre outros a luta antiburocrática na União Soviética e a América Latina, tendo como eixo as lições da revolução cubana e a posição da Quarta sobre a evolução da revolução* (Almeida, 2013, p. 242)[5].

Angela conclui seu texto afirmando: "Com essas conversas e esses contatos humanos, se solidificava um sentimento de continuidade da luta através de gerações, de paralelismos entre a resistência antifascista e a luta contra as ditaduras latino-americanas" (Almeida, 2013, p. 242).

Para esse grupo de militantes, preocupados sobretudo com o "que fazer?", todas essas experiências e sentimentos tinham que resultar em algo prático, em uma ação, ou, pelo menos, em um projeto de ação. Nas citações feitas acima do texto de Angela, transparece a preocupação em "trazer para os companheiros do Brasil" os novos ensinamentos e perspectivas adquiridos durante a estadia na França, de transmitir a eles o "sentimento de coragem para lutar" que havia se revigorado com a adesão à Quarta Internacional. O veículo para essa transmissão foi um conjunto de cinco teses finalizadas em junho de 1971 e publicadas no primeiro número da revista Combate, em novembro do mesmo ano. São elas: *Questões de Organização e de Programa de Lutas no Movimento Operário, Por uma Revisão de Nossa Estratégia de Guerra Revolucionária, De que Organização Precisamos, Contra a Corrente: Notas para uma Tática de Frentes* e *Por uma Definição sobre os Problemas do Movimento Comunista Internacional* (Combate, n° 1, 11/1971).

A autoria do documento parece ter sido coletiva, resultado de diversas reuniões e leituras. Em sua entrevista, Angela afirmou que escreveu a tese sobre luta armada e Merlino a referente ao movimento operário. A publicação das teses foi realizada após a trágica morte deste último e a ele a revista é dedicada. Flavio, respondendo a uma pergunta minha sobre se havia exercido alguma atividade profissional na França naquele momento, respondeu que não e assinalou que seu tempo foi então dedicado a uma "aproximação importante" com a Quarta: "[...] teve muitas atividades com eles e [...] tínhamos as nossas reuniões para escrever documentos, [...] foi bem assim porque na verdade isso não é pouca coisa [...]" (entrevista 3). Foi Flavio que, no decorrer de uma entrevista, me passou a revista contendo as teses, junto com outra publicação, o primeiro número de *Marxismo Militante – Uma Revista Teórica de Unificação dos Marxistas-leninistas*, de 1968, brincando que ambos os textos eram "relativamente sagrados" e, especificamente sobre a *Combate*, afirmou, de maneira contundente: "Isso é exatamente o que nós pensávamos sobre esse tema".

Assim, para os fins desta pesquisa, mais importante do que determinar a autoria exata de cada tese é considerar que em seu conjunto elas expressam as linhas gerais do pensamento do grupo de militantes do POC que estava em Paris, não obstante possíveis divergências sobre pontos específicos. Se foram publicadas em nome do grupo é porque refletem o consenso possível sobre as questões consideradas fundamentais por esses homens e mulheres, tanto que hoje Flavio as apresenta como a exata expressão de seu pensamento naquele momento. Os textos resultaram de um processo de discussão coletiva iniciado no interior do POC desde, no mínimo, a Conferência Regional de São Paulo, realizada em fevereiro de 1970. A seguir, tais discussões foram retomadas em Paris e redimensionadas em função da ligação com a Quarta e da própria situação de convivência próxima, e sem as pressões da repressão ditatorial.

Em sua entrevista, Angela falou dos bastidores da redação das teses bem como do destino dessas, lembranças que despontam sempre relacionadas à dor que a morte de Merlino lhe suscita até hoje:

> [...] *eu tenho uma relação trágica com essas teses. Porque eram teses para serem discutidas aqui* [no Brasil] [...]. *E essas teses, depois que ele morreu, elas foram datilografadas, não tinha computador ainda, na sede da Liga... Eu me lembro que a Helena Hirata, que já tinha saído da organização,* [...] *por conta desse desânimo, dessa coisa toda, nos ajudou,* [...] *acho que o Eder nos ajudou também, porque o Eder estava na França, apesar dele ser da POLOP* [...]. *Mas enfim, nós, eu, a Helena Hirata, e não me lembro se o Eder,* [...] *nós datilografamos lá na sede da LCR, numas máquinas de datilografar meio modernas já,* [...] *e fizemos um livrinho que foi depois editado no Chile, que nós divulgávamos no nosso grupo lá no Chile. Mas depois, quando eu estava no Chile, eu acho que eu não cheguei a reler essas teses porque, enfim, eu acho que ainda tinha elas na cabeça. E depois teve o golpe no Chile. Nós tivemos muitos exemplares que foram queimados, quando a gente teve que se desfazer desse material todo, e depois eu não li mais. Mas alguém me deu, eu não lembro como foi que chegou nas minhas mãos, um exemplar desses que foi editado lá no Chile. E eu guardei e nunca li até agora. Porque se eu encostar naquilo eu vou ter a lembrança dessa imensa frustração que foi todo esse preparo que a gente fez para chegar aqui e ele ser torturado e ser morto em poucos dias* [...].

Mais uma vez fica claro que, em muitos casos, não obstante as divergências ideológicas que podiam levar mesmo a rupturas e cisões, predominava o companheirismo gestado na prática da militância clandestina, o que parece ter motivado Helena (que já havia saído do POC) e talvez Eder (que havia estado à frente da cisão de 1969) a auxiliarem na redação e edição das teses.

O sentido trágico das teses evocado por Angela não tinha, obviamente, se colocado a esses militantes quando de sua redação. Ao contrário, o que alinhava toda a publicação é uma projeção esperançosa em relação ao futuro, uma aposta na possibilidade de unir vários setores da esquerda na luta contra a ditadura e na construção do socialismo. Projeção e aposta essas, cabe destacar, de maneira alguma ingênuas, pois assentadas em sofisticadas elaborações construídas a partir de experiências, leituras e discussões; mas sobretudo com uma profunda (e dolorosa) ciência das dificuldades a serem superadas para a sua efetivação. Assim, arrisco dizer que predomina no texto o tom de "esperança prudente", em que se vislumbra certo otimismo no porvir (o qual não poderia faltar em um documento que pretende chamar à ação), mas com clareza (adquirida certamente com as derrotas e perdas sofridas) a respeito dos inúmeros obstáculos que se colocavam à luta revolucionária. Pode-se, portanto, concordar ou não com as avaliações expressas no documento, mas não se deve desconsiderar o esforço dos militantes que o construíram em realizar uma avaliação séria e lúcida da situação vivida e elaborar um projeto de futuro.

Não cabe aqui realizar uma análise de todas as teses, o que nos desviaria do objetivo de acompanhar e compreender os percursos de Flavio e seus companheiros nesse momento de redefinições e tomadas de decisão cruciais para os rumos posteriores de suas vidas. Quero apenas examinar alguns pontos do documento, os quais, creio, nos ajudam a entender o que ia na cabeça e no coração desses militantes, por expressarem ideias e sentimentos que tiveram impacto nas suas trajetórias.

Comecemos pela capa, que, junto com o título, *Combate*, evidenciam a mensagem mais imediata que a revista queria transmitir a seus leitores: a necessidade de se passar à ação, a qual deveria, conforme fica claro ao longo das teses, conjugar trabalho de massas e luta armada. É esta última faceta, porém, que ganha destaque na imagem, que mostra silhuetas de indivíduos (provavelmente homens com cabelos que se aproximam da figura "padrão" do guerrilheiro da época, calcada em Che Guevara) posicionados em fila, com armas na mão e uma postura de avanço em direção a determinado objetivo, de combate, enfim.

Na curta apresentação da publicação, o grupo que a produziu se identifica como "Tendência Trotskista do POC" (doravante referida como "Tendência"), deixando, portanto, de lado o trotskismo difuso (e, para muitos militantes, inexistente) do Partido no Brasil para afirmar uma identidade plena com essa corrente de pensamento, atitude certamente derivada de sua aproximação com a Quarta. Ainda na apresentação, ressaltava-se que o primeiro número da revista teria um "caráter especial", contendo "os fundamentos de nossas posições, e, portanto, a definição do eixo sobre o qual se assenta o nosso trabalho militante". Projetava-se também, para os próximos números, a abordagem de "assuntos de caráter mais geral, aprofundando as teses e dialogando com toda a esquerda brasileira", o que já deixa entrever o objetivo do grupo, que ficará mais claro no decorrer dos textos, de discutir com vários

(APFK)

setores da esquerda e com várias organizações clandestinas, visando, é claro, a uma possível unidade de ação entre elas. Afirmava-se ainda que seriam tratados "assuntos ligados à revolução latino-americana e mundial, na medida em que constituírem análises concretas que ajudem o aprofundamento da compreensão do processo revolucionário brasileiro e continental", anunciando-se, pois, o caráter internacionalista que cada vez mais pautaria a perspectiva de análise e ação da Tendência. Em consonância com esse objetivo, os editores da revista, "visando ampliar seu campo de penetração", destacavam que decidiram publicar os números seguintes em espanhol e que esse primeiro havia saído em português "pois já estava em preparação adiantada antes de nossa decisão" (*Combate*, n° 1, 11/1971, p. 3)[6].

Na Introdução, é traçada a trajetória do grupo, começando com a formação da POLOP, em 1960 (trajetória essa já apresentada no capítulo anterior), resumida, desde um ponto de vista retrospectivo, da seguinte maneira: "Foi nesse caminho – caminho que significa fundamentalmente a superação da antiga POLOP – que chegamos ao trotskismo, à IV Internacional" (p. 4-5). Como afirmei antes, não examinarei em detalhes cada tese. Vou me deter na última, relativa ao internacionalismo, que parece ter tido impacto concreto nos projetos desse grupo e diz respeito mais diretamente a um dos objetivos centrais do presente capítulo, qual seja, o de compreender as ressonâncias da circulação internacional desses indivíduos, especialmente de Flavio, na sua militância e na sua visão de mundo. Antes, porém, quero destacar dois pontos mais gerais relacionados ao conjunto da publicação.

O primeiro tem a ver com as formas de perceber e narrar o tempo que pautam os textos, as quais oscilam entre o já citado regime antigo de historicidade, que vislumbra o passado como um conjunto de exemplos e contraexemplos, e o regime moderno (base das grandes filosofias da História do século XIX, inclusive do marxismo), que acentua o sentido progressista do movimento temporal e substitui as lições do passado pela exigência de previsões. Em todas as teses, os redatores abordam, direta ou indiretamente, as lições aprendidas das experiências pretéritas, tanto no sentido daquilo que "deu certo" e pode ser imitado quanto, e sobretudo, do que "deu errado" e precisa ser evitado. Assim, por exemplo, fala-se das "lições políticas do período de 68" (p.18) ou que se o balanço da esquerda brasileira "se orientar apenas pela constatação das derrotas sofridas, poucas lições se retirará dele" (p. 66). Em outra passagem, a ideia de que se pode aprender com o passado é ainda mais evidente: "A nosso ver, são esses os pontos em torno dos quais se deve aprofundar uma crítica do nosso passado. É a partir dessa crítica que podemos reformular nossas posições e abordar os problemas do movimento comunista internacional" (p. 72). Termos como "herança" (p. 35) e "acervo" (p. 77, 85 e 87) coadunam-se igualmente com essa perspectiva.

Por outro lado, a elaboração de previsões, em especial sobre o prosseguimento da luta revolucionária, também é constante ao longo das teses, expressando a perspectiva futurista dos seus autores, a qual vislumbra no porvir um tempo melhor do que o presente e o passado (no caso do marxismo, em virtude da abolição da exploração capitalista) e igualmente busca predizer as etapas para que o futuro almejado se torne realidade. Aos revolucionários caberia, pois, estabelecer "boas previsões", calcadas no conhecimento do passado e na leitura dos pensadores marxistas, que lhes possibilitassem agir conforme, e até apressar, a marcha da História. No caso em tela, interessava sobretudo aos redatores da revista prever as formas pelas quais se dariam (ou deveriam se dar) os combates contra a ditadura brasileira e, de modo mais amplo, a sociedade capitalista, bem como as resistências que se interporiam a essas lutas, de maneira a superá-las e permitir o advento do socialismo. Alguns exemplos: "[...] a guerra revolucionária latino-americana será uma guerra de caráter prolongado, pois tudo nos leva a prever uma resistência encarniçada tanto por parte da burguesia local como por parte do imperialismo" (p. 44) e "É essencial prever os instrumentos militares de que os governos burgueses dispõem hoje; prever portanto que os revolucionários deverão construir os seus instrumentos militares (principalmente o exército revolucionário) e que esse processo será lento e dificultoso" (p. 46).

O segundo ponto se relaciona com algo que eu havia comentado mais acima: o fato de que a publicação parece ter resultado de diversas discussões sobre as experiências passadas, mas igualmente de estudos e leituras. Ao longo das teses, são citados vários textos que servem de referência às formulações e projetos apresentados, tanto como fontes inspiradoras quanto como objetos de crítica. No seu conjunto, eles permitem delinear as linhas gerais de uma "biblioteca básica" da Tendência e, certamente, de diversos grupos revolucionários brasileiros. Como fontes inspiradoras, as teses citam: Marx e Engels (sem referir textos específicos), Lênin (*Que Fazer?* e *Guerre de Partisans*), Trotski (*Programa de Transição*, inclusive com citações, e *Prefácio à edição francesa da 'Revolução Permanente'*, também com citação), Mao (*Problemas Estratégicos da Guerra Revolucionária na China*, de 1936, com citação, para explicar a singularidade do processo revolucionário chinês) e Che (*O Exemplo Cubano: Caso Excepcional ou Vanguarda de Luta contra o Imperialismo?*, com citação, no intuito de frisar a excepcionalidade da revolução cubana). Como contrapontos ao pensamento dos autores das teses são referidos Regis Debray (*Revolução na Revolução*, cuja obra é considerada "arbitrária e unilateral", por considerar o modelo cubano generalizável a toda a América Latina), o ex-companheiro da POLOP Ernesto Martins (artigo *Luta de Classes e Luta Armada*, que também não teria compreendido "as consequências fundamentais do caráter excepcional da experiência cubana" e, consequentemente, menosprezado o "papel do campo e do camponês" no processo revolucionário) e, obviamente, Stalin (textos não nomeados de 6 de maio de 1929 e 1º de agosto de 1927, para ilustrar a concepção stalinista, portanto equivocada, de internacionalismo). Também são citados documentos da história do comunismo internacional (*Resolução de Fundação da Terceira Internacional Comunista*; *Dialética Atual da Revolução Mundial*, documento "aprovado pelo Congresso Mundial de 1963 da IV Internacional, conhecido como Congresso de Reunificação"; *O Novo Ascenso da Revolução Mundial*, documento "aprovado pelo 9º Congresso Mundial da IV Internacional, 1969"; e *Resolução sobre a América Latina do 9º Congresso Mundial da IV Internacional*), latino-americano (*Teses de Pulacayo*, de 1947, da Bolívia, e "o primeiro programa da Confederação Operária Boliviana, redigido pelo camarada Hugo Gonzales Moscoso") e brasileiro (*Aonde Vamos?* – "documentos básicos da POLOP elaborados em 1966 e 1967"). Há também referências aos "camaradas" Mariguella (é citada uma expressão sua, "crise permanente das classes dominantes", para ilustrar o que os autores chamam de "desvio esquerdista") e "Jamil", nome de guerra de Ladislaw Dowbor (o qual, como outros militantes, rechaçaria "o movimento de massas enquanto este não se enquadrar na dinâmica das tarefas militares desempenhadas pelas organizações políticas"). Ou seja, percebe-se, no conjunto da revista, uma efetiva interlocução intelectual tanto com a tradição teórica marxista quanto com as organizações e militantes contemporâneos à publicação, no sentido de traçar similitudes e contrastes. Os autores, como já referi antes, utilizam por vezes no texto a palavra "acervo", em expressões como "acervo das experiências da IV Internacional em outros países" (p. 85) ou "acervo do marxismo-leninismo" (p. 87), evidenciando, mais uma vez, que eles buscavam nesse conjunto de referências sustentação para suas críticas ao passado e ao presente, e para seus projetos de futuro. Na demonstração das teses, tal acervo parecia conferir legitimidade aos argumentos esgrimidos no debate com as demais organizações revolucionárias, já que esses eram apresentados não (apenas) como fruto de vontades individuais e coletivas, mas como resultado de estudos e do consequente conhecimento dos "mestres" marxistas (inclusive citados diretamente em alguns momentos, com a indicação das obras de onde foram retirados os trechos apresentados, de maneira a assegurar a veracidade das fontes) e igualmente dos processos revolucionários de diversas partes do mundo (também vistos como passíveis de oferecer lições aos militantes brasileiros). Algumas dessas obras e documentos talvez já fossem conhecidos dos integrantes do POC antes da saída do Brasil, mas, muito provavelmente, o "acervo" aumentou bastante ao longo da estadia em Paris, sobretudo com a vinculação à IV Internacional, cujos membros devem ter se encarregado de passar vários dos textos referidos aos nossos personagens, os quais, ao que tudo indica, em busca de um "internacionalismo vivo", liam e discutiam com interesse tais materiais. Flavio deve ter sido um desses leitores vorazes; afinal, já comentamos antes que vários dos seus contemporâneos no Brasil o consideravam alguém "diferenciado" por ser mais culto do que os demais militantes, cultura essa que tinha como uma de suas bases principais a leitura; além disso, ele havia sido proprietário e principal responsável pelo acervo da Livraria Universitária em Porto Alegre, espaço de sociabilidade intelectual da esquerda da cidade. Talvez, portanto, não seja à toa que, em uma das nossas entrevistas, ao rememorar esse momento, ele tenha lembrado justamente de uma livraria francesa:

[...] nesses anos na França, nos anos de 71 e outros, tinha [...] a famosa livraria e editora do François Maspero, que era uma grande editora da esquerda [...]. [Ele] foi um progressista rico, que fez uma editora que editava tudo o que era da esquerda revolucionária, clássicos. Era numa ruazinha [Rue de l'Harp] bem perto ali do [...] Boulevard Saint-Michel. E era um ponto, tinha dois andares, [...] parecia um supermercado. Tinha tudo a ver justamente com a época e ele editava praticamente todas as tendências, uma figura muito interessante. Esse foi um fenômeno cultural da época [...] (entrevista 10).

Através dos contatos com a Quarta e das visitas à Maspero, Flavio e seus companheiros aumentavam seu acervo político-intelectual, reforçando determinadas convicções adquiridas na prática militante e alterando e/ou incorporando outras como resultado dessas conversas, discussões e leituras. Uma dessas novas convicções dizia respeito justamente à perspectiva internacionalista, discutida na quinta tese contida na revista, *Por uma Definição sobre os Problemas do Movimento Comunista Internacional*. Esta, como as anteriores, tinha como base um "balanço autocrítico", "um acerto de contas definitivo com todas as teses da antiga POLOP e do POC 68/69, com muitas das quais não concordamos" (p. 66). Obviamente, como reconhece o próprio texto, essas organizações defendiam o internacionalismo, mas, de acordo com a avaliação dos autores da tese, tratava-se de um "internacionalismo abstrato", o que fazia com que "nosso julgamento sobre os fenômenos políticos, tanto nacionais como internacionais, [oscilasse] ao sabor de considerações empíricas do momento, portanto localizadas". Os redatores consideravam a tese apresentada "absolutamente insuficiente para forjar a definição de outros companheiros", pois se tratava "apenas de abrir o debate", explicitando ainda qual a sua referência para desenvolver a temática: "[...] todo o texto parte de uma definição já feita em torno da IV Internacional. É o seu acervo que orienta todos os nossos pontos de vista" (p. 67).

A tese tem a seguinte estruturação: inicialmente, o detalhamento da crítica da Tendência à POLOP e ao POC relativa à sua posição sobre os problemas do movimento comunista internacional (pois "foi a partir dessa crítica que começamos a estudar as correntes internacionais e a procurar nos definir em torno delas"); a seguir, a exposição, em linhas gerais, dos argumentos que levaram o grupo a se decidir por uma dessas correntes, a IV Internacional, bem como a apresentação de um pouco da história do movimento trotskista; e, finalmente, o delineamento de um rápido panorama das outras correntes do movimento comunista internacional, seguido do julgamento dos autores sobre elas (p. 66). Segundo a tese, "[...] o que determina a possibilidade do socialismo não é o estágio das forças produtivas ao nível nacional, e sim ao nível internacional" (p. 67). Tal avaliação, de acordo com a "concepção marxista revolucionária do internacionalismo" (apresentada em contraponto à "concepção stalinista de internacionalismo"), teria como fundamento a "existência do mercado mundial" (p. 74), o que levaria à impossibilidade de se pensar a luta revolucionária apenas em escala nacional. Em consequência, o mais fundamental seria "[...] compreender as relações recíprocas, dialéticas, que existem objetivamente entre a revolução anticapitalista, a revolução colonial e a revolução antiburocrática", esta última nos países que estavam sob a órbita soviética. Dessa maneira:

> O objetivo número um dos revolucionários no plano mundial deve ser a construção de uma Internacional Revolucionária que seja não apenas a soma de uma série de organizações nacionais ainda sem expressão política maior ou com pouca expressão, mas uma Internacional de massas que congregue todas as frentes ativas do combate revolucionário [revolução vietnamita, cubana, etc.].

A argumentação era sustentada intelectualmente, sobretudo, com referências a Trotski, mas também na famosa máxima de Che Guevara: "Criar dois, três, muitos Vietnãs" (p. 75). De que maneira esse objetivo poderia ser atingido? Segundo os militantes da Tendência, "a Internacional não pode ser concebida como o coroamento, a pedra de toque final necessária do processo de desenvolvimento e de implantação das diferentes organizações revolucionárias" (p. 75), "[...] um luxo que se adquire depois que a luta tenha passado de um certo limite", pois ela "é uma condição do seu desenvolvimento histórico". Contudo, sustentavam os autores, "o ponto de vista internacionalista não é um dado imediato que surja espontaneamente nas lutas de classe, ele não é um dado imediato da consciência de classe". Por isso, "ele deverá ser introduzido de fora, por um agrupamento distinto da classe: a vanguarda revolucionária" (p. 76). Provavelmente foi pensando-se como parte dessa vanguarda que Flavio e seus companheiros deixaram Paris e partiram para a América Latina, ele mesmo antes da finalização das teses. Tal perspectiva internacionalista, conforme vimos acima, estimulou a luta desses militantes, ao inseri-la em uma perspectiva mais ampla em termos cronológicos e geográficos, possibilitando a convicção de que atuavam irmanados com revolucionários de outros tempos (Lenin e Trotski, sobretudo) e de outros lugares, o que certamente fortalecia seu ânimo para o combate, para introduzir "de fora" o internacionalismo em diversos lugares do mundo. Não é à toa que a tese apresenta exemplos de variados países a fim de demonstrar que "hoje, a revolução mundial ganha um novo impulso" (p. 80). Na avaliação sobre a Argentina, onde Flavio desenvolveu a porção mais significativa de sua luta revolucionária, é dito o seguinte: "[...] os militantes do Partido Revolucionário dos Trabalhadores, seção argentina da IV Internacional, que criou e dirige o Exército Revolucionário do Povo, ilustram espetacularmente nos últimos meses o que é a concepção adotada pelo Nono Congresso Mundial da IV Internacional sobre a luta armada na América Latina" (p. 82). Como conclusão, os autores afirmavam de maneira quase "autobiográfica":

> A esquerda revolucionária brasileira percorreu o seu caminho de um modo isolado dos combates que se travavam no resto do mundo e

> *mesmo no continente latino-americano. A etapa porque passamos atualmente obrigou os militantes revolucionários a empreenderem um balanço político e deu-lhes condições de romper esse isolamento nacional. É preciso aproveitar este período para avançar também no campo das questões internacionais. Mais do que nunca fica claro o caráter continental da guerra que teremos que levar contra o imperialismo americano: só uma clara compreensão da luta de classes ao nível internacional pode nos capacitar para a elaboração de uma estratégia e de uma tática precisa* (p. 87).

Pode-se dizer, então, que na França, e por meio da IV Internacional, os militantes da Tendência acreditavam estar "descobrindo o mundo"; como resultado, para eles, era hora de agir no mundo.

A vida de Flavio em Paris não se reduzia às reuniões, articulações e estudos exigidos pela militância, embora essas ocupassem parte significativa de seu tempo e contaminassem também outros âmbitos de seu quotidiano. No campo afetivo, foi hora de rever sua relação com Neneca, ex-namorada e companheira de militância, que o havia deixado para ficar com Paulo. Ao longo da pesquisa, conversas sobre esse tema renderam narrativas muito bem-humoradas da parte dos envolvidos, que hoje são grandes amigos. De modo divertido, Flavio assim comentou o tema:

> *E, no fim, eu acabo decidindo ir pra França onde a Maria Regina estava, que sempre era um fator muito atrativo, porque, na verdade, tínhamos nos separado, eu e ela, e ela começou a namorar o Paulo Paranaguá, o que mostra que a noção de solidariedade dentro da esquerda tava mal interpretada. Mas não, nunca teve fricção entre nós. Mas tinha essa coisa, pesava isso e ponto* (entrevista 11).

Paulo confirma tal versão "pacífica", muito provavelmente reforçada pela passagem do tempo: "E a gente se via muito os três, o Flavio e ela continuavam se vendo. Pacífica a separação, não teve briga entre nós por causa disso". Neneca, mais zombeteira, trouxe dissonâncias a essa versão, contando-me que a separação não foi nada fácil para Flavio: "[...] aí era a história amorosa, que faz parte dessa época também, que era muito tumultuada". Na França, segundo ela, as tensões e ressentimentos teriam se amenizado:

> *[...] a gente convivia juntos, porque o Flavio e outros brasileiros que foram pra lá em seguida, eles tinham pensado em entrar pra Quarta Internacional, e as reuniões eram na casa que eu morava com o Paulo, que era da Quarta, e o Paulo era responsável por assistir às reuniões e integrar esse pessoal todo na Quarta Internacional. Então terminou todo mundo almoçando e jantando junto na mesma mesa e eles se dando tapinhas* [nas costas].

Essas histórias saborosas reforçam a ideia, já levantada em outros momentos da pesquisa, de uma forte interpenetração, nos percursos dos personagens aqui enfocados, entre militância e vida afetiva. Nesse sentido, mesmo que, ao analisar a circulação internacional de Flavio, tenhamos enfatizado os fatores políticos, não podemos desconsiderar o peso de aspectos mais pessoais, como o desejo de rever a ex-namorada.

Tal interpenetração também desponta na entrevista de Ricardo Abramovay, primo de Flavio, com quem nosso militante morou na capital francesa. Ele era militante da VAR-Palmares, havia sido preso em dezembro de 1969 e, por isso, foi para a França em fevereiro do ano seguinte. Ricardo lembrou com muito carinho de sua convivência com o primo mais velho, por quem tinha grande admiração, ressaltando, novamente, certas características deste último muito evidenciadas por seus companheiros de militância: a abertura para ouvir o outro, o não dogmatismo, a maneira "suave" (e, ao que tudo indica, eficiente) de transmitir suas convicções políticas, o interesse por assuntos diversos e a atenção à vida afetiva daqueles com quem convivia:

> Pra mim não só era meu primo mais velho, eu sabia que ele era um dirigente político. E eu, meio que por ele, acabei tendo muita simpatia pelo trotskismo. Passei a ler coisas dos movimentos, da Quarta, uns livrinhos, uns boletins, etc. E, ao mesmo tempo, eu estava preparando meu "bac" [exame para entrar na universidade francesa] pra Filosofia. Então eu me lembro de ter discussões com o Flavio sobre Kant, eu lembro que eu estava muito apaixonado pela Fundamentação da Metafísica dos Costumes, do Kant, e contando isso pra ele. E ele, devia ser meio encantador, você com vinte e sete, ouvir um menino de dezessete anos que tem um background não marxista, porque eu não tinha cultura pra isso, mas de militância política supostamente marxista e ao mesmo tempo falando da moral kantiana. A gente conversava muito, muito, muito. E ele foi muito importante pessoalmente pra mim. Lembro que eu estava com alguns problemas e ele que me falou pela primeira vez: "Ah, você devia fazer uma terapia". Porque eu não tinha pai e mãe lá, né?

Como outros entrevistados, Ricardo deixou claro que sua relação com Flavio se pautava por elementos que iam muito além da política e da militância:

> [...] em nenhum momento, a ideia de revolução, a ideia de ser revolucionário, de fazer parte, em nenhum momento isso tinha qualquer importância na nossa relação, entende? O que era importante na nossa relação éramos nós, quer dizer, ele já tinha esse jeito impressionante de falar de si próprio, o que pra mim naquela idade já me impressionava muito, mas ao mesmo tempo ele tinha uma escuta pra mim, pros meus problemas. Ele tinha uma capacidade de captar o que é um jovem, que tá sem os pais, naquela situação, etc., e que não passava por "vamos lá companheiro, você tem que entrar na organização", de maneira nenhuma. Quer dizer, se, em algum momento, ele me passou

alguma literatura referente ao Trotski, foi porque eu tinha interesse, eu tinha curiosidade. Não era esse o vetor da nossa relação.

Não posso me furtar também de relatar uma história divertidíssima contada por Ricardo, que, talvez, amenize um pouco a dureza da narrativa política, mostrando que, efetivamente, nossos personagens não eram robôs, mas sim indivíduos que se divertiam, se atrapalhavam, se desesperavam, viviam, enfim. O tema são as desventuras de Flavio ao tentar enviar uma importante correspondência:

> *Eu acordava muito cedo, passava o dia inteira estudando, gostava muito disso, era uma coisa legal. Aí [um dia] ele desceu [do apartamento], de repente ele me chama e diz: "Ah, eu tô indo pro correio levar uma carta, só que eu esqueci a carta aí. Dá pra você pegar pra mim?". "É essa?" "É." Aí, ao invés de eu fazer isso, eu fiz isso [indica que jogou pela janela], e no que eu fiz isso a carta "zuzuzu" [mostrando que voou] e caiu no vaso do apartamento em frente [risos]. Daí ele ficou olhando: "Porra! Essa carta é superimportante!" [risos]. Devia ser importantíssimo porque ele fez uma cara completamente de desesperado. Aí eu olho pra ele e digo assim: "Ah, eu tô muito ocupado", e fechei a janela. E ele mal falava francês, coitado. Ao invés de eu descer e ir lá, explicar a situação. Um dia eu preciso perguntar pra ele. Acho que eu nunca perguntei pra ele como é que ele fez, como é que ele conseguiu recuperar essa carta.*

Voltemos à militância: quando as teses da Tendência foram redigidas, a Quarta, criada em 1938 por Trotski, estava sob orientação das resoluções tomadas em seu 9º Congresso, realizado no ano de 1968, cujos documentos são citados nos textos da Tendência. Nesse encontro, foi formulada uma resolução sobre a América Latina, a qual, apesar da oposição de certos integrantes da organização, avaliava que o subcontinente havia entrado "em um período de explosões e conflitos revolucionários, de luta armada em diferentes níveis contra as classes dominantes nativas e de guerra civil prolongada em escala continental", e, por isso, era necessário apoiar e promover esses combates. Ainda nessa resolução, afirmava-se: "Em uma situação de crise pré-revolucionária, tal como a que conhece a América Latina hoje em escala continental, a guerrilha pode, com efeito, estimular uma dinâmica revolucionária, mesmo que no início a tentativa possa parecer vir do estrangeiro ou ser unilateral (o que era o caso da guerrilha de Che)"[7]. Obviamente que esse documento expressava um contexto mais amplo, no qual ganhavam destaque, entre outros acontecimentos, a Revolução Cubana, a Guerra do Vietnã e os movimentos de 68. Aos olhos daqueles militantes, a América Latina encarnava com perfeição esse misto de constatação empírica e de projeção imaginária. De acordo com Daniel Bensaïd, um dos dirigentes da Quarta, no 9º Congresso a convergência entre os jovens delegados franceses e os representantes argentinos e bolivianos permitiu a adoção da resolução sobre a luta armada na América Latina. Na sequência, teria se estabelecido "[...] um jogo de espelhos entre os trotskismos europeus e latino-americanos" (Bensaïd, 2002, p. 98-99). A chegada dos militantes do POC a Paris e sua adesão à Quarta se deu justamente nesse quadro de mútuos reflexos entre os militantes trotskistas dos dois continentes.

Ainda seguindo as considerações de Bensaïd, a maioria do 9º Congresso foi "convencida de que a travessia do deserto havia terminado e que a hora da transformação de uma Internacional de propaganda em um 'partido de combate' tinha enfim soado" (Bensaïd, 2002, p. 99). Ele ressalta, porém, que a luta armada não podia, por si mesma, constituir uma orientação; por isso, a resolução do congresso a situava "[...] em uma lógica de 'guerra civil prolongada em escala continental'. Ela privilegiava a 'guerrilha rural' como 'eixo principal por todo um período'. Insistia no fato de que, na América Latina, luta armada significava fundamentalmente luta de guerrilha"(Bensaïd, 2002, p. 100-101). De acordo com Pierre Rousset, integrante destacado da Liga Comunista, essa política latino-americana deveria ser integrada em um processo de luta mundial na qual se tratava de "[...] opor uma estratégia revolucionária internacional à ação do imperialismo e à burocracia, de pôr em prática uma crítica radical do reformismo, de enlaçar a revolução colonial, a revolução nos países capitalistas desenvolvidos e a revolução política nos estados operários burocratizados"[8]. Tal perspectiva encontrava clara expressão no chamamento ao combate feito pela Tendência em sua revista.

Importante destacar igualmente que a posição tirada no referido congresso sobre a luta armada na América Latina, apesar de vitoriosa, gerou intensos debates entre os grupos que compunham a organização, debates esses cujas repercussões chegavam aos integrantes da Tendência, conforme nos relatou Paulo, o membro mais orgânico da Internacional dentre os brasileiros:

> [...] por sua vez a própria Quarta Internacional, [onde] a gente estava inserido, passou esses anos aí, quando a gente estava aqui [em Paris] e depois, com um debate interno violentíssimo, [...] uma maioria, mas era uma maioria pequena, que apoiava a orientação de luta armada na América Latina, e uma minoria que era absolutamente contra. Quer dizer, eu tinha a impressão obviamente de que, em cada lugar onde você estava, havia divergências políticas, problemas políticos, coisas não claras. Bom, a gente pelo menos discutia essas coisas. Havia pessoas que estavam tão cansadas de todas essas discussões que diziam: "Olha, de teoria eu já estou até os gorgomilos, agora eu quero é ação". Isso era também um pouco o espírito da época. [...] eu acho que tudo isso fez com que a nossa atuação naquele período fosse complicada, fosse muito difícil...

Jogando com as escalas de análise, é possível dizer que as vicissitudes e esperanças do pequeno grupo do POC que foi para a França em 1970, premido tanto pela repressão ditatorial quanto por sua atração pela perspectiva internacionalista, encontraram-se com a orientação política há pouco sancionada pela Quarta como guia de ação. Aliás, pode-se pensar que Paulo ecoou em seu "canto de sereia" justamente essa posição que via na América Latina um campo privilegiado da luta revolucionária. Tal encontro entre os projetos individuais e coletivos de Flavio e seus companheiros, e o projeto coletivo da Quarta, não obstante suas discussões e embates internos, teve consequências fundamentais, conforme veremos a seguir, para a vida dos primeiros. As palavras da resolução sobre a América Latina citadas acima ganharam vida (e morte) na ação de muitos grupos e personagens em diversas partes do subcontinente, com todas as contradições e limites implicados em qualquer transposição da teoria para a prática política. A trajetória de Flavio encarna em vários aspectos esse processo.

Era preciso, pois, trabalhar para que a luta armada ganhasse impulso na América Latina, região que, na avaliação da Quarta, atravessava um período de crise pré-revolucionária, a qual deveria ser explorada através da ação guerrilheira contra o imperialismo e o capitalismo, e em prol da implantação do socialismo. De acordo com Flavio, "a partir dessa vivência com eles [os militantes da Quarta], redefinimo-nos no terreno político. Isso acentuou uma certa perspectiva de luta armada, mais do que antes" (Koutzii, 2009, p. 112). Mas, no caso da Tendência, por onde se deveria começar? De que maneira se poderia colocar em prática a resolução exarada no 9° Congresso da Internacional?

Sobre esse aspecto, verificam-se divergências nas memórias atuais dos membros do grupo. Segundo Angela, quando os integrantes da Tendência decidiram ir para a França, "[...] o nosso projeto [era] ir até lá, tomar contato com a Quarta Internacional e voltar com essa perspectiva, de abrir os horizontes". Tal posição estaria relacionada, segundo ela, a uma espécie de dívida com os militantes do POC que haviam ficado no Brasil: "[...] nós organizamos aqui pessoas muito jovens, muito inexperientes, que assumiram os nossos lugares. E mantivemos, enquanto estávamos lá, uma correspondência com essas pessoas, cifrada, é claro. Mas na expectativa clara de voltar". Na continuidade, ela assinalou que esse projeto inicial foi alterado durante a estadia na Europa: "[...] lá no nosso grupo ficou mais ou menos claro que só nós dois [ela e Merlino] voltaríamos para o Brasil, e que o Paulo, a Neneca e o Flavio iriam pra Argentina, para o PRT da Argentina". Em texto escrito como apresentação para uma nova edição do livro *Pau de Arara*, ela reafirma essa divisão:

> *Éramos quatro os que aceitaram a proposta* [de ir para a França]: *Maria Regina Pilla, Flavio Koutzii, Merlino e eu. Mas apenas nós dois pretendíamos voltar para o Brasil e foi isso que ficou combinado com os companheiros do POC que ficaram. Os outros dois, juntamente com Paulo* [Paranaguá], *projetaram se inserir no PRT argentino. Essa opção foi encarada por nós como um passo para o internacionalismo e norteou todas as discussões no núcleo que formamos durante o estágio em Paris* (Almeida, 2013, p. 238-239).

Contudo, nas falas de outros integrantes da Tendência, a perspectiva da volta ao Brasil desponta como o horizonte mais provável naquele momento. Flavio, em entrevista a mim concedida, afirmou: "[...] nós tomamos essa decisão de dar uma recuada, sair e pensar, que é o que fizemos, e num período extremamente curto definimos essas posições, esse documento [as teses examinadas anteriormente], e começamos a voltar para o Brasil, íamos começar [...]" (entrevista 3). Logo depois, ele foi ainda mais taxativo: "[...] ficamos seis meses e tomamos a decisão de voltar" (entrevista 3). A mesma ideia aparece em um texto memorialístico de sua autoria: "Há um balanço particular de nosso grupo, quando decidimos voltar para o Brasil" (Koutzii, 2009, p. 112). As lembranças de Paulo e de Maria Regina vão no mesmo sentido. Sobre o tema, o primeiro ressaltou: "Nosso objetivo era o Brasil"; Neneca, igualmente, afirmou: "A gente ia voltar pro Brasil logo". Um não componente do grupo, mas intimamente ligado a ele, o já referido Daniel Bensaïd, em livro publicado no ano de 2004, escreveu: "Em 1971, esse grupo de exilados projetava um retorno ao país [Brasil] para lá reconstruir uma organização" (Bensaïd, 2004, p. 180. Tradução minha).

Essa divergência na forma de lembrar o passado certamente está ligada ao profundo trauma que se abateu sobre o grupo com a morte de um dos seus integrantes, Luiz Eduardo Merlino, o primeiro a voltar efetivamente ao Brasil, em 1971. Sobre esse fato, escreve Angela:

> [...] *estávamos na França, eu e Merlino, com o claro objetivo de um estágio político com prazo determinado para voltar.* [...]
>
> *Estágio terminado, Merlino empreendeu o primeiro passo para a nossa volta. Seu nome verdadeiro não era conhecido da repressão, que sabia apenas o seu nome de guerra, Nicolau, e o papel que exercia na nossa organização, o POC (Partido Operário Comunista). Voltou com seu passaporte legal e iria, no contato com os companheiros do Brasil, planejar a minha volta, já que eu estava completamente clandestina e condenada a quatro anos de prisão.*
>
> *[...] Merlino foi preso três dias depois de chegar ao Brasil, em 15 de julho, na casa de sua mãe, D. Iracema, em Santos. Levado para o DOI-CODI de São Paulo, foi torturado seguidamente no pau-de-arara durante mais de 24 horas, conforme o depoimento de outros presos, jogado em uma cela solitária, de onde só foi retirado já com as pernas gangrenadas, para ser levado, provavelmente, para o Hospital Militar. O então major Carlos Brilhante Ustra, comandante do centro de tortura, negou a possibilidade de ele permanecer com vida depois de uma amputação, conforme depoimento de dois ex-presos no processo que movemos, eu e sua irmã Regina, contra este militar torturador. É portanto, o responsável direto de sua morte* (Almeida, 2013, p. 236-237).

Outras divergências emergem nas memórias dos integrantes do grupo no que se refere às circunstâncias em que ficaram sabendo da morte do companheiro e aos rumos que então deveriam ser tomados. Em texto de caráter memorialístico, Angela recorda da angústia ligada à falta de notícias de Merlino após o retorno desse ao Brasil e do momento em que soube do ocorrido:

> Nossos sonhos, nossas expectativas, nossas esperanças viram-se radicalmente frustrados. Depois que Merlino viajou, cheguei a falar com ele pelo telefone, rapidamente. Mas ele não voltou a telefonar. Viajei para uma reunião internacional, voltei, e ele não ligava. Já estávamos na segunda quinzena de julho, entrando em agosto. Tentei ligar para a casa de sua mãe, D. Iracema, e uma telefonista respondeu que não podia completar a ligação. Alguma coisa me pareceu estranho, mas os telefones eram então muito precários. Já era agosto quando um amigo dele, de Santos, me chamou para conversar e mostrou uma carta de um seu parente que dizia que Merlino estava morto (Almeida, 2013, p. 242).

Em entrevista para esta pesquisa, ela também rememorou esse momento, acrescentando: "[...] tanto o Paulo como a Neneca e o Flavio já tinham ido pra Argentina e eu fiquei lá sozinha, sozinha com os companheiros". Paulo deu outra versão dos fatos, acentuando que seria o próximo a ir para o Brasil caso Merlino não tivesse caído: "[...] eu desmarquei minha viagem para o Brasil sábado de manhã para um voo de sábado à noite quando a gente recebeu a notícia. Se tivesse recebido a notícia um pouquinho depois eu tinha ido lá, não sei o que teria acontecido". Sua narrativa acentua o papel do acaso e também as poucas possibilidades que restaram aos militantes da Tendência depois do trágico acontecimento: "Isso [de ir para a Argentina] não era uma decisão inicial, porque como eu te disse agora, eu ia pro Brasil atrás do Merlino, então tudo isso foi depois, foi uma segunda fase. Eu acho que não havia como, [...] não havia tantas opções assim, no início nosso grupo era muito reduzido mesmo". E avalia: "Essa etapa da nossa aventura comum começou muito mal, [...] na volta ao Brasil, o primeiro do nosso pequeno grupo do POC, que durante um ano se reuniu aqui em Paris lá na minha casa, o primeiro de nós foi preso e morreu uma semana depois na cadeia [...]". Neneca, por seu turno, atribui essa mudança de rota à direção da Quarta: "A gente ia voltar pro Brasil logo, mas eles não conseguiam decidir isso, eles decidiram uma outra coisa, que a gente ia pra Argentina, e foi o que aconteceu". Já Paulo questiona essa ideia de uma decisão "de cima" e acentua a autonomia (e a responsabilidade) do grupo para tomar tal atitude. Em nossa entrevista, perguntei a ele: "Vocês foram enviados inicialmente daqui, de Paris?". A resposta:

> Sim, [...] "enviados" [...] mais ou menos, "enviados" parece que a gente estava seguindo um figurino. Na verdade, muito da escolha tinha que ver com o nosso momento, o POC era um grupo pequeno, nós éramos um grupo dentro do POC, estava muito enfraquecido, então a gente adotou uma série de decisões que não foram impostas por

ninguém, elas foram acompanhadas daqui, pela Liga, pela Quarta. As orientações tinham que ver com o que a gente achava que devia fazer. E tanto é assim que uma parte vai pro Chile e a outra parte vai pra Argentina.

Reforcei, então, a ideia de escolha: "A opção foi de vocês, então, de ir para a Argentina?", e ele concordou: "É, a opção foi nossa, do grupo e nossa". Ou seja, na perspectiva de Paulo, apesar de reduzida, havia uma margem de escolha para os integrantes do grupo a respeito dos caminhos a serem seguidos. Acrescento ainda a possibilidade de ficar na Europa, de não voltar para a América Latina, de não reingressar na clandestinidade; opção que certamente geraria conflitos, tensões e dilemas morais, mas que não estava fora do campo de possibilidades desses militantes, como mostra o exemplo de Helena Hirata, outra integrante do POC, embora não ligada ao seu núcleo central, que foi na mesma época para a França, fugindo da repressão do governo brasileiro, e decidiu ficar naquele país, desenvolvendo sua militância política junto à Quarta e auxiliando seus companheiros quando possível, mas sem se envolver na luta armada. Ao salientar esse caso, volto a ressaltar que a trajetória de Flavio e seus companheiros não estava traçada de antemão, mas foi construída passo a passo a partir dos constrangimentos do contexto então vivido, como fica tão claro no episódio da tortura e morte de Merlino, e também de avaliações e decisões individuais e coletivas. Por outro lado, suas escolhas não se faziam no vácuo, mas a partir de um compromisso ético-político reforçado pelo assassinato do companheiro.

Ao que tudo indica, Flavio já estava no Chile quando Angela tomou conhecimento da morte do companheiro, o que, segundo ela, ocorreu na virada de julho para agosto de 1971. Vimos, no início deste capítulo, que nosso personagem principal, em 2 de julho, obteve do consulado chileno na França um novo visto de estudante e partiu para esse país latino-americano no dia seguinte. Em texto de caráter memorialístico, ele ressalta que a estadia no Chile seria uma "escala" para a volta ao Brasil, perspectiva que foi abortada em função da queda de Merlino e das consequências desse fato para o POC:

> *Iniciamos o retorno pelo Chile. Quando lá chegamos, dois terços dos que restavam da organização no Brasil caem pela repressão.*
>
> *É aí que, nesse processo, minha história e desse grupo fica muito particular. Nós nos chamamos de POC-Combate. Acabamos tomando a decisão, alguns de nós, de ir para a Argentina* (Koutzii, 2009, p. 112-113).

A perspectiva de voltar ao Brasil desde o Chile é confirmada em outro tipo de documento cuja interpretação exige muitos cuidados. Trata-se do depoimento arrancado pela polícia política brasileira de Fábio Oscar Marenco dos Santos, integrante do POC que havia ficado no Brasil. Pela data em que foi obtido, 14 e 15 de agosto de 1971, presume-se que ele deve ter caído no processo de desmantelamento da organização ocorrido após o assassinato de Merlino. Obviamente que informações obtidas mediante tortura precisam ser relativizadas e consideradas, sobretudo, na seguinte chave: "O que eu posso fazer para, de alguma maneira, enganar os meus algozes e, portanto, ganhar tempo e me livrar da tortura, sem prejudicar (ou prejudicando o mínimo possível) os meus companheiros e a minha organização". Porém, cruzado com os depoimentos reproduzidos anteriormente, o trecho seguinte ganha especial significação:

> Que quando esteve no Chile o depoente encontrou-se com FLAVIO KOUTZII ("LAERTE") que lhe disse estar preparando seu retorno para o Brasil onde iria reestrutura [sic] o POC o que deveria ocorrer nos próximos meses, ficando acertado que o depoente mandaria, por carta, o endereço de algum militante (possivelmente do RGS) para que ele ali reatasse com a organização[9].

Embora não datado, esse encontro provavelmente ocorreu entre a nova chegada de Flavio ao Chile (3 de julho) e os dias que se seguiram à queda de Merlino (acontecida no dia 15 daquele mês). Portanto, a partir desse conjunto de indícios, pode-se afirmar que, desde o país vizinho, Flavio e alguns companheiros preparavam efetivamente uma reinserção no Brasil e, para isso, necessitavam retomar contatos e rearticular redes.

Flavio, munido mais uma vez de um visto de estudante, buscou se reintegrar oficialmente à ESCOLATINA para permanecer em situação legal no Chile, como indica uma carta, datada de 28 de setembro de 1971, que Jacob Koutzii, na condição de seu procurador, enviou à Faculdade de Ciências Econômicas da URGS, solicitando os programas de todas as disciplinas cursadas pelo filho entre 1963 e 1967, "para atender as exigências da instituição de ensino ESCOLATINA"[10]. A correspondência mostra, igualmente, como o militante continuava em contato com sua família. Nesse período, vivia em um apartamento com vários outros brasileiros (entrevista 3).

Sobre a militância de Flavio no Chile nessa segunda estadia, alguns documentos dão conta de sua visão sobre os companheiros que viviam naquele país, das atividades que pretendia desenvolver e das ligações mantidas com a Quarta. Em carta de 22 de outubro, na qual assina com o seu pseudônimo mais usual nesse período, "René", dirigida à Comissão América Latina – ao lado deste destinatário institucional, consta, manuscrita, a indicação "[Rover-Toussant]" (sic), referindo-se aos militantes da Quarta Toussaint (Xavier Langlade) e Rovère (Thierry Jouvet) – e à Comissão Edições da Quarta Internacional, curiosamente redigida em português, esses pontos são abordados. Importante mencionar que seu conteúdo expressa a perspectiva de um grupo de militantes, já que, no fim da missiva, está escrito à mão: "P.S – Esta carta foi decidida em reunião do GP em Santiago, da qual já seguiram algumas cartas-relatório".

No texto, "René" aponta a "extrema dificuldade" para o desenvolvimento das tarefas políticas de seu grupo no Chile no que tange à "divulgação de nossa literatura pela inexistência de traduções para a língua espanhola", especialmente dos materiais "mais recentes", dentre os quais elenca: "*Cahiers Rouge*, artigos da revista *Quatrième*, livros como o de Mandel sobre *Control Ouvrier*, Maitan sobre os chinos, etc...". E continua: "Apenas os escritos mais clássicos de Trotski e o *Tratado Marxista de Economia* de Mandel são os que se pode encontrar, mesmo a *Hist. da IV* de Frank (editada na Venezuela) nunca se viu por aqui". Na sequência, há uma avaliação sobre os companheiros que viviam no Chile: "Infelizmente os diversos setores trotskistas em Chile são de uma absoluta falta de dinamismo e iniciativa, razão pela qual nunca exploraram uma série de possibilidades de divulgar de forma sistemática nossa literatura". Diante desse quadro, o remetente solicitava autorização e credenciais para poder acertar uma série de traduções e edições, tendo em vista que já haviam surgido propostas para editar "uma série de títulos interessantes". Flavio justificava sua proposta da seguinte maneira: "O interesse político é óbvio, seja pelo processo político que vive o Chile, seja pelo fato da existência de uma forte imigração política que muito interessa atingir (brasileiros, bolivianos, etc...)". E detalhava mais o projeto editorial: "Inicialmente estão previstos a tradução e edição do trabalho de Avenas – *Economie et Politique dans la Pensée de Trotsky*; o trabalho de Mandel que foi publicado em inglês sobre a Teoria de Organização Leninista. Pensamos também no livro de Mandel sobre *Control Ouvrier*" (Carta de GP/René à Comissão América Latina/Comissão Edições. Santiago do Chile, 22/10/1971).

A correspondência é muito interessante para, por um lado, conhecer a posição de Flavio e seu grupo mais próximo sobre os companheiros que viviam no Chile, caracterizados como sem dinamismo e iniciativa. A fim de reverter essa tendência, os primeiros apostavam nas atividades de propaganda e formação, por meio da tradução, edição e divulgação da literatura trotskista recente, ligada à Quarta Internacional. Não é descabido pensar que o projeto, apesar de acordado coletivamente, tenha sido sobretudo uma iniciativa de nosso personagem, tão sensível ao papel dos livros como instrumentos de conscientização política, como peças fundamentais à ação revolucionária. Também é possível vislumbrar na missiva a situação então vivida pelo Chile, onde, no contexto do governo democrático e socialista de Allende, era possível pensar e realizar projetos como o pretendido, inclusive devido ao interesse de alguns agentes locais em apostar na edição de textos trotskistas. Por fim, é significativa a indicação de que o país se tornara um local de "forte imigração política", com grande poder de atração sobre os exilados das vizinhas ditaduras latino-americanas, e, portanto, onde a propaganda da Quarta tinha potencial para efetivamente internacionalizar-se ou, no mínimo, "latino-americanizar-se".

Ainda sobre o plano de circulação de obras trotskistas e a relação com a Internacional, há uma correspondência dirigida a "Joaquim" (nome de guerra não identificado), escrita em francês e datada de 9 de dezembro (sem indicação de ano, mas provavelmente de 1971), na qual o remetente, em linguagem cifrada, demonstra indignação com a falta de resposta do destinatário: "A última carta, se é que nós podemos chamar de carta poucas cinco linhas, é de 10/11!!!!!!! Penso que não se pode trabalhar dessa maneira. Sem dizer as palavrinhas gentis que eu gostaria de te dizer pessoalmente, passo às coisas práticas urgentes". Afirma-se então que o "primo de René" (um código, conforme me explicou Flavio posteriormente) viria ao Chile durante as férias de Natal e seria necessário "aproveitar para enviar por meio dele o máximo de coisas, devido ao preço dos correios". Em consequência, solicitava-se o envio de uma série de materiais e informações, inclusive: "*Rouge*: dois exemplares do número que fala de Mandel, história da iv, de Pierre F. em espanhol [...]" e, em tom de ironia, "publicações a critério de sua generosidade" (Carta a Joaquim. [Santiago do Chile], 09/12/19[71]. Grifos no original). Enfim, a carta evidencia tensões entre militantes da Quarta no Chile e na França (que voltarão a se expressar, conforme veremos posteriormente, quando da estadia dos primeiros na Argentina), bem como reitera a importância das publicações na ação desses revolucionários, além de exemplificar algumas regras de segurança que pautavam sua circulação internacional, nesse caso a correspondência cifrada e a utilização de "mensageiros".

Outro documento, um telegrama enviado de Santiago do Chile, sem indicação de data, escrito em francês e assinado por "René", aborda, também em uma linguagem bastante codificada, um tema aparentemente prosaico, mas fundamental à continuidade da luta política: o financiamento da militância. Ao que tudo indica, se trata de um pedido de recursos à Quarta Internacional, talvez para a realização de uma viagem. Eis o texto: "ENCERRAMENTO COLOCA PROBLEMAS FINANCEIROS VINTE DÓLARES POR DIA NOVO AJUSTE TURÍSTICO NECESSÁRIO AVANÇAR VIAGEM MAIS EXPLICAÇÕES"[11].

Referindo-se igualmente à militância de Flavio nesse segundo momento no Chile, Luís Eduardo Oliveira, o "Leo", reforçou, em entrevista a mim concedida, a importância de nosso personagem, já ressaltada anteriormente por outros companheiros de luta revolucionária, como formador e articulador político:

> [...] *ele estava vindo da França e indo pra Argentina.* [...] *ele passou por lá* [Chile], *e foi onde eu o conheci melhor, me aproximei mais.* [...] *aí teve altos papos, que ele vinha trazendo todas as novidades da França, da Quarta Internacional* [...].
>
> [...]
>
> *Então, no Chile, o Flavio, ele* [...] *vinha de vez em quando, no sábado* [...]. *Então a gente discutia, discutia, discutia* [...]. *Ele tinha muita reunião, tinha muita gente dele... Sempre era muito apreciado por todo mundo. Tinha umas divergências entre o nosso grupúsculo* [inaudível], *e o Flavio era o cara que se entendia pelas duas correntes,*

fazia uma ligação, diplomata, [...] *aquela habilidade pra falar* [...]: *"Lá na França, não sei o que", a coisa sempre interessante.*

A morte de Merlino, como já foi referido acima, levou a significativas alterações nos projetos coletivos e individuais dos integrantes da Tendência. Quando o assassinato ocorreu, Flavio, ao que tudo indica, estava no Chile articulando uma volta ao Brasil. Angela, retomando o projeto anteriormente traçado com o companheiro, passou também a planejar esse retorno. Em suas palavras:

> Quando pude voltar a pensar, decidi que iria, apesar de nossa organização praticamente destruída no Brasil, tentar fazer o que tínhamos projetado como nossa causa comum e tentar se reinstalar no Brasil, a partir da atividade de nossos militantes reagrupados no Chile e na Argentina. Achei que era a maneira mais coerente de manter sua memória viva nas lutas vindouras (Almeida, 2013, p. 243).

Com tal objetivo, rumou para a América Latina, onde militou no Chile e na Argentina, o que mostra, mais uma vez, que esses militantes cruzavam frequentemente as fronteiras dos estados nacionais, em função tanto da ação repressiva das diferentes ditaduras de segurança nacional quanto da perspectiva internacionalista que os movia, sobretudo depois da adesão à Quarta, sem falar da enormidade das tarefas a serem realizadas em contraste com o pequeno número de revolucionários. De acordo com Angela: "E a gente ia se dividindo, íamos, voltávamos".

Em outubro, os "militantes brasileiros da IV Internacional" dirigiram uma correspondência ao BP de la LC SFQI copie au SU [Birô Político da Liga Comunista, Seção Francesa da Quarta Internacional, cópia ao Secretariado Unificado], referente ao assassinato de Merlino, expressando mais uma vez o impacto que esse acontecimento teve junto ao grupo. O documento fala da prisão, tortura e morte do companheiro, afirmando que ele "morreu sob tortura, sem ter se dobrado diante dos carrascos", e da repressão que se abateu sobre o POC. Afirma que, na continuidade desses episódios, os remetentes propuseram à LC uma campanha de denúncia na imprensa e a publicação de "nossas teses", a fim de transformar o revés sofrido em exemplo de devotamento à causa revolucionária e de amadurecimento político de um militante da Quarta. Em resposta, o Secretariado Unificado decidiu fazer um chamamento às seções da organização para que essas dessem o máximo de publicidade ao caso e propôs igualmente ações de vanguarda que deveriam assinalar uma enérgica resposta ao assassinato de Merlino. Ressalta ainda a carta que tais ações seriam "[...] de uma grande ajuda à continuação de nosso trabalho e causariam um impacto certeiro na vanguarda brasileira". Porém, apesar dessa decisão ter sido tomada, nada havia sido feito até aquele momento, o que motivou o seguinte comentário dos remetentes:

> O caso nos parece ter sido lamentavelmente classificado em um balanço de projetos, campanhas e ações fracassados. Um dirigente valoroso

da esquerda revolucionária brasileira, o companheiro Lamarca, foi assassinado no mês de setembro, mas mesmo este fato não parece ter servido de alerta.

Tememos que contrariamente ao que nos dizia o companheiro Ernest Mandel depois da morte de Merlino, pode-se sempre assassinar um quadro dirigente trotskista sem que haja uma resposta enérgica da IV Internacional.

Por isso, solicitavam ao Birô Político da Liga Comunista que procedessem "[...] a um balanço político das tarefas que foram fixadas logo após o assassinato do nosso camarada" e estabelecessem as responsabilidades pela não realização dos planos estabelecidos[12]. A cobrança feita à Seção Francesa da Quarta Internacional mostra, mais uma vez, a existência de tensões entre os militantes da Tendência e aqueles que ocupavam os centros decisórios da organização, sobretudo após a partida dos primeiros para a América Latina, os quais parecem ter se sentido muitas vezes desamparados diante de tarefas acertadas e não cumpridas pelos dirigentes. Afinal, eram eles que estavam "em campo", sofrendo com a violência repressiva, com as quedas dos companheiros, com a falta de recursos para dar continuidade à luta revolucionária.

Ressalto novamente que o "capítulo argentino" propriamente dito não estava redigido de antemão, como fatalidade ou destino. Ele foi iniciado após muitos percursos, encontros, desencontros, conversas, discussões amigáveis e ríspidas, planejamentos, acontecimentos inesperados, traumas e indecisões. Entre o Brasil, a França, o Chile e a Argentina, Flavio e seus companheiros e companheiras delinearam projetos, os quais foram reafirmados, abandonados e transformados em função de uma série de fatores constituintes do campo de possibilidades onde atuavam, no qual a perspectiva política revolucionária tinha papel central. Assim, reconfigurando-se como militante em função desses percursos internacionais, ao longo dos quais reafirmou antigas convicções e maneiras de agir, mas também incorporou novos valores e atuou de novas formas, nosso personagem iniciou um novo capítulo de sua vida ao chegar à Argentina, em fevereiro de 1972.

ENTRE O ACOLHIMENTO E O ESTRANHAMENTO

Quando Flavio chegou à Argentina, em fevereiro de 1972, "[...] o que se passava naquele país era encarado pela Quarta Internacional como uma espécie de protótipo do que poderia acontecer no resto da América Latina" (Almeida, 2013, p. 238). Os argentinos viviam então o terceiro governo de uma ditadura militar iniciada em 1966, dirigido pelo general Alejandro Agustín Lanusse, empossado em março de 1971, que acenava com um projeto de redemocratização em virtude do próprio desgaste da chamada "Revolución Argentina", a qual havia levado os militares à Casa Rosada, evidenciando a tentativa desses de saírem de maneira honrosa do poder e controlarem minimamente a abertura que se avizinhava. Esse projeto, chamado "Gran Acuerdo Nacional" (GAN), propunha um acordo entre as principais forças políticas do país visando a restabelecer as regras do jogo eleitoral e do regime político democrático, trazendo ainda um chamamento a todos os cidadãos para que participassem ativamente do processo. Peronistas[13] e liberais tradicionais se opuseram à proposta, assim como, por razões diferentes, os setores nacionalistas do Exército, liderados pelo ditador que antecedeu Lanusse, Roberto Marcelo Levingston, que acusou o sucessor de "contrarrevolucionário".

Também é importante chamar a atenção para a radicalização política e social experimentada pela Argentina na segunda metade da década de 1960, cujas expressões mais emblemáticas são o "Cordobazo" e o "Rosariazo", movimentos de protesto, sobretudo operário, que ocorreram em Córdoba e Rosário, duas das maiores cidades do país, em maio e setembro de 1969, respectivamente. O primeiro, inclusive, forçou a queda do ditador Juan Carlos Onganía, que havia dado o golpe de Estado em 1966. Nesse contexto surgiu a organização Montoneros, que se definia como um movimento de libertação nacional da esquerda peronista, cujo objetivo era trazer Perón novamente ao poder. Sua primeira ação pública, de grande impacto na sociedade argentina, foi o sequestro e assassinato, em 1º de junho de 1970, do general Pedro Eugenio Aramburu, o qual, no ano de 1955, havia liderado o golpe que depôs Perón. Outro exemplo, de muitos outros que poderiam ser citados, desse ambiente de tensionamento político, marcado por ações violentas e por forte mobilização dos setores populares, é o "Viborazo", também conhecido como "segundo Cordobazo", uma greve com participação massiva ocorrida em março de 1971 em Córdoba, que se opunha ao governador militar da Província indicado pela ditadura. A repressão aos revoltosos foi violenta, mas o governador acabou deposto.

Esses e outros fatos certamente contribuíram para que a "Maioria" da Quarta Internacional avaliasse a situação da Argentina como de crise pré-revolucionária. Um dos dirigentes da organização, o já mencionado Livio Maitan, assim se posicionou sobre o tema em abril de 1971:

> *As organizações que se dedicam à luta armada ganharam bastante influência e levaram a cabo ações espetaculares. As lições de maio de 1969* [referindo-se ao Cordobazo] *e da repressão deixaram claro a milhares e dezenas de milhares de trabalhadores que a luta de classes na Argentina chegou ao nível de enfrentamento armado e que a ditadura militar só pode ser combatida através da violência revolucionária* (Maitan, 1971, p. 388. In: Cormick, 2012, p. 42).

O grupo que acolheu os brasileiros do POC na Argentina, o qual também tinha presença ativa nesse contexto, realizando uma série de ações como expropriações de bancos e delegacias de polícia, e sequestros de empresários, foi, como já sabemos, o Partido Revolucionario de los Trabajadores (PRT). Este havia sido fundado em 25 de maio de 1965, resultando da fusão de dois agrupamentos: Frente Revolucionario Indoamericanista Popular (FRIP), liderada pelos irmãos Francisco René, Asdrúbal e, sobretudo, Mario Roberto Santucho, e Palavra Obrera, organização trotskista dirigida por Nahuel Moreno (pseudônimo de Hugo Bressano). Segundo Vera Carnovale, os militantes que fundaram a organização o fizeram impulsionados "[...] pela certeza de que era necessário contar com um partido único para dirigir o processo revolucionário na Argentina". Conforme a autora, a atividade política do PRT se intensificou na esteira da mobilização social configurada a partir do "Cordobazo". Nas palavras de Pablo Pozzi, o Partido "[...] se apresentava como uma alternativa marxista a uma classe operária majoritariamente peronista".

Desde o início, os dois grupos fundadores divergiam quanto a uma questão essencial, que também esteve na base da criação posterior da Fracción Roja: a luta armada. Ambos, ainda que com matizes, concordavam que essa era a via para a revolução, porém, o setor dirigido por Santucho acreditava que tal modalidade de luta podia começar imediatamente na Argentina, enquanto que o morenismo não avalizava esse entendimento. Essa divergência esteve na base da primeira cisão do PRT entre o PRT-La Verdad, de Moreno, e o PRT-El Combatiente, de Santucho, ocorrida em 1968. Outros debates e tensões internas se seguiram, sempre motivados pelas discussões a respeito do momento apropriado para se iniciar a luta armada. De acordo com Carnovale, "o ano de 1970 representou um ponto de inflexão importante para o PRT", pois, nesse momento, o Partido, em função das referidas disputas internas, perdeu entre 15 e 20% de seus integrantes, e também ocorreu, durante o seu V Congresso, a criação do Exército Revolucionario del Pueblo (ERP). Para Pozzi, dentre as organizações guerrilheiras, apenas o PRT estabeleceu uma diferença "entre as guerrilhas armadas e a organização política que as dirigia" (Carnovale, 2011, p. 11 e 13, respectivamente e Pozzi, 1998, p. 10)[14].

Anos antes, em 1966, no seu segundo congresso, o Partido havia formalizado sua participação na Internacional dirigida por Mandel. Entretanto, como salienta Cormick, o trotskismo não era a única referência teórica da organização: "A recuperação do pensamento de Che Guevara e a influência da revolução cubana, que era globalmente catalogada como 'castrismo', o aporte dos vietnamitas Ho Chi Minh e Giap, e a reivindicação do maoísmo e da revolução chinesa estavam presentes no ideal partidário" (Cormick, 2012, p. 18[15]). Apesar desse ecletismo, com a ruptura de 68 a organização de Santucho foi reconhecida pela Quarta como a sua seção oficial na Argentina, alinhando-se com a "Maioria", enquanto o grupo de Moreno só pôde permanecer como simpatizante, integrando-se à "Minoria". De acordo com Cormick, "embora nunca tivesse um nível de organicidade que o levasse a uma subordinação à direção da Quarta Internacional, o PRT se incorporou e participou ativamente da corrente mandelista, intervindo com maior compromisso que antes" (Cormick, 2012, p. 21).

Em 1970, no contexto das acirradas discussões internas no PRT, a Internacional apoiou a realização do seu V Congresso e avalizou as posições de Santucho. Duas das decisões então tomadas expressam bem as afinidades entre a organização argentina e a Quarta, parte do "jogo de espelhos", referido por Bensaïd e mencionado anteriormente, entre os trotskismos europeu e latino-americano: a aposta, baseada em uma certa caracterização da situação argentina, na ideia de que "a guerra civil revolucionária já havia começado", e a citada formação do ERP, expressão no plano prático de tal concepção. Nesse encontro, as cisões foram lidas a partir da teoria da "luta de classes dentro do partido", e às oposições, que acusavam o grupo de Santucho de excessivo militarismo, restou a pecha de serem representantes das "classes inimigas". Mais adiante, veremos que a mesma chave explicativa será utilizada pelo PRT para caracterizar as críticas e a posterior cisão liderada por Flavio e Paulo, a Fracción Roja.

Percebe-se, nesse momento, que, além de voltar-se para o aprofundamento da luta armada, o Partido professava um "[...] marxismo cada vez mais heterodoxo, no qual, ao já citado entrelaçamento de correntes como o trotskismo, o guevarismo e o maoísmo, o PRT adicionava uma quota crescente de máximas anti-imperialistas ou puramente patrióticas". Essas posições foram então vistas pela Internacional como "[...] uma aplicação tática no marco de profundos acordos estratégicos", sendo esse "[...] o período de maior proximidade entre as direções do PRT e da Quarta Internacional" (Cormick, 2012, p. 24-25).

Não obstante, do lado argentino, a ligação ao trotskismo e a permanência na Quarta geravam intensas discussões no seio do partido, e sua aprovação só foi possível graças à entusiasta defesa de quadros importantes, como Santucho. *Na Minuta sobre a Internacional,* elaborada por ele e anexada às resoluções do Congresso, fica explícito um alinhamento crítico, no qual se reconhece que a organização "[...] atualmente conta com a simpatia de importantes setores da vanguarda revolucionária mundial", mas se afirma que "[...] efetivamente a IV Internacional tem enormes limitações e uma tradição escassamente reivindicável". No documento, também é apontada a heterogeneidade do movimento trotskista, o qual agruparia "desde aventureiros contrarrevolucionários que se servem de sua bandeira, prostituindo-a, até consequentes revolucionários", e se reivindica a necessidade de renovação e desenvolvimento da Quarta, o que implicaria "[...] uma mudança radical em sua composição social, o abandono progressivo das características pequeno-burguesas ainda dominantes, uma participação plena e protagônica nas distintas revoluções nacionais".

Além de possuir quadros comprometidos com o trotskismo, o PRT igualmente impulsionou a entrada na organização de militantes pertencentes ou vinculados à Quarta, como Joe Baxter[16]; além disso, alguns dirigentes da Internacional visitaram o partido, como Livio Maitan, e outros, durante algum tempo, efetivamente se integraram às suas atividades políticas e militares, como Hubert Krivine, pseudônimo "Sandor", o qual protagonizou os primeiros choques entre a direção perretista e a Quarta. Apesar dessas discussões, as duas partes afirmavam a vontade de manter e fortalecer seus laços.

Foi "Sandor" que acordou com os dirigentes do PRT a incorporação à organização dos militantes brasileiros do POC, que começaram a chegar em setembro de 1971. Nas palavras de Cormick, "esses militantes, que se integraram à dinâmica partidária desenvolvendo principalmente ações armadas, logo se converteram em foco das discussões que levaram ao fracionamento de 1973" (Cormick, 2012, p. 29). Paulo, pouco depois do acordo firmado por Krivine, esteve na Argentina, onde tomou contato com lideranças importantes do Partido, como Baxter e Luis Enrique Pujals, tendo, no Chile, confirmado sua participação no PRT "[...] com os brasileiros Koutzii e 'Dante', os quais, por indicação da Quarta Internacional, militavam junto aos exilados brasileiros e com o MIR chileno" (Cormick, 2012, p. 65)[17]. Importante ressaltar que Paulo se integrou ao partido liderado por Santucho como quadro da Quarta, pois não pertencia oficialmente ao POC. Em um boletim interno do PRT editado depois da criação da Fracción Roja, cuja narrativa, portanto, é marcada pelas tensões advindas de tal ruptura, consta o seguinte relato da incorporação dos brasileiros:

> *Durante os anos 1970 e 1971, depois do V Congresso, Livio e Sandor (membros do S.I.) visitaram nosso Partido, estiveram em reuniões da Direção e conversaram extensamente com distintos quadros da nossa organização. Sandor permaneceu quase dois meses e assistiu, pouco antes de sua partida, alguma sessão do C.E. Tanto Livio como Sandor se manifestaram completamente de acordo com a linha e atividade do Partido e Sandor, perguntado pelo C.E., expressou que tudo parecia muito bem, somente fez algumas observações secundárias sobre a atividade na frente estudantil, que lhe parecia insuficiente. Posteriormente, por volta de 1971, a L.C.F enviou um quadro [Paulo] para colaborar no [movimento] estudantil. Este companheiro foi incorporado ao Partido como militante e se lhe atribuiu a Direção da frente estudantil.*
>
> *Via este quadro que era membro da Liga e membro também do POC (sic) (Partido Operário Comunista) chegaram posteriormente mais 8 companheiros do P.O.C. pedindo para serem incorporados para realizar uma experiência, um aprendizado político-militar que lhes preparasse adequadamente para enfrentar com êxito as tarefas revolucionárias em seu país. Nosso Partido acolheu estes companheiros de acordo com sua concepção e tradição internacionalista, lhes outorgou os direitos de militantes e lhes permitiu circular sem nenhum limite pela organização. Estes companheiros se distribuíram por várias regionais e zonas, conhecendo parte do Partido, e finalmente se concentraram em 5 "equipos" [células de base] militares da regional Sul. Os nove companheiros estavam cedidos pelo Partido para sua aprendizagem e dedicavam naturalmente todo seu tempo a esta atividade* (Informe sobre un trabajo fraccional. PRT, Boletín interno, n° 34, 27/12/1972, p. 2).

Paulo, portanto, foi o primeiro a chegar, seguido de Maria Regina. Flavio veio alguns meses depois, em fevereiro de 1972. Referindo-se ao grupo que o acolheu, o último ressaltou em texto de caráter memorialístico:

Era uma das duas grandes organizações argentinas. Lá, havia também os Montoneros, que era o Peronismo Revolucionário. O PRT-ERP era inspirado no modelo vietnamita, com partido e exército misturados dentro de uma organização marxista. Na verdade, era como se fôssemos lá aprender a experiência deles, no terreno da luta deles. Éramos mais uns ali (Koutzii, 2009, p. 113).

Em sua análise do sistema prisional argentino, publicada em 1984, a caracterização do PRT é feita de maneira semelhante: "O PRT-ERP é marxista, reivindica as experiências cubana, chinesa e vietnamita. Representou sempre a alternativa marxista armada ao peronismo. Teve uma enorme gravitação no período, mas uma política militar ultraesquerdista limitou o seu desenvolvimento" (Koutzii, 1984, p. 20).

Interessante observar que, em nenhum momento, ele caracteriza o PRT-ERP como trotskista. Já vimos acima que o partido tinha uma inspiração ideológica heterodoxa, na qual se mesclavam o trotskismo – o que justificava sua vinculação à Quarta – com outras vertentes, como o maoísmo, o guevarismo e o exemplo da guerra do Vietnã. Essa omissão de Flavio certamente se deve a uma visão retrospectiva, que leva em conta, em primeiro lugar, a trajetória posterior do PRT, o qual, como veremos, cada vez mais se afastou da Internacional e do pensamento de Trotski, e, também, a própria posição do militante e de seu grupo nesse processo, de distanciamento gradual do partido, devido justamente, entre outros fatores, ao que consideravam ser uma leitura incorreta do trotskismo por parte das lideranças perretistas.

Cormick descreve da seguinte maneira as atividades do grupo do POC no PRT, bem como caracteriza a situação do último no momento em que houve tal incorporação, especialmente no que tange a sua relação com a Quarta:

> *Os militantes brasileiros se integraram à atividade partidária, concentrando-se na regional Sul. Sua chegada, em pleno auge do militarismo, não fez apenas com que tenham se voltado primordialmente a tarefas militares, mas também que se integrem em um partido com uma dinâmica orgânica muito fragmentada, com pouco funcionamento das instâncias centrais, o que se expressava, por sua vez, em certa autonomia e liberalidade nas regiões e células. Embora a decisão de sua incorporação fosse um sinal de que o PRT e a Quarta Internacional se propusessem a fortalecer sua relação, o certo é que a sua estadia no partido se deu de maneira simultânea ao afastamento político entre as duas organizações e [...] em um contexto de grandes divergências políticas no PRT devido às distintas caracterizações da situação nacional, da percepção do problema do militarismo e da discussão sobre o funcionamento orgânico* (Cormick, 2012, p. 66).

Como mencionei antes, ao chegar à Argentina, Flavio morou com Miguel Angel Villa, que ele havia conhecido na sua passagem anterior pelo país, antes de ir para a França, quando esse namorava sua irmã, Marília. Agora,

Miguel relacionava-se com Norma Espíndola, a qual, como veremos a seguir, teve grande importância na trajetória de nosso personagem. Por ora, basta ressaltar, mais uma vez, a mescla de vínculos afetivos e políticos que se dava no quotidiano da militância. Quando perguntei a Flavio como ele conheceu Norma, sua resposta evidenciou a interpenetração da "grande política" com os laços de solidariedade, amizade e amor existentes nesse contexto marcado pela repressão ditatorial e pela radicalização da militância, evocando também as tragédias que podiam interromper tais ligações:

> [Miguel] *era um cara mais jovem, ultraexpansivo* [...].
> [...] *quando eu volto em 72 Miguel era namorado da Norma* [...], *quer dizer, o nexo foi esse. O Miguel eu conheci assim, o encontrei e ele ofereceu a casa dele, a casa que ele alugava* [...], *que ele podia me receber naqueles primeiros meses. Então eu vou morar ali num dos quartos da casa. E aí, em um dia que eles estão lá, os dois, é que eu conheço a Norma.* [...] *bom e aí vai indo, na medida em que eu vou consolidando o meu vínculo político, e é então um dos lugares em que* [...] *eu tinha conhecidos, minimamente, eram o Miguel e a Norma. Depois eles se separam,* [...] *e um tempo depois, não sei se um ano depois ou algo assim, eu começo a ter uma relação com a Norma. Porque em junho de 74, eu já estava namorando a Norma, que é quando o Miguel morre.* [...] *eles estão numa ação, ele e um outro companheiro, e caem na ação, são sitiados pela polícia e o Miguel é ferido. Na verdade, levam ele para a delegacia e o matam lá* [...], *foi isso que aconteceu, foi um dos nossos primeiros* [a cair] (entrevista 3).

AMOR E REVOLUÇÃO
Miguel Angel Villa e Norma (Facebook/ Acervo Pessoal Norma Espíndola).

Como foi dito acima, Flavio e os demais brasileiros ficaram militando nas células militares da zona sul de Buenos Aires; afinal, seu objetivo era, sobretudo, aprender com a experiência do PRT para depois viabilizar a retomada da luta armada no Brasil. Quando perguntei a Maria Regina que tipo de ações eram realizadas por essas células, ela respondeu: "[...] faziam a luta armada, [...] quer dizer, concretamente, roubavam carro, [...] roubavam comida e distribuíam nas favelas, roubavam bancos, esse tipo de coisa". Na sequência, ela expressou seu desacordo com tais atividades – "na real, eu não estava de acordo com aquilo" –, mas também sua resignação diante dos imperativos da militância: "[...] tinha que fazer, e aí [...], com o passar do tempo, as coisas dão muitas voltas, tu não tem que te desesperar quando tu não tá de acordo com as coisas, que a maioria pensa que aquilo é certo". Neneca calculou em "quase cem, oitenta e tantos, noventa" o número de militantes dessas células.

Desde o início, conforme suas lembranças atuais, ela sentiu-se incomodada com determinados procedimentos do PRT, como a distribuição de comida nos bairros pobres da cidade: "[...] aquilo ali era um absurdo, eu achava um absurdo, [...] uma coisa populista, ridícula, todo mundo correndo risco de vida para distribuir comida [...]". Flavio, em um momento posterior, ao saber dessa postura da amiga, disse-me que não discordava de tal prática enquanto forma de propaganda armada. De qualquer modo, nesses primeiros momentos, ainda segundo a entrevistada, eles resolveram ficar "de bico fechado" a fim de não perturbar o objetivo principal do "estágio" na Argentina:

> A gente decidiu entre os três [ela, Flavio e Paulo] que a gente não ia se meter muito na política do PRT na Argentina, da qual a gente tinha inúmeras diferenças. A gente não estava de acordo com aquilo que eles faziam, mas a gente achou melhor ficar quietos porque a gente foi lá para fazer outra coisa, que era uma preparação militar, aprender a atirar, aprender a participar de ação armada em meio urbano, esse tipo de coisa, que era o que a gente fazia.

Porém, Neneca admite, "[...] é, assim, muito difícil tu militar, correr risco com teus companheiros e, na hora que tu vai discutir, [não dizer nada]. E a gente, por exemplo, tinha crítica ao tipo de partido que eles estavam construindo". Nessa difícil posição entre "não abrir o bico" e discutir certas divergências importantes com os companheiros, os brasileiros realizaram algumas atividades que, no campo de possibilidades então delineado, contribuíram para divulgar e fazer avançar seu projeto político. Entre elas, destaca-se um curso voltado aos membros de suas células e a militantes de outras unidades da mesma regional, curso esse que será objeto de críticas da direção do PRT no momento da criação da Fracción Roja (Cormick, 2012, p. 66). Deve-se mencionar que, com certeza, o desenvolvimento dessa atividade de formação só foi possível graças às já mencionadas "autonomia" e "liberalidade" vigentes nas células e regionais em função da perda de organicidade do partido.

O oferecimento de um curso aos companheiros da Argentina tinha como base a percepção compartilhada, embora com certas nuances, por Flavio, Paulo e Neneca, de que aqueles, conforme as palavras da última, "[...] eram despolitizados, eles não tinham formação marxista nenhuma, que a gente tinha muito boa". Flavio, no mesmo sentido, comenta: "[Tínhamos] muito mais preparo teoricamente, intelectualmente, que a média deles, daqueles com quem convivíamos" (entrevista 3). De maneira retrospectiva, alguns militantes argentinos que depois se incorporaram à Fracción respaldam essa avaliação. "Mariano", nome de guerra de Rodolfo Miguel Di Sarli, por exemplo, afirma: "Eles [os brasileiros] vinham com uma formação muito mais sólida do que a nossa, vinham com a experiência do Chile, com a experiência da França, tinham uma formação acadêmica muito mais fina do que nós [risos] [...]". As lembranças de Carlos Alberto Alvarez, o Charly, vão no mesmo sentido. Segundo ele, que começou a militar no ano de 1970 em uma frente legal do PRT, a discussão política mais densa e menos simplificadora "[...] certamente começou com os brasileiros, com uma formação política muito sólida, que contrastava com a formação da maioria... [...] eu não conheci tanta gente da direção [do PRT], alguns sim. Os que eu conheci não tinham a formação teórica, política [...]". Já a militante argentina Mele concentra sua apreciação em Flavio, quem, afinal de contas, era o tema de nossa entrevista, ressaltando a seu respeito: "[tratava-se do] mais informado politicamente, o que tinha mais nível teórico". Ela, ao longo de seu relato, disse que guardava poucas lembranças específicas daquele período, mas fez questão de destacar o significado do referido curso oferecido pelos militantes do POC:

> [...] *lembro concretamente desses, digamos, cursos... sim, se poderia chamar de cursos de formação que o Flavio estava dando para os companheiros. Isso sim eu tenho uma lembrança muito pontual de estar em uma casa da organização onde nós vivíamos. É uma lembrança que mostra um pouquinho o nível no qual nós estávamos, que não era muito elevado quanto à formação política. E me lembro concretamente de um diálogo no qual Flavio nos pergunta: "Bueno, e qual é o nosso inimigo?". E não sei se eu ou se outro companheiro dissemos em seguida: "O exército". E o Flavio nos disse: "Não, não é o exército, o inimigo é a burguesia". Esse diálogo eu me lembro muito concretamente* [risos]*, porque foi muito exemplificativo de várias coisas. Uma é desse nosso nível que estávamos e que realmente nos fazia muita falta nos formar,* [...] *conhecer experiências históricas, e que realmente éramos muito jovens, mas também, em geral, éramos todos mais ou menos da minha idade. Eu tinha 19 anos, 20, por aí. Mas também era exemplificativo do país onde estávamos vivendo, sobretudo nossa adolescência, que havia sido num país militarizado.*

Mais adiante, ela retoma: "[...] na nossa experiência tinham sido os militares que haviam assumido a defesa dos interesses da burguesia nesse país, e talvez na América Latina. Era para nós difícil entender que havia uma burguesia sem que precisássemos associá-la diretamente com o exército". Nas suas lembranças, Flavio também se destaca como o introdutor de uma perspectiva internacionalista junto ao grupo de militantes perretistas do qual participava: "[...] eu acho que graças a ele foi que adquirimos nosso eixo internacionalista [...]. Isso foi [...] uma contribuição do Flavio muito importante para a organização [...]. [...] não só pela questão do pertencimento à Quarta Internacional, [...] mas quanto à maneira de pensar a política". No mesmo sentido, Charly comenta sobre Flavio: "[...] o que se colocava a essa altura no partido era claramente uma solidez de discurso bastante importante".

Mais uma vez, da mesma forma que no período da militância em Porto Alegre, nosso personagem aparece distinguido na memória de seus contemporâneos como alguém com uma formação marxista mais sólida do que a dos demais companheiros, e, por isso, capaz de orientá-los rumo à implementação de determinados projetos. Também é importante destacar que ele, cuja ótica internacionalista havia se reforçado e ampliado durante a estadia na França, procurava agora difundir tal perspectiva junto ao seu grupo político na Argentina, buscando chamar a atenção deste para as lutas revolucionárias travadas em diversas partes do mundo, de forma a inserir os combates locais em um processo mais amplo de enfrentamento com o capitalismo. Nessa direção, Paulo comentou que, naquele momento, "[...] todas as pessoas com quem a gente estava em contato tinham uma grande curiosidade pelo que acontecia no Brasil, na Europa e no resto do mundo, e tanto o Flavio quanto eu tínhamos alguma coisa para contar sobre isso".

Em relação ao quotidiano de Flavio e seus companheiros e companheiras mais próximos, é preciso levar em conta que, mais uma vez, como nos seus últimos anos no Brasil, a clandestinidade se impunha, e talvez com mais força, conforme recorda Neneca: "[...] na época da ditadura militar era todo mundo clandestino, era pior do que aqui [no Brasil], era uma ditadura bem mais estruturada, bem mais organizada e era proporcional ao nível de agressividade das organizações armadas". Mesmo imersos nessa situação extremamente tensionada (ou talvez por causa dela), o trio Flavio, Paulo e Maria Regina procurava resguardar alguns momentos de prazer e descontração. Quando perguntei a Paulo sobre o dia a dia em tal contexto para além da militância, ele recordou inicialmente de um restaurante que frequentavam:

> Olha, a gente ia a um restaurante que na época a gente achava uma maravilha [...]. [....] a gente frequentava muito, se encontrava para almoçar, jantar e conversar, [...] é um restaurante que tem em Buenos Aires, que tem três ou quatro da mesma cadeia. Um restaurante muito popular, barato, tem dois tipos de massa, pesto e sugo, com uma mistura, e tem parrilla, não tem grandes coisas mais.

Esse restaurante, que na época era considerado uma "maravilha", além de compatível com o magro orçamento dos militantes, depois de muitos anos, e de inúmeras experiências, mereceu um julgamento bem menos favorável. Flavio e Paulo a ele voltaram quando foram à Argentina em 1985 para o julgamento de Jorge Rafael Videla, o primeiro governante da ditadura argentina iniciada em 1976. Nesse momento, certamente muitas lembranças dolorosas foram reavivadas e o retorno ao restaurante talvez tenha significado uma tentativa de evocar também recordações mais amenas do "capítulo argentino". Paulo recordou com humor desse fato: "[...] mas quando a gente foi anos depois, que horror, que coisa pavorosa! Sabe, o nosso gosto tinha melhorado um pouquinho". Ele comentou ainda que o trio também gostava muito de cinema (e já nos referimos ao papel da linguagem cinematográfica na "educação sentimental" – e política – de Flavio), salientando:

> Eu deixei de escrever sobre cinema durante muitos anos por causa da militância, mas não deixei de ir, e Buenos Aires em termos de cinema era uma festa. [...] você tinha uma espécie de pequena Broadway, uma grande concentração em, não sei, cinco ou seis quarteirões, você tinha oitenta por cento dos cinemas, dos teatros e ainda por cima restaurantes, botequins, onde podia se encontrar.

Em termos amorosos, Paulo estava com Maria Regina, que, como sabemos, havia sido namorada de Flavio. Também já sabemos que, de acordo com as lembranças atuais dos três, "não teve briga entre nós por causa disso", conforme disse Paulo. As lembranças de Neneca vão na mesma direção: "E aí eu voltei junto com o Paulo para a Argentina. Aí militava eu, ele e o Flavio, nos tornamos três grandes amigos. A gente sempre jantava junto, se via bastante". Ainda sobre os laços que uniam o trio, Paulo comentou:

> [...] então a gente se via, saía junto, até para bater papo, conversar, esquecer um pouco a política. [...] naquela época, como a gente não estava na mesma célula, [...] a gente trocava informações, sem serem informações políticas obviamente. Isso sem [falar] das identidades das pessoas envolvidas, respeitando certas regras de segurança. Mas havia interesses [comuns], pra nós aquilo tudo era uma novidade, a gente ia compartilhando determinadas experiências e era normal que a gente conversasse sobre aquilo também. E, obviamente, eu acho que [contava] a nossa diferença em relação aos outros, pelo fato de sermos brasileiros, de virmos de fora, tudo isso era um pouco evidente...

Flavio, ao me relatar suas aventuras com passaportes falsificados, assunto que abordei no início deste capítulo, também recordou, de maneira divertida, de uma paixão vivida naquela época: "Eu fiz algumas coisas meio delirantes assim [...]. Mas que eram atrevimentos de índole romântica". Contou-me que, logo que chegou à Argentina, encantou-se com uma moça brasileira que lhe havia sido apresentada por sua irmã. Logo perguntei se ela pertencia à mesma organização, ao que respondeu: "Não, não precisa ser da organização para tu te interessar [risos]. Não, não era. Era de esquerda, mas era de outras turmas". A moça ia viajar para a França e Flavio queria acompanhá-la. Nesse caso, disse-me que o mais sensato seria desembarcar no aeroporto de Amsterdã, pois portava um passaporte francês e, em função do seu conhecimento ainda incipiente da língua, sua identidade falsa poderia ser mais facilmente sustentada diante dos guardas de fronteira holandeses. "Aí – conta ele – eu faço um tresloucado gesto, digo: 'Bom, eu vou no mesmo avião que ela'. Só que o avião voava para Paris e eu desço em Paris mesmo com o passaporte francês.

E o cara lá, o guarda da fronteira, fala alguma coisa comigo, nada incisivo, e eu devo ter dito, miado ali um *oui*, e passo. [...] bom, deu tudo certo, mas..." (entrevista 9).

Nesse momento, Flavio ainda não desenvolvia atividades mais profundas no PRT, o que aumentava a possibilidade de aventuras como essa. De qualquer modo, a narrativa mostra, mais uma vez, a maneira como ele subjetivou determinados modelos do amor romântico, que valorizam o impulso em detrimento da razão e a busca da mulher amada a qualquer preço. Além disso, evidencia que certas válvulas de escape do rígido quotidiano da militância clandestina eram possíveis, apesar dos severos limites impostos pela repressão ditatorial e pelo modo de proceder dos grupos revolucionários, os quais restringiam grandemente as sociabilidades de seus integrantes por razões de segurança. Certamente por isso, Flavio, Neneca e Paulo limitavam os contatos com outras pessoas, ficando mais restritos ao seu pequeno núcleo. Como salientou o último:

> *Amigos fora da militância era complicado, porque nós estávamos com identidade falsa. Então* [...] *tinha seus problemas. Obviamente você frequentava pessoas, se eu morava numa pensão, você acaba conhecendo, mas na verdade conhecer é relativo, porque a pessoa não estava sabendo o que eu estava fazendo, eu* [...] *tinha uma história* [falsa] *para contar...*

Nessa situação de isolamento, como disse Paulo, cada um tinha uma história para contar. Ele se passava por espanhol: "As pessoas achavam que eu era espanhol. Inclusive às vezes forçava um pouco certo sotaque espanhol. De qualquer jeito, eu tinha antes de ir pra Argentina, mas em vez de atenuar eu achava que se o pessoal achasse que eu era espanhol era melhor. Não desconfiavam que eu era brasileiro, nunca iam desconfiar. Meu espanhol era perfeito". Seu pseudônimo era "Saúl". Já Flavio, nome de guerra "René", se apresentava como francês, mesmo que seu conhecimento desse idioma fosse, como já dissemos antes, incipiente, fato que ele ironiza: "Naquela época o meu francês já era pra Academia Francesa de Letras"(entrevista 9).

Ainda no que diz respeito à tentativa de estabelecer falsas identidades na situação de clandestinidade, Flavio recordou que teve que morar com outra militante, na periferia de Buenos Aires, a fim de simularem uma vida de casal "normal", o que causava embaraços a ambos:

> *Bom, e aí era bem esse o modelito, não é?* [...] *quer dizer, eu, para mim, não era muito natural isso, um cara aqui do Bom Fim, mas eu sabia que era a linha* [do partido] *e por alguma razão se definiu isso. Então era uma casa praticamente sem móveis, cinco quartos.* [...] *bom, e aí ela tinha o trabalho dela, mas era a típica coisa assim meio de fachada* (entrevista 9).

A companheira em questão, Eleonora Grosman, também falou dessa estranha situação de compartilhar uma casa com pessoas que não conhecia e nem deveria conhecer, bem como dos conflitos que dela emergiram:

> Chamava-se "casa operativa" porque, normalmente, nessa casa, você guardava armas, você tinha pessoal da célula e, basicamente, porque era uma célula militar, a casa seria como a sede, sediava a célula militar. Então eu nem conhecia ele [Flavio], nem sabia quem era, e a gente foi morar junto com um rapaz [...]. Era muito louco, uma coisa... Para que você faça uma ideia, eu era jornalista, Flavio era "francês", vindo de França [...]. Não éramos operários, éramos intelectuais, e todo o jeito de ser da gente era um jeito confuso. Eu falo confuso, porque o terceiro [com quem] a gente foi morar era um cara operário. E fomos morar num bairro pobre. Não era uma favela, mas era um bairro muito pobre. [...] morou um tempinho porque também houve alguma coisa com esse rapaz que eu não consigo lembrar, sinceramente não consigo lembrar o que aconteceu, mas a gente teve que abandonar essa casa. Aí eu perdi o rastro [...] de Flavio, de "René".

A mudança de Flavio e Eleonora para um bairro popular certamente se inseriu no projeto mais amplo de "proletarização" implementado pelo PRT e outras organizações revolucionárias, o qual consistia, do ponto de vista ideológico, em tentar conduzir os militantes a compartilhar os hábitos e pontos de vista da classe operária. Concretamente, implicava levar os companheiros provenientes de classes não proletárias a trabalharem em indústrias ou se mudarem para bairros pobres. O conflito com o rapaz que morou com eles exemplifica o que Vera Carnovale denominou de "tensões da proletarização", derivadas da artificialidade de tal prática. Isso acontecia porque, seguidamente, "[...] os valores dos proletários reais pareciam, muitas vezes, ser distintos daqueles atribuídos pelo Partido aos operários politicamente mais avançados" (Carnovale, 2011, p. 240).

Nesse ponto, cabe enfatizar novamente que a situação de clandestinidade representa uma "crise de identidade", em função, sobretudo, da ruptura com a vida "normal" anterior. Para Flavio e seus amigos, depois de um período de relativa liberdade na França e no Chile, era preciso novamente esconder-se, ocultando até dos relacionamentos mais próximos determinadas informações, adotando nomes e histórias de vida falsos, e seguindo modelos de conduta determinados pelos interesses do Partido. Se hoje tais fatos podem ser relatados inclusive com pitadas de humor e ironia, na época certamente estavam associados a sentimentos como medo e angústia e ao constante estado de alerta para não dizerem ou se mostrarem mais do que o necessário às tarefas da militância. Eleonora Grosman usou uma expressão em espanhol para caracterizar tal situação:

> [...] a história é que você precisa "tabicar", vem de tabique. "Tabique" o que é? É uma parede, um muro [um biombo]. Então você es-

tabelece um muro entre a pessoa, o passado da pessoa, ou seja, você não sabe nada. Você só conhece o presente e o que você faz com a pessoa, as discussões que você mantém com a pessoa. Mas a história da pessoa você não vai conhecer, onde ela mora, como ela se chama, de onde ela vem.

Também como salienta Marco Aurélio Garcia, "as condições de clandestinidade, decorrentes da opção revolucionária, acentuavam o caráter fechado dos grupos e com isso aproximavam e articulavam as esferas do público e do privado, permitindo uma observação privilegiada dessa complexa relação" (Garcia, 1997, p. 324). Já vislumbramos tal fenômeno no caso do Brasil e agora retornamos a ele quando acompanhamos os percursos de Flavio, Paulo e Neneca na Argentina, tendo que circunscrever suas sociabilidades a um âmbito bem fechado, sempre com rígidos limites ditados pelo contexto político, mas igualmente com possibilidades – cada vez mais reduzidas, é verdade, na medida em que a imersão na militância se intensificava – de pequenas escapadas, como as idas a restaurantes e cinemas, ou "desvarios românticos", como a viagem de nosso personagem à França atrás de sua nova paixão. O relacionamento de Flavio com Norma, que havia sido namorada de Miguel Angel, que tinha namorado Marília, irmã do primeiro, o qual, ainda no Brasil, namorara Maria Regina, agora namorada de Paulo, além de lembrar o poema *Ciranda*, de Carlos Drummond de Andrade, reafirma o caráter circular das relações amorosas estabelecidas no contexto da clandestinidade, aspecto já ressaltado no capítulo anterior, em função da convivência forçada e dos imperativos de segurança próprios dessa situação, evidenciando, mais uma vez, a referida interpenetração entre vida política e vida privada.

Nesses primeiros meses na tensionada Argentina, que dava seus passos iniciais rumo à abertura democrática em meio a violentos conflitos sociais e políticos, quando foram acolhidos pelo PRT como militantes de pleno direito, Flavio e outros brasileiros da Tendência, especialmente Paulo e Maria Regina, dedicaram boa parte de seu tempo e energias a conhecer a nova realidade, realizar treinamento militar com vistas a uma futura ação revolucionária no Brasil e discutir seus projetos políticos e as ideologias que os sustentavam. Fizeram isso no campo de (im)possibilidades configurado pela vida clandestina, onde puderam conhecer pessoas (mesmo que com nomes e histórias pessoais falsas), reforçar laços de amizade e, até mesmo, como no caso de nosso personagem, viver alguns "delírios" românticos. Também foi um período de estranhamentos: em relação ao novo país, a determinadas exigências da clandestinidade e a certas práticas da organização em que militavam. No que tange à última, cada vez mais o estranhamento se impôs ao acolhimento, gerando tensões que, por uma série de motivos que examinaremos na próxima seção, acabaram levando a uma ruptura, da qual Flavio e seus companheiros foram protagonistas.

"[...] NÓS TENTAMOS FUGIR DO NOSSO DESTINO E O NOSSO DESTINO NOS ENCONTROU EM BUENOS AIRES"[18]

Em 2012 foi publicado, como parte da coleção *Guerrillas Olvidadas de la Argentina*, publicada pelo coletivo El Topo Blindado – Centro de Documentación de las Organizaciones Político-militares Argentinas, um excelente estudo de Federico Cormick sobre a Fracción Roja, já referido em vários outros momentos deste livro e muito valorizado por Flavio e outros ex-militantes do grupo com os quais tive contato. Nele, o autor detalha, com base em um amplo conjunto de fontes, o funcionamento do grupo e seu afastamento e ruptura com o PRT-ERP. Não cabe aqui, portanto, repetir suas interpretações, com as quais, em geral, concordo. Meu objetivo é, sim, entender a atuação de Flavio nesse processo, a qual considero fundamental no seu desenrolar. Por isso, procurarei apresentar uma narrativa mais colada ao personagem, destacando suas experiências e percepções ao longo desse período, bem como de seus companheiros e companheiras mais próximos. Obviamente não descuido de outras dimensões que motivaram a formação da Fracción, especialmente as que dizem respeito às relações e tensões entre o PRT e a Quarta Internacional, e à maneira como o primeiro funcionava internamente, mas, insisto, minha intenção é entender como Flavio e seu círculo mais imediato agiram nesse campo de possibilidades e também atuaram para transformá-lo em função de seus projetos individuais e coletivos. Afinal, eles foram protagonistas do processo aqui examinado, embora, como veremos, esse tenha gerado desdobramentos que fugiram de seu controle e planos iniciais.

Em texto memorialístico publicado no ano de 2009, Flavio falou da cisão com o PRT:

> *No final daquele ano [1972] nos separamos em razão de algumas divergências e construímos, com companheiros argentinos, um grupo, uma fração. [...]*
>
> *Para situar a cronologia: final de 1972, às vésperas da democratização e com todos os sinais de que ela estava chegando, há divergências de alguma importância de parte de militantes argentinos do ERP e a sua direção. Há essa divisão e formamos um grupo. Era um grupo até expressivo, minoritário em relação aos dois principais [PRT e Montoneros]* (Koutzii, 2009, p. 113).

O estilo distanciado e analítico, característico de vários pronunciamentos de Flavio, obscurece a carga emocional envolvida nesse processo, a intensidade dos conflitos, que ele sintetizou nas expressões "algumas divergências" e "divergências de alguma importância", os temores, ansiedades e ressentimentos, além, é claro, as divergências políticas e ideológicas que motivaram a formação da Fracción. Conforme já vimos, desde a sua chegada, os brasileiros, em maior ou menor grau, discordaram de certas práticas do PRT, como, no caso de Neneca, o confisco e distribuição de comida nos bairros populares de Buenos Aires. Resolveram, de início, não "abrir o bico", pois, naquele momento, o mais importante parecia ser aprender com os companheiros argentinos, sobretudo no plano militar. Porém, também tomaram a iniciativa de ensinar alguns desses companheiros, especialmente no campo teórico e ideológico, divulgando suas ideias junto aos militantes mais próximos da Regional Sul, como por exemplo, a perspectiva internacionalista desenvolvida durante a estadia na França. Mas as divergências em relação às orientações partidárias cada vez mais se manifestaram, como lembra Neneca: "Então, com o tempo, essas diferenças começaram a aparecer porque tu não pode discutir com os teus companheiros de militância com quem tu corre risco de vida na rua e chegar e ficar quieto pra umas coisas tão importantes como essa".

Mas quais eram essas diferenças? Nas memórias de Flavio, Paulo e Maria Regina, despontam, sobretudo, aquelas relacionadas à forma de funcionamento do PRT (em especial a restrição imposta aos debates internos, sua aposta na guerrilha rural e sua ênfase nas ações militares em detrimento do trabalho de massas) e, de forma articulada à crítica anterior, ao próprio caráter que o partido revolucionário deveria assumir. Vimos que, em seu livro sobre as prisões argentinas, Flavio caracterizou a atuação do PRT como uma "[...] política militar ultraesquerdista", a qual teria limitado o desenvolvimento da organização, provavelmente se referindo aos aspectos acima mencionados. Quando perguntei a Paulo sobre as razões da cisão, ele ressaltou a complexidade do tema, afirmando: "É trabalho para um historiador". A seguir, destacou o que considera "uma parte da explicação", ligada à trajetória de Santucho: sua ligação com Cuba e a avaliação negativa que esse fazia do prestígio e influência adquiridos pelos militantes brasileiros junto a certos setores do PRT; afinal, salientou, o dirigente perretista "[...] tinha uma visão muito linha dura, muito vertical do partido, quer dizer, o partido era ele, que dizia qual era a linha certa". Sublinhou ainda que, "[...] além disso, [havia] os próprios cubanos que deviam achar que não tinha graça ter aqueles caras da Quarta Internacional".

Paulo igualmente questionou, diante da "mudança política que estava se vendo no país" naquele período, a "orientação de guerrilha rural que o PRT continuava mantendo, apesar da dificuldade que ele teve em implantar uma guerrilha rural em Tucumã"[19]. Segundo o militante brasileiro, por ter nascido nessa região, tal plano era uma "ideia fixa" de Santucho. E continuou:

> [...] à medida em que a gente estava dentro do partido, quer dizer, nós não estávamos fazendo estágio, nós estávamos integrados, participando das atividades normais, [...] a gente também participava da discussão. Então essa mistura, digamos, de crítica a um certo militarismo e à ideia do foco rural, e essas ideias "exóticas" da Quarta Internacional, pro Santucho era a dose incompatível com o que ele podia

normalmente aceitar. E, além disso, ele devia estar particularmente nervoso porque não éramos os únicos [a fazer] questionamentos dentro do partido, tanto é assim que eu te falei que todo o setor militar foi embora, criou o que se chamou o 22 de Março.[20]

Portanto, em sua explicação para a ruptura, Paulo prioriza o papel individual de Santucho, que, cioso de seu poder centralizador no PRT, invejaria o prestígio adquirido pelos militantes da Quarta, seria suscetível à influência cubana e teria uma fixação, por motivos estritamente afetivos, pela ideia de desenvolver a guerrilha rural em Tucumã. Na perspectiva de Flavio, com a qual concordo, essa visão esvazia de conteúdo político as divergências que levaram à formação da Fracción, além de negligenciar a enorme desproporção existente entre o pequeno grupo que constituiu tal dissidência e um "gigante" como o PRT.

Já Neneca acrescenta uma dimensão mais política e geral à crise que levou ao fracionamento, sintetizada em um dilema típico das esquerdas revolucionárias no período – "partido de massas" *versus* "partido de quadros":

[...] o PRT era um partido de massas, então todo mundo entrava no partido. E a gente achava assim: não, o partido na Argentina nesse momento tem que ser necessariamente um partido de vanguarda, não pode ser um partido de massas porque as massas não são politizadas a esse ponto, as massas são peronistas. É uma discussão meio complicada, mas era assim.

Paulo afirma que ele e Flavio, em função de seu maior conhecimento das lutas revolucionárias mundiais, começaram "[...] a adquirir uma certa influência, e mesmo um certo prestígio, porque senão o pessoal não tinha rachado para nos seguir [...]". Neneca, por seu turno, conta que, diante da característica "de massas" do PRT, dizia aos seus companheiros mais próximos: "Não, isso não é assim". Estes últimos que, segundo ela, não possuíam "formação política nem teórica", teriam questionado "como é que é isso, por que vocês dizem isso?", e começado a se interessar pelas discussões propostas pelos brasileiros, inclusive querendo "aulas de formação", como o curso antes mencionado. De acordo com o seu relato:

Como isso eu já tinha feito aqui [no Brasil] bastante, era eu que fazia, ajudada por eles [Flavio e Paulo], mas eles ficavam mais de trás, mais para a discussão política, e eu fazia formação. E a gente dava formação de quadros para eles, eu lia com eles, ensinava o que era a revolução permanente de Trotski, ensinava os princípios básicos de marxismo, enfim, todas aquelas coisas que se fazia na época.

Essas discussões e questionamentos, obviamente, incomodaram a direção do Partido, que primava pela verticalidade, ou seja, pela submissão das bases às orientações das lideranças. Já vimos que divergências quanto a essa forma de funcionamento eram interpretadas pelas últimas como manifestações da "luta de classes no seio do Partido", ou seja, como sinais de que grupos pequeno-burgueses ou partidários de suas convicções estavam obstaculizando a verdadeira guerra revolucionária e, em consequência, precisavam ou submeter-se aos dirigentes ou serem afastados.

Contudo, para entendermos a criação da Fracción, não devemos nos limitar a descrever a batalha por poder, prestígio e influência travada entre a direção do PRT, Santucho, sobretudo, e os militantes brasileiros. O mais importante, parece-me, é entender tal luta como parte do movimento mais amplo de progressivo afastamento entre o PRT e a Quarta Internacional, articulando-a ainda com outros conflitos travados no interior de ambas as organizações. Para tanto, sigo de perto as interpretações de Cormick.

No segundo semestre de 1971, a repressão ditatorial se abateu com força sobre o PRT. Vários de seus dirigentes, inclusive Santucho, foram presos, outros, sequestrados, fuzilados e "desaparecidos". Com isso, a Internacional perdeu interlocutores importantes na organização. Mas, de qualquer modo, continuava apoiando a luta armada e o ERP, embora tendo que enfrentar, em especial diante de importantes fracassos militares da organização argentina e de certas ações por ela praticadas (como o sequestro e morte do empresário da Fiat Oberdán Sallustro, em 21 de março de 1972), críticas cada vez mais acirradas da "Minoria", da qual fazia parte Moreno, que, com o apoio do SWP (Socialist Workers Party) norte-americano, questionava a direção de Mandel e seu apoio às ações perretistas. Como salienta Janette Habel, então uma das responsáveis da Quarta pela América Latina, "a luta é muito grande: Moreno diz que somos aventureiros e [...] há nós que dizemos que eles são oportunistas". Ou seja, mais uma vez, verifica-se um certo "jogo de espelhos" entre a disputa política travada entre diferentes setores da esquerda revolucionária argentina e aquela verificada no âmbito da Quarta. Por isso, o PRT transferiu a essa o tipo de análise que fazia de sua própria organização, informando, em um boletim interno do mês de abril de 1972, que havia sido votado um documento para o próximo congresso da Internacional, o qual deveria "definir com clareza nossa posição acerca da estratégia da luta armada na América Latina", levando em conta "a existência da luta de classes dentro da Internacional e a necessidade de estabelecer uma firme posição proletária" (PRT, Boletín interno, n° 23, 26/04/1972. *Apud* Cormick, 2012, p. 43).

De acordo com Cormick (2012, p. 43), "as orientações divergentes entre o PRT e a Quarta Internacional tensionaram-se nos últimos meses de 1972". Da parte do primeiro, verificou-se, progressivamente, uma aproximação com Cuba e com grupos revolucionários de outros países latino-americanos – como o Movimiento de Izquierda Revolucionaria (MIR) chileno, o Movimento de Liberación Nacional (MLN)-Tupamaros uruguaio e o Ejército de Liberación Nacional (ELN) boliviano – a fim de estabelecer com esses uma nova organização internacional, a qual foi constituída em fins de 1973 com o nome de Junta Coordenadora Revolucionária. Nesse processo precisou, para consolidar tais alianças, afastar-se de definições programáticas de perfil trotskista mais estrito.

Em outubro de 1972, Santucho e Domingo Menna, outro dirigente perretista, viajaram à Bélgica, onde se encontraram com Bensaïd, Mandel e Krivine. Segundo alguns autores, o encontro se constituiu em um ponto de ruptura entre as duas organizações, evidenciando, portanto, que essa se deu antes do PRT considerar a atuação dos integrantes da Fracción Roja como parte de uma operação divisionista planejada pela Internacional. De todo modo, naquele momento se explicitaram importantes diferenças. Para os dirigentes perretistas, as críticas da Quarta foram "impressionistas" e "sem substância". De acordo com eles, Mandel teria chegado a dizer "no calor da discussão": "Você [referindo-se a um militante do PRT] não sabe o que se passa em seu Partido". Porém, ainda seguindo o relato oficial do Partido, "depois de uma série de explicações e da exposição da nossa linha, as críticas foram suspensas e as discussões posteriores giraram sobre as divergências ideológicas, políticas e metodológicas de fundo" (PRT, Boletín interno, n° 34, 27/12/1972, p. 2). Já Bensaïd ressaltou que a discussão girou mais em torno de questões internacionais. De acordo com ele, enquanto a organização argentina considerava necessária a aproximação com Cuba, com a URSS e com o campo socialista de maneira geral, para os militantes europeus o mais importante era a situação da Tchecoslováquia e a atuação nefasta dos soviéticos naquele país. Portanto, dessa vez, o "jogo de espelhos" não se manifestou e cada grupo preferiu ater-se a mirar sua própria imagem.

Do lado da Quarta, logo depois do encontro com as lideranças perretistas, a direção decidiu discutir abertamente suas diferenças com a organização argentina, ainda que de maneira cuidadosa para não fragilizar ainda mais seus laços com esta. Assim, em 31 de outubro de 1972, enviou pela primeira vez uma carta formal ao PRT solicitando que suas críticas fossem avaliadas no interior do Partido, o que parece não ter ocorrido. A missiva era assinada por Mandel, Maitan, Krivine, Tariq Alí, Pierre Frank e "Sandor", todos da direção da Internacional, e dirigida aos "queridos camaradas" do PRT. O tom conciliador fica evidente na primeira parte da carta, quando os remetentes afirmavam: "Em primeiro lugar, queremos assinalar que, sejam quais sejam as diferenças de apreciação eventuais, a luta que o PRT e o ERP têm desenvolvido a partir do V Congresso representam uma realização incontestável para o movimento trotskista e revolucionário". Além disso, no documento havia críticas à Minoria e ao grupo de Moreno, lamentando-se os ataques que esses dirigiam à organização argentina. Porém, na sequência, foram explicitados os desacordos entre os "camaradas" dos dois lados do Atlântico, sintetizados na pergunta: "[...] a política desenvolvida até agora [pelo PRT] conseguiu estabelecer efetivamente uma relação sólida entre a luta armada e a dinâmica concreta do movimento de massas?", à qual os dirigentes da Quarta respondiam de maneira negativa: "[...] essas potencialidades não foram exploradas de maneira adequada e as ações desenvolvidas durante o último ano marcaram uma regressão desde o ponto de vista do conteúdo político".

Os desacordos diziam igualmente respeito a dois pontos: a caracterização da situação argentina e o papel de Cuba no processo revolucionário mundial. Quanto ao primeiro, a direção da Internacional afirmava que a Argentina vivia uma "guerra civil embrionária", enquanto que o PRT defendia a existência de uma "guerra revolucionária propriamente dita". A consequência, segundo a Quarta, era que as ações militares haviam se sobreposto aos objetivos políticos, sendo necessário ajustar "a relação entre luta armada e dinâmica do movimento de massas". Diante da abertura que se avizinhava, a carta ressaltava que, embora a organização argentina não devesse desarmar-se, a prioridade precisava ser dada à "ligação com as massas no terreno sindical e político", sendo que "toda iniciativa de luta armada" deveria estar submetida a essa tarefa. O objetivo seria "[...] passar de uma luta armada que é essencialmente uma guerrilha urbana conduzida por destacamentos especializados a uma luta armada onde se encontrem implicados setores das massas e joguem a um papel de primeiro plano quadros procedentes diretamente da classe operária e das camadas mais exploradas da população". O documento destacava ainda a necessidade de "desmistificar o peronismo", "[...] obstáculo principal que impede a classe operária argentina de realizar sua autonomia política enquanto classe". Com a possibilidade cada vez mais próxima de eleições, a Internacional aceitava a possibilidade de estabelecer "acordos táticos" com o Partido Comunista Argentino e até participar de uma campanha em torno de um candidato comum das organizações operárias que se apresentasse como socialista, mas rechaçava a ideia de considerar organizações pequeno-burguesas e burguesas como "aliados estratégicos".

No que tange ao segundo ponto, a direção mandelista indica o fortalecimento de tendências burocráticas em Cuba, devido ao seu isolamento e dependência da ajuda soviética, o que obstaculizaria a discussão interna no Partido Comunista Cubano: "A democracia proletária baseada em organismos de tipo soviético, eleitos pelos operários e camponeses, e cujos membros são revocáveis a todo o momento, e estruturados de tal maneira que representem a verdadeira espinha dorsal do estado operário, não existe [...] em Cuba [...]". Criticava, igualmente, o aval concedido pelo governo desse país aos partidos comunistas latino-americanos e a governantes considerados burgueses, como Velasco Alvarado, do Peru[21].

Os últimos meses de 1972 foram marcados por disputas internas no interior do PRT, boa parte delas impulsionadas por Flavio e seus companheiros, identificados com os posicionamentos da Quarta. De acordo com Cormick:

> *A relação estabelecida entre a Maioria Mandelista e estes grupos constituiu um ponto central para desgastar a relação com o partido de Santucho. Assim, sobre a base das citadas diferenças políticas, outras questões domésticas catalizaram a ruptura com a Quarta Internacional. A mais importante foi o fracionamento liderado pelo Comitê*

Militar da Regional Sul, com ativa participação dos quadros do já citado POC brasileiro, que dará lugar à conformação da Fracción Roja (Cormick, 2012, p. 50).

Entre as críticas mais importantes dos *rojos* à direção perretista estava o que o grupo próximo de Flavio considerava como mau funcionamento e falta de preparação meticulosa das ações empreendidas pelo PRT, as quais teriam levado a baixas importantes, como as acontecidas no episódio de Trelew[22]. Importante ressaltar que as ações e críticas dos brasileiros se deram em um quadro mais amplo de contestações aos dirigentes do PRT, como aquelas desferidas pelos já mencionados Joe Baxter, também ligado à Quarta, e o grupo ERP 22 de Agosto. As lideranças do partido, em resposta, tentaram aglutinar todos esses questionamentos como partes de um plano único, maquiavelicamente orquestrado pela Internacional, a fim de gerar rupturas no Partido, com vistas a impor sua orientação. Se tal caracterização pode ter surtido algum efeito retórico nos debates internos da organização, certamente ela não correspondeu à realidade, ao menos por dois motivos: essas "dissidências" não conseguiram se articular entre si devido às suas diferenças internas e a Fracción, embora tenha permanecido ligada à Quarta, também teceu severas críticas à sua atuação na luta revolucionária travada na Argentina.

Baxter, em função de suas divergências com a direção perretista, estava naquele momento no Chile. Segundo Dandan e Heguy, depois de alguns contatos prévios, Flavio e um companheiro argentino (não nomeado) cruzaram a cordilheira para encontrá-lo, em reunião promovida pelo já mencionado "Dante", a fim de "tentar acordar uma posição comum de dissidência dentro do PRT". Porém, "a reunião terminou sem acordos. Os visitantes retornaram à Argentina para fundar, algumas semanas depois, a Fracción Roja" (Dandan; Heguy, 2006, p. 379). Ao voltar de viagem, Flavio teria escrito à direção da Internacional informando sobre a situação do PRT e alertando que seria um erro apoiar Baxter (PRT, Boletín interno, nº 34, 27/12/1972, p. 18 e Cormick, 2012, p. 67). Contudo, em entrevista, nosso personagem negou veemente que esse encontro tenha ocorrido: "Não! Tanto que eu pensei [quando leu sobre o assunto] se seria o Paulo, que também disse que não, que não esteve na reunião. Até me incomodou um pouco porque eu tenho um certo horror a esse Baxter, eu e mais a metade da PRT-ERP. Era um cara aventureiro, um cara meio estranho. [...] não sei por que que tem essa versão, mas que ele tinha entrado no Chile é certo que ele tinha" (entrevista 11). Na versão oficial do PRT, Baxter aparece como líder da nova organização, chamada de "reformista". "Cacho", "um dos últimos companheiros de Baxter", em entrevista realizada mais de trinta anos após a suposta ocorrência desses fatos, desmentiu a versão de que esse havia liderado a Fracción:

Não foi assim [...]. *O "Gordo"* [apelido de Baxter] *não teve nada que ver. Possivelmente se tivesse vivido, teríamos terminado trabalhando em conjunto. Mas ele não fundou a Fracción Roja, esse é um dos grandes contos chineses sobre o "Gordo". Coube perfeitamente a seus inimigos políticos para desprestigiá-lo. Mas aqui estão os documentos do Chile escritos pelo "Gordo", ele é o responsável pela Tendência e não por outra agrupação* (Dandan; Heguy, 2006, p. 378-379)[23].

Sobre as organizações que romperam com o PRT-ERP nesse período, a Fracción e o ERP 22 de Agosto, Dandan e Heguy (2006, p. 379) afirmam: "As duas novas frações mantinham vínculos estreitos. Seguiam sendo amigas e trocavam favores como esconder armas ou gente". Porém, essas "amigas" seguiram caminhos bem diferentes: enquanto o ERP 22 de Agosto apoiou o candidato peronista, Héctor José Cámpora, nas eleições ocorridas em 11 de março de 1973, a Fracción Roja condenou o pleito como "farsa eleitoral" e afirmou que, em função desse apoio, a primeira organização teria se afastado dos "princípios fundamentais do marxismo revolucionário"[24]. Ou seja, apesar de alguns supostos encontros e possíveis "amizades", nem Baxter nem as duas frações que deixaram o PRT nessa época trilharam as mesmas sendas, o que mais uma vez deslegitima a interpretação da direção do Partido de que havia um plano unificado, coordenado pela Internacional, para dividi-lo.

Além disso, apesar da proximidade dos militantes da Fracción Roja com a Quarta, aqueles não deixaram de criticar, como foi dito acima, a atitude da organização internacional em relação ao PRT e à luta revolucionária na Argentina de forma geral, advogando, inclusive, sua responsabilidade no processo de ruptura com o Partido. Por exemplo: em texto introdutório a um dossiê sobre o fracionamento, datado de 12 de junho de 1973, afirma-se: "A direção da IV Internacional teve uma tardia participação em todo esse processo. Depois de anos de uma muito deficiente relação política com a seção argentina da Internacional, dirigentes da maioria da IV Internacional decidiram começar o necessário debate político com os companheiros do PRT"[25]. Um dia depois foi publicado o primeiro número da revista *Cuarta Internacional*, editada pelos *rojos*, no qual se destacou como objetivo do periódico "superar uma grave lacuna na vanguarda operária e estudantil da Argentina e da América Latina em geral", por meio da apresentação aos "militantes e ativistas de vanguarda" das "posições", dos "enfoques" e da "realidade" da Internacional. Na continuidade, criticou-se o PRT por jamais ter assumido essa tarefa, mas também a própria direção da Quarta, que, "por deficiências políticas e organizativas", tampouco teria oferecido os "meios de superar essa lacuna até agora"[26].

Em outro documento posterior à cisão, a Fracción, mesmo defendendo a Internacional e afirmando sua vontade de continuar a integrá-la, foi bem mais enfática quanto às responsabilidades da direção mandelista na crise com o PRT:

> *O Secretariado da IV Internacional não cumpriu seu papel na construção do P* [Partido]. *Isto é uma demonstração dos métodos artesanais, rotineiros e espontaneístas de construção da Internacional.* [...] *apesar de conhecer as diferenças que existiam com a direção do P, o Se-*

cretariado da IV Internacional não tomou a iniciativa de impulsionar a discussão em bases que permitissem uma clarificação política. Não cumpriu seu verdadeiro papel de direção internacional.

Enfim, também essas críticas mostram que a acusação dos dirigentes do PRT de que os questionamentos a eles dirigidos derivavam de uma ação orquestrada desde fora não se sustenta. Afinal, os próprios integrantes da Fracción tinham sérias reservas à forma como a Quarta atuou ao longo do processo de ruptura. Tal processo durou alguns meses. A ideia inicial era manter-se no interior do Partido a fim de garantir o direito de tendência, inerente ao centralismo democrático leninista reivindicado pelas organizações revolucionárias, com vistas a influir nos seus debates e decisões. Sobre isso, em entrevista, Maria Regina afirmou: "Então a gente decidiu, numa daquelas genialidades do Flavio Koutzii, fazer uma organização que se chamava Fração Vermelha do PRT: 'vermelha' porque era mais à esquerda do PRT; 'fração' porque era uma parte que estava fora, mas que estava brigando para voltar, queria voltar no próximo congresso". Contudo, ela ressalvou: "Só que o PRT não fazia congresso, eles não tinham essa estrutura democrática do congresso, eles eram bem estalinistas. E ficou assim. Aí se organizou essa Fração Vermelha e a gente começou a agir como organização independente do PRT". Os fatos parecem confirmar a sua apreciação. A primeira carta enviada pela Quarta ao PRT, apresentada mais acima, não circulou no Partido. Da mesma forma, um documento do Comitê Militar do Sul, onde os brasileiros da Tendência atuavam, datado de 5 de novembro de 1972 e dirigido à direção perretista, também não foi divulgado. Esse texto começava reconhecendo o papel da organização de Santucho na superação do atraso, no que diz respeito à luta revolucionária, em relação a outros grupos armados argentinos, afirmando que, em pouco tempo, o "ERP se converteu na mais importante e prestigiosa organização armada do país". Contudo, ressaltava, não obstante a concepção do seu 5º Congresso de construir ao mesmo tempo o Partido e o exército, "**de fato** o trabalho de massas, o trabalho de implantação na classe operária, que não pode deixar de ser o eixo da construção do partido, ficou em um plano secundário, já que **os esforços, os meios e os quadros fundamentais eram consagrados às tarefas militares**". Também criticava o fato de que as divergências quanto à interpretação da linha do 5º Congresso existentes, segundo o documento, no âmbito do Comitê Central, quanto à guerrilha rural, por exemplo, jamais chegaram às bases por meio de minutas onde as posições políticas fossem expostas. Também mereceu questionamentos o que foi qualificado como "a falta de uma direção centralizada do PRT até o último semestre de 1971", quando se constituiu um birô político permanente, fazendo com que o partido funcionasse "como uma espécie de federação de regionais". Esses fatores teriam "influído decisivamente na falta de uma intensa vida política interna" após o referido Congresso. O documento também acusava a direção perretista de frear a discussão no interior da organização, criando "um clima de 'luta de classes' contra a pequena burguesia infiltrada", ao invés de "enfrentar politicamente os desvios e problemas que surgem", posição que desafiava o princípio da "luta de classes no seio do Partido", tão caro a Santucho e seus companheiros no enfrentamento às oposições manifestadas no âmbito da estrutura partidária[27]. Assim, a manifestação da Regional Sul, liderada, ao que tudo indica, por Flavio e Paulo, ainda se dava desde o interior do PRT, na expectativa de gerar uma discussão entre a militância e a direção, e tinha expressivos pontos de contato com as críticas feitas pela Quarta Internacional em sua carta aos "queridos camaradas" do Partido.

Em termos práticos, a resposta da direção perretista parece ter sido a intervenção na Regional. Nesse período, é importante destacar, Santucho voltou à Argentina após sua prisão e estadia em Cuba, adiantando-se então a realização da próxima reunião do Comitê Central do partido. Aproveitando-se desse fato, o Comitê Militar do Sul, na esperança de fomentar o debate interno, voltou a difundir suas posições em um boletim, reclamando "o 'chamado a um congresso extraordinário e imediato', para o qual deveria abrir-se um período pré-congresso com circulação de documentos e liberdade de tendências". Uma das lideranças do PRT reuniu-se então com representantes do Comitê Militar do Sul dias antes do encontro do Comitê Central, que se realizaria em 13 de dezembro de 1972, e afirmou que a minuta deveria ser modificada caso quisessem apresentá-la à direção partidária, pois o texto teria uma orientação "rupturista". Porém, o documento foi apresentado em sua forma original ao Comitê Central pelo "galego" Mario Rodríguez (nome de guerra "Rolando"), responsável pelo Comitê Militar do Sul, e por Flavio, responsável pelos militantes do POC, também convidado ao encontro. Na reunião, os dirigentes do PRT pouco avaliaram as críticas feitas ao funcionamento partidário, preferindo ater-se ao problema dos "fracionalistas", interpretado, mais uma vez, na chave da "luta de classes no seio do partido". Afirmaram, ainda, a absoluta correção de suas análises e linhas de ação. Mesmo assim, o grupo dessa Regional continuou atuando no âmbito do Partido, embora "Rolando" tenha sido afastado de sua função de responsável pelo Comitê Militar do Sul.

De certa maneira absorvendo algumas das críticas que lhe foram feitas quanto à falta de discussão interna, o Comitê Central resolveu realizar plenárias regionais, começando justamente pela Regional Sul. O encontro foi marcado por conflitos e pela divisão entre os delegados, motivo pelo qual se decidiu suspendê-lo e remarcá-lo para dali a uma semana. O Comitê Central determinou também a realização de uma investigação sobre o suposto trabalho de fracionamento levado a cabo nessa regional.

Nesse clima de animosidade, a direção do PRT decidiu convocar Koutzii para que esse prestasse informações sobre a sua atividade no Partido e esclarecesse se estava realizando, de fato, um trabalho de fracionamento. Isso mostra que o nosso personagem era visto pelos dirigentes perretistas efetivamente como o representante dos militantes do POC concentrados na Regional

Sul, evidenciando sua liderança junto a esse grupo. Segundo informe publicado em um boletim do PRT:

> *O Birô Político foi informado por Re.* ["René"/Koutzii] *que ao incorporar-se à célula militar de B.* ["Benjamín", nome de guerra não identificado] *na Regional Sul encontrou um ambiente propício para a discussão e em pouco tempo organizou um curso ao qual assistiu também o companheiro H.* [não identificado] *de outra célula militar. Re. pensa que nesse curso está a origem das posições sustentadas na minuta do C. M. do Sul. E o birô assinalou a Re. a incorreção de organizar esse tipo de cursos sem conhecimento da direção. Re. informou também que no mês de... viajou ao Chile, onde, por intermédio de Dante, se reuniu com R.* [Baxter] *sem chegar a nenhum acordo; a ata de que falou Dante é provavelmente dessa reunião, que os sete companheiros a que se faz referência seriam os das células de B. e H. Ao voltar do Chile Re. escreveu à Internacional alertando que era um erro apoiar a R.* [Baxter]. *Diante das críticas do BP Re. reconheceu que foi um erro não informar ao Partido sobre tudo isso naqueles momentos. Disse também Re. que, como os demais companheiros do POC não conseguiram integrar-se nas células para as quais haviam sido enviados em outras regionais, foi trazendo-os gradualmente ao Sul apoiando-se em B., que fazia as proposições no CM até conseguir a integração de 7 companheiros do POC em distintas células militares da Regional (a totalidade).*
>
> *Re. disse também que o compatriota deles que colabora com o R. na edição de libelos contra o nosso Partido rompeu com o POC embora continue relacionado com a Liga. Sustentou que ele considera que as pessoas do POC não vieram com uma atitude divisionista já que discutiram esse tema antes de vir. Tinham conhecimento de que o PRT não era trotskista e que era conveniente "trotskizá-lo", mas consideraram que sua atitude no Partido deveria ser formar-se militarmente e não organizar um trabalho divisionista. Mas mais adiante esse trabalho divisionista ocorreu e reconhece isso, a partir da relação com os companheiros do C. M. do Sul que já manifestavam dissidências com o Partido. Finalmente Re. sustentou que se houve alguma correspondência com a Liga e a Internacional a atividade divisionista desenvolvida é de responsabilidade exclusiva do POC e nem a Liga nem a Internacional têm responsabilidade alguma* (PRT, Boletín interno, nº 34, 27/12/1972, p. 18).

De acordo com o documento[28], Koutzii "confessou", em uma reunião provavelmente tensa e constrangedora para todos os participantes, que seu grupo efetivamente realizava um trabalho de fracionamento no Partido a partir da Regional Sul, mas que esse não havia sido previamente arquitetado nem pelo

POC nem pela Internacional e sua seção francesa, mas sim surgido das discussões levadas a cabo pelos militantes da referida regional desde antes da chegada dos brasileiros. Interessante perceber que nosso personagem destacou a relativa independência com que ele e seus aliados atuavam na Argentina, apesar de seu alinhamento ideológico e político à Quarta, o que, como vimos, era também motivo de reclamações junto à direção mandelista. Por fim, cabe destacar o papel do já mencionado curso de formação, que ficou marcado na memória de alguns dos que dele participaram como um momento onde afloraram descontentamentos em relação ao funcionamento do Partido, os quais, posteriormente, acabaram formalizados na minuta enviada a sua direção. Em entrevista, Flavio lembrou-se dessa reunião:

> [...] *em dezembro sou eu que vou pela Regional Sul à grande reunião do Comitê Central, já com o Santucho, que tinha feito a fuga* [da prisão] *de Rawson e voltado. E tem aí uma ata daquela reunião,* [...] *porque diz no livro* [de Cormick] *e eu reconheço bem que é exatamente* [...] *o meu jeito.* [...] *eu faço o esclarecimento de quais eram as nossas posições* (entrevista 3).

Porém, tais esclarecimentos não foram suficientes para evitar a ruptura. Logo depois da reunião com Koutzii, as lideranças do PRT decidiram afastar os membros do POC e romper relações com essa organização. A nova reunião plenária da Regional Sul, da qual, obviamente, não participou nenhum membro da agremiação brasileira, foi marcada, mais uma vez, por divisões entre seus membros e acabou fracassando. Os "fracionalistas", segundo a caracterização da direção perretista, se retiraram do encontro e foram suspensos. Houve tentativas de reintegração, mas essas não obtiveram bons resultados, ao contrário, resultaram em mais expulsões. No dia 27 de dezembro de 1972, os líderes partidários divulgaram um boletim afirmando que o trabalho de fracionamento era uma "'atividade planificada e centralizada contra o nosso partido', uma 'atividade contrarrevolucionária' que é 'possivelmente mais efetiva' que a repressão e que 'leva água ao moinho da ditadura militar'" (PRT, Boletín interno, n° 34, 27/12/1972, p. 20). Essas duras palavras não deixavam mais margem à negociação e à conciliação. Segundo os *rojos*, "em janeiro de 1973 se produz o fracionamento do setor que formaria a Fracción Roja, em meio a uma verdadeira campanha antitrotskista da direção do PRT"[29]. Já para essa última, a Fracción resultava da "[...] fusão da instabilidade pequeno-burguesa do Comando Militar do Sul com a intenção 'fracionalista' da Liga Comunista Francesa e do POC, que ofereceram sua plataforma ideológica para dar coesão a esse setor pequeno-burguês e outorgar-lhe argumentos 'sérios' no desenvolvimento de sua atividade de fracionamento" (PRT, Boletín interno, n° 34, 27/12/1972, p. 15).

Em 10 de fevereiro de 1973, a Quarta enviou à direção perretista sua segunda e última carta formal, ainda visando provocar uma discussão orgânica no interior do Partido. Dessa vez, o tom não era conciliador: ao invés de se dirigirem aos "queridos camaradas", Mandel, Maitan, Krivine, Ali, Frank e Sandor iniciaram seu texto com o título *Algumas diferenças fundamentais entre o PRT e a Maioria da Internacional*. Logo de início afirmavam:

> Lamentamos profundamente que os dirigentes do PRT até agora não tenham feito nenhuma menção à nossa carta [anterior] [...]. Pelo contrário, centraram sua polêmica em uma suposta atividade fracionalista, inclusive em um complô, dos quais seriam culpados membros do PRT, do POC brasileiro e da Liga Comunista (entre os quais um membro do SU). Não é aqui onde daremos a resposta pertinente que se impõe, que pode ser sintetizada como segue: nem o SU nem sua maioria organizaram nenhuma atividade fracional.

A partir daí os remetentes deslocaram a discussão para o terreno propriamente político, destacando pontos-chave do debate entre a Quarta e o PRT, entre eles, o papel do trotskismo, a caracterização da Internacional e a avaliação de experiências revolucionárias internacionais como a vietnamita, a chinesa e a cubana; além de questões específicas referentes ao partido argentino, como a falta de articulação entre luta armada e trabalho de massas e a postura correta quanto às eleições que se avizinhavam. Enfim, aspectos que já haviam sido alvo de discussão das duas organizações, mas que agora, em um ambiente cada vez mais tensionado e "conspirativo", eram tratados com palavras duras e belicosas. Por exemplo, a carta afirmava que as publicações do PRT eram "pobres" e "primárias", "em matéria de análise da situação mundial, incluída a de outros países da América Latina". E continuava: "Quando tomam posições, pecam de uma superficialidade extrema", exemplificando tal precariedade teórica com a posição defendida pela direção perretista de considerar trotskismo e maoísmo como complementares. Também mereceu severos questionamentos a ideia de luta de classes no interior do partido, principal arma discursiva utilizada por Santucho e seus próximos para deslegitimar as críticas que a eles eram feitas. Segundo os dirigentes da Quarta, tal posição teria sido introduzida pelo stalinismo e seguida pelo maoísmo, e não passava de "[...] um instrumento de intimidação ideológica, um meio de afogar o debate, uma tentativa de justificar as medidas burocráticas e administrativas, inclusive a eliminação física"[30].

Diante de ataques tão violentos, e fechando-se mais uma vez na ideia de sua absoluta correção, a direção do PRT decidiu, já em maio, por sua separação da Internacional. No mês de julho, o Comitê Executivo do Partido ratificou essa decisão com uma votação *ad referendum* do seu VI Congresso. Com isso, acentuava-se uma transformação já em curso no interior da organização argentina de progressivo abandono de posições ideológicas mais afins ao trotskismo e de atenuação das críticas à URSS devido a sua aproximação com Cuba (Cormick, 2012, p. 84).

Nas páginas anteriores, parece que "esquecemos" um pouco do nosso personagem principal e de seus companheiros mais chegados; enfocamos, sobretudo, os grandes movimentos do PRT e da Quarta, suas tentativas de aproximação e, sobretudo, seu progressivo afastamento. Porém, tal "esquecimento" é apenas aparente. Afinal, Flavio foi um dos protagonistas de todo esse processo. Como vimos, ele era reconhecido pelos líderes do partido como representante dos militantes do POC que chegaram à Argentina a partir do segundo semestre de 1971 e, por isso, também era considerado um dos principais responsáveis pelas críticas desses à dinâmica partidária, as quais, na visão de Santucho e seus próximos, evidenciavam um plano divisionista orquestrado pela Quarta, sobretudo por sua seção francesa, com o intuito de "trotskizar" a organização, subordinando-a à suposta visão "pequeno-burguesa" da Internacional. Flavio negou tal orquestração e empenhou-se em sustentar que as críticas e o fracionamento derivavam de uma mobilização própria dos companheiros da Regional Sul, a qual antecedia, inclusive, a sua chegada e dos demais brasileiros. Reclamou também, em outros momentos, do pouco vínculo da direção mandelista com a seção argentina da Quarta, o que dificultava a ação de seu grupo no seio do Partido. Mas foi inútil: a direção do PRT considerou que ele e seus companheiros eram elementos infiltrados pela Internacional e que agiam contra a organização local. Enfim, Flavio e seus amigos apareceram na nossa narrativa precedente como participantes de um processo mais amplo, o que nos ajuda a entender parte do seu desenrolar. Agora é hora de analisar mais de perto como eles sentiram esse movimento, levando em conta, é claro, no caso dos depoimentos orais, a grande distância temporal que separa os fatos vividos da narrativa que busca organizá-los e conferir-lhes sentido.

Flavio e os demais integrantes da Tendência já haviam vivenciado outras cisões políticas no Brasil, como aquela com o PCB, as quais certamente, para além dos aspectos ideológicos e organizacionais, também provocaram quebras afetivas e abalos emocionais. Mas mesmo com esse *background*, ainda não haviam vivido uma experiência de ruptura política da mesma intensidade daquela que provocou a formação da Fracción Roja. Se hoje olhamos para esse processo realizado e percebemos os encadeamentos lógicos que o constituem, para aqueles que o protagonizaram, na época do desenrolar dos fatos, o futuro era incerto e os caminhos a seguir pouco seguros. Nas falas de Flavio, Paulo e Maria Regina desponta, unanimemente, a sensação de que o surgimento da Fracción foi uma surpresa, algo não previsto, um acontecimento que os levou mais do que foi levado por eles. Paulo, por exemplo, afirmou: "[...] a gente se deparou em 73 [...] com um grupo, com uma organização. Ninguém tinha ido lá pra isso, ninguém tinha ido lá pra criar uma nova organização e muito menos pra se encontrar como responsável, de alguma maneira, por sua evolução. Então, obviamente, isso foi muito atrapalhado, foi muito improvisado". Na fala de Neneca, a expressão "de repente" expressa essa surpresa: "[...] e de repente tu tinhas toda uma zona do PRT, importante na Argentina, que era a zona sul de Buenos Aires [...]" e "[...] de repente, assim, nós três que estávamos lá simplesmente pra uma formação de determinado tipo, a gente se viu sentados numa cadeira com oitenta militantes nos braços [...]". Flavio, ao examinar o processo de cisão, afirmou: "Os fatos têm uma força muito grande". Sua narrativa também acentua o elemento surpresa: "A coisa era essa, o plano era esse, mas aí, quando nós olhamos, [...] mais para o fim do ano [de 1972], nós temos praticamente uma direção [...]" (entrevista 3).

"A gente se deparou", "de repente", "a gente se viu", "quando nós olhamos"..., expressões que denotam surpresa e também transformam narrativamente os sujeitos em objetos, os agentes em pacientes, os protagonistas em coadjuvantes de um drama maior que os ultrapassa e os conduz mesmo contra suas vontades. Esse exemplo é bom para pensar um dilema clássico do pensamento ocidental que diz respeito à tensão entre, por um lado, a capacidade humana de agir sobre o mundo e impor a ele sua vontade e, por outro, as respostas desse mundo, as quais muito frequentemente seguem caminhos inesperados, e por vezes mesmo contrários, aos objetivos daqueles que praticaram as ações. Para usarmos conceitos centrais à nossa interpretação, Flavio e os demais militantes do POC, ao ingressarem no PRT, tinham o projeto de formar-se militarmente, a fim de qualificarem-se como agentes da revolução social, sobretudo no Brasil. Ao agirem no campo de possibilidades delineado na sociedade argentina formularam outro projeto: o de modificar o funcionamento da organização na qual atuavam no sentido de adequá-la aos seus ideais políticos. Nesse campo, um fator importante, segundo eles, foi a própria insatisfação dos companheiros argentinos com as orientações da direção perretista. Já para esta última, o plano era anterior e arquitetado desde a Internacional. De qualquer maneira, a fim de colocarem em prática o seu projeto, iniciaram um trabalho que tinha como objetivo forçar Santucho e seus aliados a promoverem um debate interno. Certamente confiavam na sua capacidade de, se esse debate fosse promovido, convencer os demais militantes do acerto de suas posições, conseguindo, assim, corrigir o modo de funcionamento partidário no sentido que julgavam mais correto. Porém, uma série de fatores presentes no campo de possibilidades em que atuavam – que vão do movimento amplo de afastamento entre o PRT e a Quarta até as afinidades e rivalidades políticas e afetivas entre os militantes – configuraram um resultado bastante diferente do buscado inicialmente pelos brasileiros; resultado não indeterminado, pois formatado pelas condições específicas daquele contexto histórico, mas imprevisível na ótica dos indivíduos envolvidos no movimento que o produziu. Daí o sentimento de surpresa que até hoje marca as lembranças de Flavio, Paulo e Maria Regina.

Quero ainda acrescentar outro ingrediente, não apontado na historiografia, ao rol de fatores que motivaram a cisão do grupo que formou a Fracción com o PRT-ERP: a ruptura que os brasileiros recém-chegados introduziram na cultura partidária da organização argentina[31]. Essa era marcada por uma série de rígidos padrões morais, compartilhados, em grande parte, por outros agrupamentos revolucionários atuantes naquela época, os quais conferiam identidade aos membros do Partido e delimitavam a fronteira entre o "nós perretistas" e o "eles não perretistas". Tais elementos identitários confluíam para o reforço de um modelo a ser imitado, o do "homem novo", um "homem que pertence ao tempo futuro", como escreveu Fidel Castro em 18 de outubro de 1967, cuja inspiração era o Che, a "mais alta expressão" do "estoicismo revolucionário", do "espírito de sacrifício revolucionário" e da "combatividade do revolucionário", prosseguia o líder cubano (*Apud* Carnovale, 2011, 183). Essa figura modelar concentrava em si todos os tempos: o passado a ser imitado, o presente a ser vivido e o futuro a ser construído. Nas palavras de Carnovale, "fiéis ao legado guevariano, os militantes do PRT-ERP realizaram um enorme sacrifício para construir dia a dia, a partir de sua própria práxis, esse homem novo que, embora habitasse o futuro, parecia ser claro a todos que poderia ser identificado basicamente por seus valores morais" (Carnovale, 2001, p. 192).

Que valores eram esses? Carnovale (2011, p. 192) e Pozzi (2001) apontam alguns como: entrega total à causa revolucionária, valorização do proletariado e do que era entendido como suas "autênticas virtudes" (humildade, sensibilidade, paciência, espírito de sacrifício, amplitude de critérios, decisão, desejo de aprender, generosidade, amor ao próximo), valorização da prática em detrimento das discussões teóricas e moralismo no que tange aos costumes e à sexualidade. Carnovale (2011, p. 193) encontrou nas falas de seus entrevistados, ex-militantes do PRT-ERP, expressões que parecem sintetizar os valores esperados do militante ideal: "ser humilde", "ser calado", "ser solidário", "ser disciplinado", "estar sempre disposto", "ser sacrificado" e "dar a vida". Quanto a um ponto específico, os autores citados divergem: Carnovale (2011, p. 195) considera a valorização da morte uma característica dessa cultura partidária, por ser reveladora do espírito de sacrifício almejado e fonte de legitimação para as ações militantes; já Pozzi (2011, p. 6) recusa tal ideia, defendendo que "os militantes guerrilheiros não esperavam morrer. O que esperavam era triunfar", e que "[...] a referência aos mártires era mais uma reivindicação dos que caíam do que um traço de uma cultura específica". Pozzi salienta ainda que "o estilo partidário também se traduzia em uma linguagem corporal, em uma vestimenta, em tons de voz, em comportamentos que eram comuns aos militantes". Concretamente, "[...] todos tendiam a vestir-se similarmente, de maneira simples, limpa e sem maquiagem para as mulheres". Afinal, qualquer diferenciação ou ostentação, como uma roupa mais cara ou um aparelho de televisão, era vista como expressão de um comportamento "pequeno-burguês", representação máxima da alteridade em relação ao "homem novo" (Pozzi, 2001, p. 143).

Nas entrevistas que realizei, encontrei fortes ecos dessa cultura partidária, com ênfase em um princípio ético: a entrega de corpo e alma à revolução. Isso, na prática, levava a uma cobrança para que a maior parte do tempo e da energia dos militantes fosse canalizada à concretização do projeto político por eles defendido. Mele sintetizou com precisão esse pensamento: "Nós pensávamos que o primeiro e único era a militância, depois todo o resto".

A idealização do proletariado e sua transformação em exemplo de conduta podem ser percebidas nas tentativas de "proletarização" dos militantes perretistas que apresentassem, na visão da organização, sintomas ou possibilidades de desvio pequeno-burguês. Já vimos como isso ocorreu com Flavio e Eleonora, que se mudaram para um bairro popular a fim de viverem como os trabalhadores. Também no que tange a esse tema, Mariano me relatou que, em determinado momento, quando atuava em uma célula militar do PRT, foi rebaixado a "simpatizante", "[...] porque eu tinha características muito pequeno-burguesas, de classe. Então, dentro da ideologia do PRT, da luta de classe dentro do Partido, eu teria que me proletarizar e fazer um [risos] expurgo ideológico". Norma, igualmente, contou-me ter sido depreciada como militante, pois não dominava o vocabulário da organização e não se vestia conforme os padrões considerados adequados por essa (entrevista 2 – N). A postura moralista do Partido foi igualmente comentada por Sinclair: "[...] tinha um machismo muito grande [...], [a valorização] do homem forte. Inclusive os quadros militares, em geral, eram uns caras com pouca formação ideológica, teórica. Era aquela coisa de botar pra quebrar mesmo. Era valorizado quem atirava melhor, quem gritava mais [...]". Sua fala remete a outro traço apontado como constitutivo da cultura partidária do PRT-ERP: seu anti-intelectualismo. Tal aspecto foi igualmente mencionado por Charly. Segundo ele, no Partido, não se valorizava um companheiro por sua sagacidade, pela precisão e refinamento de sua análise política, pois a agremiação "assentava-se em outros valores". No mesmo sentido, ressaltou que nela não havia "muito zelo na fineza da formação política [...], a fineza não era um valor". Por fim, no que tange à valorização ou não da morte, ponto controverso na bibliografia, as entrevistas que realizei respaldam mais a primeira possibilidade, enunciada, de modo muito eloquente, por Mariano: "[...] eu acho que vínhamos de uma atitude muito renegada perante a vida. Uma militância muito comprometida com a morte em um ponto: muito dispostos a morrer, muito dispostos a morrer, muito dispostos a morrer".

Claro está que as entrevistas realizadas para esta pesquisa com ex-militantes do PRT-ERP constituem uma amostra muito reduzida de um universo bem mais amplo, além de bastante específica, por dizer respeito apenas àqueles que romperam com o Partido para constituir a Fracción Roja, portanto, indivíduos portadores de uma visão bastante crítica da experiência perretista. De todo modo, as investigações desenvolvidas por Carnovale e Pozzi, com base em depoimentos de militantes que naquele momento ficaram no PRT, apesar de algumas divergências, confluem para os mesmos resultados. Além disso, não foi meu objetivo aqui aprofundar o tema da cultura partidária da organização dirigida por Santucho, mas sim apresentar as suas características centrais e a maneira como essas foram evocadas por alguns homens e mulheres que depois se tornaram *rojos*. O interesse principal diz respeito, acima de tudo, em mostrar como Flavio e outros brasileiros da Tendência impactaram tal cultura, abalaram seus padrões, causaram estranhamentos e, por tudo isso, catalisaram descontentamentos de outros companheiros, não só político-ideológicos e pessoais, mas também morais e comportamentais. Quem melhor sintetizou em sua fala o papel de nossos personagens no questionamento de valores caros à moral perretista foi Mariano:

> [...] *o pessoal do PRT tinha uma visão onde havia elementos que nós condenávamos, como a luta de classes dentro do Partido. E como definir luta de classes num Partido revolucionário? Nós criticávamos isso: luta de classes dentro do Partido, setores que são pequeno-burgueses* [...], *tem que combater dentro do Partido, tudo através da proletarização, e isso significava ser um proletário que não contesta, submisso, obediente, comprometido por toda a vida, toda essa coisa. E isso, quando apareceram os brasileiros, claro, foi um choque! Mudava-se um paradigma, porque não era só inovador, era uma mudança de paradigma. Porque vinha a Neneca com seus sapatos altos, o Flavio vinha com sua proposta de discutirmos filmes. Quando íamos a La Plata falávamos de cinema, falamos de teatro, líamos o noticiário, tínhamos uma pressão, digamos, para não sermos tão ignorantes no sentido de conhecimento do que acontecia no mundo. Ou seja, nesse sentido, o aporte deles quanto à construção de uma nova visão sobre a militância foi fundamental* [...].

Ao evocar o tema já mencionado da valorização da morte na cultura partidária perretista, ele também assinalou o contraste trazido pelos brasileiros do POC: "[...] encontramos outro tipo que te ensina outra coisa, entende? Que estamos militando pela vida e o prazer [...], não tem que renegar essas coisas". Ainda de acordo com suas lembranças, Flavio e Neneca inovaram também no que tange à expressão corporal: "Nem Flavio nem Neneca, nenhum deles pareciam militantes de verdade [risos], pela forma de se vestir, a forma de andar, a forma de falar [...]". Enfim, aos olhos dos integrantes do PRT--ERP, Flavio, Neneca e provavelmente outros militantes da Tendência que se incorporaram à organização argentina com certeza não se pareciam com os militantes conhecidos, pois rompiam com valores caros à cultura desse grupo: falavam de muitas coisas e não apenas da luta política, exaltavam a vida e não a morte, valorizavam a discussão teórica e não somente as armas, vestiam-se e se movimentavam de maneira mais livre e menos contida. Não é à toa que sua presença causava estranhamento, no sentido tanto positivo, para os que se sentiram atraídos por essa outra possibilidade de ser militante, quanto negativo, para aqueles que interpretavam tais atitudes como manifestações claras de um comportamento pequeno-burguês.

Flavio e alguns de seus companheiros mais próximos foram então percebidos como pessoas diferentes, tomando como parâmetro a militância perretista e mesmo alguns outros integrantes da Tendência, considerados sectários e militaristas. É o que se depreende da fala de Sinclair. Sobre nosso personagem, ele disse: "É um cara superafetuoso, um cara super-humanista... Eu só tenho esse tipo de visão, porque na militância tinha aquele pessoal que a gente chamava de 'bolcheviques sectários', que era terrível, aquele pessoal assim que era trotskista e, de repente, era igual ao Stalin". Mais adiante ressaltou a especificidade de "gente como" Flavio, Neneca e Celso[32] em relação aos demais militantes: "[...] esse pessoal não combina com pegar em arma, não combina pela personalidade deles. Eles não foram feitos pra isso. Eles eram todos 'paz e amor' mesmo". Essa dissociação de Flavio de uma postura militarista também aparece na fala de Mele: "Nunca me pareceu um militarista, mesmo defendendo a luta armada, nunca me pareceu um militarista, me pareceu muito mais um político".

Como nosso personagem se sentia em relação a esse conjunto de valores e exigências? Afinal, ele se tornou um dirigente do Partido e, em tal condição, foi constantemente interpelado por manifestações dessa cultura partidária da qual antes elencamos algumas características. De que maneira, então, o "homem Flavio" dialogou com o "homem novo" valorizado pelo PRT-ERP? Alguns trechos de suas entrevistas podem nos ajudar, ao menos em parte, a responder essas questões. Em uma das nossas conversas, ele, com base tanto em suas memórias quanto na leitura de vasta literatura argentina sobre a experiência da luta armada, tratou do "conceito de militante como um super-homem": "Ele tinha que ser um quadro político, ele tinha que ser um quadro com intervenção em alguma frente de massas e ele tinha que ser um quadro militar. Quer dizer, tudo. Fora isso, ele tinha que guardar os critérios e os princípios ditos da proletarização, essa espécie de mimetização do que seria a classe operária, suposta classe operária". E continuou:

> [...] essa ideia de ser um filho do povo completo, ela era poderosíssima, pelo menos tal como era vivida no PRT-ERP. Era bem parecido nos "montos" [Montoneros], mas um pouco menos vietnamita, digamos assim. Então o que isso fazia? Criava a seguinte situação, que muitos depois reconheceram autocriticamente que era um excesso: tu tinhas que ser um quadro completo, só que quadro completo queria dizer, naquela época na Argentina, um cara capaz de atender a todas as demandas, tanto da luta armada, quanto do trabalho operário, quanto um certo papel de construtor clássico do militante de esquerda. E uma certa idealização presente também em todas as análises a posteriori de uma ética militante muito colada à ideia do homem novo do Che que, como sabemos, nunca existirá, nunca haverá um homem novo, digo eu do alto da minha breve experiência nessa Terra, pois já descobri que a humanidade realmente não vai muito longe [ironizando]. Mas essa é uma coisa que foi complicada no seu momento, porque tinha uma fonte inspiradora muito respeitável, na minha opinião, que o exemplo do Che materializa, inclusive com o sacrifício da sua própria vida (entrevista 8).

Nesse trecho, nosso personagem sintetiza as características que deveriam ser seguidas pelos integrantes do PRT-ERP, as quais, em sua percepção, seriam próprias de um "super-homem", capaz de dar conta de todas as tarefas da militância. Sabemos que "super-homens" não existem e Flavio, na atualidade, tem plena certeza de que o "homem novo nunca existirá", embora considere essa utopia muito generosa. E o "homem Flavio", como se sentia diante de tantas exigências? Ao que tudo indica, sobrecarregado e angustiado, mas também imbuído da convicção de que era necessário dar conta de todas elas, pois eticamente se percebia absolutamente comprometido com a luta revolucionária. Por isso, teve que confrontar algumas de suas características pessoais, além de medos e inseguranças, sobretudo no que diz respeito à prática da violência. Em uma entrevista, ele me disse: "Aquela história de que o militante tinha que ser [bom] em tudo, essa ideia do PRT que ficou em nós – ser dirigente, político de massa, quadro militar –, então isso é importante. [E eu] não era um cara especialmente corajoso. Não era, não sou e nunca serei uma pessoa violenta. Fui me meter no meio de uma guerra por razões políticas" (entrevista 6).

O contraste entre o "super-homem" "bom em tudo" e uma personalidade não propensa à violência é resolvida, na fala de Flavio, pela necessidade política. Tal questão foi desenvolvida por ele em outra ocasião, quando reafirmou: "[...] minhas características pessoais nunca foram de uma propensão à violência". Disse-me então que, para lidar com as exigências da luta armada, valeu-se, sobretudo, de uma postura racional:

> [...] pela razão eu me puxava para as coisas que eu não faria naturalmente. Então eu estava convencido daquelas necessidades, convencido daquela linha, convencido daquilo que, enfim, uma parte da geração à qual eu pertencia optava em fazer em vários países latino-americanos. E essa racionalidade – e uso esta palavra porque pensei nela desde o primeiro dia em que lá estive – de que essa estratégia era justa e necessária, combinada com o fato de que ela passava por uma práxis à qual eu tinha que me adequar, [...] isso era inseparável dessa visão de, digamos, guerreiro exemplar [...] e militante absoluto [...]. Então o que acontece? Mesmo com os meus limites de pequeno-burguês do [bairro] Bom Fim, um cara não propenso à violência, uma alma sensível, mesmo [vindo de] uma cultura que não era aquela, [eu estava] convencido de que era por ali. Então eu busco me alçar ao nível daquele tipo de demanda. E, ao mesmo tempo, isso influencia a tua própria subjetividade, quer dizer, tu fazes por que tu achas que é necessário fazer, [...] porque tu não és o super-homem, mas praticamente, sem nem mencionar a palavra, tu és exigido como se fosse. Então tu acabas aceitando a ideia de que tu tens que melhorar nos diversos compartimentos [...]. [...] o modelo de militante implicava que o quadro dirigente tinha que dar exemplo em todos esses terrenos. E, rapidamente, eu sou um quadro dirigente. [...] então [...] acabo criando um aditivo sobre a razão [...]. Eu me movo pela razão, esse sou eu, porque milhares de companheiros meus se moviam, [...] talvez até principalmente, pela

paixão, pela generosidade, por qualidades humanas que nasceram até de olhares ingênuos, mas não [...] menos respeitosos pela solidariedade, pela luta pela justiça, etc. [...] (entrevista 8).

A lembrança de seu amigo Leo, que militou com ele na Argentina, respalda essa autopercepção de Flavio: "Para ele era uma novidade, era uma coisa que ele levava muito a sério, que ele fazia um esforço enorme [...]. Não era natural do Flavio participar de coisas violentas, então daí ele fazia aquilo por convicção, porque tinha que fazer [...]".

Muito já se falou e escreveu sobre a paixão revolucionária que movia os jovens da "geração 68", inclusive os guerrilheiros que lutaram na América Latina nos anos 60 e 70. Isso redundou, algumas vezes, em imagens caricaturais, nas quais esses indivíduos foram retratados como "ingênuos maluquinhos", desprovidos de projetos políticos. Já vimos, no capítulo anterior, que Flavio se opõe a essa visão, procurando compreender tais indivíduos (e a si mesmo) em seus contextos históricos, com suas possibilidades e limites. Aqui ele acrescenta outro elemento importante: sem desconsiderar e deixar de admirar o elemento paixão, ressalta que o que o movia a lutar, bem como a outros revolucionários da época, inclusive com armas na mão, superando limitações e propensões pessoais, era, principalmente, a razão, mais especificamente, a adesão racional a um determinado projeto político.

Pode-se perguntar por que vários companheiros – aproximadamente uma centena[33]– acompanharam Flavio e Paulo na sua ruptura com o PRT. Obviamente tal decisão não era fácil, pois envolvia o distanciamento de uma organização que fornecia, por um lado, sentido às existências daqueles e daquelas que a constituíam e, por outro, condições materiais para a sua sobrevivência, sobretudo na condição de clandestinidade e diante da forte repressão governamental. Mesmo assim, o rompimento ocorreu e esse não se deu, como dizia a direção perretista, simplesmente em função de uma suposta "manipulação" orquestrada pelos membros do POC e pela seção francesa da Quarta. Tais agentes, é claro, participaram, como vimos acima, ativamente desse processo, mas sua pregação só frutificou porque se deu em um terreno onde já vicejavam descontentamentos em relação às orientações partidárias. O fato de ter como epicentro a Regional Sul de Buenos Aires talvez possa ser explicado pelo fato dos militantes da capital apresentarem mais dificuldades em introjetar os valores partidários do PRT ligados à cultura do noroeste argentino (Pozzi, 2001)[34].

De qualquer forma, pode-se supor que Flavio e seus próximos representavam, em função das posições que expressavam e das práticas que desenvolviam, para militantes que os acompanharam, a concretização de um projeto político mais aproximado do que desejavam, o qual implicava no mínimo uma relação menos verticalizada entre direção e bases, um maior espaço para a discussão política e uma articulação mais adequada entre luta armada e trabalho de massas. De maneira relacionada com esses aspectos propriamente político-ideológicos, não se pode desconsiderar os vínculos afetivos constituídos entre eles na militância, em especial no restrito círculo permitido pela clandestinidade e em situações que exigiam camaradagem e ajuda mútua. Flavio, especificamente, como vimos, por suas qualidades tantas vezes destacadas – formação teórica mais densa do que a média dos militantes, capacidade de ouvir e mediar conflitos e interesse por outros aspectos da vida dos companheiros para além da luta política –, certamente foi um elemento de peso para que a Fracción ganhasse adesões entre os que o admiravam.

Nas entrevistas que realizei com os brasileiros diretamente envolvidos na dissidência, esse aspecto afetivo se destaca. Segundo Flavio, "[...] no dia a dia com os caras e como aprendizes na área militar [...] acabamos tendo rapidamente não só uma fraternidade de armas, mas também de confiança, de camaradagem e, depois, de críticas, e é isso que vai levar gradualmente [à formação da Fracción Roja] no ano de 72 [...]". No mesmo sentido, Maria Regina ressalta:

> Quando essas críticas [à direção do PRT] começaram a aparecer mais publicamente pra eles, eles resolveram fazer o seguinte: a direção do PRT pura e simplesmente expulsou o Flavio, o Paulo e eu também, mas eu fui num outro momento, os dois em primeiro lugar [...]. E na mesma hora os militantes dessas células [da Regional Sul de Buenos Aires] se solidarizaram com a gente e resolveram sair do PRT.

Essa solidariedade imediata teve por base, certamente, a aproximação afetiva tecida no cotidiano da prática militante e também na identificação política com os expulsos. Na continuidade, ela expressou o sentimento de responsabilidade gerado por tal atitude, já que os que os seguiram "[...] não tinham documentos, estavam sendo procurados pela polícia, não tinham trabalho. E era o PRT que sustentava eles, que dava grana pra eles comerem, pra sobreviver, as casas. As armas eram do PRT, os documentos deles, frios, eram do PRT. [...] eles eram clandestinos, eles não tinham pra onde ir". Paulo respalda essa percepção: "[...] teve um racha porque eles nos apoiavam, eles ficaram indignados com a nossa expulsão [...]. [...] então eles quebraram o pau por nossa causa, saíram pra nos defender e se encontraram num mato sem cachorro. Nós fazíamos parte dos cachorros um pouquinho mais experientes nessa matilha aí, entende?". Portanto, a solidariedade dos companheiros motivou uma contrapartida da parte dos protagonistas da cisão, levando-os a se sentirem responsáveis por aqueles que os seguiram, percepção que gerou inquietações, medos e indecisões.

Um novo campo de possibilidades se delineava para Flavio e demais integrantes do POC que haviam chegado à Argentina com o plano de se fortalecerem militarmente para logo retomarem a luta armada no Brasil. Agora eles eram dirigentes de uma organização atuante naquele país e precisaram remodelar seus projetos pessoais e coletivos em função dessa nova realidade. A Fracción tinha que mostrar a que veio, ainda mais no conturbado cenário argentino, onde muitas propostas se constituíam (e se digladiavam) diante do iminente fim da ditadura. Flavio foi um dos protagonistas dessa nova fase do grupo, indicando os rumos a seguir (nem sempre seguidos, é verdade), refletindo sobre as ações levadas a cabo, imprimindo, enfim, a sua marca junto a diversos indivíduos, que até hoje recordam dele como um líder. Fez isso a partir de sua bagagem de experiências e nos limites de contexto extremamente dinâmico e ambíguo.

OS *ROJOS*

Flavio e Paulo, considerados por seus companheiros os mais importantes quadros brasileiros, compuseram o Birô Político da Fracción Roja, juntamente com "Miguel", que encabeçou as derradeiras discussões com a direção perretista, além de dois ex-dirigentes da Regional Sul, "Beto" e Roberto Montoya ("Sergio"). Maria Regina integrou a direção ampliada, com os cinco militantes já citados e mais Mario Vicente Rodríguez ("El Gallego"), David Armando Laneado ("Eddy"), Roberto Ferreyra ("Juan") e "Julia".

Em termos geográficos, como era de se esperar, a área ao sul de Buenos Aires, especialmente a cidade de La Plata, foi o coração da Fracción, mas a organização também enviou representantes a Córdoba e começou a se estruturar na Capital Federal (Cormick, 2012, p. 99). O grupo apresentava-se como Fracción Roja do PRT e do ERP, reconhecendo "[...] o papel fundamental que ocupa **nosso partido** na esquerda revolucionária argentina" e reivindicando "[...] em nossas posições e na prática sua trajetória combatente de luta revolucionária contra a ditadura". A expectativa, em agosto de 1973, mais de seis meses após a expulsão das hostes perretistas, portanto, ainda era participar, com os demais membros do Partido, de seu 6º Congresso. Ou seja, Flavio e os demais *rojos* identificavam-se enquanto membros da organização liderada por Santucho ("nosso partido"), partícipe de suas tradições de luta, e assim se apresentavam à sociedade, sempre frisando que só o deixaram devido à postura intransigente da direção, a qual teria assumido uma atitude burocrática, pisoteando "os estatutos do partido e os princípios do centralismo democrático"[35].

No quotidiano da militância, entretanto, apesar desse chamamento à aproximação e à reconciliação por parte da Fracción, seguidamente eclodiam rusgas entre seus integrantes e os membros do PRT-ERP, conforme relatado em matéria do jornal editado pelos *rojos*, significativamente intitulada *Incidentes lamentáveis*. Em uma das situações descritas, por exemplo, ocorrida no cárcere de Villa Devoto durante uma rebelião de prisioneiros políticos, os militantes da Fracción que se encontravam presos teriam manifestado seu desejo de colocar uma bandeira da organização junto aos demais estandartes e bandeiras dos agrupamentos cujos integrantes estavam encarcerados. Porém, conforme o periódico, foram impedidos pela direção do PRT naquele estabelecimento, que, inclusive, os teria ameaçado fisicamente. Em outro episódio, verificado na cidade de Córdoba, caracterizado na matéria como "mesquinho e ridículo", a direção perretista teria dado instruções a seus militantes para que percorressem as ruas rasgando cartazes da Fracción referentes ao pacto social proposto pelo governo e ao massacre de Trelew, na parte onde constava o nome da organização. Um último exemplo, dentre outros citados pelo jornal: o *Estrella Roja*, órgão do PRT, teria apresentado a tomada do posto de vigilância da Petroquímica Sudamericana, localizada em Olmos (localidade da província de Buenos Aires), como obra de um comando do ERP, quando a própria "imprensa burguesa" havia publicado fotos que atestariam que a ação foi realizada pela "Fracción Roja do ERP". Ou seja, as rivalidades que haviam motivado a expulsão dos *rojos* agora se manifestavam em uma ríspida disputa por espaços e por visibilidade, embora aqueles, como indicamos acima, continuassem a se considerar parte integrante do PRT-ERP. Contudo, cada vez mais, a expectativa de reinserção se mostrou improvável e os dissidentes precisaram se reconfigurar em outros termos, como veremos posteriormente (*Combate*, Ano I, nº 1, 15/08/1973).

A saída oficial dos militantes da Fracción do PRT ocorreu em dezembro de 1972. Logo a nova organização começou a realizar ações próprias. Quando perguntei a Maria Regina que atividades ela e seus companheiros desenvolviam, a resposta foi:

> *As mesmas, no fundo eram as mesmas ações, menos a divisão de comida, não se fazia mais, mas tinha que juntar arma, juntar dinheiro, isso tinha que fazer, não adianta, então tinha um básico de montar infraestrutura que tinha que fazer. E fazíamos ações, propaganda, a gente tinha um jornal, tinha uma revista, e desenvolvíamos uma política de aproximação com outras organizações que eram trotskistas micro, assim desse tamanho* [indicando com gestos um tamanho pequeno], *que era o GOR, Grupo Obreiro Revolucionário... É, esse foi o mais importante.*

Ela chama a atenção, portanto, para três práticas que "tinham" que ser feitas, um "básico", às quais os *rojos* dedicaram muito tempo e energia, seguidamente correndo risco de vida: as ações armadas que possibilitavam a montagem da infraestrutura da organização (por vezes associadas a atividades de propaganda); as ações de formação política e de difusão de ideias e propostas através, por exemplo, de jornais e revistas; e a aproximação com outros grupos ideologicamente próximos, visando ao fortalecimento do combate revolucionário. Na continuidade, desenvolveremos cada um desses pontos.

No que se refere à luta armada, o primeiro número do jornal *Combate*, porta-voz da Fracción, que tinha o mesmo nome da revista lançada pelo POC-Combate em 1971, divulgou um conjunto de atividades desenvolvidas por seus integrantes. Outros grupos revolucionários também tornavam públicas as ações militares que levavam a cabo, com o intuito de propagandear suas ideias e seu poder diante das forças governamentais (as quais, em sua visão, ficariam com isso desmoralizadas, pois se mostrariam fracas frente às investidas dos militantes), das elites (que passariam, acreditavam, a temer os autointitulados representantes do povo), do próprio "povo" (que cada vez mais admiraria, e por conseguinte seguiria, tais grupos) e das outras organizações de esquerda clandestinas (as quais, como vimos mais acima, disputavam entre si espaços de representação das causas revolucionárias e do proletariado).

A primeira ação que consta na lista do periódico é o desarmamento de um agente provincial em Quilmes, ocorrido no dia 29 de janeiro de 1973. Outras investidas semelhantes se deram novamente em Quilmes (08/02/1973), Avellaneda (02/04/1973), Gerli (06/04/1973), Lomas de Zamora (18/04/1973), Temperley (04/05/1973) e Olmos (01/06/1973), todas envolvendo a apropriação de armas de policiais e guardas com o objetivo, é claro, de fortalecer militarmente a organização. Também ocorreram "expropriações" (na linguagem das organizações revolucionárias) ou "roubos" (na linguagem dos proprietários e da "imprensa burguesa") de máquinas de escrever, fotocopiadoras e mimeógrafos (em 22/03/1973 e 10/04/1973), que seriam utilizados na produção de materiais de propaganda; de material cirúrgico (em 24/04/1973), com vistas a tratar de prisioneiros feridos; e de perucas (no mesmo dia), para a elaboração de disfarces. Na descrição de uma das ações, o jornal procurou destacar a audácia dos militantes e a ineficácia das forças governamentais, ao dizer que a expropriação de três mimeógrafos e duas máquinas de escrever ocorreu em um comércio a 70 metros da delegacia local de Banfield. A listagem do *Combate* aponta também algumas vítimas das ações, evidenciando baixas de ambos os lados, mas procurando deixar claro que os principais motivadores das violências eram as forças repressivas. Por exemplo, sobre a primeira ação descrita, diz-se o seguinte: "A atitude irresponsável de outro policial civil, que disparou à distância sobre o comando, teria deixado o saldo de uma criança morta". Em outro trecho, ressalta-se: "A resistência de um deles [policiais] provoca sua morte instantânea pelo comando atuante".

Algumas operações mesclavam ações armadas com propaganda, como aquela ocorrida na Fábrica Argentina de Engrenagens, em Wilde, no dia 29 de maio de 1973, quando foram distribuídos volantes referentes ao quarto aniversário do "Cordobazo" e pintadas paredes com aerossol. Nessa mesma linha, outras tiveram como alvo órgãos de representação diplomática, expressando a perspectiva internacionalista dos *rojos*, pois objetivavam manifestar solidariedade a companheiros de variadas partes do mundo. Assim, em 4 de julho de 1973, a Fracción realizou um "atentado com bombas incendiárias à embaixada francesa na Capital Federal em solidariedade com a Liga Comunista Francesa, organização irmã que foi declarada ilegal pelo governo francês". No dia seguinte, praticou outro atentado, também com bombas incendiárias, à embaixada do Uruguai na Capital Federal em solidariedade à classe trabalhadora daquele país. No mesmo dia, militantes *rojos* de La Plata efetuaram a ocupação do consulado do Uruguai, quando foram pintadas paredes igualmente em solidariedade "com a luta dos trabalhadores uruguaios". Essas últimas ações eram reações à ditadura implantada no Uruguai, com o golpe de 27 de junho de 1973[36].

A Fracción também intentou realizar sequestros de executivos de empresas que atuavam na Argentina. O primeiro (22/05/1973), do sr. Volinsky, gerente do Frigorífico Swift, que estaria, segundo o jornal, em vias de fugir do país com uma grande fortuna, fracassou devido ao defeito mecânico de um veículo utilizado na ação. O segundo (23/05/1973), do empresário Aarón Beilinson, diretor da Babic S.A., dos supermercados Camet-Total, da firma Bubis e Beilinson, entre outros estabelecimentos, foi bem-sucedido para a organização, tanto em termos materiais (pagamento de um resgate de 1 bilhão de pesos*), quanto no plano da visibilidade (Beilinson deu uma entrevista à imprensa em 3 de junho com detalhes sobre o sequestro, quando foi divulgado um comunicado dos *rojos*, no qual reivindicavam o feito, detalhavam outras ações por eles praticadas e explicavam a origem e o ideário da Fracción)[37]. Segundo um informe do serviço de inteligência, divulgado pela imprensa quando da prisão de Flavio e seus companheiros, nosso personagem manejou o valor do resgate por ser o responsável financeiro da organização. Do montante total, ele e Paulo teriam entregue a Livio Maitan, em Buenos Aires, a quantia de 100.000 dólares: a metade para a manutenção da IV Internacional e o resto para favorecer o desenvolvimento da esquerda revolucionária no Chile (*La Razón*, Buenos Aires, 22/05/1975). A transação também exemplifica como a perspectiva internacionalista dos militantes aqui analisados era efetivada na prática. Além disso, o documento indica que os *rojos*, praticamente desde o surgimento da Fracción, vinham sendo vigiados pelos órgãos de segurança do governo, inclusive no período democrático que se seguiu ao fim da ditadura.

Chama a atenção a intensidade e a concentração das ações elencadas, ao menos no período inicial de existência da organização. Entre 29 de janeiro e 5 de julho de 1973 (data da última iniciativa referida na lista do *Combate*), os *rojos* realizaram ao menos uma ação armada por mês, algumas no mesmo dia e outras (por vezes de grande envergadura, como os sequestros) com diferença de apenas um dia, o que exigia grande mobilização e a organização de diversos comandos. Também se verifica que praticamente todas se deram na Província de Buenos Aires (onde ficam Quilmes, Adrogue, Avellaneda, Gerli, Banfield, Lomas de Zamora, Valentin Alsina e Temperley), especialmente na Capital Federal e na sua zona sul, local de origem da Fracción, bem como em La Plata. Cormick aponta igualmente algumas ações em Córdoba (Cormick, 2012, p. 117-119), evidenciando a tentativa dos *rojos* de ampliarem seu raio de influência para outras áreas do país com potencial revolucionário, ainda que enfrentando a concorrência perretista.

O projeto militar da Fracción se assemelhava àquele desenvolvido pelo PRT: ambos eram críticos do foquismo e destacavam a importância de se assumir uma estratégia de guerra revolucionária prolongada. Além disso, consideravam seus respectivos ERPs como estruturas específicas e expressões do "exército popular". Talvez por isso Maria Regina tenha dito, ao evocar esse período, que, "no fundo", as duas organizações, não obstante, ressaltamos, a desproporção entre elas em termos de tamanho e importância, desenvolviam as

(*) NE. Em espanhol, utiliza-se a expressão mil milliones, que equivale a um bilhão.

mesmas práticas. De fato, mesmo criticando o militarismo perretista, os *rojos* seguiam centrados na atividade militar. Entretanto, havia também diferenças importantes entre elas: como vimos, Flavio e seus companheiros, ao contrário do PRT, caracterizavam a situação argentina como pré-revolucionária e não revolucionária, o que, de acordo com Cormick, implicava "[...] uma mudança de perspectiva, pois colocava a necessidade de desenvolver muito mais amplamente a atividade de massas e sua consciência, e implantar as ações armadas de vanguarda com esse objetivo pontual". No que tange ao "seu" ERP, os integrantes da Fracción o entendiam "não como parte de um exército popular existente, mas como uma nucleação de setores organizados pelo partido a partir de seu acordo sobre a necessidade de desenvolver a violência revolucionária, à qual atribuía um papel principalmente político, propagandístico"[38].

O leitor deve ter notado que Flavio sumiu um pouco de minha narrativa, diluindo-se no conjunto maior dos *rojos*. Julguei importante realizar essa *démarche* para delinear o campo de possibilidades onde ele atuou, campo de possibilidades, aliás, em cuja configuração suas ações tiveram um peso decisivo. Agora é hora de nos aproximarmos novamente do personagem. Uma estratégia para isso é acompanharmos seus comentários à lista de ações armadas realizadas pela Fracción publicada no *Combate*. Mostrei-lhe o jornal como forma de instigar suas memórias sobre essa parte do "capítulo argentino" e a resposta foi muito positiva no sentido de nos ajudar a compreender, mesmo levando em conta a distância temporal dos fatos evocados, seu envolvimento pessoal com a luta armada. Ao ler a lista, ele acrescentou mais detalhes à breve descrição feita pelo periódico e também falou de seus sentimentos a respeito delas. Vejamos, então, algumas passagens desta entrevista.

A primeira ação da qual Flavio lembrou haver participado foi a expropriação de sete máquinas de escrever e três fotocopiadoras de uma loja de Adrogue em 22 de março de 1973. Ao ler a informação publicada pelo *Combate* sobre o fato, ele comentou ter sido uma "operação difícil" e eu lhe perguntei por que. A resposta veio balizada pela já comentada "memória cinematográfica" do militante, desenvolvida desde sua infância:

> [...] *porque nós tínhamos um cara que tinha uma* [...] *marreta* [...]. *Ele deu um marretaço na vitrine, então caíram todos os vidros. Aí nós entramos, era de noite, era uma operação. Como esse é um bairro muito distante, nós estávamos muito fortes, quer dizer, se tivesse dado merda, só se tivesse, se eles soubessem o que íamos fazer,* [...] *ia aparecer no máximo um patrulheiro e nós estávamos em três carros, caminhonetes* [...]. *Mas é uma cena surrealista. Lembra aquela produtora de cinema J. Arthur Rank, que era um grande prato metálico e abria o filme sempre como o leão da Metro* [Goldwyn Mayer, produtora de cinema norte-americana]. *A cena é essa: um cara fortíssimo batia com a marreta num grande prato metálico. Essa cena* [da ação] *foi mais ou menos assim* [...].

Disse-me também ter chefiado a ação de desarmamento de dois policiais provinciais na concessionária da Fiat de Avellaneda em 2 de abril de 1973:

> [...] dessa eu me lembro completamente porque eu tinha responsabilidade de coordenar. A Avenida Avellaneda é movimentadíssima, vai em direção a La Plata e tinha essa grande agência da Fiat na Avenida Mitre, numa esquina. Então nós entramos, controlamos os guardas e acho que levamos alguma coisa da caixa também, acho que o objetivo era esse, não eram só as armas. [...] essa é mais complicada que aquela [de Adrogue] porque é em pleno dia, numa avenida de oito pistas, quer dizer, onde sempre pode aparecer alguma coisa inesperada [...]. Sei lá, éramos umas sete ou oito pessoas, sempre tem o tema da contenção, quer dizer, um ou dois que estão voltados totalmente para fora e para alguns imprevistos. Então essa aqui foi mais singular [...]. Adrogue é um município da Grande Buenos Aires, mas é lá longe, então não tem a mesma estrutura. Aqui são quatro quilômetros do centro de Buenos Aires, praticamente [...].

Falou ainda que não participou do ataque à Clínica 25 de Maio em Avellaneda, executado por seus companheiros no dia 24 de abril de 1973, quando foram expropriadas numerosas caixas com material cirúrgico. Mesmo assim, fez o seguinte comentário: "[Era] para ter um instrumental básico para o nosso posto sanitário, que era uma estrutura instalada numa casa com os socorros básicos, se a gente levasse um tiro ou coisa assim". Afirmou igualmente não ter integrado o comando que expropriou perucas de uma *peluquería* de Valentin Alsina em 24 de abril de 1973, mas considerou a ação "divertida". A respeito da fracassada tentativa de sequestro do empresário Volinsky, disse que não integrava o comando que realizou a ação, acrescentando ainda um dado interessante: "Porque quanto mais se ia avançando, mais ia diminuindo a participação dos dirigentes". Ou seja, segundo ele, progressivamente os líderes da organização eram resguardados e, por isso, deixavam de atuar na linha de frente da luta armada. Em relação ao outro sequestro praticado pela Fracción, o de Beilinson, esse bem-sucedido para a organização, Flavio comentou:

> [Esse] *Foi pesadíssimo, financiou todo o resto depois.* [...] *estamos em 23 de maio, início do governo Cámpora, portanto bem mais fácil de operar. Tomamos a guarita, tomamos várias armas da entrada e pichamos. Isso foi uma operação que teve muita repercussão, porque era chamada de propaganda armada. Mas também para fazer isso tinha que entrar muito bem, porque tinha uma guarita com guardas. E lá, com a tradição na Argentina de bala pra tudo que é lado, e todas as ações militares, então o guarda não tá com um "mata-gato"* [referindo-se a uma arma de pouca potência] *lá dentro. Tiraram algumas armas boas lá de dentro, não me lembro quais.*

Sobre a ocupação da Fábrica Argentina de Engrenagens, localizada na cidade de Wilde, levada a cabo em 29 de maio de 1973, Flavio salientou que a ação foi realizada em lembrança ao "Cordobazo". De acordo com nosso personagem, esse tipo de ação permitia, ao mesmo tempo, a expropriação de armamentos, pois "todas as fábricas tinham guaritas consistentes com armas", e o estabelecimento de um *link* com os trabalhadores. Desse modo, se efetivava, assim como no caso do sequestro de Beilinson, a propaganda armada, a qual mesclava atividade militar e trabalho de formação, o que, como vimos, era uma das metas da Fracción, em contraposição ao militarismo "puro" atribuído ao PRT-ERP. Nesse sentido, em documento datado de 5 de junho de 1973, os *rojos* afirmavam:

> *Nossas tarefas militares devem ser deduzidas de nossos objetivos políticos fundamentais. Em primeiro lugar, ações ligadas às lutas operárias. Isso supõe ações de agitação e propaganda armada que permitam levar nossas posições à classe.* […] *devem-se aproveitar todas as ocasiões possíveis para mostrar diante das massas a permanência das organizações guerrilheiras como braço armado do povo (Apud* Cormick, 2012, p. 121-122).

Perguntei a Flavio como ele percebia a reação dos trabalhadores frente a tais ações. Sua resposta:

> *Eu me lembro de uma ação de noite. Eu não sei se era uma ação de desarmamento,* […] *não sei se não era de propaganda mesmo. Aí, do outro lado da rua, tinha um monte de trabalhadores. Então era algo meio cinematográfico, não de grande produção,* [mas] *comovente. E os caras aplaudim. Isso não quer dizer que sempre fosse assim* […]. *Mas tem que compreender que aí é o momento. É antes das eleições e é no momento em que tá começando a voltar o Perón, então havia um clima. Em nenhum outro momento a guerrilha foi tão respeitada, ascendente e mítica. Então a reação se explica por causa disso.*

Novamente na chave cinematográfica, Flavio evoca uma cena que considera comovente, quando um grupo de trabalhadores aplaudiu uma ação praticada pelos *rojos*. E não é para menos! Afinal, grupos como a Fracción se viam, e esperavam ser vistos, como representantes do povo, especialmente da classe operária, sua vanguarda mais consciente, capaz de apontar o caminho que garantiria a libertação do jugo da exploração capitalista. Assim, quando trabalhadores expressavam alguma identificação com os militantes, isso certamente devia causar-lhes grande satisfação, pois de alguma maneira respaldava o acerto de sua missão. Mas, conforme o próprio Flavio indica, nem sempre tal apoio ocorria, mesmo naquele clima de relativo prestígio da guerrilha propiciado pelo fim da ditadura.

Comentamos antes a respeito dos atentados a órgãos diplomáticos. Sobre aquele que teve como alvo a embaixada francesa, Flavio disse: "Nesse aí eu acho que eu não estava". Já quando tratamos da ação realizada contra a embaixada uruguaia, ele comentou:

> Dessa eu participei, eu estava dirigindo o carro. Isso é ali embaixo, na Avenida Libertadores, [...] e aí foi meio complicado porque se atirou do carro no consulado uruguaio e o guarda de lá atirou ao mesmo tempo e furou o pneu do nosso carro. [...] essa bala que foi no pneu podia ter ido em qualquer um de nós. Bom, e isso complicou porque foi como que esvaziando o pneu, eu meti [o veículo] logo numa rua ali por dentro, uma rua do bairro, uma área próxima à Recoleta. E aí nós tivemos que desembarcar. Nós éramos três: dois homens e uma mulher. Bom, mas nós estávamos com arma longa. Isso era complicado, tinha revólver e arma longa, então tinha que desmontar um pouco a arma longa e sair com ela caminhando quase pelo centro. [...] e nós, quando saímos do carro e começamos a andar com nossas coisas, apareceu um patrulheiro. E os caras olhavam para nós e nós olhávamos para eles, um de cada lado da quadra. Eles sabiam que nós éramos alguma coisa e nós não precisávamos saber por que eles estavam ali. E foi algo meio de filme também. Vai se passando, se olhando e não atuam, eles nem notam. Mas ali teria sido complicadíssimo, porque [era] numa área muito rica, muito central, então se começa dois, três tiros lá, chegam quatro, aí nós estávamos... mas como ficou esse empate, então... Dessa eu me lembro muito bem.

Finalmente, indaguei-lhe sobre a ocupação do consulado em La Plata, ao que ele respondeu: "Não, isso aí deve ter sido da turma lá de La Plata, eu não... [participei]". Questionei-lhe então: "Que era um grupo muito forte, né?". Flavio disse: "Era o mais forte" (entrevista 8).

Mele, em entrevista para esta pesquisa, lembrou de algumas ações armadas em que atuou com Flavio. Em sua narrativa, de maneira semelhante àquela de nosso personagem, avultam os temas do risco, do "quase deu errado, mas não deu", da possibilidade da morte iminente e, de modo mais geral, do acaso, o que nos conduz a refletir sobre a (relativa) indeterminação da história (e se Flavio tivesse levado um tiro?), a qual se torna mais perceptível quando se analisa o passado com foco nas ações e ideias de seus agentes individuais. Compartilho, pois, da ideia de que "o resultado jamais é necessário enquanto não tiver ocorrido, ele não é mais do que uma das infinitas possibilidades que existem" (Loriga, 2011, p. 106)[39]. No contexto que estamos estudando, havia grande possibilidade de um dos personagens aqui enfocados morrer, ou ser preso, ou ficar ferido. Contudo, no caso específico de Flavio, contar a sua história da maneira como a estamos contando só é viável porque ele, felizmente, não morreu, nem foi preso, nem foi ferido naquele momento. Portanto, quero ressaltar que a narrativa biográfica só ganha tons de necessidade *a posteriori*. A respeito das ações armadas, Mele disse:

Lembro-me de uma ocasião, tem um aspecto tragicômico. Trágico não, porque não aconteceu nada, mas podia ter acontecido. Estávamos eu acho que buscando um carro para nos levar – porque pedíamos carros emprestados para a população [risos irônicos] –, e estávamos circulando com um carro muito pequeno, muito pequenininho. Inclusive não tinha quatro portas, tinha só duas, e levávamos quatro pessoas. E estávamos circulando pela zona sul, ruas totalmente escuras, solitárias, e nisso vimos um patrulheiro atrás de nós, tipo a uns, não sei, cem metros ou algo assim, que diretamente tinha nos localizado e estava nos seguindo. E, bueno, paramos nesse momento, não lembro bem qual companheiro saiu do carro e disparou, e a polícia parou e não nos seguiu. Mas o problema era que estávamos quatro em um carro pequenininho, pequenininho. Eu estava atrás também. Eu não sei se o Flavio estava atrás também comigo, não me lembro se o Flavio estava na frente ou atrás. Os dois que estavam na frente saíram e dispararam, mas nós de trás não podíamos sair! Bueno, essa é uma das coisas que aconteciam, felizmente tudo saiu bem porque pudemos ir, a polícia não nos seguiu porque viu que nós tínhamos armas. Porque eu acho que um dos companheiros saiu e eu não sei se ele tinha uma metralhadora, então a polícia achou melhor não se meter e nos deixou ir. Essa é uma que eu tive com o Flavio.

Sobre outra (quase) ação compartilhada com Flavio, ela recordou:

Outra lembrança que fala um pouco de como nos movíamos: um companheiro havia sido preso, mas o companheiro, que era operário, havia sido preso sem participar de uma ação da organização, ou seja, não estava preso como preso político. Então esse companheiro finalmente saiu porque, eu acho, não sei se estava armado e nada mais, ele tinha posse de armas, não podiam acusá-lo de nenhum delito. Só pegaram ele com uma arma na mão, então confiscaram a arma e depois o soltaram. Além do que era uma zona operária e o rapaz era um operário da zona, originário da zona, então não estava muito comprometido politicamente. Finalmente ele saiu, em uma semana eu acho que saiu. Mas nós tínhamos a dúvida do que seria desse companheiro, não sabíamos como tinha sido abordado pela polícia, se como preso político, se como preso comum, não sabíamos. Então o que eu lembro é o seguinte: um dia, que acho que foi sexta ou sábado, nos reunimos para planejar a tomada da delegacia para libertar o companheiro. Por sorte nunca chegamos a fazer isso, porque esse companheiro ia estar, a partir daí, ilegal, como pertencente à organização. Então o companheiro dias depois sai limpo, sem nada contra. Bueno, nos reunimos para planejar a tomada da delegacia e, se eu me lembro bem, o Flavio estava ali para ajudar no planejamento. Nós íamos, na segunda seguinte, ao banco [fazer uma expropriação]. *O banco ia ser na segunda, a tomada da delegacia ia ser no sábado ou domingo, algo assim. Finalmente, acho que foi porque soubemos que esse rapaz não tinha sido capturado como preso político, então descartamos a tomada da delegacia, e então no domingo terminamos de planejar o roubo do banco* [risos]. *Isso eu sempre me lembro como uma coisa muito louca nossa, de estar planejando a tomada da delegacia e depois: "Não, não vamos tomar, vamos planejar o roubo do banco". E na segunda fomos e fizemos o roubo do banco! Claro que não foi tudo de um dia pro outro, havia um planejamento prévio, mas... Assim como do nada dissemos: "Bueno, antes do roubo do banco vamos tomar a delegacia porque esse rapaz tá correndo perigo". Na organização era assim, de repente surgia algo e tínhamos que solucionar. Por sorte não fizemos, e esse rapaz eu acho que nunca esteve fichado como militante político.*

Esse último trecho mostra a tensão estabelecida na prática das organizações armadas entre planejamento e improviso (explícito em expressões utilizadas por Mele como "de repente" e "por sorte"), entre a necessidade de se projetar cuidadosamente as ações a serem efetivadas – tendo em vista a segurança dos militantes e também a imagem pública do grupo, no sentido, por exemplo, de se evitar a morte de civis – e a de se responder a problemas e demandas que surgiam inesperadamente e que podiam pôr em risco todo o coletivo, como a prisão de um companheiro. Flavio, na referida entrevista em que lemos juntos a lista de ações armadas divulgada pelo *Combate*, também tratou desse ponto. Questionei-lhe de que maneira eram decididas as ações a serem realizadas. Ele respondeu:

[...] as primeiras são alguns de nós, por acaso, alguém deu uma dica: "Olha, lá, em tal lugar, tem um cara que sempre passa, tem um guarda, vamos tomar a arma dele". Então alguém trazia a informação, tu pegavas e "chequeava", como diziam, ficava observando dois, três dias em um determinado horário como o cara se comportava, que veículos passavam nesse horário, projetava a ação, ia lá e... E era uma coisa assim: o cara estava sozinho e tu podias estar com quatro ou cinco, sendo que dois estavam cobrindo os dois lados da rua, na abordagem mesmo eram dois ou três, e não os dois ou três juntos e embolados, porque se não alguém ia acabar dando um tiro um no outro sem querer. Então, esse tipo de coisa era assim, era meio barbada, porque era num dos bairros e alguém sabia, aí começava a confirmar, era uma hipótese e aí fazia.

Mais adiante abordou a sua forma específica de, como dirigente, planejar as ações armadas de maneira a evitar, ao máximo possível, o inesperado:

Mas como eu era dirigente, um dos cincos mais importantes, bom, então determinadas operações era eu que tinha que dirigir. [...] eu

> ganhei um certo know-how mínimo do ponto de vista de como se compõe a tática para operar [...]. Então, como eu tinha pego o abc com os caras, ainda dentro do ERP, um certo modelo básico de operação eu tinha entendido razoavelmente bem. Então, quando era eu que tinha que organizar, eu acho que, talvez, o máximo de diferença é que eu era um pouco mais cauteloso por ter menos segurança e acabava sendo bem empírico. Digamos que nós tivéssemos que fazer a operação com seis [militantes], muito provavelmente eu montaria a operação com sete. Para quê? Não pra coisas mágicas. Vamos dizer que eu achasse que tinha que ter mais segurança defensiva. Operava no meio de uma quadra, tu precisas ter os carros para sair e tu precisas ter, o termo que se usava era esse, contenção, em todas as organizações. Tu precisas ter uma contenção para sair de dentro de uma loja, por exemplo, e [...] chegarem os carros. Então, se tu tá numa esquina de um lado de uma imensa avenida, que quem tá do outro lado nem te vê [...], a taxa de surpresas é mais alta do que o normal numa rua estreita, num bairro distante que tu controlas completamente [...]. Não que não tenha havido reações [...] e os caras não são de brincadeira também. Isso passava por um segundo na cabeça. O cara já sabia que, estando em desvantagem de iniciativa, ele tem muita chance de bailar se ele [reagir]. [...] que eu note na minha memória, às vezes eu reforçava um pouquinho mais justamente por ter um pouquinho menos de segurança subjetiva, pessoal, no uso da arma, que é uma coisa muito importante, decisiva num assunto como esse.

Ou seja, na passagem, Flavio afirma ter aprendido no PRT-ERP um modelo básico de como realizar ações armadas. Porém, conferiu, como dirigente da Fracción, seu "toque pessoal" a esse ensinamento, reforçando ainda mais os expedientes para garantir a segurança dos procedimentos, na tentativa de diminuir a margem de riscos. Atribuiu esse fato a sua relativa insegurança com o uso das armas, já examinada anteriormente, que acreditava poder compensar com um maior planejamento. Porém, como ele mesmo ressaltou, e conforme vimos nas narrativas anteriores, reações inesperadas poderiam ocorrer, estavam sempre no horizonte, e efetivamente ocorreram, gerando mais ou menos perdas de ambos os lados, o que talvez ajude a compreender o grau de tensão que permeava o quotidiano desses militantes, motivado pela necessidade de constante atenção, pela expectativa da morte próxima, pela dor com a perda dos companheiros, pela culpa, pelo medo.

Mariano, instigado por mim, lembrou de duas ações das quais participou ao lado de Flavio: a primeira foi "[...] uma ação em que se levou um companheiro que estava na delegacia [...]"; a segunda consistiu em uma típica iniciativa de propaganda armada, nesse caso contra as ditaduras vigentes na América Latina, especialmente no Chile:

[...] *no aniversário de 74, do 11 de setembro, ocupamos uma praça em La Plata que era a Praça das Bandeiras, no centro da cidade. Eu que era o responsável pela ação. E havia guarda na praça, então fizemos a rendição da guarda, tiramos todas as bandeiras da praça e queimamos as bandeiras dos países que tinham ditadura* [risos]. *E deixamos um pacote que era como que uma bomba* [risos], *para que não nos seguissem.* [...] *e era Flavio que dizia, tratando de esconder o português: "Cuidado con la bomba, cuidado con la bomba!"* [risos]. *"La bomba, la bomba!, la bomba!", dizia o Flavio.*

As imagens cinematográficas de Flavio e as narrativas tragicômicas de Mele e Mariano remetem a uma difícil problemática: a da violência revolucionária. Nos anos iniciais do processo de redemocratização da Argentina, iniciado em 1983, impôs-se, no debate público sobre o passado ditatorial, a chamada "teoria dos dois demônios", segundo a qual, durante o período de exceção, teria havido uma guerra entre os agentes da repressão governamental e os diversos grupos revolucionários. Essa interpretação tem dois correlatos: a sociedade civil teria assistido passiva e atemorizada ao embate de tais forças e o terrorismo de Estado se justificaria em função da ação "subversiva". De certa maneira, os discursos dos movimentos de direitos humanos, que reivindicavam o fim da violência política e o esclarecimento dos crimes praticados pela ditadura, reafirmaram essa dicotomia, ao construírem a imagem das vítimas como "inocentes", alheias a projetos violentos de tomadas de poder, optando pelas armas apenas em função do fechamento dos canais democráticos de manifestação, ou seja, desprovidas de identidade política (postura, a nosso ver, acertada naquele contexto, já que o mais importante era então a condenação da ditadura, a denúncia de suas atrocidades e a proteção das pessoas por ela vitimadas). Podemos compreender tal forma de representação no contexto das lutas políticas que marcaram a transição para a democracia naquele país, mas, em termos historiográficos e memoriais, ela contribuiu para velar práticas e ideias caras às organizações armadas que atuavam no contexto em análise. Para elas, a violência era um meio legítimo de tomada de poder, tanto por permitir acabar com a exploração capitalista quanto devido à resistência interposta pela burguesia e seus representantes (como as forças armadas) ao avanço do socialismo. Tal perspectiva, aliás, não se assentava apenas em um conjunto de ideias abstratas, mas na análise da história (argentina e mundial), ao longo da qual, efetivamente, os avanços dos movimentos de esquerda e/ou de trabalhadores foram, por via de regra, reprimidos de modo violento pelas classes dominantes, seguidamente apoiadas pelos países de economia avançada (após a Segunda Guerra, sobretudo pelos Estados Unidos). Devemos, portanto, compreender as ações de Flavio e seus companheiros nesse campo de possibilidades.

Como hoje, conforme já dissemos antes ao analisar o caso brasileiro, a violência política foi, ao menos retoricamente, e em função de uma série de fatores que não teremos espaço para analisar aqui, deslegitimada como via de ação política em grande parte do mundo ocidental, torna-se difícil para boa parte daqueles militantes falar sobre essas experiências. Elas até podem ser evocadas de maneira geral, muitas vezes de forma cômica (carros que estragam ou de tamanho muito pequeno, por exemplo), com a finalidade de suavizar sua carga dramática. Porém, personalizá-las, responsabilizar-se por elas, assumi-las como parte de um projeto, e não como a única via possível, é compreensivelmente difícil, pois pode suscitar mal-entendidos desde o presente, frutos de uma leitura anacrônica, e até mesmo sanções concretas. Um dos entrevistados que militou na Fracción, por exemplo, pediu para que todos os seus relatos sobre a luta armada fossem submetidos à avaliação de Flavio antes de serem divulgados. Outro, que atuou ao lado de nosso personagem no POC, disse-me que a publicização de certas informações relativas ao tema poderia gerar a sua demissão do emprego. Enfim, trata-se de um terreno minado, sujeito a usos e abusos, com consequências diretas no presente.

Flavio, em nossas entrevistas, foi quase sempre lacônico sobre esse ponto. A leitura da lista do *Combate* permitiu-lhe alongar-se mais sobre o tema e evocar com detalhes as ações armadas desenvolvidas por seu grupo político e também sua participação nelas. Mas, quando lhe perguntei, na mesma ocasião, sobre como se sentia em relação à luta armada, ele destacou, como já salientamos acima, a sua forma racional de tratar do tema. Também afirmou: "[...] as minhas características pessoais nunca foram de uma propensão à violência". Além disso, ao falar do treinamento militar que realizou junto ao PRT-ERP, disse: "[...] havia um conceito na operação, o conceito era nunca atirar num civil [...], o respeito às pessoas, que era um conceito, não era só [uma atitude] de cada um, especialmente naquela etapa". Entretanto, apontou que, posteriormente, "na transição camporista", a atitude do partido de Santucho mudou, com a realização de ações menos cuidadosas em relação à população civil, cujo resultado foi um número maior de mortes (entrevista 8).

Insistimos: tais práticas e projetos devem ser entendidos em um contexto histórico onde a violência tinha legitimidade junto a diversos grupos, de esquerda e de direita, como instrumento de ação política. Se hoje, para boa parte da sociedade (inclusive para muitos daqueles que pegaram em armas no período em tela), tal perspectiva é considerada equivocada e/ou superada, não se pode, do ponto de vista da análise histórica, avaliar aquele passado à luz do nosso presente. Afinal, como ressalta Thompson ao se referir a outra realidade histórica, nossos personagens "viveram nesses tempos de aguda perturbação social e nós não. Suas aspirações eram válidas nos termos de sua própria experiência [...]" (Thompson, 1987, p. 13). Outra observação também se torna necessária: os atos violentos praticados por esses grupos não podem servir, de modo algum, para justificar o terrorismo de Estado que caracterizou a ditadura argentina, tendo em vista "a ausência de proporcionalidade entre os [assassinatos] produzidos pela violência insurgente e os causados pela repressão estatal, a diferença entre a morte e a desaparição, e o fato de que as violências do Estado também compreenderam, entre outros, o exílio, a tortura sistemática, a prisão política em cárceres legais e a apropriação dos filhos dos desaparecidos" (Crenzel, 2010, p. 425). Da mesma maneira, deve-se ressaltar que a sociedade civil não foi vítima de dois ou mais "demônios", não esteve paralisada diante de violências que lhe eram estranhas. Alguns grupos (como setores da intelectualidade, do movimento estudantil, do movimento camponês e do movimento operário) apoiavam, direta ou indiretamente, as organizações de esquerda e outros, como segmentos importantes das classes médias, a Igreja e as elites econômicas, respaldavam, também direta ou indiretamente, a ditadura. Portanto, é preciso levar em conta "[...] as responsabilidades morais e políticas de outros atores, alheios ao binômio vítima e perpetrador, no ciclo de violência" desse período (Crenzel, 2010, p. 425).

Entretanto, o debate sobre a violência política não diz respeito apenas ao processo de construção de memórias sobre aquele contexto, ele integrava igualmente o campo de possibilidades onde atuavam Flavio e seus companheiros. Logo após o fim da ditadura, em 1973, como ressaltou nosso personagem, as organizações de esquerda nunca foram tão respeitadas, ampliando exponencialmente o número de seus quadros e simpatizantes. Em suas palavras:

A vitória eleitoral [de Cámpora] *catalisa e multiplica, enorme e aceleradamente, a capacidade de imantação* [das organizações de esquerda]. *Então, o peronismo revolucionário dos "Montos"* [Montoneros], *que já era muito grande, com a saída de todos os prisioneiros e com toda a tradição histórica do peronismo* [...], *tinha uma organização básica que não tinha nada de artificial* [...]. *E o PRT, numa escala bem menor, cresce espantosamente também.* [...] *quer dizer, uma organização que está parcialmente destruída, quando voltam seus melhores quadros, depois do indulto do Cámpora, os caras organizam, imediatamente, a compra de um jornal argentino preexistente e começam a propor uma frente anti-imperialista. São decisivos para montar a Junta Revolucionária, junto com o MIR chileno, com o ELN na Bolívia e com os Tupamaros, isso no campo marxista. Então é uma coisa meio titânica assim, que pode parecer um exagero, mas absolutamente não é* (entrevista 8).

Porém, como demonstra Marina Franco, a continuidade das atividades das diversas organizações guerrilheiras após a restauração da ordem constitucional "[...] transformou-se no eixo da condenação pública e de um repúdio cada vez mais ritualizado da violência, muito visível na imprensa de circulação massiva e na boca dos atores tradicionais do sistema político e de diversos setores do poder". A demanda social pelo fim das ações armadas "[...] supunha que a legitimidade prévia da violência estava amparada na falta de democracia e no caráter ditatorial do regime precedente, pelo qual era esperado que o fenômeno cessasse com a volta da legalidade constitucional" (Franco, 2012, p. 42-43). Além disso, ainda de acordo com Franco,

[...] *o problema histórico era bastante mais complexo do que a associação unívoca entre violência e ditadura, por um lado, porque os projetos revolucionários que alentavam estas organizações estavam mais além da vigência ou não de uma democracia liberal, e por outro, porque algumas formas dessa violência, as chamadas "formações especiais" ou organizações armadas do peronismo, haviam sido estimuladas pelo líder partidário e agitadas como ameaça ante os militares salientes para garantir a entrega do poder ao recém-eleito governo peronista* (Franco, 2012, p. 43).

Assim, logo após a formação da Fracción, seus integrantes tiveram que se posicionar diante do novo campo de possibilidades configurado com o fim da ditadura. Na verdade, ao que tudo indica, a decisão já estava tomada: dar prosseguimento à luta armada e não apoiar nem o Grande Acordo Nacional proposto pelos militares nem a "farsa eleitoral", como designavam a eleição que levou Cámpora ao poder. Era assim que se posicionava o PRT-ERP antes do fracionamento, no que não foi contestado pelos *rojos*. Agora, constituindo uma organização própria, esses últimos persistiram em tal perspectiva.

Para que possamos compreender melhor as posições da Fracción nesse momento, é importante salientarmos alguns elementos factuais que impactaram a sociedade argentina como um todo e o grupo de Flavio em particular. Em 11 de março de 1973, o peronista Héctor Cámpora foi eleito presidente da República, tomando posse no dia 25 de maio de 1973 em cerimônia que contou com a presença de Salvador Allende. Perón não pôde se candidatar devido a restrições impostas pelo governo ditatorial precedente. A primeira medida de Cámpora foi, conforme havia prometido durante a campanha eleitoral, anistiar os presos políticos. Flavio, em texto de caráter memorialístico, narrou, novamente a partir de seu olhar de cinéfilo, o desenrolar da libertação dos presos do cárcere de Villa Devoto:

> *No mesmo dia da eleição de Cámpora, em março de 1973 – tenho uma lembrança intensa disso porque é algo que acontece uma vez em cada vida –, cerca de 40 mil pessoas fazem uma marcha para que sejam libertados todos os presos políticos. Há uma pressão de massa. Fomos caminhando do centro de Buenos Aires até a prisão de Villa Devoto, que já foi destruída. No mínimo, 40, 50 mil pessoas com archotes. Cercamos a área da prisão e ninguém saía. Lá dentro, já haviam sido abertas todas as celas. Os que estavam presos já falavam pela janela. Para mim, que havia chegado na Argentina praticamente um ano antes, quase todos eram desconhecidos, mas a cena era cinematográfica. Os carcereiros sentiram que as coisas haviam mudado. À meia-noite, veio a ordem presidencial e as portas foram abertas. Os presos saíram e se reencontraram com os que estavam lá. Foram cenas extraordinárias, inesquecivelmente comovedoras. Isso ilustra um pouco o período* (Koutzii, 2009, p. 114).

Em 28 de maio, a Argentina retomou relações diplomáticas com Cuba, interrompidas durante o período militar. O novo presidente buscou estabelecer um pacto social entre a Confederação Geral do Trabalho, o empresariado nacional e o Estado, que incluiu aumentos salariais e congelamento de preços. Ele procurava seguir as diretrizes econômicas do governo anterior de Perón, com uma política nacionalista, distribucionista e destinada a atrair investimentos.

Cámpora renunciou em 13 de junho de 1973, sendo sucedido por Raúl Alberto Lastiri, presidente da Câmara dos Deputados, ato que abriu caminho para a eleição de Perón, o qual voltou ao país no dia 20 do mesmo mês e foi eleito em 23 de setembro com mais de 62% dos votos, tendo como vice sua esposa, María Estela Martínez de Perón, a "Isabelita". Ele assumiu o poder no dia 12 de outubro. Em 1º de julho de 1974, com a morte do presidente, Isabelita se tornou presidenta. Foi em seu governo que Flavio, Paulo, Norma e Neneca, entre outros companheiros da Fracción, acabaram sequestrados pelas forças repressivas.

Como dissemos há pouco, a Fracción e as demais organizações marxistas que atuaram durante a ditadura não haviam lutado pela democracia em moldes liberais, aliás, considerada por elas como uma falsa democracia ou uma democracia de fachada, que simplesmente ocultava a continuidade da exploração capitalista. Isso foi dito explicitamente em texto publicado no primeiro número do *Combate*, de 15 de agosto de 1973, significativamente intitulado *Por que seguiremos combatendo*:

> *Não foi a existência da Ditadura Militar o que levou setores importantes da vanguarda a pegar em armas. Esta apenas aguçizou as contradições já existentes na Argentina. A dinâmica explosiva da luta de classes, produto da crise profunda na qual está submerso o capitalismo argentino, faz da luta armada uma necessidade atual irrenunciável. Daí a importância de assumir uma estratégia de poder de guerra revolucionária e de propor e colocar em prática junto à classe operária desde agora os elementos políticos e organizativos dessa estratégia. A Fracción Roja do ERP seguirá combatendo para deixar bem claro que a Revolução Socialista e o Poder Operário só se conseguem lutando contra o sistema, quaisquer que sejam as formas que este adote, e destruindo as forças repressivas que o sustentam, é parte desta proposta.*

Portanto, na perspectiva dos militantes da Fracción, desconsiderando-se aqui as suas diferenças e nuances internas, bem como de outras organizações revolucionárias, ditadura e demoracia liberal eram formas de um mesmo sistema, o capitalismo, que deveria ser destruído e substituído pelo poder operário e o socialismo, os quais implicavam um outro tipo de democracia. Nas palavras d'*O Combate*, o objetivo estratégico dos *rojos* era "[...] o Poder Operário e o Socialismo, quer dizer, a destruição da burguesia e suas forças repressivas, a tomada de poder pela classe operária e a instauração da Ditadura do Proletariado, da democracia dos conselhos operários". Em relação especificamente à situação argentina, o texto criticava o governo de Cámpora, o qual, segundo seus autores, "[...] se bem representa a vontade popular, não representa os verdadeiros interesses da classe operária e do povo", pois não havia julgado e punido os crimes da ditadura, além de igualar as ações cometidas pelos agentes repressivos e pelos representantes dos trabalhadores, dizendo que "[...] os dois têm um pouco de razão", sendo necessário, portanto, esquecer as queixas de ambos. Em relação à sua renúncia, denunciava que tal fato havia sido motivado por pressões, as quais teriam apenas uma explicação:

> O GAN, o acordo do conjunto da Burguesia para seguir explorando e reprimindo os trabalhadores sob uma forma de governo distinta da Ditadura Militar. Por isso a Grande Burguesia e o Imperialismo permitiram até certo ponto a existência de um governo burguês reformista. Um governo que sem alterar os fundamentos mesmos do sistema capitalista – a propriedade privada dos meios de produção – realizará reformas que enganam as massas e as desviam de seus verdadeiros objetivos revolucionários. Mas é evidente que sempre mantiveram firmemente o controle sobre os recursos chaves do poder – forças armadas, economia, etc. – e os terão até que os explorados os tomem pela força. Não o deixarão por uma eleição nem pelo temor que lhes possam inspirar as lutas populares, e tratarão, por todos os meios possíveis – engano ou repressão – de deter o avanço revolucionário (Combate, Ano I, nº 1, 15/08/1973, p. 10).

Convictos, como quase todas as organizações revolucionárias do período, de que conheciam os verdadeiros interesses das massas, as quais seriam enganadas pelas artimanhas da burguesia, ciosa em manter seus privilégios, os *rojos*, como dissemos, não viam no fim da ditadura uma mudança significativa, apenas uma metamorfose no exercício de poder dos exploradores, que o garantiam pelo uso ora alternado, ora simultâneo, do "engano" e da "repressão". Importante reafirmar que tal perpectiva tinha razão de ser se levarmos em conta a história argentina, e latino-americana de maneira geral, sem falar de outras realidades, na qual, efetivamente, a sucessão de períodos ditatoriais e democráticos (no sentido liberal, insistimos) não acarretou, na maior parte das vezes, uma menor exploração dos trabalhadores.

Paulo, em sua entrevista, cujo conteúdo tem na crítica a seu passado militante um eixo central, falou da continuidade da luta armada no período pós-ditatorial, designado por ele como "primavera democrática":

> E essa democratização, [...] ela foi totalmente subestimada, pra começar pelo PRT-PRP, que resolveu que [...] tinha chegado o momento de atacar os quartéis, como se fosse Fidel Castro [...]. Metade de 73, passaram [a presidência] para o governo civil peronista, e os caras, num momento em que a gente podia se manifestar livremente, podia publicar de tudo, podia dizer o que quisesse, então vamos ata-

car os quartéis, não é um nem dois, são vários. [...] e os peronistas, os montoneros, resolveram que eles eram os juízes e os executantes da linha justa e da tradição do governo peronista, que era um saco de gatos, então eles resolveram acertar contas dentro do peronismo na base da metralhadora. Obviamente isso levou também a uma engrenagem terrível em que o próprio governo organizou os grupos paramilitares. [...] e isso levou a um caos total, mas eu acho que nós tínhamos todos uma visão delirante do país naquele momento.

Perguntei-lhe para esclarecer esse último ponto: "Vocês também, os brasileiros que chegaram?". A resposta foi enfática: "Nós também, nós também".

A fala de Paulo é preciosa por evocar o clima de radicalização política vivenciado pelos argentinos no período que se seguiu à redemocratização de 1973, especialmente a partir de meados daquele ano. A expressão por ele empregada para caracterizar tal momento – "engrenagem terrível" – não deixa dúvidas quanto a isso. Contudo, desde o ponto de vista da análise histórica, não me parece que o diagnóstico de "delírio coletivo" seja válido, ou, ao menos, suficiente, para explicar as ações e ideias dos militantes que estudo. No que tange à reconstrução identitária de Paulo, essa explicação é significativa para compreender a relação que ele estabelece com seu passado, mas, insisto, mostra-se pouco útil para se entender as ambiguidades que, segundo o próprio entrevistado, marcavam aquela conjuntura. Parece importante, então, nos determos mais no exame do referido contexto para podermos ir além das explicações psicologizantes formuladas desde o futuro daquele passado, a fim de adentrarmos efetivamente na complexa trama traçada em parte por nossos personagens, mas também delineada por outros atores individuais e coletivos.

Marina Franco, em seu estudo sobre o período "entre ditaduras" na Argentina (1973-1976), mostra como, durante a presidência de Cámpora, foram estabelecidas várias medidas que visavam a reconciliar a sociedade argentina e alterar as disposições autoritárias do governo anterior, como o antes referido decreto de indulto imediato dos presos políticos, a aprovação pelo Congresso da Lei da Anistia, a supressão das leis penais criadas durante a ditadura e a derrogação de toda legislação emanada do Congresso Nacional que tivesse modificado delitos. Porém, ressalva a autora, não foi anulado "[...] o chamado Decreto-lei de Defesa Nacional, que havia sido o coração ideológico da segurança nacional durante a 'Revolução Argentina' e que expunha com toda clareza a articulação entre segurança e desenvolvimento ao postular a segurança nacional como seu objetivo central" (Franco, 2012, p. 39-40). Portanto, mesmo no plano legal, havia ambiguidades no que tange aos temas da segurança nacional e da repressão às organizações de esquerda. Franco (2012, p. 37) também trata do "processo de radicalização política de setores juvenis, operário-sindicais e das classes médias, que crescia desde meados dos anos 60", o qual encontrou sua máxima expressão nos grupos revolucionários. Nas palavras da historiadora, "[...] em suas ações e discursos se fundiam a resistência à ditadura militar [...] com um projeto socialista revolucionário – ou 'socialista nacional', no caso peronista –, canalizado em uma estratégia de luta armada" (Franco, 2012, p. 38). As ações violentas desses grupos e o clima geral de mobilização popular e protesto teriam levado ao fim da ditadura. Diante de tais pressões, os militares encararam a volta gradual de Perón como um "mal menor" ou uma "vala de contenção", mesmo que ao preço de aceitar a reintegração do peronismo ao sistema político e restituir-lhe sua legitimidade (Franco, 2012, p. 39).

Vimos que a Fracción começou a realizar ações armadas próprias ainda nos primeiros meses de 1973 (em 29 de janeiro e 8 de fevereiro, segundo a lista do *Combate*), antes, portanto, da eleição de Cámpora, em 11 de março. A linha não se alterou, ao contrário, se intensificou, nos meses seguintes (a lista apresenta ações até 5 de julho). A eleição de Perón, em 23 de setembro, também não implicou uma mudança na perspectiva da luta armada. Afinal, conforme já vimos, a ascensão desse líder era considerada apenas mais um meio de enganar os setores populares, pois não eliminava as bases da exploração capitalista (a propriedade privada dos meios de produção) e da dominação política da burguesia (o monopólio da força militar e policial). Caberia, pois, à vanguarda da classe trabalhadora continuar na luta por seus verdadeiros objetivos: o poder operário e o socialismo. Em texto publicado no *Combate* pouco antes do pleito que levou Perón à presidência, os *rojos* afirmavam: "As eleições são uma das maneiras que a burguesia inventou para legitimar seu poder econômico, político e militar, e que pretendem dar ao Estado uma fachada democrática". Valendo-se de uma clássica fórmula leninista, concebiam que a eventual participação em eleições ou parlamentos burgueses só poderia servir "para agitação e propaganda revolucionárias"[40]. Concretamente, apoiaram inicialmente a candidatura da Frente Anti-imperialista e pelo Socialismo, que reunia diversos partidos revolucionários de esquerda, encabeçada por Agustín Tosco, secretário-geral do Sindicato de Luz e Força de Córdoba, e Armando Jaime, operário têxtil ligado à Frente Revolucionária Peronista. Porém, devido a desentendimentos internos, a chapa foi retirada e a maioria das organizações que a apoiavam, inclusive a Fracción, chamou pelo voto em branco (Cormick, 2012, p. 111).

Ainda no que tange às esquerdas revolucionárias, é importante lembrar que, em agosto de 1973, o PRT-ERP se separou definitivamente da Internacional, frustrando definitivamente qualquer tentativa de reintegração da Fracción. A organização de Santucho aprofundou cada vez mais suas atividades armadas. No mês de setembro, durante o governo interino de Lastiri, a poucas semanas da eleição de Perón, o ERP tentou tomar a Direção de Saúde do Exército, em plena Buenos Aires. De acordo com Franco, "o fato foi considerado o primeiro ataque de real importância da guerrilha desde a volta à legalidade constitucional", o que teria gerado severa condenação por parte das autoridades nacionais, de outros setores oficialistas (como a CGT) e também da oposição institucional (sobretudo a União Cívica Radical). Logo a seguir, no dia mesmo das eleições, o PRT-ERP foi ilegalizado por delito de sedição (Franco, 2012, p. 64-65). Nesse contexto, a Internacional enviou representantes à Argentina a fim de tomar pé da situação estabelecida com a formação da Fracción e, em alguns casos, tentar uma reaproximação com certos setores da esquerda revolucionária daquele país descontentes com as diretrizes da direção mandelista. Em geral, tais olhares externos, construídos *a posteriori* e, portanto, fortemente marcados pela derrota da luta armada e pelos efeitos do terror de Estado estabelecido, sobretudo a partir de 1976, ressaltam o contraste entre a relativa liberdade democrática então vigente no país e a virulência do militarismo das organizações revolucionárias. Além disso, evocam a animosidade de grupos, como aquele ligado a Moreno e o PRT-ERP, em relação à Quarta.

Janette Habel viajou à Argentina em julho de 1973, quando participou de debates com morenistas e perretistas, encontrando-se também com os *rojos*. Quando a entrevistei, narrou da seguinte maneira seu contato com os militantes da Fracción:

> [...] *é uma cena extraordinária* [...]. *Éramos dois*[41] *e chegamos a Buenos Aires* [...] *e não era ainda a ditadura militar* [de 1976], *era antes. Chegamos e havia camaradas que nos esperavam, entramos em um caminhão coberto e fomos a um subúrbio de Buenos Aires, um subúrbio pobre, e lá o caminhão entrou em uma rua sem saída de marcha a ré, contra uma janela, e eles tiraram a cobertura e entrei em uma peça onde estava Paulo* [Paranaguá]. *Essa peça era um arsenal de armas, havia armas absolutamente por todos os lugares.*

Perguntei-lhe qual foi sua impressão sobre esse procedimento, ao que ela respondeu :

> *Bizarra, porque não era ainda a ditadura. Havia uma forte luta e o fato de chegar assim, você imagina você chegar dessa maneira na rua e havia gente do lado de fora. Então meu instinto* [diz que] *é bizarro, porque, ao invés de chegar normalmente, isso eu não esquecerei jamais, caminhão de marcha a ré, entrada escondida, para as pessoas do bairro era extremamente bizarro* [...].

No mês de setembro, foi a vez de Michael Löwy chegar à Argentina, onde passou várias semanas a convite dos militantes da Fracción. Em sua entrevista, ele também falou do clima de liberdade então reinante:

> [...] *era um período muito bom, era o fim do* [governo] *Cámpora, o momento também em que chegou o Perón, mas havia a transição, havia assim muita liberdade, o pessoal da esquerda armada, enfim, estava como peixe na água* [...], *havia uma espécie de euforia muito grande da esquerda revolucionária, e do nosso pessoal também. Eu me lembro, foi uma experiência muito rica essa, vários encontros com o pessoal, com o Paulo, com o Flavio, com a Neneca.*

Porém, ainda de acordo com ele, vigorava, entre os militantes revolucionários, o entendimento de que "[...] esse parênteses democrático não ia durar muito tempo, tinham que se preparar pra um período mais duro em que a questão da luta armada ia voltar [...]". Indaguei-o a respeito de tal percepção e ele continuou:

> [...] ia endurecer... Não se sabia exatamente como, se com um golpe militar ou se com o próprio Perón... Aconteceram as duas coisas: o Perón já logo começou a fechar o espaço, depois que ele morreu então, a Isabel, muito mais, a Aliança Anticomunista e depois a ditadura... Quer dizer, eles não tinham previsto exatamente como ia se dar, mas a ideia era que esse período que a gente estava vivendo era um parênteses. Isso sim eles tinham claro. Mas a conclusão que eles tiraram era: "Bom, precisamos nos preparar pra voltar à luta armada". Essa era a ideia. Mas claro, uma luta armada com uma visão mais política, menos militarista do que a do PRT.

Já Daniel Bensaïd desembarcou na capital argentina em outubro. No seu livro de memórias, ele caracteriza a situação do país naquele contexto como "paradoxal". Permito-me citar um trecho longo de sua narrativa, a qual oferece um quadro muito vivo do ambiente em que atuavam Flavio, seus companheiros *rojos* e muitos outros militantes revolucionários:

> Reinava no país uma extraordinária liberdade de circulação, de expressão, de reunião. As bancas estavam cobertas de publicações com capas escarlates. O retrato de Che reinava por todos os lugares. Na esquina das [avenidas] Callao e Corrientes, cruzava-se por todos os tipos de figuras da subversão continental: brasileiros esperando a queda de sua própria ditadura, conspiradores bolivianos em trânsito, uruguaios vindos como vizinhos, refugiados chilenos que não imaginavam ainda que aquilo [a ditadura implantada pelo golpe de Pinochet] pudesse ser tão longo, alguns paraguaios com seu equipamento para "matear" [tomar mate]. Contudo, a imprensa quotidiana estava repleta de acontecimentos violentos, de escaramuças armadas, de tiroteios, de sequestros e de pedidos de resgate. Para distribuir o menor panfleto na porta de uma fábrica, era necessária frequentemente uma pesada proteção armada, tanto contra os burocratas sindicais de gatilho fácil como contra a polícia (Bensaïd, 2002, p. 178).

A primeira visita de Bensaïd foi aos camaradas da Fracción. Em sua narrativa sobre esse contato, pontuada por divagações ora divertidas, ora trágicas, evidencia-se, mais uma vez, o contraste entre o contexto político democrático e as atividades clandestinas dos guerrilheiros:

> Em La Plata, Buenos Aires ou Córdoba, as reuniões começavam por uma distribuição de armas e de munições para a eventualidade de

uma intrusão hostil. Enquanto se preparava o mate, um/uma responsável expunha o plano de evacuação dos lugares. Eu me assegurava, duas vezes mais que uma, do bom funcionamento da trava de segurança, rezando às boas fadas proletárias para que a aparição de um quepe de carteiro ou de um funcionário da empresa de gás não detonasse uma guerra civil assassina. Era necessário rodar horas em subúrbios intermináveis, a bordo de camionetes cobertas, antes de poder entrar de ré nas "casas operativas", sendo algumas dotadas de uma "prisão do povo". Nossos camaradas eram jovens, intrépidos, plenos de confiança no futuro socialista da humanidade. Três anos mais tarde, a metade desses que conheci ao longo dessas reuniões havia sido presa, torturada, assassinada.

Era claro que íamos pelo caminho errado. O fosso era muito grande entre a atividade legal, de um lado, e as conspirações de catacumbas, de outro. A situação do país era, claro, precária, instável, incerta. Podíamos ter aproveitado a abertura democrática, por mais efêmera que fosse, para acumular forças, sem deixar de manter prudentemente um aparelho que permitisse, se necessário, um novo mergulho na clandestinidade (Bensaïd, 2002, p. 181).

O representante da Quarta também visitou Moreno e participou de uma plenária do Partido Socialista de los Trabajadores (PST), organização liderada por este último, quando foi hostilizado por seus integrantes. Na reunião com membros do PRT em Córdoba o clima não foi muito diferente: "A acolhida dos responsáveis locais foi glacial" (Bensaïd, 2002, p. 183). Esteve igualmente com militantes do Grupo Operário Revolucionário (GOR), outra dissidência do PRT-ERP, e com Raymond Molinier, uma "lenda do movimento trotskista" (Bensaïd, 2002, p. 190), que também havia militado junto a Santucho e agora liderava seu próprio grupo.

De que maneira esses testemunhos nos ajudam a entender melhor o campo de possibilidades onde atuavam Flavio e seus companheiros?

Antes de tentarmos responder a questão, é preciso insistir no caráter retrospectivo desses depoimentos. Janette, Michael e Daniel falaram ou escreveram sobre aquela experiência muitos anos depois de sua ocorrência, já sabendo do brutal esmagamento das organizações revolucionárias e da morte, tortura e prisão de boa parte de seus militantes. Não é à toa que, em suas narrativas, todos fazem uma espécie de autocrítica de seus posicionamentos relativos à luta armada. Janette, por exemplo, afirmou: "Tinha-se a ideia de que a luta armada era a verdadeira clivagem com o reformismo, com os social-democratas e com o estalinismo [...]. Penso que quando se adotou essas teses, era já tarde [...]". Michael, por seu turno, após falar de sua defesa da Fracción diante da direção da Quarta, ressaltou: "Foi um pouco uma ilusão. Mas o meu sentimento era esse: eles estavam na linha justa". Por fim, Daniel, no final de seu relato sobre a experiência argentina, significativamente intitulado *Chorar por ti, Argentina...*, escreveu: "Minha missão iniciática na Argentina me vacinou contra uma visão abstrata e mística da luta armada. Lá constatei que as armas não são uma fronteira infranqueável entre reforma e revolução [...]" (Bensaïd, 2002, p. 194). Hoje, com os olhos do presente, a luta armada na Argentina parece, a esses observadores, tardia, ilusória ou mítica. Contudo, naquele momento, fazia muito sentido tanto para eles quanto para os militantes de diversas organizações, que apostavam em tal caminho como via de superação da exploração capitalista e da dominação burguesa. Mas, mesmo no contexto em tela, certas atitudes da Fracción, que não diferiam muito das de outros grupos revolucionários, pareceram estranhas a tais visitantes, como, por exemplo, o transporte sob uma lona na carroceria de um caminhão, evocado tanto por Habel quanto por Bensaïd, em um momento de evidente liberdade de expressão e organização. Não é à toa que a primeira emprega o termo "bizarro" e o segundo o qualificativo "paradoxal" para caracterizarem a situação então vivida, na qual, sobretudo para um olhar externo, parecia forte o contraste entre democracia política e as "conspirações de catacumbas" dos militantes revolucionários. Mas mesmo assim eles parecem que foram, de certa maneira, contagiados pelo entusiasmo dos jovens *rojos*. Isso não significou ausência de conflitos motivados por divergências quanto à linha a seguir. Segundo Janette, por exemplo, Ernest Mandel "estava muito hesitante" em relação ao caminho trilhado pela Fracción, enquanto os membros mais jovens da Internacional teriam levado mais tempo para perceber os problemas desse percurso. No mesmo sentido, Michael comenta:

> *Bom, eu me lembro que depois houve uma reunião da IV Internacional e eu me senti um pouco como o porta-voz do pessoal de Buenos Aires, quer dizer, da Fração Vermelha. Eu tentava defender a posição deles, me lembro de uma discussão com o Mandel em que eu dizia: "O pessoal é ótimo, precisamos apoiar, eles são realmente a nossa esperança". E o Mandel bastante cético: "Não, acho que essa linha é muito aventureira". E ele que tinha razão, infelizmente.*

Mais adiante, perguntei-lhe a respeito de sua percepção sobre o grupo dos *rojos* e ele respondeu: "Eu fiquei entusiasmado. Eu estava muito na linha, naquela época, de que a luta armada era a única alternativa nos países com ditadura e achava ótimo, quer dizer, achava que a orientação deles é que era a boa".

Claro está que essas avaliações foram feitas, como já dissemos várias vezes, desde o futuro daquele passado, portanto, profundamente marcadas pela percepção dos desdobramentos do processo então vivido, com destaque para a derrota da luta armada e para a ferocidade da repressão ditatorial. De qualquer maneira, suas narrativas são reveladoras dos debates e ambiguidades dos *rojos* em relação a um tema-chave para todas as guerrilhas latino-americanas do período: a luta armada. Para eles, parecia não haver dúvida de que essa era a tática mais adequada, aquilo que dividia os revolucionários dos reformistas.

Porém, quando tal opção descambava para o "militarismo"? A resposta não é absoluta e depende da própria percepção dos atores envolvidos nas lutas políticas daquela época. Pelo que vimos, "militarista" era sempre o outro que se pretendia atacar. Essa foi uma das acusações mais fortes desferidas pelo grupo de Flavio ao PRT-ERP quando da cisão de 1972, no caso significando, por um lado, uma independência das ações militares em relação ao debate sobre a linha política a ser seguida, fazendo com que as primeiras acabassem se tornando um objetivo em si mesmas, e, por outro, no plano mais concreto, a falta de preparação dessas ações, o que acarretava perdas preciosas de recursos humanos e materiais, além de descrédito junto à sociedade. Na sua prática, contudo, aos olhos daqueles que militaram na organização e dos que a observaram "de fora", embora com muita simpatia, os *rojos* não teriam se diferenciado muito dos militantes perretistas nesse quesito. Já vimos que Neneca considera hoje que, "no fundo", ambas as organizações faziam as mesmas ações, justificando tal similaridade por uma imposição da própria clandestinidade: "[...] tinha um básico [...] que tinha que fazer [...]". Bensaïd corrobora tal necessidade ("tinha que...") ao afirmar:

> *As armas têm sua lógica.* [...] *um aparelho militar gera suas próprias necessidades. Uma parte considerável da energia mobilizada e dos riscos em que incorreram os militantes do GOR ou da Fracción Roja eram consagrados à manutenção de seu próprio (micro)aparelho. Comprar armas, estocá-las, mantê-las, alugar as casas operacionais, manter os militantes clandestinos custa caro. É necessário dinheiro. Para procurá-lo, é preciso expropriar bancos. Para expropriar bancos, é necessário armas. Nessa espiral, cada vez mais militantes são profissionalizados e socialmente desenraizados. Ao invés de se fundirem em um meio social como um peixe na água, sua existência dependia cada vez mais de um aparelho em expansão* (Bensaïd, 2002, p. 195).

Ou seja, parece que a lógica da luta armada não deixava muitas opções àqueles que a praticavam, já que sua manutenção, sobretudo na situação de clandestinidade, acabava por exigir cada vez mais investimento nas ações militares em detrimento de outras frentes de atuação, como a formação política e a propaganda junto a setores como o estudantil e, especialmente, o operário. Nesse sentido, Charly lamenta hoje a falta de uma inserção mais orgânica da Fracción junto aos grupos populares, definindo-a como uma organização ao mesmo tempo jovem e velha, além de ressaltar sua continuidade em relação ao PRT-ERP:

> [Era] *uma organização pequena, jovem, sem recursos, com muitos clandestinos* [...]. *E aí pagamos algum preço, digo a organização pagou algum preço à sua rebeldia, à carga de gente sem inserção.* [...] *podíamos ter sido tipos de rua, torneiros, operários, bancários, ou seja, podíamos ter tido certa presença. Não. Éramos uma organização velha... Éramos uma organização jovem, mas com militantes velhos* [...]. *Ou seja, éramos típicos membros do PRT, muito profissionalizados.*

Mais adiante, falou da contradição entre o desejo dos *rojos* de realizar um trabalho de massas e, na mesma linha apontada por Neneca e Bensaïd, as exigências da prática revolucionária clandestina:

> [...] *vamos dizer que a Fracción Roja não tinha uma massa crítica, não tinha base suficiente para que o peso da infraestrutura pudesse ser amortecido em obras de militantes de base. Eram muitos caras dedicados a manejar armamento, adquirir armamento. Isso terminou muitas vezes entrando em uma dinâmica onde o peso do preparo militar, um pequeno destacamento militar para pegar as armas, o peso disso era bastante grande.* [...] *mas nós não estávamos orgulhosos disso. Não sei se estou sendo claro, não era que estávamos orgulhosos de fazer operações militares que exigiam um grau de infraestrutura e especialização* [...]. *Creio que havia uma preocupação em lidar com as massas.* [...] *conosco, lamentavelmente,* [a volta de Perón] *nos pegou tapando buracos, imbuídos na coisa da guerra de sobrevivência, sequestrando um cara para ter recursos.* [...] *e nós, digamos, tratando de fazer todas as tarefas que havíamos feito,* [...] *dar certa solidez e infraestrutura à organização, cuidar dos companheiros que não podiam trabalhar, que eram a imensa maioria, nos dotar de armamento, etc., etc., etc.* [...].

Paulo, com sua habitual dureza em relação a seu próprio passado revolucionário e ao de seus companheiros, associa tal prática militarista tanto à necessidade prática apontada por Neneca, Bensaïd e Charly, quanto a uma "obsessão", uma "vertigem" dos militantes:

> *A gente saiu do PRT criticando o militarismo, mas na verdade o militarismo continuou conosco. O militarismo no sentido de ações militares, guerrilheiras. O militarismo continuou dentro da nossa organização. Eu fazia uma reunião pra tentar discutir um programa político e aí chegava um sujeito e dizia "eu acabo de ver um fuzil em tal esquina", e todo mundo parava a discussão política porque precisava, a gente não tinha arma suficiente, e precisava organizar um negócio lá pra tirar a arma do sujeito. Sabe, era obsessão, a obsessão eram armas, o dinheiro, os aparelhos.* [...] *a gente tinha que mudar tudo, porque tava saindo de uma organização e criando outra, nessa situação complicada.*

De qualquer maneira, não obstante essas diferenças de interpretação, significativas para se compreender a construção de memórias empreendida pelos diversos atores que participaram direta ou indiretamente da experiência da Fracción, Maria Regina, Daniel, Charly e Paulo parecem ter razão ao afirmarem a continuidade da ênfase nas práticas militares (ou no "militarismo", dependendo do olhar) por parte dessa organização. Como ressalta taxativamente Cormick:

> [...] se bem o grupo que conformou a Fracción Roja tinha críticas sobre algumas práticas militares do PRT as quais assinalavam como "militaristas" por carecerem de uma preparação adequada, o novo grupo seguia centrado na atividade militar e, de fato, considerava o PRT-ERP como a experiência político-militar mais importante na Argentina (Cormick, 2012, p. 122).

Bensaïd acrescenta um fator importante para explicar esse investimento nas ações militares por parte dos *rojos*: sua competição com a "organização matriz" em termos de arrojo bélico. Vejamos o que diz o líder da Quarta ao falar de sua visita a Buenos Aires em 1973: "[...] a nova organização buscava ao mesmo tempo manifestar sua fidelidade em relação à IV Internacional e provar que era capaz, em matéria de luta armada, de rivalizar em coragem e em determinação com o PRT histórico, então no apogeu de seu poderio". E ainda:

> Nossos camaradas da Fracción Roja queriam rivalizar militarmente com o PRT, dispondo de meios muito mais limitados e sem se beneficiar da mesma logística internacional. Eles buscavam provar assim que o desacordo que os havia conduzido à ruptura não dizia respeito à luta armada, sempre considerada como a discriminante principal entre revolucionários e reformistas (Bensaïd, 2002, p. 179 e 185).

Tal apreciação parece bem plausível. Afinal, depois de terem sido acusados tantas vezes pelo grupo de Santucho de "pequeno-burgueses" e, portanto, reformistas, não seria descabido que os *rojos* quisessem demonstrar, aos olhos da Quarta, das demais organizações revolucionárias (especialmente o PRT-ERP), da sociedade argentina em geral e de seus próprios integrantes, sua coragem revolucionária, sua capacidade de empreender ações armadas tão espetaculares quando as levadas a cabo pelo grupo que os havia expulsado. Soma-se a isso a espiral de necessidades exigidas para a manutenção de um grupo clandestino e, quem sabe, uma certa "vertigem" (não no sentido pejorativo dado por Paulo ao empregar tal termo, mas significando a imersão em uma conjuntura turbulenta e ambígua que deixava pouco espaço para ações longamente meditadas e para a continuidade de certos projetos), e talvez se possa compreender melhor o "militarismo" da Fracción.

Isso não quer dizer, de maneira alguma, que os *rojos* não tenham atuado em outras frentes. Junto ao operariado, mais do que a participação direta dos militantes nas organizações e lutas dos trabalhadores, o grupo desenvolveu ações de propaganda armada, como as tomadas de fábricas acompanhadas de discursos, pichações e distribuição de panfletos, além de promover a autodefesa das lutas operárias que lhes parecessem mais acertadas contra as forças repressivas governamentais e as burocracias sindicais. Nesse plano, a Fracción atuou especialmente em Córdoba, epicentro de lutas operárias e populares. No movimento estudantil, a organização trabalhou, sobretudo, na Faculdade de Arquitetura de La Plata e também junto aos secundaristas da Capital Federal. Nessa frente, a atuação se deu principalmente no próprio âmbito associativo, na propaganda de propostas revolucionárias e no fomento à autodefesa contra os grupos paramilitares de direita que atentavam contra o movimento estudantil e em oposição aos setores peronistas, os quais buscam enquadrar tal movimento nas diretrizes governamentais. Mariano, que ingressou na Fracción atuando em sua frente estudantil, lembrou das atividades que desenvolvia nesse âmbito e da presença de Flavio junto a ele:

> *Trabalhamos fundamentalmente nas faculdades de Medicina e Arquitetura. Naquele momento, meados de 73, já se começava a trabalhar. Havia muita presença na Arquitetura, muita representatividade, porque muitos eram professores, nossos companheiros eram professores: um era titular de uma disciplina, os outros eram ajudantes, e aí, dentro do que era a orientação de um trabalho de massas, se colocou o tema da incorporação de uma lista de representantes às eleições estudantis [...], com um grupo que se chamou Grupo de Marxistas Revolucionários. E eu participei de tudo aquilo e minha relação imediata foi com a Neneca. Logo, em reuniões ampliadas, [...] eu conheci René [Flavio]. Eu estava na Direção Estudantil, portanto, quando havia reuniões de direção [...], René vinha às reuniões como representante do [Birô Político] para definir todas as orientações, trabalho político, etc., etc., etc. E eu fiz trabalho, inicialmente, de inserção, e depois eu, bueno, minha formação era mais prática, operativa, me dediquei um pouco mais à capacitação militar, ao treinamento, me dediquei a organizar os grupos de autodefesa, [...] todo o trabalho de autodefesa da Arquitetura quando se realizaram as eleições, antes dos ataques dos grupos de extrema-direita [...]. [...] era um trabalho mais de apoio, um trabalho de fortalecimento da autodefesa [...].*

Contudo, como ressalta Cormick, o desenvolvimento dessas frentes foi limitado. Ainda segundo o autor, o que, de alguma forma, marcou a peculiaridade da Fracción em relação a outros grupos revolucionários marxistas que então atuavam na Argentina, inclusive o PRT-ERP, foi sua concepção propagandista[42]. Como ressaltou Mariano:

> *[...] seguíamos com essa visão da luta armada como uma forma de pensar a luta política e vimos que realmente não era o perfil que o PRT oficial estava dando à luta armada. [...] nós defendíamos mais a luta armada em função de tudo o que era a intervenção política [...]. Ou seja, quando se preparava um militante, digamos, era fundamentalmente para que aprendesse as técnicas de defesa e autodefesa, aprendesse a manejar uma arma, mas [também] para intervir em uma ação que fosse de propaganda, de agitação.*

De forma semelhante, Mele afirma: "[...] creio que na nossa organização estivemos, se podemos dizer, como que em um meio-termo entre o que era a política do PRT totalmente militarista e o que era a política das organizações que renunciaram à luta armada e que se chamavam propagandistas". É a esse tema da propaganda que iremos nos dedicar com mais atenção logo a seguir. Antes, porém, quero reencontrar o indivíduo Flavio. Mais uma vez o perdemos um pouco na "vertigem", para usarmos um termo caro aos nossos entrevistados, dos acontecimentos e das sensações que parecem caracterizar o período que se seguiu à separação do PRT. Nosso objetivo, evidentemente, não é destacá-lo de seu tempo e de seu grupo, o que implicaria esvaziá-lo de significação histórica. Afinal, como qualquer indivíduo, ele se constituiu como sujeito e traçou seus caminhos na relação com outros sujeitos e caminhos. Mas, se resolvemos empreender a escrita de uma biografia é porque acreditamos na relevância de se levar em conta, na análise dos processos sociais, as ações individuais, as maneiras pessoais de agir e pensar no/o mundo. Jacques Le Goff (1989), ao biografar outro personagem, assinalou a importância de se aproximar "de um personagem específico, único", de se "escrever uma verdadeira biografia [...] onde [esse] se distingue no seio de uma sociedade, de uma época, intimamente ligado a elas, mas lhe imprimindo sua personalidade e sua ação, um indivíduo historicamente explicado. E que, no meio de uma partição comum, faz entender sua nota particular, seu estilo".

Como se manifestou, no meio da "partição comum" dos militantes da Fracción, a "nota particular", o "estilo", de Flavio? Já apontamos que ele tinha uma posição de liderança na organização e, portanto, uma possibilidade maior de influir nos destinos de seus integrantes. Além disso, em função desse status, cada vez mais, por razões de segurança, não se envolveu diretamente nas ações armadas (como acontecia, aliás, com os dirigentes de várias organizações revolucionárias). Porém, mesmo assim, participou de muitas delas, correndo os riscos inerentes a tais empreendimentos. Vimos também que tanto ele quanto alguns de seus contemporâneos destacaram seu pouco apreço pessoal pela prática militar, o que redundava em um envolvimento mais racional e menos passional com armas, altercações físicas e similares, e na prática, em uma preparação mais criteriosa das ações sob sua responsabilidade, especialmente no quesito segurança. Ressaltamos igualmente que tanto os argentinos quanto os brasileiros envolvidos na constituição da Fracción destacam em suas memórias a superioridade da formação cultural desses últimos, sublinhando a posição de Flavio como aquele possuidor de uma maior bagagem política e teórica. Com tais indicações já podemos compreender um pouco melhor o seu estilo, a sua forma particular de militar.

Nas entrevistas realizadas com seus companheiros de luta armada na Argentina, algumas características dessa marca pessoal foram destacadas, especialmente sua postura de tentar compreender e levar em conta as diferentes posições que afloravam nos debates entre os militantes revolucionários, atitude essa, por vezes, chamada de "conciliadora" (não obstante a participação destacada do personagem em várias cisões partidárias, como as do PCB, do POC-Combate e do PRT-ERP, o que, por um lado, evidencia a complexidade de sua trajetória e, por outro, exemplifica o jogo entre lembrança e esquecimento presente nos processos de rememoração). Tal maneira de agir ganha tons de singularidade, de "estilo pessoal", quando contraposta a um ambiente marcado pelo sectarismo e pela intolerância, onde rachas e dissidências afloravam a todo o momento. Nesse sentido, por exemplo, Paulo Paranaguá, ao tratar do grupo dos brasileiros na Argentina, afirmou:

> *Naquele momento ele era um elemento de conciliação. Eu digo isso, como te falei antes, favoravelmente. Se nós éramos trinta, imagina se a gente ia se dividir, tinha que conciliar mesmo, era o mínimo. Nem sempre era fácil, mas, além disso, tinha questões pessoais, e ele era alguém muito tolerante, muito compreensivo, sempre foi confidente de várias pessoas, homens e mulheres, então ele tinha um lado assim boa-praça, muito discreto, nada de fofoca, nada de intriga pessoal, e isso ajudava [...].*

Paulo ressaltou ainda as críticas que esse perfil tolerante suscitava naqueles, em suas palavras, "anos radicais":

> *O Flavio, naquele momento, digamos, entre os brasileiros, era de certa maneira visto como um elemento conciliador. Pra quem conciliar diferentes posições dentro de um mesmo grupo é uma debilidade, evidentemente isso era negativo. [...] a palavra conciliação às vezes tem conotações negativas. Mesmo no Brasil, hoje em dia, conciliação é característica nacional há duzentos anos [...].*

Também destacou que tal postura conciliadora não significava estar "em cima do muro", "[...] pelo contrário ele, mesmo com um certo cuidado e reflexão antes de falar, ele é uma pessoa que tem tendência a tomar uma posição, ter uma opinião e obviamente que isso também é importante". Mais adiante acrescentou: "Esse perfil diferente, pra algumas pessoas e em certos momentos, foi problemático, foi malvisto, foi criticado. Perguntei-lhe se tais críticas apareciam abertamente e Paulo respondeu-me afirmativamente: "Claro que apareciam! As críticas eram abertas. Diziam muito claramente, na cara [...]".

Mele também falou da tolerância de Flavio e de sua capacidade de dialogar e tentar compreender posições diferentes daquelas que defendia:

> *[...] outra característica que o Flavio tinha era a de contemplar as posições dos outros companheiros, [...] ao invés de tomar logo de início uma posição contrária, taxativa, mas analisando, esmiuçando a posição dos companheiros e tratando de encontrar como que uma resposta [...] ao que ele podia não estar de acordo, mas explicando, argumentando porque não estava de acordo, tratando de compreender de onde o outro companheiro estava pensando isso, tratando de ver a lógica do pensamento do outro. Eu acho que o Flavio sempre se caracterizou muito por examinar os argumentos, pensar a partir da cabeça do outro, o que ele estaria defendendo, e logo argumentar porque sim, porque não, a partir do seu ponto de vista. Acho que isso servia muito para fazer a discussão*

ficar mais rica, porque não era branco contra preto, não era tomar posições absolutas, mas tratar de aprofundar um pouco mais a discussão. [...] era assim a sua participação nas discussões.

Quando usei a palavra "conciliador" para me referir a essas características, Mele retrucou com uma posição semelhante à de Paulo:

Mas não era tão conciliador porque mantinha sua própria posição, mas não tinha uma atitude de oposição. Digamos, era mais a forma que encarava o diálogo político. Não era conciliar. A forma era tratar de pensar de onde o outro está argumentando, mas logo rebater com a sua própria argumentação. Não, o Flavio tinha postura bastante clara a respeito de muitas coisas.

Na mesma linha, e com muita emoção, Mariano se referiu, de forma brincalhona, a Flavio como um "psicanalista frustrado", por sua "grande capacidade de escuta". Em sua narrativa, ele acentuou o "diferencial" de Flavio em relação aos demais militantes:

Pra mim a qualidade de Flavio é sua humanidade, [...] um tipo capaz de escutar, de não se surpreender, de não perseguir, de não sancionar, mas de corrigir, de corrigir prudentemente. A visão de Flavio é sempre uma visão tranquila, de um tipo que te observava e inclusive esboçava o sorriso típico dele, esse que ele tem, nunca há-há-há [insinuando uma gargalhada de deboche]. *[...] havia outros que, com a mesma capacidade política, eram tipos intransponíveis. Então, para um cara jovem,* [era importante] *encontrar-se com a capacidade política dele, sua capacidade de síntese, de leitura, e a humanidade, que te permitia se aproximar e não ser vetado porque era um quadro.*

Carlos Álvarez, o Charly, não destoa desse conjunto de apreciações. Ele recorda de Flavio como um militante "muito sólido, muito seguro, [...] muito preocupado para que a vida política fosse algo parecido a uma escola de militantes". Explicitando essa ideia, disse: "[...] as reuniões de célula com o Flavio eram, digamos, reuniões mais produtivas, [...] mais de aprendizagem [...]". E continua: "Essa é a primeira grande admiração que me surge pelo Flavio, de um cara que tem uma preocupação pelo entorno militante. [...] Flavio dificilmente tomaria uma posição irreconciliável. Jamais diria: 'Não, isto não serve para nada, não podemos concordar, é coisa séria, é uma medida que não vai levar à construção do partido, vai nos botar em risco, não sei o que...', não! [...]". Em outro momento, ressaltou, de maneira semelhante a Mariano, a peculiaridade dessa atitude "frente a outras características de outros companheiros brasileiros que saíram da mesma toca":

[...] havia outros companheiros com uma posição muito mais altiva, mais sólida politicamente, teoricamente. [...] a solidez os fazia assumir posições de dureza e certa soberba e luxo [...], coisa que não

> *acontecia com o Flavio* [...]. [Ele era] *o tipo que ajudava* [...]. [...] *essa coisa de não ir ao enfrentamento, de relativizar como o companheiro havia chegado a essas posições...*

Pode-se considerar que a nossa mostra de entrevistados esteja "viciada", já que cheguei a eles através da mediação de Flavio, por quem, cabe dizer, todos nutrem até hoje grande respeito e carinho. Talvez se eu entrevistasse um ex-militante do PRT que conviveu com nosso personagem, mas que não aderiu à Fracción, a apreciação a seu respeito fosse bem diferente. Mas tendo a considerar que, apesar desse fator, as falas citadas são representativas do modo como ele era visto por seus companheiros de militância naquele momento tão conturbado. Afinal, as características de "conciliador" e/ou "capaz de levar em conta a posição do outro" são evocadas por pessoas que, já naquela época e também posteriormente, assumiam posições bastante diferenciadas entre si, como Paulo, de um lado, e Mele, Mariano e Charly, de outro. Além disso, mesmo que todos gostem muito de Flavio, os elogios poderiam ter se resumido, por exemplo, à sua afetividade e à sua solidez política e teórica, mas a esses acabou se somando as atribuições de "elemento conciliador", de alguém interessado em "contemplar as posições dos outros companheiros", de "psicanalista frustrado", de preocupado com o "entorno militante", entre outras caracterizações semelhantes. Tais posturas, como disse Paulo, podiam, por vezes, ser avaliadas negativamente naquele contexto de forte radicalização política, em que a falta de respostas prontas e a abertura ao outro eram percebidas, em muitas ocasiões, como sinal de ausência de firmeza política e de convicção ideológica. Mas, em termos gerais, ao menos retrospectivamente, as qualidades antes elencadas foram consideradas como positivas por nossos entrevistados, capazes de garantir a união do grupo, de acolher militantes mais despreparados e inseguros e de propiciar situações proveitosas de debate político e ideológico. Mais do que isso: tais atributos foram vistos como peculiares a Flavio, capazes de singularizá-lo naquele ambiente, recordados como traços de sua personalidade, como eixos de sua trajetória, como marcas de seu estilo pessoal. Nesse sentido, parodiando Norbert Elias, pode-se dizer que a sociedade argentina de então (mas creio que essa caracterização poderia se estender a vários outros contextos marcados pela radicalização política e pelo aflorar de ideias revolucionárias) não produziu apenas o "semelhante" e o "típico", mas também o "individual". Afinal, por paradoxal que pareça, "[...] a moldagem e a diferenciação especiais das funções mentais a que nos referimos como 'individualidade' só são possíveis para a pessoa que cresce [e atua] num grupo, numa sociedade" (Elias, 1994, p. 56 e 27, respectivamente).

Voltemos à fala de Neneca citada antes, quando tratou das atividades dos *rojos*, destacando que esses realizavam "as mesmas ações" dos militantes perretistas (afirmação que já tentamos compreender e nuançar). Recordemos que ela disse também: "E fazíamos ações, propaganda, a gente tinha um jornal, tinha uma revista [...]". Quero tratar agora, de maneira breve, dessas atividades de propaganda levadas a cabo pela Fracción, lembrando que Flavio, desde sua atuação no movimento estudantil porto-alegrense, preocupava-se bastante com tais práticas, especialmente no atinente à divulgação de ideias políticas e à formação dos militantes. Apontamos, nesse sentido, que, quando ele estava no Chile, preocupava-se com a falta de divulgação do pensamento trotskista no país, solicitando à Internacional o envio de publicações a fim de suprir tal lacuna. Já em Buenos Aires, foi justamente um curso ministrado por nosso personagem, o qual causou grande impacto em jovens militantes como Mele, que deu início ao tensionamento entre a Regional Sul do PRT e a direção do Partido. Assim, muito provavelmente, Flavio, como dirigente do grupo, deve ter exercido um papel importante no delineamento das ações de propaganda da organização. Aliás, vimos também que, apesar das práticas militares terem uma centralidade na Fracción, essa se diferenciava do PRT por sua concepção propagandista, o que redundava, por exemplo, em ações de "propaganda armada", como as tomadas de fábricas que, ao mesmo tempo, serviam para a apropriação de armamentos das guardas e para a difusão de ideias revolucionárias entre os operários através de discursos, panfletos e pichações. Sobre esse equilíbrio (precário) entre atividades militares e atividades de propaganda, disse Mele: "[...] o Flavio tinha postura bastante clara a respeito de muitas coisas. Uma delas era justamente a questão da formação dos militantes, a formação do Partido, coisa que, de qualquer maneira, por sermos um grupo tão pequeno e, apesar de concordar com a questão da luta armada, não podíamos botar muito em prática [...]". Assim, apesar de muitas vezes o aspecto militar ter dominado a prática dos *rojos*, não se pode negligenciar a intensa atividade de propaganda por eles realizada, seguidamente evocada nas entrevistas que efetuamos com esses militantes, destacando-se em tais narrativas as lembranças referentes às publicações do grupo.

Em julho de 1973, a organização já lançava o primeiro número da revista teórica *Cuarta Internacional*, que se orientou, sobretudo, "a abordar debates teóricos e a desenvolver a discussão sobre política internacional" (Cormick, 2012, p. 101). Nela foram publicados artigos de dirigentes da Quarta como Ernest Mandel, Jacques Valier, Michael Löwy, Livio Maitan, Pierre Rousset, Daniel Bensaïd, Hugo González Moscoso, Jean Pierre Beauvais e Alain Krivine (a revista teve quatro números, correspondentes aos meses de julho e outubro de 1973, e janeiro e junho de 1974). No mês de agosto de 1973, saiu o primeiro número de outro periódico dos *rojos*, o *Pueblo en Armas*, do qual foram publicados ao menos dois números (em agosto e setembro de 1973). E, neste mesmo mês, também foi lançado o primeiro número do já referido jornal *Combate*, com pelo menos 12 números lançados, além de edições especiais motivadas por alguma conjuntura específica ou orientadas a uma frente particular, como o *Combate Estudantil*, do qual conhecemos três números. Além disso, para promover o debate teórico, a Fracción editou também a série de livros intitulada *Cuadernos Rojos*, com títulos como *Qué es el Trotskismo*,

REVISTA COMBATE
Trabalho de massas e luta armada.

de Denise Avenas; *Control Obrero, Consejos Obreros e Autogestión* e *Qué es la Burocracia?*, ambos de Ernest Mandel; *Historia de la IV Internacional*, de Pierre Frank; *La Revolución Permanente en América Latina*, de "Carlos Rossi" (pseudônimo de Michael Löwy) e *El Sionismo contra Israel*, de Nathan Weinstock. Cormick também destaca entre as formas de propaganda dos *rojos* a publicação de comunicados, volantes e "a pedidos" nos jornais, a produção de cartazes, além da participação em manifestações, conferências de imprensa e encontros políticos e sindicais.

Como mencionei acima, essas publicações foram lembradas por diversos entrevistados. Para alguns, tal evocação aparece associada à liberdade política vivida na Argentina após o fim da ditadura iniciada em 1966. Nesse sentido, já vimos, por exemplo, que Bensaïd, ao rememorar sua visita ao país, disse: "As bancas estavam cobertas de publicações com capas escarlates". Na mesma direção, Paulo afirmou que, em tal contexto, "a gente podia se manifestar livremente, podia publicar de tudo, podia dizer o que quisesse". E acrescentou, referindo-se especificamente à revista *Cuarta Internacional*: "[...] ela foi distribuída em tudo que é jornaleiro, em tudo que é banca de jornal da Argentina". Essas recordações encontram respaldo em fontes da época, como no jornal *Pueblo en Armas*, de 18/09/1973, onde se pode ler um anúncio da referida revista, voltada, segundo a nota, "para a difusão do marxismo revolucionário de nosso tempo", no qual consta a reprodução do seu sumário e a indicação: "Peça nas bancas". Porém, como informa Cormick, essa liberdade logo encontrou sérios limites. Segundo ele, os três primeiros números do jornal *Combate* foram editados legalmente pela gráfica COGTAL, mas sua proibição obrigou à realização de uma publicação mais artesanal, com mimeógrafo e gravadora de estêncil, até que a Liga Comunista Revolucionária (organização continuadora da Fracción, sobre a qual falaremos mais adiante) montou sua imprensa clandestina.

As publicações dos *rojos* também foram lembradas por Paulo associadas às vinculações políticas da nova organização. O *Combate* indicaria, segundo ele, o "mimetismo" da Fracción com o PRT – "[...] o jornal do PRT se chamava *El Combatiente*, o nosso era *Combate*" – e também, pode-se pensar, o seu desejo de competir com o partido de Santucho. Outro "mimetismo", dessa vez em relação à Quarta Internacional, se manifestaria, segundo o ex-militante, no título da coleção *Cuadernos Rojos*, que "[...] imitava um pouco os *Cadernos Vermelhos* publicados pela Liga Francesa daquela época [...]". De qualquer maneira, todos esses títulos deram visibilidade às ideias e práticas da Fracción, ocupando o espaço público e, por conseguinte, acentuando mais a disparidade antes evocada entre liberdades democráticas e atividades clandestinas.

Flavio me emprestou o livro de Mandel, *Qué es la Burocracia?*, dizendo: "[...] nós, em seis meses, trocamos sete livros desse tipo. Esse é um texto clássico do Mandel sobre a burocracia. Eu devo ter dado umas vinte aulas em cima desse livro" (Cormick, 2012, p. 101). Na mesma direção, as recordações de nossos entrevistados a respeito dos periódicos e livros da Fracción seguidamente aparecem relacionadas a ocasiões de formação política. Norma, por exemplo, ressaltou:

> [...] *eu pertencia a uma célula operária, tínhamos alguns operários na grande Buenos Aires, e aí se discutia política, intervenções nas juntas, nas fábricas... Aconteciam apoios e capacitações, participávamos de congressos, de encontros de formação. Eu colaborava também com a impressão. Nas madrugadas ficava passando em uma máquina especial,* [...] *eu era muito rápida, eu e outro companheiro que morava em La Plata. Para isso se precisa muito cuidado, não é qualquer um que poderia se encarregar dessa parte.* [...] *são os documentos, a impressão, que são sempre perseguidos, a imprensa. Então tudo o que era escrito era muito perseguido e então nós tínhamos jornal e tínhamos uma revista importante porque estávamos no marco da Quarta Internacional* [...].

Ressaltando a importância dos brasileiros nas atividades de formação dos *rojos*, Eleonora Grosman afirmou:

> [...] *minha origem, como você vê, era bem diferente da origem de Flavio e de Saul* [Paulo]. *Eu tinha uma origem mais vinculada a uma formação de outro tipo. Então, nesse sentido, a influência deles foi espetacular. Eu te falaria espetacular e decisiva em todo o grupo. Não quanto à parte militar, mas sim, precisamente, à parte mais impor-*

tante, que era a parte política. E para mim foi uma época bem rica, bem interessante. Não sei se Flavio te falou, se fundou uma revista da Quarta Internacional na Argentina. [...] acho que saíram oito números, uma coisa assim. [...] foram publicados muitos livros. Foi um período muito interessante do ponto de vista político.

Cito ainda um trecho da entrevista de Mele em que ela ressalta o papel de Flavio na difusão da perspectiva internacionalista entre os membros da Fracción, vinculando tal atividade à circulação de publicações: "As posições do Flavio nesse sentido eram sempre muito claras quanto a nos aproximarmos das análises do que estava acontecendo em nível mundial. E, bueno, concretamente, a relação com todas as publicações que vinham da Quarta, Mandel, todas as análises".

Enfim, embora a Fracción realizasse, como vimos, diversas ações militares, à semelhança de suas congêneres atuantes na mesma época, e que Flavio nelas também se envolvesse, seu nome é lembrado especialmente associado a debates, cursos, publicações e discussões teóricas. E isso certamente não é casual, já que, conforme mostramos no capítulo anterior, a preocupação com essas atividades e materiais remonta ao início de sua militância, tendo continuidade após a ida para a França e a passagem pelo Chile, ganhando agora maior intensidade no "capítulo argentino".

À época havia, como lembrou Paulo, um clima de "efervescência intelectual" muito grande na Argentina, em especial junto aos diversos grupos e setores que compunham a esquerda política do país. A Fracción participava dessa atmosfera promovendo discussões em especial sobre a revolução na América Latina, mas sem descuidar de outros temas "quentes" do período, como o conflito árabe-israelense (através, por exemplo, do livro de Weinstock). Os periódicos e livros publicados pela organização fomentavam esses debates, bem como as conferências realizadas por nomes importantes da Quarta, como Michael Löwy. Em sua entrevista, o último recordou: "[...] eles tinham publicado vários textos meus na revista que editavam [...]. Acho que me pediram pra dar algumas conferências pro pessoal, não lembro quais eram os detalhes, foi uma experiência muito interessante, de contato com o Flavio e com o Paulo essencialmente". Paulo também recordou das várias ações realizadas no campo da formação política e da discussão teórica, apesar de tudo ser "muito complicado": "[...] mesmo publicando livros, revistas e jornais como a gente fez durante um período, era difícil. Fazer reuniões com muita gente era difícil, enfim, mil coisas. A gente aproveitou ao máximo. A gente fez muita escola de formação, com bastante gente. A gente chegou a fazer um congresso, perto de Mar Del Plata". Todas essas ações, em última instância, visavam à difusão da perspectiva trotskista junto à esquerda argentina, com o fim de captar mais militantes para tal orientação e consolidar a formação teórica daqueles que já militavam nesse campo ideológico. Por isso, sem nenhuma dubiedade, os *rojos* afirmavam orgulhosamente em seu jornal: "[...] à direita como à esquerda, o dizemos: 'Sim, trotskistas!'", assim definindo tal postura: "Trotskistas, porque o trotskismo é a teoria da revolução permanente, é a crítica da burocracia soviética, é o programa de luta para o movimento operário baseado no sistema das reivindicações de transição e é o internacionalismo proletário" (*Combate*, Ano I, n° 1, 15/08/1973, p. 9).

Apesar de tal esforço de formação, não se pode dizer que houve um alinhamento de toda a base da Fracción à teoria trotskista e às perspectivas da Quarta Internacional. Nesse sentido, uma das entrevistas que realizei mostra com clareza a dificuldade de explicar as condutas dos integrantes de determinada organização política pela orientação ideológica reivindicada por sua direção, pois, como afirma Marco Aurélio Garcia (1997, p. 322), a militância "[...] não é o resultado da ação de autômatos, de indivíduos abstratos que atuam mecanicamente em função de sua 'consciência de classe', ou das diretrizes políticas que emanam do partido [...]". Trata-se do depoimento de Sinclair, que, em determinado momento de nossa conversa, disse: "Eu nunca me senti um cara ligado à Quarta Internacional". Na continuidade, explicou seu ponto de vista:

> *Nunca me senti. Eu tava no POC, eram três, quatro pessoas, foram pra França, aderiram à Quarta. Mas eu vi assim na Quarta a mesma coisa que eu via nos outros lados, de sectarismo, de que "nós temos a mensagem da verdade, a mensagem verdadeira" [...]. Fico até achando que, teoricamente, era um avanço a "revolução permanente", aquela coisa toda, mas eu acho que o Trotski mesmo, o Partido Internacional, tem toda a dialética dos partidos mesmo, que leva àqueles negócios da Rosa Luxemburgo: que a ditadura do proletariado leva à ditadura do partido e a ditadura do partido acaba sendo a ditadura de um ditador. Acho que o negócio é por aí mesmo.*

A palavra "nunca" parece indicar que a posição atual de Sinclair não resulta somente de uma elaboração *a posteriori*, configurada a partir das experiências vividas por ele individualmente e pelas esquerdas de modo geral até a situação da entrevista, mas se trata de uma concepção já presente no momento de sua militância revolucionária. Obviamente, tal percepção deve ter se consolidado e enriquecido ao longo do tempo, porém não há por que duvidar de que, mesmo participando de organizações trotskistas e vinculadas à Quarta, ele se sentia desligado de tais orientações. Esse sentimento resultaria, de acordo com sua percepção, da própria observação do cotidiano dos militantes trotskistas, as quais iriam de encontro às suas convicções éticas e existenciais:

> *Gente, esse pessoal [tinha] zero de formação política, entendeu? Fiquei impressionado. Era um pessoal totalmente militar. As mulheres eram mulheres totalmente [submissas], acompanhavam os maridos. Eu ficava impressionado. A relação deles [militantes] com as mulheres: a mulher tem que trocar fralda de filho, "vai fazer meu mate", fiquei impressionado com os caras assim.*

Disse-me ainda, referindo-se a um quadro importante da organização: "[...] ele é meio que o exemplo desses caras que eram altamente sectários, um cara assim preconceituoso pra caramba, em relação a tudo". Ou seja, para Sinclair, apesar de alguns pontos que considerava acertados no pensamento de Trotski, mais importante no delineamento de suas convicções políticas era o acompanhamento da prática daqueles que defendiam tal orientação ideológica, a qual, segundo ele, naquela conjuntura, expressava seguidamente valores conservadores. Cabe ressaltar que, como vimos antes, o entrevistado considera Flavio, Neneca e alguns poucos outros como dissonantes em relação a esse ambiente mais geral, por se mostrarem tolerantes e abertos a outros mundos além daquele da militância.

Um último ponto da fala de Neneca relativa à militância dos *rojos*, que vem orientando a nossa exposição sobre a Fracción, merece destaque: os contatos com outros grupos revolucionários. Nesse sentido, ela se refere a "[...] uma política de aproximação com outras organizações que eram trotskistas micro, assim desse tamanho [indicando com gestos um tamanho pequeno], que era o GOR, era Grupo Obrero Revolucionário, é, esse foi o mais importante". De fato, é possível constatar que desde a sua constituição, a Fracción buscava se fortalecer aproximando-se de outros agrupamentos do mesmo campo ideológico. Porém, nesse processo de aproximação, houve também dissonâncias e conflitos, os quais geraram cisões que resultaram na divisão daqueles que haviam seguido Flavio, Paulo e outros quando da ruptura com o PRT. Vamos examinar com mais atenção esse ponto.

À medida que o afastamento com o PRT se tornava cada vez mais evidente, a Fracción precisou definir "uma linha própria orientada a uma intervenção independente" (Cormick, 2012, p. 141). Na configuração desse caminho, foi importante o relacionamento com outros grupos políticos de esquerda, sobretudo, como ressaltou Neneca, com aqueles que se orientavam pelo trotskismo, em especial os defensores da luta armada. De acordo com a militante, o mais importante deles foi o GOR, com o qual os *rojos* se aproximaram durante os anos de 1974 e 1975. Antes, porém, houve uma tentativa de diálogo com a Liga de Estudio y Acción Revolucionaria Marxista (LEARM), organização de Córdoba formada em maio de 1971, com a qual a Fracción buscou uma proximidade de posições junto às frentes de massas. Contudo, o intento não prosperou e se diluiu na segunda metade de 1973. Mais significativa foi a relação, iniciada em junho daquele mesmo ano, com o grupo Espártaco, também centrado em Córdoba, de orientação trotskista, mas sem vínculos com a Quarta. Esse agrupamento realizava algum trabalho nas frentes operária e estudantil, e, embora não defendesse abertamente as práticas armadas de vanguarda, seus integrantes discutiam tal posicionamento e chegaram mesmo a realizar algumas ações. Os *rojos* também se articularam a outros grupos trotskistas, como a Fração Bolchevique (FB) – cujo líder, Oscar Prada, havia abandonado o PRT em 1970 –, com a qual abriram discussões e, provavelmente, realizaram algum trabalho conjunto. Além disso, permaneceram ligados ao POC Brasileiro: segundo Cormick, "[...] a organização preparou militarmente mais de uma dezena de militantes do POC com a intenção de voltar a desenvolver a luta armada no Brasil" (Cormick, 2012, p. 119). Nesse rol de relações também ganha destaque o vínculo com o advogado Silvio Frondizi, que ajudou militantes da Fracción perseguidos, presos e desaparecidos, além de relacionar-se politicamente com a direção do grupo. Nesse sentido, por exemplo, Paulo comentou:

> Um dos nossos advogados, Silvio Frondizi, um senhor já idoso, de uns setenta e tantos anos, quase oitenta, irmão do ex-presidente Arturo Frondizi, quer dizer, uma figura que era um cara que todos nós apreciávamos muitíssimo, [quando] tínhamos algum problema, prendiam alguém, ele ia lá, no meio da noite, imediatamente para a delegacia, porque sabia que se ele não chegasse podiam matar o cara.

Nos contatos com tais organizações e pessoas, e nos debates internos da Fracción, como em outros momentos já apontados no presente trabalho, o tema central era o difícil equilíbrio entre luta armada e trabalho de massas. Em fins de fevereiro de 1974 realizou-se o X Congresso Mundial convocado pelo Secretariado Unificado da Quarta Internacional, na comuna italiana de Rimini, "a cidade do Fellini", como lembrou Flavio, do qual participaram, entre outros militantes da Fracción, o próprio Flavio, Paulo e Marina Regina[43]. Nele, mais uma vez, o eixo dos debates foi a disputa entre a "Maioria" mandelista e a "Minoria" de Moreno e do SWP norte-americano. Nosso personagem assim lembrou das discussões ocorridas no evento: "[...] naquela época havia um grande embate na Quarta [com] a seção norte-americana, que achava que esse negócio de luta armada não dava. Então [...] o nosso grupo, fomos porta-vozes em alguns momentos de intervenções em defesa da luta armada [...]" (entrevista 11). Tal polarização impediu que o debate entre os grupos que constituíam a Maioria viesse à tona, ocultando diferenças entre, por exemplo, os *rojos*, os quais continuavam defendendo ardorosamente a necessidade da luta armada na América Latina, e o próprio Mandel, "muito mais cético em relação a essa postura"[44]. Ao final, se manteve a posição de defesa da luta armada, mas com um chamamento a que se estabelecesse com mais clareza a sua definição em função das características de cada país. Nesse contexto, os militantes da Fracción publicaram um documento intitulado *La Crisis Política y las Perspectivas Revolucionarias en la Argentina*, no qual convocavam a formação de um "polo marxista revolucionário" que deveria servir de base para a constituição de um partido de combate com influência nas massas (Cormick, 2012, p. 153).

A participação de nossos personagens no congresso da Quarta na Itália nos abre uma brecha para chamarmos, mais uma vez, a atenção para algo que já foi apontado em outros momentos deste capítulo: a intensa circulação da militância revolucionária latino-americana no período aqui enfocado. Timm, de forma brincalhona, assim se referiu a essa situação: "Trotskista tá sempre indo pra um lugar do mundo, sempre!'". Como eu disse antes, tais deslocamentos eram motivados tanto pela perspectiva internacionalista defendida por esses militantes quanto pelas perseguições por eles sofridas, as quais os obrigavam a abandonar certas posições e buscar outras. Exemplos da primeira possibilidade são as viagens realizadas para participar de congressos, estabelecer negociações com companheiros de outros países, buscar e entregar dinheiro, material de propaganda e armas. No que tange às perseguições, é importante citar, nesse contexto, a circulação motivada pelo golpe de Pinochet no Chile em 1973, o qual levou muitos militantes de esquerda que lá atuavam, inclusive alguns muito próximos de Flavio, como Angela Mendes de Almeida, a se mudarem para a Argentina, que então vivia sua (frágil) "primavera democrática". Toda essa movimentação – resumida em uma expressão de Angela: "E a gente ia se dividindo, íamos, voltávamos" – certamente contribuiu para a configuração da identidade militante de Flavio e seus companheiros, possibilitando a formação de um olhar verdadeiramente internacionalista sobre as lutas revolucionárias por eles travadas e, quem sabe, o fortalecimento da convicção de que não estavam sós em seu combate contra o capitalismo e pelo socialismo.

Após o congresso da Quarta, acirrou-se, entre os membros da Fracción, a discussão sobre até que ponto a organização havia rompido com a postura militarista antes criticada do PRT. Para alguns, como vimos nos depoimentos antes citados, a resposta era negativa. Tais debates geraram, em meados de 1974, divisões significativas entre os *rojos,* das quais resultaram dois grupos: um, minoritário, rompeu com a direção da Fracción e passou a se chamar Liga Comunista (LC), tendo como bandeira a valorização das lutas de massas, mesmo que parte importante do cotidiano de seus militantes continuasse centrada em ações armadas; outro, correspondente à maior parte da organização, se constituiu como Liga Comunista Revolucionária (LCR), buscando manter a continuidade em relação ao agrupamento anterior, sobretudo no sentido de preservar "[...] um perfil de organização político-militar, com atividade clandestina, desenvolvimento de tarefas militares e certa infraestrutura que incluiu cárceres do povo, vários depósitos de armas e uma imprensa ilegal". Porém, o último também aprofundou algumas mudanças de orientação, enfatizando a necessária integração da luta armada com as atividades de massas e enfatizando "[...] a autodefesa armada como uma tarefa central do período, para acompanhar e desenvolver a organização e a luta de massas" (Cormick, 2012, p. 162). Flavio e Paulo, juntamente com outros *rojos*, permaneceram na direção da LCR.

A ênfase na autodefesa armada deve ser compreendida em um contexto de endurecimento, por parte dos governos peronistas, da repressão contra aqueles grupos e indivíduos situados à esquerda no espectro político, em especial os agrupamentos revolucionários que tiveram um papel fundamental na derrubada da ditadura (inclusive a esquerda peronista agrupada, sobretudo, nos Montoneros e nas Fuerzas Armadas Revolucionarias – FAR). Tal processo se evidenciou com mais força após a volta de Perón à Argentina.

Em 20 de junho de 1973, o ex-presidente regressou do exílio. Era aguardado no aeroporto de Ezeiza por uma das maiores concentrações populares já vistas na história argentina. Os setores de direita do peronismo, encarregados da organização do ato, desencadearam então um violento ataque contra seus "companheiros" de esquerda, resultando, segundo estimativas, em um saldo de 13 mortos e 365 feridos, o que nunca pôde ser confirmado devido à ausência de investigação oficial sobre o episódio. Nas lembranças de Charly, o "massacre de Ezeiza" desponta como um significativo marcador temporal: "Aí vem o Perón em 20 de junho, o enfrentamento de Ezeiza, claramente aí todo mundo começou a roer as unhas. Podemos dizer que esse é o fim da primavera camporista". De fato, a partir daí cada vez mais se acentuou o enfrentamento entre as alas direita e esquerda do peronismo, e também a repressão aos grupos marxistas. Charly usou uma imagem forte para evocar a violência de tal processo: "[...] o enfrentamento interno dentro do discurso peronista tinha a contundência de balas". A expressão mais visível desse combate aos grupos marxistas e à esquerda peronista foram os grupos parapoliciais de extrema-direita, os quais, se não eram exatamente novos, ganharam força sob os governos de Perón e, sobretudo, de Isabelita, estando muitas vezes abrigados pelos próprios órgãos governamentais. Segundo Marina Franco,

> Esses grupos começaram a atuar contra outros vinculados à Tendência [de esquerda] do peronismo; mas também de maneira mais ampla, contra funcionários do governo, militantes sindicais e operários, políticos e militantes das diversas esquerdas, parlamentares de oposição, advogados de presos políticos, intelectuais, jornalistas e outros setores não necessariamente contestadores nem ligados às organizações armadas (Franco, 2012, p. 60).

O mais famoso deles grupos foi a Triple A (Alianza Anticomunista Argentina), ligada ao ministro do Bem-estar Social López Rega, cujas ações se tornaram públicas em novembro de 1973. Charly evocou a ferocidade dessa organização: "A Triple A era uma organização parapolicial que matava gente todos os dias: senadores, deputados, dirigentes políticos, governadores". Um dos assassinados pela organização foi o antes mencionado advogado de presos políticos e trabalhadores Silvio Frondizi.

Os *rojos* prestaram muita atenção à direitização do peronismo e a sua ofensiva contra os grupos de esquerda. Logo depois da ascensão de Perón, o jornal *Combate Estudantil* já denunciava o "virtual estado de sítio" vivido pelo país, evidenciado, por exemplo, pelo fato do governo lançar à rua "[...] 20.000 efetivos policiais que se dedicam sistematicamente a invadir locais, casas de militantes operários e de organizações revolucionárias, como nas melhores épocas da ditadura" (*Combate Estudantil*, outubro de 1973. Apud Cormick, 2012, p. 108-109). Não é à toa, portanto, que a autodefesa armada tenha se tornado um eixo importante da atuação da Fracción e da LCR, frente à necessidade de resguardar o grupo dessa escalada repressiva e salvaguardar os setores de esquerda dos movimentos de massa, especialmente o operário e o estudantil. A espiral de violência envolvia ações tanto do governo e das "bandas parapoliciais fascistas" (*Combate estudantil*, outubro de 1973. Apud Cormick, 2012, p. 108-109) quanto dos grupos armados de esquerda, peronistas e marxistas. Um exemplo destas últimas foi o assassinato do secretário-geral da CGT José Ignacio Rucci, ligado à burocracia sindical peronista, dois dias depois das eleições que consagraram a vitória de Perón. O crime foi atribuído primeiro ao ERP e depois aos montoneros. De qualquer maneira, Rucci era odiado pelos militantes revolucionários, inclusive os *rojos*, que lhe consideravam o cabeça da cúpula sindical, cujos "mercenários desalojam a tiros sindicatos recuperados por ativistas classistas, reprimem manifestações operárias..." (*Combate*, nº 3, 18/09/1973. Apud Cormick, 2012, p. 111-112). Charly referiu-se a esse fato para evidenciar até que ponto havia chegado a deterioração das regras políticas democráticas: "[...] uma semana depois que ganha [Perón], cagam a tiros, 23 balas, José Ignacio Rucci. Na Argentina [onde], digamos, não haviam encontrado a forma do diálogo político, [onde] [risos] a fineza do diálogo político não foi encontrada, mataram o secretário-geral da CGT!". Nesse clima de radicalização e violência política cada vez mais intensas, ocorreu a já mencionada cisão entre os *rojos* e a formação da LC e da LCR. Flavio lembra pouco desse racha. Quando lhe questionei especificamente sobre o tema, ele comentou:

> *Eu acho que eu conhecia mais, mas eu me esqueci um pouco. Eu acho que o centro, o vetor principal era que eles achavam (com alguma razão) que nós tínhamos ainda um desvio militarista importante, ausência do trabalhador de fábrica... Eu penso que isso é o central, porque eles também se reivindicavam da Quarta. Acho que isso foi a linha divisória. Realmente o que podia ser dito em três frases estou dizendo, mas eu não tenho certeza absoluta* (entrevista 11).

Pelo que já sabemos até agora da personalidade de Flavio, é possível supor que ele tenha tentado conciliar os grupos que se digladiavam no interior da Fracción, mas se essa atitude realmente se verificou, não foi, é claro, bem-sucedida. De qualquer maneira, como forma de resistir à repressão governamental, e seguindo a orientação do X Congresso da Quarta no sentido de formar um polo marxista revolucionário na Argentina, realizou-se, em Mar del Plata, na Semana Santa de 1975, o primeiro Congresso da LCR. Nas intensas discussões que precederam o evento se conformaram três tendências: uma majoritária, que propunha a fusão com o GOR e defendia as iniciativas armadas de vanguarda; outra, com um número próximo de integrantes, que apoiava um processo de fusão com o GOR e a LC; e uma terceira, bastante minoritária, que não advogava nenhum processo de fusão e se diferenciava por uma proposta de trabalho junto ao movimento operário (Cormick, 2012, p. 170).

Segundo Mele, Flavio, embora tenha se mantido na LCR, questionava cada vez mais a opção pela luta armada:

[...] *a Fracción Roja também se divide em duas partes: uma era a LC e a outra era a LCR. A LCR seguiu reivindicando a luta armada, ainda que não mais nos termos de criação de um exército como* [...] *o PRT, mas antes de tudo como autodefesa; e a LC, que defendia a ruptura com a concepção de luta armada completamente. E, bueno, aí a postura do Flavio foi, obviamente, a da LCR, mas eu acho que em um caminho de ir definitivamente questionando a luta armada.*

Logo depois, ela se perguntou por que, naquele momento, Flavio, mesmo com essa convicção, não questionou mais firmemente a luta armada, já que teria um perfil pouco militarista: "Talvez eu esteja errada, talvez o Flavio estivesse plenamente convencido de que não era o momento de questionar a luta armada, mas eu tenho essa interrogação, eu penso por que o Flavio aí não questionou [...] a luta armada. Não sei. É uma pergunta". Questões como a de Mele devem ter sido formuladas pelos militantes revolucionários atuantes naquele contexto muitas e muitas vezes, tanto na época em que se desenrolaram os acontecimentos aqui narrados quanto posteriormente; outras vêm à mente de quem se dedica a analisar o período: por que Flavio não questionou mais assertivamente a luta armada? Por que nossos personagens não se deram conta que a "primavera camporista" abria caminhos ao desenvolvimento de outras formas de ação? Por que, logo depois, não perceberam a intensidade da escalada repressiva peronista e apostaram em caminhos alternativos? Por que não deixaram a Argentina? Por que, enfim, tantas vidas se perderam?

Como tenho defendido ao longo deste livro, a história, embora não seja um processo indeterminado, também comporta possibilidades, acasos, vias não trilhadas, "ses" e "porquês". Em cada contexto, os indivíduos optam, em função das mais diversas razões – muitas delas inconscientes a eles próprios e inúmeras inacessíveis aos historiadores – por alguns caminhos e deixam outros de lado, escolhem, enfim... E são tais escolhas que constituem o drama da liberdade da existência humana, pois implicam também assumir responsabilidades pelo acontecido e pelo não acontecido. Nossos personagens estiveram no olho do furacão e fizeram, com maior ou menor margem de liberdade, escolhas e opções. Obviamente não podiam ver aquele tempo como o veem na atualidade, pois o passado de hoje era então presente, portanto, os futuros vislumbrados eram outros. Mesmo assim, hesitaram, pensaram em outras possibilidades, deram tempo ao tempo, foram atropelados pelos acontecimentos, acabaram surpreendidos pela sorte e pelo azar. Sinclair, por exemplo, me disse que não pensou em sair da Argentina mesmo quando tudo começou a parecer sem sentido para ele:

Falei: "Gente, isso daí não é o que eu quero pra minha vida". Mas aí é aquela coisa. Você tá numa roda viva. Eu saía assim de manhã, eu tinha uma pistola [...] *nove milímetros, saía. A sorte é que eu nunca fui parado. Se eu fosse parado seria morto, não ia dar tiro, não ia fazer nada. Mas aí eu lembro que eu saí assim e falei: "Nossa, de repente vou levar um tiro na testa e vou morrer, acabou!". Pô, também se acontecer isso ó* [gesto batendo as mãos], *tô nem aí. É uma coisa meio suicida no final, né?*

Perguntei-lhe o que o motivou a ficar. A resposta: "O que motivava era não ter saída. Porque, tipo assim, eu não tinha... Minha documentação era chilena, eu tinha passaporte chileno, foi cassado com o Pinochet, não podia usar. Eu tinha uma identidade brasileira, minha verdadeira não podia usar porque era condenado no Brasil. E aí eu nunca pensei em sair, desertar, vou ir até onde der". Neneca, ao contrário, pensou em sair. Sua narrativa, não obstante o *"handicap* do *a posteriori",* parodiando Becker (1996), é preciosa para pensarmos nas possibilidades e nos obstáculos objetivos e subjetivos que se colocavam aos personagens que acompanhamos. Assim, apesar de longo, permito-me citar todo o enredo envolvendo ela, Flavio e Paulo:

Um dia eu disse: "Vamos almoçar num restaurante". A gente foi. Quando terminou a comida eu disse: "Bom, eu quero fazer um anúncio, eu tô indo embora pra França. Eu não aguento mais isso aqui, não tem mais sentido". Tava todo mundo sendo preso, aquilo ali não tinha futuro [...]. Eu disse: "Bom, vocês continuem e me desculpem, não é falta de solidariedade, não dá mais, o meu psiquismo não aguenta mais nada aqui, eu tenho que ir embora". Aí aquilo foi a minha burrice, escutar o Flavio, que tem uma lábia maravilhosa. Ele começou: "Não, porque tu tens razão e tal". O Paulo quase chorando na mesa porque a gente ia se separar e o Flavio começou a enrolar: "Não, porque eu acho maravilhoso, tu tens razão", porque sempre ele começa assim quando ele vai dar o golpe. Aí o golpe era o seguinte, era chegar e me dizer assim: "Escuta, tu tens toda a razão, mas a gente não pode ir embora agora, tu tens o teu papel aqui, por que que tu não ficas?". Isso foi em abril de 75. "Por que tu não ficas até julho, quando a gente vai fazer o primeiro passo de unificação com o GOR?" [...] *eu disse: "Ah não, não quero". E o Flavio: "Não, mas olha só, abril, maio, junho, julho... quatro meses não é nada, tu já passaste tantos anos aqui, quatro meses". A burra aqui foi cedendo, cedendo, terminei com o cafezinho, a sobremesa: "Tá bom, eu fico". Isso foi em abril, em maio nós fomos presos, nem um mês depois daquela reunião nós fomos presos. Tu não imaginas o ódio que eu tinha, o ódio que eu tinha de mim.* [...] *um pouco já entendia que era problema meu, eu não tinha nada que cair na conversa do outro, que não era conversa, ele tava certo de que ele tinha razão, ele queria me convencer de ter a mesma razão dele.*

Paulo, a partir de sua perspectiva extremamente crítica em relação àquele tempo, também lembrou dessa postura de Neneca:

> [...] a Maria Regina, principalmente, estava muito descontente com a situação lá, não aguentando mais, dizendo que queria sair. E por que ela continuou? Nós morávamos juntos e, de alguma maneira, você entra naquela coisa de "aguenta um pouquinho mais" e, bom, quem é que aguenta uma culpa dessas? Ela queria ir embora, não queria ficar aqui e agora tá nessa merda. Quem é que segura essa culpa? É complicado. Isso eu acho que funciona sempre assim. Eu acho que naquela época, obviamente, a maneira como os militantes encaravam esse tipo de questão era que as pessoas estavam com problemas ideológicos. Era uma maneira elegante de dizer que a pessoa tava com medo. Agora, cá entre nós, do ponto de vista da racionalidade política, você acha que essa posição de estar lá, fazendo aquilo naquele momento, é sustentável?

Antes, ele já havia rememorado o clima insustentável vivido na Argentina naquela conjuntura:

> Então eu acho que essa aceleração do tempo e essa dificuldade de prever o que ia acontecer é muito grande. E a gente, eu acho que alguns tiveram a sensação de estar, ao mesmo tempo, fazendo o que achavam que deviam fazer, questão de engajamento, mas com a sensação de não ser bem aquilo que a gente pretendia, a gente estava no lugar errado, sabe? Nós estávamos com um peso em cima, que não pretendíamos nos nossos projetos...

Perguntei-lhe se ele já tinha essa sensação na época evocada. Em sua resposta, Paulo lembrou do já mencionado assassinato do advogado Frondizi:

> Claro, a Maria Regina deve ter te contado que ela tava esperneando fazia muito tempo pra ir embora. Ela não aguentava a situação na Argentina, que era terrível, caótica. [Fala de Frondizi] Então esse cara um dia foi morto, assassinado quase no meio da rua. Era muito barra pesada. E então, obviamente, a gente sabia que tava em uma situação que não correspondia ao esperado.

Flavio, por sua vez, ao ler essas afirmações de Maria Regina e Paulo, disse-me que sua permanência na Argentina naquele momento deveu-se ao seu compromisso ético-político com as causas que defendia e com os companheiros que o seguiam. Por ser um dirigente, afirmou, não podia "abandonar o barco". Além disso, para explicar sua postura, sublinhou o que chamou de "hibridismo daquele período", no qual, ao mesmo tempo em que a direita peronista avançava e as violências contra os grupos de esquerda cresciam exponencialmente, levantes populares importantes pareciam sinalizar para o acerto das lutas revolucionárias.

Essa ambiguidade entre sentir que se estava agindo corretamente e perceber que se estava no lugar errado, em função da "barra cada vez mais pesada", da imprevisibilidade e aceleração dos acontecimentos, do ambiente terrível e caótico, da violência que explodia do meio da rua contra aliados importantes, parece ter perpassado (e dilacerado) os corações e mentes de nossos personagens. Se, em cada presente, despontam vários futuros possíveis, as decisões tomadas pelos sujeitos históricos, premidos com mais ou menos força pelas circunstâncias sociais, fazem com que apenas alguns desses "amanhãs" se tornem novos "hojes" e logo "ontens". Em maio de 1975, na sequência de outras quedas, Flavio foi sequestrado pelas forças repressivas governamentais juntamente com Norma. No mesmo contexto caíram Neneca, Paulo e outros integrantes da LCR. Os militantes remanescentes da organização se integraram ao GOR. Começava uma nova e terrível parte do "capítulo argentino", que, por sua força destrutiva, permaneceria para sempre inacabado, marcando todos os capítulos posteriores das vidas dos protagonistas desta história.

Quando comecei a interrogar Flavio sobre o "capítulo argentino", ele me disse: "Estamos indo ao coração das trevas, [...] agora não tem mais volta". Acho que agora consigo entender melhor o porquê de sua afirmação...

NOTAS Capítulo 3

1. Todas as informações e citações referentes ao passaporte de Flavio e às suas viagens nesse período foram extraídas dessa entrevista e da entrevista 9.

2. A inspiração para essa reflexão vem de Elias, 1994.

3. Flavio lembrou que já estavam na França Marina Regina, Paulo, Angela, Merlino e Emir Sader, o que certamente também deve ter influenciado na sua opção por esse país. Entrevista 3.

4. Nas palavras da autora, "Pierre Frank passou do Partido Comunista Francês, nos anos 1920, para a Oposição de Esquerda e foi secretário de Trotski na ilha de Prinkipo, seu primeiro exílio, na Turquia. Depois viveu todas as vicissitudes da guerra: condenado à prisão na França antes da invasão nazista, fugiu para a Bélgica e depois para a Inglaterra, onde foi preso pelo governo como 'estrangeiro perigoso', e internado em um campo de detenção até o fim do conflito. Na reorganização da Quarta, participou de seu núcleo dirigente e 1968 foi encontrá-lo em pleno vigor de uma luta que não parou nunca. Foi ele quem ganhou a juventude da Juventude Comunista Revolucionária (JCR) para a Quarta Internacional, em 1965, que dará origem à Liga. Autor do livro *La Quatrième Internationale – Contribution à l'histoire du Mouvement Trotskyste* (Paris: François Maspéro, 1973)" (Almeida, 2013, p. 241-242).

5. De acordo com Angela (2013, p. 242), Livio Maitan "participou da resistência antifascista na Itália e, condenado em 1944, teve que fugir para a Suíça, onde também passou o resto da guerra internado. Na reorganização da Quarta, fez parte do seu núcleo dirigente, até a sua morte, em 2004".

6. A partir de agora, salvo menção em contrário, todas as citações são dessa revista e as páginas de onde foram retiradas estão indicadas entre parênteses no corpo do texto.

7. Résolution sur l'Amérique Latine, Documentation Internationale A.L., Fascicule a. Citada em Blanco; Camejo; Hansen; Lorenzo e Moreno. *Argentine et Bolivie: le bilan – 1972*. Documento eletrônico acessível em http://www.marxists.org/francais/4int/suqi/1972/suqi_19720000c.htm Consultado em 04/05/2014. Essa divergência, diga-se de passagem, acompanhou a trajetória da IV Internacional. Em 1963, ocorreu um congresso de reunificação da organização, sob a liderança de Ernest Mandel, e nele ficou configurada uma "Maioria" (que apoiava o recrudescimento da luta armada) e uma "Minoria" (contrária a essa postura), linha que, como veremos depois, foi alterada em 1974, quando de seu 10° Congresso. Para uma abordagem panorâmica da história da IV Internacional, ver: Frank, 1977 e Bensaïd, 2002.

8. Rousset, Pierre. "10° Congreso Mundial de la IV² Internacional", Revista *Cuarta Internacional*, nº 4-5, junho de 1974. Apud Cormick, 2012, p. 16.

9. Documento intitulado *Declarações que Presta Fábio Marenco dos Santos ('Julio Pereira Bueno', 'Emílio', 'Ministro', 'Baixinho', 'Diogo', 'Amaro' ou 'Cláudio') à Equipe de Interrogatório Preliminar B, 14-15/08/1971*. Documento reservado. APESP – DEOPS.

10. Carta de Jacob Koutzii a Jorge Alberto Furtado, Superintendente Acadêmico da Faculdade de Ciências Econômicas da URGS. Porto Alegre, 28/09/1971. Arquivo do Departamento de Consultoria de Registros Discentes (DECORDI/UFRGS).

11. Tradução de: *AJOURNEMENT POSE PROBLÈMES FINANCIERS VINGT DOLLARS PAR JOUR REGLEMENT TOURISTIQUE NECESSAIRE AVANCER VOYAGE DAVANTAGE EXPLICATIONS*. Telegrama de René à LT. Santiago do Chile, sem indicação de data.

12. Carta dos militantes brasileiros da IV Internacional ao BP da LC SFQI, com cópia ao Secretariado Unificado. [Santiago do Chile], 14/10/1971.

13. Nesse momento Perón estava exilado na Espanha. De lá, rechaçou a proposta e organizou uma frente política, a FREJULI (Frente Justicialista de Libertação Nacional), encabeçada por seu delegado Héctor José Câmpora e integrada pelo Partido Justicialista e pelo Movimento de Integração e Desenvolvimento, liderado por Arturo Frondizi, assim como por conservadores populares e socialistas. A Frente exigia do governo a fixação de um calendário eleitoral sem proscrições nem condicionamentos.

14. Ver também: Pozzi, 2001.

15. O resumo que faço sobre as relações entre o PRT e a Quarta Internacional tem por base esta obra.

16. Sobre este personagem de trajetória politicamente ambígua, mas que nesse momento tinha uma influência importante no PRT, ver: Dandan, 2006.

17. "Dante", nome de guerra de Toussaint, era membro da LCF (Liga Comunista, seção francesa da Quarta Internacional) e residia no Chile (Cormick, 2012, p. 76). Durante entrevista realizada para a presente pesquisa, ao ler essa citação de Cormick, Flavio afirmou que nunca militou no MIR.

18. Entrevista com Paulo Paranaguá.

19. A partir de 1973, o PRT-ERP começou a preparar uma guerrilha rural na província de Tucumã, uma das mais pobres da Argentina, com a finalidade de criar uma zona liberada a partir da qual, acreditavam seus dirigentes, se daria um "efeito cascata" para as demais regiões do país. Em maio de 1974, durante a presidência de Perón, foram detectados pelo governo grupos "subversivos" no "monte tucumano". A partir de 1975, foi dado início ao "Operativo Independência", quando as forças armadas liquidaram o bastião rural perrepista (Lareo, 2015).

20. Paulo cometeu um equívoco: o outro grupo que rompeu com o PRT-ERP na mesma época que a Fracción Roja chamava-se ERP 22 de Agosto. Os integrantes deste grupo também criticavam o excessivo verticalismo vigente no partido de Santucho, porém, ao contrário dos *rojos*, apostavam em uma aproximação com o peronismo de esquerda e, por isso, em 1973, apoiaram a eleição de Cámpora.

21. Carta de Ernest Mandel, Livio Maitan, Alain Krivine, Tariq Ali, Pierre Frank e Sandor ao PRT, 31/10/1972, parte do dossiê *Documentos del Fraccionamento del PRT. Cuarta Internacional*, nº 1, julho de 1973. Disponível em: http://eltopoblindado.com/files/Publicaciones/Organizaciones%20Politico-Militares%20de%20origen%20Marxista/PRT-ERP%20Fracci%C3%B3n%20Roja/II.%20Documentos/FR%20Documentos%20del%20fraccionamiento.pdf
Acesso em 20/05/2014.

22. O chamado "Massacre de Trelew" aconteceu no dia 22 de agosto de 1972, quando foram assassinados 16 membros de diversas organizações armadas peronistas e marxistas, os quais, depois de terem fugido da prisão de Rawson, acabaram capturados e metralhados na Base Aeronaval Almirante Zar, pertencente à Armada argentina, próxima à cidade de Trelew, na Patagônia.

23. A Tendência referida por "Cacho" é a Tendência Leninista impulsionada por Baxter naquele contexto, que pretendia "[...] desenvolver uma batalha política contra a direção do PRT logo no próximo Congresso. A Tendência se desenvolveu com a anuência de alguns setores do Secretariado Unificado da IV Internacional, especialmente dos franceses" (Dandan; Heguy, 2006, p. 372). Baxter morreu em um acidente aéreo em Paris no dia 11 de julho de 1973.

24. Introdução (12/06/1973) ao dossiê *Documentos del Fraccionamento del PRT. Cuarta Internacional*, nº 1, julho de 1973. Disponível em: http://eltopoblindado.com/files/Publicaciones/Organizaciones%20Politico-Militares%20de%20origen%20Marxista/PRT-ERP%20Fracci%C3%B3n%20Roja/II.%20Documentos/FR%20Documentos%20del%20fraccionamiento.pdf
Acesso em 20/05/2014.

25. Idem ibidem.

26. *Presentación. Cuarta Internacional*, nº 1, julho de 1973. Disponível em: http://eltopoblindado.com/files/Publicaciones/Organizaciones%20Politico-Militares%20de%20origen%20Marxista/PRT-ERP%20Fracci%C3%B3n%20Roja/II.%20Documentos/FR%20Documentos%20del%20fraccionamiento.pdf
Acesso em 20/05/2014.

27. *Fracción Roja: el Marco Político de la Lucha Interna*, parte do dossiê *Documentos del Fraccionamento del PRT. Cuarta Internacional*, nº 1, julho de 1973. Grifos no original. Disponível em: http://eltopoblindado.com/files/Publicaciones/Organizaciones%20Politico-Militares%20de%20origen%20Marxista/PRT-ERP%20Fracci%C3%B3n%20Roja/II.%20Documentos/FR%20Documentos%20del%20fraccionamiento.pdf
Acesso em 20/05/2014.

28. Devemos levar em conta possíveis enganos ou "más intenções" dos redatores do Boletim, já que o texto menciona o já referido encontro de Flavio com Baxter no Chile, cuja ocorrência foi peremptoriamente negada pelo primeiro.

29. Introdução (12/06/1973) ao dossiê *Documentos del Fraccionamento del PRT. Cuarta Internacional*, nº 1, julho de 1973. Disponível em: http://eltopoblindado.com/files/Publicaciones/Organizaciones%20Politico-Militares%20de%20origen%20Marxista/PRT-ERP%20Fracci%C3%B3n%20Roja/II.%20Documentos/FR%20Documentos%20del%20fraccionamiento.pdf Acesso em 20/05/2014.

30. Carta de Ernest Mandel, Livio Maitan, Alain Krivine, Tariq Alí, Pierre Frank e Sandor ao PRT, 10/02/1973, parte do dossiê *Documentos del Fraccionamento del PRT. Cuarta Internacional*, nº 1, julho de 1973. Disponível em: http://eltopoblindado.com/files/Publicaciones/Organizaciones%20Politico-Militares%20de%20origen%20Marxista/PRT-ERP%20Fracci%C3%B3n%20Roja/II.%20Documentos/FR%20Documentos%20del%20fraccionamiento.pdf Acesso em 20/05/2014.

31. Agradeço a Maurício Reali Santos, que me ajudou a elaborar esse ponto.

32. Celso Castro foi militante do POC. Em 1969, após ser preso e torturado, partiu para o exílio, primeiramente no Uruguai, e depois no Chile (até o golpe de 1973), na Argentina, na França e na Venezuela. Faleceu em 1984, aos 41 anos.

33. As estimativas sobre o número de militantes do PRT-ERP que aderiu à Fracción Roja são variadas, conforme as fontes consultadas, mas giram ao redor de cem. Ver: Cormick, 2012, p. 99. Paulo fala em "cento e tantos" dissidentes; Neneca, em oitenta e Flavio se refere a "cem quadros políticos" (entrevista 3).

34. Segundo o autor, embora existisse organização do PRT em Buenos Aires e La Plata desde meados da década de 1960, a militância dessa região aderiu mais às tendências de Moreno em 1968, do Centrismo em 1970 e da Fracción Roja em 1973. Nas suas palavras, "[...] a regional se viu afetada numerosas vezes por êxodos de militantes e simpatizantes [...]. Apenas a partir de 1973 o PRT-ERP colocou ênfase na zona, conseguindo um desenvolvimento bastante sólido em princípio de 1974" (p. 137, nº 14).

35. *Combate*, Ano I, nº 1, 15/08/1973. Disponível em: http://eltopoblindado.com/files/Publicaciones/Organizaciones%20Politico-Militares%20de%20origen%20Marxista/PRT-ERP%20Fracci%-C3%B3n%20Roja/I.%20Prensa/Combate/Combate%201.pdf Acesso em 25/02/2015.

36. Ações de solidariedade à resistência chilena ao golpe de Pinochet, ocorrido em 11 de setembro de 1973, também foram relatadas na imprensa da Fracción. Ver *Combate Estudantil*, outubro de 1973. Apud Cormick, 2012, p. 119.

37. *Pueblo en Armas*, 15/08/1973. Disponível em: http://eltopoblindado.com/files/Publicaciones/Organizaciones%20Politico-Militares%20de%20origen%20Marxista/PRT-ERP%20Fracci%-C3%B3n%20Roja/I.%20Prensa/Combate/Combate%201.pdf Acesso em 25/02/2015.

38. Sigo aqui de perto a interpretação de Cormick, 2012, p. 115-130.

39. Nessa passagem, a autora está comentando o pensamento de Eduard Meyer sobre a história.

40. *Combate*, 18/09/1973, p. 5. Disponível em: http://eltopoblindado.com/files/Publicaciones/Organizaciones%20Politico-Militares%20de%20origen%20Marxista/PRT-ERP%20Fracci%-C3%B3n%20Roja/I.%20Prensa/Combate/Combate%203.pdf Acesso em 25/02/2015. Ver Cormick, 2012, p. 110.

41. Segundo um informe do serviço de inteligência do governo argentino, Janette estava acompanhada por "Rado" (provável pseudônimo de um militante da Internacional que não conseguimos identificar). Ver: Cormick, 2012, p. 111.

42. Na redação desse parágrafo seguimos de perto as considerações de Cormick, 2012, especialmente p. 131 a 140.

43. Segundo Cormick, esse congresso ocorreu na Suécia (Cormick, 2012, p. 147), o que foi negado por Flavio na entrevista 11.

44. Segundo depoimento de Michael Löwy a Cormick, 2012, p. 149.

CAPÍTULO 4
NO "CORAÇÃO DAS TREVAS"

CHEGAMOS À segunda parte do "capítulo argentino". Na primeira, falamos seguidamente de dor, de medo e de desesperança, mas o eixo foi a maneira como Flavio e seus companheiros articularam suas condutas para concretizar projetos individuais e coletivos, sobretudo a derrubada do capitalismo e a implantação do socialismo, levando em conta os campos de possibilidade onde atuaram, campos esses que se modificavam de maneira rápida e, por vezes, inesperada à medida que sua luta se desenrolava. Acompanhamos nosso personagem saindo do Brasil premido pela repressão ditatorial; internacionalizando-se na França; voltando à América Latina fortalecido na sua convicção de que era possível fazer a revolução no subcontinente; deslocando-se do Chile para a Argentina; incorporando-se ao PRT e, ao mesmo tempo, discordando de muitas de suas práticas; reforçando antigos laços de afeto e construindo novos; liderando, quase sem querer, uma dissidência; discutindo os caminhos e descaminhos da luta revolucionária no país vizinho; implementando ações armadas e de propaganda, aproveitando-se das brechas possibilitadas pela "primavera camporista"; sofrendo a crescente repressão dos governos peronistas e vendo seus companheiros "caírem", morrerem e desaparecerem; e, finalmente, caindo ele mesmo junto a seus mais próximos. Se a morte, o sofrimento e a angústia o rondavam, também havia momentos de alegria, de esperança, de crença de que os projetos almejados se concretizariam, de companheirismo, de amor, de vida, enfim.

Agora o eixo desloca-se: a dor, física e psicológica, ganha a cena e chega a patamares bastante elevados; a morte passa a ser uma possibilidade próxima como nunca antes o fora; os afetos ficam restritos por um sem-número de obstáculos; a esperança se vê sufocada pelas perdas, pelas impossibilidades, pelos rumos que a história argentina tomou, pelas grades visíveis e invisíveis que se colocaram a Flavio e a tantos outros opositores do regime. Falaremos de tortura e de prisão política cientes de que nunca chegaremos ao "coração das trevas", de que tais experiências são, no limite, indizíveis, inenarráveis na sua complexidade, incompreensíveis aos que não as vivenciaram. Concordo, pois, com Portelli quando esse afirma "[...] que a morte, o luto e a perda são experiências indescritíveis, por si mesmas e pelas limitações intrínsecas da linguagem". Acrescento ainda que também a análise histórica precisa reconhecer seus limites para representar determinados eventos traumáticos e aceitar que seus instrumentos conceituais e metodológicos são insuficientes para explicar a monstruosidade de certos fatos. Porém, ainda com Portelli, penso que "[...] é improvável que 'qualquer' experiência possa ser verdadeiramente 'expressa'; é inquestionável que ninguém pode compartilhar a experiência alheia, dolorosa ou não". Tal constatação, creio eu, não nos deve levar à paralisia intelectual, mas a uma maior humildade em relação ao conhecimento. Além disso, nesse como em outros casos de experiências traumáticas, o indizível foi dito por indivíduos que se esforçaram para contar o incontável, o que resultou em "narrativas interpretáveis, constructos culturais de palavras e ideias". E são essas narrativas – "não a dor que elas descrevem, mas as palavras e ideologias pelas quais são representadas" – que "[...] não só podem, como devem ser entendidas criticamente" (Portelli, 1996, p. 108).

Alguns entrevistados me narraram experiências que pareciam ir além do limite do humano, dada a sua brutalidade. Por vezes, tiveram que interromper suas narrativas ao chegarem a um ponto no qual as palavras se mostravam insuficientes para dar conta do acontecido. Lembro de uma depoente que, em nosso segundo encontro, disse-me que, depois da primeira entrevista, voltara a sonhar com as sessões de tortura. Pensei na minha responsabilidade ética em relação ao que eu estava fazendo e na minha incapacidade de auxiliar os que se desestabilizavam em função do que me diziam. Tais relatos perturbadores, para os entrevistados e para mim, seguidamente me levavam à pergunta: "Como foi possível?". Certas vezes, depois de realizar as entrevistas, tive que caminhar pelo parque, tomar um sorvete, ver um filme alegre a fim de recuperar certa confiança na humanidade. Mas, e aqui retomo Portelli, concordo que "[...] a tarefa do especialista, após recebido o impacto, é se afastar, respirar fundo, e voltar a pensar. Com o devido respeito às pessoas envolvidas, à autenticidade de sua tristeza e à gravidade de seus motivos, nossa tarefa é interpretar todos os documentos e narrativas, inclusive as delas" (Portelli, 1996, p. 106). Proponho-me, então, a tentar compreender esse contexto em que Flavio tocou o "coração das trevas", bem como a interpretar as narrativas motivadas por tal experiência, sua e de seus companheiros, reconhecendo, insisto, os claros limites éticos e epistemológicos de tal empreendimento, e manifestando, mais uma vez, o meu profundo respeito pela luta e pelo luto das vítimas dessa história.

Já adianto uma surpresa: nas páginas que seguem o leitor também ouvirá falar, novamente, de esperança, de afeto, de felicidade, de companheirismo, de luta, de resistência e, até, de vitória; em tom menor, sem dúvida, mas ouvirá. Isso porque abordaremos igualmente tanto as formas encontradas por Flavio e seus companheiros de prisão para resistirem à dor e à tristeza geradas pela tortura e pela vida no cárcere, que acabaram por impedir seu aniquila-

mento, quanto a campanha internacional por sua libertação, a qual acabou ganhando uma enorme amplitude em um contexto marcado pela emergência de práticas discursivas e não discursivas ligadas aos direitos humanos e, no caso específico do Brasil, pelo fortalecimento da luta pela anistia, campanha essa que possibilitou a soltura do personagem, em junho de 1979.
É com esse misto de sentimentos que a viagem sem volta será empreendida...

A QUEDA DA "GUERRILHA APÁTRIDA"

Em 17 de maio de 1975, o jornal porto-alegrense *Zero Hora* (17/05/1975) trouxe a seguinte manchete: *Sequestro: gaúchos continuam desaparecidos na Argentina*. A matéria informava que o desaparecimento de Flavio Koutzii e Maria Regina Pilla permanecia sendo um mistério, pois as autoridades responsáveis negavam envolvimento no ato e a organização de extrema-direita Aliança Anticomunista Argentina também não assumia a responsabilidade pelo caso.

O desaparecimento de Flavio, Neneca e outros havia ocorrido alguns dias antes, como parte de um plano mais amplo da Polícia Federal argentina para desbaratar as organizações armadas de esquerda, nesse caso especificamente a LCR, ou, conforme afirmou alguns dias depois o jornal *La Razón*, vinculado aos interesses castrenses, como fruto da ação constante dessa força policial "contra a guerrilha apátrida" (*La Razón*, 22/05/1975). Nessa expressão concentra-se uma das grandes acusações dirigidas pelo governo e setores conservadores aos grupos guerrilheiros: a de que seriam ligados ao comunismo internacional e, portanto, desprovidos de patriotismo e nacionalismo, ideais muito prezados pelos primeiros e instrumentalizados por Perón como forma de garantir a coesão social; avaliação que, de certa maneira, era suscitada pela proposta internacionalista dos grupos trotskistas lá atuantes (no que se diferenciavam da esquerda peronista).

Sob a manchete *A polícia desbaratou uma vasta organização subversiva que respondia a instruções da Quarta Internacional*, o periódico dava conta de "uma informação, documentada fotograficamente", segundo a qual essa força teria desarticulado "o mais ambicioso plano da IV Internacional para a América Latina". De acordo com a reportagem, a primeira ação policial nesse sentido ocorrera em Villa Galícia, Temperley, no mês de dezembro de 1974, quando foi localizado um "cárcere do povo", onde teriam sido presos "conhecidos industrialistas e um agente da Polícia Federal" e haveria um depósito de armas. No ataque a esse local, perderam a vida o subinspetor José Ignacio Lascano e também os "agentes apátridas" Mario Vicente Rodríguez, pseudônimo "Gallego", e Adriana Drangrosch, pseudônimo "La Petiza", ambos elementos "militares" da LCR (*La Razón*, 22/05/1975)[1].

A organização logo se manifestou sobre esse acontecimento através de um número especial do jornal *Combate*, no qual expressava sua descrença no governo vigente, afirmando ainda: "Não podemos confiar nas leis e nas instituições da burguesia, e difundir ilusões espontaneístas, pacifistas e legalistas é um crime hoje em nosso país". Contrapondo-se a essa postura, os *rojos* reafirmavam sua aposta na luta armada e homenageavam os companheiros caídos:

Frente às organizações guerrilheiras que concebem a luta armada apenas como um combate singular e isolado do movimento de massas contra as forças repressivas burguesas, levantamos o exemplo destes companheiros [Rodríguez e Drangrosch]. *Seguindo a orientação de nossa organização, haviam posto sua capacidade política e militar a serviço do desenvolvimento da consciência, da organização e do armamento do movimento operário e demais setores populares. Para eles, como para nossa organização, a revolução socialista e a tomada de poder pela classe operária passam pela unificação das lutas, a extensão da organização independente, a elevação do nível de consciência e o armamento das massas. Por isso, tem importância capital no período atual da luta de classes a autodefesa armada de setores de massas, como forma de ir-se desenrolando a compreensão da necessidade da utilização da violência revolucionária organizada a partir da própria experiência das lutas. Nessa perspectiva, há que se procurar impulsionar e fortalecer os organismos que reconhecem como seus as massas nesta etapa e construir um partido revolucionário de vanguarda, e não pretender construir um Exército revolucionário separado do movimento de massas.*

As iniciativas de ações armadas autônomas realizadas por destacamentos da vanguarda devem se inserir, pois, no marco de uma estratégia global de tomada de poder pela classe operária e no presente contexto devem ter como principal objetivo justamente estimular e favorecer o desenvolvimento da mobilização das massas, da organização pelas bases e da implementação da autodefesa[2].

A morte dos companheiros, portanto, levou os militantes da LCR a reafirmarem sua convicção na importância da autodefesa e do trabalho de conexão da luta armada com os movimentos de massas. Certamente abalados pelo acontecimento, tentavam extrair dele, e projetar para as demais organizações revolucionárias, um exemplo de luta, uma forma de atuar no presente e um projeto de futuro. Nesse sentido, já vimos que, entre o final de 1974 e o início de 1975, procurou-se levar a cabo a "unificação das lutas", postulada no trecho citado, por meio da aproximação com outros grupos de inspiração trotskista. Porém, nesse mesmo período, enquanto as guerrilhas estabeleciam contatos entre si e tratavam de se armar, as forças repressivas governamentais continuavam agindo com intensidade.

Dei a reportagem do *La Razón* para Flavio ler, de modo a estimular suas lembranças sobre esses acontecimentos. A respeito da primeira queda narrada pelo periódico, ele comentou:

O Gallego já tinha sido preso na ditadura anterior, era muito bom do ponto de vista militar. Petiza também era muito valente. Eles eram da velha guarda do ERP, acostumados a essas coisas. Temperley fica a pouco mais do meio do caminho entre a capital e La Plata. E ali, de fato, se construiu uma casa del pluebo, que era um pequeno porão [com] os elementos necessários para viver uma pessoa sequestrada. Então esse Beilinson passou por esse lugar certamente. E acho que teve uma outra história, uma história com um militar, agora não estou me lembrando bem, mas que era um cara que era responsável por algumas coisas que nos tinham acontecido e ele foi pego pra gente tentar resolver a situação de algum prisioneiro nosso (entrevista 8).

Contou-me também, ao ler os originais deste livro, que Gallego já havia sido preso e torturado na ditadura anterior e que tinha combinado com Petiza de não se entregarem no caso de uma nova queda. Por isso, corajosamente, saíram atirando quando o local onde estavam foi cercado pela polícia[3].

Continuemos com a narrativa do *La Razón*: conforme a reportagem, no local onde se deu a primeira ação foram encontradas "armas e material literário" da "organização extremista" LCR. Lá a polícia também descobriu que uma das integrantes do grupo e chefe de "equipe" da organização era Susana Lobosco, nome de guerra "Maria", que vivia com uma pessoa de nome "Luis". Flavio, ao ler esse trecho da reportagem, discordou veementemente de que haveria um encadeamento entre as quedas de "Gallego" e "Petiza" e as de "Maria" e "Luis", em função do significativo tempo decorrido de um acontecimento ao outro (de dezembro de 74 a maio de 75): "São épocas completamente diferentes", afirmou ele. De qualquer maneira, os últimos foram localizados nas imediações das vias San Martín e Monseñor Piaggio, em Avellaneda, e detidos, ficando esclarecido então que "Luis" era, na verdade, Carlos Alberto Alvarez, o nosso conhecido "Charly". A polícia também descobriu que, em uma propriedade adquirida por Alvarez, situada na Rua Tapalqué, 2395, em Villa Dominico, também em Avellaneda, existia um depósito de munições, armas manuais e grandes, e "outros elementos", além de "uma metralhadora pesada calibre 7,65".

Na continuação do texto, nosso personagem central ganha destaque. Conforme o *La Razón*, em seguida se localizou o apartamento B no 9º andar do número 1029 da Avenida Medrano, na Capital Federal. Lá foram detidos Flavio, descrito pelo jornal como "o responsável pelos grupos armados na América Latina da IV Internacional"; sua "concubina" Norma Beatriz Espíndola, nome de guerra "Valéria", caracterizada como "brasileira"; e Manuel Rallis, nome de

LOCAL DA PRISÃO
O "aparelho" da Avenida Medrano, 1029 (Google).

guerra "Beto". O fato de Norma ser tomada por brasileira indica ou um erro do periódico ou da própria polícia quando de sua prisão. Além disso, a caracterização de "concubina" a ela atribuída talvez possa indicar o desejo das forças repressivas e da grande imprensa de mostrar a "libertinagem" das organizações guerrilheiras, nas quais vigorariam uniões não chanceladas pela Igreja e pelo Estado, portanto, em sua visão, "imorais" e alheias aos "bons costumes".

Flavio esclareceu melhor como se deu a ligação entre as quedas de Susana e Charly e a sua e de Norma. De acordo com ele, o companheiro "Beto" havia se dirigido até a casa dos primeiros, logo se dando conta de que o local tinha caído. Em função disso, fez uma série de "contrachequeos", expressão utilizada pelos guerrilheiros argentinos para designar as manobras de despiste das forças repressivas, e se dirigiu ao apartamento de Flavio e Norma. Contudo, essas tentativas de enganar os perseguidores não foram eficazes: "[...] naquela mesma noite nós caímos, porque ele, na verdade, não conseguiu se livrar da perseguição. [...] a conexão parece ser essa: o Beto ter vindo até nós pra buscar um refúgio e aí caímos os três". Ele também falou com humor da responsabilidade que lhe era atribuída pelo jornal: "Porra, é brincadeira, 'responsável pelos grupos armados da América Latina para toda a galáxia'", e afirmou que a acusação "[...] de uma conspiração internacional, ligada à Quarta" se adequava com perfeição à "[...] linguagem peronista da ideia da sinarquia internacional" (entrevista 8).

A captura de Flavio, Norma e Beto foi dramática. Ela recordou que a polícia cercou o edifício e intimidou o porteiro. Diante da iminência da invasão, os três decidiram não resistir, "[...] porque sabíamos que, se resistíssemos, nos matariam, seria um suicídio". E continuou: "Qualquer bala que nós atirássemos..., a porta, as janelas... era tudo muito frágil, era um apartamento de nada, era uma antiga casa do porteiro, não aguentava nada, era pequenininha, não tinha condições de salvação, já sabíamos". Ressaltou ainda: "Era uma operação para nos aniquilar e quando nós abrimos a porta era como nos filmes, eram três ou quatro, filhos da puta, incitando para matar [...]". Também de acordo com ela, Flavio abriu a porta e logo teve o nariz quebrado. Em seguida, a polícia separou-a de seus companheiros: "[...] foi muito terrível isso e, além do mais, fazem uma coisa feia que a repressão sempre faz, que é tratar de desunir" (entrevista 1 - N). Em conversa informal, Flavio confirmou a ideia de que ele, Norma e Beto decidiram, "em uma fração de segundos", não resistir, o que evitou a morte dos três: "Acho que fiz o que tinha que fazer", disse-me ele, acrescentando ainda que os invasores ficaram surpresos e irritados com tal decisão: "Filhos da puta, por que vocês não atiraram?", teriam dito, confirmando a ideia de que estavam lá para aniquilar os opositores (Conversa informal, Porto Alegre, 11/03/2014). Mais uma vez, coloca-se a questão da escolha como elemento fundamental para compreendermos uma biografia: não resistir não era óbvio nem natural naquelas circunstâncias. "Gallego", por exemplo, a partir da avaliação de suas experiências anteriores, decidiu revidar o ataque policial. Havia ainda a já comentada cultura da morte em muitas organizações guerrilheiras, inclusive no PRT-ERP, que poderia estimular atos considerados mais heroicos. Mas os três personagens agora focalizados optaram, sem muito tempo para reflexões, e baseados no cálculo da impossibilidade de fugir de um apartamento no nono andar, com apenas uma porta, "um gaveteiro", conforme a expressão de Norma (Conversa informal, Porto Alegre, 11/03/2014), por se renderem, decisão muito corajosa, arriscada, que surpreendeu até mesmo os agentes repressivos encarregados de aniquilá-los, pois implicava o ingresso no mundo da tortura e do cárcere.

Segundo a reportagem do *La Razón*, no apartamento foi encontrada uma "grande quantidade de armas de todo calibre e literatura trotskista, esta para ser distribuída". Sobre o armamento depositado no local, outro militante da LCR foi enfático: "[...] nessa época, o apartamento era tipo um arsenal, tinha arma, tinha um monte de coisas...". Norma contou-me das discussões que teve com Flavio a respeito dessa questão, pois discordava do fato de que, na casa de um dirigente máximo da organização, fossem depositadas tantas armas: "Para mim era, realmente se percebia desde o primeiro momento, uma incoerência. E aí tivemos também algumas discussões e era difícil falar porque havia sempre 'razões superiores'" (entrevista 1 – N).

A vigilância posterior da residência de Flavio e Norma, conforme o *La Razón*, possibilitou a prisão de Maria Regina. Em entrevista, ela contou mais detalhes sobre a sua queda, permitindo-nos, por um lado, perceber o papel do acaso em certos processos históricos (acaso que, vale ressaltar, só se efetivou como tal devido às relações e tensões próprias daquele contexto), e, por outro, tomar contato com maneiras variadas de narrar, desde o presente, eventos traumáticos, por vezes com a inclusão até mesmo de pitadas de humor como forma de elaborá-los.

Por razões de segurança, os militantes não deveriam saber onde moravam seus companheiros. Porém, Neneca havia descoberto por acaso o endereço de Flavio: "[...] por acaso um dia, eu não morava longe, desci dum ônibus e atravessei. Quando atravessei a rua, ele tava entrando no edifício. Aí eu disse: 'Oi, tudo bem?'. Ele ficou vermelho. Aí ficou chato, mas ele me disse: 'Olha, eu moro aqui". A partir desse encontro casual, ela passou a visitá-lo com alguma frequência. Tempos depois, Neneca foi de ônibus visitar o amigo, lendo *Alice no País das Maravilhas*, de Lewis Carroll: "[...] é verdade, eu tava lendo esse livro [...]. Eu sempre lia um livro andando de ônibus em Buenos Aires, li milhões, li toda a literatura latino-americana que eu pude. O que eu aprendi na vida foi nesse ônibus". Porém, Norma e Flavio já haviam caído e a polícia estava à espreita para tentar capturar novos "apátridas". Ela nos conta:

> [...] eu ia conversar com ele, foi numa dessas vezes que eu fui que a casa dele tava ocupada pela polícia [...]. Eu bati na campainha, eu tava lendo Alice no País das Maravilhas e tocando a campainha e não vi que saiu um grupo de policiais de dentro do edifício e aí me prenderam. Estavam armados todos, me jogaram contra a parede gritando e me empurraram pra dentro da casa do zelador. O zelador foi legal,

> *ele fingiu que não me conhecia, ele já tinha me visto várias vezes ali, mas fingiu que nunca tinha me visto [...].*

Mesmo contando com a solidariedade do zelador, já sabemos que ela acabou presa. Na continuidade, afirma o *La Razón*, no apartamento C do quarto andar do número 1615 da Rua Bulnes, igualmente na capital argentina, foi detido Paulo, "pertencente ao birô da organização". Também com ele foi localizada "grande quantidade de material ideológico trotskista". Na sequência da reportagem são listadas várias outras quedas de militantes da LCR:

> [...] *em Paraná, 977, de Ezpeleta, se consegue deter Julio Ramos, pseudônimo "Lito", espanhol, de 30 anos, integrante de uma das células. Em Julián Alvarez, 1704, Capital – utilizado como depósito de armas – se sequestrou material de todo calibre e literatura que pertencia a David Armando Laniado, pseudônimo "Eddy". Localizado o domicílio deste, Serrano, 237, 5º andar, apartamento 11, Capital, sequestrou-se mais material ideológico. Deteve-se a sua concubina, Ingrid Bohhe Petrat, e uma irmã deste, Julia Norma Beñaldo. Dos documentos sequestrados surge a evidência da existência de uma imprensa da organização localizada em Castillo, 1274, Capital. Ali o pessoal policial foi recebido a balaços por dois indivíduos que pretendiam fugir. Abatidos, posteriores tarefas de identificação permitem estabelecer que um deles era David Armando Laniado, pseudônimo "Eddy", e o outro um componente da organização ilegal de nome Ramón, cuja identidade completa se procura. O informe da Polícia Federal em suas conclusões afirma que "a intervenção da IV Internacional em nosso país fica demonstrada pelo fato de que os principais dirigentes da Liga Comunista Revolucionária, ex-Fracción Roja do ERP, chamados Flavio Koutzii e Paulo Antônio Paranaguá – detidos – se encontram vinculados a essa organização desde 1967 (sic), aproximadamente".*

A reportagem do *La Razón* precisa ser analisada com cuidado, já que tem como fonte basicamente um informe da Polícia Federal, ao qual o periódico confere o estatuto de relato fiel da realidade. À polícia certamente interessava divulgar suas vitórias na guerra contra a "subversão", demonstrando a periculosidade daqueles que detinha e/ou eliminava, bem como das causas que esses abraçavam. Na narrativa do jornal, portanto, busca-se oferecer "provas", inclusive visuais, dos "crimes" cometidos pelos "apátridas" e daqueles que ainda podiam ser levados a cabo. O material fotográfico que acompanha a reportagem – fotos dos detidos e da metralhadora referida no texto – tem, obviamente, esse propósito.

Desde que se leve em conta esses interesses envolvidos na reportagem, alguns aspectos importantes referentes às quedas podem ser depreendidos de sua narrativa. Primeiro, que a Polícia Federal, ao divulgar tais informações,

DETENIDOS
Marcas de violência nas fotos da prisão de Flavio Koutzii, Paulo Paranaguá, Norma Espíndola e Maria Regina Pilla, publicadas no jornal *La Razón*.

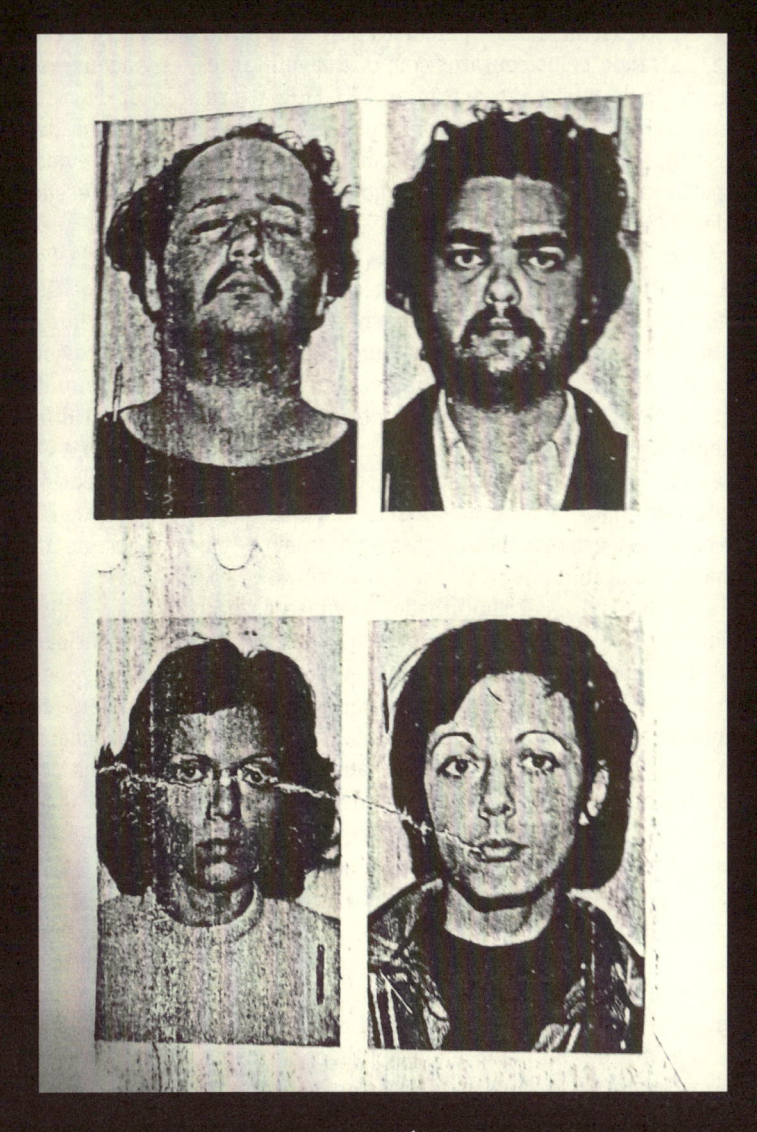

COMENTÁRIOS AO VEREM AS FOTOS
"Parece que eu tô morto" (Flavio).
"Nas fotografias que nos tiraram meu olhar era impressionante. Inclusive o policial disse: 'Que raiva!'. Mas eu mudei. Depois da raiva veio a tristeza e nunca mais tive o olhar que eu tinha" (Norma).

estava muito bem informada sobre a trajetória da LCR e dos militantes que a compunham (não obstante alguns erros como a caracterização de Norma como "brasileira" e a informação de que Flavio e Paulo estavam ligados à Quarta desde 1967). É certo que vários dos dados apresentados foram obtidos mediante tortura depois das detenções (na sequência do trecho citado acima, o texto expõe detalhadamente os percursos de Flavio e Paulo desde sua estadia na França, passando pelos contatos com outros militantes, as viagens e ações realizadas no Chile, até a integração ao PRT-ERP, a formação da Fracción e, posteriormente, da LCR), mas outros, muito provavelmente, já eram de seu conhecimento, fruto de um minucioso trabalho investigativo, o que evidencia a organização das forças repressivas nos governos peronistas que antecederam o golpe de 1976.

Um segundo ponto também ganha destaque: a atenção dada pela Polícia Federal à atuação de "forças externas", nesse caso especificamente da Quarta Internacional, e, em consequência, à movimentação dos "apátridas" que a ela estavam ligados. Nesse sentido, a prisão dos militantes da LCR caía como uma luva para justificar a retórica nacionalista agressiva do discurso peronista e sua proposta de combate à "sinarquia internacional". Ainda em tal direção, é igualmente significativo mencionar o papel de liderança atribuído a Flavio – considerado "o responsável pelos grupos armados na América Latina da Quarta Internacional" – e a Paulo – "pertencente ao birô da organização". Não obstante certo exagero, as qualificações evidenciam a importância que ambos tinham na articulação da Quarta com a Argentina.

Um último aspecto a ser sublinhado: a ênfase da narrativa nos materiais encontrados na casa de cada um dos militantes detidos ou mortos, basicamente armas "de todos os calibres" e literatura trotskista. As primeiras indicam que o projeto de luta armada defendido pela LCR estava efetivamente sendo implementado, ao menos no que diz respeito à reunião de condições materiais para tanto. Já o "material ideológico" e também a existência de uma gráfica própria da organização demonstram a preocupação do grupo, como antes da Fracción, com a propaganda e a divulgação do trotskismo, preocupação essa, aliás, como já ressaltamos em outros momentos, muito presente na trajetória de Flavio. Na perspectiva da polícia e do *La Razón*, armas e textos "subversivos" eram provas irrefutáveis do "plano extremista" arquitetado pela Quarta; na nossa interpretação, se tornam evidências das formas de luta defendidas por nosso personagem e seus companheiros.

Na reportagem examinada, as quedas dos militantes da LCR são apresentadas como partes de um plano implementado dentro da ordem democrática pela Polícia Federal, cuja legalidade era tão inquestionável que seus passos e resultados podiam ser estampados em um jornal de grande circulação. Mas voltemos à matéria da *Zero Hora* mencionada no início desta seção, na qual Flavio e Neneca eram tidos como "desaparecidos", sendo que as autoridades governamentais e mesmo a AAA negavam qualquer envolvimento no ato. Chamo a atenção do leitor para a diferença das datas das publicações: o jornal gaúcho veio a público em 17 de maio e o periódico argentino, no dia 22 do mesmo mês, portanto, com uma diferença de quase uma semana. Isso se deu porque, inicialmente, os militantes aqui enfocados foram sequestrados, não pela "Triple A", mas pela própria Polícia Federal, permanecendo incomunicáveis, alheios a todas as garantias legais e invisíveis à sociedade exterior. Flavio se refere a tal situação em texto de caráter memorialístico:

> Pelas atividades políticas desenvolvidas lá [na Argentina], sou preso em maio de 1975. Eu e alguns outros do grupo. Estavam começando a desaparecer pessoas e havia uma força paralela, mas, inicialmente, eu e minha companheira de então, Norma Espíndola, somos sequestrados. Eles não reconhecem que estamos presos, assim como fazem com outros companheiros nossos (Koutzii, 2009, p. 115).

Maria Regina também destacou o caráter ilegal da prisão dos *rojos*: "[...] nunca é com mandado, [...] eles entram na casa a pontapés, arrebentando as portas". No mesmo sentido, Paulo salientou: "[...] a gente não sabia o que ia acontecer, nós não fomos inicialmente presos, mas sequestrados, inicialmente a polícia não disse que tinha prendido alguém". Chega-se aqui ao verdadeiro "coração das trevas": no interregno em que estiveram desaparecidos, sem o estatuto de presos legais, Flavio e seus companheiros foram torturados, física e psicologicamente. Através do seu exemplo, fica reforçada a constatação de que tal prática era utilizada pelas forças repressivas governamentais contra seus inimigos políticos, em especial contra os considerados "subversivos", mesmo antes do golpe de 1976, embora, certamente, em escala menor.

Os temas da tortura em geral e da tortura como meio de ação política em particular têm múltiplos desdobramentos jurídicos, ético-morais, filosóficos, psicológicos, históricos, sociológicos, médicos, entre outros. Como disse no início deste capítulo, é preciso reconhecer os limites da linguagem e das ciências humanas (da História, no caso específico deste trabalho) para representar e explicar práticas tão abomináveis. Se a reflexão sobre tal problemática já me era conhecida por meio da literatura, especialmente aquela referente ao Holocausto, pude aprofundá-la através do diálogo com pessoas que experimentaram tal traumatismo. Cito, nesse sentido, um pequeno trecho de uma das conversas que tive com Norma:

> **Benito** – [...] *como historiador é muito difícil encontrar um lugar na narrativa histórica para essas experiências tão subjetivas e tão íntimas, que não seja uma coisa voyeurista.*
>
> **Norma** – *Isso é o que eu ia comentar. Eu acredito que tem algo, tem uma ordem onde não há palavras. Não há palavras para desaparecidos, não tem palavras para dizer contra torturas, não tem palavras. [...] também uma pessoa aprende na vida que a verdade, o profundo das coisas, nem sempre se diz com palavras, nem sempre. Às vezes o silêncio diz mais que as palavras...* (entrevista 1 – N).

Ciente da dramaticidade e do caráter traumático de tais lembranças, bem como da tessitura entre memórias, esquecimentos e silêncios nelas envolvida, limito-me neste estudo a tentar compreender historicamente as narrativas que lhes dão forma, pensando-as a partir das trajetórias de seus formuladores e do contexto político que possibilitou a banalização de violências tão brutais e sua integração em um mecanismo mais amplo, sistemático e orgânico de controle da sociedade. Com tal objetivo, e visando preservar a intimidade dos entrevistados, em geral optei por não apresentar detalhes dos procedimentos de tortura por eles sofridos, a menos que isso tenha se revelado fundamental para demonstrar os argumentos defendidos. Tal opção é compatível com o objetivo central deste livro, qual seja, compreender historicamente os percursos políticos de Flavio e seus companheiros nos diversos campos de possibilidade em que atuaram.

O sequestro de nossos personagens ocorreu no contexto mais amplo de acirramento por parte do governo argentino de um movimento disciplinador e repressivo que já se desenhava desde a volta de Perón. Marina Franco salienta que a morte do presidente, em 1º de julho de 1974, intensificou "[...] o processo de cerceamento das liberdades públicas, controle ideológico e construção de mecanismos de disciplinamento político e social que havia começado sob sua presidência" (Franco, 2012, p. 112). Marcos importantes dessa escalada foram a aprovação pelo Senado, em 25 de setembro de 1974, de uma Lei de Segurança visando "à repressão da atividade terrorista e subversiva", e a decretação do estado de sítio, no dia 6 de novembro do mesmo ano. Tais medidas possibilitavam às forças repressivas maior margem de ação, conferindo, inclusive, às suas práticas violentas um verniz de legalidade. As principais vítimas foram, como se poderia prever, as organizações revolucionárias, como o PRT e a LCR. Em tal quadro, a tortura implementada por agentes governamentais, ou a mando desses, tinha como objetivos principais, de um lado, possibilitar a obtenção de informações que pudessem levar a outros "subversivos", e, de outro, aniquilar os torturados. Mariana Joffily, em estudo sobre os interrogatórios promovidos pelos aparelhos da repressão política durante a ditadura civil-militar brasileira, mas cujas conclusões, em muitos aspectos, se adequam perfeitamente à realidade aqui examinada, afirma que na dinâmica de tais interrogatórios,

> [...] à margem da lei, onde o poder de vida e de morte estava, em certa medida, nas mãos dos interrogadores, o registro da violência – frequentemente extrema – se deslocava de uma posição marginal e passava a permear a relação entre esses agentes e os presos políticos, acusados de transgredir a ordem. Mais ainda, ela se tornou o instrumento por excelência dessa relação, instrumento esse que se confundia com o objeto visado, criando uma relação intrincada entre fins e meios [...].

E ainda: "Estabelecia-se uma relação de poder na qual se procurava arrancar do outro uma informação que permitiria sua aniquilação como sujeito e a destruição de seu mundo. O indivíduo, uma vez tomado como presa nessa teia, era transformado em elemento de autodestruição – quer se falasse, quer se calasse" (Joffily, 2013, p. 242). Veremos mais adiante neste capítulo que, felizmente, os indivíduos aqui estudados, à custa de um imenso esforço físico e psicológico, não foram aniquilados, mas, sem dúvida, para empregar a metáfora criada por Flavio, guardaram para sempre "pedaços de morte" nos seus corações.

Diversos procedimentos judiciais e pesquisas acadêmicas e não acadêmicas já demonstraram que o uso da violência em geral, e, no caso que aqui nos interessa, da tortura, não foi periférico e ocasional no âmbito das ditaduras de segurança nacional na América Latina, fruto de "excessos" cometidos por alguns sádicos de baixo escalão, mas sim parte orgânica e fundamental de seu funcionamento. Em consequência, era muito bem pensada e utilizada de maneira sistemática e racional pelos agentes da repressão. Pode-se dizer que, em se tratando do contexto argentino, tal engrenagem já estava em funcionamento nos últimos governos peronistas, especialmente no de Isabelita, embora com peculiaridades em relação à situação posterior ao golpe de 1976. O relato macabro do militante montonero Julio César Urien, o qual se relaciona também com nossos personagens, traz indícios significativos dessa organicidade da tortura praticada com fins políticos na Argentina no período em tela. Julio César conta que, após uma sessão de socos no estômago e no fígado, e de pontapés, em meio aos quais os interrogadores lhe faziam sempre as mesmas perguntas, foi levado de volta ao calabouço. Ele pensou que logo viria o momento da "picana" (máquina de eletrochoques), mas se passaram horas e ninguém apareceu para lhe buscar. De madrugada, um guarda chegou para conduzi-lo ao banheiro. Seguiu-se o seguinte diálogo:

– *Então és montonero?*

– *Não...*

– *Deixe disso, flaco, eu sei que vocês são montoneros, mas eu sou um cabo raso, não tenho nada que ver com os interrogatórios. Sabes por que se salvaram esta noite? Porque estão com uns detidos do ERP, uns comunistas.*

De volta à cela, Julio pensou que a fala do cabo poderia ser uma manobra, uma parte do interrogatório. Mas a informação era correta: no dia 12 de maio de 1975 (portanto, dez dias antes da matéria do *La Razón*), uma segunda-feira, havia "caído um grupo de militantes do PRT-ERP 'Fracción Roja' de La Plata e todas as 'picanas' da Coordenação Federal estavam ocupadas por eles" (Anguita e Caparrós, 1998, p. 526).

A história mostra a sistematicidade da tortura nesse contexto, bem como a organização envolvida na sua prática: enquanto alguns presos ficavam nas celas aguardando novos suplícios, as "picanas" eram empregadas para interrogar os recém-chegados, nesse caso específico Flavio e os demais *rojos*, já que era preciso obter informações logo depois das quedas, antes que as organizações clandestinas pudessem se rearticular para evitar novas baixas, cancelando pontos, evacuando aparelhos, modificando ações, entre outras medidas.

Em depoimento para esta pesquisa, o psicanalista brasileiro Heitor O'Dwyer de Macedo, que atendeu Flavio na França após sua prisão, contou uma história impressionante sobre a racionalidade e, até mesmo, o "profissionalismo" que caracterizavam a conduta dos torturadores:

> [...] *nessas situações extremas o que você percebe é que os recursos àquilo que você, de um ponto de vista externo, vai qualificar de psicopatológico, são, na verdade, adaptações absolutamente extraordinárias e sadias do ponto de vista da saúde psíquica, que permitem ao cidadão não apenas sobreviver, mas ter uma economia de prazer naquela situação tétrica. Quer dizer, eu volto* [...] *a essa situação que eu mesmo não compreendo até hoje e que eu acho absolutamente extraordinária, que é o Flavio conversando com o torturador sobre as dificuldades que este último encontra com a própria filha. Você imagina o tipo de mobilização de dissociação que é possível ser colocado em movimento, porque eu tenho certeza que, se esse sujeito vinha falar com o Flavio, é porque o Flavio realmente se interessava profundamente pela história pessoal desse sujeito com a filha dele e que tentava ajudá-lo. E daqui a pouco a gente entrava em uma outra dimensão* [da tortura].

Flavio, ao saber por mim dessa história, negou que isso tivesse acontecido com ele. Talvez Heitor tenha se confundido e reportado a experiência de outro paciente, já que atendeu muitas vítimas de tortura. De qualquer maneira, por meio de sua fala, pode-se constatar que os torturadores não eram indivíduos à margem da "vida normal", mas sim pessoas integradas à sociedade e a um sistema político específico, no qual a violência era a regra e não a exceção. Eles sabiam o que estavam fazendo e por que agiam desse modo. Tanto que, no exemplo evocado pelo psicanalista, o torturador se mostrava capaz de, ao mesmo tempo, ser um pai preocupado e capaz de conversar calmamente com sua vítima, inclusive pedindo-lhe conselhos a respeito dos problemas que tinha com a filha adolescente, para, logo depois, seviciá-la. Do lado dessa (Flavio ou outro prisioneiro), também se tornava necessário, a bem da saúde psicológica, dissociar-se entre alguém interessado nos problemas de seu algoz e uma pessoa entregue à violência do outro.

O depoimento de Norma também evidencia o quanto a prática de tortura não era nem fruto de arroubos sádicos esporádicos nem estranha aos poderes constituídos. Segundo ela, seus torturadores valiam-se, para interrogá-la, de documentos impressos sobre sua atuação política transmitidos por cabo pelos órgãos de informação: "Impressionante, eu vi [esses documentos] nas mãos do que me interrogava", afirmou. Mais adiante, deixou clara essa articulação entre clandestinidade e oficialidade que sustentava a tortura: "[...] me interrogam, os responsáveis por esse grupo [...] eram repressores clandestinos. Sabe que nos levam à Polícia Federal, à Central da Polícia Federal?! Na Polícia Federal havia um porão e as torturas eram ali mesmo, em calabouços que eles chamavam tubos [...]".

O tema da tortura foi abordado de maneiras diversas por nossos personagens em textos e entrevistas. Em escrito de caráter memorialístico, Flavio tangenciou-o, ainda que enfatizando a importância que tal experiência teve na sua trajetória futura. Escreveu primeiro laconicamente: "Fomos torturados". Mais adiante, avançou um pouco mais: "[...] na minha experiência pessoal, em maio de 1975 sou preso, e a partir dali são quatro anos na prisão em condições de profundo isolamento. Isso vai agregar na minha vivência particular experiências no limite da condição humana. O sequestro, a tortura por muitos dias, a prisão" (Koutzii, 2009, p. 115 e 117, respectivamente). Nas muitas entrevistas que realizamos, em geral ele falou pouco da tortura sofrida. Como já vimos em outros momentos, nosso personagem prefere abordar sua militância política desde uma perspectiva coletiva e geracional, e não individual. Isso também se deu quando tratamos brevemente desse assunto. Indaguei-o, de maneira um tanto desajeitada, se, depois do sequestro, teria havido tortura. Ele respondeu: "Sim, sim, [...] tortura, uma semana. [...] acho que os caras iam matar uns de nós, principalmente o Paulo e eu [...]". Questionei-o se todos os "caídos" haviam ficado juntos e ele respondeu:

> [...] *nós estávamos na mesma área, mas todo o tempo encapuzados, não [se] via nada e não estávamos próximos. Pelo menos não me lembro de ouvir gritos, como muito se descreve [...]. E depois sim, todo tempo nós devíamos estar próximos. Mas "todo tempo" ficava entre a tortura e ser atirado num lugar que eles chamam de "tubos". [...] eram tubos de concreto armado. Era uma cela individual. Tu ficavas com essa privação sensorial que é foda porque tu perdes completamente a noção das coisas, do tempo. Inclusive há uma tendência a alucinar um pouco. Então, em alguns momentos, tu já não sabes bem o que é verdade e o que é impressão. A tua própria audição fica mais sensível, mais acurada, porque tu tá com a visão neutralizada. [...] perde a noção do tempo, perde a visão e tá sob imensa pressão, física e psíquica. [...] tem gente que consegue manter tudo muito nítido, mas acho que a maioria perde a noção do tempo* (entrevista 8).

No exemplo citado é possível perceber que Flavio fala da tortura utilizando-se preferencialmente do pronome "nós" ou de designações impessoais, como "a maioria", embora também insinue o "eu" em "não me lembro de ouvir gritos". Nesse ponto específico, cabe referir que tal maneira de narrar, além de estar ligada ao seu estilo pessoal, também se deve à forma como encaminhei a entrevista, já que minha pergunta se referia ao coletivo: "E, nesse período, vocês estavam todos juntos?". De todo modo, para Flavio, como para quase todos que foram submetidos a sevícias semelhantes, o tema é extremamente doloroso e encontra grandes dificuldades para ser articulado em narrativa. Uma de suas falas permite aquilatar o impacto traumático dessa experiência em sua subjetividade. Quando tratamos de seu processo psicanalítico, ele me disse:

> [...] tem essa passagem que eu sempre cito, eu tenho a impressão que é depois de dois anos de análise, ou talvez um. E ele [Heitor, o psicanalista] me diz assim [risos]: "Mas vem cá, quando é que tu vais falar da tortura?". Mas como? Se isso era o principal assunto que me movia a tentar lidar e elaborar... [...] aí ele diz assim: "Não, tu não falaste da tortura. Tu falaste da tua opinião sobre o que tu achas que foi a tortura. Aliás, nessa tortura que tu me contaste não tem torturador". Isso aí valeu oito anos de análise [exagerando]. Isso eu acho imprescindível [...]. Eu só me recordo porque é uma coisa muito forte e muito crucial, ela é fundante (entrevista 8).

No conjunto dos entrevistados, Norma foi quem abordou com mais detalhes o tema da tortura. Em sua entrevista, afirmou que nos dias que se seguiram às quedas, ela e seus companheiros foram "torturados sistematicamente": "[...] começam a nos torturar permanentemente. Calculo eu que são quatro ou cinco dias, isso são coisas difíceis, às vezes, de saber, quantos dias. Vários companheiros entram em delírio [...]. [...] começo a perder a consciência, mas não chego a perder totalmente a consciência, nem tampouco a delirar". Falou-me também do ritual do interrogatório, quando os torturadores buscavam obter informações que pudessem levar a novas quedas e, talvez principalmente, aniquilar física e psicologicamente aqueles considerados subversivos, bem como das reações suas e de outros sequestrados às violências perpetradas pelas forças repressivas. Permito-me, então, transcrever um trecho longo de nossa conversa, o qual, por sua força expressiva, mais do que ilustrar uma explicação genérica, explica por si mesmo o macabro processo da tortura, constituindo-se, pois, em uma narrativa "citável":

> **Norma** – *E aí depois nos tiram as vendas e tenho esse interrogatório por dois ou três responsáveis que eram, digamos, os chefes. Chamavam [um deles de] o "Coruja", porque eles também tinham codinomes, a ele chamavam o "Coruja". Fazem o interrogatório, mas já tinham um mapa de toda a organização [...].*
>
> **Benito** – *Já sabiam bem...*
>
> **Norma** – *Tinham tudo. E começam a me mostrar fotos: "Não, não sei, não conheço", e eles começam a ficar com raiva. Interrogadores sádicos! E eu estava meio "grogue", muito debilitada. E então começam.*

Mas eu tinha recursos e sempre tive. Para uma foto eu digo assim: "Este é um artista?", "mas este é um ator?", e não me lembrava do nome porque estava muito tonta. Terminaram as fotos...

Benito – *Era para te testar?*

Norma – *[...] era, claro, claro... Eu estava um pouco tonta, estava muito enjoada e assim este é o primeiro momento em que tomo algo... Me oferecem... Primeiro eu não queria tomar, eu não tomava líquido há não sei quantos dias... Bom, não queria tomar, mas em algum momento tens que tomar e é os que eles te dão.*

Benito – *Claro...*

Norma – *Sinceramente eu estava muito debilitada, mas havia uma coisa assim... Eu não sou raivosa, mas tinha esta indignação que te digo, que não a perdi. Então me dão um chá com açúcar e aí me reponho um pouquinho e creio que daí me levam aos "tubos".*

Benito – *Aonde?*

Norma – *Aos tubos, estas celinhas. E aí é uma situação difícil, parece mentira, mas é difícil. Eu não sabia nada do Flavio... Era uma coisa, todo o dia com luz, mas com pouco oxigênio, eram praticamente herméticos, uma coisinha assim realmente... [fazendo gestos para indicar um tamanho pequeno]. E eu pedia para ir ao banheiro e começava a chamar uma companheira que estava na cela do meio... É a primeira que cai, a mãe e o bebê, destroçada, destroçada, destroçada! Imagina que te arranquem teu bebê de quatro meses, não, não... Que lhe dava o peito! Então eu estava destroçada, por ela, por mim. Mas eu estava com moral... [...] começo a fazer movimentos, me doíam as articulações e começamos a conversar um pouco e a golpear algumas celas de companheiros... Enquanto ela vigiava eu falava com meus companheiros desse lado, e não escutava nenhum movimento do lado que estavam Flavio e Neneca. Estavam de um outro lado, estavam em umas celas um pouquinho maiores, mas não se escutava nada, nada, e me dava uma angústia terrível, terrível, terrível. [...] [Refere-se então a uma companheira que estava delirando] eu vi um dia que a levaram, uma coisa terrível. E lhe digo: "Sou eu, levanta-te, pede para ir ao banheiro!". Era uma cela preta, escura, era uma coisa pavorosa e tudo era pavoroso. Então eu lhe digo: "Levanta-te, levanta-te", e ela já começou a levantar. Porque rapidamente os companheiros, com o contato, saíam do delírio... Não era um delírio de golpes psicóticos, não era uma psicose, entende? Era uma situação do estresse, da falta de alimentos, de tantas coisas...*

Benito – *Sono...*

Norma – *Do sono, do medo, de tudo... E da ruptura. É uma coisa, é um antes e um depois, não tem como. A grande mudança que tive, eu era, sou ainda, uma pessoa que sorrio bastante, mas era muito sorridente e tinha um olhar, sobretudo, muito diferente. Mudou muito meu olhar [...]* (entrevista 1 – N).

Em primeiro lugar, a narrativa de Norma mostra com contundência a violência extrema, física e psicológica, a que eram submetidos os militantes que caíam. Revela, igualmente, como esses procuravam agir para sabotar, através de respostas genéricas e evasivas, os interrogatórios dos torturadores, os quais pareciam estar muito bem informados dos movimentos das organizações, o que evidencia a organicidade e a capilaridade dos serviços de informação naquele contexto. Também deixa claro, de maneira comovente, a solidariedade entre as vítimas e os modos como elas procuravam se ajudar. Para isso, valendo-me das palavras da personagem, era preciso ter "recursos" e "moral", frutos tanto de determinadas características pessoais quanto do treinamento oferecido pelas organizações. Por fim, reafirma o que Flavio chamou de caráter "fundante" da tortura, enquanto experiência que determina um antes e um depois na trajetória daqueles que a sofreram.

Paulo e Neneca foram lacônicos ao tratar do tema. O primeiro abordou-o de modo genérico e impessoal: "[...] a lógica dos caras era destruir, era arrebentar. A preocupação deles é pegar o cara e meter lá na tortura imediatamente, depois a gente vê". Maria Regina, de modo semelhante a Flavio, falou dessa experiência enfatizando aspectos coletivos: "[...] a gente passou primeiro pela Polícia Federal em Buenos Aires, onde fomos torturados. Ali era a parte da tortura, eles torturam pra saber quem é que tu conheces, quem é que tu és, da onde é que tu vens. Aí depois, naquela época, antes do golpe, eles te mandavam pra prisão". Em outro momento, quando comentamos sobre o seu processo psicanalítico na França, ela posicionou-se de maneira bem mais pessoal: "[...] eu não tenho problema de falar disso, de falar da tortura, não tenho problema de falar, não tenho medo. Tive, agora não tenho". Perguntei-lhe na sequência se ela havia procurado a análise em função principalmente do trauma da tortura e da prisão. A resposta: "Não, eu procurei porque não conseguia dormir". E prosseguiu: "[...] eu cheguei lá e não conseguia dormir, que é um sinal de trauma, né? Aí o Paulo também não dormia e a gente chegou, conversando, à conclusão de que a gente tinha que ver um psicanalista". A primeira tentativa, segundo ela, não foi bem-sucedida, pois o psicanalista escolhido tinha "um comportamento horroroso". Contou-me então que, depois de se separar de Paulo, ficou muito mal e resolveu procurar novamente um profissional para lhe ajudar, tendo encontrado "uma psicanalista maravilhosa". Insisti: "Mas a tortura era uma questão muito presente na análise?". Ela respondeu:

Mais ou menos. Não era muito não. Eu acho que era mais o ambiente do medo, o estresse do medo, a adrenalina do medo, que pra mim foi muito... Principalmente as coisas que eu fiz sem querer, né? A culpa dessas coisas foi bastante tratada, mas a tortura foi mais ou menos. Foi um pouco, mas não era o assunto. Gozado, agora que tu perguntaste que eu estou me dando conta: não foi o assunto mais importante. O gosto do sofrimento é que foi o assunto mais importante. Sabe que a gente tem, a mulher tem muito isso, é muito feminino, é adorar sofrer. Eu descobri que eu adorava sofrer.

Neneca levantou uma questão fundamental para se compreender a dificuldade das vítimas da tortura em falar dessa experiência: a culpa por haver dito algo que possa ter levado à queda de companheiros e subsequentes torturas, prisões, mortes, desaparecimentos e outras violências. Nas organizações guerrilheiras, de modo geral, havia uma valorização daqueles que aguentavam a tortura sem nada falar, mesmo que para isso fosse preciso morrer, e uma estigmatização dos que "abriam" (ou "cantavam", como se dizia na Argentina). Referindo-se especificamente ao PRT-ERP, Vera Carnovale afirma:

> *Em uma Argentina na qual a tortura de prisioneiros políticos estava praticamente institucionalizada, qualquer organização insurgente de estrutura celular e clandestina não podia menos do que incluir em sua lista de mandatos a conduta a seguir em situações de tortura. A tradição revolucionária oferecia uma fonte inesgotável de ícones heroicos, de homens, mulheres e até crianças que suportaram estoicamente os mais terríveis e inimagináveis sofrimentos, selando seus gritos de dor com o silêncio hermético sobre o Partido. O PRT-ERP se inscreveu nessa tradição, e o fez sem fissuras nem concessões* (Carnovale, 2011, p. 212).

Porém, segundo a autora, a referida agremiação "[...] não elaborou uma estratégia codificada para limitar o sofrimento da tortura e, ao mesmo tempo, salvaguardar a segurança da organização", pois confiava que "[...] a solidez ideológica, política e moral do quadro revolucionário garantiria seu silêncio na tortura" (Carnovale, 2011, p. 212-213). Para aqueles que "abriam", as sanções dos companheiros vinham normalmente após serem legalizados e irem para os cárceres, onde deveriam fazer um informe a respeito de como haviam se portado nos interrogatórios. As "penas" mais comuns aplicadas aos "delatores" foram o rebaixamento na hierarquia partidária e a proibição de participar das atividades comuns do Partido por determinado tempo (Carnovale, 2011, p. 215).

Flavio e seus companheiros possivelmente tinham conhecimento desse código moral e, concordando ou não com ele, as normativas que o compunham devem ter afetado suas condutas e sentimentos. Além disso, como veremos a seguir, mesmo que não houvesse uma prescrição oficial de como se portar em relação às sevícias infligidas pelos torturadores, certas recomendações informais circulavam entre os militantes perretistas e também da Fracción Roja.

A estigmatização dos que "abriram" parece ter persistido mesmo depois das prisões, quando, muitas vezes, as sanções partidárias foram substituídas por comentários desabonadores e pelo silêncio constrangedor. Diante dessa situação, aqueles que passaram por tal experiência preferiram, seguidamente, silenciar a respeito. Afinal, para poder relatar os sofrimentos vivenciados, uma pessoa precisa, antes de mais nada, contar com um ambiente acolhedor à sua fala, processo dificultado, nesse caso, pela "[...] angústia de não encontrar uma escuta, de ser punido por aquilo que se diz, ou, ao menos, de se expor a mal-entendidos" (Pollak, 1989, p. 6 e 8). Entretanto, em décadas mais recentes têm surgido brechas, favorecidas pelo distanciamento temporal, para outras narrativas menos sectárias e mais (auto)compreensivas a respeito das reações dos torturados aos interrogatórios.

Essas considerações me levam a pensar na relação que estabeleci com Flavio durante a pesquisa, ao longo da qual o tema da tortura parecia seguidamente rondar a cena sem nunca se colocar de maneira direta. Seguidamente, fiquei constrangido em avançar no assunto por compreender a sua dramaticidade. Creio que ele também vivenciou tal inibição. Depois de mais de três anos de convívio, em uma das nossas entrevistas, ele se sentiu mais à vontade para falar não das sevícias em si, mas da maneira dilacerante como as vivenciou e vivencia. Sua narrativa é longa e pungente, absolutamente "citável", capaz de nos fazer compreender as profundas consequências que tais práticas violentas tiveram para aqueles e aquelas que as sofreram. Nesse encontro, ele me disse: "Durante a tortura eu não dei nenhum ponto, nenhuma pessoa e nenhum endereço. Nenhuma pessoa caiu por minha causa. Inclusive, no dia que eu caí, eu tinha uma passagem pra Córdoba, onde eu ia fazer um contato com o grupo que vinha se aproximando de nós. E, na confusão, esse assunto não foi posto e aí já tinham passado as horas suficientes e esse perigoso desdobramento ficou contido". A passagem citada condensa o tom conferido pelo personagem ao restante de sua narrativa sobre o tema. Logo de início, ao afirmar que não entregou "nenhum ponto, nenhuma pessoa, nenhum endereço", ele busca deixar claro que procurou causar o mínimo de danos possível a sua organização. A seguir trata da importância, durante os interrogatórios, de se ganhar tempo, a fim de que os militantes pudessem se reorganizar em função da queda de um companheiro.

Na continuidade, Flavio me explicou algumas situações que poderiam ocorrer durante as sessões de tortura e as prováveis reações que gerariam junto às organizações, bem como a maneira como ele próprio agiu diante dessas possibilidades. Em sua fala, percebe-se igualmente, conforme foi dito antes, que havia certa preparação, ainda que informal, dos militantes a respeito da maneira como agir nessas situações de violência extrema, referentes, sobretudo, ao que e ao como dizer:

> *Número um: companheiro abriu um ponto onde alguém caiu. No meu caso, não existiu isso, até porque eu tinha pouquíssimos pontos nas*

> *próximas 48 horas, então zero. [...] esse é o momento mais trágico que pode haver se o julgamento [da organização] for um julgamento crítico, responsável, severo. Para um quadro militante consciente e para o ser humano que ele é também, esse é o limite de todas as coisas.*
>
> *A segunda possibilidade é dar aparelhos, casas e tal. Também foi zero [no meu caso], porque, de fato, o que eu conhecia eram bem poucas coisas, não falei. Então isso, por exemplo, é uma coisa assim sem nuances, nada, não teve nenhuma coisa dessas.*
>
> *O terceiro elemento, que aí eu acho que falhei, é quando começa, sei lá, no terceiro, quarto dia [de tortura], pra mim, no meu caso... Eu começo a ceder informações. Mas são informações [...] que, quando tu tens que ceder alguma coisa ou não te aguenta, de preferência tu falas de coisas em que as pessoas referidas estão mortas, que isso é uma coisa clássica, é até deboche, uma ironia, nem aconteceu muito isso... [...] então, não sei, um assalto a um banco tinha acontecido e eu tinha participado, acho que é isso mais ou menos. Então, digamos, eles perguntam: "E quem participou do assalto?". Respondo: "Ah, foi o Galleguito e a Petiza". Mas eles já estavam mortos. [...] então, eu vou cedendo coisas que são coisas que não produzem grande efeito. [...] então o meu grande trunfo, trunfo para mediar a minha incapacidade de resistir melhor, é a história mesmo dessa turma toda do POC, que andou por ali [na Argentina] e não tava mais. [...] acho que [falo] do Celso e da Sandra, que eram um casal. Por quê? Porque eles estavam fora da Argentina... [...] falo do Paulo Brasil, um personagem que [...] também já tinha saído de lá... E falo também de algumas coisas da Quarta, [...] eu acho que falo do Livio Maitan. [...]*

Porém, mesmo com todos esses cuidados, Flavio teme ter dito coisas que possam ter permitido às forças repressivas montar um painel a respeito de sua organização e dos militantes que dela participavam:

> *Então, por exemplo, ao citar os caras da Internacional, estava dizendo que efetivamente eu tive uma militância anterior, vim pra cá, e tais coisas aconteceram em tais condições. Então falo um pouco da história que vai montando o puzzle com coisas que, eventualmente, eles já sabiam por meio da Inteligência ou que vão aparecendo... Isso nunca é uma coisa neutra. Tu compões um pouco o cenário. Então, levando-se em conta que eu era o dirigente, isso vale pra qualquer dirigente em qualquer momento de luta desse tipo, clandestina, revolucionária, a análise é inseparável disso, [...] tu te julgas e deve ser julgado pelo patamar de responsabilidade que tu assumiste.*

Feito esse encaminhamento, Flavio chegou ao ponto mais dramático de seu raciocínio: "[...] aos meus olhos, não mudei até hoje sobre isso, eu acabei cedendo mais do que se poderia admitir, usando uma certa 'técnica' de jogar a bola pro lado, pra nunca jogar a bola pro lado que arrebentasse alguma coisa". Falou então da nossa relação biógrafo-biografado:

> [...] isso é um tema muito dramático na vida de qualquer um [...]. E não é por acaso que estamos começando a conversar agora, sei lá, três anos depois [do início da pesquisa], porque, de alguma maneira e num sentido muito preciso, [...] eu precisava confiar em ti para [...] lidar com um assunto que me pertence enquanto indivíduo e já não me pertence enquanto biografado. Portanto, significa que, neste final da minha vida, eu [...] penso nisso quase sempre [...].

Senti orgulho de podermos estabelecer essa relação de confiança, mas também fiquei assustado com o peso da responsabilidade de receber uma confissão tão íntima e dramática e precisar significá-la em um relato histórico que deve guardar algum grau de distanciamento em relação ao tema investigado e contar com a ação de um narrador que seleciona, recorta, organiza e remonta as vozes que a ele chegam do e sobre o passado investigado. Reconheço, como já fiz antes, as grandes limitações da linguagem em geral, e da acadêmica em particular, para dar conta de situações-limites. Por isso, cedo lugar a outras duas elaborações de Flavio, selecionadas entre várias outras possíveis, sobre essa experiência tão dura: trechos "citáveis" por serem capazes de nos fazer compreender as consequências da tortura para aqueles e aquelas que dela foram vítimas. No primeiro, ele falou de como tratou o tema na psicanálise:

> [...] era uma coisa torrencial. Do meu jeito, sempre meio calmo, meio controlado, mas torrencial, no sentido de ser uma autoacusação, um auto de fé filho da puta... Mas os fatos não mudaram, o que muda um pouco é tua maneira de ver [...]. Mas o meu sentimento crucial de toda a minha vida, e nunca será diferente, é de algo que me destroçou, o que, aliás, é muito comum na tortura. O que não é muito comum, tenho a profunda convicção, é de que têm pessoas que passaram pelo que eu passei, e por muito pior do que eu passei, e que saem mais inteiras pelas suas próprias qualidades humanas, estrutura psíquica, capacidade de absorção.

No segundo, valeu-se de uma metáfora biológica para dar forma ao seu pensamento sobre as consequências da tortura para o torturado, associando-a a "[...] uma espécie de bomba atômica no teu cérebro, [...] depois tu te recuperas, mas as células são alteradas, a metástase irá por insuspeitáveis caminhos". Também com contundência, afirmou: "[...] a tortura é a organização racional da destruição da personalidade do outro, que culmina tentando virá-lo pelo avesso e fazê-lo trair maximamente o que em geral levou-o a estar lá sendo torturado" (entrevista 8).

Pouco mais precisa ser dito a respeito das marcas que a tortura deixa em suas vítimas. Talvez apenas reafirmar que tal prática integrava organicamente um sistema racional e metodicamente construído pelo Estado argentino para obter informações, mas talvez, principalmente, para aniquilar seus inimigos políticos, destruindo-os não apenas fisicamente, mas também psíquica e moralmente, incrustando-lhes uma culpa difícil, e no limite impossível, de ser revertida.

Enfim, como referi antes, mais do que narrar as práticas de tortura, procurei situá-las em seu contexto, a fim de demonstrar que elas já integravam o arsenal repressivo dos governos de Perón e Isabelita, embora tenham ganhado uma dimensão exponencial após o golpe de 1976. Flavio e seus companheiros da LCR, como vários outros militantes na mesma época, foram sequestrados durante a presidência de Isabel por um grupo ligado à Polícia Federal argentina e torturados nas dependências desta corporação. Portanto, como também demonstram outros estudos recentes, houve continuidades entre os períodos pré e pós-tomada do poder pelos militares no que tange às formas de violência política utilizadas pelos governantes contra seus inimigos políticos e, no caso do período precedente, essas não se limitaram à atuação de grupos paramilitares como a AAA.

Também quis compreender as diferentes maneiras como nossos personagens centrais falam hoje dessa situação traumática, o que parece indicar formas variadas de elaborá-la. Mais ou menos explícitos quanto às sevícias que sofreram, todos os aqui citados – Norma, Neneca, Paulo e o próprio Flavio –, como várias outras vítimas dessa terrível violência, buscaram, no exílio, a psicanálise para auxiliá-los a elaborar o trauma, a resistir ao aniquilamento projetado pelas forças repressivas, o qual se manifestou não apenas durante a tortura, mas se prolongou nas suas mentes e corpos na forma de medo, culpa, raiva, entre outros sentimentos. O caráter limite dessa experiência criou grandes obstáculos para que ela fosse articulada em narrativa. Nas entrevistas que realizei para a presente pesquisa, o tema foi tratado ora laconicamente, ora de maneira mais detalhada, normalmente por meio de histórias dramáticas e pungentes, embora, em certos casos, também com algum humor e ironia, através de palavras, hesitações e silêncios. Também fatores mais amplos influenciaram na forma como os indivíduos aqui enfocados enfrentaram o tema, como a punição judicial dos perpetradores de graves violações de direitos humanos na Argentina e, especialmente no caso de Flavio, a possibilidade de reinserção na vida política após sua volta ao Brasil. Isso não eliminou sua culpa e sua dor, mas possibilitou-lhe seguir vivendo e construir novos projetos pessoais e políticos, individuais e coletivos. Enfim, características pessoais e processos sociais delinearam as maneiras como esses sujeitos viveram no "coração das trevas" e elaboraram suas experiências na continuidade de suas trajetórias.

Como os militantes da LCR desaparecidos no dia 17 de maio de 1975 reapareceram uma semana depois? A fim de entendermos esse movimento, é preciso atentar para aquilo que na linguagem comum chamamos de "acaso" ou "sorte", elementos normalmente desprezados na análise histórica, mas que se revelam cruciais quando observamos o passado de maneira próxima aos indivíduos[4]. Mais especificamente, nossos personagens só deixaram de ser sequestrados para se tornarem prisioneiros políticos oficiais em função de uma série de pequenos encadeamentos causais, quase cinematográficos, como diria Flavio, não dados de antemão, um tanto quanto fortuitos e indeterminados, embora absolutamente inseridos no campo de possibilidade onde agiam, esse sim social e historicamente condicionado. Ou seja, eles podiam ter morrido na tortura, como aconteceu com diversos outros militantes na mesma época, mas um conjunto de fatores *a priori* não entrelaçados se ligou no seu próprio acontecer e possibilitou, felizmente, a sua sobrevivência.

Um primeiro elo dessa cadeia é a nossa já conhecida Angela Mendes de Almeida, que então militava na Argentina, para onde se dirigiu após o golpe de Pinochet no Chile. Por ter atuado com Flavio, Paulo e Neneca no POC e no POC-Combate, era a única que, naquela situação, sabia os nomes verdadeiros deles. Então, também, era a única que poderia avisar a suas famílias, situação nem um pouco fácil em uma época de forte espionagem por parte das forças repressivas e de pouca eficiência das comunicações telefônicas. Ela contou-me que, naqueles dias, tinha pontos com Norma e Neneca, as quais, obviamente, não apareceram. Em suas palavras: "[...] eu sei que a gente se encontrou, três pessoas, quatro pessoas, e verificamos que várias pessoas tinham faltado aos respectivos encontros, e concluímos [...] que eles tinham sido presos. Deixamos passar mais um dia e aí eu é que comecei a mexer as cordas pra avisar as famílias". Para tanto, valeu-se de um complicado estratagema, que acabou se revelando eficiente:

> *Claro que eu não sabia como avisar as famílias e também não queria, pois a gente não tinha telefone nenhum, telefonar direto pra França. E daí eu usei um estratagema tão complicado, enfim... [...] naquele tempo, se você não tinha telefone em casa, pra você telefonar para o estrangeiro tinha uns postos telefônicos, que eram poucos, e eu ia num em Corrientes. Então eu não queria telefonar pra França porque eu achei que já podia ter caído. Então eu telefonei pro Uruguai, porque eu tinha um passaporte suíço, pelo qual, pra ficar na Argentina nesse período que eu fiquei depois do golpe do Chile, eu tinha que ir de 3 em 3 meses pro Uruguai e voltar, pra renovar o passaporte. E eu tinha estado no Uruguai na casa duma militante que era jornalista da AFP [Agence France Press]. [...] nesse momento que eu fui, ela tava abrigando uma pessoa do PC, um tupamaro e eu. [...] e ela entrevistou o líder do PC uruguaio, [...] publicou a entrevista e resolveram vigiar o apartamento dela. Então ela avisou [...]. Saímos todos, eu não vi essas pessoas, mas eu achei incrível. Mas eu tinha tido contato com ela há menos de uma semana, eu tinha o telefone dela. Aí eu telefonei pra ela e, em francês, por código cifrado, eu falei que tava... Não falei o nome de guerra, inventei... Eu falei do Paulo Paranaguá, eles iam entender. Eu falei que [ele] estava doente. Daí ela telefonou pra França e, a partir daí, eu comecei a telefonar pro*

Jean-Pierre, entendeu? [...] *então eu pus a Véronique* [a referida jornalista] *intermediando, porque ela tava a par, mais ou menos, de tudo. Inclusive ela me disse, foi uma coisa muito importante, que eu me apresentasse na agência AFP de Buenos Aires, desse um nome qualquer que eles não iam me pedir documentos e denunciasse a prisão dos três brasileiros com o nome verdadeiro deles. E acho que chegou a sair no jornal, pelo menos foi denunciado pra AFP. Então, a partir daí, eu tive várias, não me lembro quantas, uma, duas, três conversas com o Jean-Pierre. Aí eu já ia nuns postos telefônicos mais longe do centro. Daí os pais, as mães deles* [...] *vão pra lá.*

E concluiu: "Se eu não estivesse na Argentina ou se eu tivesse caído, ninguém ia saber que eles caíram, entendeu? Porque a clandestinidade tem isso, ninguém sabia quem eles eram. Nenhum argentino sabia o nome deles". Um golpe de sorte, portanto, mas uma sorte só explicável pelo contexto em que ela se manifestou, marcado, por um lado, por uma intensa circulação de militantes de esquerda entre os países da América Latina, o que possibilitava eventuais reencontros, como o dos membros do POC-Combate na Argentina; e pela constituição de redes de solidariedade em função da repressão ditatorial, como a que possibilitou o contato de Angela com Véronique. Mas nada disso poderia ter ocorrido se não fosse... a sorte. Esse também é o sentimento de Paulo: "[...] obviamente ali [no cárcere clandestino] tudo era possível, então a sorte nossa é que o pessoal que não caiu rapidamente deu a notícia e avisaram parentes nossos".

Os parentes referidos por Paulo são o elo seguinte dessa cadeia, especialmente as mães dos sequestrados e, nesse momento inicial, sobretudo a mãe do primeiro: Glorinha Paranaguá, filha de importante família da elite carioca, casada com Paulo Henrique Paranaguá, então embaixador do Brasil no Kuwait, portanto, uma pessoa muito bem situada socialmente, capaz de acionar canais de comunicação relativamente diretos com as principais instâncias do poder político. Em uma de nossas entrevistas, Flavio se referiu a ela de maneira brincalhona como "uma aristocrata carioca, daquelas de quatrocentos anos" (entrevista 7). Certamente sua influência foi decisiva para que Paulo e seus companheiros acabassem reconhecidos publicamente como prisioneiros do governo argentino e, depois, como veremos, para a libertação dele e de Maria Regina. Em sua entrevista, Paulo afirmou: "Ela teve um papel fundamental". Neneca, na mesma direção, disse: "A mãe do Paulo Paranaguá, que foi uma mulher maravilhosa, ficou batalhando o tempo todo pra gente sair. Era mulher de diplomata".

Da mãe chegamos ao pai: o embaixador Paulo Henrique Paranaguá. Assim que soube do sequestro, ele se valeu de sua rede de relações para lutar pelo filho e, em consequência, também por seus companheiros. Em texto de caráter memorialístico, Flavio tratou desse fato sem mencionar nomes: "Como havia alguns brasileiros que souberam logo no Brasil o que tinha acontecido, houve uma interferência do Itamaraty, o que melhorou nossa situação. [...] mesmo havendo o governo militar no Brasil, tinha, em meio a esse processo todo, familiares que nos ajudaram. Ficaram sabendo rápido e escapamos do fuzilamento por isso" (Koutzii, 2009, p. 115). Em entrevista a mim concedida, ele foi mais direto: "[...] mas aí entra toda essa história [...], a possível participação do Itamaraty e do pai do Paulo via Itamaraty. Eu considero que é o que nos salvou a vida, pelo menos a minha e a dele" (entrevista 8).

Todos esses encadeamentos se deram em um contexto específico, já caracterizado por nós: aquele do acirramento da repressão governamental contra indivíduos e grupos considerados "subversivos", verificado especialmente após a morte de Perón. Flavio evocou tal movimento da seguinte maneira:

> O Perón morre em julho de 1974. Praticamente dali em diante a Isabel assume a presidência e o grupo de direita peronista, bem fascista, é que controla e constrói grupos paralelos de extermínio. [...]
>
> Começam a matar artistas progressistas. É algo muito violento. Um prenúncio de um giro à direita, ainda dentro da democracia (Koutzii, 2009, p. 116).

Não obstante todas essas violências, se pode dizer que nossos personagens tiveram "sorte" em ser sequestrados e presos em tal conjuntura, afirmativa irônica e até indelicada diante da brutalidade das sevícias a eles infligidas, mas que ganha sentido quando se leva em conta a situação estabelecida após o golpe de 1976, na qual os opositores do regime passaram, sobretudo, a "desaparecer", ao invés de serem presos. Além disso, antes da ascensão dos militares ao poder, a frágil democracia, mesmo que cada vez mais restrita, ainda permitia certo espaço legal para que ações em prol de indivíduos sequestrados por motivos políticos, como aquelas levadas a cabo por Glorinha Paranaguá e outros familiares de militantes da LCR, obtivessem algum êxito. Uma fala de Maria Regina ilustra bem o contraste entre os períodos anterior e posterior ao golpe: "[...] antes do golpe, eles te mandavam pra prisão. [...] depois do golpe, já não chegava mais ninguém [aos cárceres]". Flavio também falou dessa diferença, qualificando de "paradoxal" a "vantagem" de ter sido preso antes da implantação da ditadura:

> [...] a situação foi ficando difícil, a partir de 1975. Em 24 de março de 1976, vem outro golpe de Estado, genocida, que soma 30 mil desaparecidos e 10 mil presos em um primeiro momento. Eu já estava na prisão. Aliás, um golpe de Estado é duro quando já se está preso. Isso porque já se sabe que só pode piorar. De certa maneira, isso também salvou a minha vida e a de outros. É meio paradoxal (Koutzii, 2009, p. 115).

Já Paulo me disse que parecia uma "brincadeira de mau gosto" valorizar o fato de terem sido presos no governo Isabelita, mas ressaltou: "[...] nós tivemos uma sorte danada de termos caído naquele momento, de termos sido presos naquele momento e não um ano depois, depois tu não tinhas ninguém pra contar história [...]".

Mais uma vez insisto de que essas manifestações de sorte – o fato de Angela saber o nome real de nossos personagens, estar na Argentina e ter contatos que lhe permitiram avisar a suas famílias; a situação privilegiada em termos de redes de influência dos pais de Paulo; a situação "favorável" em que se deu a queda, se comparada com o momento posterior – não são a-históricas, ao contrário, elas só se tornaram possíveis naquelas circunstâncias, mesmo que não estivessem predeterminadas. De todo modo, uma biografia permite visualizar mais de perto o papel do acaso no delineamento dos processos históricos, fator seguidamente deixado de lado em análises que prezam pelo enfoque macroestrutural. Nesse sentido, são esclarecedoras as palavras do historiador Bernard Guenée:

> Parecia-me que o estudo das estruturas era insubstituível. Ele iluminava o passado com uma maravilhosa coerência. Mas tornava-o muito simples. E uma biografia permite lançar um primeiro olhar sobre a opressiva complexidade das coisas. O estudo das estruturas me parecia também dar um espaço demasiadamente grande à necessidade. [...] uma biografia permite conceder mais atenção ao acaso, ao evento, aos encadeamentos cronológicos, [...] apenas ela pode dar aos historiadores o sentimento do tempo vivido pelos homens (Apud Le Goff, 1989, p. 48).

Na continuidade dos percursos dos homens e mulheres aqui enfocados, o peso da necessidade se evidenciou com força, como também outros acasos decisivos. Eles haviam conhecido o coração das trevas, mas seus sofrimentos estavam longe de terminar...

UM "ARCO-ÍRIS DESMONTÁVEL" EM UMA CELA LIMPA E ORDENADA

No dia 23 de janeiro de 1978, Flavio escreveu uma carta a Norma, então já em liberdade, da prisão de La Plata, onde havia chegado quase três anos antes, em maio de 1975, após ser reconhecido como prisioneiro do Estado argentino. Preso ainda sob o governo Isabelita, viu as condições do cárcere se endurecerem progressivamente: em novembro de 1975, o Exército passou a controlar as prisões, depois do golpe houve novas modificações e restrições, mas somente em dezembro de 1976 a ditadura implantou um sistema carcerário adequado ao seu objetivo de aniquilar física e psicologicamente os opositores políticos. Portanto, quando escreveu à companheira, a qual fazia alguns anos lutava tenazmente por sua libertação, vivia sob condições extremamente duras e restritivas. Em um trecho da missiva, redigido certamente pensando no que poderia ser dito diante da censura a que era submetida a correspondência dos prisioneiros, falou de sua situação:

> E se um empregado abrisse a porta, só veria uma cela limpa, minuciosamente ordenada, com as poucas coisas regulamentares e não se

daria conta de todas estas outras. Com elas vivo mais que sobrevivo. Com minha sensibilidade, com a dor permanente de meus erros, com teu amor, com minhas certezas e incertezas, e com um arco-íris desmontável, que eu mesmo fabrico para mim, todos os dias (Koutzii, 1984, p. 137)[5].

Essas três frases parecem sintetizar o drama humano de Flavio e de tantos outros milhares de homens e mulheres que foram encarcerados por razões políticas na Argentina desde o giro à direita do peronismo ocorrido após a volta do general do exílio, e reforçado após a sua morte, mas, sobretudo, depois do golpe de 1976; embora igualmente apontem para a maneira como tais indivíduos submetidos a condições extremamente difíceis e degradantes conseguiram manter um mínimo de impulso vital e de liberdade interior para poderem garantir a sua sobrevivência e sanidade, afinal, fala-se de um "arco-íris".

O aspecto da cela em que Flavio vivia remete a uma das principais características das "instituições totais"[6] em geral, como prisões, conventos e manicômios, mas extremamente acentuada no caso dos cárceres políticos argentinos: a uniformização. Neles, tudo deveria ser padronizado, inclusive as rotinas e gestos dos prisioneiros, de modo que esses perdessem completamente o seu "estojo de identidade" (Goffman, 1999, p. 28), despersonalizando-se, diluindo-se em uma massa amorfa e obediente, e, conforme queriam os militares, aniquilando-se como sujeitos, no limite, enlouquecendo. Cabia aos guardas das instituições prisionais fiscalizar minuciosamente espaços, corpos e objetos a fim de que tal desígnio fosse cumprido. Entretanto, como ressalta a carta de Flavio, de algumas coisas os guardas não se davam conta, e essas diziam respeito ao mundo interior dos prisioneiros, que lhes permitia não somente sobreviver, mas igualmente viver, repleto de sentimentos contraditórios, entre os quais se destaca, no caso de nosso personagem, e provavelmente de muitos outros encarcerados, o amor e a culpa. Tais afetos eram partes de um arco-íris imaginário, pacientemente remontado a cada dia como forma de emprestar algum colorido àquelas paredes monocromáticas. Metaforicamente, Flavio fala da resistência empreendida por ele e seus companheiros de infortúnio ao sistema que lhes queria aniquilar, a qual, conforme veremos a seguir, adquiriu muitas e criativas formas, individuais e coletivas.

A carta citada aparece como anexo ao trabalho que Flavio escreveu para obter o título de sociólogo junto à École des Hautes Études en Sciences Sociais, de Paris, para onde foi após ser libertado, em junho de 1979, transformado em livro depois de sua volta definitiva ao Brasil, no ano de 1984. Neste estudo, analisou o que chamou de "sistema" e "contrassistema" carcerário para os prisioneiros políticos da Argentina entre 1976 e 1984 (Saidemberg Koutzii, 1984). Valeu-se para tanto, como é próprio ao lugar de produção acadêmico, de uma linguagem racionalizada e distante, mobilizando igualmente, como fontes para as conclusões obtidas, além de sua memória, entrevistas, depoimentos, relatórios e bibliografia sobre o tema. Pode-se dizer que este estilo, premido pelas exigências de uma pesquisa universitária, ajusta-se a sua forma de narrar o mundo, na qual, como já vimos, busca apagar-se como indivíduo a fim de enfocar processos mais amplos, movimentos coletivos, fenômenos gerais. Mais uma vez, contudo, "trairemos" Flavio ao buscar individualizá-lo onde ele esperava diluir-se no grupo, ao perseguir sua voz singular onde ele queria falar por muitos.

A existência desse livro traz vantagens e desafios para a narrativa biográfica aqui desenvolvida. Por um lado, trata-se de fonte preciosa para entendermos as prisões onde Flavio foi encarcerado, bem como suas reações às situações nelas vividas. Mas, além disso, seu estudo também condiciona a análise que realizo, pois tendo a concordar com a maior parte de suas interpretações. Assim, surge o impasse: como não simplesmente repetir o que o personagem disse sobre esse período de sua vida? De que maneira construir uma visão minimamente original de seus percursos enquanto preso político? Para atingir tal objetivo, procurei, como disse antes, focar-me, ao contrário do *mémoire*, no indivíduo Flavio, sem descuidar, é claro, do campo de possibilidades (sim, a prisão, apesar de suas imensas restrições, também é, conforme veremos, um campo de possibilidades!) onde ele atuou. Além disso, busquei incluir outros depoimentos, inclusive do próprio Flavio, e documentos que permitem acrescentar nuances e elementos originais à narrativa de *Pedaços*... De qualquer maneira, recomendo fortemente a leitura desse livro, que, não obstante sua aparente frieza, oferece, ao mesmo tempo, um relato pungente e emocionante, e uma investigação séria e inteligente. Analisarei com mais vagar a produção e a circulação da obra no próximo capítulo. Por ora, seguiremos o périplo de Flavio pelo "inferno das prisões políticas argentinas", como diz o subtítulo da publicação.

A maior parte do tempo de prisão de Flavio foi vivida no cárcere de La Plata, localizado na cidade de mesmo nome, capital da província de Buenos Aires, que se encontra a 60 quilômetros da Capital Federal. Lá ele ficou de maio de 1975 a setembro de 1978, e vivenciou as profundas mudanças trazidas ao país, e ao sistema prisional, pelo golpe do general Videla, em 1976. Permaneceu onze meses detido sem acusação formal, até ser decretada sua prisão preventiva por "ideias contrárias ao país, documentação irregular e posse de arma de fogo" (*Folha da Manhã*, 13/03/1979, sem referência de página). Paulo e Maria Regina não foram processados, mas ficaram submetidos ao decreto do Poder Executivo Nacional (PEN), situação também considerada legal, já que a Constituição Argentina previa que, em caso do governo decretar estado de sítio, como ocorreu no final do ano de 1974, teria o direito de deter cidadãos que "ameaçassem as instituições". Esses contariam com o "direito de opção", ou seja, de solicitar a sua saída do país. Porém, quatro meses antes do golpe, tal direito foi de fato suprimido, e depois legalmente após março de 76.

Como afirma Flavio, esse decreto "[...] deu lugar a uma enorme aberração, pois pessoas que jamais passaram por um processo jurídico ficaram quatro, seis ou sete anos presas por uma simples decisão do poder executivo [...]" (p. 26). Norma conseguiu deixar a prisão no final de 1976; Paulo e Maria Regina, no começo de 1978; Flavio em junho de 1979 e Charly somente em 1983, para citarmos alguns exemplos dessas discrepâncias. Paulo explicou da seguinte maneira as diferenças entre os períodos de encarceramento:

> *Dependendo do que encontraram na casa de cada um, [...] isso determinou uma permanência na cadeia maior ou menor. O Flavio ficou quatro anos, mas nós sabemos de um colega que ficou sete anos, argentino, Carlos Alvarez, Charly. [...] pelo menos até o golpe militar a gente dependia da Justiça. A Justiça funciona com um código que exige um certo número de provas, então a nossa situação foi muito diferente. Teve gente que saiu dali a quinze dias ou dois a três meses, tem gente que livrou a cara com uma certa facilidade, às vezes de maneira incompreensível. Por exemplo, um dos nossos colegas [...] saiu rapidinho e a mulher dele ficou presa dois anos, e* [ela] *não tinha nada que ver com nada, era só mulher dele. Ela não tinha nada que ver, nem chegava a ser uma simpatizante. Era tudo muito aleatório.*
>
> [...]
>
> *Na casa do Flavio tinha um monte de armas [...]. Então, eu acho que o fato dele ter ficado quatros anos, em vez de dois como nós, ocorre por conta dessas coisas, na casa dele, no apartamento dele, tinha muito mais coisas [...]. Mas é muito aleatório, sabe? [...] e, obviamente, o fato de levar mais tempo fez com que aí ele entrasse no túnel da ditadura. Não era a mesma coisa a atuação do juiz em 75 e em 76. [...] ele demorou mais tempo e aí já eram outros quinhentos.*

Segundo as informações apresentadas por Flavio em seu livro, a prisão de La Plata comportava dezesseis pavilhões, totalizando quase mil celas, abrigando cerca de 1.100 prisioneiros: "Era a maior prisão da época. Originalmente destinada a prisioneiros de direito comum, foi adaptada para prisioneiros políticos" (p. 47). Tratava-se de uma prisão estadual e, antes do golpe, o governador da província de Buenos Aires era um peronista ligado à burocracia sindical. A ele cabia nomear o diretor da prisão entre o pessoal do "Instituto de Penales". Por isso, afirma nosso personagem, "[...] em 1975, o regime interno era relativamente humano – tanto quanto pode ser humana uma prisão" (idem). Obviamente que tal avaliação só pôde ser construída *a posteriori*, em comparação com o que foi vivido por ele após março de 1976, tanto na própria prisão de La Plata quanto nos demais cárceres por onde passou. Em outro momento, Flavio acentuou ainda mais o contraste entre um antes e um depois: "É certo que aqueles que viveram as duas etapas tendem a considerar que, em relação à fase 1976/80, o regime carcerário do período 1974/75, sob o

governo peronista eleito, era um verdadeiro 'kindergarten'" (p. 48). A chegada
à prisão marcou a memória de Flavio:

> [...] não esqueço da primeira vez que vi os "passa-pratos" abertos;
> tinha então outro olhar e outra sensibilidade. Transferido do lugar
> onde estive sequestrado e torturado, chego à prisão. Levado ao que
> será meu pavilhão, caminhando pelo corredor, olho de um lado e de
> outro estas estranhas aberturas, onde se sucediam pedaços de ca-
> ras espantadas, de mãos que falavam, corpos de frente, de lado, de
> costas, que iam e vinham abaixados, dobrados, tortos. Impressão de
> animais enjaulados. Um zoológico de loucos. Foi a última vez que eu
> olhei assim (p. 50).

Os "passa-pratos", como o nome indica, eram as aberturas nas portas das celas por onde se entregavam as refeições aos prisioneiros. Como logo veremos, também se constituíram em elementos fundamentais para a comunicação entre eles. Porém, naquele primeiro momento, depois do traumatismo do sequestro e da tortura, a impressão que tais "janelas" causaram ao personagem foi de estranheza, revelando uma gestualidade percebida como bizarra e anormal. Contudo, pouco tempo depois, Flavio já integrava o "zoológico de loucos", e nele conseguia perceber lógicas e possibilidades invisíveis naquele momento inicial.

De modo geral, nas prisões políticas masculinas, os detentos eram isolados em celas individuais, as quais tinham por objetivo, de acordo com as palavras de Flavio, levá-los cada vez mais "[...] para dentro de si, para suas angústias e medos; para seu próprio eu. E é aí que o processo de depressão pode se desencadear, abrindo caminho à tristeza, ao delírio e à loucura" (p. 29). Outro tipo de isolamento dizia respeito aos pavilhões: esses eram constituídos por grupos homogêneos, de modo a evitar "contaminações" entre grupos. Assim, os prisioneiros eram reunidos por níveis de consciência, de suposta periculosidade, de firmeza ideológica, entre outros critérios. No caso de La Plata, especificamente, a reunião se deu por grupo político. Assim, Flavio estava no mesmo pavilhão que seus companheiros da Fracción Roja, como Paulo, Charly, Manuel Ralis, Julio Ramos e "Rolo" (Raul Rodríguez).

Como já salientamos, em comparação com o que viria após o golpe de 1976, a prisão de La Plata nos primeiros tempos após a chegada de Flavio era relativamente "liberal": havia dois grandes *recreos* diários; durante a maior parte do dia as celas ficavam com as portas abertas, possibilitando a realização de atividades internas nos pavilhões; a entrada de livros era livre em quantidade, havendo censura somente aos notoriamente marxistas; os presos podiam receber três visitas por semana; não havia obrigatoriedade de uniforme e os prisioneiros não eram nem espancados nem submetidos ao confinamento na solitária. Levando em conta tais elementos, é possível entender por que Flavio falou de La Plata naquele momento como "relativamente humana", "um verdadeiro *kindergarten*". Tal situação configurava um campo de possibilidades no qual os encarcerados podiam reforçar ou estabelecer vínculos diferentes dos que haviam desenvolvido na situação de clandestinidade, contraditoriamente talvez até mais livres em termos afetivos, pois menos premidos pelos disfarces que a luta armada impunha. Havia, por exemplo, apesar de todas as óbvias limitações, espaço para o humor, para o "rir da própria desgraça", e, dessa maneira, obtinha-se certa distensão frente à rotina uniformizadora que se pretendia impor aos prisioneiros, e, em consequência, garantia-se um mínimo de sanidade. Flavio, no livro, fala das atividades lúdicas realizadas pelos presos: "Era costume nesta época preparar-se para os fins de semana 'programas de rádio'. Estes 'programas' eram elaborados pelos próprios prisioneiros e consistiam geralmente de peças de teatro escritas pelos presos, de programas humorísticos, de 'sketches' ou imitações que caricaturizavam a vida do pavilhão" (p. 48).

Duas histórias contadas por Charly a respeito de Flavio exemplificam esse exercício do humor no cotidiano do cárcere. Em uma, lembrou que os prisioneiros tomavam um "detestável mate cozido", que vinha em um *jarrito* de alumínio com uma temperatura muito quente: "101º!", ironizou nosso narrador. Em uma das visitas ao filho, dona Clara levou-lhe um copo de acrílico: "Era como cristal, digamos assim. Era uma coisa cilíndrica, perfeitamente cilíndrica, com uma base de acrílico verde". Flavio valeu-se então de sua "distinção" para provocar os companheiros, abrindo o passa-pratos a fim de mostrar o novo "tesouro": "E quando abria o passa-pratos, apareciam os olhos de Flavio, como que exagerando a situação, como que caricaturizando a si mesmo, com o copinho na mão, dizendo: 'Você tem isto?' [risos]".

A outra anedota contada por Charly tem como cenário as duchas de La Plata, onde o banho era autorizado duas ou três vezes por semana, e tomado em grupo de cinco ou seis prisioneiros. Nosso entrevistado evocou novamente um presente trazido pela mãe de Flavio: um sabão de coco. E contou:

> *Ele estava se fazendo de palhaço.* [Imita a voz do carcereiro:] *"Preparar-se para o banho, todo mundo pelado!". Tinha o turno do banho, quando te levavam para a ponta do pavilhão onde havia uma ducha coletiva. Íamos em cinco, dez, não lembro quantos, que tomavam banho e tinham que sair.* [...] *ele* [Flavio] *segurava assim* [como que mostrando]: *"Aaaaaah, sabão de coco! Vocês têm isso? Não, né? Sabão de coco? Aaaaaah". Vamos ao banho, eu não sei se eu vi ou se me contaram essa anedota, não importa. O cara* [Flavio] *estava tomando banho com o seu sabão de coco...* [...] *todo mundo tinha um sabão a essa altura,* [...] *todo mundo comprou na cantina, porque tem aqueles caras que iam com sabão branco para o cabelo e coisa e tal. Mas o sabão de coco teve toda uma significação, sabão de coco brasileiro... Ele estava contente com o sabão de coco. Termina de tomar o banho, vai saindo, se agarra ao seu sabão e vai... Então entrou um preso que se chamava Pastorino,* [...] *montonero...* [...]. *Ele disse: "Flavio, não tenho sabão, me empresta o teu sabão?". Ele não sabia, mas pedir justo...* [risos] *o*

símbolo! E Flavio o entregou com uma resignação de camaradagem, ou um resignado companheirismo... E o cara pegou, fez assim e escapou o sabão, descreveu uma parábola perfeita e caiu no ralo, e se foi [risos].

Na conclusão da história, Charly capturou, em uma frase, o sentido político dessa engraçada desventura: "Porque é sempre melhor chorar por um sabão do que chorar pela prisão". Além disso, também evidenciou o papel humanizador de objetos como o *jarrito* de acrílico e o sabão de coco: "Era um pequeno refúgio, não é? Um pequeno refúgio da identidade frente à uniformidade, ou da dignidade frente ao que significa espantosamente ter que tomar mate em um copo de alumínio [...]".

Além dessas pequenas resistências à uniformização e à monotonia que o cárcere buscava impor, houve brechas também para atividades mais organizadas e coletivas. Como escreveu Flavio a respeito do período 1974-75: "Havia espaço em La Plata e nas outras prisões para que os presos desenvolvessem o conjunto das atividades que os interessava. Excetuando as comunicações clandestinas daqueles que eram organizados partidariamente, com suas organizações fora da prisão, todo o resto se fazia de forma relativamente pública" (p. 48-9). Uma das mais importantes dessas atividades era a leitura, sobretudo porque, como vimos, naquele momento a entrada de livros em La Plata era livre, exceção feita aos "notoriamente marxistas", e mesmo essa restrição podia ser burlada, como nos conta Flavio: "[...] os parentes tinham direito de depositar [livros] e algumas vezes, principalmente naquele período inicial, antes do golpe de Estado, começavam a ser um pouco mais experientes, ouviam sugestões dos seus pares. Os caras diziam: 'Não, vai lá, inventa uma capa, troca uma capa, põe uma bobagem'. E passava, né?".

Flavio, já sabemos, era um leitor voraz, e aproveitou esse período para saciar seu apetite. Ele recordou:

> *Li todo o Hemingway lá, muito do Henry James. Com alguns autores eu tava tomando contato ali. Logo me dei conta de que foram leituras muito importantes pra mim, importantes de ler lá, sem dúvida, mas também culturalmente. Eu me lembro do cara mais famoso da ficção científica, o* [...] *Ray Bradbury.* [...] *bom, eu nunca tinha me interessado por isso, mas ali li quase todos dele, que também eram muito interessantes.* [...] *então* [...] *li muita coisa, porque* [...] *antes eu lia muito mais política do que qualquer outra coisa.* [...] *eu consegui pedir alguns livros que eu tinha na época, de uma espécie de neorrealismo italiano, o Vasco Pratolini,* Crônica dos Pobres Amantes. *Eu consegui ler* A Condição Humana, *do Malraux. Para mim ficou um livro de referência para algumas coisas.* [...]

Chama a atenção, mais uma vez, a contraditória liberdade possibilitada pela prisão a militantes como Flavio, que, no cárcere, diversificou suas leituras, indo além dos textos "mais políticos" que a luta revolucionária impunha como prioritários. Ele chegou, inclusive, a registrar por escrito os nomes dos livros que tinha lido no cárcere e enviar tal lista para fora da prisão por meio de uma carta, documento que sobreviveu ao tempo (ao lado). Perguntei-lhe sobre o porquê desse registro:

> Porque eu sou assim, uma espécie de colecionador de coisas. Então, antes que eu me esquecesse... [...] isso me ajudava também a perceber uma média, porque teve épocas em que eu tentava ler um livro por dia. Aparentemente uma meta sem conteúdos explícitos, mas era um pouco em busca do tempo perdido em circunstâncias singulares que até na rotina bastante limitada, mesmo naquela [prisão] que era muito mais fácil do que o resto todo que viria, era uma espécie de oportunidade. [...]

Compreendi então que organizar a lista era também uma forma de organizar o tempo, de dar sentido ao cotidiano vivido no cárcere, de transformar a rotina limitada em oportunidade de, como ele me explicou posteriormente, "materializar o ganho" obtido com as leituras.

Além da leitura individual, os prisioneiros desenvolveram também práticas coletivas para a distribuição e discussão de livros. Charly recordou-se que Flavio ocupou a função de "bibliotecário" do pavilhão: "Flavio então organizou a biblioteca, organizou a parte de circulação de livros: quem tem cada livro, o que entrou, o que não entrou... [...] tinha companheiros que tinham visitas e não sabiam o que trazer, o que pedir para a mãe, [...] e Flavio dizia: 'Bueno, pede pra trazer tal coisa porque não tem aqui esse tipo de livro'". A prática da leitura podia ter um sentido político mais explícito, sobretudo quando realizada coletivamente. Charly recorda de uma dessas ocasiões:

> Creio que começamos rapidamente. Tenho certeza que foi iniciativa de Flavio, isto de organizar uma oficina de leitura sobre a Revolução Espanhola com dois livros que pediu e que tinham a história da República espanhola em dois tomos: um a história política e o outro a história militar, de um tal Pierre Broué[7]. [...] foi como uma porta para adiante, eu creio que foi uma pequena genialidade. E para mim foi muito importante por várias questões. Primeiro, porque me deu a oportunidade de discutir de uma maneira muito criativa, porque na verdade é que os livros esses eram extraordinários, como estavam compostos, e íamos em uma espécie de informe político da revolução, desde o que havia sido a primeira república, a recuperação monárquica da segunda república, as distintas eleições... [...] nos permitiu fazer uma discussão de conjuntura política de algo que já tinha ocorrido, mas que estava ocorrendo, não é? E não havia simplesmente as leituras sobre a Guerra Civil Espanhola, mas, digamos, todo o período, da formação da frente popular, do fracasso da frente popular... Fizemos umas leituras complementares sobre o fracasso das frentes populares em outros lugares do mundo. Ou seja, foi de uma riqueza! Que não foi só uma abordagem histórica, mas... Eu pelo menos havia me com-

LISTA LIBROS LEIDOS.

Junio /76

#	Fechas	Título	Autor	(Editor)
69)	31/5 in 1/6	La Lección del maestro	Henry James	(Marcial)
70)	1/6	Los Adioses	J.C. Onetti	(Arca)
71)	1/6 in 3/6	Los EUA (1941-1960)	Andrés Maurois	(Emecé)
	17/6	La literatura norteamericana - Siglo XX	H. Steinmann	(F. Cultura)
	18/6	Introducción a la lit. norteamericana	J.L. Borges	(Columba)
	23/6	Narraciones Extraordinarias	E.A. Poe	(Solar)
	23/6	Benito Cereno	Hermann Melville	(Solar)
	24/6	Tres cuentos	G. Flaubert	(Centro)
	24/6	En otro país (y 6 viñetas)	E. Hemingway	(Estuario)
	25/6	París es una fiesta	E. Hemingway	(Seix B.)
	31/6	Ha llegado el águila	Jack Higgins	(Pomaire)

/76
	2/7	El coronel no tiene quien le escriba	G. G. Márquez	(Sudam.)
	6/7	Ladrón de caballos y otros cuentos	Erskine Caldwell	
	15/7	Manhattan Transfer	John Dos Passos	(Planeta)
	22/7	Madame Bovary	G. Flaubert	(Losada)
	23/7	Adiós a las armas	E. Hemingway	(Cluitet)
	30/7	Bouvard y Pecuchet	G. Flaubert	(Emecé)
	31/7	El sexto	J. María Arguedas	(Losada)

/76
	2/8	Los asesinos	Elio Vizor	(Pomaire)
	4/8	Bug-Jargal	Victor Hugo	(Emecé)
	5/8	Historia de la literatura francesa	Escarpit	(Fondo)

LIBROS LEIDOS ENTRE 1/6/75 y 1/6/76.

JUNIO
- La Escalinata Ortiz — Humberto Salvador
- La paga de los soldados — William Faulkner
- Santuario — William Faulkner
- Esta Troco — William Faulkner
- Ben Can Juan — Antonio Callado

AGOSTO
- La segunda Muerte de Ramón Merod — Sempran
- Memorias de Guerra (Vol I) — Guillaume Renou
- Memorias de Guerra (Vol II) — Guillaume Renou

SETEMBRO
- Naranjas Sanguíneas — John Hawk

OUTUBRO
- Diversión para tigres — J.J. Monti
- Una canción de monstros — Eduard Pleasure

NOVEMBRO
- Rev. y Guerra de España (vol I) — Brenat y Témine
- La Insurrección — Ernst Henkel
- La Condición Humana — André Malraux

DEZEMBRO
- Ascensión y Ocaso de III Reich (VI) — William Shirer
- " " " (VII) —
- " " " (VIII) —
- La carta al padre — Kafka
- Rev. y Guerra Civil de España (vol II) — Brenat y Témine

ENERO /76
- La 1º guerra ...
- La conven...
- La 1º guerra...

(cont.)
- La segunda guerra Mundial (vol II) — H. de Kansilivar
- La segunda guerra (vol II) — H. de Kansilivar
- Cataluña 1937 — George Orwell
- Cubanos a Democracia Ilegal — Maria Banhiva
- Análisis del Hubble Brasileño — Celso Furtado
- Diez días que conmocionaron al mundo — John Reed
- México rebelde — John Reed
- El viejo y el mar — E. Hemingway
- Islas en el golfo — E. Hemingway

FEBRERO
- Por quien doblan las campanas — E. Hemingway
- El huracán — Howard Fast
- El estado y el Gobierno — Wilde
- La Forja de un caballo (vol II) — Arturo Barea
- Hasta aquí — Mario Benedetti

MARZO
- Rev. y guerra de España (vol II) — Brenat y Témine
- Historia de la guerra de España — J.P.G. griffiths
- Cremonia Secreta — Marco Denevi
- España Peregrina — Richard Kogan
- El reino de este mundo — Alejo Carpentier
- Los asesinos — Hemingway
- Pantaleón y las visitadoras — Vargas Llosa

ABRIL
- Las sombras errantes
- El país de oct...
- Fantasmas...
- Los marginales...

(cont.)
| 179. | Cuentos de la Selva (para niños) | Horacio Quiroga |
| 180. | 30 Manhattan East (2a vez) | Hillary Waugh |

OCTUBRE
181.	Oro	Jonathan Bloch
182.	Y al vencedor (Sexton Blake)	W.d. Ballinger
183.	Ira al diestro	Thomas Hardy
184.	El brave reinado de Pepino IV	John Steinbeck
185.	Los muecas de marfil	Ross Macdonald
186.	Traficantes de Dinero	Arthur Hailey
187.	La música provinciana argentina	Miguel Heinberg
188.	El corazón de las tinieblas	Joseph Conrad
189.	La casa de Bernarda Alba	García Lorca

NOVIEMBRE
190.	Muerte en la tarde	E. Hemingway
191.	Asesino en la lluvia (1ª ed.)	R. Chandler
192.	Al este del paraíso	J. Steinbeck
193.	La momia	Mario Puzo
194.	Judíos sin Dinero	Michael Gold
195.	Nido de Palomas	Katherine Mansfield
196.	Reposo	Sturgeon
197.	La primera catástrofe (1919) (El Planeta)	John Dos Passos
198.	El fin secreto	René Barjavel

LIBROS LEIDOS:

DECIEMBRE /76
103)	EL SOLITARIO
104)	RUEDAS
105)	EL HOMBRE ILUSTRADO
106)	EL RETRATO DE DORIAN GR...
107)	BESTIARIO
108)	BOQUITAS PINTADAS
109)	NOMBRE FALSO
110)	LA BESTIA

ENERO /77
111)	3/1 à 7/1	HENRY MILLER	KINGSLEY WIDMER
112)	11/1 à 14/1	LA GUERRA DE SECESIÓN	VICTOR AUSTIN
113)	15/1 à 21/1	HISTORIA LITER. INGLESA	ENTWISTLE y GILLET

FEBRERO /77
114)	3/1 à 4/2	ACUPUNTURA Y MUERTE (parcial)	DWIGHT STEWARD
115)	3/2 à 4/2	EL PUDDING DE NAVIDAD (")	AGATHA CHRISTIE
116)	4/2 à 9/2	LA BELLA DURMIENTE (")	ROSS MACDONALD
117)	8/2 à 9/2	EL HOMBRE QUE FUE JUEVES	G.K. CHESTERTON

LEITURAS NA CELA
Na lista, García Márquez, Hemingway, Flaubert, Piglia, Borges, Steinbeck, Cortázar, Bradbury e Wilde (APFK).

> *penetrado em buscar uma resposta política para o que estava acontecendo naquele momento. [...] nos permitiu na frente interna ter uma atividade comum [...]. E aí vão sendo libertados os companheiros, porque aí se foi fulano, aí se foi cicrano, até que, ao final, ficam os três, Flavio, Paulo e eu, terminando o livro e lamentavelmente depois não conseguimos, não lembro por que não conseguimos, um feito tão importante. Eu, a partir desse momento, comecei a ler com certa sistematização tudo o que havia sobre isso, de literatura, de história, de economia, de literatura espanhola. Digamos que eu fiquei fortemente impactado por tudo isto, por tudo o que rodeava [o tema]. Isso, me parece, se deve em grande parte a Flavio. [...] digamos [...] que a formação política é um, junto com outros, dos lugares mais importantes da resistência. Resistir não é somente se negar a cumprir uma ordem, resistir é se negar a cumprir o objetivo do cárcere, que é a destruição moral, intelectual, etc., etc., etc. E para mim foi muito importante porque aí eu tive uma espécie de deslumbramento, digamos, com a resistência.*

Flavio, em entrevista, também se recordou dessa obra:

> *Uma das leituras notáveis foi (eu lembro porque foi notável) do clássico livro do Pierre Broué, um historiador francês meio ligado ao trotskismo lambertista, mas um historiador de peso. Escreveu um famoso livro sobre o Partido Bolchevique, que é antológico. E ele e um cara chamado Temini fazem, acho até que é do Fondo de Cultura, que era uma editora clássica, chamava-se* Guerra e Revolução Espanhola. *Bom, eu li duas vezes e daquela época em diante eu me tornei um cara aficionado e apaixonado pela Guerra Civil Espanhola, que, não por acaso, expressa [...] todas as contradições das coisas da esquerda. [...] e justamente por eles serem caras da esquerda e críticos é uma coisa notável. [...] e a guarda, enfim, o lugar onde passavam os livros, nunca se deu conta. Por isso até que deu pra ler duas vezes.*

Desses trechos, destaco três aspectos. Primeiro, a percepção, por Charly, da prática de leitura, em especial quando realizada coletivamente, como resistência à situação de encarceramento, a qual visava à destruição moral e intelectual dos prisioneiros, pela via do isolamento e da imposição de uma rotina monótona. Segundo, a preocupação de Flavio, já ressaltada em outros momentos deste livro, com a formação política de si e dos companheiros, formação essa que deveria ir além da absorção de interpretações esquemáticas e palavras de ordem gerais, como acontecia em boa parte dos grupos guerrilheiros do período, e envolver reflexões mais abrangentes e refinadas, como as que poderiam ser geradas pela análise de uma situação distante no tempo, porém próxima por algumas de suas características sociais e políticas: a Guerra Civil Espanhola. A discussão da obra de Broué permitiu ao nosso personagem atualizar tal preocupação para o ambiente prisional e estimulou, pelo menos ele e Charly, a continuar estudando aquele acontecimento. Por fim, e paradoxalmente, a ideia, já enunciada antes, de que o cárcere político, não obstante suas duras limitações, talvez tenha permitido a Flavio e seus companheiros maior tempo e liberdade para conhecerem e discutirem temas e questões que, na clandestinidade, não encontravam muito espaço de debate frente às urgências da luta armada e à rigidez dogmática das organizações.

O fato de, em La Plata, os prisioneiros estarem reunidos por grupo político, além de permitir essas articulações e discussões, também abriu espaço para uma prática muito comum nas organizações armadas: a realização de informes e balanços. Após serem sequestrados e torturados, nossos personagens, já na prisão, se voltaram a tentar entender o que havia levado à queda. Obviamente, nesse processo, afloraram culpas e ressentimentos, já que ele implicava também assumir e atribuir responsabilidades. Sobre isso, Charly comentou:

> *A queda tinha sido tão magnificamente grande que tinha que elaborar um informe. Tinha que se elaborar um informe da queda, se fazer um tribunal que unificasse todos os passos, e aí começam a haver algumas tensões entre os companheiros. E não deu certo. O informe oficial da queda nunca deu certo, nunca teve resultado. [...] o certo é que se cai por algumas questões políticas onde se misturam [questões] pessoais de sua história anterior [...]. Aparecem coisas que não estão resolvidas fora, coisas políticas, diferenças, [...] tensiona mais algumas coisas e não permite que flua [...].*

Nessa autoavaliação tão penosa e potencialmente disruptiva, Flavio, segundo Charly, mais uma vez assumiu o papel de articulador, daquele que atua em prol da integração do grupo: "Flavio [...] joga um papel dada a sua personalidade de não se antepor, de não fracionar"; "Flavio era um cara que tinha mais consciência [...] de grupo". Diferentemente de Charly, o qual ressaltou que nunca houve um informe oficial da queda, Flavio contou que não apenas um balanço foi realizado, como também enviado aos companheiros de fora da prisão:

> *[...] eu tenho o meu balanço primeiro, íntimo, feito ainda nas condições da tortura e do isolamento absoluto. Depois nos encontramos [na prisão] e também discutimos isso. E eu faço meu balanço igual ao que eu já vinha fazendo e, depois, enviamos um relatório, isso ainda era possível... Claro que a organização tinha sofrido um baque na hora. Isso era um tema para desenvolver mais até. Mas como não era um sistema de terror, como veio a ser logo depois, então quando recebemos visitas nós resumimos: se escrevia assim bem pequenininho, se chamava caramelo[8], e a pessoa, o parente, levava pra fora. Então foi feito um relatório, um microrrelatório, sobre os acontecimentos.*

De qualquer forma, tendo o relatório sido finalizado ou não, o certo é que sua elaboração foi, como ressaltou Charly, "bastante traumática", e não poderia ser diferente. Afinal, como dissemos, tal tarefa envolvia a atribuição de responsabilidades e, em alguns casos, a punição daqueles considerados responsáveis pelas quedas. Ainda nas palavras de Charly: "[...] se fizéssemos isso no PRT éramos todos fuzilados, ou seja, por certos horrores de segurança que cometemos. A lógica de uma organização diz que se você comete um ato que põe em perigo a organização está de fato cometendo um ato contrarrevolucionário". Entre os companheiros da Fracción encarcerados em La Plata, a avaliação da queda não envolveu, ao que tudo indica, castigos, mas levou a ácidas discussões, nas quais parecem ter aflorado ressentimentos políticos e pessoais, cabendo a Flavio, conforme Charly, o papel de apaziguador. Além disso, ao lado desse movimento coletivo, havia também a autoavaliação individual, que no caso de nosso personagem teria começado ainda durante o período em que esteve sequestrado, certamente motivando culpas que parecem ter lhe acompanhado ao longo de toda a vida.

As transformações do contexto político argentino, mais especificamente, o progressivo giro à direita do peronismo e a ascensão dos militares a postos de poder, tiveram repercussões importantes no cotidiano dos indivíduos detidos por "subversão". Desde meados de 1975, verificou-se uma maior deterioração das condições de vida dos presos políticos, tornando-se frequentes as ameaças, as revistas brutais e as violências físicas (D'Antônio, 2012, p. 150). Em novembro daquele ano, o Exército passou a controlar as prisões.

Flavio e seus companheiros certamente percebiam essas transformações desde o interior dos muros de La Plata, informando-se a respeito delas, não obstante a censura e a vigilância vigentes, por meio de visitas, cartas e jornais; sofrendo na pele suas consequências no dia a dia e discutindo-as nos *recreos* e através dos passa-pratos. O golpe de março de 1976 ao mesmo tempo coroou e reforçou essa escalada repressiva. Para os nossos personagens, significou um abalo profundo nos seus projetos coletivos e individuais, na sua esperança de ganhar a liberdade, na sua vontade de continuar lutando em prol do socialismo.

Com o golpe, estrutura-se na Argentina um "Estado terrorista", pois, ao lado do "Estado público", e com quase a mesma força dele, estabelece-se um "Estado clandestino", o qual utilizou como instrumento principal o terror (Duhalde, 1983, p. 28). A expressão mais brutal e, após a redemocratização, visível dessa configuração foram os centros clandestinos de detenção (CCD), lugares para onde os opositores políticos eram levados ilegalmente, submetidos a terríveis sevícias e, em uma proporção avassaladora, assassinados, tendo seus corpos ocultados. As prisões legais, porém, não ficaram imunes à nova realidade, ao contrário, estiveram umbilicalmente ligadas a ela. Sobre isso, Débora D'Antônio salienta: "[...] a complexa articulação de uma estratégia repressiva única e estatal que enlaçava o legal com as atividades clandestinas ou ilegais", e ainda "[...] as densas interconexões entre os CCD e o sistema penitenciário e a conjunção de ambos mecanismos repressivos" (D'Antônio, 2012, p. 162). De maneira semelhante, Flavio, em seu livro, afirmou sobre o tema:

> A prioridade dos militares era fazer desaparecer "os opositores". Era a linha preferencial do novo regime. Se esta não foi a única, se deveu à incômoda presença de presos "legais", os quais não era possível (sob pena de um enorme desgaste político) eliminar maciçamente.
>
> [...]
>
> O sistema carcerário legal vai ser, de certa maneira, a **adaptação** – aos limites impostos por esta mesma legalidade – da perspectiva de aniquilamento que orientava o conjunto da política dos militares (p. 21, grifo no original).

Segundo ele, enquanto nos CCD vigorava a estratégia principal dos militares, a morte, nas prisões legais, em virtude da própria situação de legalidade, tal estratégia adquiriu outra face: "Tratava-se de um sistema que visava provocar a destruição do preso 'quebrando-o' moral e espiritualmente" (p. 21). Em uma entrevista, nosso personagem explicou esse mecanismo: "[...] eu acabo preso num sistema carcerário do mais alto refinamento da engenharia da destruição do indivíduo, psíquica, sutil. Te isola numa cela para ver se tu te destrói e te mata ou trai" (entrevista 1). Ainda de acordo com Flavio, no que tange aos cárceres políticos, depois do golpe, ocorreu um período de transição que se prolongou até dezembro, quando houve a organização definitiva do sistema com vistas à destruição dos prisioneiros. Porém, antes disso, um episódio alterou profundamente o quotidiano da U9, pavilhão onde ele, Paulo e Charly, entre outros militantes, estavam confinados. O último contou-me, com voz embargada e longas pausas, o que aconteceu naquele momento tão dramático e tão determinante para os destinos desses indivíduos. De acordo com suas lembranças, aproximava-se o dia 22 de agosto, aniversário do massacre de Trelew. Os delegados dos "perros" (integrantes do PRT) e dos "montos" teriam entrado em consenso para realizar um ato alusivo à data e obtido junto à direção da penitenciária autorização para efetivá-lo. A narrativa de Charly enfatiza a disparidade dessa "conquista" com a situação então vivida na Argentina:

> Nas ruas, em agosto de 76, se levava gente. A ESMA[9] estava enchendo de gente, os milicos chutavam porta, levavam gente, davam tiros em quem quer que fosse... E nós negociando com um diretor penal para fazer um ato em memória dos fuzilados de agosto. Em outras prisões os companheiros estavam trancados nas celas, comiam lixo...

Continuando, ele relatou:

> Na autorização do ato incluía-se a confecção de uns cartazes com os nomes oficiais [dos fuzilados em Trelew]. [...] como tínhamos que nos

preparar para o banho, iam nos deixar um tempo negociado, 15 minutos, para fazer o ato. Entramos, tinha companheiros pegando tinta e cartolina com o nome dos companheiros, íamos fazer o ato, pegamos os cartazes e vem a contraordem: "Todo mundo às suas celas".

Diante da negativa, os delegados buscaram argumentar que tinham autorização do diretor para realizar a homenagem. A resposta: "Cumpram a ordem, às suas celas". Frente a tal impasse, os representantes das organizações teriam dito: "Companheiros, vamos às celas e depois fazemos o ato, vamos fazer assim". Em seguida, Charly evocou a seguinte situação:

> *Entram vários oficiais e rasgam os cartazes. Era uma provocação. E vão fechando as portinhas, os passa-pratos [...], todos... A maioria dos passa-pratos não tinha trava, alguns tinham e alguns não, o meu não [...]. E os caras [...] fecham as celas, rasgam os cartazes, avançam com passos lentos, mais longos, mais pesados, fechando as portinhas... [...].*

Teria havido então, conforme as recordações de Charly, um "transbordamento" (um *desborde* foi o termo em espanhol por ele empregado) de alguns companheiros, que os delegados dos presos não souberam conter, assim como não perceberam que a ação dos guardas se tratava de uma provocação:

> *Não sabem ler em que "legalidade" estamos, entendes? E a provocação tem êxito, tanto que o provocado salta. [...] se começa a chutar a porta das celas, a fazer barulho. [...] estávamos todos com as portinholas, os passa-pratos, fechadas e a maioria começa a bater a porta para abrir o passa-pratos. Em algumas celas não abriu, não abriu, não lembro quem, não abriu o passa-pratos, ele ficou eficazmente travado. O do Paulo abriu e o do Flavio abriu, porque os passa-pratos sempre fazem "ton ton ton" [imitando o ruído]. Então nos deixam gritar, espernear, sei lá eu, e entra novamente a comissão de oficiais com algum outro cabo, e anotam as celas que têm os passa-pratos abertos. Eu e o Flavio nos olhamos, e Flavio golpeava a porta... Havia companheiros que gritavam: "Filho da puta, viva o companheiro [cita o nome de militantes massacrados em Trelew]".*

Nesse meio tempo, a comissão disciplinar teria entrado no pavilhão: "[...] bom, anotam nossos nomes, claro, e se vão. Silêncio, um silêncio terrível quando começamos a escutar passos de tropa. Abrem as celas e começam a abrir cada um dos lados do pavilhão... [...] e no fundo começaram a retirar-se e vão fechar cada um na sua cela". Segundo Charly, o temor de represálias violentas diante da insubordinação dos detentos gerou um medo terrível entre eles:

> *Bom, [pensou] quando começarão os tiros? Não começarão os tiros? Vão começar os tiros agora? Não atiraram porque em algum momento vão abrir a porta e... Me falha a memória se algum dia me caguei*

> *tanto de medo como nesse dia. Porque a consciência de que se vai levar um tiro... 22 de agosto... Doze, quinze, caras armados... Coisa ridícula, tinha um cachorrinho com a tropa, um cachorrinho saía por lá, perambulando pela tropa.*

O ápice da narrativa foi protagonizado por um companheiro de pavilhão:

> *Por causa da construção, pela simetria, a porta imediata é onde está Angel Giorgiadis, ou seja, um tipo que vem dos "descamisados", a essa altura julgados com os montoneros. E então ele disse: "Companheiros, temos muito sangue derramado para que venham nos apertar dessa maneira. Cada um de nós vale por cinco deles, não tenhamos medo".*

Emocionado, Charly falou do impacto que este chamado teve para ele e para os demais prisioneiros:

> *Eu vi a cena porque eu a tinha em ângulo de visão, e justamente por isso, eu via por aí, via por aqui, e se eu tinha o ângulo de visão eu tinha também o ângulo de tiro. Eu vi a cara de Angel [...]. O único que estava alheio ao drama era o cachorrinho que andava entre os militares, que fazia a cena ainda mais absurda. Angel Giorgiadis, estamos então em agosto, em janeiro seguinte o fuzilam. [...] a atitude de Angel é monumental: onde há quarenta caras à beira de um colapso, ele teve que cortar, [...] rompeu o cristal dessa cena, desse ato dramático, com sua apelação dramática... Há outras mortes e há outros presos fuzilados, poderiam nos fazer o mesmo, está claro? Ou seja, [Angel] derrotou-os com a simples apelação de que sim, vai haver mortos e, seguramente, vai seguir havendo mortos... Uma apelação a uma verdade. [...] estamos no terreno da resistência. [...]*

E concluiu:

> *A U9 segue em silêncio. Não há música, não há rancho, não há ruídos dos carritos da janta, sei lá eu, certos elementos da rotina que são os que marcam as horas... Depois vem uma patota e nos botam, todos os que estavam anotados, no calabouço de castigo. E aí fomos castigados e nos aplicam a maior sanção que se pode aplicar [...]. A partir daí eu nunca mais estive com Flavio, nunca mais [ao longo do período na prisão].*

Flavio ficou então isolado de seus companheiros mais próximos. Em dezembro, como dissemos, a montagem do novo sistema prisional foi finalizada. Charly falou-me de suas lembranças desse processo, enfatizando a sua dureza:

> *Em 13 de dezembro de 76 se dá por inaugurada a nova etapa da U9. Então a U9 passa a ser o lugar central do "manejo" dos presos em combate, do combate contra a militância. [...] [Antecedendo este mo-*

> mento] *há uma magnífica revista* [ironizando]... *Revista significa várias coisas. Como primeira questão, esse ato de revistar os pertences de um preso, a roupa, é relegá-lo ao que é ilegal, não autorizá-lo, não é permitido. É a primeira* [faceta] *desse ato de submissão ao poder. Te faço tirar a roupa, te faço ficar nu contra a parede, e rasgo tuas cartas. É um* [ato] *disfarçado de medida de segurança que na verdade é uma medida disciplinar. Em 13 de dezembro há uma submissão a um novo diretor da U9, esse que está encarregado de levar adiante o plano sistemático de aniquilamento e bota em sintonia a U9 com o resto do aparato repressivo, os campos de concentração... A U9 passa a ser parte do aparato dos campos de concentração. Há presos que saem da U9 e são torturados em campos de concentração de La Plata e voltam.* [...]

> *Então, primeira questão,* [há uma] *estratificação dos presos e organizações, a direção de algumas organizações para um pavilhão, a direção dos montoneros vai para outro pavilhão, a direção do PRT para outro pavilhão, os intermediários para outro pavilhão, as organizações pequenas para outro pavilhão, os sindicalistas, os presos sindicais vão para outro pavilhão, os presos de direita vão para outro pavilhão... Porque houve presos de direita, caras* [...] *que sofrem uma repressão menor e são utilizados como instrumentos de infiltração. E aí há um ranking entre regimes, sobre a ideia da habilidade ou periculosidade dos presos.*

Na fala de Charly é interessante ressaltar, mais uma vez, a articulação orgânica que o Estado terrorista argentino estabeleceu entre espaços legais e ilegais de repressão aos opositores políticos, inclusive com o trânsito de prisioneiros entre eles. Além disso, o entrevistado também destaca a estratificação estabelecida entre os presos em função de sua suposta "periculosidade", aspecto também sublinhado por Flavio em seu livro, no qual afirma que, depois da estruturação do novo sistema, os pavilhões foram organizados nos seguintes níveis:

> [...] *há pavilhões de "bom comportamento", no qual estavam elementos da direita peronista, fascistas, passados à polícia e outros; de "comportamento médio", para independentes, dirigentes sindicais, professores, membros de organizações não armadas, que tinham acesso aos jornais e certas revistas. Por fim, pavilhões dos considerados "irrecuperáveis" (PRT, Montoneros, pequenas organizações armadas e independentes especialmente combativas); ali somente revistas de esporte e quadrinhos podiam entrar* (p. 51).

Flavio e Charly certamente foram classificados como "irrecuperáveis". Não obstante, depois do fracassado ato de 22 de agosto, acabaram, conforme apontamos, confinados em espaços diferentes. O militante argentino lembrou-se de uma das poucas vezes que viu o companheiro depois daquele episódio:

> [...] e aí, em algum momento, eu vejo Flavio no pavilhão da frente, [nesse momento], por casualidade, saía uma ala para um pátio e outra ala para outro pátio, ou seja, eu nunca voltei a falar com ele. O vi ficar pior, o vi piorar fisicamente, o vi evidentemente no momento mais negativo, quando teve problemas de saúde... Em algum momento se sentiu muito sobrecarregado.

Segundo Flavio, com essas mudanças,

> [...] se instalou um sistema de enorme violência física, de delação e terror.
>
> **Terror**, porque é sobretudo em La Plata que, quase um ano depois do golpe, se iniciou uma prática que combinava o assassinato de presos retirados da prisão para translado com o assassinato resultado de maus-tratos no calabouço e, finalmente, com uma última "fórmula": o assassinato ou desaparição de presos postos em liberdade, tão logo ultrapassavam os muros da prisão.
>
> **Delação**, porque aí se institucionalizou a colaboração. Um certo número de presos (entre sete e dez) liderados por um traidor de nome Huillerat, conhecido como "Taca", trabalhava todos os dias entre vinte e vinte e quatro horas numa espécie de escritório chamado de "tratamento". Analisavam as informações que os carcereiros e os informantes de cada pavilhão faziam chegar a cada dia.
>
> **Violência física**, porque as sanções disciplinares consistiam essencialmente em enviar os prisioneiros à solitária. Isto era sistematicamente acompanhado de castigos físicos que se aproximavam da tortura pura e simples, provocando em alguns casos a morte ou suicídio (p.51-2, grifos no original).

Sobre este último ponto acrescento uma observação feita por Flavio, a qual parece ser significativa para ele, pois é um dos poucos momentos do livro em que escreve na primeira pessoa do singular:

> [...] a passagem pelo calabouço (tal como era em La Plata) significava a reprodução do cenário da tortura, que todos haviam vivido no momento de sua prisão. Insisto nisso, por mais inumana que possa parecer minha observação. Não se trata aqui de que os prisioneiros não pudessem resistir a um duro castigo que, apesar de tudo, em geral tinha certos limites, mas de que essa situação era multiplicada psicologicamente pela referência a um passado recente no qual ela se ancorava: a tortura (p. 60).

A maneira como nosso personagem vivenciou essas terríveis condições pode ser vislumbrada hoje, de um lado, nas cartas e reportagens jornalísticas que formam o seu acervo pessoal, composto de documentos armazenados por Norma e Clara, as quais, como veremos no próximo subcapítulo, mobilizaram inúmeras pessoas e instituições pela soltura de Flavio; de outro, nas poucas missivas enviadas por ele à companheira que sobreviveram ao temor da repressão. Sobre essas últimas, é preciso ressaltar inicialmente que, em La Plata, os prisioneiros tinham o direito de escrever e remeter duas cartas, de duas páginas cada uma, por semana. Obviamente que, como nos demais cárceres, a correspondência era submetida à censura, aspecto que Flavio assim analisou em seu livro:

> *Ela devia ser entregue aberta e não enviada se contivesse comentários políticos, informações sobre a prisão, julgamentos críticos sobre os guardas e autoridades penitenciárias ou ainda temas considerados pouco claros, ou frases metafóricas que pudessem ser interpretadas como sendo linguagem codificada, portadora de "mensagens ocultas".*
>
> *Era proibida a reprodução de poesias ou letras de música, na medida em que poderiam ser utilizadas para exercícios de memória, ou simplesmente para evitar o prazer que traziam. Desenhar e qualquer tipo de trabalho manual eram também proibidos.*
>
> *Aqui estamos diante da mesma lógica que preside a proibição da leitura e da comunicação entre os presos: a que busca anular todo trabalho do espírito, da inteligência, e todo o exercício da sensibilidade* (p. 38).

Não obstante essas regras, veremos que Flavio, em suas cartas a Norma, falou de aspectos da vida cotidiana na prisão, em especial da rotina monótona imposta aos presos como forma de aniquilá-los psicologicamente. Isso se deu tanto porque o sistema em La Plata ainda era menos rígido se comparado (retrospectivamente, é claro) com os outros cárceres por onde o personagem passou, seja porque parte de tal correspondência era transmitida aos familiares da companheira através da já mencionada tática dos "caramelos". Porém, devido ao acirramento da repressão ditatorial, os pais de Norma decidiram destruir a maior parte dessa correspondência, situação assim comentada por Flavio:

> [...] *todas as cartas entre eu e a Norma, que, se ainda existissem, valiam sozinhas meia história, foram queimadas defensivamente depois na casa da mãe e do pai da Norma, porque os caras* [os agentes da repressão] *fechavam os quarteirões e entravam, iam encontrar cartas com escritos, coisas da prisão, no envelope de origem. Podia acontecer qualquer coisa...* (entrevista 8)

Felizmente, porém, algumas dessas cartas sobreviveram e foram publicadas por Flavio como anexos a sua tese e ao seu livro, na qualidade de, nas palavras do personagem, "documentos sentimentais", os quais permitiriam "uma outra luz, mais pessoal e contraditória, sobre minha própria experiência de preso", além de expressarem uma homenagem a Norma, "e a esta apaixonada intensidade que nossas cartas permitiram", evocando "a lembrança de todos estes momentos que roubamos aos carcereiros" (p. 133). Já em liberdade, portanto, nosso personagem pôde deixar registrada a maneira como pensava a troca de cartas na situação de confinamento: um ato de resistência ao tempo monótono imposto pelos repressores, um "roubo" de momentos que permitissem sensações mais intensas e prazerosas do que aquelas possibilitadas pela rotina do cárcere. Em uma das missivas, de 9 de fevereiro de 1978, ele deixou ainda mais explícito este "poder revivificador" da correspondência:

> *Tuas cartas. São outra coisa. É tu, com tudo, de mil maneiras. Mil vezes já dissemos que é uma forma limitada, porém por ela flui a mim, minha relação essencial, tu, e através de ti a vida, emoções, sentimentos, esperanças. Realmente, a carta é um instrumento material, pelo que diz, pelo que não diz, o que a faz um tênue fio (que sustenta, porém, um peso que ninguém pode imaginar) através do qual verdadeiramente vivo* (p. 135).

Nas cartas selecionadas por Flavio para publicação, vislumbramos algumas de suas percepções sobre o modelo que regulava a vida no cárcere. Um ano após a plena implantação desse sistema, ele escreveu, um dia após o Natal, que estava "consciente da nova situação aqui, do que busca e implica sua dinâmica" (26/12/1977). Tal consciência, possivelmente, foi sendo construída aos poucos, à medida que nosso personagem observava e sofria os efeitos da nova ordem prisional no seu cotidiano e no de seus companheiros. Além disso, alguns indícios mostram que ele procurava registrar minuciosamente as rotinas impostas aos prisioneiros, bem como suas transformações ao longo do tempo. Tal prática provavelmente lhe ajudava a emprestar alguma ordem ao vivido, algum sentido às experiências. Um exemplo dessa atitude é um documento avulso, encontrado em seu arquivo pessoal, onde consta uma descrição minuciosa, redigida em espanhol, das regras vigentes em La Plata, acompanhada de observações de ordem mais pessoal. Pode-se presumir que tal registro tenha sido enviado como "caramelo" para fora do cárcere e posteriormente datilografado por Norma como prova dos sofrimentos do companheiro, visando a sua utilização na campanha por sua libertação. Nele, Flavio descreve, inicialmente em 27 de janeiro de 1977, quando o "sistema" acabara de ser configurado de maneira mais acabada, as regras relativas à "correspondência", "livros", "revistas", "roupas", "roupas de lã", "visita", "esporte", "cantina" e "jornais". O item "roupas de lã" exemplifica bem os sofrimentos a que eram submetidos os prisioneiros:

> *Roupa de lã: (uniforme) Autorizaram a compra de uma calça [...] azul de verão e desde 26 de janeiro não é mais obrigatório usar a jaqueta do uniforme. Assim está resolvido o problema, o uniforme no verão passa a ser calça azul e camisa branca.*

+ *(passou-se dezembro e janeiro com até 37° de calor, inclusive no recreio com sol pleno, com o uniforme completo de lã).*

Ao final da descrição de todas as regras, ele afirmou:

Bem, algumas consequências. Na correspondência, em geral escrevo 2 cartas a Norma, 1 para Clara, outra para Marília e outra para Isidoro, esposo da tia Lea. Fica um pouco justo, mas se pode ir levando. O mais irritante é não poder guardar um número um pouco maior de cartas[10]. [Igual] Não pensava em colecioná-las, mas em mantê-las um mês para depois abri-las. É incrível como já privado de tantas coisas, te invadem ainda os mais ínfimos lugares da individualidade. Nem as tuas cartas são tuas. Com os livros pode-se solucionar. Com as revistas a limitação é bem maior.

Nesse trecho, Flavio revela o quanto lhe doía a privação de seu "estojo de identidade", ou seja, de qualquer vestígio de intimidade, nesse caso pela impossibilidade de ler as cartas no ritmo que desejasse, de conservá-las fechadas por um tempo, como forma de jogar com o prazer que o contato, ainda que epistolar, com o mundo exterior lhe trazia.

O registro seguinte é de 7 de fevereiro do mesmo ano, quando Flavio anota os horários que pautavam a rotina carcerária, depois da observação: "Manteve-se o esquema inicial de funcionamento, mas com importantes reajustes no nível dos detalhes". Vejamos:

<u>*Despertar*</u>*: 5:30 no verão; 6h em outras épocas e 5:30 sempre nos dias de barbear-se – terças, quintas e sábados.*

<u>*Contagem*</u>*: entre 6h e 6:30*

<u>*Café da manhã*</u>*: 7h a 7:30, mate cozido ou chá ou leite.*

<u>*Recreio*</u>*: de 8h ou 8:30 até 10:30 e de 18h a 18:30. Até agora não sei se os recreios são de 2h ou 2:30 de duração, mas oscilam entre isso.*

<u>*Correspondência, jornais e pão*</u>*: entre 11h e 12h.*

<u>*Almoço*</u>*: 11:45 a 12:15.*

<u>*Janta*</u>*: (sempre guisados) às 19h.*

<u>*Contagem*</u>*: 12h e se apaga a luz.*

Comentário final de Flavio:

Como vês o esquema básico não mudou. O que mudou foi o sistema de controle dos deslocamentos dos internos. Exemplo: o médico atende *na cela, e se é necessário ir ao dentista ou à rouparia, vai-se em pequenos grupos (5 em geral). Para ir ao recreio dá-se o mesmo. As celas estão sempre fechadas e no corredor andam somente os faxineiros (rotativos aqui no Pavilhão 9, fixos no pavilhão 16), e eventualmente o companheiro encarregado dos assuntos da cantina. Também sempre há contagens de madrugada, acendem as luzes e inevitavelmente alguém se desperta. Tudo em geral foi sendo reordenado segundo **critérios de alta segurança**, bem como uma **disciplina rigorosa** em função, é evidente, das **novas características que tem a unidade*** (grifos meus).

Flavio, portanto, parecia ter muita consciência das consequências trazidas pela ditadura implantada em 1976 para a vida dos presos políticos, as quais, segundo ele, redundaram especialmente em uma "disciplina rigorosa" ajustada a "critérios de alta segurança". Pelos horários por ele registrados para as atividades dos indivíduos confinados, percebe-se a exacerbação do que Michel Foucault chamou, referindo-se à implantação da sociedade disciplinar no século XVIII, de "tempo disciplinar", cujas virtudes fundamentais seriam a exatidão, a aplicação e a regularidade. O controle do tempo implicaria, de acordo com o autor francês, três grandes processos: "[...] estabelecer as censuras, obrigar a ocupações determinadas, regulamentar os ciclos de repetição [...]" (Foucault, 1989, p. 136-137). Porém, no caso em tela, ao contrário do processo estudado por Foucault, não se buscava "constituir um tempo útil" voltado à produtividade, pois o objetivo era deixar explícita a inutilidade do tempo despendido no cárcere, como forma de aniquilar afetivamente os prisioneiros. Nas cartas enviadas a Norma, e publicadas em seu livro, seguidamente Flavio falou do controle do tempo dos prisioneiros. Em 6 de janeiro de 1978, ele se referiu a "[...] um cotidiano quase kafkiano, simétrico, tudo é igual, todos os dias, fechamento, isolamento, ausência de flexibilidade quase total", o qual descreve com minúcias:

> *O básico era: despertar às cinco e meia, higiene pessoal, fazer o "mono" (quer dizer, dobrar o colchão em três, envolvê-lo no lençol de forma específica e regulamentar, estender o outro lençol sobre a cama), limpar a cela. Como devido ao regime não compro quase nada na cantina, e o que compro "liquido" em dois ou três dias, não tenho nada para "beliscar". Espero um pouco, às vezes lendo, às vezes pensando, sentado regularmente, ou seja, da forma que não se confunda com estar "atirado na cama". Às seis e meia é a chamada. Ao grito de "chamada" paramos frente à porta, passa o empregado olhando pela "mirilla". Ao grito de "continuar" seguimos livres... na cela. Pouco depois servem um caneco de leite ou mate cozido através do "passa-pratos". Esta é a minha comida no café da manhã (não tem açúcar, assim, nem isto para adoçar a vida)* (06/01/1978, p. 136).

Mais uma vez se percebe que o objetivo do sistema era impedir qualquer sinal de autonomia, individualidade e criatividade dos prisioneiros. Cada gesto, como o de dobrar o lençol ou sentar na cama, era minuciosamente regulamentado, o que remete, mais uma vez, ao "esquema anátomo-cronológico do comportamento" descrito por Foucault: "O ato é decomposto em seus elementos; é definida a posição do corpo, dos membros, das articulações; para cada movimento é determinada uma direção, uma amplitude, uma duração; é prescrita sua ordem de sucessão. O tempo penetra o corpo, e com ele todos os controles minuciosos do poder" (Foucault, 1989, p. 138). Contudo, novamente é preciso marcar a diferença entre a sociedade disciplinar descrita pelo filósofo e o sistema prisional implantando pela ditadura argentina: se, naquela, o objetivo das disciplinas era a eficácia e produtividade dos sujeitos; aqui a meta é a sua destruição, pela via dos castigos corporais e, sobretudo, do aniquilamento psíquico.

Outra observação importante: ao comentar comigo sobre o documento acima, Flavio afirmou que o regime alimentar mencionado foi decidido por ele como uma forma de cuidar da saúde, e não imposto pelos carcereiros. Ou seja, mesmo dentro do espaço disciplinar do cárcere político, havia margens de liberdade, ainda que estreitas, construídas pelos prisioneiros para tomarem algumas decisões relativas às suas vidas.

Em outra carta, de 9 de fevereiro do mesmo ano, Flavio afirma que na prisão as experiências de tipo afetivo se reduziam a três possibilidades: a correspondência, os livros e a relação com alguém nos momentos de *recreo*. Fora isso, prevaleceria o que chamou de "unilateralidade existencial", assim caracterizada por ele:

> *Há unilateralidade, mas não há vazio. Se estou parado e olho as paredes brancas ou a luz intensa que se filtra pela janela de compactos ladrilhos de vidro opaco, não é que estou "no vazio". Há uma vida interior intensa, certamente excessivamente monotemática. Pensando e, mais que isso, sentindo todo o vulcão afetivo, que é meu amor a ti e vivendo tua vida daqui, que é uma coisa que me sacode, mobiliza, faz rir, me dá felicidade, tristeza algumas vezes, mas que obriga, sempre, sempre, tratar de integrar bem, como é fundamental, nossas distintas situações. É um esforço de equilíbrio permanente, é a vida que carregamos, sempre* (p. 135).

Em carta dirigida a uma "querida amiga" não identificada, datada de 7 de julho de 1976, presente em seu arquivo pessoal, Flavio trata de outra manifestação da violência nos cárceres políticos exacerbada após o golpe, já mencionada mais acima quando citamos um trecho de seu livro: o "terror", mais especificamente aquele relacionado ao "assassinato de presos retirados da prisão para translado". Escreveu ele:

> *A mudança de governo de 24 de março acentua uma série de fenômenos que tornam extraordinariamente "complexa" a vida e sobrevivência*

dos presos políticos. Uma série de ameaças se coloca constantemente: vão desde uma revisão radical das leis de repressão política, passando pela mudança das condições carcerárias (no sentido da deterioração dos direitos dos presos) e culminando com uma ameaça permanente à vida dos prisioneiros através de uma operação que consiste em transladar de um presídio para outro lugar (mudança de presídio ou ir à Auditoria) aos detidos e simulam uma tentativa de fuga, que permite na prática eliminar os detidos transladados. Isto já aconteceu pelo menos cinco vezes na província de Córdoba. Hoje mesmo, quando escrevo estas linhas, os jornais noticiaram que um preso em Córdoba (dentro da prisão) tentou tirar a arma de um policial e foi morto. Todo detido com um mínimo de experiência da vida na prisão, justamente para evitar estes problemas [sic]. *Então como explicar este incidente? Mas piores são as notícias veiculadas ontem pelos jornais* La Razón e La Opinión *que informam que depois de um atentado à sede central da Polícia Federal, vários setores queriam responder com uma reação proporcional à magnitude do golpe recebido e insinuam que por sua disponibilidade e concentração os detidos poderiam ser um bom alvo* (Carta de Flavio à "Querida amiga". La Plata, 07/07/1976)[11].

Pode-se perceber que Flavio estava relativamente bem informado do que se passava na Argentina no que tange aos métodos da repressão governamental, através da imprensa e, muito possivelmente, de conversas com outros presos políticos. Pode-se imaginar a sua apreensão e temor diante dessas notícias, o que deve ter-lhe motivado a arriscar-se para informar seus conhecidos fora do cárcere dos perigos que o ameaçavam. O informe parece ter surtido efeito, pois logo denúncias com esse teor ganharam a cena política e a imprensa de países como França, Portugal e Brasil. O jornal alternativo brasileiro *Movimento*, por exemplo, noticiou um manifesto de deputados estaduais e federais ao governo francês (que já havia concedido um salvo-conduto para Flavio residir naquele país) solicitando intercessão deste junto aos mandatários argentinos no sentido de tentarem a sua libertação. O periódico citou o seguinte trecho do manifesto: "Koutzii está alojado no cárcere de La Plata, onde execuções de presos políticos têm sido frequentes nos últimos meses (entre as últimas vítimas, o peronista de esquerda Dardo Cabo). Seus dias estão, pois, em perigo" (*Movimento*, 04/07/1977)[12]. Obviamente tais denúncias tinham por objetivo angariar apoiadores para a causa da libertação de Flavio, mas também expressam a violência que concretamente marcava o seu cotidiano e o dos demais presos políticos de La Plata. Como vimos, nosso personagem buscava contrapor-se a essa situação por meio de sua intensa relação epistolar com Norma. Além disso, as visitas lhe proporcionavam algum alento frente ao isolamento imposto pelo cárcere. Essas, em La Plata, obedeciam a um sistema menos rígido do que nas demais prisões políticas: os familiares diretos podiam ficar uma hora e meia, uma vez por semana. Dona Clara, sempre que podia, visitava o filho, apesar dos gastos e esforços que esses deslocamentos implicavam. Algumas vezes, ela foi acompanhada da irmã Lea, como recorda o filho da última, Ricardo: "[Ela] ia com a tia Clara. Foi com o meu pai também. E ela conseguia entrar, conseguia ver o Flavio, conseguia falar com o Flavio. Ela sempre fazia questão de ir arrumadíssima. Isso era um trunfo dela pra causar espanto mesmo na prisão".

Lea, outra prima de Flavio, mas por parte de pai, falou, em sua entrevista, de um episódio trágico relacionado às visitas de Clara ao filho. Durante uma de suas viagens à Argentina, ainda antes do golpe, mais precisamente no dia 16 de agosto de 1975, seu marido, Jacob, veio a falecer:

> [...] ele teve um derrame, faleceu, ato contínuo, sozinho em casa. E ela tinha ainda que decidir lá [na Argentina]: se ela voltasse ela perdia a visita, se perdesse essa visita, era só não sei quando. Então teve ainda que decidir naquele momento não voltar para enterrar o marido porque seria menos uma visita e cada visita era muito preciosa, porque era o único contato...

A tenacidade de Clara em tentar aliviar os sofrimentos do filho ficará ainda mais evidente na segunda parte deste capítulo, quando trataremos da campanha pela libertação de Flavio, da qual ela foi uma das protagonistas. Os pais de Norma também visitavam Flavio frequentemente nas diferentes prisões pelas quais ele passou. Nas palavras dela:

> E meus pais iam. Meu pai e minha mãe visitavam uma vez na semana a mim e uma vez na semana a Flavio. E meus pais, sobretudo minha mãe, quando transladaram Flavio ao sul, em Rawson, em Coronda, todos os lugares ela ia sempre. Olha, eu tenho um episódio com os meus pais que é muito impressionante: eles iam andando, ele tinha um Citroën, aqueles pequeninos, e então frearam, um freio de golpe, e ele passou por cima, realmente, do outro carro, e parou do outro lado da rua. Ou seja, foi espetacular o que aconteceu. Eles estavam preocupados os dois. Olha só: não podiam dizer à polícia que iam ao cárcere, imagina! Então meu pai ficou, claro, com todas essas coisas, e minha mãe pegou um ônibus e foi ao cárcere, sozinha, para não faltar. Quando morreu minha vó, meu pai deixou o velório para ir. Era uma coisa!

Essas histórias de dedicação e apoio às vítimas da ditadura emocionam por revelar o sentido ético de determinadas experiências, as quais ganham significado e grandeza quando se pensa nos riscos que implicavam. Elas anunciam que era possível fazer alguma coisa, não obstante a vigilância e o terror vigentes. Além disso, apontam para uma ideologia de gênero que associa as mulheres, em especial as mães, às tarefas voltadas ao cuidado com os outros, sobretudo com os filhos, aspecto que será abordado com mais atenção posteriormente neste capítulo.

As visitas pareciam fazer muito bem a Flavio, rompendo com a monotonia imposta pelo cárcere, como ele expressa nesta carta a Norma:

> Esta semana terminou como a outra, foram muito parecidas, chovia muito, quase todo o tempo, [...] sem recreio. Finais de semana que pareciam intermináveis. A diferença esta semana foi a visita. Veio tua mãe e veio Pitty [apelido da irmã de Norma Liliana Alicia Espíndola]. A presença de Pitty foi algo muito bom para mim, não sei explicar bem, parece que conseguiu romper um fino fio não visível que me arrasta para baixo. Talvez por sua juventude, por sua meiguice e porque veio. Consegui reerguer-me de novo (Carta de Flavio Koutzii a Norma Espíndola. La Plata, 27/03/1978).

Os documentos antes referidos possibilitam igualmente verificar que, no primeiro semestre de 1978, a saúde de Flavio sofreu uma grande deterioração, situação que Charly evocou na entrevista anteriormente citada: "O vi ficar pior, o vi piorar fisicamente, o vi evidentemente no momento mais negativo, quando teve problemas de saúde...". Em carta a Norma de 6 de março de 1978, nosso personagem abordou o tema com sua habitual ironia:

> A sexta [feira] foi um dia um pouco diferente. Primeiro, recebi uma calça azul e uma camisa cinza de uniforme, comprados fora e entrados por visita. Uma calça 44 e uma camisa 39. Quando os vesti me senti muito bem... roupa nova, justa, na medida, elegante, como desejei que pudesses me ver. Foi uma satisfação. Depois, mais tarde, me pesaram e me tomaram a pressão. Peso: 71,300 Kg. (já perdi 24 Kg), a pressão continua mal (p. 137).

Menos de um mês antes, Norma, em carta a destinatário não identificado, havia escrito: "Há alguns meses Flavio sofreu um ataque de pressão do qual custou a se recuperar" (Carta de Norma Espíndola. Paris, 18/02/1978 [APFK]). Segundo registro manuscrito encontrado no acervo pessoal de Flavio, o primeiro ataque de pressão, quando sua máxima chegou a 24, teria ocorrido em julho de 1977. Na ocasião, pesava 95 kg e começou um tratamento alimentar e com medicamentos (Registro manuscrito avulso sobre a saúde de Flavio [APFK]). O próximo registro é de março do ano seguinte: uma carta do próprio Flavio a Norma, com informações detalhadas sobre seu estado de saúde. Ele escreveu:

> O que tenho no coração é LIGEIRA HIPERTROFIA E SOBRECARGA DO VENTRÍCULO esquerdo, é a primeira consequência a nível cardíaco da hipertensão arterial. Nestes momentos, o médico trocou a medicação buscando um radical diminuidor de pressão, com a expectativa de que esta hipertrofia seja contudo reversível ([...] talvez por ser uma coisa recente). Estamos nesta situação. Estamos fazendo um controle diário da pressão para ver a dosagem adequada do medicamento. Eu já sei que será necessário aumentar a dosagem (o medicamento é NOLOTEN, é para o coração, mas usado no caso para baixar a pressão).

Na sequência, Flavio informava os resultados de algumas medidas de sua pressão, associando determinadas variações a oscilações emocionais induzidas por certos acontecimentos. Por exemplo, uma melhora, sobretudo da mínima (16 por 9), foi relacionada ao efeito positivo da já referida visita da mãe de Norma e de Pitty, e uma alta foi vinculada à chegada de cartas da companheira que teriam lhe emocionado *un poquito o muchito*. Ele complementou: "Depois de 8 meses, eu já conheço minhas reações totalmente, como uma pressão alta tem origem emocional, os índices variam como se eu fosse um termômetro a cada variação emocional, isto é inevitável". Quanto ao peso, registrou na ocasião estar variando entre 70 e 71 Kg, portanto, 25 Kg a menos do que no registro de julho do ano anterior. Ele assinalou: "Estou me alimentando bem, por este lado tudo bem" (Carta de Flavio Koutzii a Norma Espíndola. La Plata, 27/03/1978. Grifos no original).

Esses problemas de saúde serviram como um impulso para a dinamização da campanha pela libertação de Flavio. Norma contou-me que o movimento acelerou-se nos meses de junho e julho de 1978 em função da progressiva debilitação física do companheiro (Conversa com Norma Espíndola. Porto Alegre, 28/10/2014). Flavio, por seu turno, ao ler este trecho do manuscrito, afirmou que as considerações a respeito da sua situação cardíaca foram "exageradas" pelos promotores da campanha, justamente para angariar mais apoios a ela. Em um documento localizado no seu acervo pessoal, sem data, encontramos o seguinte registro:

> *A campanha pela libertação de Flavio Koutzii ganha uma particular importância no momento atual em função de vários fatores:*
>
> *1. A deterioração de seu estado de saúde nas últimas semanas (aumento constante de sua pressão arterial e descoberta de uma lesão cardíaca);*
>
> *2. O fato que Flavio depositou um "pedido de opção" (nº 211 671 de 15.3.1978), recurso legal que permitirá sua expulsão da Argentina, se a pressão internacional for grande;*
>
> *3. A proximidade da Copa do Mundo e a campanha que se faz em torno à violação dos direitos humanos neste país. O governo argentino provavelmente será obrigado a uma certa "abertura" para diminuir a pressão internacional* (Registro datilografado avulso).

Trataremos dos dois últimos itens posteriormente neste capítulo, focando-nos agora no primeiro. A respeito deste, cabe destacar que, através de diversos procedimentos, Norma e Clara procuram dar publicidade às condições de saúde de Flavio, a fim de sensibilizarem mais interlocutores e, em consequência, intensificarem a mobilização em prol de sua soltura. Como veremos depois, ambas escreveram, em geral com um tom bastante dramático, a vários indivíduos e instituições advertindo que a saúde do personagem estava por um fio

Flavio Koutzii
35 años. Detenido desde el 11-5-75.

En julio de 1977. primer ataque de presión - Max. 24
95 Kg. comienza tratamiento alimentario
y sedantes

Marzo de 1978: Diagnóstico. Ligera hipertrofia y sobrecarga
del ventrículo izquierdo (es la primera conse-
cuencia a nivel cardiaco de la hipertensión
arterial)
Medicamento Noloten
Presión 17-3-78 = 18 - 12
       20-3-78   18 - 12
       25-3-78   17 - 10
       26-3-78   16 - 9
       27-3-78   16 - 11

Peso a la fecha: 70 Kg.

Mayo de 1978: 13- de mayo - internado. Me informa lo
siguiente:
Del 31-3 al 10-4 medicado con 2 Noloten por día H/145
Moduretic Recepina. Presión media 18 - 12
Del 11-4 al 28-4: 2 Noloten por día + 1.5 Presinil - Recepina
Presión: 16 - 10
Del 28-4 al 11-5: 3 Noloten p/día + 1.5 Presinil - Recepina
Presión 17 - 11 y 18 - 11
Fuera de esa medicación toma 3 Reposal por día
12-5-78 se acrienta lasix 1 por día
Peso 67 Kg. (4 kilos en un mes) lleva perdidos 28 Kg.
Presión 15 - 10

Termina la internación en junio →

DE PRÓPRIO PUNHO
Boletim médico escrito
por Flavio na prisão
(APFK).

e, devido a isso, era preciso grande empenho pela sua libertação. Obviamente que tal atitude correspondia aos sentimentos das duas, extremamente preocupadas com o destino do companheiro e filho, mas quero chamar a atenção para o fato de que essa dor afetiva e íntima foi convertida em estratégia racional e pública a favor de Flavio. Clara, por exemplo, escreveu à Comissão de Justiça e Paz de São Paulo, criada pelo arcebispo Dom Paulo Evaristo Arns em 1972, no dia 27 de abril de 1978, dizendo, entre outras coisas, o seguinte:

> *Como consequência da prisão e do tratamento lá recebido, Flavio sofre hoje do coração (hipertrofia do ventrículo esquerdo). O atendimento médico é dos mais precários. Sua saúde deteriora-se a cada dia. Visito-o frequentemente. Flavio é hoje a sombra do filho forte que eu tinha. Pesa vinte e cinco quilos a menos do que em 1975. Seu ânimo também está abalado, em virtude de sua doença e da observação de que todos os que foram presos com ele estão livres. Sinto que ele será o "bode expiatório" desta estória, e que o estão crucificando aos poucos* (Carta de Clara Koutzii à Comissão de Justiça e Paz. São Paulo, 27/04/1978).

As imagens de sofrimento materno e os símbolos religiosos mobilizados consciente e/ou inconscientemente por Clara certamente devem ter tido algum apelo junto aos destinatários da missiva.

O drama de Flavio também ganhou as páginas de vários jornais da grande imprensa e da imprensa alternativa, atingindo um público muito maior, certamente devido ao trabalho constante de Norma e Clara no sentido de chamarem a atenção para o seu caso. No alternativo *Pasquim*, por exemplo, o cartunista Ziraldo escreveu:

> [Ele] *está preso em La Plata, na Argentina. As condições de prisão de Flavio Koutzii são as mais terríveis que se possa imaginar. Ele é um adotado da Anistia Internacional, mas essa organização não tem tido as menores condições de chegar até ele. Ele está inteiramente incomunicável há três anos* [sic], *em precário estado de saúde – diabético e cardíaco – motivado por maus-tratos e torturas (afogamento técnico, principalmente) e nem pela Cruz Vermelha ele pode ser atendido* (*Pasquim*. Rio de Janeiro, recorte sem outras referências).

Essas pressões parecem ter surtido algum efeito, pois Leopold Aisenstein, então advogado encarregado do caso de Flavio, pôde visitá-lo na prisão, tendo depois escrito a Norma contando suas impressões. Disse que ele parecia ter emagrecido bastante, baseado nas fotos que dele recebeu e que o retratavam antes de ser preso. Informou ainda que Flavio "indicou que seu problema de saúde ligado a uma pressão arterial constantemente elevada e a uma lesão cardíaca continuavam sempre preocupantes". Afirmou também que Airton Soares, deputado federal e advogado, o qual o acompanhou à Argentina, conversou com o médico responsável pelos prisioneiros, tendo esse dito não haver instalações na prisão de La Plata ou no hospital da cidade capazes de tratar dos problemas de Flavio, e ressaltou: "Koutzii continua preocupado com a deterioração de sua saúde". Por fim, indicou que Soares também estava preocupado com a condição física de Flavio, tendo a intenção de pedir oficialmente sua transferência a um serviço especializado em cardiologia, "pois ele teme, no caso em que a pena seja confirmada e que nenhuma decisão de expulsão intervenha num futuro próximo, que a detenção durante ainda vários anos redunde em um resultado catastrófico e irremediável" (Carta de Leopold Aisenstein a Norma Espíndola, 10/07/78). Ou seja, a estratégia de divulgar e amplificar os problemas de saúde de Flavio passou, naquele momento, a ser a linha mestra de sua defesa e da campanha por sua libertação.

No documento citado anteriormente, mencionou-se que também a Copa do Mundo foi um evento motivador para a intensificação da campanha em prol da libertação de Flavio. Sobre esse acontecimento, Novaro e Palermo comentam:

> [...] *o Mundial era um teste decisivo tanto no plano interno como externo, e podia transformar-se num desastre ou dar motivos aos chefes processistas* [refere-se ao **Proceso de Reorganización Nacional**, forma como os militares chamavam sua intervenção] *para seguir adiante. Na realidade, o temor era justificado: os militares haviam optado por um caminho repressivo inédito em seu alcance e nas formas empregadas; embora houvessem feito um cálculo dos riscos que corriam, não podiam estar seguros de qual seria o resultado. À medida que a data do campeonato se aproximava, as críticas e denúncias das violações dos direitos humanos vindas do exterior foram aumentando, em parte em virtude da passagem do tempo, do amadurecimento da ação contestadora e das transformações na política exterior norte-americana, e em parte devido à própria proximidade do Mundial [...]. O que poderia acontecer com as pessoas no momento em que algumas centenas de jogadores de futebol, uns poucos milhares de torcedores e, sobretudo, alguns milhares de jornalistas de toda a mídia mundial convertessem o país numa delicada vitrine? A preocupação do governo aumentava* (Novaro, 2007, p. 207).

Porém, de acordo com os mesmos autores, tal preocupação acabou se revelando infundada, pois boa parte da população local, envolvida por uma espécie de "nacional-futebolismo", preferiu ficar à margem das questões políticas e voltar sua energia para torcer pela seleção argentina. Assim, "talvez com o mundial o regime tenha vivido suas melhores horas. [...] com *a festa de todos* [...] a repressão e a 'guerra suja' pareciam haver ficado para trás, esquecidas" (Novaro, 2007, p. 214-215). Contudo, não obstante a indiferença de parcela significativa da população argentina ao drama dos presos e desaparecidos políticos, e a sensação de vitória do governo, o Mundial teve alguma repercussão no pequeno universo que estamos examinando. Vejamos...

Glorinha e Paulo Henrique Paranaguá, pais de Paulo, desde a sua prisão, em 1975, lutavam arduamente para que ele fosse libertado. Com tal objetivo, o diplomata chegou a recorrer ao senador democrata americano Edward "Ted" Kennedy, irmão mais novo do ex-presidente John F. Kennedy. Talvez essa intervenção explique o documento intitulado *Pedido de assistência para filho de diplomata brasileiro*, pontuado por códigos, da Secretaria de Estado dos Estados Unidos, então liderada por Henry Kissinger, dirigido à embaixada norte-americana em Buenos Aires, de caráter prioritário, incluindo informações da congênere de Brasília:

> *1. Uma busca nos arquivos disponíveis em Washington não revelou informações sobre Paulo Antônio Paranaguá ou qualquer abordagem do USG pelo seu pai a seu favor. Contudo, nós temos um relatório de [nome ocultado] sobre Maria Regina Pilla incluindo-a em uma lista de 74 membros do Partido Operário Comunista (POC) no estado do Rio Grande do Sul. O relatório a descreve como pertencente à liderança do setor estudantil do POC e tendo sido ativa no setor estudantil em 1968/69. Ela também foi mencionada como sendo companheira de Flavio Koutsis [sic], um estudante esquerdista condenado por subversão.*
>
> *2. FYI: de acordo com um relatório de 1973, POC foi fundado em 1967. Era SM L, grupo orientado para a violência de dissidentes (majoritariamente estudantes) do Partido Comunista Brasileiro (PCB). POC aparentemente ficou inativo por alguns anos. Fim FYI. Kissinger. Secreto* (DOCUMENTOS DESCLASSIFICADOS do Departamento de Estado dos EUA. Projeto Argentina)[13].

O documento reforça a ideia, já desenvolvida em outros trabalhos, de que o governo estadunidense estava intimamente conectado com as polícias políticas dos países latino-americanos, o que envolvia intensa troca de informações entre essas instâncias. No que tange ao tema que nos interessa aqui, demonstra o trabalho do pai de Paulo para, por meio da estrutura diplomática, garantir a sua soltura. Tal esforço coadunou-se com o de Glorinha, que se aproveitou do contexto da Copa do Mundo de 1978 para solicitar auxílio ao filho. Ela era filha do empresário Antonio Leite, ex-presidente do Fluminense, o qual lhe sugeriu pedir ajuda a João Havelange, então presidente da FIFA, que organizava o Mundial na Argentina e teria contato com o governo daquele país. Segundo Ernesto Rodrigues, biógrafo de Havelange, Leite acabou ficando responsável por fazer o pedido, ao qual o dirigente esportivo teria respondido: "Antonio, eu faço esporte, não faço política". Contra-argumentando, o avô de Paulo carregou no tom emocional: "João, é meu neto. Você tem neto?", o que parece ter sensibilizado Havelange para tentar um contato com Videla. Em novembro de 1977, ele conseguiu uma audiência com o ditador argentino. Na ocasião teria dito: "Eu vim aqui fazer um pedido e o senhor tem o direito de me colocar daqui para fora, mas se o senhor puder atender, ficarei eternamente agradecido", contando-lhe então o motivo da visita. Videla então encaminhou Havelange ao general Roberto Eduardo Viola, na ocasião comandante em chefe do Exército argentino.

A intervenção, ao que tudo indica, surtiu efeito, pois Paulo e Maria Regina foram libertados e colocados em um avião com destino a Paris (Rodrigues, 2007). Flavio também mencionou "uma certa relação" que Glória Paranaguá tinha com Havelange e como essa foi fundamental para a libertação de Paulo e Neneca, acrescentando: "Como o nível de indiciamento dele [Paulo] não era complicado, ele tava à disposição do decreto do PEN, não tava sendo processado como eu, isso, digamos assim, foi uma exigência fácil de cumprir" (entrevista 7). Desprovido dessa rede de influências familiares e com um caso jurídico mais complicado, nosso personagem ainda padeceu por mais um bom tempo dos sofrimentos infligidos aos prisioneiros nos cárceres políticos argentinos.

Em setembro de 1978, pouco tempo depois do final da Copa do Mundo, um de seus maiores temores se concretizou: a transferência para outro presídio. Já mencionamos que tais deslocamentos seguidamente serviam de ocasião para o assassinato dos militantes encarcerados, a pretexto de supostas tentativas de fuga. Nosso personagem sabia de companheiros que haviam tido tal fim. Em seu livro, ele comenta: "Diante destas mortes, que materializavam o perigo com que todos tratam de coexistir e de uma certa forma ignorar, se instala [...] um estado de angústia e ansiedade permanente. As horas do entardecer e da noite eram esperadas nervosamente, pois eram os momentos mais prováveis dos traslados" (p. 52-3). Provavelmente em uma dessas horas assustadoras, ele foi transladado para bem longe da Capital Federal, a 1.200 quilômetros mais precisamente, a uma "gelada prisão da Patagônia" (Trecho de discurso proferido pelo prof. Paulo Timm, paraninfo da turma de Economia da UnB, s/d, que homenageou Koutzii), de "sinistra reputação" (Abaixo-assinado manuscrito ao embaixador do Brasil em Paris, s/d), chamada Rawson, homônima à pequena cidade onde se localizava, de dez mil habitantes, grande parte deles ligada aos serviços penitenciários e militares. Esse afastamento tinha por objetivo isolar o preso de seus familiares e advogados, de modo a contribuir para a sua deterioração psicológica e dificultar a sua libertação. Importante ressaltar que essas transferências frequentemente não eram comunicadas a familiares e defensores, o que intensificava sua angústia, impedia visitas e obrigava a rearticulações das redes de solidariedade aos encarcerados. Em um telegrama de Cecília Galli a Mario de Almeida Escostegui é narrada a angústia de dona Clara diante da falta de notícias a respeito do filho:

> *No dia 21 de setembro* [de 1978] *Dona Clara chegou a La Plata a 70 Km de Buenos Aires para visitar o seu filho, o brasileiro Flavio Koutzii, preso na Unidade Penitenciária Número 9, na sala onde as visitas, os parentes dos presos, são revistadas. Antes de entrar no Pavilhão das Visitas, Dona Clara foi avisada de que não poderia ver o seu filho,*

por que ele não estava mais lá. Muito nervosa, e sem entender o que acontecia, pois nesta viagem à Argentina, já tinha visitado Flavio duas vezes nessa mesma semana, pediu explicações aos funcionários da penitenciária sendo informada que seu filho tinha sido transferido nesse mesmo dia para a Penal de Rawson que fica na Província de Chubut, a 1500 Quilômetros ao sul de Buenos Aires.

Dona Clara só sossegou quando lhe asseguraram que seu filho tinha chegado bem em Rawson, informação que foi obtida pelo Cônsul do Brasil em Buenos Aires, o Ministro Ruy de Miranda e Silva, que falou por telefone com as autoridades penitenciárias.

No caso específico de Flavio, a transferência para Rawson talvez tenha relação também com uma alteração na tramitação jurídica de seu processo. De acordo com o mesmo telegrama, ele

[...] em junho de 1978 foi condenado a seis anos por uso de documentação falsa. Além disso, está à disposição do Poder Executivo Nacional, que é uma situação de detenção estabelecida pela Lei de Segurança Nacional, para delitos políticos e que independe da situação da Justiça Comum.

Com quarenta meses de prisão já cumpridos, Flavio teria que esperar um ano mais para poder ser beneficiado pela liberdade condicional, que poderia ser concedida com dois terços de pena cumprida. Mas os seus advogados argentinos entraram no dia 21 de setembro com o Escrito de Apelação da Sentença, pedindo sua absolvição, apresentando provas de sua inocência. As autoridades têm 40 dias para responder. Na sua situação de preso político, a alternativa para sua liberdade poderia ser a expulsão do país, coisa que o próprio Juiz recomenda na sentença, depois que cumpra a pena. Para essa possibilidade, a família de Flavio já tem a garantia do governo francês de que pode ir para lá. O consulado francês na Argentina lhe concedeu um visto de entrada em 1976, que poderá ser usado em qualquer momento (Telegrama de Cecilia Galli para Mario de Almeida, s/d).

Afastá-lo de seus defensores poderia ser, então, uma maneira de dificultar a tramitação do processo, que estava para ser julgado. Ao que tudo indica, a resposta das autoridades relativa à sua absolvição foi negativa e Flavio permaneceu ainda um longo tempo nas prisões políticas argentinas.

Abordando, em seu livro, a sua vivência em Rawson, Flavio exprime sentimentos e impressões aparentemente contraditórios. Por um lado, ressalta: "Da minha experiência pessoal guardo também a ideia de que Rawson era a prisão mais dura e violenta para nós". De outro, acrescenta: "Mas foi nela onde encontrei o grupo de companheiros mais coeso, maduro, combativo e fraterno" (p. 76). Ao lembrar de sua chegada ao novo cárcere, ele enfatizou este último aspecto:

> *Quando cheguei ao pavilhão de Rawson, percebi, nas conversações, uma familiaridade e uma ternura surpreendentes. Era o diálogo de alguém que se interessava pelos resultados escolares de um filho de seu camarada, ou pela situação de saúde de um familiar de outro. Tudo isto, num grupo praticamente idêntico, depois de dois anos no pavilhão, dava a impressão que todos pertenciam a uma grande e mesma família. Tanto mais significativo este comportamento quando se sabe que entre eles persistiam as diferenças políticas* (p. 94).

O que explica o destaque dado a Flavio a essas memórias cálidas e fraternas, pouco usuais, aliás, na narrativa de seu livro, em geral, como já vimos, bastante técnica e distanciada, justamente ao tratar de um espaço conhecido pelos presos como "o centro mais especializado de destruição psicofísica" da Argentina (Documento redigido por prisioneiros políticos de Rawson. Apud Koutzii, 1984, p. 76)? A aparente contradição se desfaz quando atentamos para o funcionamento do "sistema" e do "contrassistema" na referida prisão, cuja análise se constitui no eixo central da pesquisa realizada por nosso personagem.

Em Rawson, Flavio conheceu o "sistema" funcionando de modo mais acabado que em La Plata. Em seu livro, ele o define como "um conjunto de regras e condições materiais que determinarão a vida do prisioneiro" (p. 23), cujo objetivo "[...] não é só impedir a liberdade, é destruir a vontade e internalizar a repressão". Já vimos ao longo deste capítulo o funcionamento de vários componentes desse mecanismo, que iam desde o isolamento espacial dos presos até o controle dos seus gestos, vestimentas, leituras e correspondência. Na prisão de Chubut tais características foram reforçadas de maneira exponencial. Construída no início dos anos 50, Rawson já havia abrigado grande número de presos políticos e sindicais, como aqueles encarcerados após os levantes do Cordobazo e do Viborazo. Na ditadura de Lanusse, o lugar se converteu em um "presídio arquetípico de reclusão dos presos políticos", condição que se intensificou após o golpe de 1976, com a renovação/criação de estratégias voltadas à "tentativa de deteriorar a subjetividade dos presos políticos" (D'Antônio, 2012, p. 147 e 152). Um exemplo de funcionamento do "sistema" neste cárcere nos é fornecido pelo próprio Flavio, ao tratar dos elementos arquitetônicos da edificação:

> *O mais importante é o que poderíamos chamar "pavilhão-ilha". Se trata de eliminar o máximo possível de elementos que possam permitir a comunicação entre os pavilhões. As instalações sanitárias são suprimidas no interior das celas, o que impede a clássica comunicação pelos canos. O segundo elemento é a quase eliminação das janelas; elas se reduzem a uma pequena janelinha que está localizada bem mais acima do nível dos olhos de um homem de altura média. A partir de 1976, era proibido subir na cama para olhar por elas. A utilização do "pavilhão-ilha" pelas autoridades visava a bloquear a transmissão*

de informações e experiências entre pavilhões diferentes e principalmente impedir a articulação conjunta em lutas reivindicatórias por seus direitos mínimos (p. 78).

Flavio também relata a violência que acompanhava os traslados internos (ida ao dentista, à enfermaria ou à sala de visitas, por exemplo) dos prisioneiros, que podiam ir da agressão física materializada no fato dos guardas torcerem os braços dos internos quase no limite da ruptura, a fim de atarem correntes em seus pulsos, até a humilhação psicológica a que eram submetidos. Sobre este último ponto, ele forneceu um exemplo bem pessoal em seu livro, indicando, ainda, uma espécie de resistência moral interna, que ganhava espaço apenas na sua mente e nas de seus companheiros, mas que certamente proporcionava algum alívio psicológico:

> Assim ia, corrente atada ao pulso, olhando sempre para o chão, respondendo entre cada passagem de porta seu nome completo, acompanhado de um "señor zelador":
> "nome?"
> "Koutzii, Flavio – señor zelador!"
> "não ouvi!"
> "Koutzii, Flavio – señor zelador!"
> "não entendi!"
> "Koutzii, Flavio – señor zelador!"
> "passe!"
>
> ("señor zelador es la puta que te pario, concha de tu madre", nos dizíamos para compensar a humilhação e controlar o ódio). (p. 83).

Nesse ambiente a saúde de Flavio continuava se deteriorando. Sobre isso, em 11 de outubro de 1978, o jornal *Folha da Tarde* noticiou a denúncia, feita pelo Comitê Brasileiro pela Anistia – Seção Rio Grande do Sul, das condições carcerárias a que estava submetido nosso personagem. Segundo a nota, ele havia sido "privado de medicamentos, das mínimas condições de sobrevivência e de receber visitas [...]" (*Folha da Tarde*, 11/10/1978, recorte sem indicação da página). No mesmo sentido, um abaixo-assinado enviado ao embaixador do Brasil na França, datado do dia 14 do mesmo mês, denunciava que as autoridades penitenciárias de Rawson haviam suspendido, por diversas vezes, a administração de medicamentos indispensáveis à sobrevivência de Flavio (Abaixo-assinado ao senhor embaixador do Brasil em Paris. Dijon, 14/10/78). Poucos meses depois, a mesma *Folha da Tarde* publicou um depoimento de dona Clara, no qual essa alertava que Flavio "sofre de problemas cardíacos, adquiridos após o período em que passou sendo interrogado pelas autoridades argentinas. Sua transferência para Rawson agrava mais os seus problemas de saúde: 'O clima é pior para o problema de pressão arterial de Flavio, também não lhe é dispensado tratamento médico adequado'" (*Folha da Tarde*, 17/01/1979, recorte sem indicação da página). Ao ler o manuscrito deste livro, mais uma vez Flavio considerou um tanto exageradas essas afirmações sobre o seu estado de saúde, mas valorizou-as como parte da estratégia da campanha por sua libertação.

Se essa violência institucionalizada, esse terror de Estado em funcionamento no espaço prisional pode nos ajudar a entender por que Flavio se recorda da dureza da vida em Rawson, denominada por ele de "a prisão modelo por excelência" (p. 76), o que explica suas lembranças ternas e afetivas a respeito deste mesmo período? Possivelmente o fato de que lá nosso personagem entrou em contato pela primeira vez com o que denominou de "contrassistema", ou seja, "[...] uma série de soluções técnicas e organizativas para contornar o sistema" (p. 23). Mas não se tratava, segundo ele, de quaisquer soluções. Em La Plata, por exemplo, ele considera que não houve um "contrassistema", mas uma "simples atividade organizada". O que daria especificidade ao primeiro seria a "disposição ideológica e moral de resistir" (p. 130). Essa teria ocorrido em Rawson e também, como veremos, em outros cárceres pelos quais ele passou. No caso do primeiro, sua existência teria se tornado possível pelo fato de que lá "os prisioneiros eram militantes dos mais sólidos. Essa homogeneidade era criada pela ditadura militar, que enviava a Rawson os prisioneiros que considerava de maior peso político". No contrassistema, afirma Flavio, "não se trata simplesmente de uma atitude defensiva. É preciso, mesmo nos períodos mais difíceis, não somente garantir um mínimo de informação, comunicação e política, mas também, e sobretudo, *inventar, criar*. Vai nascer uma verdadeira 'arte carcerária'" (p. 95 – grifos no original).

Flavio chegou a Rawson quando o contrassistema já estava em plena atividade e participou vivamente de seu funcionamento. Não obstante a violência extrema do sistema, ele, com certeza, usufruiu dos benefícios dessa forma de resistência, no sentido de garantir alguma integridade psicológica e não sucumbir à desestruturação física e moral que a ditadura buscava infligir aos opositores. Importante ressaltar ainda que sistema e contrassistema mantinham entre si uma relação dialética, como Flavio demonstrou por meio de belas metáforas como: "Isto era em Rawson, onde o contrassistema se jogava, minuto a minuto, em cada passo do 'ballet' infernal entre os prisioneiros e os guardas, numa espécie de 'queda de braço' sem fim" (p. 96).

Permito-me reproduzir agora uma longa citação de Flavio a respeito de uma faceta do contrassistema desenvolvido em Rawson, a qual, mesmo não sendo narrada de forma oral, parece-me ser "citável", porque, mais do que exemplificar a realidade, mobiliza imagens que nos informam sobre essa realidade, explicam o seu funcionamento, têm força estética para permitir a ampliação do conhecimento sobre as relações sociais de dominação e resistência vigentes nos cárceres argentinos no período ditatorial. Segundo nosso personagem, essa prática contrassistêmica se dava, sobretudo, por meio da utilização das horas de *recreo* interno:

O funcionamento do contrassistema se faz por grupos, para garantir o que é constante em todas as prisões: cursos de formação, transmissão de notícias, atividades políticas, recreação, etc. O problema, aí, não será o de buscar soluções "técnicas" e astuciosas [como as utilizadas em outras prisões políticas, conforme veremos a seguir], *uma vez que era possível que os presos se juntassem em grupos de quatro ou cinco. A dificuldade era desenvolver as reuniões sem que o zelador, que girava permanentemente em torno aos presos, ao longo de um corredor que não tinha mais que 50 m de extensão, percebesse o conteúdo das conversações. Todas elas eram proibidas, a menos que ficassem em torno de banalidades.*

É importante recordar que as **fontes** *do que se transmite vão ser as mesmas que indicamos no caso anterior* [quando se referiu à prisão de Coronda, a qual examinaremos logo a seguir]*: as notícias virão através do trabalho com os familiares, os cursos serão dados a partir dos conhecimentos e das experiências dos próprios presos, a atividade política orientada pelas organizações, a recreação será fruto da criatividade e do humor de todos.*

Os pavilhões tinham entre trinta e quarenta presos. Durante o "recreo" interno, esses se organizavam de forma que metade se juntasse em grupos de cinco para "funcionar" enquanto que a outra metade se espalhava no pavilhão, para dispersar a atenção do guarda; ficava tomando mate, conversando amenidades.

A técnica dos que funcionavam em grupos consistia em trabalhar a dois níveis distintos. Preparavam e debatiam o tema específico pelo qual estavam reunidos e, ao mesmo tempo, tinham previamente estabelecido um assunto alternativo de conversação, geralmente sobre a família, uma viagem, uma discussão sobre futebol ou qualquer outra coisa "inocente".

O sistema consistia simplesmente em passar do tema da reunião ao tema alternativo quando se aproximava o zelador. Isto, evidentemente, exigia bastante atenção. Mas ao longo do tempo tornou-se automático. Os grupos passavam e repassavam de um tema ao outro, não só enganando o guarda, como evitando perderem o fio da conversação. Era importante que o tema alternativo tivesse uma relativa coerência e continuidade para justificar que as pessoas se mantivessem agrupadas e que o guarda escutasse que se estava falando sempre de uma mesma história.

[...] *aqui a resistência vai se expressar* **ao nível da linguagem**. *O uso alternativo de dois discursos é mais importante do que percebemos à primeira vista. Que discursos são estes? O curso, as notícias, a análise política é o* **nosso discurso**, *é o discurso dos presos. O outro é o* *discurso para enganar, para proteger o nosso verdadeiro discurso, é o do inimigo. E essa aparente dissociação, justamente ao contrário de desintegrar, integra, no tempo e no lugar, duas forças antagônicas: "nós" e "eles", os presos e a repressão* (p. 91-2).

Reforçando o que disse Flavio, aparentemente parece simples manter um duplo discurso para enganar quem está fora do grupo. Contudo, nas condições impostas pelo cárcere político, tal atividade requeria habilidade e sofisticação, já que a vigilância imposta aos presos era constante e minuciosa. Garantir a continuidade de duas conversas – uma sobre temas políticos, que mobilizava os militantes, e outra a respeito de amenidades, que afastava os carcereiros – contribuía para reforçar os laços internos do grupo e garantir um mínimo de intimidade em um mundo tão devassado, capaz de possibilitar a criação/reforço de laços pessoais e políticos, evitando-se assim a introjeção pura e simples da disciplina carcerária. Como salienta Flavio: "Eu penso que reconhecer-se no interior de uma *atividade*, a dos grupos, que é ao mesmo tempo resistência, aprendizado e identidade, é fundamental para resistir ao sistema que visa à destruição dos prisioneiros. Sobretudo naquele sentido mais profundo em que o preso luta para não ser o policial de si mesmo" (p. 92). Parece-nos então que foi justamente em função da existência do contrassistema, e das interações humanas que ele propiciava, que Flavio pôde, ao referir-se a Rawson, lembrar não só da violência lá vigente, mas também da acolhida e dos afetos dos companheiros.

Como vimos, com a divulgação de notícias sobre a piora do estado de saúde de Flavio, as pressões por sua libertação se intensificaram, tanto no plano jurídico quanto no que diz respeito às articulações políticas. Logo depois da transferência do filho para Rawson, dona Clara visitou-o acompanhada do advogado e então deputado pelo MDB Airton Soares. Este último recordou-se do fato da seguinte forma:

> [...] *a situação era muito difícil na Argentina ainda, muito difícil quando a corajosa dona Clara, mãe dele, se dispôs a ir comigo lá e procurar de prisão em prisão, provocando uma reação nem sempre muito saudável ou muito agradável por parte de quem nos recebia, mas de qualquer forma sabendo que estávamos promovendo um incômodo. Quer dizer, a presença de uma mãe, um advogado que era deputado, ali na porta de Rawson, por exemplo, no extremo sul da Argentina... Nunca iam imaginar que nós íamos nos deslocar, procurar em todas as cadeias, todas as prisões.*

Interessante assinalar que Soares atribui a libertação de Flavio, a qual tardaria ainda um ano, à "descoberta" de que Paulo já havia sido solto em função das conexões políticas de sua família:

> *Mas o fato que foi o mais importante lá foi quando nós descobrimos que ele tinha sido preso junto com o filho do embaixador brasileiro, cujo nome você deve ter aí.*

[Digo o nome: "Paranaguá"]

Paranaguá. E que a ditadura brasileira negociou com a Argentina, expulsaram o Paranaguá de lá e o Flavio mantiveram preso. O embaixador na época era o Silveira, o "Silveirinha", e eu me lembro que na época fui encontrá-lo, fui procurá-lo pra dizer o seguinte: "Olha, eu tenho uma informação de que o governo brasileiro, sua diplomacia, interferiu pra libertação de um brasileiro, sabendo que ele tinha sido preso com outro brasileiro".

"– Como assim?"

"– Senhor, o filho do embaixador vocês cuidaram dele. Agora o Flavio Koutzii tá desaparecido. Então, eu não quero ir na tribuna acionar todos os mecanismos que eu tenho à disposição no Congresso pra fazer com o que Flavio seja solto, porque como ele está desaparecido, ele pode simplesmente nunca mais aparecer. Mas eu gostaria que o senhor agisse da mesma forma que agiu com o filho do embaixador".

E aí eu soube depois que ele não tinha força suficiente para poder interferir no processo, mas que conseguiu sensibilizar os militares de que ia ficar uma posição muito difícil pro Itamaraty se aquele assunto fosse tornado público. E, certamente, por mais que pudesse haver censura, seria impossível àquela altura evitar que aquilo ganhasse algum espaço, pelo menos na área política. E logo depois disso o Flavio acabou sendo solto na condição de sair da Argentina, e ele acabou optando pra ir pra França, uma vez que ele tinha anteriormente os contatos todos lá com o pessoal da Quarta.

De volta ao Brasil, Clara e Airton procuraram a imprensa para falar da gravíssima situação da saúde de Flavio e do fato de que ele era o único brasileiro ainda preso por motivos políticos na Argentina. O *Jornal do Brasil*, por exemplo, noticiou: "Clara Koutzii, mãe de Flavio Koutzii, único brasileiro preso na Argentina por atividades subversivas, afirmou ontem em Buenos Aires, ao regressar do presídio de Rawson, no extremo sul do país, que seu filho precisa ser transferido para uma cela especial em La Plata, onde já esteve, por causa de seu precário estado de saúde" (*Jornal do Brasil*, recorte sem referência de data e página). Em âmbito mais amplo, a campanha também se intensificava, como veremos na próxima seção. Norma, por exemplo, obteve, na França, em 30 de setembro de 1978, do médico cardiologista Philippe Brun, do Serviço de Fisiologia e de Explorações Funcionais do Hospital Henri Mondour, um documento em que esse "declara estar pronto a receber no Serviço o Senhor Flavio Koutzii, a fim de aplicar nele os exames necessários ao seu estado, hipertensão arterial severa com repercussão cardíaca, e deduzir as melhores possibilidades terapêuticas para tentar evitar a evolução irreversível de um processo atualmente insuficientemente controlado" (Certificado de Philippe Brun, médico cardiologista, do "Service de Physiologie et d'explorations fonctionnelles, Hôpital Henri Mondor, Docteur Daniel Laurent", 30/09/1978). Além disso, localizei pela primeira vez na documentação o argumento do antissemitismo para explicar a permanência de Flavio na prisão, que foi levantado pela própria dona Clara. À *Folha da Tarde* ela declarou que não lhe foram revelados os motivos da transferência de La Plata para Rawson e nem tampouco a família foi comunicada, "mas [...] imagina que uma das razões seja a origem judaica de seu filho e sua relação 'com o intenso antissemitismo da Argentina'"(*Folha da Tarde*, 17/01/1979, recorte sem referência de página). Trataremos com mais vagar deste ponto ao abordarmos especificamente a campanha pela libertação de Flavio. Por ora, basta reafirmar que naquele momento a referida campanha estava ganhando muita força, mobilizando pessoas e argumentos diversos, motivada principalmente pelo agravamento do estado de saúde de nosso personagem, que poderia levá-lo à morte.

Não obstante tais clamores, ou mais provavelmente em função deles, Flavio foi transferido novamente de prisão, possivelmente temendo, outra vez, que uma falsa tentativa de fuga pudesse justificar a sua morte. Agora o destino foi o cárcere de Coronda, onde as violências infligidas aos presos também eram severas e, como nas demais prisões políticas, voltadas ao "aniquilamento total da personalidade do prisioneiro" (p. 65). Em livro elaborado por um coletivo de militantes de esquerda que estiveram encarcerados nesse espaço, consta a seguinte afirmação: "[Coronda] foi concebida logo após o Golpe de Estado de 24 de março de 1976 como um verdadeiro laboratório experimental... Aplicou-se nela um dos mais sistemáticos planos de destruição física e psicológica com o claro objetivo de quebrar ideologicamente os presos que passamos por suas celas" (Vários, 2003)[14]. Tratava-se de uma prisão estadual, uma ex-colônia penitenciária agrícola, situada a meio caminho entre Rosário e Santa Fé, a quatro horas de carro de Buenos Aires. Lá nosso personagem ficou encarcerado de janeiro a maio de 1979: pouco tempo em termos cronológicos, mas muito intenso quando se levam em conta as experiências vividas por Flavio, tanto como vítima das violências do sistema quanto como um dos protagonistas do contrassistema, que em Coronda, conforme veremos logo a seguir, adquiriu formas muito criativas e sofisticadas.

Como aconteceu quando Flavio foi transferido de La Plata para Rawson, a família não foi comunicada da mudança, o que mais uma vez provocou grande angústia em dona Clara, levando-a a peregrinar por presídios militares em busca do filho. Em 25 de janeiro de 1979, o *Correio do Povo* noticiou que Flavio "foi finalmente localizado: Está no presídio de Coruña (sic), na Província de Santa Fé [...]". O jornal ressaltou também as "péssimas condições carcerárias em que Flavio se encontra, absolutamente incomunicável, sem recreio, exposição à luz solar, proibido de ler, ouvir rádio ou ver televisão, sem atendimento médico e péssimo regime alimentar. Cardíaco, Flavio está com 22 de pressão [...]" (*Correio do Povo*, 25/01/1979, recorte sem referência de página). Para explicar a transferência, o advogado Airton Soares valeu-se, em suas entrevistas à imprensa, do argumento do antissemitismo. À *Folha da Manhã*, falou que as mudanças de cárcere eram um "sistema adotado para punir os presidiários"; porém ressaltou que Flavio "jamais cometeu qualquer infração ao regime carcerário", o que lhe fazia suspeitar "que ele vinha sendo perseguido por motivos religiosos: é judeu e, na sua opinião, 'os militares argentinos possuem um alto grau de antissemitismo. Por que outro motivo, então, só lhe permitem que leia o Novo Testamento, e nunca o Antigo?'" (*Folha da Manhã*, 16/02/1979, recorte sem referência de página).

Flavio, Paulo e Neneca sempre negaram que o antissemitismo vigente em vários setores da sociedade argentina, em especial nas Forças Armadas, tenha jogado um papel decisivo para a permanência mais longa do primeiro na prisão ou para uma suposta intensificação dos sofrimentos a ele infligidos. Em seu livro, ele recorda que em Coronda só se podia ler o Novo Testamento (não somente ele, mas todos os presos políticos), mas aponta outro motivo para a proibição: "[...] o Antigo era considerado censurável e 'subversivo'. O diretor de Coronda permitia unicamente a circulação de uma edição não comentada do Novo Testamento, suspeitando da riqueza do material para reflexão no Antigo Testamento" (p. 33). Sobre o tema, Neneca afirmou: "Embora na Argentina exista um sentimento antissemita histórico, [...] eu acho que nessa época aí a discriminação não era essa, a discriminação era ser subversivo ou não [...]". Paulo, no mesmo sentido, ressaltou que "os militares depois do golpe de 76 tiveram uma atuação muito antissemita", mas descartou a ideia de que a origem de Flavio tenha contribuído para a sua maior permanência na prisão, preferindo reafirmar que tudo era muito aleatório e as condenações dependiam do que havia sido encontrado na casa de cada um. O próprio Airton Soares, em entrevista a mim concedida, não tocou diretamente no tema, tratando do judaísmo apenas para falar da coragem de dona Clara:

> *Ela, vamos lembrar, tem origem judaica, acostumada a ter as notícias e informações das resistências dos judeus às perseguições. E vale lembrar também que o filho dela era um descendente que tava na mão de uma ditadura nazista, nazifascista. Então todas essas coisas devem ter aflorado muito na dona Clara... Acho que toda mãe faria o que ela fez, mas ela fez um pouco mais.*

Talvez, então, se possa pensar que a alegação de antissemitismo tenha sido um recurso estratégico da parte da defesa de Flavio como forma de atingir negativamente a imagem do governo argentino. Veremos na próxima seção que tal recurso foi utilizado de forma mais ampla na campanha por sua libertação, contribuindo para o engajamento de novos colaboradores.

Como em relação a Rawson, Flavio, ao lembrar-se de sua chegada a Coronda, mescla a evocação das violências sofridas com recordações ternas a respeito dos companheiros de infortúnio: "Eu me recordo que no mesmo dia de meu translado de Rawson a Coronda, depois de ser encerrado numa cela isolada no terceiro andar – onde passaria o 'período de observação' –, escutei, surpreendido e desconcertado, uma voz, um pouco mágica, que contava uma história. Compreendi depois que se tratava de um filme" (p. 74). Narrativas como esta, ele explica, tinham como principal objetivo o divertimento e a distração, mas também contribuíam para que os internos preenchessem as "horas vazias" com a preparação das histórias.

Em Coronda, como em Rawson, o eixo principal de funcionamento do contrassistema era a resistência à imposição dos carcereiros de que os prisioneiros não se comunicassem entre si. Porém, se, no cárcere patagônico, a proibição dizia respeito a assuntos políticos, em Coronda ela se referia a praticamente todo o tipo de comunicação. Flavio, segundo o jornal *Folha da Manhã*, quando pôde falar com seu advogado e sua mãe, relatou-lhes o desespero gerado por tal isolamento:

> *"Não aguento mais, estou no limite de minhas resistências", sussurrou baixo, Flavio, para seus visitantes, na impossibilidade de falar alto, pois não é permitido conversa à meia altura no interior da prisão. Um simples grito de um prisioneiro a outro é motivo para levá-lo à triagem, que consiste em ficar 15 dias sem poder conversar, sem ler e sujeito às arbitrariedades vigentes. No pavilhão dos comuns, onde encontra-se Flavio, todos os detentos já foram punidos várias vezes, pelo simples motivo de comunicarem-se entre si (Folha da Manhã, 16/02/1979, recorte sem referência de página)*[15].

Diante de tão terríveis restrições, parte dos presos de Coronda (na época que Flavio lá esteve, havia entre quatrocentos e quinhentos encarcerados) desenvolveu um engenhoso sistema para burlar a interdição da comunicação: o chamado "periscópio". Para construir tal aparelho, os detentos "[...] utilizaram os meios oferecidos pelo próprio sistema: a realidade material da prisão". Acompanhemos, então, um trecho do livro de Flavio, no qual ele narra com minúcias a fabricação dessa tecnologia, o que possibilita perceber a criatividade e, sobretudo, a vontade política dos encarcerados de evitar a plena realização do sistema, que os queria apáticos e moralmente esvaziados:

> *Nesta velha colônia penitenciária, os materiais utilizados eram velhos e facilitavam a propagação do som. As portas de cada cela tinham duas linhas paralelas de pequenos buracos, destinados a facilitar a circulação do ar. Os buracos estavam na parte inferior da porta. Para a limpeza da cela, cada prisioneiro tinha o direito de conservar consigo uma vassoura. As janelas conservavam ainda, atrás dos barrotes de ferro, grandes vidraças. Delas ou de recipientes de medicamentos, se obtinham pequenos pedaços de vidro.*
>
> *Destas coisas os prisioneiros de Coronda faziam o "periscópio". Pegavam um pequeno pedaço de vidro e o poliam – pacientemente – até*

transformá-lo em um pequeno espelho do tamanho de um grão de feijão. E colavam em uma das faces um plástico negro que se podia encontrar em alguns medicamentos. Depois atavam o minúsculo espelho numa palha retirada da vassoura, utilizando um fio de sua camisa. Fabricava-se assim um instrumento de inspeção, leve, que podia facilmente ser destruído ou escondido. De fato, o polimento do vidro o deixava tão liso que sua ingestão não provocava nenhuma lesão interna; engoli-lo e "recuperá-lo" era uma questão de horas, sem nenhum dano para o aparelho digestivo.

Passando o "periscópio" por um dos pequenos buracos de ventilação, se podia ver o corredor e detectar a presença do guarda. Este gesto simples obrigava, no entanto, a um certo esforço físico: o movimento de deitar-se de bruços sobre o chão, de concentrar-se olhando durante dezenas de minutos este minúsculo objeto (p. 65-67).

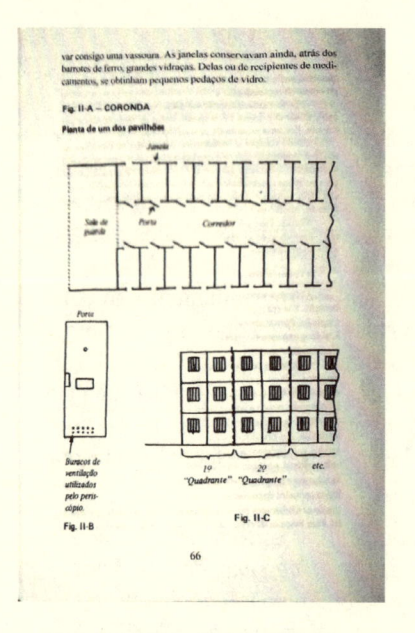

Livro *Pedaços de Morte no Coração*, pág. 66 – Desenhos de Luiz Eduardo Oliveira ("Leo").

A engenhosidade e a criatividade investidas nesse pequeno instrumento saltam aos olhos e revelam, insisto, a vontade política dos prisioneiros de não se dobrarem às determinações do sistema, em especial, nesse caso, àquela referente à proibição de comunicação entre os companheiros. Mas, além do objetivo em si do periscópio, qual seja, permitir tal comunicação, o próprio ato de operá-lo, segundo Flavio, já possibilitava a restituição de experiências humanas negadas pelos agentes repressivos aos encarcerados, com destaque para a cooperação, a organização coletiva e o livre-arbítrio. Nas palavras de nosso personagem:

> *[...] a técnica do "periscópio" dinamiza tudo aquilo que o sistema queria amortecer. Cria uma* **tensão** *que, ao contrário da tensão-pressão imposta pelo sistema, era vivida como uma* **tensão positiva**, *porque era produto de um risco livremente assumido, pela própria vontade do prisioneiro.* **Uma atividade não imposta**, *mesmo com alto risco – porque a solitária era considerada um risco –, era a condição para a formação de relações sociais entre os prisioneiros, relações humanas, pessoais, políticas e organizacionais* (p. 68 – Grifos no original).

Após descrever o funcionamento do "periscópio", Flavio parece demonstrar em seu texto encantamento com a "descoberta", fugindo do tom distanciado

Fig. III – O EMPREGO DO PERISCÓPIO

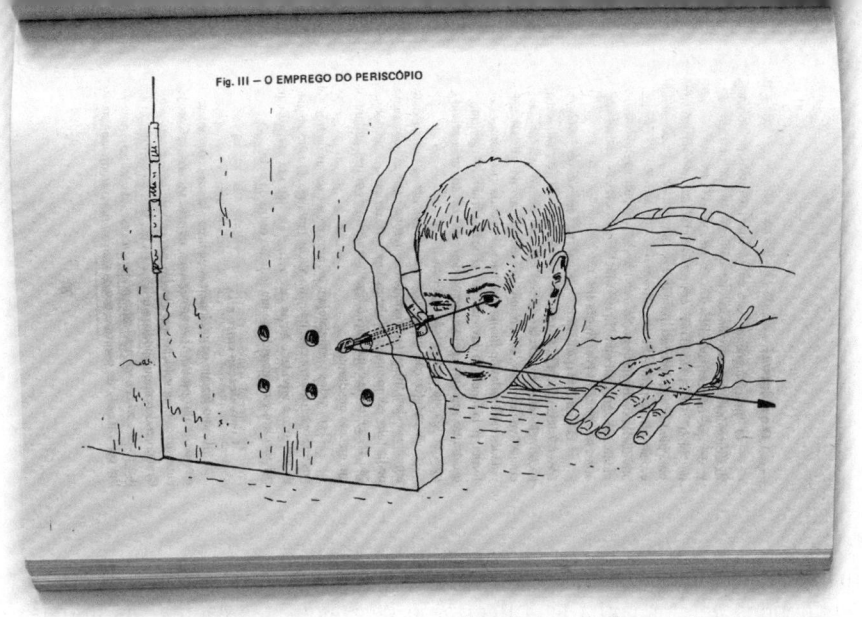

Livro *Pedaços de Morte no Coração*, pág. 69 –
Desenhos de Luiz Eduardo Oliveira ("Leo").

e técnico que predomina no livro: "Era a descoberta-chave. Este gesto era já a *resistência*, o começo da reestruturação de sua própria força, de sua dignidade, de sua identidade" (p. 67 – itálico no original). Sobre a permanência dessa técnica na memória de Flavio, permito-me contar uma anedota: em uma das entrevistas que realizei com ele em sua casa, não achávamos uma tomada elétrica para conectar a câmara de vídeo, devido ao acúmulo de livros pelo chão da sala. Flavio valeu-se então de um pequeno espelho para localizá-la, lembrando, de modo divertido, de sua experiência com "periscópios" quando era prisioneiro.

Outras táticas do contrassistema também são relatadas por Flavio em seu livro, inclusive no capítulo dedicado a Coronda, mas o periscópio guarda um lugar importante em suas lembranças e na de vários outros prisioneiros que passaram por aquela instituição. Em livro coletivo, mencionado mais acima, elaborado por ex-presos políticos que lá estiveram, lê-se:

> Os "periscópios", principais aliados, se converteram com o tempo no símbolo da proteção coletiva; em para-raios defensivo que separava o autopermitido do proibido, que abria o caminho para o sancionado intercâmbio com os outros companheiros presos. Falar, escutar o outro..., o sagrado mistério da comunicação humana. Quebrar o isolamento era ganhar a grande "batallita". Combate – com a paciência de quem tem todo o tempo do mundo em seu favor – foi sinônimo de sobrevivência. [...] *a resistência coletiva cotidiana constituiu assim a outra face da moeda corondina. Ao laboratório de destruição respondemos com engenho e convicção. Ao regime brutal, com nossa lula pela vida* (Vários, 2003).

Mais uma vez, chama a atenção o significado político dessas práticas cotidianas de resistência, ao que tudo indica percebido no momento mesmo de sua utilização e reafirmado posteriormente, de maneira mais racionalizada, nos relatos memoriais dos que passaram pelos cárceres políticos.

A alegada deterioração das condições de saúde de Flavio ganhou repercussão em fevereiro de 1979, logo depois de uma visita de Clara e Airton Soares a Coronda, quando nosso personagem, na impossibilidade de falar alto devido à vigilância dos guardas, teria sussurrado: "Não aguento mais, estou no limite de minhas resistências". O suposto apelo desesperado foi divulgado pelo advogado na edição do *Em Tempo* daquele mês, acompanhado por denúncias como: "[Flavio pode] morrer a qualquer instante por falta de assistência, vítima de hipertensão. O convívio diário com a morte e a tortura de companheiros de cela implanta um clima de pavor e medo a todos os detidos" (*Em Tempo*, 22 a 28/02/1979, recorte sem referência de página). O estratégico pedido de ajuda teve espaço também, por obra de Airton, Clara e outros envolvidos na campanha pela libertação de Flavio, nas páginas da grande imprensa. O primeiro, valendo-se de sua condição de deputado, imputou aos governos do Brasil e da Argentina a responsabilidade pelo que pudesse acontecer com o seu cliente, pedindo ao Itamaraty que, novamente, providenciasse a ida do cônsul brasileiro em Buenos Aires a Coronda. Ao jornal *O Estado de S. Paulo* declarou: "As últimas informações sobre Flavio [...] dão conta de que seu estado de saúde voltou a piorar. Ele sofre de hipertensão e tem uma obstrução no ventrículo esquerdo, condições que tornam particularmente penosa sua vida no presídio. Flavio vive isolado numa cela e está proibido de ler". E continuou, valendo-se de um argumento já empregado em declarações anteriores: "O deputado insiste em que o governo brasileiro faça gestões visando à libertação de Flavio pois, no processo em que foi condenado, todos os outros 10 indiciados foram expulsos da Argentina. Como Flavio era o único judeu do grupo, atribui-se a diferença de tratamento, inclusive a questões de antissemitismo". Na mesma notícia, consta o depoimento de dona Clara, no qual ela explica que seu filho havia sido transferido para uma nova cela "onde não pode nem falar com os guardas", alertando ainda que ele poderia "aparecer morto a qualquer momento". A sua declaração dramática foi acompanhada de articulações políticas, já que, diz o periódico, ela havia se reunido com representantes do movimento pela anistia, que ganhava força no Brasil, e com deputados que pretendiam, em breve, deflagrar uma campanha de mobilização da opinião pública semelhante àquela realizada em prol de Flávia Schilling, militante brasileira presa no Uruguai (*O Estado de S. Paulo*, 24/02/1979, recorte sem referência de página). Como veremos na próxima seção, as campanhas pelos "Flavios" acabaram se entrecruzando e ganhando unidade no bojo da luta mais ampla pela anistia.

A pressão de Clara, Airton e outras pessoas e organizações empenhadas na libertação de nosso personagem, aliada a uma conjuntura internacional na qual o tema dos direitos humanos ganhava visibilidade, parece ter dado resultado, já que ele foi transferido em maio de 1979 para a prisão de Caseros, localizada no centro da cidade de Buenos Aires, que havia sido posta em funcionamento naquele mesmo mês. Tratava-se de um edifício de dezesseis andares, cuja "arquitetura já integrava uma série de soluções técnicas, visando a neutralizar os métodos – já muito conhecidos – que os prisioneiros usavam para resistir" (p. 97). Porém, nem todas essas estratégias repressivas foram utilizadas em razão do elemento conjuntural indicado acima: as pressões internacionais que cada vez mais eram dirigidas à Argentina questionando as violências cometidas pela ditadura contra seus opositores. No período da transferência de Flavio de Santa Fé para a Capital Federal, por exemplo, estava para chegar ao país uma delegação da Comissão de Direitos Humanos da OEA a fim de examinar a situação dos presos políticos. Segundo Flavio,

> *Caseros respondia exatamente às intenções contraditórias dos militares naquele momento: prolongar o sistema de aniquilamento e ao mesmo tempo salvar as aparências diante das investigações em torno à violação dos direitos humanos. É justamente para maquiar as péssimas condições carcerárias que as prisões de Resistência e Coronda foram desativadas [...] e seus prisioneiros trazidos para Caseros* (p. 98).

A descrição feita por Flavio de Caseros permite-nos visualizar como o plano perverso dos repressores argentinos se concretizava na prática:

> *[...] melhor era mostrar às futuras delegações, um edifício absolutamente novo, moderno, limpo, instalado no centro da cidade (com ginásio), com "música ambiente", tudo o que, numa visão superficial, desse a impressão de que os presos estavam muito "bem tratados". No entanto, do ponto de vista dos presos, uma série de elementos constitutivos da organização e da estrutura da prisão não somente eram insuportáveis quanto alguns provocavam ativamente novas dificuldades: a luz artificial todo o dia, impossibilidade total de acesso ao ar livre, um edifício asséptico – com muitas características de hospital –, as paredes desumanamente limpas e iguais, as celas que eram impossíveis de reconhecer pelo seu próprio ocupante, tal a uniformidade dos elementos que a compunham, e o rigor disciplinar na arrumação dos objetos pessoais (o regulamento exigia que todos os elementos pessoais fossem guardados num pequeno baú)* (p. 98).

Portanto, sob o verniz da higiene e do bom tratamento, mais uma vez vigorava a ideia de desestruturar física e psicologicamente os encarcerados, despindo-os de seus estojos de identidade e impondo-os uma uniformidade e uma regularidade que tinham como objetivo último debilitá-los nos planos moral e afetivo mediante a ausência de comunicação e de referências personalizadas. Flavio mostra em seu livro que os presos que vieram para Caseros trouxeram suas tradições de resistência e procuraram adaptá-las à nova situação. Os "corondinos", como ele, especialistas no fabrico do "periscópio", encontraram, para a sua surpresa, em cada uma das celas um pequeno espelho na parede, o que os dispensava de fabricar superfícies refletoras com cacos de vidro. Também logo se deram conta de que, como a frente das celas era de grades, ficava mais fácil, seguro e rápido utilizar o espelho inteiro para detectar a presença dos guardas, ao invés do periscópio tradicional. A engenhosidade dos prisioneiros mais uma vez se manifestou: eles começaram a envolver o espelho com uma meia verde que confundia-o com a cor da parede e evitava reflexos; a meia era furada no centro e esse furo possibilitava a observação pelo pedaço de espelho não coberto. A técnica permitia, sobretudo, que, quando os guardas não estivessem vigiando, eles pudessem, conforme a gíria do cárcere, "subir na palmeira", ou seja, subir no banco da cela para olhar através das janelas, movimento interditado pelo regulamento. Segundo Flavio,

> isto foi muito importante porque o panorama que se podia vislumbrar de um 14º andar no centro de Buenos Aires era algo que, depois de muitos anos, os presos não haviam mais visto: edifícios, cores, gente, movimento, especialmente nos terraços dos edifícios, o velho que vinha regar as plantas, moças que banhavam-se ao sol, as crianças que brincavam nos terraços, "os presos se iam"... (p. 103).

Os prisioneiros buscavam, portanto, imagens que "perturbassem" a uniformidade visual do cárcere e lhes possibilitasse contato com cores, movimentos e pessoas não previstos nos códigos disciplinares, capazes de fomentar lembranças, narrativas e ideias mais individualizadas, as quais pudessem transportá-los para a vida "lá fora" e, quem sabe, devolver-lhes alguma esperança de encontrar a liberdade.

Em função das pressões apontadas antes, em Caseros eram autorizadas duas cartas por semana e três livros por mês. Além disso, permitia-se a comunicação entre os presos vizinhos de cela. As portas de grade, por um lado, impediam qualquer resquício de privacidade que os presos pudessem ter, mas, por outro, possibilitavam a troca de revistas, livros, artigos comprados na cantina e, sobretudo, palavras. Os presos também se organizaram para escolher delegados "rotativos", responsáveis por levar à direção problemas de interesse coletivo. Além disso, com seus gestos de resistência, obtiveram pequenas vitórias, como a anulação da ordem de trotar cada vez que iam da cela ao *recreo* ou ao banheiro, ou de levantar cada vez que um guarda ou oficial entrasse no pavilhão. Flavio afirma que, em Caseros, diante das "vantagens" oferecidas pela instituição, na verdade frutos das pressões internacionais em prol dos direitos humanos e da própria resistência dos presos políticos, cada vez mais os últimos passaram a se dedicar a atividades individuais, como ler livros e revistas. Ele explica:

> Há um relativo deslocamento do tipo de atividade característica de Rawson ou de Coronda, toda ela coletiva ou dependente de ações coletivas para se desenvolver, a uma situação na qual começa a existir cada vez mais uma atividade individual [...]. Se vê claramente que a uma modificação do sistema corresponde uma modificação relativa

no contrassistema. De todas as maneiras havia uma organização que articulava os tempos individuais e os tempos de atividade coletiva. Novas possibilidades se abriam (p. 107).

Essa abertura de possibilidades não significava, insistimos, o desaparecimento do terror de Estado e sua expressão nas prisões, o que Flavio chama de "sistema", como ele deixa bem claro no exemplo da "música ambiente":

> [...] *as autoridades penitenciárias colocavam música pelo sistema de alto-falantes das seis horas da manhã às oito da noite. Começavam com marchas militares e depois colocavam cinco músicas que se repetiam invariavelmente – no máximo volume – todo o dia. Com esse mecanismo (verdadeira forma de tortura) neutralizavam com uma mão o que haviam dado com outra (livros, possibilidades de falar de cela a cela). Os prisioneiros criaram sua própria "terapêutica" para neutralizar o "inferno musical": golpeavam as paredes, gritavam e insultavam durante a execução das músicas. O cinismo da situação culminava quando, ao final do dia, já na hora de dormir, depois dessa longa intoxicação sonora, os presos escutavam a voz envolvente e sedutora de uma locutora desejando-lhes bom sono e bons sonhos...* (p. 109).

Em outra passagem de seu capítulo sobre Caseros, Flavio faz uma observação geral, mas que parece bem expressar o seu caso particular: "[...] ao ingressar em Caseros, os prisioneiros estão 'gastos' pelos anos anteriores. Os efeitos [nefastos] se multiplicam porque o prisioneiro já tem uma longa acumulação de desgaste e sofrimento" (p. 109). Não é despropositado pensar que ele se sentisse justamente assim: "gasto" pelo longo tempo de cárcere, pelas transferências que o jogavam cada vez mais longe de seus entes queridos, pelas agressões motivadas por gestos e atitudes aparentemente banais, pelas dificuldades jurídicas e políticas associadas a seu processo, pela saúde que se debilitava progressivamente. Tal sensação talvez só fosse contrabalançada pela possibilidade, que se avizinhava cada vez mais concreta, de libertação, como indicam alguns documentos. Em 18 de maio de 1979, segundo informação do *Em Tempo*, o ditador Jorge Rafael Videla assinou o decreto que o indultava e expulsava do território argentino (*Em Tempo*, nº 67, 08 a 14/06/1979). No dia 27 do mesmo mês, Norma escreveu a Paul Milliez, médico francês que recolheu mais de 60 assinaturas de colegas de profissão e professores em prol da libertação de Flavio, afirmando que, segundo informações da embaixada da França na Argentina, da sua família e do seu advogado, ele seria expulso em alguns dias (Carta de Norma Espíndola a Paul Milliez. Paris, 27/05/1979). Tal expectativa foi se confirmando aos poucos, certamente, por um lado, enchendo de esperança os familiares e amigos de nosso personagem, e por outro, gerando apreensões quanto ao seu estado de saúde e em relação às barreiras impostas pela ditadura à sua efetiva libertação. No final de maio, por exemplo, a revista *IstoÉ* noticiou "Flavio está livre", mas informou também que ele só sairia em junho, pois as autoridades brasileiras deram-lhe apenas um atestado de cidadania, o que complicou o embarque para a França, tendo ele permanecido preso no Departamento Central da Polícia de Buenos Aires. A matéria ainda informava que, a partir daquele momento, a luta da família se focaria na prescrição da pena de Flavio no Brasil (*IstoÉ*, 30/05/1979, recorte sem referência de página).

As esperanças se concretizaram no dia 2 de junho de 1979, um sábado, quando, às 15 horas e 20 minutos, no aeroporto de Ezeiza, Flavio embarcou num jato da Air France com destino a Paris, onde chegou às 11 horas de domingo, depois de uma escala em Dakar. De acordo com o *Em Tempo*, o embarque se realizou "sem o aparato policial esperado pelos jornalistas brasileiros", pois ele foi acompanhado somente "por dois jovens policiais militares da Aeronáutica, na caminhada pelo saguão do aeroporto até a sala de embarque". Logo após chegar a Ezeiza, Flavio realizou exame de saúde no Departamento de Polícia Aeronáutica e sua pressão arterial foi de 16 por 12, o que, ainda segundo o periódico, pode ser "considerada boa já que ele sofre de hipertensão arterial e tem uma obstrução no ventrículo esquerdo". Em seguida, como se não bastassem todas as violências sofridas ao longo dos quatro anos anteriores, ele foi submetido a um último "interrogatório de intimidação". Na continuidade encontrou Clara, com quem pôde conversar por três horas, Rodolfo e Angélica Espíndola, e Liliana e Maria Angélica, pai, mãe e irmãs de Norma. Nas palavras do *Em Tempo*, "o encontro foi marcado por muita emoção, pois os quatro não viam Flavio há mais de um ano". Sua mãe, emocionada, disse após encontrá-lo: "Pela primeira vez sairei de Buenos Aires com alegria" (*Em Tempo*, n° 67, 08 a 14/06/1979).

A foto que retrata o momento do embarque, publicada na imprensa e também no site oficial de Flavio[16], de forte composição dramática acentuada pelo preto e branco e pela sua magreza cadavérica, evidencia a degradação física experimentada, ou seja, a inscrição corporal de quatro anos de torturas, prisões, isolamento, mortes de amigos e companheiros, esperanças frustradas, projetos derrotados. Sua aparência chamou a atenção da reportagem do *Em Tempo*, que assim se pronunciou sobre o tema: "Os quatro anos de prisão e as péssimas condições carcerárias deixaram Flavio com os cabelos grisalhos e duas profundas rugas no rosto. Ele está com 71 quilos – 26 a menos do que quando foi preso – e com a saúde bastante abalada. É obrigado a se medicar constantemente" (*Em Tempo*, n° 67, 08 a 14/06/1979).

VIMOS, AO longo deste subcapítulo, que as experiências vividas por Flavio desde a queda em 1975 até a libertação em 1979 foram marcadas por muita violência, manifestada de diversas formas: da agressão física à intimidação psicológica, dos castigos severos por razões aparentemente banais ao controle minucioso dos gestos e do tempo. Procurei mostrar, através de seu caso concreto, aspectos do funcionamento do Estado terrorista argentino, especialmente no que se refere ao tratamento dado aos prisioneiros legais, tema por vezes negligenciado nas análises voltadas a compreender (e a denunciar) as violações aos direitos humanos cometidas durante a ditadura iniciada em 1976, em geral focadas nos campos de concentração ilegais e no drama dos desaparecidos. Acompanhando os percursos de nosso personagem, foi possível evidenciar que a estrutura repressiva utilizada pelo regime ditatorial deu continuidade a práticas e projetos já implantados nos últimos governos peronistas (do próprio Perón e, com sua morte, de Isabelita), sem desconsiderar que, após o golpe, esses mecanismos ganharam amplitude e intensidade inéditas até então. Flavio e seus companheiros caíram antes da tomada do poder pelos militares, em um contexto de arruinamento das instituições democráticas, de exacerbação da violência política e de constituição de aparatos legais e ilegais de repressão oficial aos "inimigos", ou seja, todos aqueles que se manifestavam contra o regime vigente, especialmente os grupos revolucionários peronistas e comunistas. Além disso, as vivências de Flavio na prisão mostram que, após a ascensão dos militares ao poder, esses sistemas de repressão, o visível e o clandestino, funcionaram em íntima sintonia, ambos visando à destruição dos inimigos políticos, o primeiro pela via do desaparecimento e o segundo pela gradual aniquilação física e moral dos prisioneiros.

No livro que escreveu sobre o sistema prisional argentino e nas diversas entrevistas que concedeu a respeito do tema, Flavio tratou dessas violências em geral buscando apresentá-las como parte de uma política de Estado, a qual objetivava, de diferentes modos, fazer desaparecer os opositores. Suas narrativas relacionadas ao período têm um tom analítico e relativamente distanciado. Delas o horror emerge não da descrição minuciosa e dramática da tortura e do isolamento, mas da tentativa de explicação de tais práticas por meio da noção de "sistema", o que lhes confere inteligibilidade e plausibilidade. Ou seja, ele procura responder à tradicional pergunta "como foi possível?" não prioritariamente a partir de juízos ético-morais, e sim de um entendimento político e sistêmico, o qual parece remeter à famosa ideia da "banalidade do mal" de Hannah Arendt, elaborada quando a filósofa buscou entender as ações e motivações do criminoso nazista Adolf Eichmann. Parece-me que tanto para ela quanto para o nosso personagem, na Alemanha de Hitler e na Argentina dos militares, não obstante as profundas diferenças entre esses contextos, os criminosos de diversos escalões agiram "inteiramente dentro dos limites do tipo de discernimento que se esperava" deles: agiram "de acordo com a regra", examinaram as ordens expedidas a eles "quanto à sua legalidade 'manifesta', sua regularidade"; não tiveram "de depender de sua 'consciência'" (Arendt, 1999, p. 316). Obviamente isso não os isenta de responderem por seus crimes, mas nos possibilita uma compreensão mais efetiva do que ocorreu.

Nas narrativas mais ou menos formalizadas de Flavio, como vimos, não apenas o sistema é descrito minuciosamente, numa chave focada no "nós", em que o "eu" do narrador apenas se insinua, mas também as tentativas, individuais e coletivas, dos prisioneiros para que aquele não cumprisse o seu objetivo principal: a aniquilação dos opositores. Acompanhando seus percursos, é possível constatar que "no coração das trevas" vicejavam atos de resistência, experiências de solidariedade, momentos de descontração e até de certa alegria, alguns dos quais são por ele associados a um contrassistema. Não é à toa que, em Pedaços..., o personagem indica como principal objetivo do livro "explicar como nós resistimos a isso" (p. 14). Em entrevista concedida a esta pesquisa, Flavio chega a falar inclusive de uma "boa prisão":

> *Tu tiras duas ou três semanas de certa descompressão* [após a entrada no cárcere] *e, imediatamente, tá posta a questão de que tu entraste para um sistema que é aquele que vai ficando cada vez mais duro [...]. E, por outro lado, as tuas exigências cada vez maiores para poder resistir, sobreviver e travar a batalha da sobrevivência digna e da preservação de alguns valores. Então, esse é um fato ao qual, em geral, 95% dos prisioneiros políticos respondem, imediatamente, remobilizando-se para essa batalha. Isso foi o que também aconteceu comigo. E isso é um elemento sadio na verdade, porque ele impede uma espécie de precipício sem fim, no qual tu fiques girando em torno da tua própria subjetividade, em relação a teu balanço... Bom, nesse sentido eu tive uma boa prisão, quer dizer, eu fui parceiro dos meus companheiros em todas as coisas que fizemos. Aí eu acho que aparece uma parte interessante, uma parte significativa da minha pessoa* (entrevista 8).

Essa "boa prisão", assim qualificada, obviamente, de modo retrospectivo, só foi possível porque, no campo de possibilidades existente nos cárceres (por mais irônica que essa afirmação possa parecer), Flavio e seus companheiros puderam elaborar e desenvolver projetos, pessoais ou conjuntos, de sobrevivência física e psicológica, de intervenção sobre o cotidiano prisional, de formação ideológica e, sobretudo, de resistência ao poder exterminador do Estado terrorista argentino.

A análise das experiências de Flavio ofereceu-me também a possibilidade de "testar" as abordagens de certos autores consagrados que se voltaram a examinar as relações de dominação e resistência nas sociedades modernas ocidentais. Foucault e Goffman, mais especificamente, dedicaram estudos às funções, características e funcionamento das prisões e outras instituições "totais". O primeiro mostrou como, na virada do século XVIII para o XIX, a ação punitiva mudou de objetivo: do suplício do corpo para a disciplinarização da alma (Foucault, 1989, p. 138). Com isso, uma série de dispositivos foi instituída buscando moldar indivíduos dóceis e produtivos. Suas interpretações a respeito do adestramento dos corpos e do esquadrinhamento do tempo e do espaço dos prisioneiros foram úteis para compreender determinadas experiências de Flavio e seus companheiros de cárcere. Porém, como espero ter deixado claro, o objetivo das prisões políticas durante a ditadura argentina não era moldar corpos, mas sim aniquilá-los, destruí-los, pois esses eram considerados irrecuperáveis e, portanto, sem possibilidades de integrar a nova sociedade "sadia" idealizada pelos militares[17].

Da mesma forma, Goffman ajudou-me a pensar o controle exercido sobre os encarcerados, em especial a maneira como os agentes repressores buscaram suprimir seus "estojos de identidade", ou seja, as marcas concretas, físicas e psicológicas, que permitiam a constituição de individualidades, como roupas, livros e memórias. Porém, o caso de Flavio e de outros prisioneiros permite-nos relativizar a noção de "instituição total", já que o projeto homogeneizador dos dirigentes nunca foi completamente implantado em função das múltiplas e criativas formas de resistência empreendidas pelos prisioneiros, que iam desde a preservação de certos objetos pessoais até o uso dos "caramelos", passando pelas leituras em comum e pelos momentos de diversão. Não é à toa que Charly lembrou-se do *jarrito* e do sabão de coco como pequenos refúgios da identidade frente à uniformidade[18].

Por fim, Michel de Certeau cunhou duas categorias que também ajudam a pensar as vivências aqui relatadas: estratégia e tática. A primeira seria a maneira empregada pelos "fortes" para, a partir de um lugar de querer e de poder próprio, gerir e controlar uma exterioridade, através do domínio visual dos lugares e de uma série de saberes. Tal designação parece-me útil para entender a forma como o Estado terrorista exerce sua dominação, especialmente no que se refere às prisões políticas. Já as táticas corresponderiam às artimanhas utilizadas pelos "fracos", aqueles sem um lugar próprio, a fim de, astuciosamente, usarem os materiais oferecidos pelos dominantes a seu favor, de modo criativo e imprevisto (Certeau, 2014). Tal noção é adequada, por exemplo, para analisar o "periscópio" confeccionado pelos prisioneiros de Coronda a partir da própria realidade material do cárcere. Contudo, de outro lado, parece-me que, no sentido atribuído por Certeau, as ações táticas envolvem uma imprevisibilidade, um "aproveitar o momento" de maneira quase espontânea, uma ausência de saber prévio acumulado, características as quais, se algumas vezes se manifestaram no quotidiano de Flavio e seus companheiros, nem sempre eram as que davam o tom de suas resistências. Ao contrário, muitas de suas ações contra o intuito opressor e homogeneizador do sistema prisional dependiam de planejamento, de organização coletiva e da transmissão de saberes acumulados, de ordem tanto política quanto técnica.

Enfim, algumas categorias formuladas pelos autores acima elencados – como "poder disciplinar", "instituição total", "estojo de identidade", "estratégia" e "tática" – ajudaram-me a entender certas experiências de Flavio e de outros prisioneiros que vivenciaram o "coração das trevas". Porém, também foram limitadas para compreendê-las em toda a sua complexidade, obrigando-me a um constante trânsito interpretativo entre os conceitos e as práticas discursivas e não discursivas que eu buscava analisar. Se esse é o procedimento exigido de qualquer pesquisa histórica, certamente sua operacionalização, no caso de situações-limites como as aqui examinadas, se torna ainda mais complexa. Em uma passagem de seu livro, Flavio, utilizando um tom pessoal raro em suas narrativas, afirma:

> O prisioneiro (e vítima), preso na armadilha do "autopoliciamento", faz existir este muro **cada vez que dele se recorda, cada vez que faz visível o invisível**. Mecanismo que representa a essência do sistema: o prisioneiro deve ser seu **próprio guardião**.
>
> Para mim, este é um dos maiores dramas do prisioneiro que não perdeu as razões de sua vida e o sentido de sua liberdade. A elaboração desta problemática, quer dizer, a expulsão deste "invasor" de sua própria vontade, é seguramente, um dos trabalhos mais difíceis que ele tem diante de si **durante** e **depois** do período de prisão (p. 81 – grifos do autor).

Na conclusão, de forma mais técnica, ele retoma o tema: "O objetivo do sistema não é só impedir a liberdade, é destruir a vontade e internalizar a repressão. A prisão é o *espaço operativo* e o cérebro do prisioneiro é o *espaço de instalação*" (p. 130 – grifos do autor). Lembrei-me dessas afirmações ao reler a entrevista de seu amigo João Carlos, ex-colega do Colégio de Aplicação, que, ao rememorar a volta de Flavio ao Brasil, disse:

> [...] quando ele pôde voltar pro Brasil, ele entrou em contato comigo. Aí nós conversamos... [...] e depois ele veio com a Sonia [Pilla] aqui pra Florianópolis. Eu morava ali no bairro de Coqueiros, no continente. Eles ficaram aqui em casa, eles ficaram alguns dias aqui, a gente passeou, eu tenho fotos dele. Ele aparentemente já estava bem, porque na época ele trouxe fotografias de quando ele foi solto e de quando ele estava em Paris. As fotografias são uma coisa horrorosa de ver, porque a pessoa tá sempre com a cabeça pra baixo. Não esqueci, eu falei pra ele, eu não esqueci daquilo. Ele disse: "Ah, isso aí era reflexo da prisão argentina, a gente não podia olhar aquele que estava falando contigo". Então nas fotos ele sempre está assim olhando pro chão.

Em 1979, Flavio reconquistou a liberdade e passou a elaborar e implementar seus projetos em um novo campo de possibilidades. Porém, a observação de João Carlos mostra a dificuldade – e no limite, a impossibilidade – de nosso personagem expulsar o "invasor" que se instalou no seu cérebro e no seu coração no período em que foi submetido às violências perpetradas pelo Estado terrorista argentino. Na França ele trilhou dois caminhos intimamente imbricados no intuito de, ao menos, suavizar o autopoliciamento, a internalização da repressão: escreveu um estudo acadêmico sobre o sistema prisional na Argentina e realizou um trabalho psicanalítico. Além disso, envolveu-se

CABEÇA BAIXA
Flavio na Casa do Brasil, em Paris, dois dias depois da libertação, em foto de Sueli Tomazini Barros Cassal (APFK).

em novos projetos políticos e afetivos. Teve também que garantir o seu sustento financeiro. Defrontou-se, portanto, dolorosamente com o seu passado de perdas e derrotas e buscou acumular forças para seguir em frente. No próximo capítulo abordaremos esses movimentos. Antes, porém, vamos analisar a campanha que possibilitou que nosso personagem pudesse sobreviver à prisão e ganhar a liberdade.

EM BUSCA DE "SOLIDARIEDADE ATIVA"

No dia 23 de fevereiro de 1977, Norma, em carta a Maria Meyer, escreveu: "Rogo também a solidariedade ativa para conseguir que o governo argentino outorgue a imediata liberdade de Flavio Koutzii para residir na França" (Carta de Norma Espíndola a Maria Meyer, 23/02/1977[19]). Naquele momento já fazia quase dois anos que seu companheiro estava encarcerado em La Plata, sofrendo, como vimos, toda a sorte de violências. Ela havia sido libertada há pouco tempo, mais precisamente em 23 de dezembro de 1976, e, desde que chegara ao Brasil, buscava articular apoios e pressões para que os governantes do país vizinho soltassem Flavio, ou seja, agia no sentido de obter "solidariedade ativa", expressa em cartas, abaixo-assinados, discursos públicos, presença em manifestações, entre outros meios, a sua causa. Nessa empreitada, contava com a participação destacada de Clara Koutzii, que, desde que o filho fora preso, trabalhava desesperadamente por sua libertação. Analisaremos agora com mais detalhes a luta dessas duas mulheres (e o fato de serem mulheres, como se verá, não é em nada casual) em prol da sobrevivência e da liberdade do nosso personagem; luta essa que, em vários momentos, se entrecruzou com movimentos históricos mais amplos de caráter internacional e nacional, como a constituição e expansão de redes transnacionais de direitos humanos e a campanha pela anistia no Brasil, os quais lhe conferiram uma amplitude talvez impensável em seus primeiros passos. Acompanhando tais conexões, foi possível compreender, no caso específico, a articulação entre projetos individuais e coletivos, entre vivências privadas e públicas, especialmente a transformação de dores pessoais em bandeiras políticas.

A separação que operei aqui entre a análise das experiências de Flavio nos cárceres argentinos e o exame da campanha por sua libertação é meramente didática, já que, como vimos antes, esses planos se influenciavam mutuamente. Por exemplo, a piora da situação de saúde do personagem fez com que a movimentação em favor de sua soltura se dinamizasse e, em sentido inverso, tal dinamização levou a que ele fosse transferido de prisão. Não obstante tal imbricação, me deterei a partir de agora em acompanhar os movimentos de Norma e de Clara e de todo um conjunto de indivíduos, grupos e instituições que manifestaram "solidariedade ativa" a Flavio.

Pode-se dizer que a luta pela libertação de nosso personagem teve início logo após o seu sequestro pelas forças de segurança argentinas. Ainda naquele momento de indefinição, quando ele e seus companheiros mais próximos permaneciam desaparecidos, Clara, acompanhada da mãe de Maria Regina, foi ao país vizinho em busca de informações. Nesse contexto, o jornal *Zero Hora* divulgou informações sobre os dois brasileiros sequestrados, as quais acentuam a sua "normalidade" e silenciam sobre suas atividades políticas (ou, ao menos, suavizam-nas):

> *Maria Regina, gaúcha de 31 anos, jornalista, vive na Argentina há cerca de cinco anos. Gosta de ler, lê e fuma muito, e quando ainda morava em Porto Alegre, passava as férias em Cidreira onde, segundo seus amigos, ficava longas horas tomando banhos de sol e de mar. Além disso, gosta de cinema, teatro e música popular, especialmente a brasileira, que toca muito bem no violão. Seu pai, Hélio Pilla – a quem Maria Regina era muito ligada – já está morto e sua mãe, Clara Pilla, viajou terça-feira à noite para a Argentina, quando soube de seu sequestro. Tem dois irmãos, Vaniza e Eduardo Tadeu, que moram em Porto Alegre.*
>
> *Flavio Koutzii, também gaúcho, estudou Filosofia e Economia. Inteligente, sensível, lê muito, e gosta de Sartre e Camus, além de estudar História do Brasil, tema de sua preferência. Antes de 1964, foi presidente do Centro Acadêmico Franklin Delano Roosevelt, da Faculdade de Filosofia da UFRGS* (Zero Hora. Porto Alegre, cópia xerográfica sem referência de data e página, provavelmente 17/05/1975).

Essas breves descrições muito provavelmente foram construídas com base em informações fornecidas por familiares e amigos e enfatizam características de Maria Regina e Flavio capazes de torná-los simpáticos ao público leitor, mobilizando-o para o drama dos dois jovens desaparecidos. Para tanto, silenciam sobre sua militância política de esquerda, com exceção apenas da indicação de que Flavio atuou no movimento estudantil. Tal construção provavelmente se deve ou ao desconhecimento das fontes ouvidas pelo periódico a respeito da participação de ambos em grupos revolucionários, ou a uma estratégia para conseguir apoio aos desaparecidos, ou ainda, e mais possivelmente, a um misto das duas coisas. De qualquer maneira, realizam uma despolitização dos personagens, ao menos de suas características mais radicais, caminho que será muito seguido em momentos posteriores da campanha aqui examinada e que terá grande afinidade com o discurso dos direitos humanos emergente naquela conjuntura, como veremos mais adiante. Desde uma perspectiva semelhante, Jacob Koutzii falou a *Zero Hora*: "Meu filho tem suas opiniões filosóficas, como muitos, mas um fato é absolutamente certo e tenho segurança em afirmar que se opõe e condena o terrorismo. Por isso não consigo entender as versões que atribuem a organizações extremistas o desaparecimento" (*Zero Hora*. Porto Alegre, cópia xerográfica sem referência de data e página, provavelmente 17/05/1975).

Não obstante esta fala masculina/paterna, quem ganhou a cena na campanha por Flavio (e por tantos outros presos e desaparecidos políticos) foram vozes femininas, frequentemente maternas. Como outros estudos já destacaram, no contexto das ditaduras de segurança nacional latino-americanas, seguidamente houve, entre os familiares das vítimas das forças repressivas, transgressões nos papéis e fronteiras de gênero socialmente aceitas, com as mulheres agindo na esfera pública e os homens recolhendo-se ao espaço doméstico. Para tanto, elas valiam-se, consciente ou inconscientemente, das características que lhes eram normalmente associadas e consideradas partes de sua natureza, como o pendor para o cuidado com o outro e a maternidade. Tal movimento inicialmente se deu de forma individual e depois foi a base para a constituição de articulações coletivas como as Mães e Avós da Praça de Maio, na Argentina, e o Movimento Feminino pela Anistia, no Brasil. De acordo com Vanderlei Machado, "[...] a reação das mães foi sempre a de enfrentar os agentes da repressão, empregando para isso sua identidade de mães e jogando com os papéis de gênero. Ao se apresentarem como mulheres frágeis, que agiam por amor aos filhos e pela união da família, acreditavam que isso as tornava menos vulneráveis à agressão dos agentes da repressão" (Machado, 2013, p. 187)[20].

No que se refere a Flavio, foi exatamente o que ocorreu. Embora não possamos considerar Clara uma mulher que restringia sua vida ao espaço doméstico, já que atuava também como comerciante, foi a partir da prisão de seu filho que ela passou a agir com destaque no âmbito público, contatando políticos, dando entrevistas para a imprensa, participando de manifestações. No seu caso, como no de várias outras avós, mães, esposas e irmãs,

> [...] o laço familiar personalizado e privado justificou e motivou a ação pública, com um duplo propósito: por um lado, reverter a imagem de "má família" que os militares queriam transmitir em relação às famílias das vítimas. Os desaparecidos e os detidos eram apresentados por seus familiares como crianças exemplares, bons estudantes e membros de famílias vivendo em harmonia; em suma, como ideais ou "normais". Por outro lado, a perda familiar impulsionou a saída dos laços e sentimentos privados para a esfera pública, rompendo decisivamente a fronteira entre a vida privada e o âmbito público (Jelin, 2007, p. 44).

Nesse sentido, Clara, assim que recebeu, em São Paulo, onde visitava seus familiares, a notícia vaga "de que brasileiros na Argentina tinham sido sequestrados", mesmo sem saber seus nomes, deslocou-se para Porto Alegre e, de posse de novos dados, seguiu para a Argentina em companhia da mãe de Neneca. Ela era considerada por seu marido uma mulher "muito despachada e esperta". Ele, por seu turno, que havia tido uma militância ativa no PCB e uma participação destacada na vida cultural da cidade, ficou sabendo dos nomes dos desaparecidos pelo *Jornal Nacional*, da TV Globo, permanecendo mais restrito à esfera doméstica e concedendo apenas uma entrevista à imprensa (*Zero Hora*. Porto Alegre, cópia xerográfica sem referência de data e página, provavelmente 17/05/1975). Faleceu, como vimos anteriormente, poucos meses após a prisão de Flavio, em agosto de 1975. Os sofrimentos do filho certamente agravaram o seu estado de saúde. Clara, já dissemos, estava na Argentina e, mesmo sabendo o que acontecera com o marido, não deixou de visitar Flavio. Só após a sua libertação, ela conseguiu chorar a morte do companheiro de tantos anos (entrevista 3).

Também já apontei que a mãe de Paulo, Glorinha Paranaguá, após receber o telefonema de Angela Mendes de Almeida, igualmente dirigiu-se à Argentina. Ela, além de possuir o "capital de gênero" que impulsionava as mães a lutarem por seus filhos vitimados pelas forças repressivas governamentais, tinha capital econômico, político e de relações capazes de lhe possibilitar um bom trânsito pelas altas esferas do poder e, assim, mesmo com algum custo, conseguir localizar Paulo, Neneca e Flavio nos porões da polícia política argentina, possibilitando sua transformação em presos legais. Posteriormente, esse conjunto de capitais foi fundamental para garantir a libertação do filho e de Maria Regina.

Norma foi libertada pouco antes do Natal de 1976, junto com um grupo de prisioneiras. Videla tomou essa atitude como resposta às denúncias internacionais de violações dos direitos humanos dos presos políticos na Argentina. Apesar da alegria por ter sido solta, ela temia muito o que podia lhe acontecer a partir de então:

> [...] a rua era uma coisa maravilhosa, mas também, não se sabe por que, tinha esse medo que eu tive ao sair. Depois eu vi que era justificado [...]. Então Videla publica uma lista imensa de pessoas, quinhentas, para pôr em liberdade, mas quem saía em liberdade eram muito poucas, porque depois imediatamente colocavam outro processo sobre essas mesmas pessoas, e outras foram mortas, diretamente mortas. Pegaram na casa da família, que se reunia no dia de Natal e tudo isso. Foi triste, [...] foi uma coisa muito terrível (entrevista 2).

Diante desses perigos, sua irmã aconselhou-a a buscar ajuda na embaixada da Venezuela, onde um conselheiro sugeriu-lhe mudar-se para aquele país. Flavio, por seu turno, recomendou que ela fosse a Porto Alegre. Depois de passar alguns dias escondida na casa de companheiros de trabalho de seu pai, ela rumou para a capital gaúcha acompanhada da mãe. A viagem, de ônibus, foi marcada pelo temor de um novo sequestro. Além disso, não pôde avisar Clara que estava indo procurá-la, pois os telefones eram vigiados.

Chegando a Porto Alegre, não conseguiu encontrar Clara, que estava em São Paulo com a filha Marília e a irmã Lea. Felizmente tinha um telefone dela e entrou em contato. A mãe de Flavio providenciou para que um casal de amigos lhe emprestasse algum dinheiro a fim de que, junto com sua mãe, fosse encontrá-la. E assim aconteceu. As memórias da ex-companheira de Flavio a respeito do encontro evocam momentos de muita emoção, atitude compreensível para alguém que havia sofrido grandes violências físicas e psicológicas, e vivenciado o medo, bem plausível, da morte após a libertação do cárcere. Ela recorda:

> [...] depois voltamos para Porto Alegre. Marília me levou a um lugar e me disse: "Vais escutar uma música". Eu estava em pé e digo: "Sim". Ela coloca O que será que será?[21] com a voz de Milton Nascimento. Meu Deus do céu! Eu quase desmaio! Eu tive que me sentar porque, de verdade, foi uma emoção assim. Claro, foi a emoção de estar com a Marília, a irmã de Flavio, de escutar essa música com esse grito de... Se lembra? Dessa versão que era uma coisa? Aí penso: "Flavio tem que escutar". Então eu pego essa música e peço para a minha mãe depois, que fica comigo um mês ou menos, que consiga de qualquer maneira passar a música a Flavio, porque no cárcere dele eles tocavam músicas pelos alto-falantes. E digo: "Mãe, consegue, não diga nada para ele, que toquem essa música, que leve de presente para ele". Ele depois me mandou uma carta que disse que a voz de Milton Nascimento gritou, golpeou as paredes da cela dele (entrevista 2).

Logo nos primeiros dias de 1977, Norma foi procurada na casa de Clara por Raul Pont, Zeca Keniger e Enio Kaufmann, amigos de Flavio, com quem estabeleceu as conversações iniciais para articular um movimento em favor do companheiro. Os primeiros objetivos, segundo ela, foram: garantir a preservação da vida de Flavio, pois muitas pessoas estavam sendo mortas nos cárceres argentinos; possibilitar a ele um processo justo e romper o seu isolamento, já que quanto mais isolado, mais risco de ser assassinado corria. Para tanto, Norma e seus apoiadores valeram-se, sobretudo, de três estratégias articuladas: provocar fatos que pudessem gerar alguma repercussão pública, estabelecer contatos com pessoas e organismos capazes de se interessar positivamente pelo caso e providenciar a defesa do companheiro no âmbito jurídico. Em relação ao primeiro caminho, ela ressaltou: "Quem dava a cara nesse momento era eu. Então eu provocava X fatos para que fossem publicados. Ia ou num jornal ou mandava uma nota, eu fazia alguma coisa para que isso saísse à luz. Então, a [revista] Veja, naquele momento, às vezes publicava algumas coisas. Isso foi interessante" (entrevista 2). Confirmando sua fala, o referido periódico informou, em 15 de junho de 1977, que havia sido "assinado por 43 intelectuais, entre eles, Simone de Beauvoir e Julio Cortázar, um manifesto reclamando a imediata libertação do economista brasileiro **Flavio Koutzii**, preso em Buenos Aires desde 1975; dia 9; Paris" (Veja, 15/06/1977 – fotocópia sem referência de página. Grifo no original). Aliás, como veremos logo mais abaixo, foi por intermédio de jornalistas da Veja que Norma conseguiu ter acesso ao embaixador da Argentina no Brasil, encontro que, de acordo com ela, foi um dos momentos mais angustiantes de sua jornada em prol de Flavio. Norma também entrou em contato com Paulo Timm, outro amigo de juventude de seu companheiro, que na época morava em Brasília: "[...] eu vim a saber do Flavio pela Norma nesses anos: 77, 78... Ela foi a Brasília, ficou lá na minha casa, ajudei um pouco com essa história. [...] aí que eu fiquei sabendo dele de novo...", contou-me Timm. Na capital federal, Norma conversou com diversos políticos – "eu falei com todos, era pela vida, pela proteção à vida" – solicitando que escrevessem cartas às autoridades argentinas em favor de Flavio: "Eu pedia que escrevessem, que mandassem ao cárcere, que mandassem a um tribunal, uma carta de preservação da vida pedindo um julgamento também" (entrevista 2). Alguns desses pedidos se materializaram em missivas presentes hoje no acervo pessoal de Flavio, como aquela dirigida ao deputado federal Aldo Fagundes (MDB-RS, mas com origem política no PTB), datada de 30 de novembro de 1977, na qual ela solicitava que o parlamentar, junto a outros do MDB, visitassem o embaixador francês no Brasil para informar-lhe do caso e pedir-lhe intervenção (Carta de Norma Espíndola para o deputado Aldo Fagundes, 30/11/1977). No mês seguinte, Fagundes lhe enviou um telegrama informando que falou pessoalmente com a embaixada da França sobre o caso de Flavio e afirmando: "Acredito que assunto esteja sendo considerado com interesse" (Telegrama do deputado Aldo Fagundes para Norma Espíndola, 12/1977).

Conforme referi acima, ainda em Brasília Norma visitou a sucursal de *Veja*, onde recebeu o apoio de seu diretor e da esposa dele, também jornalista. Por intermédio dela, conseguiu acesso ao embaixador argentino Oscar Camillión Flores. Sua narrativa sobre o episódio é reveladora do clima político do período:

> *Então entramos na embaixada. Eu entro com ela. Ela não diz nada, não vai acompanhada nem nada. E, quando entra, senta assim, tudo muito gentil, e disse:*
>
> *– Embaixador, eu venho aqui com a mulher de um compatriota meu.*
>
> *A cara dele caiu.*
>
> *– Sente.*
>
> *Já mudou. Então ficamos um pouco mais distantes, por sorte, eu aqui e ela ali. E ela diz:*
>
> *– Ele está na prisão e nós temos muito medo, embaixador, queremos que você se manifeste...*
>
> *Aí ele disse:*
>
> *– E quem é?*
>
> *Olha para mim assim... Muitas vezes me enfrentei com policiais militares, mas era um olhar de um inimigo mesmo, foi impressionante... Um civil, mas absolutamente como se fosse um inimigo de guerra. Fiquei muito impressionada com o olhar dele. Eu enfrentava o olhar dele [...]. Me serviram um café [risos], mas eu não sabia como ia terminar. Então, olhando ele, ela disse:*
>
> *– É o Flavio Koutzii, Flavio Koutzii.*
>
> *– Ah, sim, do grupo Paranaguá?*
>
> *– Sim.*

> Então aí eu começo a falar.
> – Não se sabe o que aconteceu...
> Porque ele tinha ficado um mês na solitária. [...] eu falava, falava tranquila, mas não falava diretamente [...]. Agora o mais terrível, que eu lamentei não ter levado um gravador, algo para registrar, escondido, mas não dava para tanto...
> – Mas... [E naquele momento Flavio ainda não tinha sido transladado] Mas ele já foi transladado a algum lugar?
> – Não, ainda não embaixador, ele não foi transladado. E nós desejamos também que ele não seja, nós estamos aqui pela proteção da vida dele.
> – Ah – disse –, isso quer dizer que não está nas listas.
> Que tal? Que tal o coragem de dizer isso na frente de testemunhas? Que ele não estava nas listas de extermínio? Ele diz isso na minha cara... Eu tremia de indignação, de medo. Bom, conversamos, não sei, argumentos, e a jornalista da Veja, muito insistente, disse que ela esperava que ele se comprometesse com isso. E ele fez! Ele falou, ele fez.
> – [Norma] Bom, embaixador, eu gostaria de ter meu passaporte.
> Aí ele ria na minha cara.
> – Vá no consulado pedir [risos], vá no consulado pedir o passaporte (entrevista 2 – N).

O que podemos depreender desse episódio? Primeiro, a concretização da estratégia de Norma que, com muita coragem e determinação, buscava acessar todos aqueles que pudessem colaborar de alguma maneira para garantir a vida de seu companheiro, procurando ainda dar publicidade a seus atos a fim de romper o isolamento de Flavio. Do outro lado da trincheira, percebe-se a completa afinidade da autoridade diplomática com a política repressiva do Estado argentino, bem como seu conhecimento das práticas terroristas por ele empregadas. Por fim, é importante ressaltar que o encontro se deu em um contexto maior de tensões entre Brasil e Argentina em torno da construção da usina hidrelétrica de Itaipu, pois o último país temia uma expansão do poder do primeiro em termos geopolíticos. Norma comentou esse fato:

> [...] estava Oscar Camillión como embaixador e eu já, desde o cárcere, vinha acompanhando os tratados e os interesses que tinha a ditadura militar, representada neste caso por Camillión com o Brasil naquele momento, nos quais estava Itaipu, estava um monte de coisas. Então por isso eu me joguei, entrei na embaixada porque eu pensei que ele tinha que se comportar de alguma maneira, porque eles tinham interesses muito fortes com o Brasil nesse momento (entrevista 3 – N).

Em um recorte de jornal não identificado, presente no acervo de Flavio, pode-se ler ainda que:

> Noticia-se, inclusive, que Flavio estaria submetido a pressões de toda ordem tanto por sua condição de judeu – o que é duvidoso, já que colocaria a Argentina na comprometedora condição de herdeira da Alemanha nazista – quanto por sua situação específica de cidadão brasileiro, com o que seria uma espécie de bode expiatório das divergências daquele país com o nosso a respeito do aproveitamento energético das águas do Paraná.

Interessante perceber de que maneira as "grandes questões históricas", como as rivalidades geopolíticas entre Brasil e Argentina, podem abrir campos de possibilidade para a condução de projetos individuais, como o de Norma em prol da soltura do companheiro. Ela parece ter percebido uma maior possibilidade de sucesso junto ao embaixador argentino por saber dos interesses envolvidos nas relações entre os dois países naquele contexto. Já a notícia do jornal, por um lado, indica que Flavio poderia estar sendo penalizado em função dessas rivalidades, mas, por outro, evidencia o uso de tais conflitos para conquistar solidariedade ao militante.

Norma também realizou viagens ao Rio e a São Paulo, onde contatou pessoas que poderiam auxiliá-la em sua luta, como Therezinha Godoy Zerbine, a qual em 1975 foi uma das criadoras do Movimento Feminino pela Anistia (MPA). Nas palavras da primeira:

> [...] fui sozinha a São Paulo [...]. Na verdade me sentia muito assustada e sozinha. Chego e quase desmaio na casa de Therezinha. Eu estava muito magrinha, estava com 47, 48 quilos [...]. [...] Therezinha me recebe muito bem, eu me recomponho e em seguida começamos a trabalhar. Ela me dá apoio e já ali mesmo escrevemos uma carta à Comissão de Justiça e Paz. Eu acho que fui também ao Conselho Internacional de Juristas [...] (entrevista 3 - N).

No acervo de Flavio, encontrei duas cartas de Therezinha Zerbine, ambas em papel com cabeçalho do MPA e datadas de 9 de março de 1977: uma, em francês, dirigida ao "Maître Norman", presidente da Associação Internacional dos Advogados, com uma pequena apresentação do caso de Koutzii e um pedido de ajuda para sua libertação; e outra, em espanhol, para o "Sr. juiz e fiscal do tribunal nº 2", responsáveis pelo caso de Flavio na Argentina, trazendo a seguinte mensagem: "Nós do 'Movimento Feminino pela Anistia', preocupadas com a situação em que vive nosso compatriota desde que foi detido, [...] rogamos para que nos escute em nome da Liberdade e Justiça que se consubstanciam nos direitos humanos. Que seja dado um processo justo e se vele por sua vida. [...] rogamos que seja recebido como um pedido de mulheres Democratas e Cristãs. Esse é o nosso pedido" (Cartas de Therezinha Godoy Zerbine para "Maître Norman" e para o "Sr. juez y fiscal del juzgado nº 2", 09/03/1977).

Percebemos nas missivas dois importantes argumentos que comporão boa parte das narrativas dos movimentos envolvidos na luta em prol dos presos e desaparecidos políticos durante as ditaduras de segurança nacional no Cone Sul: o uso de representações generificadas, associadas a valores considerados próprios às mulheres, e o discurso dos direitos humanos, que cada vez mais articulava redes transnacionais de apoio às vítimas da repressão ditatorial.

Acompanhando os documentos presentes no arquivo pessoal de Flavio, reunidos por Clara e, principalmente, por Norma ao longo de sua luta pela libertação do filho e companheiro, chama a atenção a tenacidade e o vigor da última, ocupada quase diariamente em estabelecer contatos pessoais e epistolares, realizar resumos das ações realizadas e planejar as que deveriam ser efetivadas. O documento reproduzido a seguir, um "Resumo das iniciativas tomadas a partir de 1977 pela libertação de Flavio Koutzii", divididas por países, dá uma ideia do engajamento de Norma, auxiliada, é claro, por outros apoiadores, bem como do raio de ação atingido pela campanha:

> Brasil (cartas endereçadas ao juiz e ao procurador, à Comissão "Direitos do Homem" do Parlamento americano, à Amnesty International e a Couve de Murville [presidente da Comissão de Relações Exteriores da Assembleia Nacional da França]; contatos com a embaixada da Argentina e de Israel; contatos dos deputados estaduais do MDB com o embaixador argentino e o embaixador francês em Brasília; criação de uma equipe de advogados em Porto Alegre para acompanhar o processo; e, viagem em fins de setembro de 1977 do advogado Paulo Pinto de Carvalho a Buenos Aires, onde se encontrou com Flavio em La Plata, o juiz e o procurador), França (manifesto de intelectuais e personalidades francesas e estrangeiras, de amigos, da Comissão Justiça e Paz, endereçados ao juiz, ao procurador, à embaixada argentina em Paris, ao Quai D'Orsay; envio do "dossier" sobre Koutzii feito por R. Pilla, P. Paranaguá, com carta de N. Espindola para vários organismos e personalidades; divulgação na imprensa de Paris da situação de Koutzii – Le Monde, 12-13 de junho de 1977, Agence France-Presse), Portugal (cartas de parlamentares portugueses para juiz, procurador e para embaixada argentina em Lisboa; divulgação da iniciativa na imprensa portuguesa), Estados Unidos (cartas e telegramas de estudantes latino-americanos da Universidade de Stanford à embaixada argentina nos Estados Unidos, ao juiz e ao Subcomitê dos Negócios Latino-Americanos da Comissão de Relações Exteriores do Senado Americano; e, contato e envio do "dossier" para Jo Marie Griesgraber, do "Washington Office on Latin America") e Venezuela (carta ao IX Congresso Interamericano de Filosofia, em Caracas).

Tal movimentação, além de revelar a tenacidade de Norma e Clara e a solidariedade de várias pessoas e entidades, só pôde ganhar tamanha repercussão e amplitude porque, a partir de meados da década de 1970, o sistema internacional de direitos humanos, criado logo depois da Segunda Guerra Mundial, e constituído por organismos como as comissões de direitos humanos da ONU e da OEA e a Anistia internacional, todas acionadas por Norma ao longo da campanha, expandiu-se, fortaleceu-se e passou a fornecer às vítimas das ditaduras latino-americanas uma linguagem comum e procedimentos básicos para o encaminhamento de suas reivindicações. Nesse processo, papel determinante coube à mudança de rumo da política externa norte-americana. Segundo Vania Markarian:

> *1976 foi um ano-chave na criação de uma série de instrumentos legislativos que fizeram dos direitos humanos um dos critérios direcionadores da política externa norte-americana na segunda metade da década.*
>
> *[...] o Congresso [dos EUA] começou a ter um papel muito mais ativo nos assuntos internacionais, pondo fim a um largo período de predomínio do Poder Executivo, questionando o papel até então exclusivo do Departamento de Estado na política exterior* (Markarian, 2004, p. 99).

Não é à toa que uma das ações empreendidas nos Estados Unidos em favor de Flavio foi o endereçamento de uma carta ao Subcomitê dos Negócios Latino-Americanos da Comissão de Relações Exteriores do Senado Americano, conforme apontado no documento transcrito acima. A eleição de Jimmy Carter para a presidência daquele país, em janeiro de 1977, só reforçou essa tendência. No que tange ao caso específico aqui estudado, é significativo perceber, no arquivo de Koutzii, a presença de recortes de jornal referentes à nova realidade, como um do francês *Le Monde* com o seguinte conteúdo:

> *ARGENTINA: O governo anunciou que irá libertar 135 prisioneiros políticos e criar uma comissão especial para estudar as petições de pessoas presas que pedem para deixar o país. Tratar-se-á da mais importante liberação de presos depois do mês de janeiro passado, data na qual 400 prisioneiros foram liberados na sequência do que os observadores estimam ser uma resposta à campanha em favor dos direitos humanos do presidente Jimmy Carter. A constituição da Argentina garante aos dissidentes políticos o direito de deixar o país. Este direito foi suspenso pela junta militar* (Le Monde, 13/10/1977, recorte sem referência de página).

Mais uma vez vemos um fenômeno histórico amplo configurando o campo de possibilidades onde atuaram nossos personagens. Certamente a libertação de presos favoreceu a expulsão de Paulo e Neneca, que logo rumaram para Paris. O aproveitamento de tais brechas, obviamente, dependeu da ação de indivíduos, como Glorinha Paranaguá, a qual, como vimos, valeu-se de suas relações para pedir pelo filho. Flavio não teve as mesmas condições, pois fora condenado em um processo e, por isso, ainda amargou um bom tempo no cárcere, envolvido em uma trama jurídica e política que repetidamente dificultava sua soltura. Norma, Clara e seus apoiadores, é claro, não sabiam naquele momento qual seria o desfecho desse enredo. Por isso, devem ter se enchido de esperanças diante de notícias como a citada acima. Porém, mesmo tendo frustradas suas expectativas, iam aprendendo a jogar o jogo delineado pelas redes transnacionais de direitos humanos, que então ganhavam visibilidade e poder.

Uma das regras desse jogo era a invisibilização ou, no mínimo, a atenuação da militância política daqueles por quem se lutava, sobretudo dos envolvidos na luta armada. De acordo com Markarian, o discurso dos direitos humanos "concebe a ação política em termos de 'vítimas' e 'perpetradores', e enfatiza a defesa da integridade física dos seres humanos" (Markarian, 2004, p. 86). Os militantes das organizações revolucionárias, em especial aqueles que se encontravam no exílio, inicialmente críticos de tal postura, paulatinamente, à medida que percebiam a impossibilidade de realizar seus projetos políticos, passaram a adotar essa retórica humanitária, a qual interpreta "o sofrimento de modo a provocar solidariedade" e interpela o ouvinte/leitor "[...] a solidarizar-se com o corpo do [...] protagonista, a senti-lo de modo vicário" (Laqueur, 1992, p. 249 e 247-248). Percebemos a referida atitude na maneira como Flavio e seus companheiros eram apresentados àqueles de quem se buscava solidariedade: jovens "normais", no máximo idealistas, filhos e filhas que sofriam; no caso de nosso personagem um "economista", como referiu o jornal *Movimento*, apesar dele ainda não haver finalizado nenhum curso superior. Os discursos dos que lutavam pelos presos políticos, expressos em cartas, abaixo-assinados e periódicos, não aspiravam à solidariedade política e ideológica, mas compaixão, apresentada como um "imperativo moral". Para tanto, traziam "profusos detalhes acerca dos corpos sofredores dos outros" (Markarian, 2013, p. 103). No caso dos apoiadores de Flavio, isso fica explícito em muitos documentos, como na carta, já citada antes, de Clara à Comissão de Justiça e Paz: "Flavio é hoje a sombra do filho forte que eu tinha. Pesa vinte e cinco quilos a menos do que em 1975". Em entrevista concedida para esta pesquisa, Norma falou daquele contexto e da maneira cuidadosa com que tinha que operar os lances de sua luta, já que, em um contexto ditatorial, cada jogada comportava muitos riscos:

> *Vês que tem toda uma sutileza do trabalho que foi se fazendo, por onde caminhar... Com muito cuidado, porque estava se lidando com uma ditadura cruenta onde não existia legalidade. Nesse espaço da legalidade frágil, onde eles, a nível internacional, tinham que colocar um pouquinho de coerência, então aí nós aproveitamos. Era como um certo marco, como um fazer de conta, porque não existia legalidade. Mas, ao mesmo tempo, eles estavam forçados pelo olhar internacional, então eles não podiam dizer que não tinha legalidade. Então era preciso forçar, utilizar essa pequena fissura* (entrevista 3 - N).

Na utilização dessas "fissuras", Norma e Clara valeram-se também de "jogos de gênero" para fazer avançar a sua campanha em prol de Flavio. De acordo com Luc Capdevila, tais jogos seriam

> estratégias de ação pautadas em modelos aceitos para a atuação feminina, utilizadas em contextos históricos de guerras ou ditaduras (como na Alemanha nazista e nas ditaduras latino-americanas), quando as mulheres emergiram na esfera pública utilizando, de forma consciente ou inconsciente, papéis reconhecidos como femininos. Ao "jogar" com estes papéis, as mulheres "driblaram" situações de grande risco, em contextos políticos marcados pela completa negação das liberdades públicas e foram além daquilo que era considerado seu espaço legítimo de atuação (Machado, 2013, p. 180).

Podemos perceber essas jogadas nas mensagens de Clara nas quais sua figura de mãe sofredora ganha destaque, como, por exemplo, na mencionada carta dirigida à Comissão de Justiça e Paz em 1977: "Rezo a Deus para estar enganada, mas não creio que Flavio sobreviverá a mais alguns anos de prisão". E, posteriormente, no mês de fevereiro de 1979, em declaração à revista *IstoÉ*: "Vou lutar desesperadamente até o fim. Mas, dentro de mim, uma vozinha lá no fundo me diz que meu filho não sairá vivo da Argentina" (*IstoÉ*, 28/02/1979, p. 24-25). Uma observação de Flavio, feita em entrevista a mim concedida, também reforça esse poder que a imagem da mãe que luta pela vida do filho podia adquirir no espaço público:

> Ela era uma pessoa muito articulada, tanto no raciocínio quanto na fala. E claro, ali tinha um conteúdo. Tem uma frase dela que é normal que uma mãe diga, ainda mais com tudo que ela sofreu viajando, agora eu não me lembro bem, algo como: "O meu filho...". Era algo que parecia assim que eu já estava morrendo, que era um efeito que produziu a própria campanha, que era um pouco excessivo (entrevista 10).

Norma, igualmente, fez seus lances, projetando a imagem de uma jovem "normal" e adaptada às convenções morais da época, como na carta enviada ao juiz Hector Carlos Adamo, responsável pelo caso de Flavio, em abril de 1977, na qual escreveu: "Em todo este tempo [de prisão], sempre que nos permitiram, nos escrevemos quase diariamente, afiançado nossa relação. Nós dois temos 34 anos, sabemos o que queremos. Queremos casar, formar uma família, isto em parte depende de V.E." (Carta de Norma para o juiz Hector Carlos Adamo, 04/1977).

Portanto, articulando as questões colocadas anteriormente, podemos dizer que as redes transnacionais de direitos humanos, que forneceram o espaço e a linguagem para a luta pelos presos e desaparecidos políticos no contexto das ditaduras de segurança nacional latino-americanas, eram generificadas, pois seguidamente se valiam de representações e valores morais socialmente aceitos atribuídos a homens e mulheres para fortalecer suas demandas. Foi isso que tornou possível, por exemplo, que a "vozinha" de Clara ganhasse eco e amplitude. Afinal, conforme salienta Jelin (2007, p. 44), "na imagem que o movimento de direitos humanos comunicou à sociedade, o laço da família com a vítima é a justificação básica que dá legitimidade para a ação". Com essas considerações, não busco questionar a legitimidade e a sinceridade das ações empreendidas e dos sentimentos expressos por Clara, Norma e demais indivíduos que se engajaram no movimento de solidariedade a Flavio, mas sim pensá-los desde um ponto de vista histórico, compreendendo sua lógica social dentro do campo de possibilidades vigente naquela época. Tal operação em nada diminui minha profunda admiração pela determinação e coragem das mulheres e homens que ousaram aproveitar as brechas abertas em tal contexto.

Também é importante destacar que as protagonistas da campanha discordaram em certos momentos, e de forma bem incisiva, quanto às ações a serem tomadas na luta pela liberdade de Flavio. Segundo Norma, quando as primeiras discussões sobre o tema foram entabuladas em Porto Alegre após sua chegada à cidade, "[...] apareceu o medo de Clara de falar do filho, medo de que eles [os militares] fizessem represálias ao filho" (entrevista 3 – N). O cerne da divergência parece ter residido no fato de que Clara queria agir de forma discreta, através de vias institucionalizadas, enquanto Norma, como vimos, buscava dar publicidade às suas ações para, segundo ela, "romper o isolamento de Flavio". Conforme lembrou Enio Kaufmann, tais diferenças fizeram com que Norma deixasse a casa de Clara e fosse morar com ele: "Então a Norma chegou a morar um tempo na minha casa depois que ela veio pra Porto Alegre, porque ela foi morar com a dona Clara e se desentenderam. Aí a Norma foi morar na minha casa enquanto o Flavio tava preso, eu a conheci bem". Na continuidade da campanha, ao que tudo indica, Clara foi se permitindo fazer mais aparições públicas, tendo em vista, sobretudo, a permanência do filho na prisão, a degradação de sua saúde e a percepção de que a luta pessoal por ela travada se articulava com outras semelhantes no bojo da campanha pela anistia no Brasil. Mas isso é assunto para logo mais...

De qualquer maneira, no transcurso do movimento, observa-se certa divisão de trabalho entre as duas, com Norma realizando articulações mais explicitamente políticas e Clara atuando nos espaços em que a figura da mãe tinha potência e poder de provocar compaixão. Em 8 de dezembro de 1977, por exemplo, a primeira escreveu à última uma carta contando sobre o andamento da campanha. Em um trecho sugeriu:

> Creio que ao juiz [do caso de Flavio] *tens que apontar para os teus pedidos pessoais – assinalar, sem entrar em detalhes, que embora não estejas fisicamente lá* [na Argentina] *por problemas de saúde ou o que te pareça mais adequado, estás muito preocupada devido ao momento tão decisivo para Flavio. Que todos estamos esperando seu ditame antes do Natal e que isto seja o término de tanto sofrimento.*

> *Talvez fosse bom dizer-lhe tanto da tua insistência como da de todas as pessoas que amam e se preocupam com Flavio, como expressão de inquietude e carinho, etc., etc.*
>
> *Ou seja, a ideia é pedir, rogar, etc., mas não o irritar, e sempre destacando de que de sua decisão depende a vida de Flavio.*

A escrita da missiva continuou no dia 10 do mesmo mês, com novas informações e instruções. Ao final, uma nota de (prudente) esperança: "Estamos fazendo todo o possível por Flavio, não sabemos os resultados, mas tenho confiança, guardemos as forças que, todavia, nos espera um bom tranco" (Carta de Norma Espíndola a Clara Koutzii, 8 e 10 de dezembro de 1977).

No âmbito jurídico, Flavio, Norma, Clara e seus amigos e apoiadores também tiveram que aguentar muitos "trancos". Recordemos: nosso personagem e sua companheira foram presos em um apartamento onde, no momento da queda, havia muitas armas. Após o período em que esteve sequestrado com seus companheiros nas dependências da Polícia Federal argentina, ele permaneceu onze meses detido sem acusação formal, até que foi decretada sua prisão preventiva por "ideias contrárias ao país, documentação irregular e posse de arma de fogo". Em carta dirigida a uma "querida amiga", já citada anteriormente, Flavio buscou explicar essa situação: "A face jurídica, ou seja, a justificativa legal para a minha prisão, tratava de fundamentar-se no fato de que na casa onde fui preso havia armas e material de propaganda subversiva e que esta casa era meu real domicílio". A defesa de nosso personagem buscou desmentir tal acusação, afirmando que o referido apartamento não lhe pertencia e que ele estava lá apenas para namorar com Norma. De acordo com essa versão, ele morava em outro lugar, um apartamento onde antes habitara sua irmã Marília, que, naquele momento, já se encontrava em segurança vivendo na França. A carta à amiga provavelmente destinava-se a ser divulgada publicamente. Por isso, talvez, Flavio fez questão de reafirmar essa versão:

> *Nada mais fácil para minha defesa do que provar o contrário anulando estas falsas acusações: mediante a apresentação de inúmeros testemunhos. Demonstramos cabalmente que não vivia na casa mencionada. O que deixava claro que se algum problema existia com esta casa, não me dizia respeito e sim a seu proprietário e habitante, mas tampouco isto é verdade, pois as mesmas testemunhas declararam que a polícia, ao mesmo tempo em que invadia a casa e nos prendia, introduzia pacotes na casa, ou seja, as futuras provas.*

A seguir, cito um longo trecho dessa missiva que explica detalhadamente o imbróglio jurídico no qual Flavio se encontrava, decorrente, sobretudo, da problemática situação política então vivida pela Argentina:

> *A primeira decisão (prisão preventiva ou sobressaimento) da Justiça, que se cumpre em três meses em todos os casos, começa a atrasar-se*

para mim, é uma anormalidade a mais em toda minha situação. Em março, 10 meses depois da minha detenção, não está nada definido. Como explicar esta demora, senão pelo fato de que todas evidências apontavam a um sobressaimento, mas que afinal tinha que haver um estrangeiro neste complô internacional, ainda que fosse um complô de uma pessoa. Nestas circunstâncias uma detenção prolongada e já ilegal me encontra na mudança de governo em 24-3-76.

Por dois meses mais, segue a indefinição da minha causa. Novas anormalidades vêm somar-se ao processo. O juiz anterior é substituído (para dar lugar às autoridades nomeadas pelo novo governo), e o novo juiz não acompanhou todo o processo, minhas declarações, as das testemunhas, provas, etc... Decide então de forma ligeira, desprezando todos os elementos apresentados a meu favor. Na minha opinião, uma decisão ditada pelas circunstâncias da hora política que vive o país, e não pela lógica jurídica do processo.

Infelizmente não é o ponto anterior o único problema da face jurídica da minha situação. Há um bloqueio prático e concreto do direito de defesa: os advogados estão proibidos de entrevistarem-se com seus defendidos. Tampouco está clara a autonomia e competência das justiças federais, uma vez que paralelo a elas, comissões de militares sem uma precisa definição de suas funções e atribuições reinquiriram todos os presos políticos, colocando muitas dúvidas sobre seus objetivos e limites. Mais concretamente todos se perguntavam se as causas que se encontravam sob responsabilidade de tribunais civis e processados por leis anteriores às decretadas pelo novo governo seriam derivadas a tribunais militares e submetidas a leis promulgadas depois de quando se deram os supostos delitos.

[...]

Já até março confiava numa solução natural e positiva da minha situação pelas vias jurídicas. Mas o cariz que assumem os fatos atuais me obrigam a apelar a toda ajuda e interferência, seja a anormalidade no plano jurídico ou a insegurança do preso, os dois fatores convergem para criar uma grave circunstância que sem apoio, dificilmente poderá solucionar-se.

Já providenciei meu estatuto de refugiado junto às Nações Unidas, mas a necessidade de solidariedade se multiplica, não só pela incerteza da minha situação, tal como descrevo anteriormente, senão que se acrescenta pelo fato de não ter nenhum apoio de meu país natal, o Brasil. Isto faz com que eu, hoje, esteja totalmente desprovido de documentação (desaparecida no dia da minha prisão) e sem esperança de recebê-la por parte das autoridades brasileiras.

> *Soma-se a tudo isto o fato de ter um decreto de expulsão, livrado pelo Departamento de Migrações Argentino, motivado por minha situação irregular no país (estava vivendo todo este tempo com visto de Turista), o que representa uma ameaça latente e incontrolável de que me enviem ao Brasil. (O decreto, supõe-se só se aplicar depois do meu julgamento)* (Carta de Flavio à "Querida amiga". La Plata, 07/07/1976).

Sabemos que nunca a "lógica jurídica" é totalmente neutra e imparcial, pois depende de fatores que vão desde os posicionamentos subjetivos e ideológicos de quem julga até as circunstâncias histórico-sociais em que se dá o julgamento. Porém, em contextos democráticos, nos quais garantias legais são preservadas, tal lógica tende a funcionar de modo mais autônomo, até porque a Justiça precisa parecer justa para ter legitimidade e poder junto à sociedade[22]. Flavio foi preso em um contexto de deterioração da ordem legal, quando as pressões políticas passaram a se sobrepor às garantias constitucionais. Com o golpe de março de 1976, a situação só piorou e a Justiça se viu cada vez mais submetida aos imperativos da nova ordem que os militares buscavam implantar. Anos depois, Clara fez uma declaração ao jornal *Folha da Manhã* que evidencia uma das facetas da "anormalidade no plano jurídico" mencionada por Flavio: "Clara diz que para conseguir advogado que fizesse a defesa de seu filho não foi muito fácil pois, com a troca de governo, todos temiam ser 'defensores de presos políticos'" (*Folha da Manhã*, Porto Alegre, 13/03/1979, p. 3).

Não obstante as dificuldades, os apoiadores de Flavio fizeram o possível para prestar-lhe assistência jurídica, o que, aliado às pressões políticas de toda ordem, se mostrou determinante para a sua posterior libertação. O primeiro advogado que cuidou de seu caso foi, ao que tudo indica, o argentino Horacio Isaurralde, indicado à família Koutzii por Glória Paranaguá, mãe de Paulo. Ele continuou atuando na sua defesa ao menos até os primeiros meses de 1978 ao lado do colega Alfio Calvan Achaval[23]. Em setembro de 1976, Flavio recebeu uma boa notícia: a França lhe outorgou um salvo-conduto e um visto de residência (Carta de Norma Espíndola a Maria Meyer, 23/02/1977). Esses documentos permitiam que ele, caso fosse libertado e expulso da Argentina, recebesse asilo naquele país, sem precisar retornar ao Brasil, onde havia sido condenado à prisão[24]. Um ano depois, o advogado Paulo Pinto de Carvalho foi contratado pelos familiares e amigos de Flavio para também atuar em prol de sua liberdade. No dia 6 de setembro de 1977, Norma requereu a Justino Vasconcelos, presidente da Seccional Rio Grande do Sul da Ordem dos Advogados do Brasil (OAB-RS), o credenciamento de Carvalho,

> *que já manifestou aceitação da incumbência, [...] para que o nobre causídico verifique a situação do processo a que está submetido Flavio, mantenha contato com o preso, bem como tome informações em quaisquer órgãos relacionados com a situação do réu, sempre, obvia-*

mente, com respeito e atenção às disposições legais vigentes naquele país (Requerimento de Norma Espíndola a Justino Vasconcelos. Porto Alegre, 06/09/1977).

Ao que parece, a contratação de um defensor brasileiro se deveu à desconfiança de Norma e outros apoiadores de Flavio em relação aos advogados argentinos, pois no mês de dezembro a primeira, em carta enviada a Clara, mencionou que esses "nem sequer cumprem o prometido" (Carta de Norma Espíndola a Clara Koutzii, 08/12/1977). No final do mês de setembro, Carvalho viajou à Argentina e, em companhia de Achaval, foi recebido pelo fiscal (espécie de promotor) e pelo juiz responsáveis pelo processo de Flavio. Autorizado pelo juiz, visitou-o na prisão de La Plata, onde puderam conversar por meia hora. Em carta ao deputado Aldo Fagundes, datada de 30 de novembro de 1977, Norma falou das esperanças trazidas por essa visita: "Desta viagem ficamos com a promessa do juiz e do fiscal que cuidam da causa de que dariam a sentença antes do Natal, antes do recesso dos tribunais, que se prolonga até fevereiro". Não deixou, porém, de expressar sua indignação com os rumos do processo: "[...] em nome de que Justiça pode privar-se da liberdade, sem julgamento, a uma pessoa por tempo indeterminado?" (Carta de Norma Espíndola a Aldo Fagundes, 30/11/1977). Antes disso, em 14 de novembro, ela escreveu a Achaval afirmando que, a partir da conversa com Carvalho, acreditava que o caso de Flavio se resolveria antes do final do ano. Afirmou ainda que a tendência do tribunal era resolver os casos mais antigos e sensíveis, e que, por isso, os advogados argentinos deveriam acompanhar todas as facetas que pudessem redundar na libertação do companheiro. Expôs igualmente preocupações e dúvidas, e deu instruções aos advogados sobre como proceder. Disse que Flavio esperava o destinatário para conversar a respeito de como agir na etapa da defesa, depois de proferida a sentença pelo fiscal. Perguntou também sobre como fazer para que Flavio obtivesse o já referido decreto do PEN e sobre a possibilidade dele ser condenado à pena mínima de três anos. Informou que amigos de Flavio conseguiram um advogado na França e que esse precisava da colaboração do colega (Carta de Norma Espíndola a Alfio Galvan Achaval, 14/11/1977). Portanto, havia grande expectativa quanto à sentença que seria proferida, a qual determinaria os próximos passos a serem seguidos.

Além desses encaminhamentos jurídicos, os defensores de Flavio trataram também de intensificar as pressões políticas. Nesse sentido, em 21 de novembro do mesmo ano, a OAB-RS encaminhou à Anistia Internacional o ofício, datado do dia anterior, que lhe havia sido encaminhado pelo "advogado e professor universitário" Paulo Pinto de Carvalho. Este informou ter sido constituído por Clara Koutzii, juntamente com Justino Vasconcelos e João Schenkel, "[...] para praticar, na República Argentina, todo e qualquer ato, de caráter jurídico, em prol do sr. FLÁVIO KOUTZII, [...] atualmente preso, em virtude de processo de natureza político-penal [...]". Ressaltou ainda que igual incumbência foi conferida a Raymundo Faoro, notório jurista e intelectual, chamado na missiva de "advogado militante". Disse que escrevia para que a Anistia Internacional reforçasse o movimento com o objetivo de sensibilizar o governo argentino em torno da situação de Koutzii, destacando que esse estava sob proteção das Nações Unidas, "referentemente ao seu órgão denominado 'HAUT COMISSARIAT POUR LES REFUGIÉS'"; que ele possuía um Decreto de Expulsão da Argentina, com data de 18 de julho de 1975, um *laissez-passer* e um "visa", outorgados pela França, que lhe permitiam viajar e residir naquele país. Pedia a interferência da entidade internacional para "imediata e definitiva solução jurídica da situação que vive o preso":

> *Agora, o que se pretende, por intermédio da AMNESTY INTERNATIONAL, é a sua autorizada e relevante atuação junto ao Governo Argentino, em primeiro lugar, com o objetivo de uma solução legal, na forma de um decreto de graça ou de anistia, e, ao mesmo tempo, um apelo à sua Justiça, para que, à sua sombra, possa prevalecer, como é da tradição daquele país, o primado dos direitos fundamentais da pessoa humana.*

Ou seja, aqueles que lutavam pela libertação de Flavio procuravam articular, em suas investidas, a frente jurídica e a frente política, buscando apoiá-las em um discurso que, como vimos, ganhava amplitude e legitimidade naquele contexto: o dos direitos humanos.

Como esperado, no final de 1977 veio a sentença, que foi extremamente desfavorável ao nosso personagem: ele acabou condenado a seis anos e meio de prisão por "infração à lei sobre associações ilegais e crimes contidos no código penal", de acordo com sentença do juiz federal de La Plata (Rodeghero; Dienstmann; Trindade, 2011, p. 170). Segundo notícia do jornal *Correio do Povo*, publicada mais de um ano depois após a promulgação dessa decisão, "a orientação de sua defesa foi toda no sentido de aliviar as ligações (o grupo incluía mais cinco brasileiros) entre os envolvidos, técnica que deu certo nos demais casos, mas que acabou condenando Koutzii a 6 anos (sic)" (*Correio do Povo*. Porto Alegre, 25/01/1979, recorte sem referência de página). Pouco tempo depois, Clara declarou ao jornal *Folha da Manhã* que, na defesa, dois argumentos básicos haviam sido usados: "Flavio não morava no local onde foi preso e o zelador do edifício se dispôs, apesar das ameaças, a ser testemunha de que a Polícia havia colocado coisas dentro do apartamento". Ainda sobre o processo, afirmou que ele "'transcorreu de uma maneira fechada, burocrática, onde apenas tinham acessos os juristas e bacharéis'" (*Folha da Manhã*. Porto Alegre, 13/03/1979, p. 3). De qualquer maneira, após esse julgamento, do grupo preso inicialmente, apenas Flavio, Charly e Suzana Lobosco permaneceram encarcerados.

Pode-se imaginar o quanto a sentença abalou Flavio e todos aqueles e aquelas que atuavam em prol de sua soltura. Norma e Clara, diante do novo "tranco", precisaram reforçar antigas e formular novas estratégias para continuarem agindo em favor do companheiro e do filho. Como se não bastasse, a situação de Norma no Brasil foi ficando cada vez mais insustentável, como ela relatou em uma carta:

> Minha situação pessoal era difícil: não era possível obter do Governo brasileiro visto para residência e, neste ano, não pude trabalhar nem estudar legalmente. Insegura também neste país, onde minha correspondência foi controlada, fui vigiada, intimada e interrogada pelo DOPS (organismo da polícia política). Solicitei refugio às Nações Unidas, o qual me foi outorgado em 3/11/77. Em 16/1/78, embarquei para a França (Carta de Norma Espíndola para pessoa desconhecida – trata por senhor –, 18/02/1978).

Chegando a Paris, debilitada pela prisão, pela luta incansável e pelo medo, ela adoeceu: "Chego à França e fico doente, de um vírus. Eu fico cega por um tempo e depois com uma doença pulmonar. Eu acho que eu já não estava bem... Eu não parava, não parava, não parava. E mais, me deixavam também muito inquieta as perseguições aqui [no Brasil]. Eu estava no limite" (entrevista 2 – N). Não obstante esses percalços, sua luta, ao lado de Clara e de tantos outros indivíduos e instituições que manifestaram "solidariedade ativa" a Flavio continuou. Em junho de 1978, o jornal alternativo *Coojornal* comentou que Norma, no exterior, trabalhava pela liberdade do marido e que, no Brasil, Clara e o Conselho Estadual dos Direitos Humanos agiam no mesmo sentido (*Coojornal*, 06/1978, recorte sem referência de página).

A partir de então a luta dos apoiadores de Flavio concentrou-se na demanda para que o governo argentino aceitasse seu pedido de opção, "recurso legal que permitiria sua expulsão da Argentina se a pressão internacional for grande", ou seja, mais uma vez se observa a íntima articulação entre encaminhamento jurídico e movimento político. Importante dizer que essa demanda sempre esteve presente na campanha por sua libertação, mas ganhou centralidade após sua condenação. Lembremos que até poucos meses antes do golpe de 1976, os prisioneiros políticos podiam optar em deixar o país. Em maio de 1975, uma corte distrital da Província de La Plata havia decretado a expulsão de Flavio, mas essa foi negada pelo governo federal. Diante da sentença desfavorável e com o reforço dos documentos emitidos pela França, que lhe garantiam o estatuto de refugiado político, muitas entidades e indivíduos, valendo-se em grande parte da já mencionada rede transnacional de direitos humanos, buscaram apoios para pressionar as autoridades daquele país a efetivarem a expulsão. Exemplo desse movimento encontrado no acervo pessoal de Flavio é uma carta do jornalista Alberto Dines ao embaixador da Argentina no Brasil, o já mencionado Oscar Hector Camillión. Nela, o remetente diz ter recebido a visita de Norma e familiares de Koutzii depois de uma viagem a Buenos Aires e "como consequência dos meus artigos sobre a situação política do país [Argentina]". Faz então um breve resumo da situação de Flavio, preso no país vizinho, "apesar do decreto de expulsão, do *laissez-passez* e do visto do governo francês". E destaca: "Considerando a possibilidade de um encontro entre os presidentes Geisel e Videla imagino que a liberação de Flavio Koutzii evitaria problema semelhante ao ocorrido com o nosso confrade Flavio Tavares em Montevidéu" (Carta de Alberto Dines a Oscar Hector Camillión. Rio de Janeiro, 24/01/1978). Camillión respondeu no dia seguinte, indicando sua intervenção para solucionar os "casos Paranaguá e Pilla", resolvidos poucos meses depois que ele chegou a Brasília, mas alertou para o que considerava a especificidade da situação de Koutzii: "Neste caso existe uma prisão preventiva decidida, há acusação formal e se esperava o fim do ano quando seria solicitada contra Koutzii uma pena concreta, por outro lado não leve". Ressaltou que não se poderia resolver o caso via expulsão e que a decisão judicial dificilmente seria uma absolvição. Ressalvou ainda que aparentemente não se tratava de um caso do tipo de Tavares (Carta de Oscar Camillión a Alberto Dines. Brasília, 25/01/1978).

Perguntei para Maria Regina, a qual já estava em Paris naquele momento, sobre seu envolvimento na campanha, destacando especificamente os vínculos desta com a Anistia Internacional, que eu havia identificado na documentação pessoal de Flavio. Ela me contou:

> Com a Anistia é espetacular. A Anistia é um movimento sério, são pessoas sérias, classe média europeia, que é muito séria e acredita no que tu dizes. Então eles adotaram o Flavio. Foi uma campanha toda que a gente fez pra eles adotarem o Flavio como um preso, porque eles davam esse preso pra uma comunidade cuidar, aí a comunidade escrevia cartas... Bom, eles fazem tudo, aquelas coisas que a gente nunca vai fazer e que eles fazem muito bem: escrevem cartas, mandam isso, aquilo, pro preso, pro governo, enfim...

Com seu tom debochado, mostrou também como os protocolos das redes de direitos humanos exigiam cuidado no delineamento da imagem daqueles para quem se buscava auxílio, em especial, silenciamento a respeito de seus envolvimentos políticos mais radicais:

> Um dia aparecem em Paris, me telefonam, uns alemães querendo conversar comigo, sabendo que eu era do grupo que havia sido liberado. E eu fui ver. O cara era um delegado de polícia na Alemanha, híper, ultra, megarreacionário. Luta armada nem pensar em falar nisso. Eu tava apavorada falando com ele. Sabe aqueles bebedores de cerveja desse tamanho [indica tamanho grande com as mãos]? Só faltava ter o chapeuzinho com pena do Tirol! Eles eram muito simpáticos, muito queridos, mas eram gente muito diferente. Eu tava pisando em ovos, com pessoas que eu nunca tinha visto na minha vida e contando a história de uma pessoa [Flavio] que era bem atrapalhada. Porque eu tinha que cuidar muito o que eu ia dizer. O cara fazia perguntas capciosas, entende? Parece que ele tinha um sexto sentido. [...] como delegado de polícia ele dizia [mentalmente]: "Essa guria tá mentindo,

não é bem assim". E eu saía pela tangente. Ai, foi horrível, foi uma experiência apavorante. Depois acabou sendo legal porque ele voltou pra Alemanha, continuou fazendo [campanha pela soltura de Flavio], *mandavam sempre dinheiro quando a gente precisava mandar um advogado pra Argentina. Eles foram maravilhosos pra campanha.*

Enfim, Neneca procurou colocar em prática o que Emilio Crenzel chama de "eclipse das menções aos compromissos políticos" dos perseguidos pela ditadura argentina, de modo a "retratar o 'terrorismo de Estado' como um sistema repressivo que opunha o Estado contra o conjunto da sociedade civil" e assim ganhar a simpatia e apoio dos grupos de direitos humanos (Crenzel, 2011, p. 272).

No plano jurídico, mais dois advogados passaram a atuar pela libertação de Flavio: os franceses Leopold Aisenstein e Daniel Jacoby, contratados por seus amigos na França. Do lado brasileiro, Clara buscou os serviços do já referido advogado e deputado federal pelo MDB de São Paulo Airton Soares, com quem pude conversar sobre o caso. Na sua memória, ficaram marcadas a coragem e a abnegação de Clara, características associadas a uma imagem generificada com grande poder em nossa sociedade e já examinada anteriormente: a mãe coragem. Disse-me ele:

> *O que eu posso valorizar muito é o papel da mãe dele nessa busca de sensibilização e pressão em cima dos militares [...]. Dona Clara agia como mãe extremada, não como uma militância política, mas como uma atividade política. [...]*
>
> *As mães eram sempre abnegadas, mas as mães estavam aqui no Brasil, não saíram do país para procurar os filhos. Os filhos brasileiros estavam aqui. Então eu tenho uma especial admiração pelo comportamento dela, não só como mãe, mas como uma verdadeira militante que abraçou a causa de libertar o filho, descobrir o filho primeiro, descobrir se ele tava vivo.*

Em sua fala, Soares vale-se de certas representações de gênero para delinear o perfil de Clara, oscilando entre chamá-la ou não de "verdadeira" militante, provavelmente tendo como parâmetro as formas tradicionais de militância política (partidos, organizações formais, movimentos de rua...) das/nas quais as mulheres foram historicamente ou excluídas ou invisibilizadas. O entrevistado expressa imagens essencialistas da maternidade ("as mães eram sempre abnegadas"), mas também se utiliza, estrategicamente, de jogos de gênero "subversivos" de tais imagens, politizando-as e posicionando-as no espaço público ("papel da mãe dele nessa busca de sensibilização e pressão em cima dos militares").

Na qualidade de defensor de Flavio, o advogado o visitou três vezes durante o seu período de encarceramento: em La Plata, Rawson e Coronda. Na primeira ocasião, em junho de 1978, esteve na Argentina juntamente com os franceses Leopold Aisenstein e Thierry Mignon, os quais, "por mandato da Federação Internacional dos Direitos do Homem, da Associação de Juristas Católicos, do Conselho Ecumênico das Igrejas e a pedido de familiares", viajaram para aquele país a fim de tratar do caso de quinze presos políticos que tinham recebido asilo do governo francês. As avaliações dessa visita trazem manifestações de esperança e frustração, evidenciando as possibilidades e limites do jogo político, jurídico e diplomático em que estava envolvido Koutzii. Aisenstein, por exemplo, ao retornar à França, escreveu a Norma que tinha estado com Flavio por aproximadamente vinte minutos e que, na véspera, seu "confrade" Airton Soares havia tido uma longa entrevista com ele na presença de uma autoridade consular brasileira. Koutzii lhe contou que havia protocolado um pedido de opção, mas, na época em que Aisenstein se encontrava em La Plata, o dossiê ainda não havia chegado às mãos dos juízes de apelação. De acordo com a missiva: "Meu confrade, Senhor Soares, pôde conversar com um dos juízes, que lhe precisou que a demora devia-se à decisão tomada por certas autoridades militares de examinar o dossiê". Ainda segundo o advogado francês, a Corte, conforme indicações fornecidas a Soares, deveria emitir sua decisão em algumas semanas. O remetente também tratou dos direitos que Flavio havia conquistado junto ao governo da França, como o salvo-conduto, afirmando ainda que, em visita ao cônsul na Argentina, buscou certificar-se de que tais documentos ainda eram válidos. Contudo, sua avaliação do caso não parecia muito otimista:

> *Efetuei uma diligência junto ao Coronel San Roman, ao Ministério do Interior, sobre todos os prisioneiros argentinos que figuram em uma lista que me foi remetida [dos beneficiados] de certificado de acolhimento do governo francês. Contudo, segundo as disposições da lei argentina, na medida em que nenhuma mudança ocorra neste plano, o Senhor Koutzii não poderá se beneficiar do exercício do direito de opção antes do cumprimento de sua pena.*

Por isso, concluía, a solução do problema estava nas mãos do Poder Executivo argentino, ou seja, dependia, sobretudo, de uma decisão política (Carta de Leopold Aisenstein a Norma Espíndola. Paris, 10/07/1978)[25]. A respeito da mesma missão, Joacir Medeiros escreveu que a presença do cônsul brasileiro durante as conversas do prisioneiro com seus defensores apontava para uma mudança na política do Itamaraty. Informou também sobre outras visitas realizadas pelos advogados na referida ocasião, como ao bispo de La Plata, ao juiz da Câmara de Apelações e a advogados argentinos. Finalizou de maneira otimista, afirmando que os esforços sensibilizaram as autoridades argentinas (Carta de Joacir Medeiros a destinatário não identificado. Paris, 29/07/1978).

De qualquer modo, como sabemos, Flavio ainda amargou um bom tempo de prisão, incluindo a já referida transferência para a distante Rawson, não informada à família. A respeito disso, Airton Soares comentou:

[...] *a situação ainda era muito difícil na Argentina, muito difícil quando a corajosa dona Clara, mãe dele, se dispôs a ir comigo lá e procurar de prisão em prisão, provocando uma reação nem sempre muito agradável por parte de quem nos recebia, mas, de qualquer forma, sabendo que estávamos promovendo um incômodo. Quer dizer, a presença de uma mãe e de um advogado que era deputado ali na porta de Rawson, por exemplo, no extremo sul da Argentina... Nunca iam imaginar que nós íamos nos deslocar, procurar em todas as cadeias, todas as prisões.*

Como apontei antes, na avaliação atual do advogado, o fato determinante para a libertação de Flavio foi a descoberta da assimetria entre a sua pena e a de Paulo, cuja revelação pública poderia causar incômodos políticos aos governos argentino e brasileiro. Na entrevista, perguntei-lhe: "Esse caso do Flavio, especificamente, você chegou a levar pro Parlamento?". A resposta:

A grande arma foi não ter feito desse caso, não ter feito em torno do Flavio, um grande escândalo político, porque se tivesse feito teria perdido a arma que tava na mão. A barganha foi essa. Não me arrependo de ter feito isso, em hipótese alguma. Não fui à tribuna fazer um discurso, que pra mim politicamente seria [favorável]. Afinal de contas, tá lá o deputado lutando por um brasileiro. Mas não era esse o caso, o caso era ver como é que a gente localizava ele. E mais ainda, eu sabia que qualquer denúncia feita ia ser rejeitada, qualquer tipo de acusação feita tinha censura e isso colocaria a vida dele em risco, se ele ainda estivesse vivo.

Ou seja, de acordo com a versão de Soares, o governo argentino reconheceu a localização de Flavio em Rawson, garantiu sua sobrevivência e depois o libertou por interferência das autoridades brasileiras, em função da barganha por ele proposta de não fazer um "escândalo político", divulgando a diferença de tratamento dada a Paulo e a nosso personagem. Não obstante, o que se percebe na documentação da época é que o advogado não atuou apenas nos bastidores, como parece indicar sua fala. Ao contrário, ele procurou dar grande publicidade ao caso de Flavio, sobretudo por meio da imprensa, valendo-se, inclusive, de sua condição de deputado. Em artigo significativamente intitulado *Deputado acusa Itamaraty*, publicado no jornal *O Estado de S. Paulo* em abril de 1978, por exemplo, Soares acusou a Divisão de Segurança e Informações do Itamaraty de promover a "discriminação de brasileiros" por meio da elaboração de uma lista de pessoas que não poderiam ter seus passaportes renovados. Segundo o texto, havia ficado decidido em uma reunião da Comissão de Direitos Humanos do MDB o envio ao Ministério das Relações Exteriores de uma carta de Flavio relatando sua situação e pedindo a intervenção do governo brasileiro a seu favor (*O Estado de S. Paulo*. São Paulo, 14/04/1978, recorte sem referência de página). Em setembro do mesmo ano, o mesmo *Estadão* trouxe a matéria *Deputado faz apelo por preso*, a qual reproduzia o discurso feito por Soares na tribuna da Câmara em favor de Koutzii. Na ocasião, diz o periódico, "[...] o parlamentar levantou a hipótese de ele [Flavio] ter sido instrumento utilizado pelo governo de Buenos Aires em represália pelo fato de o Brasil não ter repatriado o argentino Hugo Bressane" (*O Estado de S. Paulo*. São Paulo, 23/09/1978, recorte sem referência de página). Sua manifestação teve ressonância, pois, poucos dias depois, o Itamaraty respondeu, afirmando que nosso personagem estava recebendo assistência consular desde o princípio do mês de setembro, tendo sido visitado ainda em La Plata e auxiliado em relação a documentos e assistência jurídica (*O Estado de S. Paulo*. São Paulo, 26/09/1978, recorte sem referência de página). No mês de fevereiro de 1979, Soares voltou ao ataque, inclusive revelando o conteúdo da "barganha" antes mencionada:

> *O governo brasileiro, no caso da prisão do cliente de Soares, foi "omisso e indigno", na sua opinião. Isso porque, conforme desabafou ele, só interferiu passados mais de três anos da detenção do gaúcho, alegando que não havia sido procurado por seus familiares. "Acontece que o governo sabia da prisão desde o início", acusou o advogado, "porque inclusive se intrometeu pela libertação de outros brasileiros presos junto com o Flavio". Segundo ele, isso ocorreu porque um desses presos era parente de alta autoridade do Itamaraty* (*Folha da Manhã*. Porto Alegre, 16/02/1979, p. 11).

Enfim, ao que tudo indica, Soares combinou estratégias públicas e privadas para lutar pela sobrevivência e libertação de Flavio.

Importante ressaltar que as negociações levadas a cabo pelo advogado e deputado se deram no contexto de fortalecimento da campanha pela anistia em todo o Brasil. Foi, inclusive, a partir de tal movimentação que ele construiu sua carreira política:

> [...] [No] *mesmo grupo que nós fundamos, o Comitê Brasileiro de Anistia, fazíamos as ligações internacionais todas, com o Conselho Mundial de Igrejas, o parlamento europeu, políticos franceses, políticos ingleses... E nesse contexto surgiu no nosso grupo uma discussão sobre: "Olha, nós temos que projetar isso, que levar isso pra Câmara de Deputados". E aí uma das razões pra disputar as eleições foi fazer do mandato um instrumento. Fizemos um documento com dez pontos de atividade e em torno desse documento, que era uma carta-programa, fizemos uma campanha que foi exitosa. Nunca tinha sido deputado, vereador, nem nada. E tive uma votação expressiva dentro do quadro que existia.* [...] *a nossa tese era que, se o MDB não é partido de oposição à ditadura, nós temos que fazer do MDB um instrumento de luta de oposição, fazer a criatura se voltar contra o criador.* [...] *já existia o grupo "Autêntico"*[26] *em Brasília, que, mais ou menos, era o diferencial na prática política do MDB como um todo.* [...] *esse aí foi o grupo com quem a gente se aproximou já na campanha, que depois*

levamos para o Congresso todas as denúncias que surgiam. [...] fizemos em 1977 dois deputados malucos: eu e o Jorge Uequed, do Rio Grande do Sul, obviamente totalmente integrados com o movimento dos Comitês Brasileiros pela Anistia, dos familiares. Nós levamos pro Congresso uma proposta de uma Comissão Parlamentar de Inquérito pra apurar os mortos e desaparecidos. [...] nós levamos a documentação toda pra reunião da bancada em Brasília, foi no auditório Emílio Ramos. Nessa reunião, os familiares de presos políticos foram lá, lotaram o local onde tinha [lugar]. E por incrível que pareça, por um voto, conseguimos aprovar na bancada a CPI. Essa aprovação fez com que o deputado Nelson Marchezan, que era muito hábil, fizesse o jogo que fazem os situacionistas de sempre: você tem um número limitado de CPIs, tem outras na fila, aí a sua entra na fila também, você não pode passá-la na frente das outras. Como eles tinham a maioria absoluta, não foi possível que a [CPI prosperasse]. Mas o fato foi da maior relevância pra que no Congresso se tivesse uma noção clara do que era a repressão na ditadura. Uns deputados alienados nunca tinham tido contato com nada disso. A prática política era outra e conviviam perfeitamente dentro da ditadura. E isso serviu pra jogar lá dentro um embrião de uma célula, praticamente, onde os presos políticos e desaparecidos pudessem ocupar um espaço.

Os primeiros Comitês Brasileiros pela Anistia (CBAs) foram constituídos no início de 1978 em diversas cidades do Brasil e do exterior (como Lisboa e Paris). Tais organizações dinamizaram a campanha pela causa iniciada formalmente no ano de 1975 com o surgimento do Movimento Feminino pela Anistia, já mencionado anteriormente. Grosso modo, se o último era um movimento relativamente "bem comportado", composto por "senhoras da sociedade" que queriam reunificar a "família brasileira", tendo por base determinadas imagens socialmente consolidadas atribuídas às mulheres (cuidadoras, protetoras da família...) e por forma de ação, sobretudo, os apelos às autoridades constituídas; os CBAs apresentavam uma postura mais radical, atrelando a luta pela anistia ao fim da ditadura, além de possuírem uma base social bem mais diversificada. Essa divisão esquemática não dá conta, obviamente, do fato de que seguidamente as duas organizações atuaram de maneira conjunta, inclusive, como veremos logo a seguir, no que se refere a Flavio[27].

De qualquer forma, a ampla campanha em prol da anistia acabou incorporando a luta pela libertação de dois brasileiros que se encontravam presos por razões políticas em países vizinhos dominados por ditaduras de segurança nacional e que tinham nomes semelhantes: o nosso protagonista e Flávia Schilling, a qual, ao ser presa na capital uruguaia no ano de 1972, atuava no grupo Tupamaros[28]. A partir daí, a causa dos "Flavios" foi frequentemente tratada de forma conjunta nas manifestações públicas dos que combatiam pela bandeira da anistia. Por vezes, inclusive, um terceiro "Flavio" foi incorporado à causa: Flavio Tavares, igualmente preso no Uruguai. Sobre isso, Koutzii, em depoimento ao site da Fundação Perseu Abramo por ocasião das comemorações dos vinte anos da Lei da Anistia de 1979, ressaltou:

> *Naquele momento, éramos três brasileiros – e gaúchos – presos em países vizinhos, com a incrível coincidência de termos o mesmo nome. Eu fora detido em 1975, na Argentina, onde estava exilado. O jornalista Flavio Tavares e a jovem Flávia Schilling haviam sido presos pela ditadura uruguaia. Houve intensa campanha dos comitês brasileiros pela anistia em favor da nossa libertação, com repercussões no exterior, que certamente pressionou os governos argentino e uruguaio a nos libertar.*

Na mesma ocasião, nosso personagem, certamente motivado pelo clima de comemoração que motivou a escrita de seu texto, atribuiu um papel decisivo aos CBAs na sua sobrevivência e libertação:

> *Posso dizer que o trabalho constante, intenso e sistemático dos comitês pela anistia e dos meus familiares não apenas encurtou minha permanência nas prisões como também pode ter salvo a minha vida. A ditadura Videla foi uma das mais sanguinárias das que assolaram a América Latina nos anos 60 e 70, sendo responsável por mais de 300 assassinatos reconhecidos e pelo desaparecimento de 30 mil pessoas. Portanto, a insegurança era permanente, inclusive dentro das prisões.*
>
> *A campanha dos comitês, que produziram noticiários sobre a minha situação de brasileiro preso na Argentina, as repercussões das visitas da Cruz Vermelha e de entidades e diplomatas significavam uma denúncia permanente da ditadura Videla, fazendo com que minha presença se tornasse um incômodo para o governo militar. Eu estava condenado a seis anos e meio de prisão e acabei, fruto desta campanha, sendo indultado e expulso pelos militares. Como não podia retornar ao Brasil, fui para a França como refugiado político, sob a proteção das Nações Unidas[29].*

José Carlos Keniger, amigo de Flavio desde os tempos da militância estudantil, foi um dos coordenadores do CBA do Rio Grande do Sul. Segundo ele, a inclusão da luta pela libertação dos "Flavios" nesta campanha mais ampla foi bem recebida por seus participantes:

> *[...] aqui o Flavio era muito conhecido na esquerda, né? Então foi tranquilo, ninguém contestou. Pelo contrário, todo mundo apoiou a ideia de fazer campanha pela libertação dele. E bom, tinha outros brasileiros [presos no exterior], por que não vamos fazer campanha pela Flávia, que era gaúcha também? Eu estive com os familiares dela [...], [também] com a dona Mila Cauduro, que era do movimento trabalhista pela anistia, era da turma do Brizola, que queria lutar pela anistia*

CBA-RS 3

COMITÊ BRASILEIRO PELA ANISTIA — Maio 1979

O Comitê Brasileiro pela Anistia luta pela — Anistia Ampla — para todas as pessoas punidas por motivos políticos — e Irrestrita — incondicional e para todos os efeitos. E considera a proposta de anistia parcial do governo como uma forma de manter a ditadura, porque não inclui a volta de todos os exilados, a libertação de todos os presos políticos, anistia para todas as punições, o esclarecimento da situação de todos os mortos e desaparecidos. Não arredamos pé dessa posição, porque sabemos o motivo pelo qual tantos brasileiros foram vítimas da repressão: porque lutaram pelo direito do povo de opor-se livremente ao regime de exploração econômica e opressão política.

Na Hora da Chamada

TÃO FALTANDO ELES

É por estas razões que o Comitê Brasileiro pela Anistia Seção Gaúcha vem a público coletar assinaturas em favor da libertação dos gaúchos Flávio Koutzii, preso há quatro anos na Argentina e Flávia Schilling, presa há seis anos no Uruguai. Os abaixo-assinados serão enviados ao Ministro das Relações Exteriores exigindo a interferência do governo brasileiro em favor da libertação destes dois compatriotas.

Recuperar a memória dos mortos e elucidar a situação dos desaparecidos, aqueles que foram seqüestrados pelos órgãos de segurança sem que nenhuma notícia tenha sido dada as suas famílias sobre o local onde estão, é uma obrigação de quem luta realmente pela Anistia. Por isso iniciamos aqui uma campanha de denúncia e busca de esclarecimento sobre a situação dos gaúchos que foram seqüestrados pela polícia e não sabemos se estão mortos ou vivos.

FLAVIO E FLÁVIA
Luta pela libertação dos brasileiros presos no exterior, no boletim do CBA (APFK).

também na época. É uma pessoa muito legal, muito querida, já era uma pessoa de mais idade, muito respeitada na sociedade. Então essa campanha pela libertação do Flavio e da Flávia foi apoiada por todo mundo, como a campanha pela anistia.

Nesse sentido, em fevereiro de 1979, o jornal *Folha da Tarde* noticiava: *Iniciada em Porto Alegre a campanha pela libertação de Flavio Koutzii*. A matéria mencionava a visita de Airton Soares à capital gaúcha para reunir-se com a Comissão Executiva do MDB, "de quem recebeu apoio". Informava ainda que o advogado e deputado estava acompanhado do também advogado Décio Freitas e de integrantes do Comitê Brasileiro e do Movimento Feminino pela Anistia, e explicava: "A presença de Freitas devia-se ao interesse de Soares em que a campanha pró-liberação de Koutzii seja realizada em combinação com outra já em desenvolvimento, pela libertação de Flávia Schilling [...]". Na continuidade, o texto apresentava uma fala de Soares que explorava históricas rivalidades entre Brasil e Argentina, a fim, provavelmente, de chamar a atenção da opinião pública para a postura considerada omissa do governo brasileiro em relação ao caso:

> *[...] pelo que constatou em seu trabalho de defesa da libertação de Koutzii, Soares percebeu que o governo brasileiro não goza de prestígio junto às autoridades argentinas. "Um ofício do Consulado do Brasil, pedindo a volta do Flavio à prisão de La Plata, quando ele se encontrava em outra pior, sequer mereceu resposta da Junta Militar [...]". Para Soares, isso identifica 'desprezo, retaliação', também caracterizado durante uma visita que ele e Clara Koutzii (mãe de Flavio) fizeram à prisão onde se dizia que ele estava preso. "Quando souberam que íamos visitá-lo, o transferiram de penitenciária e não se dispuseram a nos informar qual era". O advogado define essa situação como um "passa moleque!" das autoridades argentinas ao governo do Brasil* (Folha da Manhã. Porto Alegre, 16/02/1979, p. 11).

Segundo a avaliação de Rodeghero, Dienstmann e Trindade (2011, p. 177),

> *[...] as lutas travadas pela liberdade dos Flavios e da Flávia foram momentos nos quais o movimento pela anistia melhor deu conta do propósito de propagandear a anistia, denunciar o regime e popularizar a luta. Além disso, essas ocasiões traziam para o público brasileiro a realidade do subcontinente afogado em ditaduras [...].*

Na campanha dos CBAs, papel relevante coube a Clara, que, cada vez mais, ao contrário dos momentos iniciais da luta pela libertação do filho, marcou presença no espaço público, provavelmente porque sentiu que sua mobilização integrava um movimento maior, no qual a figura da mãe, com todas as representações de gênero a ela associadas em nossa sociedade, ganhava força e centralidade (Trindade, 2009). Em fevereiro de 1979, por exemplo, a revista *IstoÉ* noticiou que "Ingeborg Schilling e Clara Koutzii, as mães dos dois presos, pretendem percorrer todo o país, visitando Assembleias Legislativas e universidades, começando, provavelmente a 1º de março, com uma audiência com o ministro Azeredo da Silveira, das Relações Exteriores, em Brasília" (*IstoÉ*, 28/02/1979, p. 24). No mesmo sentido, o jornal *Folha da Manhã* informou:

> *Na próxima quarta-feira é que serão discutidas as possibilidades de comícios, abaixo-assinados, panfletos e possíveis palestras da mãe de Flavio em todo o País, principalmente nas faculdades, já que ele era um líder estudantil. Ontem, Clara Koutzii não pôde falar devido ao seu estado emocional. Na ocasião, a angústia da mãe de Flávia Schilling [...] foi lembrada pela presidente do MFA, Mila Cauduro* (*Folha da Manhã*. Porto Alegre, 13/03/1979, p. 3).

A dor dessas mães que lutavam pela sobrevivência e liberdade dos filhos certamente tinha grande potencial para comover e mobilizar diversos setores da sociedade, independentemente de suas preferências políticas. Tal movimento, por um lado, investia em representações tradicionais sobre a maternidade e, por outro, subvertia fronteiras de gênero ao permitir a essas mulheres ganhar o espaço público e afirmarem-se enquanto agentes políticos.

Importante lembrar a menção feita por Airton Soares, no trecho de sua entrevista transcrito mais acima, às "ligações internacionais" estabelecidas pelo CBA. De fato, organizações e indivíduos de diversos lugares manifestaram apoio à causa da anistia e, mais especificamente, da libertação dos "Flavios". No caso específico da campanha em prol do personagem central da história que aqui contamos, foram encontrados, em seu arquivo pessoal, documentos com esse teor provenientes de países como Estados Unidos, Portugal, Itália, Holanda, Suíça, Venezuela e França, com predomínio deste último. Intelectuais do porte de Cornelius Castoriadis, Julio Cortázar, Simone de Beauvoir, Gilles Deleuze, Michel Foucault, Edgar Morin, Octavio Paz e Nicos Poulantzas subscreveram abaixo-assinados em favor de Koutzii. Como já sinalizei antes, tais investidas se deram em um contexto mundial favorável às pressões relacionadas à garantia dos direitos humanos para os perseguidos pelas ditaduras do Cone Sul da América Latina, sobretudo após a ascensão de Carter ao comando da Casa Branca. No que se refere a Flavio mais diretamente, de acordo com Soares, havia "insatisfação dos americanos com aquele ritmo de repressão" na Argentina. Ele ressaltou ainda:

> *Nós* [do CBA] *tínhamos articulações até no gabinete do senador Ted Kennedy nos Estados Unidos.* [...] *o senador foi um ponto de destaque no que diz respeito à denúncia e à luta contra a ditadura militar brasileira. Isso nós tínhamos também na França: parlamentares, contatos... E esses eram muito mais estruturados em função do movimento de quem tava lá fora* [se refere aos exilados], *que tiveram um papel de destaque nisso*[30].

**CAMPANHA
PELA LIBERTAÇÃO**
Pôster do CBA e o muro
da Unidade 9, onde Flavio
ficou preso. Adaptado de
Chechele, Federico. Unidad
9. Buenos Aires: CTA,
2016. (APFK).

Mas tal contexto também guardava más surpresas para quem lutava pelos perseguidos pelas ditaduras, como me relatou Norma. Logo após sua chegada à França, ela foi, no mês de março de 1978, a um congresso de direitos humanos realizado em Genebra para buscar apoios à libertação de Flavio. Lá, contou-me, sofreu uma decepção ao perceber que os países socialistas não estavam comprometidos com a causa dos que sofriam nas mãos das forças repressivas em países como Argentina, Brasil, Chile e Uruguai:

> [...] *a União Soviética e os Estados Unidos tinham um acordo e nós estávamos ao Deus dará, nos abandonaram totalmente. Não tínhamos em Cuba nenhuma possibilidade de ter uma posição independente relacionada conosco.* [...] *foi muito duro porque eu assisti de camarote, no congresso* [...], *à intervenção do delegado de Cuba, que falou muitíssimo tempo de Che Guevara, do irmão do Che Guevara que estava preso, sem falar absolutamente nada dos campos de concentração, nem denunciar tudo o que estava acontecendo. Foi muito duro, muito duro...* (entrevista 2 – N).

É possível imaginar o quanto foi impactante para Norma perceber que países que defendiam causas pelas quais ela, Flavio e muitos outros lutaram, e arriscaram suas vidas, não os apoiavam na luta que travavam por seus entes queridos. De qualquer maneira, na mesma ocasião, ela conseguiu estabelecer alguns contatos:

> [...] *uma coisa superimportante: estava para sair para a Argentina uma missão da Cruz Vermelha, então tive a oportunidade de falar com voluntários da Cruz Vermelha que iam lá nos cárceres. Eles sim eram anjos, que não sabem muito bem o que acontece nesses países, que são voluntários e que vão. Então, bom, eu acordei um pouquinho eles, dei o nome de Flavio, pedi que eles vissem o que podiam fazer. Enfim, eu fazia tudo o que podia, em todos os lugares eu denunciava.*

Ela ainda conversou com o presidente da Associação Internacional dos Juristas, que lhe disse: "Norma, olha, não estamos podendo fazer nada. Casos independentes nós não podemos ajudar. [...] o campo está minado e fechado. Nos sentimos totalmente impotentes. Estamos assim desesperados" (entrevista 2 – N). Nesse campo "minado e fechado", uma brecha pareceu se abrir, como vimos antes, com a realização da Copa do Mundo de Futebol na Argentina, em 1978. Tal parecia ser, aos olhos dos grupos de direitos humanos, a ocasião ideal para denunciar as violências perpetradas pela ditadura naquele país. Neste sentido, o jornal alternativo *Em Tempo*, após relatar o drama de brasileiros presos ou desaparecidos na Argentina, entre os quais Flavio, ressaltou, em espanhol, que o Campeonato de 1978 não deveria ser "la Copa del olvido" (*Em Tempo*, 17/04/1978, recorte sem referência de página). Na mesma linha, Aurélio Guerra Neto, um dos apoiadores de nosso personagem em Paris, escreveu carta no mês de maio de 1978, indicando que aquele seria o momen-

Un des principaux dirigeants de l'UNION NATIONALE DES ETUDIANTS au Sud du Brésil, FLAVIO KOUTZII, est emprisonné depuis deux ans en Argentine. Persécuté par la police brésilienne, il s'était exilé en Argentine en 1972 après un séjour d'un an à Paris. Il fut arrêté par la police politique argentine en mai 1975, et soumis à "la question": torturé à l'electricité, coups, menaces de mort, etc. Accusé de "complot international", il est incarcéré ~~(sans procès)~~ à la prison de LA PLATA, où des exécutions de prisonniers politiques ont été fréquentes au cours des dernièrs mois (parmi les dernières victimes, le péroniste de gauche Dardo Cabo). Ses jours sont donc en danger.

Un décret d'expulsion du pays visant Flavio existe depuis 1975. Le Haut Commissariat de l'ONU pour les refugiés lui a accordé le statut de réfugié politique (juin 1976). Après des demandes pressantes, le gouvernement français lui a accordé un laissez-passer et un visa pour résider en France

demandons
Nous ~~exigeons~~ du gouvernement argentin sa libération immédiate et son expulsion du pays. *(Nous souhaitons que)* Le gouvernement français ~~peut et doit~~ exerce son influence pour obtenir l'exercice effectif de son droit d'asile en France.

ILUSTRES APOIADORES
Abaixo-assinado pela libertação de Flavio (APFK).

to de conjugar esforços pela libertação de Koutzii, pois "o Governo Argentino quem sabe afrouxaria um pouco o laço para melhorar sua imagem no exterior". Afirmou, inclusive, que Norma havia contatado jornalistas esportivos na ocasião do jogo entre Brasil e França "para ver se alguma pressão pode ser feita dentro do Brasil" (Carta de Aurélio Guerra Neto a Vando Nogueira. Paris, 08/05/1978).

Mais uma vez, também já assinalamos, a decepção foi grande: os militares trataram de obscurecer a vitrine oportunizada pela Copa e as denúncias não tiveram muita repercussão. A frustração levou os redatores do boletim do grupo *Clamor*, fundado em São Paulo no mês de junho de 1978 por militantes dos direitos humanos, a publicarem matéria intitulada *O que é que houve na Copa do Mundo*, a qual caracterizava o campeonato como "investimento político para melhorar a imagem externa da Argentina", criticava os custos da realização do torneio e denunciava a operação de segurança montada para a ocasião pelo governo daquele país (*Clamor*. São Paulo, 07/1978, p. 7-8). Sabemos agora, retrospectivamente, que Flavio ainda muito penou nos cárceres argentinos: permaneceu em Rawson até janeiro de 1979, depois foi transferido para Coronda e, em maio do mesmo ano, para Caseros. Mas certamente não podemos nem imaginar o seu estado de espírito diante dessas expectativas não realizadas, nem a angústia de Norma e Clara, que tanto concentraram esforços em sua libertação.

O movimento pela anistia, e pela libertação dos "Flavios", ganhou força em 1979. Como indicamos antes, no mês de março foi lançada formalmente, com um ato na Assembleia Legislativa do Rio Grande do Sul, a campanha por sua soltura. Segundo a *Folha da Manhã*, haviam confirmado presença no evento, além de Clara e Airton Soares, os senadores Pedro Simon e Paulo Brossard, do MDB, sendo os promotores da campanha o CBA, o Movimento de Justiça e Paz da Igreja Católica, o Diretório Central de Estudantes da UFRGS, diversos diretórios acadêmicos da UFRGS e da PUC, o MFPA e o MDB, "que através de reunião da Executiva, designou o deputado Carlos Augusto de Souza para acompanhar e participar da campanha de libertação de Koutzii" (*Folha da Manhã*. Porto Alegre, 12/03/1979, p. 5). No dia seguinte, o mesmo periódico noticiou que "menos de cem pessoas participaram ontem à noite na Assembleia Legislativa do lançamento da campanha nacional de luta pela libertação do gaúcho Flavio Koutzii. E isto, na opinião dos organizadores da campanha, se deve a apenas um motivo: o povo sabe que não tem força política". E continuou: "A maioria dos presentes era estudantes e integrantes do MDB jovem. Durante o desenrolar do lançamento a mãe de Flavio, Clara Koutzii, conversou bastante com a mãe de outro possível preso político, Sara Bastos. Seu filho, Jorge Bastos, encontra-se desaparecido na Argentina desde 1976". Na ocasião, o CBA e o MFA "cobraram uma atitude do MDB, pedindo para os deputados estaduais, federais e senadores indagarem das autoridades argentinas (caso de Flavio) e das uruguaias (Flávia) 'se não têm vergonha de manterem presas pessoas inocentes'". Em resposta,

[...] o deputado Carlos Augusto de Souza, que estava representando o MDB, anunciou que o partido pretende visitar Flavio Koutzii em seu cárcere a fim de comunicar-lhe as gestões que estão sendo feitas. E que além disto, será formada uma comissão de políticos para discutirem junto ao Itamaraty, Ministério das Relações Exteriores e Embaixada da Argentina em Brasília (*Folha da Manhã*. Porto Alegre, 13/03/1979, p. 3).

No âmbito dessa movimentação, Clara participou de atos e deu entrevistas à imprensa, clamando pela sobrevivência e soltura do filho. Ao *Jornal do Brasil* disse que a situação de Flavio era "mais terrível do que se possa imaginar" e que ele, "mesmo não tendo sido condenado à morte", estava "morrendo diariamente". A mesma matéria informava que a presidente do CBA/RS, Raquel Cunha, afirmara

[...] que o CBA já está articulando uma campanha nacional pela libertação de Flavio Koutzii, que será feita através de encenações teatrais em todas as capitais sobre a vivência carcerária do brasileiro e palestras em sindicatos, faculdades e teatros sobre a situação de Flavio na Argentina. O CBA também promoverá a coleta de assinaturas reivindicando a libertação de Flavio, que serão encaminhadas ao Presidente da República, enquanto a imprensa – nanica [como era conhecida a imprensa alternativa] – *publicará um selo com um apelo para a soltura de Flavio para que a população recorte e envie ao Governo argentino* (*Jornal do Brasil*. Rio de Janeiro, 24/02/1979 – recorte sem referência de página).

Clara e Soares deram declarações sobre a precariedade da saúde de Flavio e as falhas de seu processo jurídico a vários órgãos de imprensa, como os jornais *Última Hora*, *Globo* e *Em Tempo*, e a revista *IstoÉ*. Como vimos, em tais manifestações diversos argumentos foram utilizados para explicar e, em consequência, denunciar a permanência de nosso personagem na prisão, como o antissemitismo dos militares argentinos e as rivalidades entre Brasil e Argentina. A respeito do último ponto, o título da matéria da *IstoÉ* sobre o caso era contundente: *Entre a diplomacia e a sobrevivência: os países brigam e um brasileiro sofre no cárcere* (*IstoÉ*, 28/02/1979, p. 24-25).

Em março, o jornal *Zero Hora* reproduziu carta de um dos "Flavios", o Tavares, já libertado e no exílio em Portugal, na qual ele fazia "um veemente pedido" para que os brasileiros Schilling e Koutzii fossem libertados e pudessem retornar ao Brasil (*Zero Hora*. Porto Alegre, 13/03/1979 – recorte sem referência de página). Textos publicados na imprensa traziam informações discrepantes sobre qual seria o próximo "Flavio" a ser posto em liberdade. Em fevereiro, a *Folha da Manhã* publicou o artigo intitulado *Flávia pode ser libertada agora*, com informações sobre a provável soltura da militante, esperada para o Carnaval. Relatava as esperanças da família e sua certeza de que ela seria posta em liberdade até 15 de março, segundo o ministro das Relações

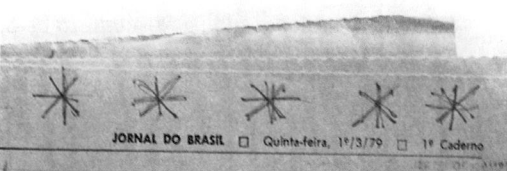

A FORÇA DA IMPRENSA
Campanha pela libertação de Flavio chega aos jornais (APFK).

Exteriores do Brasil. Paulo Schilling, pai de Flávia, afirmou na matéria que o caso de Koutzii era mais fácil do que o de sua filha, devido ao que chamava de "liberalismo maior" do governo argentino. Ainda de acordo com ele, Flavio poderia ser libertado através de uma ação judicial, já que havia cumprido metade da pena (*Folha da Manhã*. Porto Alegre, 26/02/1979 – recorte sem referência de página). Porém, em um periódico cujo nome não conseguimos identificar, mas possivelmente datado do mesmo período, consta igualmente o anúncio da iminente libertação de Schilling, que se encontraria em situação inversa à de Koutzii, considerada mais complicada. Na sequência constam dois argumentos já mencionados para explicar a demora no encaminhamento de sua soltura pelo governo argentino: a sua condição de judeu e o fato dele ter se tornado "bode expiatório das divergências daquele país com o nosso a respeito do aproveitamento energético das águas do Paraná".

Por fim, Flavio, conforme indicamos anteriormente, acabou sendo libertado em junho de 1979, enquanto Flávia só deixou a prisão em abril de 1980. Em maio de 1979, a revista *IstoÉ* anunciava: "Flavio está livre, falta Flávia: o Uruguai volta a endurecer e nega-se a reduzir a pena". No dia 31 deste mesmo mês, uma carta do Comitê dos Amigos de Flavio agradecia a destinatário não identificado "suas ajudas sempre renovadas" nos esforços pela libertação do militante e anunciava que sua soltura estava próxima. Solicitava ainda informações sobre alojamento e emprego para ele em Paris (Carta do Comitê dos Amigos de Flavio. Paris, 31/05/1979). Por fim, em 3 de junho, uma "Carta aberta", assinada pelo Grupo de Amigo(as) de Flavio Koutzii e pelo CBA de Paris ressaltava que, depois de quatro anos, ele chegava à França na condição de exilado e que sua libertação era resultado de uma série de iniciativas tomadas na Europa e no Brasil. Tentando sintetizá-las, os remetentes listavam algumas entidades envolvidas na campanha; falava das missões de advogados enviadas à Argentina; destacava a participação de Norma a partir de 1977 na mobilização em favor do companheiro; assinalava a importância do MFPA nas primeiras articulações com essa finalidade; relatava o desenvolvimento de comitês pela libertação de Flavio em diversas cidades brasileiras; indicava também o envolvimento do movimento estudantil; ressaltava a importância do Congresso pela Anistia de novembro de 1978, no qual foi aprovada a resolução que transformou a campanha pela libertação de Flavio e Flávia numa campanha nacional; e sublinhava a participação do MDB na pressão junto ao governo brasileiro. Arrematava a lista, afirmando: "Fruto desta impressionante mobilização internacional o indulto assinado pelo General Videla aparece como uma demonstração de força dos movimentos de solidariedade e de sua capacidade de obter resultados positivos mesmo em condições extremamente difíceis". Dizia, por fim, que continuariam os esforços pela soltura de Flávia Schilling (Carta aberta do Grupo de Amigo(as) de Flavio Koutzii e do CBA de Paris. Paris, 03/06/1979).

Sem dúvida, todas essas várias frentes foram fundamentais para dar visibilidade ao caso de Flavio, tirá-lo do isolamento, como dizia Norma, e, em consequência, pressionar os governos brasileiro e argentino no sentido de garantir a sua sobrevivência e posterior libertação. Poderíamos, talvez, perguntar qual foi o fator determinante que levou a sua saída do cárcere após tantas esperanças frustradas. Teria sido a "barganha" proposta por Airton Soares ao governo brasileiro, de não revelar a diferença no tratamento dado aos casos de Paulo e Flavio em troca da soltura do último? A pressão dos políticos do MDB junto às autoridades governamentais? O argumento do antissemitismo? O clamor de certa forma nacionalista que pedia por um brasileiro abandonado no exterior e dizia que o governo do país era desacreditado junto aos colegas argentinos, argumento que ganhava força em um contexto de intensificação de históricas rivalidades entre os dois países em virtude de diferenças geopolíticas como aquelas referentes à usina de Itaipu? A pressão internacional das organizações de direitos humanos, favorecida pela nova conjuntura política norte-americana após a ascensão de Carter à presidência dos EUA? A incorporação da luta em favor dos Flavios pela campanha da anistia, que cada vez mais ganhava a adesão de amplos setores da sociedade brasileira? A solidariedade gerada pelo sofrimento de Clara, a qual, progressivamente, foi transformando sua dor privada em bandeira política? A luta incessante e corajosa de Norma, que, sem nunca esmorecer, buscou apoio para a causa junto às mais diferentes pessoas e organizações?

Creio que seria temerário, no limite injusto, e talvez desnecessário, em termos de explicação histórica, escolher um desses aspectos em detrimento dos demais. Parece-me mais produtivo, para retomar conceitos centrais a esta pesquisa, falar da conjunção de uma série de projetos coletivos e individuais (sem descuidar de suas especificidades), os quais, em uma conjuntura determinada, convergiram para a causa da libertação de Flavio. Tal conjuntura ganha mais sentido quando vista como um campo de possibilidades, "minado" como salientam os documentos, mas permeado por brechas, nos quais agiram pessoas e organizações de modo isolado ou articulado, demonstrando a "capacidade de obter resultados positivos" mesmo em condições "extremamente difíceis". Isso não quer dizer que esse resultado positivo já estivesse dado de antemão. Ele foi, como dissemos, fruto de inúmeras ações, muitas com resultados frustrantes e inexpressivos, em um processo sujeito a múltiplos avanços e recuos. Nesse movimento, por exemplo, Flavio poderia ter morrido em uma das prisões pelas quais passou, ou durante uma de suas transferências (vários de seus companheiros o foram); as pressões de Norma, Clara e de vários apoiadores da causa poderiam ter surtido resultados diferentes; Carter poderia ter perdido as eleições nos EUA ou não ter conseguido emplacar a bandeira dos direitos humanos, entre outros "ses". Mas, felizmente, sabemos que a campanha foi bem-sucedida e isso se deve, insistimos, a ações de vários e corajosos indivíduos, dentre os quais destaco novamente a mãe e a companheira de Flavio (e o fato delas serem mulheres, como vimos antes, não foi indiferente), e coletivos, que agiram nesse campo de possibilidades historicamente marcado por configurações variadas, onde ganham importância a emergência, expansão e afirmação de uma rede transnacional ligada ao discurso dos direitos humanos e, no âmbito brasileiro, o desenvolvimento da luta pela anistia, articulada, é claro, com outros combates pela redemocratização do país.

AO CHEGAR a Paris, Flavio foi internado no Hospital Broussais para fazer exames. Em 23 de junho de 1979, vinte dias após a sua soltura, escreveu uma carta aberta à Conferência Internacional pela Anistia Ampla, Geral e Sem Restrições e pelas Liberdades Democráticas no Brasil, afirmando, inicialmente, que sua liberdade fora "[...] arrancada à Ditadura Militar argentina pelos esforços e luta permanente de amigos – conhecidos ou desconhecidos –, das organizações, comitês, sindicatos e associações profissionais". Lamentou então não poder comparecer à Conferência devido à internação hospitalar, pois considerava que essa teria sido "[...] a melhor oportunidade para o abraço, o agradecimento e a possibilidade mesmo de começar – eu também – a ajudar nas lutas pela anistia, pela liberdade e as transformações sociais que as viabilizam". Permito-me citar a continuidade da missiva em sua totalidade, por sua capacidade de expressar o momento em que nosso personagem se encontrava após sair do cárcere e também por sua força ética e estética:

> *Creio que a experiência e os resultados alcançados na campanha por minha anistia e liberdade são uma referência, pequena e modesta, mas não por isto menos útil. Luta franca, persistente, pública, que chegou ao nível de massas, inseparável do marco que em definitivo permitiu esta vitória: os movimentos sociais que, hoje, no Brasil vão abrindo caminho.*
>
> *É certo que minha condição de prisioneiro na Argentina dá ao meu caso um aspecto particular, mas é esta uma razão a mais para valorizar os resultados alcançados e medir a força e as possibilidades de todas as lutas pela Anistia que hoje se dão no Brasil, pelos brasileiros presos, perseguidos ou exilados, dentro e fora do país.*
>
> *Espero particularmente que nossa vitória estimule todas as lutas pela anistia, em particular a campanha pela liberdade de Flávia Schilling, que permanece nas mais brutais e desumanas condições nas prisões uruguaias. Não é só esforço por uma liberdade, é a necessidade de arrancá-la da ameaça permanente à sua vida, do trabalho de destruição metódico dos presos políticos que leva adiante a ditadura militar uruguaia.*
>
> *Desejo também que esta Conferência faça sua a bandeira do combate contra a colaboração dos policiais do "Cono Sur" da qual conhecemos trágicas e recentes consequências. E também de exigir permanentemente da ditadura brasileira todas as garantias e respeito aos exilados latino-americanos no Brasil.*

Nous soussignés, enseignants et chercheurs en Sciences Sociales en France, profondément préocupés du sort de l'économiste brésilien

FLAVIO KOUTSII,

arrêté le 11 mai 1975, à Buenos Aires, demandons aux autorités argentines que lui soit appliqué immédiatement le decret d'expulsion du pays à fin qu'il puisse bénéficier du statut de réfugié politique accordé depuis Juin 1976 par les Nations Unies, même que le visa pour résider en France decidé par le Ministère des Affaires Etrangères Français.

M. KOUTSII est le seul detenu du "complot international" "découvert" en 1975. Tous les autres "comploteurs", au nombre de dix, ont été déjà acquités. Nous craignons que Flavio KOUTSII puisse subir le même sort que d'autres prisonniers politiques argentins "disparus" de la Prison Modèle de la Plata où il se trouve incarceré à présent.-

signature	nom/prénom	faculté/centre
	F.H. Cardoso	CAMBRIDGE / I.E.D.E.S.
	L. MARTINS	C.N.R.S.
	R. SCHWARZ	
	R. FAUSTO	PARIS VIII
	Maria José Garcia	CNRS
	Samuel Werebe	
	Andreff Wladimir	Paris I.
	Marco-Aurélio Garcia	U. Paris VIII - Vincennes
	GUTELMAN M.	C.N.R.S.
	Pierre SALAMA	IEDES
	Nicos POULANTZAS	PARIS - VIII

APELO DA EUROPA
Professores e pesquisadores de Ciências Sociais reivindicam para Flavio o status de refugiado político (APFK).

Enfim, quero expressar minha total adesão a esta Conferência, e que esta justa luta pela anistia ampla, geral e sem restrições, integre a necessidade de que esta se faça acompanhar do desmantelamento do aparelho repressivo que segue intacto no Brasil e que as liberdades democráticas integrem uma total liberdade de opinião, manifestação e direito à organização, condições sem as quais estas conquistas iniciais que seguramente alcançaremos não terão as garantias para sua afirmação.

Aceitem a minha mais fraternal e calorosa saudação[31].

A conferência possibilitou a Flavio expressar, do leito hospitalar onde convalescia, as dores de seu passado recente; o alívio por, no presente, se encontrar em liberdade; a gratidão àqueles que lutaram por sua vida; e, sobretudo, uma expectativa, um projeto de futuro, com alcances variados: da imediata libertação da companheira de infortúnios Flávia Schilling ao desmantelamento do aparato repressivo da ditadura brasileira. Como fez em outros momentos de sua trajetória, ele politizou sua experiência pessoal, inserindo-a em análises e prospecções mais amplas. Ainda abalado por tantas derrotas e sofrimentos, começou, como muitos de seus companheiros de luta, a dar sentido e conteúdo a uma nova forma de militância, centrada então, sobretudo, na aposta nos novos movimentos sociais que "abriam caminhos" em direção à redemocratização e no combate pelo fim da repressão ditatorial, incluindo a colaboração dessa com outros regimes congêneres vigentes no Cone Sul, cujos resultados conhecia tão bem. Na continuidade, durante o seu exílio, inicialmente imposto, já que a Lei da Anistia só foi promulgada em agosto de 1979, e logo voluntário, pois decidiu permanecer na França para reconstruir-se política e subjetivamente, prosseguiu, entre apostas, convicções e incertezas, burilando um novo modo de estar no mundo e de continuar fazendo o que fez ao longo da maior parte de sua vida: política. Continuou lutando por igualdade social, mas em novos parâmetros, determinados pelas possibilidades e limites do campo que se abria com o progressivo fim do regime iniciado em 1964.

NOTAS Capítulo 4

1. Salvo indicação ao contrário, as citações sobre as quedas dos militantes da LCR foram extraídas desta fonte. É importante notar que a matéria junta acontecimentos ocorridos em momentos diferentes, um em dezembro de 1974 (a queda de Gallego e Petiza) e outro em maio de 1975 (a queda de outros militantes da LCR), como forma de demonstrar uma articulação (inexistente na realidade) entre eles, condizente com a acusação de complô da "guerrilha apátrida" sustentada pelo jornal.

2. LCR, *Cayeron Combatiento por el Poder Obrero y el Socialismo, Combate Edición Especial*, dezembro de 1974. *Apud* Cormick, 2012, p. 163-164.

3. Sobre esse episódio, Maria Regina, em suas memórias, relata: "[...] quando a polícia cercou a casinha onde viviam, Gallego e Petiza se apressaram em entregar a filha pequena a um dos vizinhos. Gallego ouviu uma voz ordenar que ele e a mulher saíssem, estavam sitiados. A menina entregue, Petiza correu para os fundos da casa segurando a 9 milímetros que estava sempre com ela. Pulou a cerca e tentou chegar à avenida. Desesperou-se ao ver a barreira de homens uniformizados e armados cortando o caminho. Caiu sob uma saraivada de tiros. Vizinhos acudiram. Duas patrolas invadiram o terreno, revirando a terra e os pertences da família. Não queriam deixar rastro daquela gente" (Pilla, 2015, p. 49-50).

4. Não cabe aqui realizar uma discussão mais detida sobre o papel da sorte e do acaso na História, o que foi objeto de inúmeras reflexões ao longo do tempo. Menciono apenas que o conceito moderno de História, forjado no século XVIII, expulsou tais elementos de sua explicação do passado, tomando-os como resultados de nossa incapacidade (provisória) de inseri-los em redes causais determinadas ou, no máximo, como fatores residuais e pouco significativos (Koselleck, 2006). No mesmo sentido, Sabina Loriga (2011, p. 38) atribui à filosofia iluminista da História o entendimento de que o indivíduo é inteiramente submetido a "uma lei dramática e implacável, pois que isenta de elementos acidentais", o que levaria à negação do acaso ou, pelo menos, a sua marginalização tendencial. De acordo com a autora, Eduard Meyer, entre outros pensadores, na virada do século XIX para o XX, procurou mostrar que acaso e necessidade "[...] não são propriedades inerentes às coisas, mas categorias lógicas relativas". Nas palavras de Meyer, um acontecimento "[...] nos parece necessário se o consideramos no encadeamento de sua própria série causal, enquanto fim último desta; ele nos parece acidental se o vemos do ponto de vista de uma série causal exterior, com a qual interfere no tempo e no espaço e sobre a qual exerce um efeito" (Loriga, 2011, p. 106).

5. Doravante, no presente subcapítulo, salvo menção ao contrário, as citações foram retiradas deste livro. Por isso, limitar-me-ei a indicar as páginas onde se encontram no corpo do texto entre parênteses.

6. Termo cunhado pelo sociólogo canadense Erving Goffman (1999) para designar os lugares de residência e trabalho onde um grande número de indivíduos, colocados em uma mesma situação, separados do mundo exterior por um período relativamente longo, levam em conjunto uma vida reclusa de acordo com modalidades explícita e minuciosamente regulamentadas.

7. Charly refere-se à obra do historiador trotskista francês Pierre Broué (1926-2005), escrita em colaboração com Émile Términe, *La Révolution et la Guerre d'Espagne* (1961).

8. Caramelos eram textos "[...] escritos em papel de cigarro com escrita miniaturizada, geralmente com conteúdo político [...] (caramelos, porque os finos papéis eram meticulosamente dobrados e embalados no papel de alumínio das carteiras de cigarro, que por sua vez eram protegidos por um pedacinho de plástico, o que permitia guardá-los na boca sem que a umidade chegasse ao papel)" (p. 41).

9. Escola de Mecânica da Armada, situada em Buenos Aires, onde se localizou um dos mais terríveis CCD da Argentina.

10. Anteriormente, no mesmo documento, ele havia escrito: "Não se pode acumular cartas na cela, só se pode guardar 2 cartas [...]".

11. A carta provavelmente foi datilografada por Norma para compor um dossiê em prol da soltura do companheiro. Ao final, consta a seguinte observação dela: "Esta carta foi escrita desde o presídio de La Plata no dia 7 de julho de 1976. Se bem alguns problemas estejam superados, outros são mais graves. E é sobretudo um testemunho verdadeiro, um pedido de ajuda".

12. No arquivo de Flavio, também encontramos notícias da mesma época sobre a sua situação em jornais como o francês *Le Monde* e o português *Diário Popular*.

13. Agradeço ao colega Enrique Serra Padrós por me passar uma cópia deste documento.

14. Agradeço à bolsista de iniciação científica Mariana Bastos a indicação desta obra.

15. Flavio, ao ler essa notícia, negou ter dito tais palavras a sua mãe, apontando mais uma vez que a dramatização do seu estado de saúde era uma estratégia daqueles que lutavam por sua libertação.

16. O site http://www.flaviokoutzii.com.br acompanhou a atuação de Flavio como deputado estadual, apresentando sua última postagem em 30/01/2007. Acesso em 21/12/2015.

17. Aqui coincido com a interpretação de D'antônio, 2012, p. 146.

18. Ao analisar uma colônia agrícola para doentes mentais, Borges (2012) chega a conclusões semelhantes sobre os limites da noção de "instituição total".

19. A destinatária era integrante de uma das comissões de solidariedade a Flavio constituídas ao longo da luta por sua libertação.

20. Infelizmente tal crença nem sempre se confirmou, como demonstram os casos de Zuzu Angel no Brasil e de várias *madres* na Argentina, assassinadas pelas ditaduras desses países. Ver também: Trindade, 2009.

21. *O que será?*, canção composta por Chico Buarque em 1976.

22. A inspiração para essas considerações vem de Thompson, 1997.

23. Comprovante de pagamento a Horacio Isaurralde, 06/11/1975; Comprovante de pagamento a Horacio Isaurralde e Alfio Achával, 01/02/1978; *Correio do Povo*, 25/01/1979 (recorte sem referência de página).

24. Segundo o *Jornal do Brasil* de 10/06/1977 (recorte sem referência de página), Flavio havia sido condenado a quatro anos de prisão pela Auditoria Militar de São Paulo. De acordo com o periódico, "sua mãe alega que a família não acompanhou o processo por desconhecê-lo, até a publicação da condenação". Nos processos aos quais respondia no Brasil, a defesa de nosso personagem foi efetuada pelo advogado gaúcho Werner Becker, que, posteriormente, conseguiu a sua absolvição.

25. O advogado provavelmente se refere ao coronel do Exército Vicente Manuel San Roman, que consta na Lista Alfabética dos Repressores do período 1976 a 1983 na Argentina, organizada pelo Grupo Fahrenheit de Direitos Humanos. Ver: http://www.desaparecidos.org/GrupoF/su.html Consultado em 18/01/2016.

26. Os "autênticos" eram os parlamentares do MDB que, em 1974, se recusaram a votar para presidente no Colégio Eleitoral forjado pela ditadura, apresentando uma declaração contra as eleições indiretas. A partir daí, passaram a pressionar pela redemocratização do país, abraçando causas como o fim da censura e a anistia.

27. Para uma análise detalhada da luta pela anistia no Brasil, com foco no Rio Grande do Sul, consultar: Rodeghero; Dienstmann; Trindade, 2011.

28. Para uma análise da trajetória política de Flávia Schilling, ver: Silva, 2014.

29. http://www2.fpa.org.br/o-que-fazemos/memoria-e-historia/exposicoes-virtuais/flavio-koutzii-depoimento Consultado em 21/01/2016.

30. Sobre a luta contra a ditadura brasileira nos EUA, ver: Green, 2005.

31. Carta aberta de Flavio Koutzii à Conferência Internacional pela Anistia Ampla, Geral e Sem Restrições e pelas Liberdades Democráticas no Brasil. Paris, 23/06/1979. Trechos da carta foram publicados no jornal *Em Tempo*, 24/07 a 01/08/1978, p. 2.

CAPÍTULO 5
"PARA MIM PARIS NÃO FOI UMA FESTA"

A FRASE que dá título a este capítulo foi dita por Flavio durante entrevista a mim concedida em 2013 e expressa de maneira muito acabada os seus sentimentos relacionados ao período em que viveu na França após sair da prisão na Argentina. Ela remete, obviamente, ao livro de memórias de Ernest Hemingway, *Paris É uma Festa*, redigido entre 1957 e 1960, e publicado três anos após a morte do autor, em 1961. A obra trata da estadia de Hemingway na capital francesa nos chamados "loucos anos 20", quando conviveu com gente como Gertrude Stein, James Joyce, Ezra Pround e Scott Fitzgerald. Sua narrativa é permeada de amor, humor, ternura e saudade em relação àqueles tempos, percebidos como felizes e intelectualmente estimulantes (Hemingway, 2011). Já para o nosso personagem, a experiência de estar em Paris foi sentida como um tempo de dolorosa e profunda reelaboração afetiva e política, envolvendo uma defrontação com o passado, sobretudo por meio da palavra – tanto a falada (e a silenciada) nas sessões de psicanálise quanto a escrita em sua tese de graduação em Sociologia, publicada depois como livro –, e uma reconfiguração de sua militância política, que se concretizou no engajamento no Partido dos Trabalhadores. Voltando aos nossos termos-chave, de 1979 a 1984, Flavio avaliou e elaborou projetos individuais, articulando-os seguidamente a outros coletivos (como a construção do PT), isso em um campo de possibilidades novo, que incluía, entre outros aspectos, os espaços oferecidos pela França aos exilados que lá moravam e os caminhos abertos (e fechados) pelas mudanças ocorridas na esquerda internacional e brasileira, no último caso tendo em vista especialmente a redemocratização do país.

Flavio lembrou esse processo em diversos momentos, como na entrevista de 2006 à Fundação Perseu Abramo, realizada por ocasião das comemorações de aniversário da Lei da Anistia:

> *Decidi permanecer na França para terminar o curso de Sociologia e trabalhar psiquicamente minha experiência nas prisões argentinas, que funcionavam para aniquilar o ser humano, quebrar suas referências e destruir suas vontades. Relatei esta experiência na tese que defendi na*

França e que, quando retornei definitivamente ao Brasil, em 1984, foi transformada no livro Pedaços de Morte no Coração[1].

No ano de 2009, ele voltou ao tema em relato escrito para o também já citado livro *A Ditadura de Segurança Nacional no Rio Grande do Sul: História e Memória*, publicado pela Assembleia Legislativa do Estado. Afirmou então: "Decido ficar um tempo [na França] para elaborar essas duas décadas: minhas derrotas, perdas e danos, uma coisa sábia, não minha, mas dos que me ajudaram a perceber". Detalhou, então, tal "etapa de elaboração e metabolização, inclusive psicanalítica", afirmando que "esse trabalho e a preparação da tese na França permitiram que eu fizesse um processo de elaboração" (Koutzii, 2009, p. 119).

Seguindo essas chaves oferecidas pelo personagem, e pensando-as desde um ponto de vista histórico, dividimos o capítulo em três partes: uma primeira, muito breve, referente aos seus primeiros tempos na França e à retomada de relações, marcadas por muitas culpas e inseguranças, com a Quarta Internacional; a seguir, trataremos dos já mencionados processos por ele utilizados para elaborar seus traumas e derrotas, a psicanálise e a escrita da tese; e, por fim, abordaremos sua progressiva reinserção no debate político brasileiro e seus primeiros tempos após a volta ao Brasil. Além disso, examinaremos rapidamente alguns aspectos de sua vida afetiva e profissional durante o exílio, questões aparentemente tangenciais ao nosso tema central, a trajetória política de Flavio, mas absolutamente necessários para percebê-lo em sua humanidade.

Como dissemos na Introdução, não avançaremos para além dos primeiros momentos após a sua volta ao Brasil em 1984 e na carreira de Flavio no PT, o que nos levaria a problemáticas e leituras bastante diferenciadas das que sustentaram a argumentação até aqui desenvolvida. Mas, obviamente, sua trajetória teve continuidade (e tem até hoje...) e se articula com episódios e processos bastante significativos da história política brasileira. Nossa opção por dar um ponto final à pesquisa e à escrita foi arbitrária e pragmática. De qualquer modo, consideramos que o período de sua vida abordado neste livro tem unidade existencial e narrativa suficientes para se constituir em uma biografia.

"O EXÍLIO VEM DEPOIS DO MEDO E DO INÍCIO DA CULPA"

Flavio, como vimos, deixou a prisão em 2 de junho de 1979. No dia seguinte, chegou a Paris. Logo em seguida, foi internado no Hospital Broussais, de onde, cerca de vinte dias depois, enviou uma carta de agradecimento e apoio à Conferência Internacional pela Anistia Ampla, Geral e Sem Restrições e pelas Liberdades Democráticas no Brasil. Ou seja, quase imediatamente após obter a sua liberdade, passou a buscar intervir politicamente no processo político que se desenrolava em seu país natal, marcado pelas lutas em prol da redemocratização. Seu nome foi uma das bandeiras da campanha pela anistia e uma intervenção sua não era, com certeza, algo de pouca monta.

O aspecto que mais chamou a atenção dos que o viram neste período foi a sua extrema magreza, logo ele que tanto havia lutado contra o excesso de peso na juventude (e também depois de voltar ao Brasil). Algumas fotos desse período mostram-no nessa situação. Flavio contou-me que uma delas foi feita pelo fotógrafo Gerson Schirmer, filho do jornalista Lauro Schirmer, que o conhecia previamente e, a fim de retratá-lo, chamou-o pelo nome. Ao virar-se para responder, seu rosto esquálido ficou ainda mais evidente: "[...] ele me chamou pelo nome e aí eu fiquei em diagonal. Então parecia mesmo que era um cara saindo do campo de concentração pelo rosto". Sua afirmativa remete, obviamente, aos campos de concentração nazistas, onde milhões de judeus, entre outros grupos étnicos, políticos, religiosos e de orientação sexual, foram exterminados. A escolha da imagem provavelmente tem forte relação com a sua origem judaica, não no sentido biológico, é claro, mas porque, em seu

ENFIM, A LIBERDADE
No aeroporto de Ezeiza, em Buenos Aires, rumo a Paris, em foto de Gerson Schirmer (APFK).

meio familiar e comunitário, principalmente na infância e juventude, narrativas sobre o Holocausto foram frequentes e pregnantes. Outra fala sua vai no mesmo sentido:

> [...] eu tinha decidido ir para a França depois de dois ciclos, o brasileiro e o argentino, os dois, duras derrotas, e principalmente o segundo, com a experiência da prisão, que exige muito pra tu sobreviver a ela. Mas, sobretudo, essa coisa que me lembrava tanto os sobreviventes dos campos de concentração, o fato que eu me senti um sobrevivente da minha organização. E ter que lidar com isso (entrevista 1).

Como demonstram diversos estudos, o sistema concentracionário nazista acabou se tornando um paradigma para várias outras memórias traumáticas, inclusive aquelas referentes às violências cometidas pelas ditaduras de segurança nacional na América Latina[2]. Nesse sentido, os locais de extermínio, desaparecimento e tortura na Argentina também foram chamados de "campos", como fica claro na fala de Norma. Ao participar do Congresso de Direitos Humanos em Genebra no ano de 1978, referido no capítulo anterior, disse ter sabido "[...] que todas as pessoas que estavam nos campos de concentração nunca iam aparecer" (entrevista 3). Ao ver algumas fotos desse período, ela também falou nessa chave da magreza do companheiro após sua libertação: "[...] é uma foto tremenda, ele parece saído de um campo de concentração. [...] ele saindo com a mala e os dois policiais, é muito impressionante, ai meu Deus, que foto impressionante! Bom, você viu como ele estava fisicamente" (entrevista 3).

Inês Valette, brasileira integrante da Liga Internacional Comunista, então exilada na França, participou da acolhida de Flavio naquele país e, ao me contar sobre esse fato, usou a mesma expressão: "Então cada um que chegou a gente procurava ajudar na medida do possível, pra facilitar a instalação e tudo o mais. E o Flavio, eu me lembro que nós fomos para o aeroporto, a gente achou que estava muito magro, que tinha saído de um campo de concentração, e em seguida ele foi levado pro hospital...". Janette Habel, da direção da Quarta, também se recordou do aspecto físico de Flavio naquele momento, embora sem remeter à imagem dos campos nazistas:

> Depois, quando Flavio veio a Paris, disso eu me lembro, ele veio ao local [da Quarta], eu passei diante dele e não o reconheci. Ele era gordo, bem gordo, ele tinha emagrecido 40 quilos, ele estava magro, tão magro que eu passei diante dele e não o reconheci. Eu não disse "bom dia", nada, e depois me disseram que era René, ele havia saído da prisão.

Flavio, portanto, evidenciava em seu corpo tanto as marcas recentes da prisão quanto memórias mais antigas que remetem à catástrofe paradigmática do século XX. O mesmo corpo, porém, pode inspirar memórias aparentemente bem diferenciadas em relação a essa narrativa trágica, como as de

SINAIS DE ABATIMENTO
Recepção de exilados na Casa do Brasil, em Paris, em foto de Sueli Tomazini Barros Cassal (APFK).

Michael Löwy, também dirigente da Quarta: "O Flavio estava muito feliz de ter sido libertado. A coisa que mais me impressionou era como ele estava magro, elegante e bonito [risos]. Coisa impressionante [risos]. Bom, um pouco irônico...". Neneca, com seu característico tom debochado, apresentou uma história ainda mais dissonante:

> [...] o Flavio é uma pessoa que sempre foi gorda, ele nunca foi magro na vida, o sonho dele é ser magro. Ele dizia: "Meu sonho é ter um corpo de toureiro espanhol" [risos]. [...] quando ele chegou da prisão, ele estava assim ó [mostrando o dedo indicador para indicar magreza], claro, porque ele tava doente, porque ele tava mal. Têm umas fotos, eu nem sei se eu tenho essas fotos, que ele está com os olhos encovados, magro, magro. Eu ia conversar com ele e ele parava na frente do espelho assim, de lado, e dizia: "Vê se eu não tô agora finalmente o toureiro espanhol [risos]". E ele se achava maravilhoso, e a gente achando que ele tava com uma cara de doente, que ele tinha que melhorar.

Essas diferentes percepções remetem, obviamente, a perspectivas pessoais e políticas, graus de intimidade em relação a Flavio e estilos diferentes de elaborar e contar o passado. De qualquer modo, não podemos deixar de assinalar que a possível beleza de Flavio nessa situação remete a um modo irônico, fato percebido por Löwy e expresso com perfeição na fala de Neneca. Suas narrativas estruturam-se a partir da dialética própria da ironia, pois representam "[...] um uso autoconsciente da metáfora a serviço da autoanulação verbal", e valem-se da "catacrase" (literalmente "abuso"), ou seja, de uma "[...] metáfora manifestamente absurda destinada a inspirar reconsiderações irônicas acerca da natureza da coisa caracterizada ou da inadequação da própria caracterização" (White, 1995, p. 50). Eles (e o próprio Flavio ao se exibir no espelho, se a história de Maria Regina bate com a realidade) sabem que o ouvinte conhece o estado do personagem (muito magro) e que a ironia cria dissonâncias em relação a essa imagem (consciência essa expressa nos risos), mas, ao fim e ao cabo, só confirma a tragédia por ele vivida, sendo talvez, inclusive, uma maneira de lidar com ela.

Norma contou-me que, após a internação, ambos viajaram de férias para uma região perto de Pas-de-Calais, no norte da França: "[...] acho que ficamos bastante, não sei se vinte dias ou um mês. Ele se recuperou muito, impressionante como se recuperou. [...] acho que as férias foram em agosto, e ele se recuperou muito, muito, muito, muito... Ele estava muito bem, muito bem, fisicamente" (entrevista 3).

Antes, porém, ele concedeu, ao lado de Norma, uma entrevista a Eliézer Rizzo de Oliveira, integrante do escritório do jornal *Em Tempo* em Paris (*Em Tempo*, 03/08 a 05/09 de 1979)[3]. Sua história ocupou duas páginas do periódico, ilustradas com duas fotos: em uma ele aparece acompanhado de Norma, "sua mulher", "argentina, que também foi presa"; em outra, sua magreza foi novamente evidenciada: "Koutzii, muitos quilos a menos". Um dos textos sobre o personagem presentes no jornal, assinado por "M.A.G.", provavelmente Marco Aurélio Garcia, antigo companheiro de lutas de Flavio, intitula-se: *O testemunho de uma geração*. Nele, o militante é apresentado como um símbolo:

> *Flavio representa para os que começaram sua atuação política antes de 64 o exemplo do militante que atravessou, com erros e acertos, mas sempre com um sentido de responsabilidade profundo, este longo e tortuoso período de nossa história brasileira e latino-americana, fazendo da luta pela causa dos explorados a razão central de sua vida.*

Da mesma maneira que nas falas do próprio Flavio, sua trajetória é apresentada como representativa de uma geração, integrada pelo próprio autor do texto. Essa é valorizada pelo seu "sentido de responsabilidade profundo" e por sua "luta pela causa dos explorados". Os erros políticos mencionados não são explicitados, e nem seria a ocasião para fazê-lo. Afinal, tratava-se de um momento de reorganização das esquerdas e de um texto de homenagem a um sobrevivente. Presume-se, porém, que eles digam respeito à opção pela luta armada, ao menos nas condições em que foi travada, a qual, naquele contexto, era alvo de profundas críticas e debates, inclusive por parte de ex-guerrilheiros.

A seguir, "M.A.G" retoma a homenagem a sua geração por meio de Flavio e busca articulá-la com o momento pelo qual passava o país:

> Hoje, com os novos ventos que sopram, quando os acomodados se desacomodam e muitos coitados se travestem de democratas, homens como Flavio fazem falta. Modesto em suas avaliações sobre questões políticas, sempre fazendo referências a suas dificuldades de compreender o que ocorre aqui, depois de quatro anos de quase total incomunicabilidade, as opiniões [de Flavio] são de uma surpreendente e salutar lucidez política para alguém tanto tempo confinado nesta **Casa dos Mortos** que faz inveja à sua matriz dostoiewskiana. Elas são ao mesmo tempo o testemunho de uma geração que emerge para a política em plena crise do pensamento e da prática revolucionários e que tomou em suas mãos frágeis a decisão de (re)construir um projeto de revolução, rejeitado pelo cetismo tão na moda ou conspurcado pelos usurpadores. Em 1979, Flavio foi solto das masmorras argentinas e a partir de setembro poderá voltar ao Brasil. Só isto já serve para dizer que 79 foi um bom ano.

Esse trecho merece, ao menos, dois comentários. Primeiro, a Lei da Anistia havia sido promulgada pelo general ditador João Baptista Figueiredo em 28 de agosto de 1979, o que abria a possibilidade de Flavio logo voltar ao Brasil. E ele, apesar de construir para si um "lugar humilde" ao falar da situação política brasileira, sabia bem, como veremos adiante, o que aqui se passava[4]. Portanto, tal retorno parecia fazer parte do seu horizonte de expectativas, de seu leque de escolhas. Contudo, a lei aprovada se constituiu também em um "balde de água fria" para aqueles e aquelas que lutavam por uma anistia "ampla, geral e irrestrita", pois excluía de seu bojo uma série de grupos e, sobretudo, nele abarcava os agentes do Estado que haviam praticado assassinatos, torturas e outras violações dos direitos humanos. Sobre isso, Flavio manifestou sua inconformidade com veemência:

> A primeira resposta do governo à pressão das massas é uma caricatura de anistia. Mais de 300 companheiros não são beneficiados por ela e isto é um escândalo. É necessário manter firmeza e dinâmica na luta pela anistia, que é um problema da primeira importância. Temos mesmo de ser mais agressivos. Estou totalmente de acordo com a greve de fome dos companheiros presos no Rio e com a dos de outras prisões em solidariedade com eles. Colocando dramaticamente a situação destes companheiros ela cutuca todos os que lutam pela anistia. É o momento igualmente para dinamizar a campanha pela libertação de Flávia Schilling. Senão, em setembro, ela e os companheiros presos no Brasil vão aparecer apenas como "casos isolados".

Na sequência, como em vários outros momentos, ele construiu sua narrativa mesclando sua experiência pessoal com acontecimentos da "grande política", ao "[...] agradecer a todos os que lutam pela anistia e que muito fizeram por mim. Esta luta é parte da luta de todos pela anistia". A afirmação remete ao segundo comentário que quero realizar: Flavio, como disse acima, estava informado do que acontecia no Brasil e, desde sua condição de sobrevivente, construía para si um lugar político de onde podia propor formas de ação aos que com ele se identificavam ideologicamente; daí, em sua fala, aflorarem expressões com sentido imperativo como "é necessário", "temos de ser", "é o momento". Ao responder a outra questão, ele retomou de maneira mais divertida o seu pertencimento geracional, caracterizando o seu grupo etário como "o pessoal do 'tempo da Panair'" (referindo-se, ao mesmo tempo, à companhia aérea Panair, que operou no Brasil entre 1929 e 1965, e à música *Saudade dos Aviões da Panair*, lançada por Milton Nascimento em 1975), indicando como marco fundamental dessa geração a queda do governo Goulart e as reflexões sobre a derrota que ela suscitou. Aos que, como ele, estiveram no Chile, destacou "os acontecimentos de 1970 e 1971 na vizinha Bolívia que levaram à queda do governo Torres e, finalmente, à tragédia do povo chileno". Ao final de seus comentários, afirmou: "É muito importante ter presente estas experiências dos 10 últimos anos sobretudo neste clima de relativa euforia que a abertura provoca no país".

Ou seja, como testemunha de uma série de processos vivenciados na América Latina nas décadas anteriores, Flavio procurava alertar para os riscos que cercavam experiências de governos populares eleitos democraticamente, sempre ameaçados por forças conservadoras internas e externas, as quais, ao fim e ao cabo, levaram às suas derrocadas. Era como se pedisse cuidado e vigilância naqueles tempos de abertura política. Sua vivência e seus sofrimentos, aos olhos de muitos leitores do jornal, certamente o credenciavam para extrair essa lição do passado para o presente de "euforia" e para o futuro que a partir dele deveria ser construído.

Como já dissemos, Flavio, por uma série de razões pessoais e políticas, optou por ficar na França. Porém, em dezembro, veio ao Brasil visitar seus amigos, familiares e correligionários políticos para, sobretudo, segundo ele, "agradecer". Em entrevista, relatou:

> [...] *eu volto,* [...] *me lembro até hoje. Desço no velho* [aeroporto] *Salgado Filho, quase dobro as pernas quando eu piso no chão. Já fazia dez anos que eu não tinha estado no país. E, bom, tá um monte de gente que era a nova geração dos ativistas. Algo superinteressante, os novos ativistas, da universidade, os ativistas de 79, não da minha geração. Então eu me lembro porque essa é uma cena notável: tá um monte de gente, sei lá, umas 200 pessoas, fora os meus parentes, que esses são bem poucos, e eu começo a abraçar as pessoas e as pessoas a me abraçar.* [...] *eu nunca sei o nome de ninguém, é uma catástrofe. E cada cara, isso é bem interessante, tinha ali dez pessoas que eu não*

> via há dez anos, outros que eu não via há quinze, dezesseis anos, e eu
> dava uma volta e dizia o nome na hora. Um insight do rosto e pá! Por-
> que eu sou muito bom fisionomista, mas o nome... E eu dizia fulano,
> fulano [...]. Bom, foram várias pessoas que eu não conhecia, o Olívio
> Dutra... Quer dizer, chega o Olívio com esse jeito que ele tem até hoje
> dizendo: "Olívio de Oliveira Dutra, presidente dos bancários". O Luís
> Marques, que eu não tinha a menor ideia de quem era, na época era
> presidente do DCE da UFRGS. Bom, então teve, digamos assim, alguns
> líderes daquela época que se apresentavam e outros eu reconheci. [...]
> eu me lembrei do episódio porque foi muito emotivo, muito bacana.
> Aí eu dou uma coletiva, da qual tem fotos até bem impressionantes.
> Eu tava bem mais magro [...] (entrevista 1).

A acolhida de Flavio em sua breve passagem pelo Brasil pode ser encarada, simbolicamente, e desde um ponto retrospectivo, é claro, como o encontro de duas gerações que irão confluir na formação do PT: uma marcada pela experiência da luta armada e pela feroz repressão política, e outra que emergia nas lutas pela redemocratização, nos combates das oposições sindicais e na retomada do movimento estudantil.

Dois amigos dos velhos tempos da militância política em Porto Alegre também comentaram suas impressões sobre Flavio naquele momento de reencontro, ambos acentuando o choque que a já comentada magreza do personagem lhes causou. Sobre isso, Zeca Keniger lembrou: "Ah, ele tava magérrimo, desfigurado. A gente lembra do Flavio fofinho, né? E o Flavio magrinho a gente se assustou. Mas continuava com a cabeça privilegiada de sempre. Sempre irônico também". Já Lígia, ex-colega do Aplicação, encontrou-o no Rio de Janeiro, onde seu avião fez uma escala. Disse-me ela:

> Olha, a primeira impressão era que ele tava muito magro. Isso foi im-
> pactante, porque o Flavio sempre foi meio gorduchinho. Já na época
> do Aplicação ele era mais pra bochechudinho. Ele tava muito magro,
> fisicamente abatido. Ele comeu o pão que o diabo amassou na prisão
> na Argentina. Mas ele tava bem. A impressão que eu tinha era que
> ele tava bem, ele tava contente. Depois do que ele passou nada de
> pior poderia vir, né? Foi bom, foi uma coisa leve. Tinha muita gente,
> muita gente [...].

Corpo transformado, a mesma mente de sempre; impacto/susto, leveza: duas faces da mesma moeda. Flavio carregava em si muitas experiências e afetos do período vivido em Porto Alegre, mas a elas agregava outras tantas dos tempos de militância que se seguiram em São Paulo, na França, no Chile e, especialmente, na Argentina, acrescendo-se a isso o horror da prisão e da tortura vivenciados no último país. Agora podia sentir o gosto prazeroso dos reencontros, do apoio de velhos amigos e de pessoas que não o conheciam, mas que admiravam sua trajetória, do acolhimento, da ternura compartilhada, da falta de ameaças mais diretas a sua integridade física e psicológica. Porém,

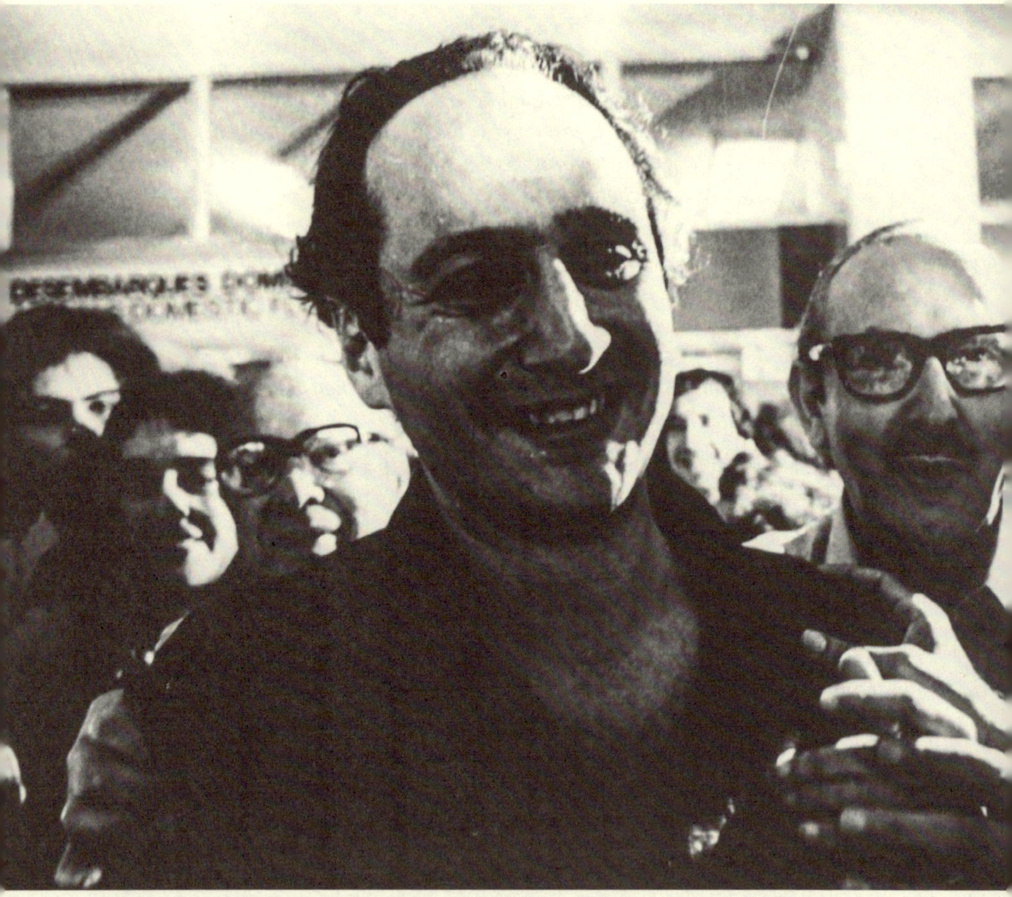

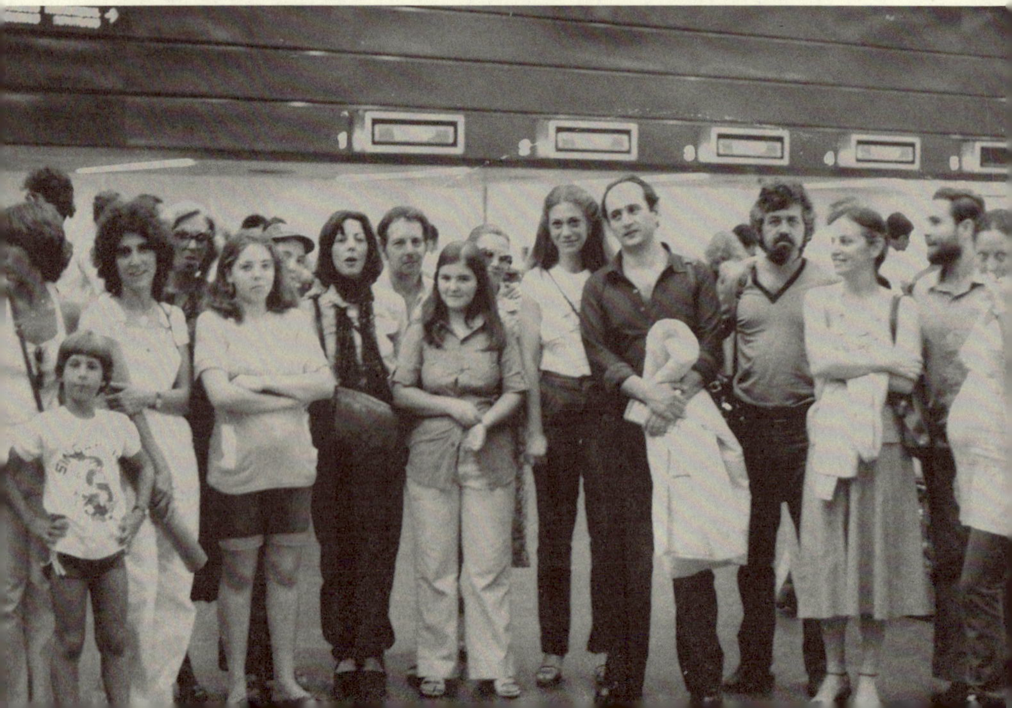

BREVE REGRESSO
De volta ao Brasil, no final do ano de 1979, Flavio é recepcionado no Rio de Janeiro (página ao lado), e reencontra os amigos em Porto Alegre (acima): "Desço no velho [aeroporto] Salgado Filho, quase dobro as pernas quando eu piso no chão". A primeira entrevista coletiva (à direita). O retorno definitivo seria cinco anos depois (APFK).*

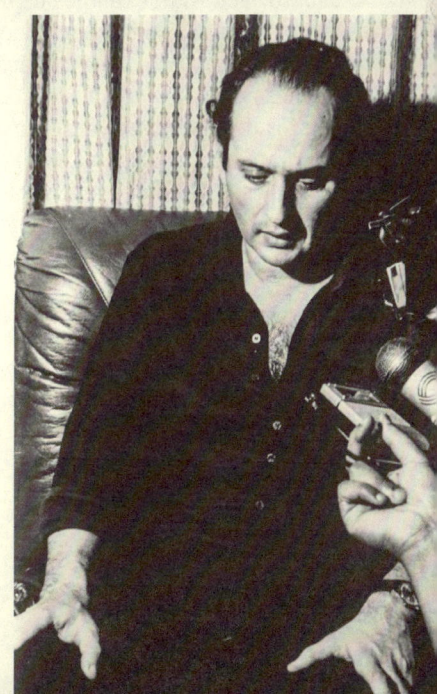

* Apesar de todos os esforços, não foi possível identificar os fotógrafos destas imagens.

passado tão denso, impactante e traumático não pode ser metabolizado sem um intenso trabalho sobre si (e, no limite, nunca é metabolizado totalmente). Para tanto, Flavio sentiu necessidade de ficar em Paris e proceder a sua reconstrução como ser humano e militante. Afinal, tinha que lidar, entre tantas outras coisas, com um "amontoado de culpas". Sobre isso, em entrevista concedida no ano de 2003, ele afirmou: "Bom, daí eu tinha, e não pareça isso pedante, formação, cultura, digamos, pra me dar conta que eu tinha que lidar com muita culpa, com muita morte, com coisas muito complicadas, que ou eu abria um espaço pra isso ou eu nunca mais conseguiria talvez voltar à atividade política com a energia que eu tinha tido antes" (entrevista 1).

O tema da culpa retornou em muitas de nossas conversas e sua recorrência pode ser parcialmente explicada desde várias perspectivas. A primeira, mais individual, refere-se à maneira como Flavio constituiu-se como sujeito na interação com diversas pessoas e ambientes. Nesse sentido, definiu-se enquanto "um cara propenso a se culpabilizar fortemente" (entrevista 8), ou seja, na sua construção de si, para si e para os outros, na sua identidade, portanto, ele delineou esse eixo como estruturante, como definidor de sua personalidade. Não possuo instrumentos analíticos para entender com complexidade tal construção (o que exigiria conhecimentos densos de psicanálise, por exemplo), e nem esse entendimento faz parte dos objetivos do presente estudo. Também não quero cair em generalizações de senso comum, reforçadas, entre outras linguagens, pela literatura e pelo cinema, como o do "eterno sentimento de culpa dos judeus". Apenas chamar a atenção para esse aspecto pessoal e subjetivo que parece ter acompanhado a trajetória do personagem e se potencializado na conjuntura que aqui estamos analisando.

Outra entrada interessante ao assunto é a referência feita por Flavio aos "sobreviventes dos campos de concentração" e ao fato dele ter se sentido um "sobrevivente". Como vimos, nosso personagem ouviu histórias sobre o tema desde muito cedo. Sua condição histórica e social de judeu possivelmente propiciava uma porosidade a essas narrativas. Além disso, certamente leu relatos desses sobreviventes, os quais, embora tendo sido registrados desde o imediato após-guerra, ganharam circulação massiva justamente nos anos 70. Um deles, o psicólogo judeu Bruno Bettelheim, ele mesmo um sobrevivente da barbárie nazista, citado por Flavio como uma das suas influências para escrever sobre as prisões argentinas, afirmou a respeito do assunto:

> *Não se pode sobreviver ao campo de concentração sem o sentimento de culpa por termos tido tão incrível sorte quando milhões pereceram, muitos deles na frente de nossos olhos [...]. Mas nos campos a pessoa era forçada, dia após dia, durante anos, a assistir à destruição dos outros, sentindo – contra qualquer julgamento – que deveria ter intervindo, sentindo-se culpada por não tê-lo feito e, acima de tudo, sentindo-se culpada por ter frequentemente ficado feliz por não ter sido ela a morrer, uma vez que sabia que não se tinha o direito de esperar ser o único poupado* (Bettelheim, 2008, p. 95).

De forma semelhante, mas abordando os sobreviventes dos campos de concentração na Argentina, onde se exercia o "poder desaparecedor" da ditadura, Pilar Calveiro, ela também uma sobrevivente, igualmente a partir de Bettelheim, comenta:

> O sobrevivente sente que viveu enquanto que outros, a maioria, morreram. Sabe que não permaneceu vivo porque era melhor e, em muitos casos, tende a pensar que precisamente os melhores morreram. Com efeito, muitos de seus companheiros de militância mais queridos perderam a vida. De maneira que se sente usurpando uma existência que não lhe pertence totalmente, que talvez outro devia estar vivendo, como se estivesse vivo em troca da vida de outro (Calveiro, 2008, p. 160).

Não obstante as enormes diferenças em termos de violência aniquiladora entre os campos da Alemanha nazista e da Argentina ditatorial e as prisões políticas pelas quais Flavio passou no último país, ele também se subjetivou a partir de um *locus classicus* da literatura sobre aqueles espaços: o sentimento de culpa do sobrevivente (Agamben, 2008, p. 94). Nesse ponto reside um dos efeitos mais perversos de diversas experiências concentracionárias e ditatoriais da contemporaneidade que buscaram destruir física e psicologicamente seus opositores: esses ou não sobreviveram ou sobreviveram marcados por uma culpa estrutural, já que foram levados a sentir que escaparam porque outros morreram no seu lugar. Flavio liderava uma organização da qual um grande número de seus integrantes foi vitimado pela repressão, a verdadeira culpada por todos esses assassinatos. Mas, apesar dessa racionalização, ele, como inúmeros outros sobreviventes dos horrores do século XX, carregou consigo a terrível suspeita de ter vivido no lugar de outro[5], e teve que lidar com isso. Em momentos diversos, suas declarações expressaram esse sentimento. Por exemplo, no ano de 2003, em depoimento concedido a um projeto de pesquisa sobre a história do PT gaúcho, ele disse:

> Meu grupo na Argentina, onde eu era um dos cinco dirigentes, [ou seja] *tu tens uma responsabilidade, muitos morreram, muitos!* Então o que eu quero dizer, e aí entra [...] uma certa analogia: eu nunca estive num campo de concentração nazista, entende? Mas o tipo de prisão que eu vivi, sobre a qual eu escrevi, [...] isso aí é um sistema, eu acabo preso num sistema carcerário do mais alto refinamento de engenharia da destruição do indivíduo, psíquica (entrevista 1).

Mais de dez anos depois, ele voltou à questão em entrevista concedida a um jornal de esquerda de Porto Alegre: "No meu íntimo, isso é algo subjetivo, o peso da minha vivência na Argentina é maior do que a daqui. Maior porque morreu um grande número dos companheiros do grupo que eu ajudei a organizar. Assim como a gente nasce muitas vezes, a gente morre, e na prisão argentina foram quatro anos"[6].

Além disso, Flavio fez questão de frisar várias vezes em nossas conversas que a tortura que sofreu foi bem menos intensa se comparada àquela experimentada pelos militantes que acabaram confinados nos campos de concentração. Em uma ocasião, inclusive, emprestou-me o livro *La Voluntad*, de Eduardo Anguita e Martín Caparrós (1998), que reúne terríveis relatos de tortura, como o de Julio César Urien, citado no capítulo anterior, a fim de que eu pudesse ter um "parâmetro comparativo". Essa percepção de nosso personagem é fundamental na conformação de sua memória a respeito do período e de seu sentimento de culpa referente à sua postura na tortura, mesmo que durante as sevícias ele não tenha entregue nenhum ponto, nenhuma pessoa, nenhum endereço.

Para muitos, a maneira de suportar tamanho fardo foi testemunhar, falar em nome dos que pereceram, alçar-se a porta-voz de um "nós, desaparecidos", ainda que, no limite, tal meta seja inalcançável, pois só os que não chegaram ao final do processo de aniquilação conseguem testemunhar. Flavio, como veremos neste capítulo, também seguiu esse caminho, escrevendo um trabalho acadêmico, depois publicado em livro, onde atestou seu "[...] compromisso com a memória, no sentido de preservá-la do esquecimento interessado daqueles que consideram que a conciliação é a única forma de política e que o 'revanchismo' é um mal-entendido dos mortos, dos torturados, dos presos e dos indignados, dos oprimidos de toda a vida" (p. 12). Não temos indícios para supor que Flavio, ao contrário de alguns sobreviventes dos campos de concentração, tenha, no período de seu encarceramento, buscado forças para resistir às violências sofridas em um futuro projeto testemunhal[7], até porque as prisões eram visíveis e conhecidas, apesar das diversas tentativas dos governos ditatoriais para escamotear os horrores nelas praticados, e os presos legais tinham possibilidades concretas de libertação. Parece-me que seu desejo de contar foi posterior, integrado a um movimento de reconstrução psíquica e política, potencializado pelo contexto de disputas em relação às limitações da Lei de Anistia de 1979 e pelos caminhos tomados pelo processo de redemocratização na América Latina. Flavio, com sua palavra, opunha-se àqueles que associavam anistia com esquecimento e aos que proclamavam, à esquerda e, especialmente, à direita, a necessidade de "virar a página" dos tempos ditatoriais para seguir em frente sem "revanchismos".

Veremos na continuidade como, em seu autoexílio parisiense, Flavio buscou dar conta de algumas dessas cicatrizes e também das necessidades práticas da vida cotidiana. A seguir, trataremos de seu percurso de reintegração à vida política brasileira.

NO ANO de 2014 realizei uma temporada de estudos em Paris. Entre outras atividades, busquei aproveitar o tempo para pesquisar material sobre a luta armada na Argentina em arquivos e bibliotecas e entrevistar pessoas que conviveram com Flavio. Antes de viajar, contei-lhe sobre meus planos. Ele, como de praxe, foi extremamente generoso: indicou-me nomes de possíveis entrevistados, além de fazer pontes e mediações. Ao sugerir-me contatos de pessoas que participavam da direção da Quarta Internacional quando ele saiu da prisão, uma observação foi recorrente: algo do tipo, "pergunte a eles como foi, na época, a avaliação do meu comportamento na prisão e na tortura". Mesmo que nessas situações não tenha entregue "nenhum ponto, nenhuma pessoa e nenhum endereço", e estrategicamente se referido apenas a eventos já ocorridos e a companheiros que já haviam deixado a Argentina, Flavio se culpa fortemente, ainda mais por sua condição de dirigente, pela possibilidade de haver fornecido informações aos algozes que possam ter colaborado para que esses compusessem um "organograma geral" da organização. Desse modo, através de mim, buscava ter acesso às avaliações de outros, daqueles responsáveis pela organização em nome da qual ele se inseriu na luta armada na Argentina. Talvez, na sua perspectiva, tantos anos depois, e na posição de um terceiro relativamente "neutro", eu conseguiria formular as perguntas que por longo tempo ele não conseguiu articular, mas que seguiam lhe dilacerando.

Encontrei-me, em meu *séjour* parisiense, com três destacados integrantes da Quarta na época em que Flavio chegou à França após passar pelos cárceres argentinos: Habel, Hubert Krivine e Michael Löwy. A todos levei a questão de Flavio: como eles e a organização avaliaram seu comportamento na prisão e na tortura? Antes de conhecer suas respostas, é importante mencionar um dado de conjuntura: entre os seus décimo e décimo primeiro congressos, ocorridos respectivamente em 1974 e 1979, a Quarta mudou de posição em relação à luta armada na América Latina. Se, no primeiro evento, não obstante intensos debates então travados sobre o tema, os quais inclusive redundaram em fracionamentos e dissidências, decidiu-se por apoiar os grupos que levavam adiante essa forma de ação revolucionária no subcontinente, cinco anos depois, a situação era bem diferente: as guerrilhas estavam praticamente derrotadas nos países do Cone Sul; a vitória socialista no Vietnã, que parecia ter inaugurado uma nova era para a luta dos povos oprimidos, era posta à prova pelos conflitos armados deste país com o Camboja e a China; e, na Grã-Bretanha, a falência dos trabalhistas preparava o terreno para a ascensão do tatcherismo – todos esses fatores pareciam indicar um refluxo das lutas revolucionárias e foram matéria de aguerridas discussões entre os integrantes da organização.

Segundo Daniel Bensaïd, um dos dirigentes da Quarta, o XI Congresso Mundial ocorreu discretamente em novembro na Itália, e sua preparação foi marcado por "uma paz de compromisso entre os trotskismos americano e europeu" em torno de uma pauta centrada em questões programáticas e organizacionais. De acordo com o militante, "a coerência do conjunto repousava na ideia de que, com o refluxo da revolução colonial, terminava um longo processo histórico: a revolução mundial reencontrava seu centro de gravidade nos países industrializados. E, em consequência, em suas formas 'clássicas', urbanas e insurrecionais" (Bensaïd, 2002, p. 107-108). Às vésperas do encontro, emergiram novos dissensos e rupturas em torno do apoio à revolução sandinista na Nicarágua, mas, de qualquer forma, a guerrilha nos países periféricos deixou de ser a linha de ação prioritária da Internacional. Portanto, Flavio saiu da prisão quando a organização da qual participava passou a não mais apostar na forma de luta que havia mobilizado grande parte das suas energias e as de seus companheiros desde o início da década de 1970, e em nome da qual boa parte deles havia morrido ou sido encarcerada. Hoje ele fala com certa mágoa ao se referir a esse *tournant*: "[...] é o debate da Quarta, quando ela transita da posição do décimo congresso para o décimo primeiro. Quais são as conclusões que eles tiraram na época, em algum momento, e que redefiniram a linha? Eu sempre menciono com um pouco de melancolia que 'bom, saímos, fomos com uma linha e voltamos com outra, que era o contrário da primeira', ou quase o contrário" (entrevista 9). Löwy e Habel, nas entrevistas a mim concedidas, também se referiram a essa mudança de orientação experimentada pela Quarta. O primeiro ressaltou: "Tinha havido uma mudança no Congresso da Quarta, um abandono da linha de luta armada, um balanço crítico... Aliás, eu estava contra [risos]. Eu estava na oposição, mas, enfim, a orientação foi abandonar isso. Então há, digamos, um balanço crítico do que foi essa experiência de luta armada, incluindo a Fração Vermelha". Na mesma linha, Habel comentou sobre a luta guerrilheira: "[...] se estava já [...] com um olhar crítico sobre isso".

Como disse antes, perguntei a Löwy, Habel e Krivine sobre a avaliação feita a respeito da atuação política de Flavio na Argentina, especialmente no que tange ao seu comportamento durante a tortura: todos disseram ser incapazes de julgá-lo por não terem vivido na pele a violência da repressão ditatorial. Perguntei ao primeiro se ele lembrava como havia sido tal avaliação. A resposta:

> *Vagamente. Sim, eu me lembro. Efetivamente houve uma reunião dele com a Comissão da América Latina [...]. [...] deve ter havido duas reuniões no mínimo: uma com a Comissão da América Latina e uma com o Secretariado da Quarta Internacional. Então o assunto era julgado importante. Então deve ter tido essa reunião, mas dessa eu não participei, eu não sei. [...]*

Falou então da mudança de orientação da Quarta:

> *[...] acho que não havia desacordo do Flavio em relação a isso, quer dizer, não é que o Flavio defendesse a orientação que eles tiveram. Ele também fez um balanço crítico. Não sei, pode ser que houvesse matizes, nuances, pode ser que o balanço dele não fosse exatamente o mesmo das instâncias da Quarta, isso francamente eu não lembro, mas não havia um grande desacordo. E, sobretudo, ninguém se atreveria a dizer: "Mas como! Você foi torturado e falou? Como? Eu no*

lugar..." [risos]. *Não! Ninguém tinha essa atitude, que seria completamente inaceitável.*

E, mais adiante, ressaltou: "Eu tenho muito respeito por eles [Flavio e seus companheiros da Fracción Roja], inclusive por isso, né? Pelo preço que pagaram, pelo compromisso. Eu é que me sinto culpado, tendo ficado na França confortavelmente enquanto eles arriscavam sua pele. Então eu tenho um imenso respeito por eles".

Habel, instigada por mim, também falou sobre o tema: "[...] eu não quero condenar, criticar, não sei o que eu faria se [...] me ameaçassem. A tortura na América Latina é algo inominável". Mais adiante, ela articulou a situação pessoal de Flavio com o tema mais amplo da derrota da luta armada na América Latina:

> *Não há nenhuma condenação do quer que seja* [em relação à atitude de Flavio durante a tortura], *ninguém sabe o que cada um faria em condições semelhantes. E mais, seria absurdo porque já havia a derrota. Então uma coisa é sofrer a tortura com uma perspectiva de vitória, em um movimento... Outra coisa quando se está condenado, quando se sofre por nada, porque se estava completamente condenado, se estava em uma derrota completa.*

Krivine, que desde bem antes do XI Congresso da Quarta já mantinha uma atitude crítica bastante veemente em relação à Fracción Roja, quando perguntado por mim sobre o sentimento de culpabilidade de nosso personagem relativo a sua postura na tortura, respondeu-me: "[...] houve sempre um véu pudico sobre isso. [...] ninguém quis julgar isso, nem mesmo se interessar por isso. Eu compreendo [o sentimento de Flavio]. É normal, digamos. Era uma época dura [...]".

Todos os três disseram não recordar com precisão dessa avaliação da experiência da Fracción Roja feita pela direção da Quarta, em especial no que tange a Flavio: "[...] francamente não me lembro detalhes", afirmou Löwy. Habel recordou-se de uma reunião em Bruxelas relacionada ao tema, mas assinalou: "Houve discussões sobre o que havia se passado, a Fracción Roja, mas eu não tenho mesmo muitas lembranças [...]". Krivine, na mesma linha, ressaltou: "Eu não estava a par ou esqueci. Eu não posso dizer nada sobre isso, eu não sei. [...] eu não tenho lembranças de seu [de Flavio] retorno". Talvez esses esquecimentos – ou silêncios – estejam relacionados ao caráter traumático do tema para a organização e para seus membros individualmente, em especial os dirigentes. Afinal, tratava-se de evocar a experiência de uma imensa derrota, que envolveu o sacrifício de muitas vidas, e não uma simples mudança de orientação política. Além disso, como já assinalamos em outros momentos, julgamentos e reavaliações coletivas e pessoais têm um grande potencial disruptivo para as organizações e os indivíduos, pois tendem a gerar conflitos e ressentimentos. Assim, esquecê-los (ou silenciá-los, insistimos) é também um mecanismo para assegurar a continuidade e a coesão de grupos que passaram por fortes crises internas.

De qualquer forma, percebe-se em todos os depoimentos um sentimento positivo em relação a Flavio sintetizado no comentário de Habel: "Tínhamos todos muito respeito por Flavio, muita amizade". Tal apreciação parece estar relacionada não apenas à personalidade de nosso personagem, mas também a uma comparação retrospectiva, ora explícita, ora subreptícia, com outra liderança da Fracción Roja, Paulo Paranaguá, o qual não persistiu na militância de esquerda e, mais do que isso, tem na atualidade uma visão extremamente crítica desse espectro ideológico, o que, na visão dos entrevistados, o desabonaria. Flavio, ao contrário, prosseguiu, embora de outras maneiras, no caminho do socialimo, e por isso ganhou o respeito de seus companheiros: "[...] [Flavio] jamais mudou de posição, e isso é muito respeitável", disse-me Habel; "então eu sei, com satisfação, que 'René' [codinome de Flavio] não seguiu essa trajetória [de Paulo]. Ele teria, contudo, muito boas razões para fazê-lo, mas não o fez. Então é isso, peço que tu cumprimentes René por mim", solicitou Krivine ao final de nossa conversa; Löwy também explicitou essa diferença:

> [...] o Paulo se retirou completamente [da militância] e o Flavio se colocava a questão: "Será que eu tenho condições de voltar a ter uma atividade política? Que tipo de atividade?". Quer dizer, ele se colocava a questão, com problemas, com hesitações, com esse sentimento de culpabilidade. Mas ele não tinha se colocado numa atitude de virar a página e deixar completamente o compromisso político. Então havia uma diferença importante entre os dois nesse sentido. O que explica depois o itinerário muito diferente de ambos.

A trajetória posterior ao "capítulo argentino" de Flavio e Paulo e suas posições atuais marcam, portanto, decisivamente as lembranças de nossos entrevistados a respeito do passado dos dois personagens, evidenciando a força com que o "hoje" colore o "ontem", define seus contornos, embasa avaliações e evocações. Flavio também não tem recordações muito claras a respeito de como concretamente a Quarta avaliou a experiência da luta armada na Argentina após sua chegada à França. Porém, em consonância com o que foi dito acima, lembra-se, com "muita certeza" (e com a sua ironia habitual), de que ele e seus companheiros foram "[...] tratados com muito carinho. Sem fazer caricatura, como os filhos dignos da Quarta que foram lá, se ferraram, fizeram as suas besteiras" (entrevista 7).

Mele Franconetti contou-me que, em 1981, foi a Paris visitar seus ex-companheiros de luta armada. Hospedou-se na casa de Neneca e esteve com Flavio. Sua lembrança desse reencontro mostra o quanto nosso personagem continuava marcado pelas experiências traumáticas vivenciadas na Argentina. Disse-me ela:

> Para mim foi maravilhoso encontrar ele e outros companheiros também, mas também muito triste, bastante triste, porque, bueno... Primeiro, há a alegria de estarmos vivos e a alegria de podermos reencontrar-nos. Mas o Flavio estava muito triste, muito decaído. Eram as marcas da derrota, do fracasso, de não termos conseguido o que

havíamos proposto. Por outro lado, o Flavio estava muito, muito atravessado pela experiência da prisão. Passou muito tempo me contando, com muitos detalhes, coisas da sua prisão. Coisas que eu acredito que ele tenha escrito no seu livro. Ele contou muitíssimo essa experiência e eu acho que tudo era muito recente, e que ele não tinha conseguido superar essa experiência. Por outro lado, de qualquer maneira, não deixava de ter certo sentido de humor, ao contar suas anedotas da prisão. Porque, realmente, algumas, no meio dessa tragédia toda, eram cômicas. Como a engenhosidade e a capacidade incrível, a criatividade para burlar as imposições, os impedimentos que tinham para se comunicarem. Como conseguiam se comunicar, como conseguiam criar vínculos com pessoas que não podiam ver a cara, através de ruídos, através da palavra... Enfim, me lembro muito de como ele me contou do sistema que criaram com um espelhinho para ver se vinham os guardas... Isso com muitos detalhes o Flavio contou.

Muitas das "anedotas" contadas por Flavio a Mele, e certamente a vários outros interlocutores, se tornaram matéria-prima para o seu estudo sobre o sistema prisional argentino. Naquele momento inicial, tais narrativas tinham, possivelmente, muito mais um papel "terapêutico", no sentido de ajudá-lo a lidar com as frustrações e, especialmente, com as culpas.

Outras pessoas que visitaram Flavio durante seu exílio na França também me comentaram sobre o seu estado emocional e incômodo em falar a respeito da experiência argentina. José Keniger esteve com ele duas vezes em Paris. Perguntei-lhe como havia encontrado Flavio: "Tava muito bem, tava muito bem nas vezes que eu o encontrei.". Depois o questionei se ele falava do que havia acontecido na Argentina. A resposta: "Ele não gostava de falar. A gente tinha tanta coisa pra falar que não aquilo, a gente falava de outras coisas, né? Mas ele preferia, eu acho, falar com o psiquiatra dele". Os mesmos questionamentos foram colocados a seu primo Ricardo Abramovay. Ao contrário de Keniger, ele disse ter encontrado Flavio "devastado" e continuou: "Bem complicado. Mais fechado, menos falante. Tava muito, muito, muito abalado com o que tinha acontecido. Ao mesmo tempo muito receptivo. Foi muito emocionante a gente se ver. Eu tenho uma lembrança gostosa da gente se reencontrar nesse momento". No que tange à luta armada na Argentina, Ricardo me disse: "Sempre que a gente se encontrava a conversa era outra, a conversa era pessoal, familiar, era bem de primos. Até hoje é assim. É muito raro a gente falar do mundo, a gente fala da gente".

Por fim, vale a pena apresentar as lembranças de Lawrence Bohme a respeito de Flavio. Este inglês morou na juventude no hotel onde nosso personagem trabalhou como porteiro noturno em Paris. Cheguei a seu nome por intermédio do próprio Flavio. Contatei-o por e-mail. Em uma das mensagens, ele escreveu em português (pois havia morado no Rio de Janeiro na década de 60):

A pessoa do Flavio me interessou muito e tomei carinho pra ele, pois estava bastante solitário e melancólico e eu também sofria do meu próprio drama nesse momento [referindo-se a um problema familiar]. Éramos da mesma idade e confiei nele, pois senti que tínhamos muito em comum desde o ponto de vista da sensibilidade e do idealismo. Achei que era um homem inesquecível [...] (Mensagem eletrônica de Lawrence Bohme ao autor, 30/11/2015).

Em outra mensagem eletrônica, voltou a evocar a imagem que tinha de Flavio na época: "Flavio me fez pensar menos num filho do eterno 'país tropical do futuro' que amo tanto, que numa personagem da literatura russa do século 19, de Tchekhov ou Dostoiévski talvez: obsessivo e melancólico, mas ao mesmo tempo excessivamente sentimental" (Mensagem eletrônica de Lawrence Bohme ao autor, 01/12/2015).

Pilar Calveiro, referindo-se aos sobreviventes dos campos de extermínio na Argentina, afirma que, "uma vez em liberdade, o poder aniquilador do campo não desaparece de imediato. O sobrevivente ainda se sente sob o controle do sequestrador; sua aparente onipresença [...] o alcança". No caso de Flavio, e resguardadas as enormes diferenças entre esses campos e as prisões políticas pelas quais ele passou, tal permanência pode ser exemplificada pela situação narrada por João Carlos Juchem, e já mencionada no capítulo anterior, de que nas fotos tiradas em Paris Flavio aparece sempre de cabeça baixa, olhando para o chão, evidenciando que havia absorvido em seu próprio corpo aspectos da disciplina exigida nos cárceres. Porém, diz ainda Calveiro, "a hipnose vai se desvanecendo pouco a pouco e o ser humano não recupera o que foi, mas sim encontra novos equilíbrios e reorganiza uma existência diferente" (Calveiro, 2008, p. 160-161). Foi isso, como veremos, que Flavio se esforçou arduamente para fazer na França.

Acima de tudo, é preciso reafirmar algo que deveria ser óbvio: só existe um único culpado pelas violências e mortes cometidas durante as ditaduras latino-americanas de segurança nacional: os governos ditatoriais e todos os perpetradores a eles ligados. Todas as demais imputações são covardes e falsas, levadas a cabo ou por ingenuidade ou por má-fé (normalmente ligadas à vontade de se livrar de outras culpas, omissões e responsabilidades). Certamente tal constatação geral não livrou Flavio e muitos de seus companheiros e companheiras de culpas profundas e dilaceradoras, mas serve de alerta ético-político para aqueles que querem encontrar "dois lados" ou "dois demônios", a fim de evitar a punição dos verdadeiros culpados.

Flavio, em sua estadia na França, parece ter vivido um sentimento de melancolia, assim descrito por Paul Ricoeur com base nos estudos de Freud: "[...] diferentemente do luto, no qual é o universo que parece empobrecido e vazio, na melancolia é o próprio ego que está propriamente desolado: ele cai vítima da própria desvalorização, da própria acusação, da própria condenação, do próprio rebaixamento". Mas nosso personagem, corajosamente, buscou superar esse estado e empreender um verdadeiro trabalho de luto: "[...] é enquanto trabalho da lembrança que o trabalho de luto se revela custosamente, mas também reciprocamente, libertador. O trabalho de luto é o custo do trabalho da lembrança; mas o trabalho da lembrança é o benefício do trabalho do luto" (Ricoeur, 2007, p. 86). Era preciso, então, elaborar o luto da derrota, dos companheiros mortos, da utopia não realizada, das dores vivenciadas na tortura e na prisão, a fim de superar a melancolia. Para tanto, tornava-se necessário coragem e trabalho; coragem para enfrentar os fantasmas do passado e trabalho para lembrar de maneira efetiva, e não simplesmente repetir compulsivamente o que se havia vivenciado. No caso específico de Flavio, tal ação se deu, sobretudo, de duas formas: por meio na psicanálise e da escrita acadêmica a respeito do sistema prisional argentino. Por essas vias articuladas, buscou estabelecer

> [...] uma relação com o passado que reconhece sua diferença em relação ao presente e mantém uma relação especificamente performativa com aquele, a qual simultaneamente o recorda e o abandona, ao menos parcialmente, permitindo desse modo uma avaliação crítica e uma reinversão na vida, sobretudo a vida social com suas exigências, responsabilidades e normas que requerem um reconhecimento respeitoso e consideração pelos demais (Lacapra, 2009, p. 61).

Claro está que, mesmo depois de tudo isso, Flavio, como a maior parte das pessoas que foram, direta ou indiretamente, vítimas do terrorismo de Estado, continuou carregando para sempre "pedaços de morte no coração". Porém, conseguiu enxergar criticamente o seu passado e reinvestir na vida, de modo a poder continuar e reconstruir-se como sujeito de afetos e sujeito político. Em texto de 2009, Flavio escreveu sobre esse período:

> O atípico é que todo mundo (os exilados brasileiros) estava voltando em 1978 e 1979 e eu estava indo. Portanto, minha etapa de elaboração e metabolização, inclusive elaboração psicanalítica, será vivida lá. Depois de um ano lidando com tudo isso e não conseguindo avançar, acabo buscando um analista que também era brasileiro. Era uma pessoa solidária com os que haviam passado por essas situações. Ele tinha um interesse profissional nisso e, de certa maneira, foi muito generoso, porque fizemos um trabalho bem intenso durante uns dois anos pelo menos. Esse trabalho e a preparação da tese na França permitiram que eu fizesse um processo de elaboração. A tese custou a sair. Vivo cinco anos lá, de 1979 a 1984, quando volto no dia 22 de agosto. Estive fora do país durante 14 anos e, quando cheguei, tinha feito, de um lado, um processo de elaboração e, de outro, a elaboração, que era escrever a própria tese (Koutzii, 2009, p. 119).

Em entrevista a mim concedida, ele voltou ao tema de forma menos racionalizada:

> Mas a decisão de não ficar no Brasil e preferir a experiência na França
> eu credito como uma decisão extremamente correta, instintiva tam-
> bém e imprescindível para a minha própria reconstrução, mesmo que
> meus anos na França sejam extremamente discretos. Mas, na pior das
> hipóteses, a experiência da análise e a escritura do livro, que são
> duas coisas fundamentais, me foram uma outra batalha. É isso que
> estou querendo dizer. Os anos de prisão me ajudaram a percorrer os
> primeiros quatro anos do caminho difícil da dor e da culpa [...]. Como
> a gente diz, "Paris não foi uma festa", eu tava muito defensivo, muito
> doído. Mas o fato de que eu cumpri duas coisas essenciais, que são a
> análise e a produção do mémoire, acabaram sendo decisivos pra que
> depois, na volta ao Brasil, eu tivesse uma trajetória bem interessante,
> outra bagagem, uma certa recuperação de algumas coisas. Mas essa
> recuperação era importante porque, senão, poderia ficar dominando
> sempre o cenário, digamos, as coisas imediatamente da tortura e pós-
> tortura (entrevista 8).

O uso de termos como "elaboração", "metabolização", "reconstrução" e "re-cuperação" indicam a consciência de Flavio do que significou sua estadia na França em termos pessoais e políticos, e apontam para o que já definimos como trabalho de luto, que lhe permitiu encontrar um lugar para "as coisas imediatamente da tortura e pós-tortura" e seguir em frente numa "trajetória interessante". "Paris não foi uma festa", seus anos lá foram "discretos", mas essenciais para que ele pudesse voltar ao Brasil com "outra bagagem". Como ressaltou sua amiga Isabel Ribeiro, que o conheceu nesse período e estabele-ceu com ele uma profunda amizade: "[...] eu acho que ele tava entre parên-teses, em reflexão aqui. E quando eu acho que ele conseguiu resolver, não totalmente porque até hoje ele nunca resolveu, mas certo tipo de problemas, ele começou a pensar em voltar pro Brasil. [...] eu acho que ele não tava no tempo da ação".

Mais reflexão do que ação, sobretudo no âmbito político. Mas reflexão como ação, como trabalho, no sentido da reconstrução de si, processo sintetizado na psicanálise e na tese. Antes de tratarmos desses dois elementos, parece-me importante falar um pouco da vida cotidiana e privada de Flavio. Afinal, mesmo "entre parênteses", ele precisava sobreviver, dar conta das exigências do quotidiano, interagir com as pessoas que faziam parte de sua rede de re-lações, viver, enfim. A atenção a esses aspectos normalmente considerados "miúdos" e, portanto, pouco relevantes na vida dos homens que centraram a maior parte de suas energias em uma atividade política, não só contribui para humanizá-los, no sentido de mostrá-los como indivíduos sujeitos às pressões de seu tempo e sua classe, mas também para evidenciar o circuito que se esta-belece entre luta política e cotidiano, público e privado, afetivo e ideológico. Respalda essa perspectiva uma conversa que tive com Isabel Ribeiro, durante a qual manifestei minha preocupação em não conseguir dar conta da biografia de Flavio, ao que ela me respondeu: "O importante não é mostrar o Flavio só como um homem político, mas como um homem privado". Tentei alinhavar essas dimensões ao longo de todo o livro, por julgar tal dialética fundamental à escrita biográfica. Agora, ao tratar de seu exílio, não poderia ser diferente.

FLAVIO, COMO vimos, assim que chegou à França se internou em um hospital para fazer exames. Quase simultaneamente voltou a se envolver com as lutas políticas brasileiras, manifestando-se sobre a campanha pela anistia e logo retornando ao Brasil para agradecer pelo apoio recebido à campanha em prol de sua libertação e, certamente, para retomar antigos e estabelecer novos contatos políticos e pessoais. Teve que lidar, igualmente, com as avaliações da Quarta a respeito de sua militância, que se mesclavam com suas próprias autoavaliações relativas à experiência argentina.

No plano prático, precisava sobreviver e, para tanto, contou com a solidariedade de amigos brasileiros como Enio Kaufmann e José Keniger. Ambos recordaram das coletas de recursos que promoviam em benefício de Flavio e de como o desejo de ajudá-lo transcendia fronteiras ideológicas em função da respeitabilidade por ele adquirida. Sobre isso, disse-me Enio:

> [...] mesmo depois de libertado, o Flavio passou por muitas dificuldades financeiras. Então, durante muito tempo, a gente juntou dinheiro e era impressionante como de quantas pessoas eu ouvi a mesma frase: "Ah, sou contra o comunismo, acho o Flavio um comunista totalmente equivocado, mas é uma pessoa fantástica. Tô mandando dinheiro para o Flavio". E eu recolhia dinheiro da direita pro Flavio. Cansei de recolher dinheiro de caras de extrema-direita, fascistas. Eu engolia o meu orgulho e ia lá pedir porque sabia que o dinheiro vinha. [...] e eles davam por respeito a ele, pela coerência, pela retidão do Flavio.

Esse auxílio parece ter sido fundamental para a sobrevivência do nosso personagem, já que ele não podia contar com a ajuda da família, como salientou seu primo Ricardo: "[...] nessa época deve ter sido muito difícil, porque, obviamente, tinha dificuldade de dinheiro, não tinha ajuda familiar. Os meus pais tinham se separado, então a ajuda que a minha mãe podia dar pra ele já não era a mesma coisa que anteriormente, quando meus pais estavam juntos. A mãe dele não podia".

Depois de aproximadamente um ano na França, Flavio passou a exercer uma ocupação remunerada. O primeiro emprego, disse-me Ricardo, foi como projecionista em um cinema: "Que engraçado isso, ele que gosta tanto de cinema!". Assim que chegou a Paris, ele havia regularizado sua condição de refugiado e logo pôde trabalhar legalmente[8]. Seu emprego mais estável foi em uma distribuidora de discos chamada Société Française de Productions Phonographiques. Isabel, muito próxima dele naquele momento, lembrou: "Ele distribuía, levava os discos para um lado e para o outro. [...] ele saía por Paris distribuindo...". Debochado, seu amigo de longa data Luiz Eduardo Oliveira, o "Leo", companheiro de Isabel, na época já morando em Paris, onde reside até hoje, complementou: "Ele adorava isso. Se sentia operário, distribuindo coisas". Isabel evocou um lado mais sério dessa atividade: "Era uma época da vida dele que ele estava refletindo sobre um monte de coisas, então dirigir e entregar coisas são a melhor coisa que existe, não precisa [pensar]".

Também vimos que Flavio, para aumentar sua renda, trabalhou como porteiro noturno em um hotel, chamado Saint-Andrès des Arts, localizado no número 66 da rua de mesmo nome, situada no boêmio bairro parisiense de Saint Michel. Isso foi em 1982. Provavelmente, nosso personagem deve ter conseguido esse e outros empregos por meio de uma rede de militantes de esquerda, já que seus antecessores no posto foram, segundo o citado Lawrence Bohme, morador no hotel, "um chileno fugitivo de Pinochet" e "um polonês da época de Lech Walesa". Lá, ele pôde estabelecer algumas relações mais pessoais, como a entabulada com o próprio Bohme. Este último me contou que eles tinham "conversas na recepção do hotel nas altas horas da madrugada, quando eu descia do meu quarto para um bate-papo", e que chegou a visitá-lo no seu apartamento uma vez (Mensagens eletrônicas de Lawrence Bohme ao autor, 30/11/2015 e 06/12/2015). Certamente tais encontros ajudavam Flavio a amenizar seus sentimentos melancólicos.

Em termos profissionais, Flavio, no Brasil, havia trabalhado apenas como dono de livraria. Logo depois mergulhara na clandestinidade e seus eventuais serviços tinham menos relação com a necessidade de se sustentar do que com o trabalho político. Na França, aconteceu com ele o que Denise Rollemberg identificou como a situação mais geral dos exilados brasileiros na Europa:

> *Apenas uma minoria conseguiu trabalho em nível equivalente a sua qualificação. Ao contrário, o rebaixamento profissional foi o mais comum, quando pessoas escolarizadas tiveram que exercer atividades desprezadas pelos europeus, transformando-se em empregados domésticos, babás, faxineiros de fábricas, porteiros de hotéis, operários na construção civil etc. O exilado e o refugiado confundiam-se com o migrante econômico. A classe média urbana, maior parte dos exilados, entrava em contato com uma realidade distante* (Rollemberg, 1999, p. 163).

Porém, ao contrário de alguns casos relatados pela historiadora, nos quais essa experiência de desqualificação foi "desorientadora" e "dramática", para Flavio ela parece ter sido vivida com relativa tranquilidade – e até com alegria, como antes apontou jocosamente Leo, já que ele podia se sentir um "operário" –, provavelmente porque estava relacionada a uma opção, e não a uma imposição, e atrelada a um processo maior de reconstrução pessoal. Além disso, como outros exilados antes dele, Flavio também aproveitou esse "parênteses" para concluir um curso universitário, pensando em uma futura inserção profissional mais qualificada. A respeito de seu título acadêmico, ele me disse: "[...] nunca chegou a ser usado, mas era alguma hipótese de um futuro trabalho no Brasil" (entrevista 7).

De todo modo, ele viveu uma existência modesta – "[...] era difícil esse momento de vida, eu conheci o apartamento em que ele morava, tudo muito simples", disse-me Ricardo – suavizada pelos passeios de carro, por antigas amizades, como as de Maria Regina, Paulo e Leo, e por novas que se forjavam, marcadas por muita intensidade, como a estabelecida com Isabel, esposa do último. As dificuldades e as dores da alma eram também amenizadas por certas lembranças do Brasil, materializadas em sabores bem ao gosto de Flavio. Sobre isso, Keniger me contou uma história engraçada:

> [...] lá em Paris eu o visitei duas vezes, eu levava mariola pra ele. As faltas que ele sentia no exílio eram guaraná e mariola. Guaraná eu não podia levar, mas a mariola eu levava, e quase fui preso por causa da mariola. Aquele negócio, tinha que parar na Espanha, num congresso, antes de ir pra França, e o cara queria saber o que é que era aquilo, parecia tijolinho de maconha ou coisa parecida. Eu nunca vi um tijolinho de maconha, mas lá sei eu o que parecia. Tive que comer uma mariola daquelas pra mostrar pro cara que era um doce.

Por fim, mas de forma alguma menos importante quando se trata da vida privada de Flavio nesse período, é preciso falar de seu relacionamento com Norma. Como vimos, ela havia chegado à França em janeiro de 1978, empregando, desde então, grande parte de suas energias na continuidade da campanha que tinha iniciado no Brasil em prol da libertação do namorado. Foi um amor que nasceu na clandestinidade, que, como já dissemos, aproximava e articulava as esferas do público e do privado. Um afeto marcado pela utopia revolucionária, mas também pela dor de ver companheiros caindo e pela ameaça permanente da morte. Tal sentimento, depois da prisão de ambos, teve continuidade pela via epistolar. Comentamos, no capítulo anterior, o quanto a troca de cartas entre eles era frequente e intensa, possibilitando, mesmo na situação de confinamento, o compartilhamento de experiências e sentimentos.

A vontade de estarem juntos novamente depois de um tempo tão longo de separação era, como se poderia esperar, enorme. Sobre esse momento, disse-me Norma: "[...] eles [os médicos] queriam internar [Flavio] em seguida. Então eu digo: por favor, deixa ele um pouquinho comigo". Depois da internação, viajaram juntos para o interior da França: "Saio [da prisão] em junho de 79. Graças a um casal que militava na Internacional, eles oferecem uma casa em Wimereux, que é uma zona mais cinzenta. Então é nessa casa que pudemos estar, nos encontrar, e tem essa foto bonita minha e da Norma".

Na viagem, devem ter conversado sobre a encruzilhada em que se encontravam: voltar ou não ao Brasil? De acordo com Flavio, Norma, "alguém com uma certa perspicácia de perscrutar um pouco a alma das coisas", contribuiu bastante para que a segunda opção fosse a escolhida, o que, em sua visão, se revelou bastante acertado (entrevista 10). Poucos meses depois de retornarem das primeiras férias juntos, e certamente com a decisão de ficar na França tomada, compareceram à prefeitura do 14º Distrito de Paris para firmarem uma "Declaração de vida marital", na qual afirmaram que "viviam maritalmente desde 3 de junho de 1979" (*Declaration de Vie Maritale*. Paris, 24/09/1979). Na capital francesa, moraram inicialmente por alguns dias no apartamento onde Norma já vivia, no número 81 do Boulevard du Faubourg Saint-Jacques. Depois se mudaram para o número 26 da Rue Pascal. Depois de algum tempo, contudo, mais precisamente em abril de 1982, Norma e Flavio se separaram. Certamente não foi uma decisão fácil, depois de tantas experiências, boa parte delas traumáticas, vividas em conjunto. Apesar disso, e mesmo depois de estabelecerem outros relacionamentos amorosos, continuam nutrindo grande afeto recíproco, como constatei na convivência com os dois ao longo desses vários anos de pesquisa.

Flavio disse-me que Paris não foi uma festa. Isabel, referindo-se ao amigo, tratou desse momento como um tempo entre "parênteses". Em outra de nossas entrevistas, ele trouxe ainda mais uma metáfora para se referir ao período: "Opaco do ponto de vista de uma vida tão mais intensa que se poderia ter numa cidade como aquela". Não obstante, ressaltou como fatores que lhe "enraizaram" na capital francesa a tese e a análise, as quais teriam lhe permitido "um tempo necessário de metabolização desses processos de derrota anterior" (entrevista 10). É deste trabalho "metabólico" que iremos tratar com mais vagar no próximo subcapítulo.

"UM PROCESSO ANALÍTICO E O PROCESSO DE ELABORAÇÃO DO LIVRO, TUDO SE FECHA, ENTENDE?"

Ao longo de todo o processo de realização desta pesquisa, ao contatar pessoas que conheciam Flavio, ouvi seguidamente a frase: "Você já leu o livro de memórias dele?". Referiam-se, obviamente, a *Pedaços de Morte no Coração*, publicado em 1984 pela editora L&PM de Porto Alegre. Aliás, quando entrevistei o personagem pela primeira vez, em 2003, ele logo ofereceu a mim e a minha equipe de pesquisa exemplares da obra. Naquele mesmo ano, concedeu uma longa entrevista à TVE/RS, já citada em outros momentos deste trabalho, na qual se valeu do livro, mostrando à câmera suas ilustrações, para explicar como funcionava o sistema e o contrassistema carcerário na Argentina. Quero dizer com isso que *Pedaços...*, desde o seu lançamento, passou a funcionar, aos olhos do autor e de vários de seus conhecidos, como uma peça-chave do enquadramento de suas lembranças, como uma espécie de versão autorizada de suas experiências nas prisões argentinas. Contudo, como logo veremos, não se trata propriamente de um livro de memórias, mas de um *mémoire*, tipo de trabalho acadêmico próprio dos estudos universitários franceses, necessário à conclusão do curso de DEA (Diploma de Estudos

REPOUSO
Flavio e Norma na casa em Wimereux (APFK).

Aprofundados), equivalente ao mestrado brasileiro. Lembremos que antes de entrar na clandestinidade, Flavio fazia Economia e Filosofia na URGS. No exílio, teve as disciplinas anteriormente cursadas aproveitadas e pôde realizar, na prestigiosa École de Hautes Études en Sciences Sociales (EHESS), uma formação de pós-graduação. Inseria-se assim em um movimento mais amplo já que, antes dele, e da Lei da Anistia, outros exilados aproveitaram sua estadia na Europa para concluírem cursos universitários e seguirem fazendo pós-graduação. Como afirma Rollemberg (1999, p. 166), a formação acadêmica "demonstrava a redefinição do projeto de vida" de vários deles. A diferença, mais uma vez, é que nosso personagem estava fazendo isso depois que a maioria dos exilados políticos já havia voltado ao Brasil. De qualquer forma, é possível dizer que, quando Flavio chegou à França, existia um campo de possibilidades favorável ao seu projeto de se qualificar academicamente. Nas páginas seguintes, veremos como o *mémoire* se tornou memória...

O projeto da pós-graduação parece ter sido elaborado logo no início de sua estadia em Paris. Nesse sentido, seu primo Ricardo recordou-se: "[...] eu fui em 79, ele trabalhava como projetor de cinema. [...] e já começando a pensar na história do mestrado". Sua primeira carteira de estudante, que lhe garantia o acesso a alguns serviços sociais, médicos e culturais, foi emitida em 10 de julho de 1980. Depois o documento foi renovado até 1984.

Além de um projeto profissional, o plano também servia ao seu propósito de reconstrução pessoal, já que escolheu como tema de pesquisa justamente o sistema prisional argentino. A respeito disso, comentou: "Mesmo com a dificuldade de sentar e escrever, eu acabo reconstruindo esse universo, portanto, me reapropriando, não da questão da tortura, mas da questão da prisão, de alguma forma" (entrevista 8). É desse difícil equilíbrio entre exigência acadêmica e trabalho de apropriação do próprio passado que nasceu a dissertação/livro de Flavio. Sobre sua vida acadêmica, ele lembrou: "Não era um aluno normal. Eu tinha meus documentos do Brasil, um currículo prévio, mas tinha uma certa liberdade para trabalhar. Podia-se selecionar as cadeiras que se quer cursar" (Koutzii, 2009, p. 119). Flavio, contudo, disse-me com tristeza ter desfrutado pouco dessa oportunidade: "Eu não aproveitei aqueles anos pra cursar nada, nem para acumular o que poderia ter acumulado, além de fazer o *mémoire*" (entrevista 9). Pelo que pude constatar, uma rede que tramava solidariedades políticas e afetos pessoais facilitou seu projeto de realizar a pós-graduação.

Seu orientador foi o filósofo francês Claude Lefort (1924-2010), o qual, apesar de sua militância inicial comunista, sempre se manteve crítico da União Soviética, postura que o levou a se aproximar do trotskismo. Em 1947, rompeu com essa perspectiva ideológica e cofundou, junto com Henri Lefrebvre e Cornelis Castoriadis, o grupo, e posteriormente a revista homônima, *Socialismo ou Barbárie*. Na ótica desses intelectuais, a URSS não era socialista, mas sim praticava um capitalismo de Estado. Por isso, apoiaram as revoltas antiburocráticas da Europa do Leste, como a acontecida na Hungria em 1956. Lefort, junto com outros intelectuais franceses, foi na década de 1950 professor da Universidade de São Paulo. Portanto, pode-se dizer que possuía certa sensibilidade para "assuntos brasileiros". Depois de atuar em outras instituições acadêmicas da França, tornou-se, em 1975, diretor de Estudos na EHESS, onde permaneceu até 1989. Flavio caracterizou-o como "um dos grandes filósofos e sociólogos da França, [...] um intelectual de muita sabedoria", e ainda como "um dos gigantes do pensamento contemporâneo daqueles anos" (entrevista 9). Referindo-se a ele e a Castoriadis, disse-me em uma entrevista: "Eram caras que tinham sido troskos, romperam, tinham uma revisão muito importante" (entrevista 1). Assim, mesmo não seguindo a mesma linha política de seu orientando, Lefort mostrou-se muito receptivo e solidário com Flavio, o qual sempre se disse muito agradecido a ele.

Nas narrativas que ouvi sobre a feitura do trabalho, o aspecto que mais se evidenciou foi a dificuldade de Flavio para realizá-lo e, sobretudo, concluí-lo. Em texto autobiográfico, ele contou:

> Lembro que no primeiro ano eu estava lendo sobre o tema, mas não conseguia escrever nada. Meio envergonhado, combinamos de nos encontrar. Ele [Lefort] marcou um café, bem à moda parisiense. Cheguei com um grande constrangimento. Aí ele me disse, o que foi muito importante para que eu conseguisse terminar o trabalho: **Vem cá, tu achas que vou te tratar que nem meus jovens estudantes de 20 anos? Eu te trato como um cara que saiu da prisão, dessa prisão que tu estás tentando explicar aqui. Então vai no teu tempo e nas tuas possibilidades** (Koutzii, 20009, p. 119. Grifos no original).

Ao longo de nossa convivência, Flavio reafirmou diversas vezes sua dificuldade para escrever. Em 2013, por exemplo, referindo-se mais especificamente à escrita do *mémoire*, ele me disse: "O tempo que eu levei é o tipo de dificuldade que eu tive toda a vida para sentar e escrever". Na mesma ocasião, afirmou: "[...] a pessoa [referindo-se a ele mesmo] não consegue dar continuidade por razões psíquicas, subjetivas e eu diria claramente de disciplina, concentração e foco, pra usar a linguagem do presente, 'foco'. [...] isso é real e é um drama da minha vida, e foi piorando com a passagem do tempo [...]" (entrevista 10). Com certeza tal característica pessoal foi ainda mais acentuada pela própria temática da pesquisa, diretamente relacionada a sua recente e dolorosa experiência nos cárceres. Deve-se levar em conta ainda, como elemento intensificador de sua dificuldade para realizar a escrita do trabalho, o fato dele ser uma pessoa profundamente crítica e autocrítica. No caso específico, refiro-me à avaliação que ele fazia de outras narrativas sobre experiências traumáticas vividas no contexto das ditaduras de segurança nacional latino-americanas, as quais, na mesma época, final dos anos 70 e início dos 80, estavam sendo publicadas no Brasil e fazendo grande sucesso. Nesse sentido, quando do lançamento de *Pedaços...*, Flavio concedeu uma entrevista ao *Em Tempo*, onde respondeu sobre a "contribuição específica de seu livro no conjunto das obras de relato ou memória dos presos políticos de sua geração":

> A minha avaliação que resultou da leitura das obras de memórias de presos políticos brasileiros é que, salvo raras exceções, elas são muito superficiais. Nem analisam suficientemente as raízes políticas que determinaram estas experiências, como tampouco conseguem explicar melhor os espaços onde se deu a tortura e os anos de prisão. Eu penso que não se pode pedir a uma só pessoa que produza uma síntese interpretativa que nem os grupos organizados de esquerda quando existiram foram capazes de fazer. De certa forma, todos os que escreveram sobre estas experiências ficaram condenados a contribuições

parcializadas. Mas é importante que se conte sem modismos ou superficialidades, a parte que compartilhamos desta experiência. E acho também que o outro caminho, mais literário, que foi também tentado pelos que escreveram nos últimos anos, exige grandes qualidades de escritor porque a experiência da tortura, da lealdade ou da traição, da derrota política, da humilhação são todos temas extremos da condição humana. Como não somos gracilianos [alusão a Graciliano Ramos], *é muito difícil. Isto não quer dizer que eu não compreenda todo o desespero e toda a dor que estavam dentro das tentativas de contar nos livros de memória destes últimos anos* (Em Tempo, 13 a 26 de dezembro de 1984, p. 16).

Como não queria enveredar pelo caminho que considerava superficial e marcado por modismos, nem julgava ter capacidade literária para dar conta de "temas extremos da condição humana", nosso personagem precisou encontrar uma senda própria, no caso, a acadêmica. A fim de vencer suas dificuldades com a escrita, contou com a ajuda de algumas amigas, dentre as quais se destacam Helena Hirata e Isabel Ribeiro, a quem, inclusive, ele agradeceu em seu livro "pela ajuda decisiva para a elaboração deste trabalho" (Koutzii, 1984, p. 5). Afinal, segundo suas próprias palavras, "[...] sempre tive uma certa dificuldade de sentar, ser metódico, ler direito, tomar anotações, etc." (entrevista 10).

Helena, que já estava inserida no meio acadêmico francês e que, portanto, dominava as regras de produção textual próprias a este lugar de enunciação, recordou: "[...] ele tinha se matriculado na École pra fazer... acho que era um diploma da École. Ele queria utilizar a sua experiência de militância, de repressão, Argentina, etc., como matéria para esse *mémoire*, essa tese. Eu lembro que o ajudei a trabalhar com esse texto, porque eu era universitária, [...] conhecia as regras e ele não sabia". Isabel falou-me demoradamente sobre o difícil trabalho exigido para "parir" o *mémoire* de Flavio. Permito-me citar, por seu conteúdo expressivo das dificuldades vividas por ele naquele contexto, um longo trecho de nossa conversa:

> **Isabel** – *Então me lembro que ele disse: "Bom, vou escrever um livro, minha tese". E isso durou anos. Agora não sei te dizer quantos. Quer dizer, até pode ser que não tenha durado tanto. Eu dizia: "Vamos escrever, Flavio". Ele fala muito bem e, quando fala, tem um raciocínio lógico que é uma coisa impressionante. Muita gente faz isso escrevendo.* [...] *ele não. Ele tem essa genialidade, ele fala como se tivesse escrevendo. Agora, ele não consegue escrever. Então eu peguei e disse: "Cara, é agora". Só que na época não havia computador, não havia porra nenhuma. Só havia máquina de escrever, lembra? Eu disse: "Você fica aí, você vai ditar e eu vou escrever". E eu não parei de corrigir* [risos]. *Foi assim que saiu o livro.*

[...]

Eu me lembro perfeitamente. Ele conseguiu terminar a tese, que eu acho que foi um filho, ou dez filhos [risos]...

Benito – *Quadrigêmeos.*

Isabel – *Porque foi muito duro pra ele fazer isso. Mesmo falar foi difícil. Eu vivi isso com ele, então eu sei. Foi um parto.*

Benito – *O emperramento não era só colocar no papel, era pra falar mesmo?*

Isabel – *No início era pra falar. Eu nunca perguntei nada dele na prisão, nada. Quando começou essa história, eu não fazia perguntas pro Flavio, ele me falava o que queria, como eu falo pra ele o que eu quero. A não ser em momentos exatos de coisas bem precisas que a gente tá vivendo. Aí sim a gente se bota em questão, os dois. Mas não sobre "o que você passou na prisão". Não é que não quis saber, é que não tinha cabimento uma coisa dessas. [...] também tinha os imperativos, que tudo se junta. Ele tava na... Como é que se chama essa faculdade do Flavio?*

Benito – *Na École des Hautes Études...*

Isabel – *É, exatamente. Ele tinha um professor que era maravilhoso, gostava muito dele. Aliás, era uma boa entrevista que você podia fazer. E ele sacou o Flavio muito bem, sabe? Será que ele ainda é vivo?*

Benito – *Não, ele já faleceu. O Claude Lefort, ele já faleceu.*

Isabel – *Que pena, porque era um cara muito legal. Eu o conheci, várias vezes fui conversar com ele. Então tinha esse imperativo que ele tinha que terminar a tese. E eu acho que esse trabalho da análise que ele fez [...] foi superimportante. Tem isso e depois tem o imperativo que tem que terminar a tese tal dia, tal hora. Essas coisas que têm três anos pra fazer. Era assim. Então ele fez. E pra fazer, um trabalho de cinco anos a gente fez em um mês. É mentira, porque tudo tava formulado na cabeça. Não tava escrito. Então acho que seis meses antes ele começou a falar disso conosco. Começou a contar histórias da prisão, como é que era, e ia fazer todas aquelas análises lógicas dele. É pena que não tinha gravadorzinho na época. Olha, se eu tivesse botado gravador na época, pô! [...] e aí ele começou a falar disso e tinha muitas dificuldades pra começar a escrever. E não escrevia, cara, não escrevia! Era uma angústia aquela história, e aí vinha em casa:*

"– Mas por que é que você não conseguiu escrever?"

"– Eu não consigo".

"– Tem essa máquina. Então vamos arrumar ferramentas pra você fazer". Então arrumamos as ferramentas no lugar certo. "Então arrumamos um gravador e você grava". Não dava certo. Ah não! Eu dei um gravador pra ele gravar! Não deu certo.
Aí, como é que foi feito? A gente tinha uma casa, um quarto que era desse tamanho [indica com as mãos um tamanho pequeno].

[...]

E aí eu ficava lá, eu tinha o meu escritoriozinho naquele lado e o Leo tinha nesse. Aí o Flavio ficava lá [caminhando], quando ele fala ele anda.

"– Então conta tal história, como é que é?" Porque a gente tinha feito um esquema. Primeira coisa, qual é o objetivo? A gente aprende a fazer tese, escrever livro, então tem que fazer primeiro os temas. E eu disse:

"– Não, Flavio, a gente já começa pelos objetivos, depois a gente vê".

A gente fez um esquema, então eu entrevistava ele, mais ou menos: "Bom, Flavio, agora tem que falar sobre isso, como é que é?". Aí ele falava e eu batia. Sendo que eu nunca bati muito rápido.

[Ele dizia] "– E a máquina?". Eu dizia: "Eu tô cagando, a gente faz, depois eu corrijo tudo". Aquilo deu um trabalho, cara! E foi assim que saiu. Foi assim que saiu a história.

Muitas vezes, ao longo de nossas conversas, pude constatar o raciocínio lógico de Flavio ao conversarmos sobre o seu passado e sobre diferentes contextos recentes. Pegava-me pensando: "Por que ele não escreve sobre isso? Seria tão útil!". Cheguei a dizer-lhe algo nesse sentido e pude sentir o quanto a dificuldade para "botar no papel" o aflige. Então, espero que este livro possa fazer jus à "genialidade" das análises de Flavio, dando-lhes a fixidez que penso, como Isabel e vários de seus amigos e admiradores, elas merecem.

O conhecimento das normas acadêmicas, a postura pragmática e, sobretudo, a solidariedade de Helena e Isabel contribuíram muito para que o trabalho fosse concluído. Peso decisivo nesse percurso teve também o "imperativo" institucional, bem salientado pela última, de que o *mémoire* fosse concluído. Tal fator foi igualmente enfatizado por Flavio no prefácio de *Pedaços...*:

E assim, depois de haver tantas vezes chocado contra as barreiras postas pela própria subjetividade, era preciso ser capaz de escrever! E aí um novo dilema: escrever um livro ou um trabalho universitário? Com frequência oscilei entre um e outro. E me recordo dos dias, dos numerosos dias de impotência e frustração diante da primeira página – sempre branca e vazia – do "grande livro".

> Na minha experiência pessoal, foram as exigências de um trabalho
> universitário que "ajudaram" a sair do impasse e a começar, depois de
> quatro anos de "gestação", a escrever.
> [...]
> Curioso paradoxo este em que a busca da objetividade e da racionali-
> dade vai permitir escrever sobre o passado, reorganizar os vacilantes
> andaimes da memória, reconstruindo a experiência de reclusão. Esta
> é a história que permitiu este livro, que é uma versão de um trabalho
> feito originalmente como uma tese universitária. Penso que se não
> houvesse escolhido este caminho, não o teria jamais escrito (Koutzii,
> 1984, 12).

No que tange à orientação de Lefort, não obstante seu acolhimento à proposta de Flavio, essa deve ter seguido a praxe do mundo acadêmico francês, como apontou Hirata: "Imagino que, como todos os professores universitários franceses, ele não tenha sido um verdadeiro orientador, porque aqui os orientadores orientam muito pouco". Porém, em relação ao *mémoire*, mais importante do que uma orientação direta e sistemática, talvez tenham sido as ideias do próprio intelectual francês, apresentadas em livros como *A Invenção Democrática*, de 1981, e, portanto, fermentadas justamente quando nosso personagem desenvolvia sua pesquisa. Refiro-me aqui, principalmente, à sua visão organicista da sociedade, consubstanciada na noção de "sistema totalitário", unificado e organizado, o qual se apresentaria como um corpo, o "corpo social": "ditadura, burocracia, aparelhos têm necessidade de um novo sistema de corpos" (Lefort, 1981. p. 109). Tal perspectiva certamente influenciou Flavio a delinear a ideia de sistema carcerário. De outro lado, Lefort considerava o totalitarismo quase como um tipo ideal weberiano, vendo-o mais como um processo inacabado, sujeito a contradições e oposições, resistências ativas e passivas. Nesse ponto talvez resida a base para a noção de contrassistema desenvolvida por Flavio para nomear as ações empreendidas por ele e seus companheiros de cárcere a fim de impedir o funcionamento pleno de um sistema organizado "para destruir a vontade e para anular a revolta" (Koutzii, 1984, p. 14).

Flavio, na citada entrevista à TVE, disse ter elaborado a tese a partir do que ouviu, do que viveu e do que leu. No que se refere às leituras, ele se referiu, em nossas entrevistas, aos antes mencionados livros de memórias de ex-guerrilheiros e à obra do já aludido psicólogo judeu norte-americano, nascido na Áustria, Bruno Bettelheim (1903-1990), traduzida para o português como *O Coração Informado* (original de 1960):

> Eu antes de escrever leio muito. Vocês [referindo-se a mim e aos
> meus alunos que participavam da entrevista] lembram que é [19]80
> [...]. Bom, uma coisa emblemática que vocês conhecem é a volta do
> Gabeira [...] e seu famosíssimo livro [...] O Que É Isso, Companheiro?,
> que [...], de certa forma, inicia uma literatura de testemunho. Deze-

nas de companheiros escrevem e geralmente descrevem as coisas que viveram, duras [...], trágicas muitas vezes. Então, o que eu começo a fazer mesmo lá [na França], eu leio toda literatura memorialista dos anos pesados que é feita no Brasil. São pelo menos setenta livros só naquela época. Dois ficaram muito famosos: O Que É Isso, Companheiro? e Os Carbonários, do Alfredo Sirkis. E, ao mesmo tempo, começo a reler alguns clássicos da literatura pós-guerra, de análise do universo concentracionário. Os clássicos de Bruno Bettelheim. Tem o livro Le Coeur Conscient, que é um livro que todas as pessoas leram mesmo. [...] esse é um livro [...] em cima das experiências do campo de concentração, onde ele analisa o que se chama de situações-limites, o homem e a mulher frente à situação-limite. [...] é um clássico. E depois li muitas coisas. Até porque na Europa isso é uma coisa muito importante. A França tem um trauma brutal com a ocupação alemã e com a colaboração francesa. [...] eu fiquei lendo isso e pensando (entrevista 1).

O livro de Bettelheim também deve ter ajudado Flavio a conformar suas noções de sistema e contrassistema. Após a anexação da Áustria pelo Terceiro Reich, o psicólogo foi deportado, junto com outros judeus daquele país, ao campo de concentração de Dachau e, mais tarde, para Buchenwald. Graças a uma anistia em 1939, ele e centenas de outros prisioneiros foram libertados, o que lhes salvou a vida. Emigrou então rumo aos Estados Unidos, onde passou a lecionar Psicologia em universidades norte-americanas. Em 1943, publicou no *Journal of Abnormal and Social Psychology* o artigo *Individual and Mass Behavior in Extreme Situations* a partir de duas motivações: "[...] em primeiro lugar, o desconhecimento geral na época sobre os campos, que ainda eram considerados meros frutos de impulsos sádicos, sem outros objetivos; e, em segundo lugar, seu impacto ainda incompreendido sobre a personalidade dos prisioneiros". Mais de quinze anos depois, em *O Coração Informado*, ele voltou ao tema do comportamento em situações extremas buscando ir além de suas próprias experiências: "O presente trabalho, análise consideravelmente revisada e ampliada, também conta com as observações de outros, que se tornaram disponíveis nesse meio tempo. Assim, minhas afirmações não se baseiam inteiramente na experiência pessoal". Essa postura deve ter calado fundo em Flavio, que também precisava ir além de suas vivências pessoais para construir um trabalho acadêmico.

Na obra, Bettelheim buscou mostrar que um dos principais objetivos do universo concentracionário "[...] era minar a individualidade dos prisioneiros e transformá-los numa massa dócil, da qual não pudesse surgir nenhum ato de resistência individual ou coletiva". Contudo, evidenciou também que esse objetivo não foi atingido plenamente, pois "[...] os presos tentavam reagir com defesas organizacionais e psicológicas mais sutis" (Bettelheim, 1985, p. 89, 91 e 141, respectivamente). Temos aqui concepções próximas às de sistema e contrassistema.

PRIMEIROS DOCUMENTOS EM PARIS
Carte Orange, para o transporte público, e identidade estudantil (APFK).

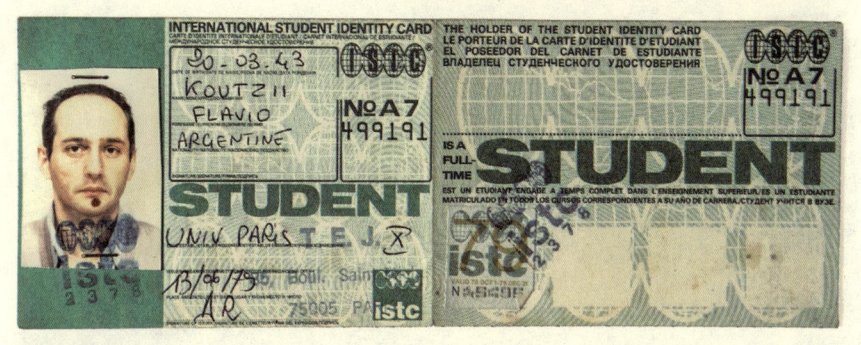

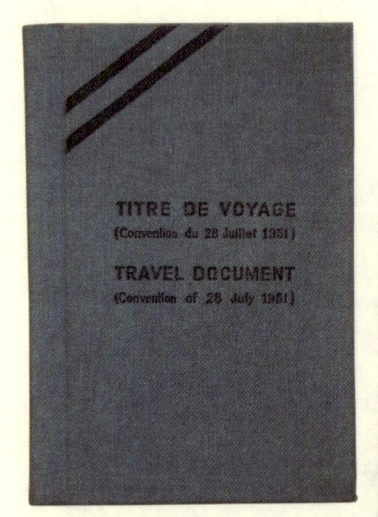

PASSE FRANCÊS
Documento para entrar e sair da França por alguns meses (APFK).

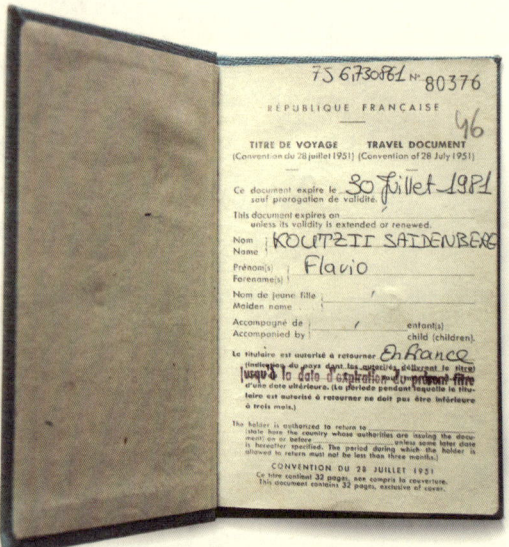

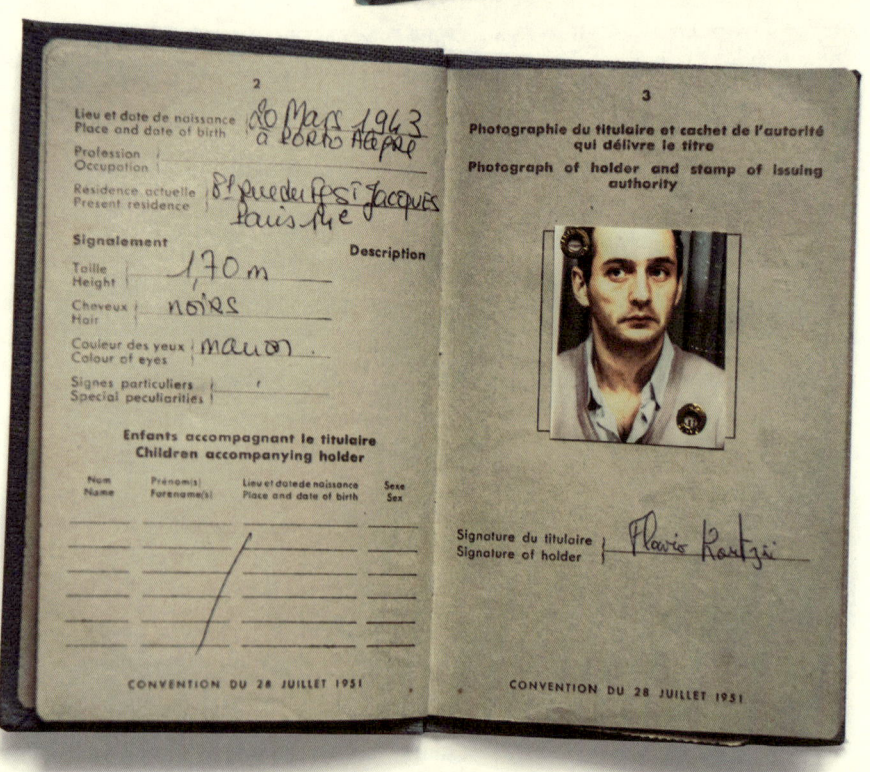

NAS RUAS DE PARIS
Flavio e seu Opel dourado. Ao lado, a carteira de habilitação internacional (APFK).

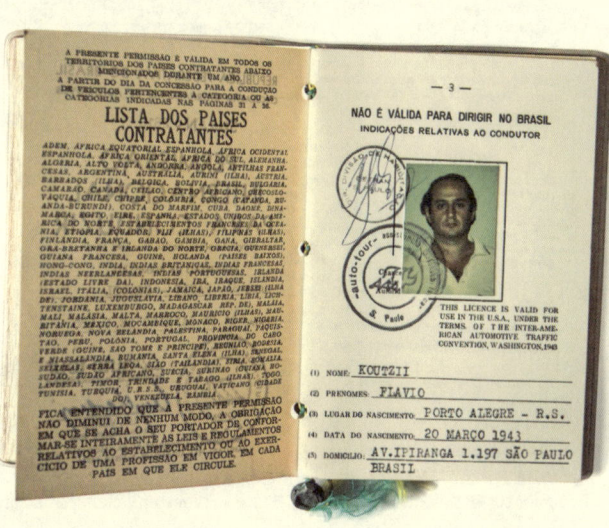

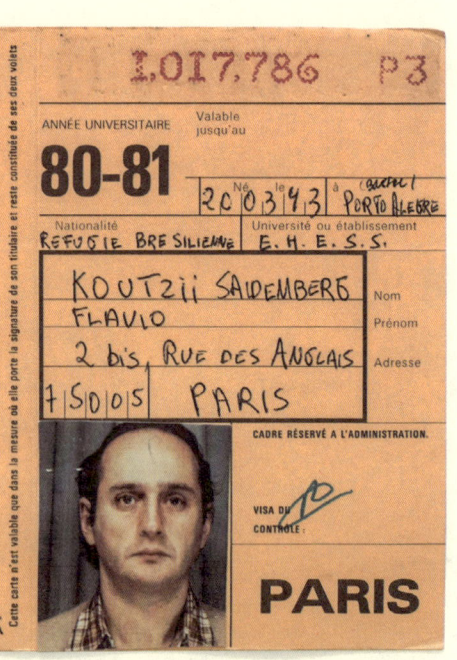

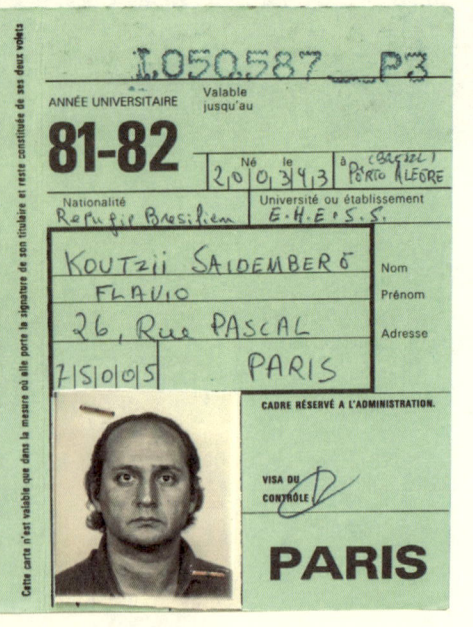

REFUGIÉ BRASILIEN
Documentos estudantis da École de Hautes Études en Sciences Sociales (APFK).

Le C.R.O.U.S. met à la disposition des étudiants :

- un service social, bénéfice des œuvres universitaires, logement, liaison étudiants - entreprise.
- un service des activités culturelles (maisons culturelles - voyages - spectacles - activités de loisirs - conférences, etc...),
- un service d'accueil des étudiants étrangers
- le dispensaire Hostater (médecine générale et spécialités - soins et médecine d'urgence).

La carte portant la mention **B** ou **A** donne accès à ces services.

Elle doit être présentée à l'appui de toute demande formulée auprès du centre régional des œuvres et à l'entrée des restaurants universitaires.

La carte des œuvres ne doit être utilisée que par son titulaire, et peut être retirée à titre provisoire ou définitif à ceux qui se sont rendus coupables d'une infraction pouvant donner lieu à des poursuites pénales ou qui ont enfreint gravement soit les règles de la scolarité, soit les règlements des établissements des œuvres universitaires et scolaires où ils sont inscrits, soit les engagements qu'ils ont souscrits vis à vis des œuvres universitaires ou sous leur égide. Seules, les cartes temporaires portent la date de fin de validité. La carte ne portant pas d'indication spéciale doit être considérée comme valable pour l'année universitaire.

A le *Signature du titulaire :*

Cette carte n'est valable que dans la mesure où elle porte la signature de son titulaire et reste constituée de ses deux volets

1.011.763 P3

ANNÉE UNIVERSITAIRE **82-83** Valable jusqu'au

Né le 20 03 43 à (BRESIL) PÔRTO ALEGRE

Nationalité Refugié Brésilien

Université ou établissement E.H.E.S.S

Nom KOUTZII SAIDEMBERG

Prénom FLAVIO

Adresse 26, Rue PASCAL 75005 PARIS

CADRE RÉSERVÉ A L'ADMINISTRATION.

VISA DU CONTRÔLE :

PARIS

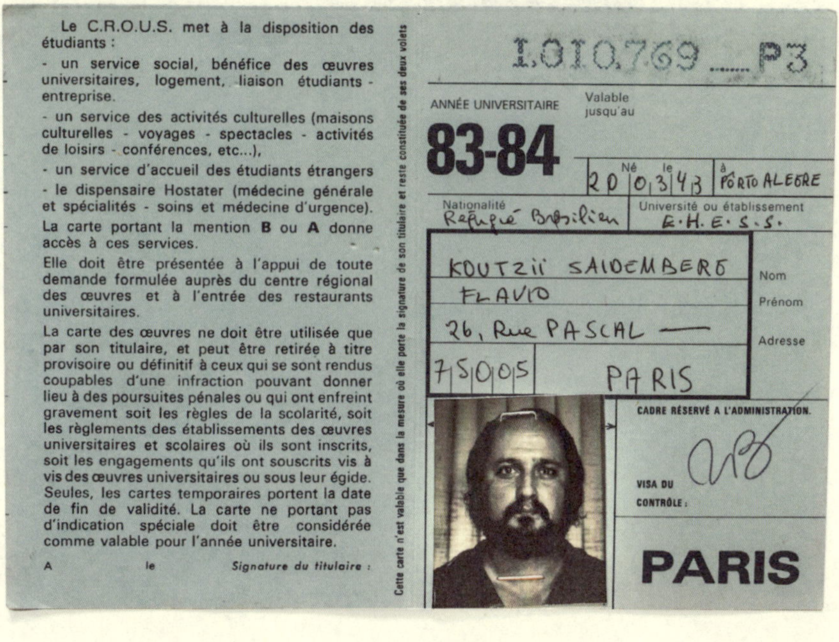

Le C.R.O.U.S. met à la disposition des étudiants :

- un service social, bénéfice des œuvres universitaires, logement, liaison étudiants - entreprise.
- un service des activités culturelles (maisons culturelles - voyages - spectacles - activités de loisirs - conférences, etc...),
- un service d'accueil des étudiants étrangers
- le dispensaire Hostater (médecine générale et spécialités - soins et médecine d'urgence).

La carte portant la mention **B** ou **A** donne accès à ces services.

Elle doit être présentée à l'appui de toute demande formulée auprès du centre régional des œuvres et à l'entrée des restaurants universitaires.

La carte des œuvres ne doit être utilisée que par son titulaire, et peut être retirée à titre provisoire ou définitif à ceux qui se sont rendus coupables d'une infraction pouvant donner lieu à des poursuites pénales ou qui ont enfreint gravement soit les règles de la scolarité, soit les règlements des établissements des œuvres universitaires et scolaires où ils sont inscrits, soit les engagements qu'ils ont souscrits vis à vis des œuvres universitaires ou sous leur égide. Seules, les cartes temporaires portent la date de fin de validité. La carte ne portant pas d'indication spéciale doit être considérée comme valable pour l'année universitaire.

A le *Signature du titulaire :*

Cette carte n'est valable que dans la mesure où elle porte la signature de son titulaire et reste constituée de ses deux volets

1.010.769 P3

ANNÉE UNIVERSITAIRE **83-84** Valable jusqu'au

Né le 20 03 43 à PÔRTO ALEGRE

Nationalité Refugié Brésilien

Université ou établissement E.H.E.S.S.

Nom KOUTZII SAIDEMBERG

Prénom FLAVIO

Adresse 26, Rue PASCAL 75005 PARIS

CADRE RÉSERVÉ A L'ADMINISTRATION.

VISA DU CONTRÔLE :

PARIS

PASSEIO EM PROVENCE
Flavio e Norma na Place de La Catastrophe, em Saint-Paul-De-Vence (APFK).

VIDA EM PARIS
Porteiro noturno no Hotel St. Andrè des Arts e a casa na Rue Pascal, 26. Abaixo, Flavio e Norma diante do Centre Georges Pompidou (APFK).

REENCONTRO
Em 1979, Flavio com os amigos Celso Castro, Marcos Faerman e Maria Regina Pilla em São Paulo. Ao lado, bilhete de agradecimento a Ligia e Paulo: "o sonho não acabou" (APFK).

Em nossas conversas, Flavio também mencionou Michel Foucault como uma das referências teóricas para a elaboração do seu estudo. Lembremos nesse sentido que em 1975 o filósofo francês publicou *Vigiar e Punir*, obra já mencionada no capítulo anterior, a qual teve grande repercussão, abordando a constituição a partir do século XVIII do "poder disciplinar", que objetivava construir corpos dóceis por meio, entre outras estratégias, da vigilância contínua e invisível e do esquadrinhamento do tempo e do espaço dos internos em instituições como fábricas, hospitais e prisões (Foucault, 1989). Certamente, há ecos dessa interpretação no trabalho de Flavio, sobretudo no que tange à ideia de sistema.

Para a elaboração de seu *mémoire*, Flavio leu, além de livros, uma série de textos que poderíamos chamar de "fontes primárias", especialmente relatos de prisioneiras e prisioneiros dos cárceres argentinos. Por exemplo: no capítulo em que trata da prisão de Rawson, ele elogiou a coesão, a maturidade, a combatividade e o espírito fraternal dos prisioneiros daquele cárcere e acrescentou: "Um indício desta qualidade do grupo é que em algumas pesquisas complementares, para este livro, verifiquei que foram os únicos que produziram, mesmo dentro da prisão, vários textos de análise da sua realidade (produzidos entre fins de 80 até 82, quando começaram a melhorar as condições internas da prisão)". Cita então, em nota de rodapé (aliás, uma das poucas vezes em que utiliza tal recurso), o "documento mimeografado" intitulado *El Aislamiento*, produzido pelo "coletivo dos prisioneiros de Rawson" em junho de 1982 (Koutzii, 1984, p. 76-77). Tive acesso a vários outros materiais utilizados por nosso personagem em sua pesquisa, alguns publicados, como a série de nove fascículos *Testimonios sobre la Represión y la Tortura*, "revista fundada por "Familiares de Desaparecidos y Detenidos por Razones Políticas", editada em Buenos Aires no ano de 1984, mas contendo relatos produzidos desde, no mínimo, 1982. Também consta no seu acervo pessoal textos não impressos, como o intitulado *Testimonios sobre Carceles, Torturas y Detenciones*, datado de 31 de maio de 1976, no qual podemos identificar certas marcas da leitura de Flavio (os trechos referentes a familiares de presos, por exemplo, estão grifados com caneta verde). Tais materiais certamente ajudaram-no a ampliar a análise para além de sua experiência pessoal, possibilitando-lhe, inclusive, ir além do universo prisional por ele conhecido pessoalmente e estudar a prisão de mulheres de Villa Devoto, onde estiveram Norma e Neneca[9], e os campos de concentração[10].

Além do que leu, Flavio também considerou como matéria-prima de sua obra o que ouviu. Imagino que essa ação se refira tanto ao que ouviu in loco de seus companheiros de prisão quanto também do que escutou após a sua ida para a França de outras pessoas que passaram pela experiência do cárcere político na Argentina, acessadas a partir de sua rede pessoal e política. Sobre isso, em uma das nossas entrevistas, ele me contou:

> [...] *tem duas entrevistas que eu nunca esqueci, [...] uma é com a Carmen Castillo. Carmen era a mulher do Miguel Enriques Enríquez,*

> o grande chefe, o grande líder do MIR, um "quadraço" que depois é assassinado no Chile. [...] bom, então eu a entrevistei, eu tinha uns amigos comuns. Acho que o próprio Emir [Sader] a conhecia bem. [...]
> [...]
> Eu me lembro até que numa das conversas que eu fui ter com ela, eu entrei e tava sentado o [Régis] Debray [risos] na sala. [...] e a outra pessoa entrevistada, eu acho que é uma superamiga da Norma até hoje, que se chama Ana Maria Araújo, que tinha sido militante dos "Tupas" e que era casada na época com um cara que eu gostava muito e que gosto até hoje, embora não o tenha visto mais, que se chama Ricardo Ehrlich, e que foi prefeito de Montevidéu. [...] na época, em Paris, morávamos perto. A Rue Pascal era meio perto de onde eles moravam e nos frequentávamos [...] (entrevista 10).

As intermediações de pessoas como Emir e Norma, e o próprio fato de Flavio também ter sido um prisioneiro político, certamente contribuíam para que essas e outras entrevistadas se dispusessem a falar. No *mémoire* de Flavio não encontramos referências a tais entrevistas, mas elas devem ter contribuído de modo mais amplo para que ele construísse seus argumentos.

Finalmente, nosso personagem disse ter usado o que viveu para compor a pesquisa. Não há dúvidas, obviamente, quanto a isso. Afinal, o estudo, além de cumprir uma função acadêmica, se relaciona igualmente com o processo de elaboração pessoal do autor. Porém, esse "vivido", na narrativa, encontra-se disfarçado, na maior parte do tempo, por um estilo frio, distanciado e técnico, mais próximo do que se considera "rigor acadêmico". Na busca pela objetividade e racionalidade, ele escreveu um texto "seco, como uma radiografia" (Koutzii, 2009, p. 120). Porém, e expressando o "curioso paradoxo" apontado por Koutzii no Prefácio, em algumas passagens do livro o relato autorreferenciado se impôs à escrita distanciada do analista acadêmico.

O trabalho divide-se em oito capítulos, precedidos do Prefácio e de uma cronologia. No primeiro, o autor analisa as condições históricas que permitiram a efetivação do golpe militar de 1976, apresenta sua hipótese sobre o sistema e o contrassistema, lista as principais prisões políticas argentinas e fornece alguns dados sobre os prisioneiros. A seguir, descreve o "universo carcerário", abordando pontos como "o regulamento interno", "a proibição da leitura", "a proibição da ginástica", "o uniforme" e a "regulamentação dos movimentos dentro e fora das celas". Nos quatro capítulos seguintes trata das prisões de La Plata, Coronda, Rawson e Caseros, respectivamente, abordando a concretização do sistema e do contrassistema em cada uma delas. Por fim, nos dois últimos capítulos, reforçando, como dissemos acima, a perspectiva de objetividade própria a um trabalho acadêmico, o foco recai sobre dois espaços não conhecidos diretamente por Flavio: a prisão de mulheres Villa Devoto e os campos de concentração ilegais.

Na França, a avaliação do *mémoire* não tem caráter público. Não há uma defesa aberta aos interessados. Tal função cabe a um parecerista. No caso de Flavio, quem realizou a tarefa foi a historiadora especialista na III República Francesa e militante da Liga dos Direitos Humanos daquele país Madeleine Rebérioux (1920-2005), que parece ter levantado restrições ao trabalho por seu pouco rigor acadêmico e excesso de subjetividade. Lefort, contudo, defendeu-o, e o estudo foi aprovado.

No próximo subcapítulo, veremos como o trabalho acadêmico se transformou em livro, lançado no Brasil logo após a volta do seu autor ao país, tornando-se, a partir de então, o "livro de memórias" de Flavio. Antes, porém, examinaremos o outro pilar da reconstrução pessoal do personagem na França: a psicanálise.

JANETTE HABEL, ao recordar-se de seu reencontro com Flavio na França em 1979, disse-me: "Eu me lembro muito bem, quando nós vimos em que estado ele estava, nós ficamos todos impressionados, nós dizíamos que ele jamais sairia daquela situação". Como vimos anteriormente, outros depoimentos referentes à época também apontam para o humor melancólico e deprimido do personagem. A decisão de fazer psicanálise demorou um pouco, já que se trata de um processo que exige muita coragem de quem se dispõe a realizá-lo, como afirmou o próprio psicanalista de Flavio, Heitor O'Dwyer de Macedo: uma "pessoa que vem fazer análise é uma pessoa que está disposta a colocar em questão o conjunto da própria vida". Freud se refere a esse sentimento ao afirmar que o paciente precisa "encontrar a coragem de fixar sua atenção em suas manifestações mórbidas, de não mais considerar sua doença como algo desprezível, mas olhá-la como um adversário digno de estima, como uma parte de si mesmo cuja presença é muito motivada e na qual convirá colher dados preciosos para sua vida ulterior" (*Apud* Ricoeur, 2007, p. 84). Segundo Flavio, "depois de um ano lidando com tudo isso e não conseguindo avançar, acabo buscando um analista que também era brasileiro". Ainda em suas palavras, já citadas anteriormente, Heitor era "[...] uma pessoa solidária com os que haviam passado por essas situações. Ele tinha interesse profissional nisso e, de certa maneira, foi muito generoso, porque fizemos um trabalho bem intenso durante uns dois anos pelo menos" (Koutzii, 2009, p. 119). Em outra ocasião, referindo-se a esse processo, ele me disse:

Fiz um processo de análise que foi central pra mim e do qual eu tenho uma enorme gratidão, que foi uma coisa feita com um psicanalista brasileiro que vive lá. Eu não poderia me psicanalisar em francês naquela época, quando eu recém tinha chegado. Hoje eu me viro em francês, mas mesmo assim nunca poderia me expressar como é próprio do espaço analítico [...]. Bom, isso foi um trabalho bem profundo, de muitos anos, quase cobrado simbolicamente, e foi uma chave da minha reestruturação pessoal. Portanto, é uma coisa bem valiosa (entrevista 9).

Em uma ocasião em que viajei à França, Flavio sugeriu-me que procurasse Heitor:

A mim me passou pela cabeça que tu deves conversar com ele. Eu tenho pensado nisso. Porque ele, mais do que tudo, foi um cara crucial pra mim e depois ficamos amigos. Eu não teria objeção, acho que seria um atrevimento para a própria produção da biografia, não me parece nada ortodoxo. Por isso mesmo eu acho interessante do ponto de vista dos meus valores particulares e da importância que eu dou pra isso. Quer dizer, se tivesse que escrever uma carta para ele livrando-o de qualquer cláusula de confidencialidade, acho que seria um passo bem interessante. Eu não sei se ele tem notas guardadas. Mas, de qualquer maneira, foram quatro anos intensos. Como eu já te disse, nos primeiros dois anos todos os dias. Então isso não é pouca porcaria.

Fiquei empolgadíssimo com a possibilidade e também profundamente admirado e emocionado com a coragem de Flavio em expor-se tanto. Certamente, como ele disse, trata-se de um "atrevimento", de um procedimento heterodoxo e, ao mesmo tempo, muito interessante, ainda mais se tratando de um biografado vivo. Talvez sem compreender o significado desse gesto em toda a sua abrangência, encontrei, depois da mediação de Flavio, Heitor em Paris. Almoçamos juntos em um ótimo restaurante e depois fomos ao seu consultório, o mesmo onde Flavio realizou seu processo psicanalítico. Deparei-me com uma pessoa muito carismática, carinhosa, inteligente e densa em suas observações. Profundamente ético, Heitor não me falou especificamente do universo psíquico de Flavio, tratou mais de questões gerais referentes à psicanálise, ao contexto em que o atendeu, a sua trajetória pessoal e, por poucas vezes, da maneira como via o nosso personagem. Não fiquei decepcionado, nem mesmo o inquiri sobre possíveis anotações da época. Entendo bem a confiança envolvida no set analítico. Além disso, a fala amorosa de Heitor me permitiu conhecer um pouco melhor o difícil processo de reconstrução subjetiva de Flavio.

Heitor veio para a França em 68, na "primeira leva dos intelectuais". Trabalhava com teatro na cidade de São Paulo, tendo sido diretor do Teatro da Universidade Católica de São Paulo – TUCA, um dos mais conhecidos espaços de resistência cultural à ditadura brasileira. Lá, com seu grupo, montou a peça *Terror e Miséria no Terceiro Reich*, de Bertolt Brecht, que, em suas palavras, "[...] eu adaptei de tal forma que era uma maneira bastante didática, à la Brecht, de mostrar como a instalação do nazismo na Alemanha tinha muito a ver com aquilo que tava ocorrendo no Brasil". A peça foi proibida pela censura e, para resistir a essa imposição, "[...] a gente fez um dispositivo bastante móvel que fazia com que a gente pudesse armar o espetáculo em muito pouco tempo e apresentá-lo. A gente apresentava em centros acadêmicos e tinha um policial infiltrado num centro acadêmico que denunciou a apresentação e, a partir daí, a polícia tava interessada em mim. Então eu consegui uma bolsa e vim pra França". Refletindo sobre a sua atuação naquele período, Heitor disse: "Então essa foi a trajetória. Eu nunca tive nenhuma militância, mas eu fiz política através do meu objeto, que era o teatro, como eu faço política hoje em dia através do meu objeto, que é a psicanálise e a psiquiatria".

Ao responder-me sobre sua formação profissional como analista, ele me contou que já havia feito uma longa análise no Brasil antes de ir para a Europa. De acordo com sua perspectiva, "[...] o que forma um analista é o fato dele ter feito uma análise, de ter analistas com quem ele fala e que discutem aquilo que ele faz". Posteriormente, na França, realizou uma qualificação acadêmica em Psicologia para poder trabalhar em hospitais, pois "[...] você aqui pra trabalhar em hospital psiquiátrico (como na Inglaterra também, porque eu não sabia se eu ficava na França ou ia pra Inglaterra) tem que ter uma qualificação que seja ou de psicólogo ou de médico".

Pela fala de Flavio a respeito de Heitor, julguei que o último tinha um interesse profissional em analisar pessoas que haviam passado por torturas e outras violências em função das ditaduras de segurança nacional na América Latina. Indaguei-o sobre o tema e ele me respondeu:

> *Ah, não, não, nunca... Não chegavam [as vítimas] a mim porque eu tivesse interessado particularmente nisso. Eu acho que chegavam a mim porque conheciam a minha sensibilidade política, porque sabiam das minhas posições. Quer dizer, eu tive grandes amigos que tinham posições importantes na resistência brasileira e na resistência argentina. Tinha o Marco Aurélio, tinha o Eder Sader, tinha o Alcir, que eu adorava, tinha Regina Sader. O Eder eu conheci no Brasil, quando eu fazia teatro, quando eu fiz Os Inimigos, de Gorki. O Eder é com quem eu discuti muito sobre todo o período da Duma [na Rússia] de 1905. E depois esse pessoal veio em exílio pra França. Tava todo mundo exilado aqui. Então quando chegavam os exilados, encontravam, na verdade, os quadros diretores que estavam aqui e esse pessoal me conhecia, sabia qual era minha posição...*

Posteriormente ainda afirmou:

> *[...] acho que, evidentemente, eu tinha um interesse humano e um engajamento psíquico e existencial com pessoas que eu sabia que tinham colocado a vida em jogo por algo no qual eu acreditava. Tinha que acabar com aquela corja que tava no poder. Isso era nítido, evidente. Mas eu não, necessariamente, peguei em análise todo mundo que me veio ver pelo simples fato que tinham sido torturados. Pra mim isso não era uma carteira de qualificação. Porque os encontros são encontros, independentemente desse tipo de circunstância.*

Portanto, o que mais uma vez se mostrou decisivo para o desenrolar dos projetos de Flavio, e de muitos outros de seus companheiros e companheiras que se exilaram na Europa, foi a rede de solidariedade, constituída por eles afetivos e/ou ideológicos, capaz de possibilitar contatos e, seguidamente, facilitar uma existência relativamente mais tranquila, digna e plena no exterior. Nesse sentido, Marco Aurélio Garcia, que conheceu Heitor na França por intermédio de Eder Sader, falou-me de maneira mais precisa sobre como, nessa rede, nosso personagem chegou à psicanálise. Quando Flavio veio ao Brasil agradecer àqueles que haviam lutado por sua libertação, teria perguntado a Marco Aurélio se conhecia um psicanalista. A resposta: "Eu tenho um grande amigo meu que é psicanalista, um bom psicanalista", recomendando-o a Flavio. "E parece que o ajudou muito, eles se dão muito bem", continuou Marco Aurélio. Entre a indicação e a decisão de procurar ajuda profissional passou-se algum tempo, necessário para adquirir a coragem da qual falamos antes.

Em nossa conversa, Heitor explicou-me que, para ele, "a psicanálise é uma ocasião privilegiada para que alguém consiga integrar de uma maneira absolutamente humanizante uma experiência que, em princípio, é uma experiência desumanizante e destruidora". Se este seria o propósito da psicanálise de maneira geral, ele se potencializaria no caso de pessoas que, como Flavio, atravessaram a experiência da militância "fazendo da morte uma possibilidade inequívoca", que passaram por episódios-limites, terríveis, da existência. A respeito do tema, ele afirmou: "Você atravessa às vezes na existência situações que são tão excepcionais que você tem uma dificuldade muito grande de dar a elas um estatuto de realidade e de dar – isso é outro tipo de dificuldade – àquilo que você pensa sobre essas experiências um estatuto de realidade, de dar ao pensamento um estatuto de realidade".

Flavio evocou os primeiros anos dessa experiência tão profunda e dolorosa de elaborar o luto: "Era uma coisa torrencial, do meu jeito, sempre meio calmo, meio controlado, mas torrencial no sentido de ser uma autoacusação, um auto de fé filho da puta" (entrevista 9). Tratava-se, nada mais nada menos, de realizar o trabalho de memória contra a compulsão à repetição, a rememoração efetiva e não a culpa obsessiva metaforizada como um inquisitorial "auto de fé". Mais precisamente, como ressaltou Heitor, significava constatar "que o inumano faz parte do humano, que o horror faz parte da nossa vida cotidiana". Tarefa nada fácil para quem havia experimentado o limite da desumanização. Nesse processo, ao que tudo indica, efetivaram-se as duas propostas terapêuticas enunciadas por Freud para o bom andamento do trabalho analítico: "[...] a paciência do analista para com a repetição canalizada pela transferência [e] a coragem requerida do analisando de se reconhecer enfermo, em busca de uma relação verídica com seu passado" (Ricoeur, 2007, p. 85).

Em alguns de seus depoimentos, Flavio manifestou-se grato a Heitor por ter lhe cobrado um valor modesto por seus serviços, em especial em um momento no qual o militante passava, conforme já vimos antes, por dificuldades econômicas. Perguntei sobre isso ao psicanalista, que respondeu:

> Eu não sou um samaritano. [...] [Mas] eu acho que você tem uma responsabilidade ética com as pessoas que encontra. Eu atualmente

> tenho em análise duas pessoas que não me pagam nada. E não são torturadas não. [...] eu acho que não é necessário pagar pra se fazer análise. É um mito de psicanalista: "Tem que pagar caro pra fazer uma boa análise". Não, para uma análise tem que fazer análise. Eu acho que o problema do analista é que ele possa ou não, na sua economia psíquica e na sua economia financeira, receber essa pessoa dessa forma. [...] a questão das tarifas de uma análise, pra mim, depende de vários fatores. Ela depende do meu interesse. Claro, tem um interesse. [...] então o que está mais em jogo são as particularidades daquilo que ocorre no encontro que você tem com as pessoas. [...] agora, na medida em que as pessoas vêm com esse tipo de proposta de colocar em questão a própria vida, aí você tem que considerar, a meu ver, um elemento – isso talvez seja o meu passado político, mais do que o passado, a minha sensibilidade política –, eu acho que você tem que fazer com que a análise [aconteça] – e isso pra mim é algo muito importante. Eu acho que a análise tá na vida, tá na cidade, entende? Quer dizer, eu acho que, em princípio, se a análise é um modo privilegiado de ferramenta pra você pensar o mundo, o que você pode desejar é que essa ferramenta seja generalizada [...], que ela seja realmente uma ferramenta epistemológica pra você desvendar o enigma do real do mundo.

Ao tratar dos militantes que resistiram às ditaduras latino-americanas, Heitor ressaltou:

> [...] essa posição de aceitar o impossível do pensamento como algo provável, eu acho que isso é que fez a força de certos militantes políticos que atravessaram esse episódio-limite, terrível, da existência. Eu penso que ter atravessado isso faz com que a relação que você tenha com o que foi a sua história até aquele momento mude muito, porque você reinterpreta todo tipo de acontecimento que existiu antes, entende? E que são acontecimentos reinterpretados a partir dessa possibilidade que você reinjeta no passado que a qualquer momento você pode morrer. O Freud tem uma frase maravilhosa: "A prova que nós somos megalômanos é que nós dizemos 'até amanhã'". Lindo, né? É realmente lindo. Realmente, quem garante que amanhã a gente tá aqui?

Esse processo, imprescindível à saúde psíquica, mas, ao mesmo tempo, tão difícil e doloroso, talvez explique uma das dificuldades enfrentadas por Flavio ao longo da análise. Disse-me ele:

> Tem essa passagem que eu sempre cito. Eu tenho a impressão que é depois de dois anos de análise, ou talvez um. Ele [Heitor] diz assim [risos]: "Mas vem cá, quando é que tu vai falar da tortura?". Mas como? Se isso era o principal assunto que me movia a tentar lidar e elaborar. Eu sei que numa análise depois vêm outras coisas, mas

era esse [o tema principal]. *Aí ele diz assim: "Não, tu não falou da tortura. Tu falou da tua opinião sobre o que tu acha que foi a tortura. Aliás, nessa tortura que tu me contou, não tem torturador". Isso aí valeu oito anos de análise* [ironizando] (entrevista 8).

Ou seja, falar da tortura em termos gerais parecia relativamente fácil em comparação com o falar do torturador, da concretização do horror, do desumano, da situação-limite. Mas era preciso integrá-lo à existência, ao campo dos possíveis, à vida, enfim, para poder seguir em frente. As avaliações de Heitor e Flavio divergem quanto à capacidade do último para realizar esse processo. Nosso personagem apresenta-se como, comparativamente a outros militantes, menos capaz de reelaborar seus traumas:

O meu sentimento crucial de toda a minha vida, e nunca será diferente, é de que algo me destroçou, o que, aliás, é muito comum na tortura. O que não é muito comum, eu acho, acho não, tenho a profunda convicção, de que têm pessoas que passaram pelo que eu passei e por muito pior do que eu passei e que saem mais inteiras pelas suas próprias qualidades humanas, estrutura psíquica, capacidade de absorção e por seus valores políticos e ideais (entrevista 8).

Já Heitor afirmou:

[...] eu penso que Flavio faz parte desse tipo de contingente humano raro para quem as experiências da vida, quer elas sejam da ordem da alegria, quer sejam da ordem da dor, são experiências que enriquecem a compreensão do mundo. Quer dizer, acho que já naquilo que ele me dizia sobre aspectos da vida dele que não tinham necessariamente a ver com esse período, que é um período de terror, já havia na maneira pela qual ele tratava a relação dele com o mundo algo que atestava o quanto essa experiência tinha sido, como qualquer outra, um aprendizado em relação à sua própria humanidade e à humanidade das pessoas com quem ele convivia ou convivera.

E mais adiante:

O que eu penso – mas aí é possível que seja a minha idealização do amigo Flavio – é que, quando o Flavio chega à análise, esse trabalho já começara. Tem um lapso de tempo entre o momento que ele sai da tortura, da prisão, e que ele começa a análise. [...] eu penso que esse processo de metaforização da situação-limite já era algo que ele mesmo começara a tratar antes de me encontrar.

Posteriormente, ressaltou:

[...] a experiência inicial dolorosa de toda existência é uma experiência persecutória. Então a questão é: como você pode atenuar essa dimensão persecutória, aceitando que ela faz parte de qualquer existência humana? Quando você atravessa uma situação-limite, os

> *elementos persecutórios são, evidentemente, muito mais eloquentes, muito mais presentes. E isso toca, evidentemente, naquilo que nos constitui a todos, que não há nada mais difícil do que você reconhecer que entre você e o mundo tem uma diferença, que o mundo não tá feito pra ti. É uma grande ferida narcísica de reconhecer que o mundo não é feito pra nos acolher. Não precisa chegar a tais extremos, mas quando chega a tais extremos, como você consegue novamente se colocar de bem com a vida? Isso é às vezes muito complicado. Mas acho que tem certas pessoas, e acho que o Flavio faz parte delas, [...] e isso tem a ver com o tipo de imaginação que certas pessoas tenham tido com o engajamento político, que souberam desde o início que isso poderia levar a uma possibilidade de morte. Eu acho que as pessoas que sabiam disso estavam mais bem preparadas para enfrentar a situação tétrica da tortura. Porque sabiam que, eventualmente, elas passariam por isso. E tem as pessoas que, no engajamento, havia algo onde a onipotência da fantasia dominara de tal forma que elas achavam que todo mundo talvez passasse, mas não elas. E aí quando, eventualmente, elas foram prisioneiras da realidade, em que a realidade era uma realidade policial, aí eu acho que as coisas ficaram muito mais complicadas.*

Citei essas longas passagens da entrevista com Heitor porque, de alguma forma, elas batem com a minha interpretação sobre o sentido da militância de Flavio (além de conterem, creio eu, profundos ensinamentos existenciais): uma atividade que sem excluir, obviamente, afetos e projeções utópicas, pautou-se pela racionalidade, por um agudo senso (auto)crítico, por um realismo que limitava voluntarismos e posturas onipotentes, por uma avaliação permanente de diversas opiniões e possibilidades. Se, como acredita Heitor, tal forma de agir e pensar ajudou nosso personagem a desenvolver sua análise e, depois, a seguir em frente, não tenho condições de avaliar. De qualquer maneira, é inegável que o processo psicanalítico foi fundamental para a sua reintegração à vida e à política, não obstante a permanência de muitos "destroços".

Depois de aproximadamente dois anos, a intensidade da análise diminuiu. Heitor se referiu a esse período como "fecundo". Isabel, divertida, contou-me que o trabalho psicanalítico prosseguia em sua casa: "[...] aí ele chegava, trazia uma garrafa de Coca-cola desse tamanho [indicando com gestos um tamanho grande], sentava e continuava o papo. E eu dizia: 'Olha, eu vou começar a cobrar, hein' [risos]". Sobre a alta psicanalítica em geral, Heitor salientou:

> *O fim de uma análise, do meu ponto de vista, implica que você tenha a capacidade de reconhecer que você tem as ferramentas necessárias pra continuar a viver, tendo integrado aquilo que você forjou como instrumento inédito através desse trabalho, onde o inconsciente passa a ter uma importância determinante na tua existência. Quer dizer,*

> que você reconheça que aquilo que você atravessa na vida tem uma dimensão do desconhecido, que você se apropria como objeto. [...] o que engendra, a meu ver, uma nova posição subjetiva é você aceitar que existe sempre um resto não interpretável daquilo que você vive. [...] quer dizer, aceitar, racionalmente, que existe um elemento, entre aspas, de irracional, de incompreensível, de irredutível na tua relação sensível com o mundo que vai ser, inevitavelmente, trabalhado até o final da tua existência. Quando isso é integrado, quando é integrada essa dimensão do incompreensível como algo que seja o motor dinâmico na tua vida, aí, bom, você tá pronto pra ser menos exigente, talvez, com você mesmo.

Flavio parece ir na mesma direção ao falar do que a análise significou para ele: "[...] os fatos não mudaram, o que muda um pouco é tua maneira de ver, a tua maneira de perceber, ou seja, de organizar, sem violentar, a realidade, de uma maneira que o que eventualmente teve não de virtude, mas de correto, foi correto dentro do possível" (entrevista 8). Ambos, Heitor e Flavio, concordam com a associação, reiterada repetidas vezes pelo último, entre o trabalho analítico e o processo de escrita do livro. Sobre isso, o psicanalista disse: "[...] o fato de poder ter dado à experiência que ele atravessou um estatuto de realidade deve ter ajudado Flavio a poder escrever o livro dele". Já nosso personagem recordou-se com detalhes de uma cena que simboliza essa associação:

> [...] quase no final [de sua estadia na França] é que levo o mémoire pra ele [Heitor]. Ele me diz esta frase: "Tá aí o filho". E que era isso, ali era o fim, e a partir dali, não sei se imediatamente, mas quase, muda. Eu saio do divã. [...] faltava pouco pra minha viagem, três meses, uma coisa assim [...]. E aí eu sento. [...] pra mim me pareceu uma coisa muito forte, porque era uma mudança de posição, não só física, quer dizer, tudo (entrevista 10).

Nada mais emblemático: o fim do trabalho acadêmico, percebido por Heitor como o nascimento de um filho (e também por Flavio que, conforme vimos, falou a Isabel de "parto"), e a mudança de posição na psicanálise encaminhando para a alta coincidem nas memórias de Flavio. Não é à toa que, como expressa o título deste subcapítulo, para ele o processo analítico e o processo de elaboração do livro se "fechavam". O passado, eivado de dores, derrotas e culpas, reintegrava-se à existência e fixava-se nas páginas de uma dissertação: era hora de fechar o metafórico parênteses evocado por Isabel: "Foi depois de terminar [o livro] que ele começou a falar que queria voltar pro Brasil, então eu acho que tem a ver. [...] eu acho que ele conseguiu se reconstruir e aí disse: 'Bom, agora eu quero agir. Então eu vou voltar, porque é lá que eu posso ser útil'. [...] Porque antes ele nem falava nisso", contou-me ela.

Voltar a agir, ser útil significava reinserir-se na vida política brasileira depois de muitos anos de ausência; retornar a um país que, em meio a muitas hesitações e contradições, e com inúmeras limitações, constituía sua democracia. Fruto e propulsor desse processo, o Partido dos Trabalhadores, criado em 10 de fevereiro de 1980 a partir das lutas sindicais e de diversos outros movimentos sociais, parecia a Flavio um caminho promissor para o desenvolvimento de seus projetos. Veremos a seguir como nosso personagem se reconfigurou como sujeito político nesse novo campo de possibilidades individuais e coletivas.

"EU AINDA ERA MEIO PARECIDO COM O QUE EU ERA ANTIGAMENTE"

Mais uma vez recorremos às lembranças de Janette Habel a respeito de suas primeiras impressões a respeito de Flavio no momento da sua chegada à França: "Quando vi em que estado ele se encontrava pensei que ele nunca mais faria política". Vimos que, ao contrário desse prognóstico, nosso personagem logo recomeçou a fazer política, ao se pronunciar, já do hospital onde se encontrava internado depois de sua saída da prisão, em favor da anistia no Brasil. Se sua vida em Paris não foi uma festa, se Flavio nesse período esteve "entre parênteses", se aquele não se constituiu em um "tempo da ação", nem por isso podemos dizer que ele ficou apartado da política, ao contrário, buscou no exílio reconstruir-se não apenas em termos subjetivos, mas também politicamente.

Nesse sentido, permaneceu vinculado à Quarta Internacional, inclusive colaborando em alguma de suas atividades, como quando palestrou em uma escola de quadros da organização:

> [...] era uma escola em Amsterdã. [...] um velho trotskista tinha falecido e doou três casas contíguas num belo bairro de Amsterdã. E eles estruturaram tudo, ligaram por dentro e era a escola internacional de quadros. E, bom, os melhores quadros que eles tinham em tudo quanto é canto iam fazer um curso anual. Eu participei de um deles, talvez em 82, onde eu assisti e, ao mesmo tempo, me coube falar da Argentina, foi mais uma análise do PRT-ERP. Eu tenho uma lembrança muito grata. [...] a gente ficava uns dez dias, não era clandestino. Eu me lembro de algumas pessoas muito interessantes: bascos, mexicanos... (entrevista 7)

Além disso, mantinha-se informado sobre as profundas transformações que marcavam a vida política brasileira naqueles anos finais da ditadura, valendo-se, para tanto, de contatos pessoais, como com Raul Pont e José Keniger, e da leitura do já referido jornal alternativo *Em Tempo*, como ele mesmo salientou em entrevista:

> [...] naqueles tempos em que eu fiquei na França eu fiz o que todo o cara que ficou fora do ar faz. Eu cheguei lá nos companheiros brasileiros e disse assim: "Me dá lá a coleção do jornal Em Tempo" [...]. Bom, eu me situei, li as coisas e acompanhei de longe o debate que se fazia na perspectiva de definir quais eram as propostas, se haveria um grande partido socialista...

Ouso corrigir essa evocação: nem de tão longe assim... Apesar da distância geográfica, Flavio participou do debate da esquerda travado diante do iminente fim do bipartidarismo imposto pelo regime militar, que se efetivou em novembro de 1979. Poucos meses antes, ele se manifestou sobre o tema em uma entrevista ao *Em Tempo*. A manchete sintetizava sua posição: *MDB? Moderação / PTB? Populismo / PT? Um estímulo*. A respeito da primeira agremiação, constituída pelo AI-2 em 1965, na qual se concentraram indivíduos e organizações contrários à ditadura e que defendiam uma oposição dentro dos marcos "legais" do regime, o entrevistado disse: "A manutenção do MDB revela uma visão muito moderada de como enfrentar o período, sobretudo a partir das possibilidades que ele abre". Já no que tange ao PTB, fundado por Getúlio Vargas em 1945, comentou: "O ressurgimento do PTB, ao qual surpreendentemente se associam setores que tiveram outra trajetória política, não arranja as coisas. Sou muito crítico a este projeto; ele vai reeditar em forma caricatural as experiências populistas anteriores". Finalmente, se referindo a um partido ainda não oficializado, mas que emergia com força das lutas sociais do período, afirmou:

> *O projeto do Partido dos Trabalhadores parece mais interessante: ele não é – como o PTB – o produto de uma operação política para ocupar um certo espaço. Ele está expressando a necessidade de materializar politicamente o grau de consciência mais avançado da classe operária, de setores importantes da classe operária. Esta é uma experiência a ser estimulada, que pode fracassar, mas pode ter resultados sumamente interessantes. Tendo ou não possibilidades de surgir como partido legal antes da queda da ditadura, a luta pela organização do PT é uma forma a mais de lutar contra a ditadura* (Em Tempo, 3 a 5 de setembro de 1979).

Nosso personagem não sabia, obviamente, que o projeto de formar o PT vingaria e ganharia força nos anos seguintes. No seu campo de possibilidades, se tratava de uma aposta, de uma maneira de fazer avançar a democracia e dar expressão política a setores da classe operária que naquele momento emergiam, por sua combatividade e autonomia, em relação às tradicionais estruturas sindicais herdeiras do varguismo e/ou associadas à ditadura, como uma verdadeira novidade. Na entrevista, ele foi questionado sobre a relação entre as forças políticas de oposição e esse "novo" movimento operário. Sua resposta:

> *Tenho a impressão que os núcleos mais avançados do movimento operário avançam mais rapidamente do que os setores revolucionários, se bem que eu ache que os dois não estão separados. Mas não nos deve preocupar a autonomia que tem o movimento operário. Pelo contrário: deve haver um estímulo destas experiências. A vanguarda é que tem que ajustar-se a elas. Os problemas de uma política de Frente têm para mim dois níveis: primeiro, os setores revolucionários têm que resolver*

sem sectarismo a questão de sua unidade para que se crie um polo político com capacidade de intervenção, acompanhando a velocidade com que se dão os acontecimentos; e, segundo, eles têm que resolver suas relações com o movimento de massas. Mais importante que uma frente de organizações é conseguir uma frente operária e de todos os setores contra o regime. Há duas linhas na esquerda. Os gradualistas e os que buscam integrar as tarefas atuais com um projeto estratégico socialista. O segundo grupo, no qual me incluo, tem que construir uma frente que potencialize a articulação do projeto socialista com as tarefas concretas do período. A partir deste núcleo, então, é que devem ser definidas as relações com os setores que não se colocam a questão do socialismo ou que a colocam por outra metodologia. Se por "Frente Popular" se entende, como no passado, aliança mais permanente com setores da burguesia, eu não estou de acordo com ela. Mas é fundamental, igualmente, não ficar isolado, em posições principistas, como muitos setores da esquerda o fizeram na América Latina (Em Tempo, 3 a 5 de setembro de 1979).

CONTINUIDADES E DESCONTINUIDADES: Flavio seguia – como segue até hoje – apostando em um projeto socialista de sociedade. Além disso, como fizera em relação à postura do PCB na década de 60, descartava alianças com setores da burguesia nacional, pois duvidava de seu nacionalismo (os golpes que vivenciou em diversos países da América Latina certamente fortaleceram sua convicção de que esse setor da classe dominante aliava-se com o imperialismo quando sentia seus interesses ameaçados). Porém, depois de uma longa trajetória em partidos vanguardistas, que pretendiam conduzir a luta operária, "conscientizando" os grupos de trabalhadores que consideravam mais avançados, nosso personagem defendia na entrevista um "estímulo mútuo" entre agitação operária e luta revolucionária, entre projeto socialista e tarefas concretas, chegando a considerar segmentos do operariado organizado mais adiantados em relação aos grupos revolucionários. Se antes essa postura podia estar no seu horizonte, mas raramente era concretizada em função dos limites colocados pela repressão ditatorial, agora ela parecia muito mais viável e promissora. A partir de sua experiência em organizações revolucionárias que se fragmentavam diante de divergências entre seus integrantes, alertava igualmente para os riscos do "sectarismo" e do "principismo". Ou seja, como salientou na frase que dá título a esta seção, nosso personagem, a partir de suas experiências pregressas, formulava projetos de acordo com o campo de possibilidades que se abria na política brasileira naqueles anos finais da década de 70, porém não deixava de continuar parecido com o que era antigamente.

Mais de trinta anos depois, Flavio lembrou dessa entrevista e de como avaliou as diferentes propostas partidárias que se colocavam naquela conjuntura:

A proposta do PDT [novo nome da agremiação trabalhista, após Leonel Brizola perder a sigla PTB para a sobrinha-neta de Getúlio, Ivete

> Vargas], *a partir da* Carta de Lisboa [considerado o documento fundador do PDT, divulgado em 17 de junho de 1979], *praticamente estava se definindo no mês que eu cheguei* [à França]. *Em Paris, vários ex-companheiros me telefonaram lá de Lisboa pra dar um abraço. E eu com o peronismo já tinha o suficiente de populismo, né? Então, obviamente, estava longe do meu horizonte. Mas eram companheiros superqueridos. Então, o que é que quero te dizer: eu rapidamente,* [...] *em três segundos* [ironizando], *me dou conta que o projeto do PT, ainda era projeto, estamos em 79, e a fundação é 10 de fevereiro de 80, tinha infinitamente mais a ver com o que, mesmo fazendo uma revisão e levando em conta os erros, a vida tinha ensinado na porrada pra mim. Eu não tive a menor dúvida que era o PT.*

Referindo-se a sua já mencionada passagem por Porto Alegre para agradecer àqueles que haviam lutado por sua libertação, ele continuou:

> *Então, quando eu desembarco, em dezembro de 79, eu faço uma declaração dizendo que sabia que o Brasil estava entrando num processo, que a redemocratização se aceleraria, e que felizmente havia uma discussão pra construir um partido que continuasse naquelas condições os nossos ideais, e eu me posiciono pelo PT, na largada, na entrevista.*

Keniger considera-se um dos responsáveis por esse posicionamento de Flavio: "[...] eu acho que eu o conduzi pra dentro do Partido. Isso eu acho que eu posso dizer, pelo menos fui um deles. Eu reuni o Flavio, o Raul [Pont] e o Olívio [Dutra]...". Perguntei-lhe se nosso personagem havia tido alguma hesitação em ingressar no PT e ouvi como resposta: "Não, eu acho que ele já veio assim, com a cabeça meio formada". Em depoimento autobiográfico de 2009, nosso personagem reafirmou esse interesse imediato – "sem a menor dúvida", "na largada" – pela nova agremiação partidária:

> [...] *posso dizer que os anos da França foram de uma certa reconstrução parcial, mas suficiente e imprescindível para que, quando eu voltasse ao Brasil, de forma direta, conseguisse me inserir no Partido dos Trabalhadores (PT)* [...].

> [...] *Acabei tendo um caminho que me levou a opções políticas, à confirmação da minha opção pela política e pela esquerda, num projeto novo que, de certa maneira, contemplava um pouco do balanço das coisas das quais eu tirara lições. Eu achava interessante o projeto tal como se desenhava. Talvez mais maduro* (Koutzii, 2009, p. 121).

Mais uma vez, continuidades e descontinuidades, confirmações e reavaliações. De qualquer maneira, pode-se dizer que sua inserção no PT começou antes mesmo de sua volta ao Brasil, como ele deixou claro em uma entrevista: "Mas a minha ação, mesmo que longínqua, desde o início já era dentro do PT" (entrevista 1). Nesse sentido, ele foi um dos criadores do núcleo do Partido em Paris. Inês Valetti, naquele momento exilada na França, quando conheceu Flavio, comentou sobre esse grupo:

> [...] nós tínhamos um grupo de brasileiros e franceses, a gente se reunia pra discutir a conjuntura da época, na América Latina, no Brasil e na Europa, e depois o Flavio começou a fazer parte desse grupo. Eu lembro que, quando começou a se falar em criar um partido dos trabalhadores no Brasil, foi o Flavio que assumiu lá na França a direção desse grupo, pra direção do Partido dos Trabalhadores. O PT lá na França eu me lembro que surgiu nesse grupo e o Flavio é quem dirigia.

Perguntei-lhe sobre suas lembranças a respeito do nosso personagem e, mais uma vez, emergiu a imagem do agregador: "Ele sempre foi uma pessoa muito moderada, nas argumentações não era agressivo, nunca foi, não tinha extremos, tinha uma conduta muito calma, que eu acho que agregava as pessoas".

Em novembro de 1982, Flavio enviou uma "saudação fraternal" ao *Em Tempo* pelo 5º aniversário do periódico, ressaltando:

> As razões de satisfação são muitas, e a primeira delas é justamente a de ter resistido e continuar progredindo, apesar de todos os esforços e ataques da direita. Não menos importante é a própria evolução do jornal, que começou como um instrumento da oposição de esquerda no Brasil e se definiu, com a evolução do processo político, como um instrumento comprometido com a construção do PT (*Em Tempo*, 14 a 24 de novembro de 1982).

Na ocasião, ele foi apresentado como chefe do escritório do periódico em Paris, o que confirma seu vínculo orgânico com o PT já naquele momento. Pouco tempo depois, em fevereiro de 1983, um documento confidencial do Ministério do Exército dedicado ao assunto "Ligações entre organizações subversivas" alertava para o papel de mediação desempenhado por Flavio entre a Quarta Internacional e o PT. Em um dos itens, o autor do informe escreveu: "ERNEST MANDEL, ideólogo do Secretariado Unificado – SU da Quarta Internacional, manifestou a FLAVIO KOUTZII, representante trotskista brasileiro em PARIS, vontade de vir ao BRASIL no corrente ano". E continuou: "É intenção de MANDEL verificar de que forma estão sendo empregados os recursos enviados pelo SU para ajudar o PT e as editoras financiadas pelo SU". Além disso, o documento ressaltava: "FLAVIO KOUTZII foi contatado por JÚLIO LEOCÁDIO TAVARES DAS CHAGAS [ex-militante da Fração Bolchevique Trotskista (FBT), preso e torturado pelas forças repressivas governamentais], que desejava saber a opinião de MANDEL sobre a proposta de LEONEL BRIZOLA para a integração do PT no futuro Partido Socialista – PS" (Ministério do Exército, I Exército, 4ª DE – 2ª Seção – Informe nº 152, 83/E2-E/4a DE). Ou seja, verifica-se também nesse trecho a movimentação de setores da esquerda brasileira visando a superar sua fragmentação naqueles momentos finais da ditadura brasileira, inclusive a partir do exterior, enfatizando-se nesse caso o papel de Koutzii como articulador. Sabemos hoje que a negociação não prosperou. De qualquer modo, observa-se que os órgãos repressivos do regime ditatorial continuavam interessados na atuação de nosso personagem. Não é à toa que, no ano seguinte, em 18 de setembro de 1984, pouco menos de um mês após sua volta ao Brasil, ocorrida no dia 22 de agosto daquele ano, o Estado Maior da Polícia Militar do Estado de Minas Gerais solicitava, em outro documento, pesquisa sobre o militante (Polícia Militar do Estado de Minas Gerais – Estado Maior – 2ª Seção (PM/2) – Informe n° 535/84/ST3.7/PM2)[11].

Enfim, o que busco mostrar é que, além (e de forma articulada com) dos dois principais investimentos por ele realizados durante a sua estadia na França – o processo psicanalítico e a escrita do *mémoire* –, Flavio continuou vinculado, ainda que de forma relativamente "discreta", se comparada com sua ação anterior, à militância política, tanto no que diz respeito à Quarta Internacional quanto, e principalmente, com o contexto político-partidário brasileiro que se desenhava com a redemocratização. Por esse motivo, sua inserção no PT, embora formalmente só tenha se dado após a sua volta, de fato já se configurava na Europa. Ao considerar que estava encerrada, ao menos naquele momento, a reelaboração de seus traumas e derrotas anteriores, Flavio logo quis voltar à ação, como recorda Isabel: "Acho que ele terminou o livro dele, a tese dele, e que aí ele disse: 'Bom, agora...'. Mas [na verdade] ele não disse nada, foi assim na cabeça dele. E aí, quando ele resolveu [voltar ao Brasil], foi super-rápido. De repente, já tinha ido embora [risos]".

Para explicar essa rapidez, Maria Regina acrescenta, com seu habitual humor e ironia, um ingrediente íntimo: "[...] ele queria vir logo pro Brasil porque ele tinha descoberto que a mulher da vida dele, que já não era mais eu, claro já há anos que não dava mais, mas era uma prima minha por quem ele tinha sido apaixonado na juventude, muito amiga dele, a Sonia Pilla". Sonia remontou essa retomada do interesse amoroso por Flavio à primeira vinda deste ao Brasil após sua libertação. Ela lembrou que Flavio estava "seco, seco, seco", o que teria lhe causado um acesso de choro. Em função disso, Luiz Paulo Pilla Vares lhe teria perguntado: "Mas por que é que tu chora tanto? [Flavio] Tá solto, foi libertado". Mas, para ela, era como se tivessem destruído o antigo namorado. Em suas palavras: "Fiquei com aquela imagem: 'destruíram com ele'. Era uma imagem muito diferente do que a gente tinha de outros tempos, que o Flavio sempre foi gordinho". Sobre a relação dos dois, ela disse:

> *E aí ficou aquela coisa de novo, mais um reencontro, eu já tava casada, e aí, bom, ele ficou, sei lá, dois ou três meses, voltou, e aí a gente ficou de novo de recado, presentinhos. E aí em 84, bem no início de 84, eu me separei. Logo em seguida o Flavio disse que ia voltar [risos]. "Ele vai voltar porque ficou sabendo que tu te separou" [risos], era uma gozação só com a história. Mas eu tinha me separado, aí ele voltou. O mote foi que ele queria dar uma versão pra tese*

> *dele, pra publicar em forma de livro, não de tese, e aí ele pediu pra eu ajudar ele. E aí nós ficamos noites e noites aqui, trabalhando em cima do texto. E aí, em setembro, no feriado do 7 de setembro, eu tinha combinado de ir pra praia, pra casa da minha mãe em Cidreira, tinha combinado com o Celso Castro. [...] então eu ia pra praia com o Celso, a companheira dele e mais um outro casal. Eu me dava muito com eles. Aí o Flavio começou: "Ah, esse feriado do 7 de setembro, tu vais fazer alguma coisa? Já me disseram que as praias de Santa Catarina são baratas, são maravilhosas, se eu fosse tu não perdia" [risos]. E ficou naquele negócio até que eu tive que dizer que eu ia pra praia com eles. E aí, claro, no dia seguinte, chegou ele lá, com o carro emprestado do Keniger, e aí ficou aquela coisa de novo assim. E aí acabou que tivemos uma longa conversa e decidimos retomar nossa relação, mas discretamente. Até porque eu tinha recém me separado, tinha meu filho no meio da história. E começou de novo.*

Projetos políticos e afetivos motivaram a volta de Flavio ao Brasil. Talvez a separação de Sonia tenha sido a gota d'água para que ele optasse por retornar imediatamente. Mas também não devemos desconsiderar a sua percepção de que a análise estava em processo de encerramento e o fato dele ter finalmente terminado o *mémoire*, o qual agora pretendia transformar em livro, talvez como uma forma de apresentação a uma parte da sociedade brasileira, e sobretudo gaúcha, que não conhecia a sua história. Em suas evocações, a associação desses elementos aparece com muita clareza: "Quando eu consigo escrever, eu sinto que deu, que eu podia voltar pro Brasil, e que a análise tinha cumprido já sua função. Isso é nítido assim" (entrevista 1).

De qualquer forma, como dissemos, em 22 de agosto de 1984 ele desembarcou em Porto Alegre, agora para ficar. Logo começou a trabalhar na publicação de seu estudo sobre as prisões argentinas.

O livro foi publicado pela Editora L&PM de Porto Alegre, fundada em 1974 por Paulo Almeida de Lima e Ivan Pinheiro Machado. Naquele período, a casa editorial se destacava por publicar obras que confrontavam a ditadura: seu primeiro lançamento trazia as tiras do personagem "Rango", criado pelo cartunista Edgar Vasques, que se tornara símbolo da resistência ao arbítrio do regime. Na mesma linha, em 1975, publicou o livro do político Paulo Brossard *É Hora de Mudar*, o que garantiu à editora projeção nacional. Para a publicação do trabalho de Flavio, poucas foram as mudanças concretas operadas na narrativa do *mémoire*, além, é claro, da tradução: "Tirei um pouquinho a forma de tese", afirmou ele em entrevista (entrevista 9). Algumas marcas de subjetividade que favoreceram a transmutação de um trabalho acadêmico em um livro de memórias já estavam presentes no texto original, como as anteriormente citadas cartas enviadas por Flavio a Norma durante o período de encarceramento, chamadas por ele de "documentos sentimentais", e o prefácio marcado pela subjetividade e pelo caráter militante. Outras mudanças foram acrescentadas depois, quando da publicação, como o novo título – *Pedaços de Morte no Coração*, muito mais estimulante para o grande público do que *Le système et le Contre Système Carceral pour les Prisonniers Politiques en Argentine* –, a epígrafe, retirada de uma canção popular argentina[12], as dedicatórias (ao pai e a Norma, "companheira destes anos") e os agradecimentos a Helena Hirata e Isabel Ribeiro ("pela ajuda decisiva para a elaboração deste trabalho") e a Sonia Pilla Vares e Marco Amaral ("que me auxiliaram na organização destes originais"). Nos créditos, Sonia aparece como revisora.

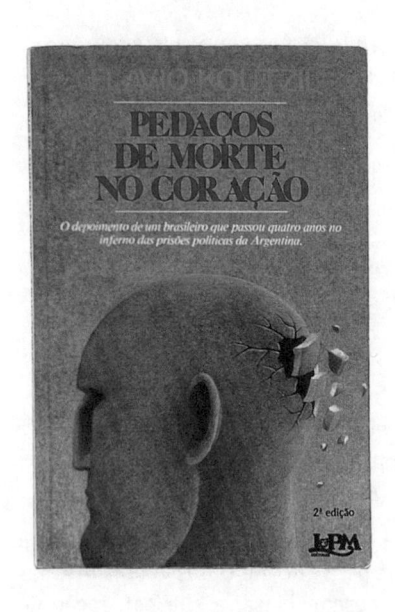

Certas inserções editoriais também contribuíram para reconfigurar o texto como escrita da memória, como o subtítulo – *O Depoimento de um Brasileiro que Passou Quatro Anos no Inferno das Prisões Políticas da Argentina* –, os textos da contracapa e da orelha – "antes de ser uma interpretação política ou sociológica da repressão, PEDAÇOS DE MORTE NO CORAÇÃO é a grave denúncia do terrível sistema de deterioração psicológica empregado nas prisões na época da ditadura" – e a própria capa, com uma ilustração do desenhista Caulos mostrando a cabeça de um homem cuja calota craniana se esfacela, representação da destruição psicológica e física operada pelas ditaduras de segurança nacional na América Latina.

Desde sua saída da prisão, Flavio foi considerado uma testemunha autorizada a falar sobre os horrores perpetrados por esses regimes ditatoriais, em especial aqueles implantados no Brasil em 1964 e na Argentina em 1976, e das lutas movidas contra eles. Afinal, nosso personagem havia estado lá, visto, ouvido e sentido na pele o arbítrio – uma testemunha conforme um dos sentidos latinos do termo, o de *superstes*: "[...] aquele que viveu algo, atravessou até o final um evento e pode, portanto, dar testemunho disso" (Agamben, 2008, p. 27). O lançamento do livro reforçou esse seu lugar autorizado de fala. Na ocasião, o escritor Moacyr Scliar, que conhecia desde a infância a família Koutzii, escreveu na seção "Mais livros" do jornal *Zero Hora*:

> *O período pós-repressão na América Latina está dando alguns depoimentos de valor, e, entre eles, deve-se colocar, com destaque, **Pedaços de Morte no Coração**, de Flavio Koutzii, que a L&PM lançou há poucos dias, por coincidência precedendo as eleições no Uruguai. É impossível não se comover com o relato que o Flavio faz da sua vida nas prisões argentinas, ainda que ele tenha optado por um relato sóbrio, desapaixonado, em sua preocupação de analisar os mecanismos*

que a repressão põe em jogo para destruir, não apenas fisicamente, mas sobretudo espiritualmente, suas vítimas. É um livro que não pode deixar de ser lido, principalmente pelos jovens, que devem ter estas imagens bem presentes, para não deixarem que isto aconteça de novo (Zero Hora. Porto Alegre, 09/12/1984, p. 3 (Revista ZH). Grifo no original).

Na avaliação de Scliar percebemos, mais uma vez, a dupla posição do livro de Flavio: por um lado, texto analítico, sóbrio e distanciado; por outro, relato inevitavelmente comovedor. Além disso, a obra é posicionada na chave da história magistra, capaz de iluminar, pelo conhecimento do passado, o presente (o período pós-repressão na América Latina e, especificamente, as primeiras eleições democráticas no Uruguai após a implantação da ditadura em 1973) e o futuro (responsabilizando os jovens pela não repetição dessas experiências traumáticas).

Por ocasião do lançamento de Pedaços..., Flavio concedeu uma entrevista ao *Em Tempo* onde reafirmou essa tensão entre distanciamento e vivência pessoal:

> Travei uma batalha incansável para penetrar, recolher, dominar, tornar-me senhor de minha própria experiência. No livro, através de um esforço deliberado de distanciamento, procuro escrever e analisar este universo, a lógica do sistema de aniquilamento montado nos cárceres argentinos. Um universo empapado de minha subjetividade que se percebe através da própria identificação de cada um de seus aspectos.
>
> E não poderia ter conseguido descrevê-lo e analisá-lo sem ter vivido a intensidade de seus efeitos. E, de certa forma, o conjunto dos presos tinha uma compreensão, mesmo que empírica, deste 'engenho de destruição'.

Mais adiante, também reforçou o papel iluminador do trabalho no sentido de possibilitar a compreensão e, no limite, a mudança do presente e, por consequência, do futuro:

> Eu acho que este livro não é prisioneiro de sua história. A sua história não terminou. A construção de um modelo carcerário estabelecido para aniquilar em vida o prisioneiro político será cada vez mais utilizada e sempre quando o movimento social que as forças reacionárias procuram calar desenvolver uma grande densidade e enraizamento nacional. O fenômeno dos nossos tempos, dos novos tempos da repressão é que a prisão já não é mais o lugar para onde se isola e neutraliza o inimigo, mas é o lugar no qual se encerra o prisioneiro para destruí--lo. A prisão política é hoje concebida ativamente. Hoje, inclusive em vários países capitalistas desenvolvidos, existem sistemas carcerários que desenvolvem esta concepção como as superprisões italianas, as

prisões alemãs e as prisões inglesas da Irlanda do Norte (*Em Tempo*, 13 a 26 de dezembro de 1984).

Penso que seu livro tem esse poder de "destemporalizar-se", de se tornar instrumento ético-político para pensarmos outros momentos, inclusive o atual, no sentido de compreendermos as sofisticadas maquinarias repressivas que, mesmo em contextos formalmente democráticos, buscam aniquilar os movimentos sociais que se contrapõem às forças reacionárias. Flavio, ele mesmo, enquanto indivíduo, também encarna esse poder iluminador, não como lição a ser repetida, mas como força que nos ajuda a pensar o presente e construir alternativas de futuro. Não é à toa que, depois de voltar ao Brasil, e até hoje, concede inúmeras entrevistas, escreve textos, participa de eventos e comemorações alusivas, por exemplo, aos aniversários "redondos" do golpe de 1964 e dos movimentos político-culturais ocorridos em 1968, dos quais foi uma figura de destaque. Em suas narrativas públicas, caminha sobre o fio da navalha que separa o discurso autorreferencial e o relato sobre as virtualidades e tragédias do(s) presente(s) que analisa. Não é o momento aqui de perscrutar essas diversas intervenções, sempre muito lúcidas e capazes de aliar (auto) crítica e valorização de uma tradição de inconformismo e rebeldia. Destaco simplesmente o quanto as suas ideias soavam perigosas às forças repressivas ditatoriais que, mesmo com o fim formal da ditadura, em 1985, continuavam muito ativas, como mostra um informe confidencial do Ministério da Aeronáutica – V Comando Aéreo Nacional, datado de 3 de dezembro de 1985, que contém um relato detalhado do Fórum de Debates sobre "Tortura Nunca mais", promovido pela Comissão de Direitos Humanos do Sindicato dos Psicólogos no Estado do Rio Grande do Sul em 29 de novembro do mesmo ano. O evento contou com a participação de 20 pessoas, "a maioria não identificadas", e teve como debatedores Flavio, que substituiu o psicanalista Alduizio Moreira de Souza, e o militante dos direitos humanos Jair Krischke. Sua realização se deu no contexto do forte impacto causado pela publicação do livro *Brasil: Nunca Mais*, que tornou pública uma parte significativa das graves violações de direitos humanos cometidas pela ditadura brasileira. Permito-me citar um trecho longo da fala de Flavio, mediada, é claro, pela escrita de um espião infiltrado, a qual evidencia a sua capacidade de colocar-se politicamente no mundo, ainda que falando de seu exemplo pessoal. Sua "fala" é citável porque nos ajuda a entender o que significou a tortura para aqueles que a sofreram:

> *Segundo FLAVIO KOUTZII, falar de torturas é muito difícil, uma vez que ele próprio foi vítima da repressão e sentiu na carne o que é tortura. Na opinião do nominado, a tortura significa a destruição espiritual do ser humano. A modernização dos métodos de tortura, nas novas prisões, se desenvolve no sentido da ação sobre o indivíduo desagregando sua personalidade, dividindo o seu ser, reduzindo um ser a nada. Houve uma época em que a esquerda brasileira reduziu a discussão da tortura a uma simples questão de mal-entendido sobre a*

época e as lutas. Isto ocorreu porque realmente a esquerda analisou errado a conjuntura em 68 e achou que era o momento para uma investida revolucionária, acabando destruída, pois tudo aconteceu bem o contrário. A classe média, que parecia estar em profunda crise, deu um salto triplo em qualidade com o milagre econômico e o regime estava bem preparado para responder repressivamente... e a esquerda foi dizimada. No período seguinte, haveria por parte da esquerda uma má abordagem do tema tortura, pois parecia proibido falar-se nela. Ia-se a um debate sobre tortura e, chegando lá, via-se o absurdo de, em vez de haver denúncias e o reconhecimento do fato, as pessoas começavam a discutir a figura do torturador, seu aspecto psicanalítico... A tortura é a desorganização da identidade do ser humano. Isto ocorre devido à violência empregada contra o torturado. A iminência da morte, uma constante, a ação inteligente juntamente com a perda da noção real do tempo, a incomunicabilidade, isto tudo provoca ilusões e imagens, fazendo com que o inconsciente do indivíduo torne-se concreto. A autodefesa do indivíduo aparece de diversas formas: desde a fuga da realidade, uma vez que o sonho do torturado é a fuga do seu corpo, pelo delírio.

A tortura, por tudo isto, é a experiência-limite do ser humano. É através dela que o ser desce até os últimos recantos do seu ser. Contou que, dias antes de ser preso pela repressão, havia feito um contato com um companheiro em LA PLATA/ARGENTINA, visto a casa deste e fornecido-lhe uma pistola para que este pudesse se defender no caso de uma investida da repressão.

Três dias depois, o palestrante foi preso pela repressão e, mais tarde, como fruto da tortura, teve sua primeira alucinação. Em seu delírio, ouvia, nitidamente, a voz de JUAN e dos repressores, dizendo que o iriam fuzilar porque ele havia matado um policial por ocasião de sua prisão. Mais tarde, plenamente crente que JUAN estava morto bem como outros companheiros que ele julgava ter ouvido estar junto de JUAN para ser fuzilado, confessou, sob tortura, coisas, nas quais acusava JUAN de as ter praticado, uma vez que era uma norma atribuir aos mortos a culpa de certos fatos.

Disse, ainda, que sua experiência com a tortura foi tão grande que saiu do cárcere, mas continuou procurando o seu próprio cárcere... só que em PARIS, onde se encontrava. Em PARIS, durante quatro anos fez análise, diariamente, e não conseguia escrever ou falar sobre o assunto. Salientou que a venda do livro BRASIL: NUNCA MAIS é um fato social, pois antigamente não se falava e pouco se lia sobre tortura. Hoje, este livro, mesmo incompleto, vendeu um número expressivo de exemplares.

[...]

FLAVIO KOUTZII retomou a palavra, acrescentando que, quando esteve exilado na França, estudou Sociologia, tendo, ao término do curso, apresentado tese sobre "O SISTEMA E O CONTRASSISTEMA CARCERÁRIO ARGENTINO". Destacou que, na Argentina, o método empregado é o isolamento do indivíduo; no URUGUAI, por exemplo, nas prisões das mulheres, juntam-se, numa mesma cela, 4 companheiras: 3 combativas e 1 completamente destruída. Numa psicologia profundamente ativa, conseguem, através desta última, destruir as demais.

[...]

FLAVIO KOUTZII alertou que a esquerda brasileira errou gravemente em 68, identificando certos aspectos sociais como uma grande crise social que afetaria a classe média e resolveu deflagrar uma revolução. Hoje, estará cometendo o mesmo erro se identificar certos aspectos sociais como indicadores de um processo revolucionário desencadeado e irreversível, uma vez que os planos econômicos de DELFIM NETO começam, hoje, a ativar a máquina econômica nacional, de modo que a Economia está crescendo há 20 meses e o crescimento econômico é de 7% ao mês. Novamente, corre-se o risco de se interpretar errado a impossibilidade de transferir recursos e a desigualdade social.

Por outro lado, não se deve temer a possibilidade de se ocupar espaços democráticos que se abrem para dizer ao povo seus direitos e construir a consciência de nosso povo.

Com relação ao militante político, o nominado lembrou que, em geral, o mesmo tende, por uma necessidade de autodefesa, considerar-se um super-homem. Nega, para si mesmo, a possibilidade, num primeiro momento, de ser atingido pela repressão. Este condicionamento lhe dá forças para dar continuidade no seu trabalho político. Todavia, passado algum tempo, o militante começa a julgar demasiadamente demorada a ação da repressão e que esta deve pegá-lo a qualquer momento. A seguir, começa a esperar o ataque da repressão a todo momento. Esta situação vai num crescendo, até se transformar numa verdadeira paranoia. Tudo isto corrobora as consequências da repressão psicológica que, normalmente, tende a culminar com a desintegração do ser.

Havia e há, por parte dos militantes, uma tendência a se considerarem super-homens. Está claro que não o são. Eles apenas agem de maneira diferente, tanto nas suas defesas quanto no escape de seus próprios corpos. Aquele cara que foi torturado e não falou assim agiu porque, provavelmente, teve uma outra forma de fugir do seu corpo. Cada ser tem seu próprio complexo âmago e descer ao mais recôndito do seu íntimo é uma experiência pessoal e inimitável, finalizou ele (Ministério da Aeronáutica – V Comando Áreo Nacional – Informe n° 270/85/A-2/V COMAR).

Mais uma vez, Flavio procurava interpretar suas experiências pessoais inserindo-as em um universo social mais amplo e em um momento histórico específico, buscando ainda utilizá-las como chave para pensar e agir sobre o contexto em que vivia. De forma sintética, podemos dizer que, mesmo narrando fatos e sensações relacionados ao seu "recôndito mais íntimo", ele o fazia de modo a politizar o vivido, acionando-o para intervir nas disputas travadas no espaço público.

No âmbito especificamente partidário, sua trajetória pregressa na luta armada e na prisão conferiu-lhe um capital simbólico específico que contribuiu para a construção de um espaço singular de atuação e visibilidade junto aos demais militantes do PT. Em suas palavras, "[...] a partir da minha volta eu me integro ao partido, às suas tarefas, mas fica uma coisa um pouquinho mítica". E ainda: "[...] eu era um personagem, digamos, entre aspas, com uma história meio atípica, meio romântica, meio isso, meio aquilo" (entrevista 1). Nesse sentido, ainda de acordo com ele, o livro que escreveu, ao apresentar sua história para um público mais amplo, facilitou a sua reinserção no meio político brasileiro: "O livro tinha sido publicado em novembro de 84, são três mil exemplares, praticamente em um ano foi todo vendido. Então o livro funciona como uma espécie de passaporte de reencontro meu com tanta gente, as pessoas liam, entendiam melhor, embora não seja um livro pessoal" (entrevista 1).

Em entrevista para esta pesquisa, nosso personagem evocou, emocionado, a ocasião em que foi efetivamente acolhido no PT:

> [...] me lembro de uma coisa absolutamente extraordinária. Em 85 tem uma convenção do PT, é ali que começo a entrar pra dentro das informações das coisas. E nessa convenção do PT o debate era sustentado por determinados setores que defendiam que deveríamos fazer uma aliança com o [Alceu] Collares, uma posição lúcida. E uma outra parte do Partido que dizia: "Não, devemos ter candidato próprio". Esse foi o debate. E, bom, aí minha reentrada pública é nessa convenção, algo absolutamente comovedor pra mim, quando eu vou fazer uma intervenção lá pelas tantas, e minha posição era por um candidato próprio. Um cara que tinha saído da cadeia tá achando o que desse troço de aliança [risos]. Eu ainda era meio parecido com o que eu era antigamente. Aí eu vou fazer uma intervenção e tem uma coisa assim: era aqui na Assembleia [Legislativa], tava lotadésima, e pô, me levanto e todo mundo, um aplauso, uma coisa, antes de eu falar, já me engasguei todo. Muito comovente, muito, uma coisa bacana de ter vivido. E aí, bom, eu intervenho e defendo a candidatura, e me lembro que, bom, eu sou um orador às vezes interessante assim [ironizando]. Mas eu tava também motivado. Eu sei que, bem, foi uma intervenção legal, porque ela tinha uma certa coisa de alguém que não vinha das mesmas circunstâncias que tinham forjado aquele grupo nos últimos quatro anos. Mas foi uma acolhida muito especial (entrevista 1).

Na fala, Flavio reforça sua singularidade, por sua própria trajetória e por sua distância do Brasil durante tantos anos, diante do conjunto mais amplo da militância petista, o que, junto a outros predicados, como a oratória, colaborou para o seu destaque no Partido e para uma acolhida "especial" no seio da agremiação. Não é à toa que, logo no ano seguinte, foi indicado como candidato do Partido ao Senado. Sobre esse fato, ele afirmou em texto de caráter memorialístico: "[...] fui candidato ao Senado pelo PT quando o partido ainda era frágil. Enfim, os caras do interior achavam que eu era meio esquisito. Pra mim, foi genial ter percorrido o Rio Grande do Sul, o que significou um certo reencontro" (Koutzii, 2009, p. 121). Em uma entrevista, ele evocou, divertidamente, a sua dificuldade de comunicação naquele momento: "[...] meu português em 86 era uma mescla das palavras mais interessantes que eu achava que expressava melhor em espanhol, quer dizer, nem era português, ou um galicismo, entende? Era uma mistura danada. E já ninguém entendia muito bem o que eu falava, então imagina fazendo uma triconfusão assim!" (entrevista 1).

Nessa mesma entrevista, fez questão de afirmar a sua independência em relação às tendências que constituíam o PT, sobretudo a Democracia Socialista (DS), com a qual, inclusive, tinha muitas afinidades ideológicas (o trotskismo), organizacionais (a ligação com a Quarta) e afetivas (pois alguns de seus amigos, como Raul Pont, militavam neste grupo):

> Então, em 86 eu era apoiado pelo pessoal da DS, mas eu nunca fui da DS. Eles diziam: "Bom, o cara foi da Quarta, simpatiza com as nossas posições...", e marcava né? Tinha um pouco essa ideia. [...] tínhamos muitas posições em comum, isso era verdade, posso reforçar [...]. [...] eu não sou contra a DS, eu só explico pra notar como deve ter sido intensa essa identificação nos primeiros anos, só por isso.
>
> **Entrevistador** – *O senhor tinha uma posição independente então?*
>
> Absolutamente independente, e tinha razões muito profundas para sê-lo. Certamente eu contei a longa história de derrotas e balanços. Então eu tinha tido muitos chefes já. Todos tinham certeza do que estavam fazendo e deu no que deu. Então eu resolvi ser mais reflexivo e mais: queria ficar mais livre pra julgar as situações, por isso e coisas simples, mas não tem bronca (entrevista 1).

Com essa forma de atuação, Flavio elegeu-se vereador em 1988. Dois anos depois, se tornou deputado estadual. Entre 1999 e 2003, foi chefe da Casa Civil do governador do Estado Olívio Dutra. No ano de 2006, quando estava em seu quarto mandato consecutivo na Assembleia Legislativa gaúcha, sempre com votações expressivas, anunciou sua desistência de concorrer a mais uma legislatura, revelando aos meios de comunicação sua decepção com os rumos tomados pelo PT. Suas palavras na ocasião, vistas do presente, é claro, soam proféticas:

CAMPANHA VITORIOSA
Flavio um pouco antes de ser eleito vereador, em 1988, entre o futuro prefeito Olívio Dutra e seu vice Tarso Genro (foto de Luiz Eduardo Achutti, APFK).

Sofremos uma grande derrota. Chegamos ao governo e produzimos decisões políticas e traições programáticas que agora chamamos de erros. Mas errar é tentar achar um caminho. O que ocorreu foram escolhas que resultaram num acontecimento histórico brutalmente trágico. [...] trata-se da reiteração do uso de métodos pelos quais os fins justificam os meios. Mas temos de saber que os meios alteram os fins. A vitória e as dificuldades eram tão grandes que algumas estratégias e a forma de garantir a maioria no Congresso determinaram a produção de métodos inaceitáveis. Podem me explicar cem vezes essa racionalidade política, mas não vou aceitar (Zero Hora, Porto Alegre, 15/03/2006).

Em 2011, tornou-se assessor especial do governador Tarso Genro, mas ficou no cargo por pouco tempo. Optou, com grandes custos emocionais, por permanecer nos bastidores, com autonomia para expressar posições pelas quais sempre lutou. Hoje, diante do golpe perpetrado contra a democracia brasileira, tem, em seus pronunciamentos públicos, retomado uma postura que, como vimos, foi por ele defendida em vários momentos de sua trajetória política: a necessidade de uma reavaliação da esquerda:

[...] *o futuro do campo progressista dependerá disto: da capacidade de autocrítica, de controlar as clássicas pretensões hegemônicas e entender a potência dos movimentos de rebeldia que estão postos por diferentes protagonistas e com diferentes eixos. E, com isso, construir uma frente mais ampla daqueles que, efetivamente, estão hoje muito mais sensíveis à necessidade de resistir a tudo que está acontecendo*[13].

Nessa entrevista, marcada pela melancolia de quem mais uma vez vive o presente como derrota, sobra espaço, contudo, para pensar o futuro, desde que, como é uma marca do pensamento de Flavio, a partir de uma compreensão profunda da história: "Está embutido nos próximos tempos o desafio de entender bem o que aconteceu, por que aconteceu e, tendo acontecido, como está o terreno e o tecido da sociedade brasileira para encontrar os caminhos a seguir e a reconstruir"[14].

Infelizmente, não temos espaço e tempo para analisar com a profundidade devida os percursos de Flavio na política institucional, nem suas reflexões argutas e inteligentes sobre diversos aspectos da sociedade brasileira. Este seria um bom tema para outro livro, já que o que aqui se encerra se mostra exagerado em seu volume. O importante, por enquanto, é marcar que a volta do personagem ao Brasil foi motivada por novos projetos políticos e pessoais, delineados a partir de um novo campo de possibilidades aberto pela democratização do país. Projetos esses traçados igualmente com base nas experiências vivenciadas por ele ao longo de sua militância, as quais lhe permitiram reinventar-se sem deixar de ser "meio parecido" com o que havia sido antigamente.

"NÃO É FÁCIL esse negócio de reencontrar-se com a sua terra", afirmou Flavio em 2009 (p. 121). Mais de trinta anos antes, ele escreveu, em poesia intitulada *Exílio*, os seguintes versos:

*O exílio acaba
quando se volta
(quatorze anos depois)
e as coisas mudaram tanto
e as ruas não são as mesmas
nem os gostos, nem os cheiros
e as pessoas, principalmente elas,
estão
quatorze anos mais velhas,
quatorze anos mais diferentes.
Mas pouco a pouco a superfície
enganosa das rugas*

se dissipa nos reencontros
nos carinhos
nos diálogos surpreendentes
(como se tivéssemos ido embora ontem,
apenas para uma viagem imprevista).
Quando dizem que não te esqueceram.
Contam que sentiram tua falta
que temeram por tua vida
que fizeram coisas por ti
que lembraram do que fizeste
que imaginaram coisas terríveis
que te abraçam e beijam
na repetição cálida dos reencontros.
Aí tu sabes finalmente
e com certeza
que estás em casa
entre os teus
na tua Porto Alegre.
E descobres, deslumbrado,
que nunca tinhas ido embora (Koutzii, 1984, p. 157-158).

Mudança e permanência, tudo mudou e nada mudou, uma outra cidade e a mesma Porto Alegre. Na poesia, Flavio expressa sentimentos oscilantes em relação à volta do exílio, descritos inicialmente como ancorados em um profundo estranhamento e, com o passar do tempo, e em função da atitude acolhedora das pessoas, transformados em reconhecimento, em um retorno que não se dá apenas no espaço, mas também no tempo, a um lugar que, para além da aparências, não mudou. Ele reconhece que nem todos os exilados viveram esse processo de reencontro: "Conheço muitas pessoas para quem ficou muito difícil depois. Até profissionalmente" (Koutzii, 2009, p. 121)[15]. No seu caso, a estadia na França parece ter sido fundamental para uma reintegração mais plena. Na bagagem ele trouxe pouca coisa: roupas (que, dizem seus próximos, ele muito aprecia); alguns aparelhos domésticos; gravuras, cartazes e esculturas de madeira; duas garrafas de vinho (provavelmente para dar de presente, já que ele não toma álcool) e seis caixas de chá; discos, cassetes e livros; e um medidor de pressão, necessário ao controle de sua saúde, sobretudo depois das agruras passadas na prisão. Não era muita coisa para quem ficou quatorze anos fora. A vida clandestina não permitia acumular. A prisão restringia ainda mais o "estojo de identidade". Provavelmente se tratavam de objetos adquiridos em Paris.

Mas, para além dos objetos materiais, Flavio trouxe na bagagem o resultado de um longo trabalho de reconstrução pessoal, concretizado na análise e na escrita de seu *mémoire*, que lhe permitiu elaborar as derrotas e as violências sofridas, ainda que, inevitavelmente, carregando para sempre "pedaços de morte no coração". Carregou consigo também uma reconfiguração política, uma nova perspectiva de atuação no espaço público brasileiro após a redemocratização do país, encarnada no Partido dos Trabalhadores, que então dava seus primeiros passos. E também a vontade de reencontrar as pessoas que amava, em especial Sonia, amor de adolescência que cada vez mais se tornava o amor da vida. Sua mala, na verdade, estava repleta de projetos individuais e coletivos, políticos e afetivos, a serem implementados em novos campos de possibilidades. Era hora de voltar.

RECONSTRUÇÃO PESSOAL
Com Sonia, o amor de sua vida (APFK).

Capítulo 5   503

NOTAS Capítulo 5

1. http://www2.fpa.org.br/o-que-fazemos/memoria-e-historia/exposicoes-virtuais/flavio-koutzii-depoimento Consultado em 21/01/2016.

2. Para essa discussão, ver, entre muitos outros: Huyssen, 2000.

3. Segundo Maria Paula Araujo, o *Em Tempo* foi lançado no final de 1977, "[...] expressão de uma frente de organizações que tinham em comum, de um lado, a crítica *ao reformismo* (entendido como sinônimo do PCB) e o pertencimento à *esquerda revolucionária*; e, de outro, o objetivo de lutar pelas liberdades democráticas e contra a ditadura militar numa perspectiva revolucionária e socialista". Portanto, tratava-se de uma visão bastante adequada à trajetória de Flavio e possivelmente aos projetos políticos que ele, agora em liberdade, traçava. Não esqueçamos ainda que a campanha em favor de sua libertação foi encampada pelo periódico, o que favorecia aproximações e simpatias. Ainda segundo a historiadora, "participavam do *Em Tempo*: militantes do MR-8, da APML, do MEP e grupos de inspiração trotskista como Centelha, de Belo Horizonte, e Nova Proposta, do Rio Grande do Sul". Esses dois últimos "beneficiaram-se do jornal como um espaço de articulação nacional e terminaram por se juntar, criando uma nova organização, a Democracia Socialista (DS)", que posteriormente estará na base da fundação do PT, constituindo até hoje uma de suas tendências (Araujo, 2000, p. 147-148, itálicos no original).

4. Segundo Alcyr Pécora (2001, p. 81), tal "lugar humilde" remete à tradição retórica clássica, e pode ser entendido como "modéstia afetada", a qual "constitui um importante recurso dentre aqueles que visam a *captatio benevolente*, isto é, o processo de conquista da atenção e boa vontade do interlocutor para aquilo que se vai formular em seguida".

5. Inspiro-me aqui em Levi, 1990, p. 46.

6. *Sul21*, Porto Alegre, 07/04/2014. http://www.sul21.com.br/jornal/flavio-koutzii-o-que-a-nossa-geracao-produziu-a-repressao-nao-tinha-como-destruir/ Acesso em 20/07/2016.

7. Conforme Agamben (2008, p. 25), referindo-se aos campos nazistas, "no campo, uma das razões que podem impelir um deportado a sobreviver consiste em tornar-se uma testemunha". E ressalva: "Certamente nem todos, ou melhor, só uma parte ínfima dos detidos invoca para si mesma essa razão".

8. Flavio, titular de um certificado de refugiado emitido pelo Escritório Francês de Proteção aos Refugiados e Apátridas (OFPRA) em 19/06/1979, com duração de três anos, recebeu, no dia 4 de julho de 1980, do Serviço de Mão de Obra Estrangeira da Direção Departamental do Trabalho e Emprego de Paris, um atestado dispensando-o de autorização para exercer na França qualquer atividade profissional assalariada de sua escolha.

9. Nessa parte, a única referência direta feita por Flavio é ao testemunho de Maria Claudia Massa intitulado *A Vida Cotidiana em Villa Devoto*, publicado na revista *Amérique Latine*, n° 4, maio de 1978, p. 25.

10. Aqui a referência é o livro de Duhalde, 1983, "um excelente (e dramático) trabalho sobre o tema", e "o recente relatório final da Comissão Nacional dos Desaparecidos", considerado por Flavio como "um documento histórico e irrefutável" (Koutzii, 1984, p. 127).

11. Nesse mesmo acervo, encontramos documentos referentes às atividades de Flavio realizadas até, pelo menos, 1985.

12. Seus versos dizem: *Tantas veces me mataron / Tantas veces me morí / Sin embargo estoy aqui, resucitado / Gracias doy a la desgracia / Y a la mano con puñal / Porque me mato tan mal [...] Tantas veces me borraron / Tantas desaparecí / A mi próprio entierro fui, / Solo y llorando / Hice un nudo en el pañuelo / Pero me olvide después / Que no era la unica vez*.

13. *IHU On-Line*, 01-09-2016. https://cronicasdosul.com/2016/09/06/nascerao-das-politicas-que-a-direita-faz-as-razoes-mais-profundas-para-ser-de-esquerda-entrevista-especial-com-flavio-koutzii/ Acesso em 24/09/2016.

14. Idem.

15. Flavio, ao fazer essa afirmação, provavelmente tinha na mente a trajetória do amigo Celso Castro, que, após o exílio, não conseguiu se reintegrar à "vida normal" e acabou falecendo tragicamente em 1984, poucos meses depois da volta do primeiro ao Brasil. A trajetória de Celso foi narrada por sua filha Flávia no filme *Diário de Uma Busca* (2011). Ver relatos referentes às dificuldades no retorno dos exilados em Rollemberg, 1999.

ALGUMAS PALAVRAS FINAIS

> *Tem o pau de arara material e o pau de arara espiritual. O sujeito da punição provisória e ilegal, como era lá também, ele não sabe quando aquilo termina. A agonia permanece todo o tempo e isso, obviamente, fragiliza de tal maneira o indivíduo, seja ele um corrupto ou corruptor, um ricaço ou não. A humanidade de cada um fica colocada na mesma condição. As diferenças sociais e materiais se unificam do ponto de vista do sofrimento e das circunstâncias que o cercam.*[1]

O TRECHO acima é de uma entrevista de Flavio Koutzii concedida ao jornal *Sul21* em maio de 2017. Como em várias de nossas conversas, ele comparou o passado e o presente, construiu analogias, apontou semelhanças entre contextos diversos. O assunto era a conjuntura política brasileira, quase nove meses depois da confirmação pelo Senado do golpe que derrubou a presidenta Dilma Rousseff. Mais especificamente, Flavio, ao dizer aquelas palavras, tratava das prisões arbitrárias ordenadas por membros do Poder Judiciário para obter "delações premiadas" voltadas, sobretudo, a criminalizar integrantes do PT, responsabilizando-os pela crise moral e econômica vivida pelo país. Sua experiência nos cárceres argentinos – o "lá" da citação – o qualifica para entender a fragilização provocada pelas prisões provisórias e ilegais, sem previsão de término. A metáfora do "pau de arara espiritual" me fez lembrar as "grades invisíveis" mencionadas em seu livro *Pedaços de Morte no Coração*. Imagens fortes e potentes, evocadoras de "tempos sombrios" diversos, nos quais, como afirma Hannah Arendt (2003, p. 8), a luz do espaço público "se extingue por 'fossos de credibilidade' e 'governos invisíveis', pelo discurso que não revela o que é, mas o varre para sob o tapete, com exortações, morais ou não, que, sob o pretexto de sustentar antigas verdades, degradam toda a verdade a uma trivialidade sem sentido". Flavio se vale das sombras do passado para iluminar o presente. Dá sentido vital à banalização do mal que baliza o quotidiano da política e das relações sociais no Brasil atual. Mostra como o sofrimento das prisões que não seguem as normas do Estado Democrático de Direito iguala e humaniza suas vítimas, destrói barreiras sociais.

Aprendemos a duras penas que a história não nos dá lições, que as catástrofes do passado não evitam as do presente, que os "modelos" pretéritos são inimitáveis. A ideia de "história mestra da vida" soa como uma relíquia a ser estudada, mas não considerada seriamente como proposta de ação. Da mesma maneira, é difícil acreditarmos no progresso, no avanço inexorável da perfectibilidade humana, na possibilidade de prever o amanhã. Nós, historiadores e historiadoras, encerrados nas balizas do presentismo, encontramos dificuldade em justificar a legitimidade do conhecimento por nós produzido a partir das noções de ensinamento e de prognóstico. Flavio Koutzii me ajudou a romper esse circuito paralisante.

Aprendi com Flavio e com sua história. Discuti com ele não apenas sobre suas vivências, mas também a respeito de como compreender, explicar e narrar essas vivências. Tornei-me mais consciente dos limites incontornáveis do ofício que pratico. Percebi com agudeza que, por mais responsável e metodologicamente orientada que seja a minha pesquisa, eu posso me distanciar completamente da realidade experimentada pelo meu personagem e ouvir, dele e de outras testemunhas, um "não foi bem assim". Tive, pois, lições valiosas a respeito da História nos dois sentidos do termo: o de acontecido e o de conhecimento sobre o acontecido, e sou muito grato a Flavio por isso. A base para esse aprendizado foi o diálogo franco e respeitoso, por vezes tenso é verdade, mas, sobretudo, ancorado em um forte desejo de fazer jus à complexidade do vivido. Nem biografia "definitiva", nem biografia "chapa branca", nem biografia disposta a violar todos os segredos, doa a quem doer, de modo a expor o personagem como um troféu para saciar o voyeurismo dos leitores; apenas uma biografia possível de um homem que viveu (e vive) com intensidade as possibilidades e limites do(s) seu(s) tempo(s).

Insisto: não acredito nas virtudes "pedagógicas" da biografia e da História na chave plutarqueana do "espelho no qual devemos nos mirar". Porém, não desdenho das virtudes éticas que esses gêneros podem inspirar. Assim – e voltando ainda uma vez à epígrafe deste livro –, tenho esperança de que a vida de Flavio possa trazer alguma luz ao presente, ajudando a quem se disponha a conhecê-la a traçar projetos mais condizentes com a liberdade e a democracia, a distinguir, diante da inflação da memória que marca a nossa época, entre "passados usáveis" e "passados dispensáveis" (Huyssen, 2000, p. 37). Se "luz de uma vela" ou "sol resplandecente" cabe à posteridade dizer (Arendt, 2003, p. 9).

NA MESMA entrevista referida antes, Flavio ressaltou:

> Tem muita gente que acha que tudo isso vai passar e não ficará uma memória sobre como cada um se comportou neste período. Há uma diferença entre os que ficaram calados porque estavam de acordo, os que ficaram calados por uma certa impotência e os poucos corajosos

que tiveram a capacidade de se manifestar criticamente ao que está acontecendo, a partir da instituição a qual pertencem. A documentação, a imagem, a fala, em cada circunstância destas, serão um arquivo impossível de destruir e de tergiversar.

Desejo que este livro seja parte do arquivo capaz de documentar os comportamentos de homens e mulheres que se manifestaram com coragem contra os tempos sombrios vividos na América Latina nas décadas de 1960 e 1970, e que seguem se manifestando nos dias de hoje.

---

1   Entrevista de Flavio Koutzii ao jornal *Sul21*. Porto Alegre, 23/05/2017. http://www.sul21.com.br/jornal/flavio-koutzii-em-64-tivemos-um-fleury-hoje-temos-um-fleury-de-toga/ Acesso em 19/06/2017.

Marco Nedeff

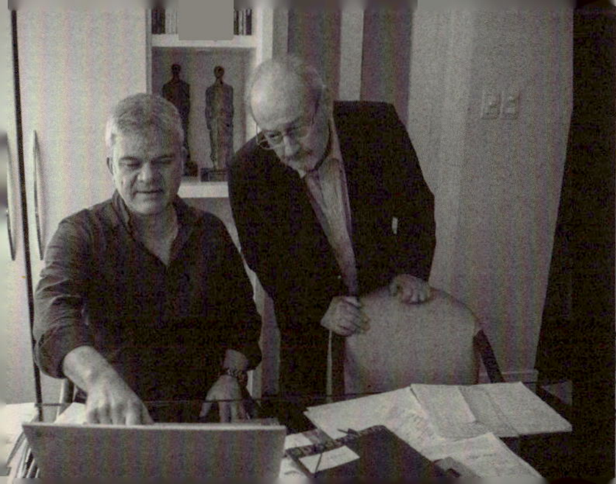

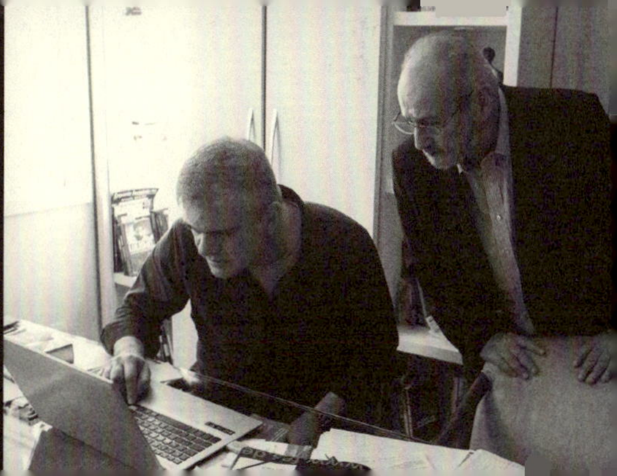

PEDAÇOS DE ESPERANÇA NO CORAÇÃO

GUILHERME CASSEL

EM MEADOS da década de 80, ocupávamos as ruas como quem experimenta a surpresa de uma paixão inesperada. Em cada um, a certeza de que era nossa a tarefa de construir o futuro e de que o PT era a ferramenta ideal para isso. Partido dos Trabalhadores: estrela, foice, martelo, flor e semente. Éramos muitos e vínhamos de todos os lugares, com as experiências mais diversas. Na memória – e nos ombros – trazíamos histórias recentes da militância clandestina, do trabalho sindical, da luta feminista e racial, da turbulência alegre e vitoriosa do movimento estudantil. Tínhamos cara e coragem. E, mais importante, leveza no coração.

Tínhamos também nossos heróis e nossas tumbas, parafraseando o Sábato[1]. Festejávamos o Betinho[2], o Gabeira[3], o Genoíno[4] e tantos outros que acabavam de voltar, sem nunca nos esquecer do Herzog[5], do Marighella[6] e de centenas de companheiros e companheiras que haviam sido assassinados pelo caminho.

Aqui no Rio Grande do Sul, há anos vínhamos nos preparando para abraçar o Flavio Koutzii. E o fizemos. E o fizemos como bons socialistas: orgulhosos do seu passado de lutas e confiantes no futuro a ser compartilhado. Nós, os mais jovens de então, estávamos ansiosos por conhecê-lo, escutá-lo, militar com ele. Sabíamos que estávamos ganhando um grande reforço e festejávamos essa conquista.

Aquele camarada de feições magras e maltratadas que exibíamos no cartaz em preto e branco com a legenda "Liberdade para Flavio Koutzii", agora estava com a gente; no Rio Grande do Sul, em Porto Alegre, no PT, no Bom Fim. Nossas madrugadas geladas, colando os cartazes pela cidade, com baldes de cola e garrafão de vinho nas mãos, haviam produzido resultado. Podem acreditar, existem abraços que compensam mil noites maldormidas.

Essa, porém, era uma época que não propiciava adaptações prolongadas. Havia muito a ser feito e, como dizem os Titãs, "tudo ao mesmo tempo agora"[7]. Talvez isso tenha sido a primeira coisa que o Koutzii compreendeu, pois, já nas primeiras semanas, ele transitava entre nós com a naturalidade dos militantes experimentados. Sabia ouvir e, de nossa parte, fomos percebendo que a fala que ele trazia não era a fala simplista dos crentes na doutrina, nem o discurso inflamado dos esquerdistas de plantão, pelo contrário, era uma fala sempre marcada pelo rigor analítico, pela originalidade na abordagem e, principalmente, por uma sensibilidade que é a marca daqueles que levaram a sério o conselho do Che; daqueles que se deixaram endurecer quando necessário, mas que não perderam a ternura jamais. E assim, sem nenhuma demora, ele se tornou um dos nossos e com o passar dos dias foi se tornando aquilo que hoje ainda é: um militante imprescindível.

Em 1988, tínhamos uma eleição municipal pela frente. Uma eleição que vencemos. Porto Alegre seria governada pelo PT. Olívio Dutra seria prefeito e Flavio Koutzii, vereador. Aliás, o vereador mais votado da bancada petista, depois de uma campanha absolutamente revolucionária para a época, que combinou uma linguagem gráfica inovadora com um discurso ao mesmo tempo lírico e consequente. Um dos panfletos mais comentados da campanha, provocava em letras garrafais: "Brasil, mostra a tua cara". No verso do panfleto, as ideias do Flavio apareciam transparentes, com uma linguagem direta, clara, mas, ao mesmo tempo, sublime. Programa e poesia pareciam caminhar de mãos dadas sem nenhuma dificuldade naqueles panfletos. Guevara e Cazuza agora estavam juntos nas caminhadas de campanha que fazíamos nas sextas-feiras pelas ruas do Centro, da Cidade Baixa e do Bom Fim.

Vencemos. Foi bonita a festa, mas os desafios que tínhamos pela frente eram imensos. Era chegada a hora de fazer, de realizar, e como ainda não havíamos feito, era hora de inventar o novo, de atuar na institucionalidade com a firmeza dos destemidos e a prudência dos ajuizados. Mãos à obra.

Éramos minoritários na Câmara de Vereadores, apesar de termos eleito onze vereadores e mais um aliado. Teríamos que enfrentar uma oposição furiosa, protegida pela grande imprensa e adulada pelos grandes empresários da cidade. Primeira - e sábia - decisão: o Koutzii não vai para o Governo, precisa ficar na Câmara. A conta era simples: o Flavio valia por muitos. Compensaria com qualidade a nossa desvantagem numérica. E assim foi. Começava ali a trajetória de um parlamentar brilhante, que nunca evitou o debate, por mais áspero que esse fosse, mas que sempre enfrentou todas as discussões com uma inteligência e uma honestidade intelectual que geraram respeito, senão admiração, entre todos os seus pares, por mais variado que fosse o espectro ideológico. Todos nós sabemos como são barulhentos e agitados esses ambientes das sessões legislativas, onde, geralmente, todos falam ao mesmo tempo e muito poucos escutam, mas quando o Flavio Koutzii subia à tribuna, imperava o silêncio, a atenção, a curiosidade para conhecer os seus argumentos e acompanhar a trajetória sempre original e densa do seu pensamento. Foi assim na Câmara de Vereadores e, mais tarde, na Assembleia Legislativa, onde cumpriu quatro mandatos. Sempre contou com o respeito dos adversários e a admiração e a confiança dos aliados.

Quando, em 1989, nosso governo enfrentou a máfia das empresas que controlavam o transporte coletivo em Porto Alegre, o conflito político ganhou intensidade máxima. Pela primeira vez na história da cidade, um governo municipal tinha a ousadia e a coragem de intervir em empresas privadas. Na Câmara de Vereadores, a oposição cerrou fileiras contra o governo, e então foi a vez de Koutzii mostrar que, para além de ser um parlamentar de discurso sofisticado, era também um vereador combativo, de imperturbável firmeza, arrojado nos argumentos e capaz de conduzir nossa bancada nos embates mais duros. Com ele à frente, lutamos e vencemos. Mais tarde também ganhamos a batalha pela Reforma Tributária ("Quem tem mais paga mais, quem tem menos paga menos") e, mais uma vez, foi o Koutzii o nosso melhor combatente.

Depois de dois anos como vereador, Flavio foi eleito deputado estadual. Assumiu a cadeira no início de 1991, ano em que o novo governo estadual patrocinou um furioso conflito na área da educação pública. Então, professores, funcionários de escolas e alunos foram surpreendidos com um aliado de rara grandeza. Da tribuna da Assembleia Legislativa, Koutzii foi a voz mais combativa e lúcida a favor do magistério e da educação pública. Suas falas e o material produzido pelo seu mandato tornaram-se armas poderosas na defesa do magistério. Nas massivas assembleias da categoria, seus panfletos eram aguardados com ansiedade. Neles, Flavio Koutzii atacava o governo com toda a virulência de que é capaz, mas também dialogava com cada professor e professora como um velho amigo. Seus textos carregavam um lirismo singular; misturavam raiva e afeto, compromisso e poesia, a dureza do cotidiano com a mais generosa das utopias.

APOIO ILUSTRE
Presença de Eduardo Galeano em uma de suas primeiras campanhas eleitorais
(Foto de Luiz Eduardo Achutti, APFK).

No final do ano, Koutzii recebeu o Prêmio Springer como destaque político. Tratava-se, sem dúvida, da premiação mais importante no ambiente político gaúcho. Na cerimônia de entrega dos troféus, proferiu um discurso intitulado *Assim Caminha a Humanidade*. Semanas mais tarde, esse discurso, impresso, apareceu colado nas paredes de centenas de salas de aula nas escolas do Rio Grande do Sul, afixado por professores ainda em luta, orgulhosos de seu maior aliado político. Aquilo que era para ser apenas um discurso feito em um evento festivo tornou-se matéria de discussão em sala de aula, organizou o debate e a reflexão de milhares de alunos sobre os impasses do mundo contemporâneo, os rumos do país e do Rio Grande e, em especial, sobre o papel da educação pública e a importância do magistério.

Dois anos mais tarde, em 1993, Koutzii surpreendeu o Rio Grande propondo e presidindo a CPI da Propina, que revelou uma enorme rede de corrupção no aparelho de Estado. Nesse episódio, mais uma vez a marca de um político sério, incapaz da autopromoção e da acusação gratuita. Depois de receber em seu gabinete uma denúncia gravíssima de um empresário, que provava só ser possível receber do Estado mediante pagamento de propina, Koutzii não partiu de imediato para a denúncia pública, como faziam e ainda hoje fazem os políticos mais interessados em se promover e chamar a atenção para os seus mandatos. Não. Contrariando todo um *modus operandi* da política tradicional, Flavio convidou todos os líderes partidários para uma reunião com o denunciante e compartilhou com eles a gravidade dos fatos. Escolheu fazer uma ação coletiva sólida e não um alarde carregado de personalismo. Horas depois da reunião, o requerimento para a instalação da CPI já tinha as assinaturas necessárias para sua aprovação.

Na presidência da CPI, mais uma demonstração de consistência e firmeza. Os temas tratados e trazidos pelas testemunhas, na maioria das vezes, navegavam pelo terreno do escândalo, quando não pelo bizarro. Um político tradicional seria facilmente atraído pelas luzes da fama e transformaria a CPI em uma espécie de circo. Koutzii fez o contrário: optou pela sobriedade e realizou um trabalho de extraordinário esmero técnico, que, ao final, além de uma extensa documentação comprobatória dos delitos, encaminhada ao Tribunal de Contas e ao Ministério Público, propôs o indiciamento de dezenas de envolvidos e sugeriu profundas alterações na estrutura administrativa do Estado.

Mas foi durante o malfadado governo de Antônio Britto (1995-1998) que Flavio Koutzii enfrentou seu maior desafio como parlamentar. Era dificílimo fazer oposição a um governo estadual que trabalhava em plena sintonia com o governo federal, com uma bancada folgadamente majoritária na Assembleia Legislativa e com enorme capacidade de iniciativa política. Além, é claro, do apoio incondicional da grande mídia. Vivíamos a época do delírio neoliberal, das privatizações apressadas e a qualquer custo, da fantasia do Estado Mínimo e do fim da história. Do primeiro ao último dia daquele governo, Koutzii foi o seu opositor mais visível e consequente. A imprensa lhe concedeu a alcunha de "líder da oposição", um cargo ou posição que não existe formalmente na

Assembleia Legislativa. Uma invenção. Mas um justo reconhecimento. Toda a população o reconhecia como tal.

O auge dessa aventura neoliberal gaúcha foi atrair para o Estado uma montadora da fábrica General Motors, a GM. Não era apenas a cereja do bolo de um governo que já contava com amplo apoio na sociedade, mas o movimento político mais ousado e consistente para coroar uma trajetória que prometia um desenvolvimento galopante para o Rio Grande. Um lance político certeiro, capaz de garantir a reeleição do governo e desmoralizar a oposição. Na ânsia de atrair a empresa, o governo estadual ofereceu tudo e mais um pouco: leis facilitadoras, terreno para instalação, benefícios fiscais indecentes e – pasmem! – dinheiro vivo.

Na contramão da euforia que contagiava quase todos os gaúchos, Koutzii não vacilou sequer um instante. Com a paciência e a determinação que caracterizam um bom militante revolucionário, ele estudou e analisou todo o contrato entre a GM e o Estado e denunciou o quanto suas cláusulas eram lesivas ao Rio Grande. É bem verdade que por um bom tempo ninguém queria ouvi-lo. O ambiente de otimismo artificial, construído com o auxílio de parte da mídia, contagiava a população, de norte a sul, de leste a oeste. Todos queriam acreditar que, finalmente, conquistaríamos um desenvolvimento econômico acelerado; que, enfim, o futuro estava por chegar. Ninguém queria saber de argumentos contrários, por mais sensatos e esclarecedores que fossem. Qualquer ressalva soava como inconveniente e toda a resistência era rechaçada como inoportuna.

Durante muitas semanas, Koutzii duelou com o governo nas rádios, nas TVs, em palestras e na tribuna da Assembleia. Dissecava as cláusulas absurdas dos contratos e afirmava, em alto e bom som, que o tesouro do Estado daria, de mão beijada, duzentos e cinquenta e três milhões de reais para a GM. Era como se falasse aos surdos. Nenhuma voz reagia a tamanha imoralidade. Até que, num último recurso, ele conseguiu uma cópia do cheque pelo qual o dinheiro era transferido para a empresa. A prova material do crime. No dia seguinte, o jornal *Correio do Povo* estampou a cópia do cheque na capa e foi como se um choque tivesse atravessado e acordado todos os gaúchos e todas as gaúchas. Perplexidade e indignação geral. Agora, ninguém podia mais fugir da verdade, nem fazer de conta que não sabia. Começava ali a desabar a fortaleza do Governo Britto. Mais tarde, todos nós percebemos que foi também ali que o PT e Olívio Dutra começaram a vencer a eleição de 1998. Foi um episódio que marcou a história política do Rio Grande e se estendeu ainda por um bom tempo com o debate da possível vinda da Ford para o Estado. Hoje, olhando retrospectivamente, podemos avaliar com maior nitidez o quanto foi importante a determinação de Koutzii para demarcar com o projeto neoliberal e impedir que ele fosse vitorioso em 1998. Se aquele governo não tivesse sido derrotado naquela ocasião, sem nenhuma dúvida, o Rio Grande do Sul estaria em uma situação muito pior nos dias de hoje. Já haviam assinado o acordo da dívida com a União, que vem sangrando o Estado desde aquela época, vendido

NO PALANQUE E NO GOVERNO
Com Lula, a aposta em um novo Brasil (APFK). Na página seguinte, Flavio assume a chefia da Casa Civil, com o governador Olívio Dutra e o vice, Miguel Rossetto (Foto de Luiz Abreu).

a CRT e parte da CEEE, e preparavam a privatização do Banrisul. Em um curto espaço de tempo, teriam destruído o setor público gaúcho e privatizado, a preço de banana, tudo o que ainda restava.

No governo de Olívio Dutra, Koutzii foi o chefe da Casa Civil por quatro anos e, oito anos mais tarde, secretário da Assessoria Especial do governo Tarso Genro. Nas duas ocasiões trabalhou com a sobriedade e a firmeza que sempre o caracterizaram. Foi um quadro muito mais importante "para dentro do governo" do que para fora dele. Nos momentos mais difíceis e delicados das duas administrações, sempre foi o quadro político capaz de oferecer a análise mais lúcida da situação e propor os caminhos mais adequados para garantir a estabilidade política. Sempre trabalhou como um agregador das equipes, mas, acima de tudo, como um formulador rigoroso e original, como um agente público comprometido em encontrar soluções para problemas complexos, sem jamais perder de vista os compromissos programáticos. Para aqueles que eram "da base partidária", que torciam e sofriam "de fora" pelos nossos governos, saber que o Koutzii estava no Secretariado era uma garantia de que princípios não seriam violados, de que aventuras irresponsáveis não ganhariam audiência e de que perseguiríamos o cumprimento dos nossos programas no limite das nossas possibilidades. Era seguro e ao mesmo tempo animador saber que o Flavio estava no governo.

Flavio Koutzii foi deputado estadual por quatro mandatos consecutivos, até o final de 2006. Nesses curtos e intensos dezesseis anos, muita coisa mudou na política e, em especial, nas representações parlamentares. Koutzii atravessou esse período com uma coerência e uma intensidade que geraram o respeito de todos, aliados ou adversários. Quem hoje visita a Assembleia Legislativa e conversa sobre ele com deputados, assessores ou funcionários, ouve sempre o mesmo comentário: "O Koutzii faz muita falta aqui".

Talvez a grande maioria das pessoas se refira a Flavio Koutzii como um "homem inteligente", o que é mais do que justo, mas, para seus companheiros de utopia, ele tem sido bem mais do que isso, tem sido um militante incansável e insubstituível, capaz de analisar o presente com um rigor e uma acuidade cada vez mais raros e pensar o futuro com uma lucidez e generosidade capazes de estimular os corações e mentes mais desiludidos. Acima de tudo, Koutzii é um militante contemporâneo.

Hoje, quando nos encontramos entre amigos e camaradas para comentar essa imensa crise política que nos inunda de perplexidade e desânimo, lá pelas tantas sempre aparece a pergunta: "Alguém sabe o que o Flavio está pensando disso tudo? Precisamos conversar com ele". E logo adiante, se decide procurá-lo para uma conversa mais demorada. Não são conversas fáceis, porque a realidade política está desanimadora e o Koutzii nunca flertou com facilidades ou soluções simplistas. A condescendência com os fatos e com os personagens nunca foi o seu forte. Suas análises são sempre corajosas e instigantes; dolorosas até, mas de uma lucidez e originalidade que sempre nos impressionam. Nos armam.

É verdade que estamos todos um tanto feridos e dilacerados pelos acontecimentos. Vez por outra, chegamos a pensar que seremos vencidos pelo desânimo, mas, no fundo, sabemos que iremos derrotá-lo. Ao longo das nossas vidas de militantes, aprendemos o valor da persistência. Sabemos que "a história é um carro alegre, cheio de um povo contente, que atropela indiferente todo aquele que a negue"[8]. E assim seguimos. Sobrevivendo com alguns ferimentos, alguns bem graves, mas com a teimosa determinação de construir um futuro mais justo, solidário e socialista; um outro mundo possível.

Nossas conversas com o Flavio têm sido sempre assim: tristes e maduras; lúcidas e impulsionadoras. São conversas que, ao fim, nos fazem continuar, seguir em frente. E, cada dia mais, compreendemos que ele é o nosso militante imprescindível, que segue deixando pedaços de esperança no coração de todos os seus camaradas. E como somos agradecidos por isso!

JULHO – 2016

NOTAS

1. Refere-se ao livro *Sobre Heróis e Tumbas*, de Ernesto Sábato.
2. Betinho é Herbert de Souza.
3. Fernando Gabeira.
4. José Genoíno.
5. Wladimir Herzog.
6. Carlos Marighella.
7. *Tudo ao Mesmo Tempo Agora*, álbum do grupo Titãs.
8. Refere-se à música *Canción por la Unidad Latinoamericana*, de Pablo Milanés.

POSFÁCIO
"SOU UM DELES E TODOS ELES SOU EU"

Flavio Koutzii

NESSES DIAS finais de agosto de 2017, nesses momentos políticos, terminou a biografia.

A biografia é a implosão da memória, desorganiza a narrativa do biografado, que não sabe como cairão as peças. Se reabre a vida para outra fase – viver coexistindo todo o tempo com a respiração da elaboração biográfica. Passa a ser uma grande incerteza, um maldito labirinto, e estabelece, rapidamente, uma tensão brutal entre o passado e o breve presente.

É um alívio depois de sete anos, mas não muito. Porque enquanto houver biografia, haverá livro (até quem sabe um desagradável e-book). É um certo fim da privacidade. A biografia é uma sombra para o biografado que insiste em estar vivo. Nós nos observamos atentamente. Embora isso, estou seguro de que sou a mais completa versão de mim mesmo; já a biografia é a melhor versão escrita.

O processo de construção da biografia – foram sete anos – foi atormentador, tanto mais quanto feito paralelamente à aceleração do envelhecimento, que produz processo da mesma natureza, ou seja, uma irresistível emergência da memória dos fatos da vida e meu juízo sobre cada um deles. Velhice mais biografia é uma exasperação permanente, refletindo que o que foi é irreversível, não tem volta.

Nem tudo são dores, pois não é dado ao pré-falecido participar de um pósfácio que será lido na sua pós-vida.

E o mais interessante é a singularíssima circunstância que no fim da vida possa ter, não um *flashback* como se vê nessas fulminantes recapitulações de personagens que aparecem nos filmes, mas um retrato de si mesmo em câmera lenta, com direitos a *replay* quando quiser.

O presente interroga devastadoramente o passado, que confirma que fomos, lá, antes, uma nova geração. Sou um deles e todos eles sou eu. Não fomos só nós. Fomos daquela suave brisa de esperanças, tanto quanto fomos raios e trovões.

A nós, custou muito nossas resistências, sonhos, estilhaços da esperança, algumas vezes de corpos estraçalhados, de memórias truncadas, dos medos tatuados e fracassos incontornáveis que se dissolvem pela certeza de haver sido, mesmo sabendo que já não se é (do tango).

Ninguém é tão grande quanto seus melhores ideais, mas muitos honraram a vida mais do que existiram. E hoje, passado tanto tempo, se surpreendem consigo mesmo.

E sem deuses, nem transcendência, encaram a morte serenos. Não pelo que virá, mas pelo que foi.

E por isso tenho o acalanto confortante de ter vivido muito mais do que minhas mortes prenunciavam, e mais, ter conseguido (com o que sobrou) juntar os pedaços e fazer caminhos.

O processo da biografia foi muito especial. Mais uma vida. Não é pouco.

Agradeço a Benito – nosso autor – pela integridade intelectual, a enorme sensibilidade, tenacidade e a forma talentosa como montou esse *puzzle*.

Agradeço a todos que, com seus depoimentos, falas e recordações, adensaram, nuançaram, dando a essa história, com seu olhar, relevos que superaram a platitude de minha precária memória.

Eu acho que o homem é a soma das mulheres que amou e que o amaram.
Maria Regina, Norma, Anabel.
E Sonia, que sempre foi amor e fascinação.
A quem agradeço por todo tempo que levo amando-a.

A biografia termina justo agora, quando os dias são assim. Os que vieram do passado distinguem bem os algozes do presente. Seus crimes, traições e destruição serão enfrentados por essa nova geração. Geração "4x4", que combate em todas as frentes, ao mesmo tempo, em todos os terrenos, em todas as causas.

Nessas crises e incoerências nossas (e não são poucas) temos que recompor nosso lugar neste mundo.

Quando já não sabemos bem quem somos, há que se olhar bem o que "eles" são.

E talvez valha muito retomar o fio da velha "estória".

Pessoalmente, vivo um terceiro golpe depois de março de 64 no Brasil, março de 76 na Argentina, e esse, bárbaro, dantesco.

Por isso, nesses momentos, é melhor evocar referências e perceber personagens, lutas, para retomar valores e símbolos que nos nutriram antes.

Para mim, muito intensamente, Che adquire – mais uma vez – uma surpreende atualidade: ele, que lutou, chegou ao poder, renunciou, continuou a lutar e deu a vida.

Sempre associei a ele o poema de Lorca:

TARDARÁ MUCHO TIEMPO EM NACER, SI ES QUE NACE,
UM ANDALUZ TAN CLARO, TAN RICO DE AVENTURA.
YO CANTO SU ELEGANCIA COM PALABRAS QUE GIMEN
Y RECUERDO UMA BRISA TRISTE POR LOS OLIVOS.

Como lembro Cortázar:

Eu tive um irmão

Não nos vimos nunca
Mas não importava.

Eu tive um irmão
que caminhava pelos montes
enquanto eu dormia.
a minha maneira
tomei sua voz
livre como água,
caminhei de vez em quando
perto da sua sombra.

Não nos vimos nunca
mas não importava,
meu irmão desperto
enquanto eu dormia,
meu irmão mostrando-me
atrás da noite
sua estrela escolhida.

Viemos daí.

Agora, aqui, começa a longa marcha para reconstruir o país, recuperar direitos, reflorestar as palavras, reler os poemas, ouvir nossas canções. É isso que Lula começou a fazer. Já fez o sertão virar mar.
Lula não é nenhum Che. Mas é um herói dos nossos tempos.
Com nossos jovens lutadores, conseguiremos.

FK, 23/08/2017

P.S.: Marco Aurélio Garcia, farás muita falta.
Pô, logo tu que me recrutaste.

Marco Nedeff

FONTES DOCUMENTAIS E LOCAIS DE PESQUISA

ACERVO PESSOAL DE FLAVIO KOUTZII (APFK)
Documentos diversos:
Abaixo-assinado ao senhor Embaixador do Brasil em Paris. Dijon, 14/10/78.

Abaixo-assinado ao Embaixador do Brasil em Paris, s/d.

Boletim nº 1 Movimento Universidade Crítica.

Carta a Joachim. [Santiago do Chile], 09/12/19[71].

Carta aberta de Flavio Koutzii à Conferência Internacional pela Anistia Ampla, Geral e Sem Restrições e pelas Liberdades Democráticas no Brasil. Paris, 23/06/1979.

Carta aberta do Grupo de Amigo(as) de Flavio Koutzii e do CBA de Paris. Paris, 03/06/1979.

Carta de Alberto Dines a Oscar Hector Camillión. Rio de Janeiro, 24/01/1978.

Carta de Aurélio Guerra Neto a Vando Nogueira. Paris, 08/051978.

Carta de Clara Koutzii à Comissão de Justiça e Paz. São Paulo, 27/04/1978.

Carta de Flavio à "Querida amiga". La Plata, 07/07/1976.

Carta de Flavio Koutzii a Norma Espíndola. La Plata, 27/03/1978.

Carta de GP/René à Comissão América Latina/Comissão Edições. Santiago do Chile, 22/10/1971.

Carta de Joacir Medeiros a destinatário não identificado. Paris, 29/07/1978.

Carta de Leopold Aisenstein a Norma Espíndola. Paris, 10/07/1978.

Carta de Norma Espíndola a Aldo Fagundes, 30/11/1977.

Carta de Norma Espíndola a Alfio Galvan Achaval, 14/11/1977.

Carta de Norma Espíndola a Clara Koutzii, 08 e 10/12/1977.

Carta de Norma Espíndola a Maria Meyer, 23/02/1977.

Carta de Norma Espíndola a Paul Milliez. Paris, 27/05/1979.

Carta de Norma Espíndola a pessoa desconhecida (trata por senhor), 18/02/1978.

Carta de Norma ao juiz Hector Carlos Adamo, 04/1977.

Carta de Oscar Camillión a Alberto Dines. Brasília, 25/01/1978.

Carta do Comitê dos Amigos de Flavio a destinatário não identificado. Paris, 31/05/1979.

Carta dos militantes brasileiros da IV Internacional ao BP da LC SFQI, com cópia ao Secretariado Unificado. [Santiago do Chile], 14/10/1971.

Cartas de Therezinha Godoy Zerbine para "Maître Norman" e para o "Sr. juez y fiscal del juzgado nº 2", 09/03/ 1977.

Certificado da Escola de Estudios Econômicos Latino-Americanos para Graduados – ESCOLATINA da Universidade de Chile. Santiago, 16/11/1970.

Certificado de Philippe Brun, médico cardiologista do Service de Physiologie et d'explorations fonctionnelles, Hôpital Henri Mondor, Docteur Daniel Laurent, 30/09/1978.

Comprovante de pagamento a Horacio Isaurralde, 06/11/1975.

Comprovante de pagamento a Horacio Isaurralde e Alfio Achával, 01/02/1978.

Declaration de Vie Maritale. Paris, 24/09/1979.

Discurso proferido pelo professor Paulo Timm, paraninfo da turma de Economia da UnB, s/d, que homenageou Koutzii.

Requerimento de Norma Espíndola a Justino Vasconcelos. Porto Alegre, 06/09/1977.

Telegrama de Cecilia Galli para Mario de Almeida, s/d.

Telegrama do deputado Aldo Fagundes para Norma Espíndola, 12/1977.

Periódicos (em geral recortes):

Amérique Latine, n° 4, maio de 1978.

Clamor. São Paulo, 07/1978.

Combate, 11/1971; 08/1973.

Coojornal, 06/1978.

Correio do Povo. Porto Alegre, 01/1979.

Folha da Manhã. Porto Alegre, 02/1979; 03/1979.

Folha da Tarde, 10/1978; 01/1979.

IstoÉ, 02 e 05/1979.

Jornal do Brasil. Rio de Janeiro, 06/1977; 02/1979.

Le Monde, 13/10/1977.

MAITAN, Livio. Political Crisis and Revolutiionary Struggle in Argentina. Intercontinental Press, 26/04/1971.

Movimento, 04/07/1977.

O Estado de S. Paulo. São Paulo, 04/1978; 09/1978; 02/1979.

Pasquim. Rio de Janeiro, recorte sem referência de data e página.

Política Operária. Órgão Central do Partido Operário Comunista, Maio de 1968.

SCLIAR, Moacyr. Um pai, um filho. Zero Hora (Revista ZH), 24/08/1997.

Sextante Entrevista. Revista Laboratório dos Estudantes de Jornalismo da UFRGS. Porto Alegre: FABICO/UFRGS, julho de 2000.

Sextante memória. Revista Laboratório dos Estudantes de Jornalismo da UFRGS. Porto Alegre: FABICO/UFRGS, dezembro de 2000.

Veja, 06/1977.

Zero Hora, Porto Alegre. 05/1975; 02/1979; 12/1984; 03/2006.

ACERVO DO CLUBE DE CULTURA DE PORTO ALEGRE:

Convite para o aniversário do 8° aniversário do levante do Gueto de Varsóvia.

Fotografias e recortes de jornais variados.

ARQUIVO HISTÓRICO DO RIO GRANDE DO SUL (AHRS) –
ACERVO DA LUTA CONTRA A DITADURA

Relação dos elementos que interessam ao DOI/SSP/RS. Porto Alegre, 09/11/1971 Departamento Central de Informações. Divisão de Informações. Serviço de campos.

ARQUIVO NACIONAL (AN) – COORDENAÇÃO REGIONAL DO ARQUIVO NACIONAL NO DISTRITO FEDERAL – ACERVO SNI

MINISTÉRIO DA AERONÁUTICA – V COMANDO ÁREO NACIONAL – INFORME N° 270/85/A-2/V COMAR.

MINISTÉRIO DO EXÉRCITO, I EXÉRCITO, 4ª DE – 2ª SEÇÃO – Informe n° 152, 83/E2-E/4a DE.

POLÍCIA MILITAR DO ESTADO DE MINAS GERAIS – Estado Maior – 2ª Seção (PM/2) – Informe n° 535/84/ST3.7/PM2

ARQUIVO PÚBLICO DO ESTADO DO RIO DE JANEIRO (APERJ)

Acervo DOPS, Boletim número 42 (reservado), Porto Alegre, 21 de setembro de 1951, n° 00704-00724, folhas 5-8, n° 00708-00711.

ARQUIVO PÚBLICO DE SÃO PAULO (APESP)

Documento *A Guerra Revolucionária e a Subversão e o Terrorismo em São Paulo*. São Paulo, outubro de 1970. Arquivado como "Secreto".

Documento *Declarações que Presta Fábio Marenco dos Santos ('Julio Pereira Bueno', 'Emílio', 'Ministro', 'Baixinho', 'Diogo', 'Amaro' ou 'Cláudio') à Equipe de Interrogatório Preliminar B, 14-15/08/1971*. Documento reservado – DEOPS.

Organogramas capítulo 2.

ACERVOS DA UNIVERSIDADE FEDERAL DO RIO GRANDE DO SUL (DECORDI-UFRGS)

Ata n° 137 da Congregação da Faculdade de Filosofia da UFRGS, Porto Alegre, 15/08/1964 (Museu da UFRGS).

Carta de Jacob Koutzii a Jorge Alberto Furtado, Superintendente Acadêmico da Faculdade de Ciências Econômicas da URGS. Porto Alegre, 28/09/1971. Departamento de Consultoria de Registros Discentes (DECORDI).

Fichas individuais de Flavio Koutzii, 1954-1961 (Colégio de Aplicação da UFRGS).

Portaria 950/64 de 05/06/1964, decorrente da decisão resolutória n° 18/64 do Conselho Universitário (Museu da UFRGS).

Termo de Posse do Acadêmico Flavio Koutzii como membro do Conselho Técnico-Administrativo, 13/11/1963. Termos de compromisso e posse da Faculdade de Filosofia da UFRGS. Livro aberto em 27/06/1958. p. 18 (Acervo do Museu da UFRGS).

CENTRO DE DOCUMENTACIÓN E INVESTIGACIÓN DE LA CULTURA DE IZQUIERDAS (CEDINCI) - BUENOS AIRES

La Razón, 22/05/1975.

PRT, Boletín interno, n° 34, 27/12/1972.

DOCUMENTOS ONLINE

Carta de Ernest Mandel, Livio Maitan, Alain Krivine, Tariq Alí, Pierre Frank e Sandor ao PRT, 31/10/1972, parte do dossiê "Documentos del fraccionamento del PRT". Cuarta Internacional, n. 1, julho de 1973. Disponível em: http://eltopoblindado.com/files/Publicaciones/Organizaciones%20PoliticoMilitares%20de%20origen%20Marxista/PRTERP%20Fracci%C3%B3n%20Roja/II.%20Documentos/FR%20Documentos%20del%20fraccionamiento.pdf Acesso em 20/05/2014.

Combate, 18/09/1973, p. 5. Disponível em: http://eltopoblindado.com/files/Publicaciones/Organizaciones%20PoliticoMilitares%20de%20origen%20Marxista/PRTERP%20Fracci%C3%B3n%20Roja/I.%20Prensa/Combate/Combate%203.pdf Acesso em 25/02/2015.

Documentos Desclassificados do Departamento de Estado dos EUA. Projeto Argentina. Disponíveis em: https://foia.state.gov/Search/Results.aspx?collection=ARGENTINA&searchText=*

Acesso em 20/05/2014.

Dossiê "Documentos del fraccionamento del PRT". Cuarta Internacional, n. 1, julho de 1973. Disponível em: http://eltopoblindado.com/files/Publicaciones/Organizaciones%20Politico-Militares%20de%20origen%20Marxista/PRT-ERP%20Fracci%C3%B3n%20Roja/II.%20Documentos/FR%20Documentos%20del%20fraccionamiento.pdfAcesso em 20/05/2014.

FRACCIÓN ROJA: el marco político de la lucha interna, parte do dossiê "Documentos del fraccionamento del PRT". Cuarta Internacional, n. 1, julho de 1973. Grifos no original. Disponível em: http://eltopoblindado.com/files/Publicaciones/Organizaciones%20PoliticoMilitares%20de%20origen%20Marxista/PRTERP%20Fracci%C3%B3n%20Roja/II.%20Documentos/FR%20Documentos%20del%20fraccionamiento.pdf Acesso em 20/05/2014.

Grande Expediente da Assembleia Legislativa do RS, 12/12/2006. Disponível em: http://www.flaviokoutzii.com.br/artigos/2006-12-15_hoje_o_texto_e_mais_longo.htm. Acesso em 18/09/2012.

Presentación. Cuarta Internacional, n. 1, julho de 1973. Disponível em: http://eltopoblindado.com/files/Publicaciones/Organizaciones%20PoliticoMilitares%20de%20origen%20Marxista/PRTERP%20Fracci%C3%B3n%20Roja/II.%20Documentos/FR%20Documentos%20del%20fraccionamiento.pdf Acesso em 20/05/2014.

Pueblo en Armas, 15/08/1973. Disponível em: http://eltopoblindado.com/files/Publicaciones/Organizaciones%20Politico-Militares%20de%20origen%20Marxista/PRT--ERP%20Fracci%C3%B3n%20Roja/I.%20Prensa/Combate/Combate%201.pdf Acesso em 25/02/2015.

Résolution sur l'Amérique Latine, Documentation Internationale A.L., Fascicule a. Citada em BLANCO, H; CAMEJO, P.; HANSEN, J.; LORENZO, A. e MORENO, N. Argentine et Bolivie: le bilan – 1972. Disponível em http://www.marxists.org/francais/4int/suqi/1972/suqi_19720000c.htm Acesso m 04/05/2014.

ENTREVISTAS

Entrevistas a outros meios:

Depoimento de Flavio Koutzii sobre a anistia concedido à Fundação Perseu Abramo. Disponível em: http://www2.fpa.org.br/o-que-fazemos/memoria-e-historia/exposicoes-virtuais/flavio-koutzii-depoimento Acesso em 21/01/2016.

Depoimento de Flavio Koutzii sobre sua trajetória política concedido à TVE-RS em 2003.

Entrevista de Clara Saidenberg Koutzii ao projeto de história oral do Instituto Cultural Judaico Marc Chagall de Porto Alegre, em 09/04/1922.

Entrevista de Flavio Koutzii à equipe do projeto História e memórias do PT gaúcho (1978-1988) (entrevistadores: Benito Bisso Schmidt, João Alexandre Fontoura Corrêa, Juliano Doberstein e Miguel Idiart Gomes). Fundação Perseu Abramo/Diretório Estadual do PT-RS. Porto Alegre, 05/02/2003 [ENTREVISTA 1].

Entrevista de Flavio Koutzii ao IHU On-Line, 01-09-2016. https://cronicasdosul.com/2016/09/06/nascerao-das-politicas-que-a-direita-faz-as-razoes-mais-profundas--para-ser-de-esquerda-entrevista-especial-com-flavio-koutzii/ Acesso em 24/09/2016.

Entrevista de Flavio Koutzii a Jaime Valim Mansan. Porto Alegre, 19/08/2008.

Entrevista de Flavio Koutzii ao jornal *Sul21*. Porto Alegre, 07/04/2014. http://www.sul21.com.br/jornal/flavio-koutzii-o-que-a-nossa-geracao-produziu-a-repressao-nao-tinha-como-destruir/ Acesso em 20/07/2016.

Entrevista de Flavio Koutzii ao jornal *Sul21*. Porto Alegre, 23/05/2017. http://www.sul21.com.br/jornal/flavio-koutzii-em-64-tivemos-um-fleury-hoje-temos-um-fleury-de-toga/ Acesso em 19/06/2017.

Entrevista de Frida Enk Kaufman ao projeto de história oral do Instituto Cultural Judaico Marc Chagall de Porto Alegre, 12/87.

Entrevista de Marco Aurélio Garcia ao projeto História Oral do Partido dos Trabalhadores (entrevistador: Alexandre Fortes). Fundação Perseu Abramo/CPDOC-FGV. Brasília, 18/11/2009.

Entrevistas concedidas a esta pesquisa:

Comunicação por telefone com Flavio Koutzii. Porto Alegre, 22/01/2013.

Conversa informal com Flavio Koutzii. Porto Alegre, 11/03/2014.

Conversa informal com Norma Espíndola. Porto Alegre, 28/10/2014.

Entrevista com Airton Soares. São Paulo, 03/12/2012.

Entrevista com Angela Mendes de Almeida. São Paulo, 06/12/2012.

Entrevista com Carlos Alvarez. Buenos Aires, 10/09/2012.

Entrevista com Carlos Appel. Porto Alegre, 05/08/2013.

Entrevista com Eleonora Grosman. São Paulo, 05/12/2012.

Entrevista com Enio Kaufmann. Porto Alegre, 08/05/2012.

Entrevista com Flávia Castro, 09/06/2015 (por skype).

Entrevista com Flavio Koutzii. Porto Alegre, 30/11/2010 [ENTREVISTA 2].

Entrevista com Flavio Koutzii. Porto Alegre, 05/04/2012 [ENTREVISTA 3].

Entrevista com Flavio Koutzii. Porto Alegre, 21/03/2012 [ENTREVISTA 4].
Entrevista com Flavio Koutzii. Porto Alegre, 25/06/2013 [ENTREVISTA 5].
Entrevista com Flavio Koutzii. Porto Alegre, 13/02/2013 [ENTREVISTA 6].
Entrevista com Flavio Koutzii. Porto Alegre, 25/03/2013 [ENTREVISTA 7].
Entrevista com Flavio Koutzii. Porto Alegre, 05/04/2013 [ENTREVISTA 8].
Entrevista com Flavio Koutzii. Porto Alegre, 10/01/2014 [ENTREVISTA 9].
Entrevista com Flavio Koutzii. Porto Alegre, 03/05/2014 [ENTREVISTA 10].
Entrevista com Flavio Koutzii. Porto Alegre, 05/12/2014 [ENTREVISTA 11].
Entrevista com Flavio Wolf de Aguiar. Berlim, 15/02/2013.
Entrevista com Heitor O'Dwyer Macedo. Paris, 19/02/2013.
Entrevista com Helena Hirata. Paris, 04/04/2014.
Entrevista com Hubert Krevine. Paris, 22/02/2013.
Entrevista com Ignez Valette. Porto Alegre, 08/05/2011.
Entrevista com Isabel Ribeiro, Luiz Eduardo Oliveira ("Leo") e Norma Espíndola. Paris, 19/02/2013.
Entrevista com Janette Habel. Paris, 19/02/2013.
Entrevista com João Carlos Santos Juchem. Florianópolis, 14/04/2012.
Entrevista com José Keniger. Porto Alegre, 03/08/2014.
Entrevista com Lea Cutz. Porto Alegre, 07/12/2012.
Entrevista com Lígia Maria Coelho de Souza Rodrigues. Rio de Janeiro, 04/07/2012.
Entrevista com Marco Aurélio Garcia. Brasília, 06/11/2012.
Entrevista com Maria Regina Pilla. Porto Alegre, 25/06/2010.
Entrevista com Rodolfo Miguel Di Sarli ("Mariano"). Buenos Aires, 12/09/2012.
Entrevista com Mele Franconetti. Buenos Aires, 11/09/2012.
Entrevista com Michael Löwy. Paris, 20/02/2013.
Entrevista com Miriam Abramovay, 05/05/2014 (por skype).
Entrevista com Nelson Boeira. Porto Alegre, 02/07/2012.
Entrevista com Norma Espíndola. Porto Alegre, 08/08/2011 [ENTREVISTA 1 – N]
Entrevista com Norma Espíndola. Porto Alegre, 07/09/2011 [ENTREVISTA 2 – N]
Entrevista com Norma Espíndola. Porto Alegre, 13/05/2012 [ENTREVISTA 3 – N]
Entrevista com Paulo Antonio Paranaguá. Paris, 12/01/2011.
Entrevista com Paulo Timm e Maria Regina Pilla. Porto Alegre, 05/08/2014.
Entrevista com Raul Pont. Porto Alegre, 13/03/2013.
Entrevista com Ricardo Abramovay. São Paulo, 04/12/2012.
Entrevista com Sinclair Guimarães Cechine. Rio de Janeiro, 05/07/2012.
Entrevista com Sonia Pilla e Flavio Koutzii. Porto Alegre, 14/03/2013.
Entrevista com Sonia Pilla. Porto Alegre, 12/06/2013.

Entrevista com Tânia Ávila. Porto Alegre, 30/07/2013.

Entrevista com Thiago Koutzii. São Paulo, 06/12/2012.

MENSAGENS ELETRÔNICAS

Mensagem eletrônica de Lawrence Bohme, 30/11/2015.

Mensagem eletrônica de Lawrence Bohme, 01/12/2015.

Mensagem eletrônica de Lawrence Bohme, 06/12/2015.

MUSEU DE COMUNICAÇÃO SOCIAL HIPÓLITO JOSÉ DE COSTA – PORTO ALEGRE

Correio do Povo. Porto Alegre, 1963-1970.

Diário de Notícias. Porto Alegre, 1964.

Folha da Tarde. Porto Alegre, 1964-1970.

Última Hora. Porto Alegre, 1963-1964.

Zero Hora. Porto Alegre, 1964-1970, 1984, 2006.

NÚCLEO DE PESQUISA EM HISTÓRIA DA UFRGS (NPH)

Em Tempo, 1978-1984.

Horizonte. Porto Alegre, março de 1949, ano I, n. 1, p. 31-32.

O Coruja. Órgão Oficial do C.A.F. D.R., 4ª Edição Extra. Faculdade de Filosofia da UFRGS, Ano XVIII, Secretaria de Imprensa e Divulgação.

Pois é, tchê... Uma publicação Peleia, 16/03/1977.

RIEGEL, Estevão Valmir Torelly. *Esclarecimento da Presidência do Centro Acadêmico Franklin Delano Roosevelt aos colegas universitários*. Porto Alegre, s/d. (documento datilografado).

Rumo: revista mensal. Porto Alegre, junho de 1936, ano I, n° 4, p. 7.

BIBLIOGRAFIA

ABRAMO, Helena Wendel. *Cenas juvenis: punks e darks no espetáculo urbano.* São Paulo: ANPOCS/Scritta, 1993.

ABREU, Alzira Alves de. *Quando eles eram jovens revolucionários: os guerrilheiros das décadas de 60/70 no Brasil.* In: VIANNA, Hermano (org.). *Galeras cariocas – territórios de conflitos e encontros culturais.* Rio de Janeiro: EdUFRJ, 1997.

AGAMBEN, Giorgio. *O que resta de Auschwitz.* São Paulo: Boitempo, 2008.

AGUIAR, Airan M. *Saudações para um mundo novo: o Clube de Cultura e o progressismo judaico em Porto Alegre (1950-1970).* Porto Alegre: PPG em História da PUCRS, 2009 (dissertação de mestrado).

ALBERTI, Verena. *Além das versões: possibilidades da narrativa em entrevistas de história oral.* In: *Ouvir contar:* textos em história oral. Rio de Janeiro: Editora FGV, 2004.

ALMEIDA, Angela Mendes de e PILLA, Maria Regina. *Partido Operário Comunista/POC.* Texto eletrônico disponibilizado no site www.desaparecidospoliticos.org.br do Centro de Documentação Eremias Delizoicov e da Comissão de Familiares dos Mortos e Desaparecidos Políticos, 2008. Consultado em 12/03/2013.

ALMEIDA, Angela Mendes de. *Relembrando Merlino: uma temporada internacionalista. Cadernos Perseu:* Memória & História, n° 1, julho de 2013.

ANDRADE, Pedro Duarte. *A filosofia e os anos 60. Estudos Históricos* (Dossiê "Anos 60"), Rio de Janeiro, v. 25, n° 49, janeiro-junho de 2012, p. 13.

ANGUITA, Eduardo e CAPARRÓS, Martín. *La voluntad: una historia de la militancia revolucionaria en la Argentina, 1973-1976.* Buenos Aires: Grupo Editorial Norma, 1998 (Tomo II).

ARAUJO, Maria Paula Nascimento. *A utopia fragmentada: as novas esquerdas no Brasil e no mundo na década de 1970.* Rio de Janeiro: Fundação FGV, 2000.

_____. *1968, nas teias da história e da memória. Clio* – Série Revista de Pesquisa Histórica. Recife: UFPE, n° 26-1, 2008.

ARENDT, Hannah. *Eichmann em Jerusalém: um relato sobre a banalidade do mal.* São Paulo: Companhia das Letras, 1999.

_____. ARENDT, Hannah. *Homens em tempos sombrios.* São Paulo: Companhia das Letras, 2003.

ARIÈS, Philippe. *História social da criança e da família.* Rio de Janeiro: Guanabara, 1981.

BECKER, Jean-Jacques. *O handicap do a posteriori.* In: FERREIRA, Marieta de Moraes e AMADO, Janaína (orgs.). *Usos e abusos da história oral.* Rio de Janeiro: FGV, 1996.

BENJAMIN, Walter. *O narrador. Considerações sobre a obra de Nikolai Leskov.* In: *Obras escolhidas,* vol. 1: magia e técnica, arte e política. São Paulo: Brasiliense, 1985.

_____. *Sobre o conceito de história.* In: *Obras escolhidas,* vol. 1: magia e técnica, arte e política. São Paulo: Brasiliense, 1985.

BERLIN, Isaiah. *A inevitabilidade histórica.* In: *Estudos sobre a humanidade: uma antologia de ensaios.* São Paulo: Companhia das Letras, 2002.

BENSAÏD, Daniel. *Les trotskysmes*. Paris: PUF, 2002 (coleção "Que sais-je?").

_____. *Une lente impatience*. Paris: Stock, 2004.

BETTELHEIM, Bruno. *O coração informado: autonomia na era da massificação*. Rio de Janeiro: Paz e Terra, 1985.

BOEIRA, Nelson. *O Rio Grande de Augusto Comte*. In: DACANAL, José Hildebrando e GONZAGA, Sergius (orgs.). *RS: cultura & ideologia*. Porto Alegre: Mercado Aberto, 1980.

BORGES, Viviane. *Loucos nem sempre mansos*. Porto Alegre: Editora da UFRGS, 2012.

BOURDIEU, Pierre. *O poder simbólico*. Rio de Janeiro: Bertrand Brasil, 1992.

_____. *A ilusão biográfica*. In: FERREIRA, Marieta de Moraes e AMADO, Janaína (orgs.). *Usos e abusos da história oral*. Rio de Janeiro: FGV, 1996.

_____. *O capital social: notas provisórias*. In: NOGUEIRA, M. A.; CATANI, A. (orgs.). *Escritos de Educação*. Petrópolis: Vozes, 2001.

CALVEIRO, Pilar. *Poder y desaparición: lós campos de concentración em Argentina*. Buenos Aires: Colihue, 2008.

CARNOVALE, Vera. *Los combatientes*. Historia del PRT-ERP. Buenos Aires: Siglo Veintiuno, 2011.

CERTEAU, Michel de. *A invenção do quotidiano 1*: Artes de fazer. Petrópolis: Vozes, 2014.

CHAVES, Flávio Loureiro. *A crítica de Plínio Moraes*. In: KOUTZII, Jacob. *A tela branca*. Porto Alegre: Unidade Editorial, 1997 (Série "Escritos de cinema").

COPSTEIN, Cora Schilling; LIMA e SILVA, Márcia Ivana de; SCHÄFFER, Neiva, Otero (orgs.) *O Julinho sempre foi notícia*. Porto Alegre: Suliani Editografia Ltda, 2001.

CORMICK, Federico. *Fracción Roja. Debate y ruptura en el PRT-ERP*. Buenos Aires: El Topo Blindado, 2012 (coleção "Guerrillas olvidadas de la Argentina").

CRENZEL, Emilio. *La violencia política en Argentina y sus memórias en debate*. A contra corriente. Una revista de historia social y literatura de América Latina, v. 7, n° 2, Verão de 2010.

_____. *Las memorias de los desaparecidos en Argentina*. In: ANDREOZZI, Gabriele (org). *Juicios por crimenes de lesa humanidade en Argentina*. Buenos Aires: Atuel, 2011.

COSTA, Bruno Mendonça. *Vamos por partes*. In: GUEDES, Paulo Coimbra e SANGUINETTI, Yvonne (orgs.). *UFRGS: identidade e memórias – 1934-1994*. Porto Alegre: Ed. da Universidade – UFRGS, 1994.

DANDAN, Alejandra e HEGUY, Silvina. *Joe Baxter. Del nazismo a la extrema izquierda*. Buenos Aires: Norma, 2006.

D'ANTÔNIO, Débora. *Los presos políticos del penal de Rawson: un tratamiento para la desubjetivación Argentina (1970-1980)*. Anos 90, Porto Alegre, PPG em História da UFRGS, v. 19, n. 35, julho 2012.

DOSSE, François. *O desafio biográfico: escrever uma vida*. São Paulo: EdUSP, 2009.

DUHALDE, Eduardo Luis. *El Estado terrorista argentino*. Barcelona: Argos Vergata S.A., 1983.

ELIAS, Norbert. *A sociedade dos indivíduos*. Rio de Janeiro, Zahar, 1994.

FALCETO, Olga Garcia. *Colégio de Aplicação – 50 anos. Cadernos do Aplicação*. Especial 50 anos. Porto Alegre, v. 17, n° 1/2, janeiro a dezembro de 2004.

FERREIRA, Jorge. *Prisioneiros do mito: cultura e imaginário político dos comunistas no Brasil (1930-1956)*. Niterói/Rio de Janeiro: EdUFF/Mauad, 2002.

FERREIRA, Marieta de Moraes; FORTES, Alexandre (Orgs.). *Muitos caminhos, uma estrela: memórias de militantes do PT*. São Paulo: Fundação Perseu Abramo, 2008.

FISCHER, Rosa Maria Bueno. *Adolescência em discurso: mídia e produção de subjetividade*. Porto Alegre: PPG em Educação da UFRGS, 1996 (Tese de Doutorado).

FORTES, Alexandre. *Nós do Quarto Distrito...: a classe trabalhadora porto-alegrense e a Era Vargas*. Caxias do Sul: Educs; Rio de Janeiro: Garamond, 2004 (Coleção ANPUH-RS).

FOUCAULT, Michel. *História da sexualidade 2* ("O uso dos prazeres") *e 3* ("O cuidado de si"). Rio de Janeiro: Graal, 1984 e 1985.

_____. *Nietzsche, a genealogia e a história*. In: *Microfísica do poder*. São Paulo: Graal, 1986 (6ª edição).

_____. *Arqueologia do saber*. Rio de Janeiro: Forense-Universitária, 1987.

_____. *Vigiar e punir: história da violência nas prisões*. Petrópolis: Vozes, 1989.

FRANCO, Marina. *Un enemigo para la nación: orden interno, violência y "subversión", 1973-1976*. Buenos Aires: Fondo de Cultura Económica, 2012.

FRANK, Pierre. *La Quatrième Internationale. Contribution à l'histoire du mouvement trotskyste*. Paris: F. Maspéro, 1977.

FRISCH, Michael. *Shared Authority: Essays on Public History*. New York: Sunny University Press, 1990.

GARCIA, J. C. Bona e POSENATO, Júlio. *Verás que um filho teu não foge à luta*. 2ª edição. Porto Alegre: Posenato Arte & Cultura, 1989.

GARCIA, Marco Aurélio. *O gênero da militância: notas sobre as possibilidades de uma outra história da ação política*. Cadernos Pagu (8/9) 1997.

_____. *Memória: Eder Sader – O futuro sem este homem. Teoria e Debate*, São Paulo, nº 4, 01/09/1988.

GINZBURG, Carlo. *O queijo e os vermes: o cotidiano e as ideias de um moleiro perseguido pela Inquisição*. São Paulo: Companhia das Letras, 1987.

GOFFMAN, Erving. *Manicômios, prisões e conventos*. São Paulo: Perspectiva, 1999.

GONÇALVES, Márcia de Almeida. *Em terreno movediço: biografia e história na obra de Octávio Tarquínio de Sousa*. Rio de Janeiro: Ed. UERJ, 2009.

GONZAGA, Sergius; FISCHER, Luís Augusto (orgs.). *Nós, os gaúchos*. Porto Alegre: L&PM, 1995.

GONZAGA, Sergius. *O hipnotizador de Taquara e outras crônicas de TV*. Porto Alegre: Leitura XXI, 2009.

GORENDER, Jacob. *Combate nas trevas. A esquerda brasileira: das ilusões perdidas à luta armada*. São Paulo: Ática, 1987.

GREEN, James. *Apesar de vocês. Oposição à ditadura brasileira nos Estados Unidos, 1964-1985*. São Paulo: Companhia das Letras, 2005.

GUEDES, Paulo Coimbra. *Uma universidade sem estilo*. In: GUEDES, Paulo Coimbra e SANGUINETTI, Yvonne (orgs.). *UFRGS: identidade e memórias – 1934-1994*. Porto Alegre: Ed. da Universidade – UFRGS, 1994.

_____. *Mágoas de março*. Cadernos do Aplicação. Especial 50 anos. Porto Alegre, v. 17, nº 1/2, janeiro a dezembro de 2004.

GUTIÉRREZ, Claudio Antônio Weyne. *A guerrilha brancaleone*. Porto Alegre: Ed. Proletra, 1999.

HALBWACHS, Maurice. *Les cadres sociaux de la mémoire*. Paris: PUF, 1925.

_____. *A memória coletiva*. São Paulo: Vértice, 1990.

HALL, Stuart. *A identidade cultural na pós-modernidade*. Rio de Janeiro: DP&A, 2006.

HARTOG, François. *O tempo desorientado. Tempo e história.* "Como escrever a história da França?". *Anos 90*. Porto Alegre: PPG em História da UFRGS, n° 7, julho de 1997.

HEMINGWAY, Ernest. *Paris é uma festa*. Rio de Janeiro: Bertrand Brasil, 2011.

HOBSBAWM, Eric. *A era dos extremos: o breve século XX – 1914-1991*. São Paulo: Companhia das Letras, 1995.

HOLZMANN, Lorena e PADRÓS, Enrique Serra. *1968: contestação e utopia*. Porto Alegre: Ed. da UFRGS, 2003.

HUYSSEN, Andreas. *Seduzidos pela memória: arquitetura, monumentos, mídia*. Rio de Janeiro: Aeroplano, 2000.

JELIN, Elizabeth. *Víctimas, familiares y ciudadanos/as: las luchas por la legitimidad de la palabra*. Cadernos Pagu (29), julho-dezembro de 2007:37-60.

JOFFILY, Mariana. *No centro da engrenagem: os interrogatórios na Operação Bandeirante e no DOI de São Paulo (1969-1975)*. Rio de Janeiro/São Paulo: Arquivo Nacional/EDUSP, 2013.

KOSELLECK, Reinhart. *Futuro Passado: Contribuição à semântica dos tempos históricos.* Rio de Janeiro: Contraponto/PUC-Rio, 2006.

KOUTZII, Flavio. *Che: o contexto histórico e a história do contexto*. In: KOUTZII, Flavio e LEITE, José Corrêa (orgs.). *Che 20 anos depois: ensaios e testemunhos*. São Paulo: Busca Vida, 1987.

_____. *O exílio* (poesia). In: *Pedaços de morte no coração*. Porto Alegre: L&PM, 1984.

_____. *Trajetórias*. In: PADRÓS, Enrique Serra et alii (orgs.). *Ditadura de Segurança Nacional no Rio Grande do Sul (1964-1985): história e memória*. Porto Alegre: CORAG, 2009.

KOUTZII, Jacob. *A tela branca*. Porto Alegre: Unidade Editorial, 1997 (Série "Escritos de cinema").

LACAPRA, Dominick. *História y memória después de Auschwitz*. Buenos Aires: Prometeo Libros, 2009

LAQUEUR, Thomas W. *Corpos, detalhes e narrativa humanitária*. In: HUNT, Lynn (org). *A nova história cultural*. São Paulo: Martins Fontes, 1992.

LAREO, Ana Laura. *De eso no se habla: la guerrilla rural del PRT-ERP en Tucumán*. Trabalho apresentado nas VII Jornadas de Derechos Humanos: "A 30 años del último golpe militar", Ministerio de Educación – Gob. Ciudad Buenos Aires. Disponível em http://www.riehr.com.ar/archivos/Educacion/lareo.pdf. Acesso em 21/05/2015.

LEFORT, Claude. *L'Invention démocratique*. Paris: Fayard, 1981.

LE GOFF, Jacques. *Comment écrire une biographie historique aujourd'hui. Le Débat*, n° 54, março-abril 1989. (Tradução de Henrique Espada Lima Filho).

_____. *Documento/Monumento*. In: *História e memória*. Campinas, Ed. da UNICAMP, 1990.

LESSER, Jeffrey. *Uma diáspora descontente: os nipo-brasileiros e os significados da militância étnica, 1960-1980*. São Paulo: Paz e Terra, 2008.

LEVI, Giovanni. *Usos da biografia*. In: FERREIRA, Marieta de Moraes e AMADO, Janaína (orgs.). *Usos e abusos da história oral*. Rio de Janeiro: Ed. FGV, 1996.

_____. *A herança imaterial: trajetória de um exorcista no Piemonte do séc XVII*. Rio de Janeiro: Ed. Civilização Brasileira, 2000.

LEVI, Primo. *Os afogados e os sobreviventes*. Rio de Janeiro: Paz e Terra, 1990.

LORIGA, Sabina. *O pequeno X: da biografia à história*. Belo Horizonte: Autêntica, 2011.

_____. *A biografia como problema*. In: REVEL, Jacques (org.). *Jogos de escala: a experiência da microanálise*. Rio de Janeiro: Ed. FGV, 1998.

LOURO, Guacira Lopes. *Prendas e anti-prendas: uma escola de mulheres*. Porto Alegre: Ed. da Universidade – UFRGS, 1987.

LÖWY, Michael. *Redenção e utopia: o judaísmo libertário na Europa Central*. São Paulo: Companhia das Letras, 1989.

LÖWY, Michael; SAYRE, Robert. *Revolta e melancolia. O romantismo na contramão da modernidade*. Petrópolis: Vozes, 1995.

LUNARDELLI, Fatimarlei. *Quando éramos jovens. História do Clube de Cinema de Porto Alegre*. Porto Alegre: Ed. da UFRGS/EU da SMC, 2000.

MACHADO, Vanderlei. *Paternidade, maternidade e ditadura: a atuação de pais e mães de presos, mortos e desaparecidos políticos no Brasil*. História Unisinos 17 (2): 179-188, Maio/Agosto 2013.

MARÇAL, João Batista; MARTINS, Marisângela T. A. *Dicionário Ilustrado da Esquerda Gaúcha. Anarquistas, Comunistas, Socialistas e Trabalhistas*. Porto Alegre: Evangraf, 2008.

MARKARIAN, Vania. *De la logica revolucionaria a las razones humanitarias: la izquierda uruguaya en el exílio y las redes transnacionales de derechos humanos (1972-1976)*. Cuadernos del CLAEH, nº 89, Montevidéu, 2ª série, ano 27, 2004-2, p. 85-108, p. 99.

MARTINS, Eloy. *Um depoimento político*. Porto Alegre: Pallotti, 1989.

MARTINS FILHO, João Roberto. *O movimento estudantil dos anos 1960*. In: FERREIRA, Jorge e REIS, Daniel Aarão (orgs.). *Revolução e democracia (1964...)*. Rio de Janeiro: Civilização Brasileira, 2007. (As Esquerdas no Brasil; v. 3).

MARTINI, Maria Luiza. *Maio de 1968 no Rio Grande do Sul*. In: HOLZMANN, Lorena e PADRÓS, Enrique Serra (orgs.). *1968: contestação e utopia*. Porto Alegre: Ed. da UFRGS, 2003.

MATTOS, Marcelo Badaró. *Em busca da Revolução Socialista: a trajetória da POLOP*. In: RIDENTI, Marcelo e REIS FILHO, Daniel Aarão (orgs). *História do marxismo no Brasil: Volume V – Partidos e organizações dos anos 20 aos 60*. Campinas: Ed. da UNICAMP, 2002.

McCLINTOCK, Anne. *Couro imperial: raça, gênero e sexualidade no embate colonial*. Campinas: Ed. UNICAMP, 2010.

MENDES, Uirapuru. *A tomada do RU*. In: GUEDES, Paulo Coimbra e SANGUINETTI, Yvonne (orgs.). *UFRGS: identidade e memórias – 1934-1994*. Porto Alegre: Ed. da Universidade – UFRGS, 1994.

NOVARO, Marcos e PALERMO, Vicente. *A ditadura militar argentina, 1976-1983: do golpe de estado à restauração democrática*. São Paulo: Ed. da USP, 2007.

OLIVEIRA, Flávio. *A quem pertence a UFRGS?* In: GUEDES, Paulo Coimbra e SANGUINETTI, Yvonne (orgs.). *UFRGS: identidade e memórias – 1934-1994*. Porto Alegre: Ed. da Universidade – UFRGS, 1994.

PACHECO, Graciema. *Colégio de Aplicação: a busca da espontaneidade, da comunicação e da interação social criadora.* Cadernos do Aplicação. Especial 50 anos. Porto Alegre, v. 17, nº 1/2, janeiro a dezembro de 2004.

PATARRA, Judith Lieblich. *Iara: reportagem biográfica.* Rio de Janeiro: Rosa dos Tempos, 1992.

PÉCORA, Alcir. *Máquina de gêneros: novamente descoberta e aplicada a Castiglione, Della Casa, Nóbrega, Camões, Vieira, La Rochefoucauld, Gonzaga, Silva Avarenga e Bocage.* São Paulo: EdUSP, 2001. p. 81.

PEDROSO, Lucio Fernandes. *Transgressão do Bom Fim.* Porto Alegre: PPG em História da UFRGS, 2009 (Dissertação de Mestrado).

PESAVENTO, Sandra Jatahy. *As aulas da Dona Helga.* In: GUEDES, Paulo Coimbra e SANGUINETTI, Yvonne (orgs.). *UFRGS: identidade e memórias–1934-1994.* Porto Alegre: Ed. da Universidade – UFRGS, 1994.

PEIXOTO, Artur Duarte. *Da organização à frente única: a repercussão da ação política do Partido Comunista do Brasil no movimento operário gaúcho (1927-1930).* Porto Alegre: PPG em História da UFRGS, 2006 (dissertação de mestrado).

PICCOLO, Helga Iracema Landgraf. *Lembranças (d)e vivências.* In: GUEDES, Paulo Coimbra e SANGUINETTI, Yvonne (orgs.). *UFRGS: identidade e memórias–1934-1994.* Porto Alegre: Ed. da Universidade – UFRGS, 1994.

BROUÉ, Pierre e TÉRMINE, Émile. *La Révolution et la guerre d'Espagne.* Paris: Minuit, 1961

PILLA, Maria Regina. *Volto semana que vem.* São Paulo: Cosac Naify, 2015.

PONT, Raul. *O Bar da Filô.* In: GUEDES, Paulo Coimbra e SANGUINETTI, Yvonne (orgs.). *UFRGS: identidade e memórias–1934-1994.* Porto Alegre: Ed. da Universidade – UFRGS, 1994.

POLLAK, Michael. *Memória, esquecimento, silêncio.* Estudos Históricos. Rio de Janeiro: CPDOC/FGV, v. 2, n. 3, 1989.

_____. *Memória e identidade.* Estudos históricos. Rio de Janeiro: CPDOC/FGV, v. 5, n. 10, 1992.

PORTELLI, Alessandro. *O massacre de Civitella Val di Chiana (Toscana, 29 de junho de 1944): mito e política, luto e senso comum.* In: FERREIRA, Marieta de Moraes e AMADO, Janaína (orgs.). *Usos e abusos da história oral.* Rio de Janeiro: Ed. FGV, 1996.

POZZI, Pablo. *Prólogo.* In: DE SANTIS, Daniel (seleção). *A vencer o morir:* PRT-ERP, documentos 1. Buenos Aires: EUDEBA, 1998

_____. *"Por las sendas argentinas...".* El PRT-ERP: la guerrilla marxista. Buenos Aires: EUDEBA, 2001.

_____. *Presentación del libro "Los Combatientes" de Vera Carnovale.* Disponível em:http://eltopoblindado.com/files/Articulos/01.%20Bibliograficas%20y%20criticas%20de%20cine/Pozzi,%20Pablo.%20Presentacion%20del%20libro%20Los%20 Combatientes%20de%20Vera%20Carnovale.pdf. Acesso em 25/02/2015.

REIS FILHO, Daniel Aarão. *A revolução faltou ao encontro. Os comunistas no Brasil.* São Paulo: Brasiliense, 1990.

_____. *Ditadura militar, esquerdas e sociedade.* Rio de Janeiro: Zahar, 2000.

_____. *A formação da Organização Revolucionária Marxista-Política Operária – ORM/POLOP.* In: FERREIRA, Jorge e REIS FILHO, Daniel Aarão (orgs.). *As esquerdas no Brasil (v. 3): Revolução e Democracia (1964...).*

REIS, Eliana Tavares dos. *Contestação, engajamento e militantismo: da "luta contra a ditadura" à diversificação das modalidades de intervenção política no Rio Grande do Sul.* Porto Alegre: PPG em Ciência Política da UFRGS, 2007 (tese de doutorado).

REIS, Jayme Werner dos. *Alguns fatos pitorescos ocorridos no período de 1957/1971 na Área de Educação Física.* Cadernos do Aplicação. Especial 50 anos. Porto Alegre, v. 17, nº 1/2, janeiro a dezembro de 2004.

RICOEUR, Paul. *A memória, a história, o esquecimento.* Campinas: Ed. da UNICAMP, 2007.

RODEGHERO, Carla Simone. *Regime militar e oposição.* In: *República: da Revolução de 1930 à Ditadura Militar (1930-1985).* Passo Fundo: Méritos, 2007 (História Geral do Rio Grande do Sul, v. 4).

RODEGHERO, Carla Simone; DIENSTMANN, Gabriel e TRINDADE, Tatiana. *Anistia ampla, geral e irrestrita: história de uma luta inconclusa.* Santa Cruz do Sul: EDUNISC, 2011.

RODRIGUES, Ernesto. *Jogo duro: a história de João Havelange.* Rio de Janeiro: Record, 2007.

ROLLEMBERG, Denise. *Exílio: entre raízes e radares.* Rio de Janeiro: Record, 1999.

ROSSI, Rosemari Schwarz. *Associação Riograndense de Imprensa. Reivindicações, cultura e amparo à classe.* Porto Alegre: Companhia Rio-Grandense de Artes Gráficas, 1981.

ROUSSO, Henry. *A última catástrofe: a história, o presente, o contemporâneo.* Rio de Janeiro: Ed. FGV, 2016.

SAIDEMBERG KOUTZII, Flavio. *Le systeme et le contre systeme carceral pour les prisonniers politiques en Argentine, 1976-1980.* Paris: EHESS, 1984 (Mémoire présenté sous la direction de M. Claude Lefort).

SANPEDRO, Pilar. *El mito del amor y sus consecuencias en los vínculos de pareja.* Página Abierta, 150, julho de 2004. http://www.pensamientocritico.org/pilsan0704.htm Acesso em 30/10/2012.

SCHMIDT, Benito Bisso. *Um socialista no Rio Grande do Sul:* Antônio Guedes Coutinho (1868-1945). Porto Alegre: Ed. da UFRGS, 2000.

_____. *Em busca da terra da promissão: a história de dois líderes socialistas.* Porto Alegre: Palmarinca, 2004.

_____. *Gilda e Lila: duas maneiras de ser mulher e comunista em Porto Alegre nas décadas de 1940 e 1950.* História Oral. Rio de Janeiro: ABHO, v. 9, p. 9-32, 2006.

_____. *Cicatriz aberta ou página virada? Lembrar e esquecer o golpe de 1964 quarenta anos depois.* Anos 90. Porto Alegre: PPG em História da UFRGS, v. 14, nº 26, 2007.

_____. *Nunca houve uma mulher como Gilda? Memória e gênero na construção de uma mulher "excepcional".* In: SCHMIDT, Benito Bisso e GOMES, Angela de Castro (orgs.). *Memórias e narrativas (auto)biográficas.* Porto Alegre/Rio de Janeiro: Editora da UFRGS/Editora da FGV, 2009.

_____. *História e biografia.* In: CARDOSO, Ciro Flamarion e VAINFAS, Ronaldo (orgs.). *Novos domínios da História.* Rio de Janeiro: Campus, 2011.

SCHÜTZ, Liane Saenger. *Sótãos e porões: sacudindo a poeira do Colégio de Aplicação.* Porto Alegre, PUC-RS, 1994 (Dissertação de Mestrado em Educação).

SCLIAR, Moacyr. *A guerra do Bom Fim.* Porto Alegre: L&PM, 1997.

SILVA, Diego Scherer da. *Até que um dia, de repente, tudo passa a ser contado no passado: os projetos, as memórias e os campos de possibilidades na formação do indivíduo Flávia Schilling (Brasil – Uruguai, 1964-1980).* Porto Alegre: PPG em História da UFRGS, 2014 (dissertação de mestrado).

SIRINELLI, Jean-François. *A geração*. In: FERREIRA, Marieta de Moraes e AMADO, Janaína (orgs.). *Usos & abusos da história oral*. Rio de Janeiro: Ed. da Fundação Getulio Vargas, 1996.

SQUEFF, Enio. *Não somos apenas a utopia*. In: GUEDES, Paulo Coimbra e SANGUINETTI, Yvonne (orgs.). *UFRGS: identidade e memórias–1934-1994*. Porto Alegre: Ed. da Universidade – UFRGS, 1994.

TEIXEIRA, Paulo César. *Esquina Maldita*. Porto Alegre: Libretos, 2012.

THOMPSON, E. P. *A formação da classe operária inglesa*. Rio de Janeiro: Paz e Terra, 1987. v. 1.

_____. *Senhores e Caçadores: a origem da Lei Negra*. São Paulo: Paz e Terra, 1997.

TRINDADE, Tatiane. *O papel materno na resistência à ditadura: o caso das mães de Flávio Tavares, Flavio Koutzii e Flávia Schilling*. Porto Alegre: UFRGS, 2009 (TCC em História).

VARES, Luiz Pilla. *O cinema de Plínio Moraes*. In: KOUTZII, Jacob. *A tela branca*. Porto Alegre: Unidade Editorial, 1997 (Série "Escritos de cinema").

VÁRIOS. *Del otro lado de la mirilla: obra colectiva testimonial: olvidos y memorias de ex presos políticos de Coronda 1974-1979*. Santa Fé: El Periscopio, 2003.

VELHO, Gilberto. *Projeto e metamorfose: antropologia das sociedades complexas*. Rio de Janeiro: Jorge Zahar, 1999.

VILAS BOAS, Sergio. *Biografias & Biógrafos: jornalismo sobre personagens*. São Paulo: Summus, 2002.

WHITE, Hayden. *Meta-história: a imaginação histórica do século XIX*. São Paulo: Edusp, 1995.

WOOLF, Virginia. *Orlando*. Rio de Janeiro: Nova Fronteira, 2003.

FLAVIO KOUTZII
Biografia de um militante revolucionário
DE 1943 A 1984

Lib(r)etos
SÉRIE UNIVERSIDADE

Este livro, com 544 páginas, foi desenhado e editorado com as fontes ITC Officina Serif e ITC Officina Sans, e impresso sobre papel Pólen Soft 80 gr/m² (miolo) e Cartão Supremo 250 gr/m² (capa), pela Gráfica Pallotti de Santa Maria. Foi impresso na primavera de 2017, em setembro.